GRUNDRISSE DES RECHTS

Wellenhofer · Sachenrecht

Sachenrecht

Begründet von

Dr. Manfred Wolf †

weiland o. Professor an der Universität Frankfurt am Main

fortgeführt von

Dr. Marina Wellenhofer

o. Professorin an der Universität Frankfurt am Main

33., überarbeitete Auflage 2018

C.H.BECK

www.beck.de

ISBN 978 3 406 72368 1

Wilhelmstraße 9, 80801 München
Druck und Bindung: Druckerei C.H.Beck Nördlingen
(Adresse wie Verlag)

Satz: Thomas Schäfer, www.schaefer-buchsatz.de
Umschlaggestaltung: Druckerei C.H.Beck Nördlingen

Gedruckt auf säurefreiem, alterungsbeständigem Papier
(hergestellt aus chlorfrei gebleichtem Zellstoff)

Vorwort

Das von *Manfred Wolf* bis zur 23. Auflage betreute Werk wurde von mir im Jahr 2008 übernommen. Es präsentiert sich nun in der 33. Auflage. Wiederum wurde die aktuelle examensrelevante Rechtsprechung und Ausbildungsliteratur eingearbeitet. An vielen Stellen wurden neue Beispiele und Fälle eingefügt. In einigen Teilen hat sich dadurch die Zählung der Randnummern im Vergleich zur Vorauflage verschoben. Neu ist zudem das Paragrafenregister am Ende des Buches. Der Aufbau orientiert sich nach wie vor primär an didaktischen Gesichtspunkten.

Wie immer habe ich auch in den letzten zwölf Monaten zahlreiche Zuschriften aus meiner Leserschaft erhalten, deren Ideen ich wiederum gerne aufgegriffen habe. Den Mitarbeitern an meinem Lehrstuhl, *Cerstin von Dungern, Catherine Rossmann, Anabel Wenzel, Tina Kostić, Tatjana Arnold, Julia Lehnfeld* und *Philip Ries*, sowie im Sekretariat *Alexandra von Christen,* sei erneut herzlich für ihre Unterstützung und Anregungen gedankt. Hinweise aller Art zur weiteren Verbesserung des Buches an wellenhofer@jur.uni-frankfurt.de sind jederzeit sehr willkommen.

Frankfurt am Main, im Juni 2018 *Marina Wellenhofer*

Vorwort

[illegible]

Inhaltsverzeichnis

2. Kapitel. Besitzrecht

3. Kapitel. Rechtsgeschäftlicher Eigentumserwerb an beweglichen Sachen

Abkürzungsverzeichnis

aA	anderer Ansicht
aaO	am angegebenen Ort
Abs.	Absatz
AcP	Archiv für die civilistische Praxis
aE	am Ende
AG	Aktiengesellschaft
AGB	Allgemeine Geschäftsbedingungen
AGG	Allgemeines Gleichbehandlungsgesetz
AktG	Aktiengesetz
allg.	allgemein
Alt.	Alternative
arg.	argumentum
Art.	Artikel
Aufl.	Auflage
BAG	Bundesarbeitsgericht
BAnz	Bundesanzeiger
BauGB	Baugesetzbuch
BayObLG	Bayerisches Oberstes Landesgericht
BB	Betriebs-Berater
BDSG	Bundesdatenschutzgesetz
BetrVG	Betriebsverfassungsgesetz
BGB	Bürgerliches Gesetzbuch
BGBl.	Bundesgesetzblatt
BGH	Bundesgerichtshof
BGHZ	Entscheidungen des Bundesgerichtshofs in Zivilsachen
BImSchG	Bundes-Immissionsschutzgesetz
BJagdG	Bundesjagdgesetz
BR-Drs.	Bundesratsdrucksache
BT-Drs.	Bundestagsdrucksache
BtMG	Betäubungsmittelgesetz
BVerfG	Bundesverfassungsgericht
BVerfGE	Entscheidungen des Bundesverfassungsgerichts
BVerwG	Bundesverwaltungsgericht
BWNotZ	Zeitschrift für das Notariat in Baden-Württemberg
bzw.	beziehungsweise
C. c.	Code Civil (Frankreich)

C. com.	Code de commerce (Frankreich)
CISG	Convention on International Sales and Goods = Wiener UN-Übereinkommen über Verträge über den internationalen Warenkauf
DB	Der Betrieb
ders.	derselbe
dh	das heißt
dies.	dieselbe
DNotZ	Deutsche Notar-Zeitschrift
DStR	Deutsches Steuerrecht
EGBGB	Einführungsgesetz zum BGB
EGMR	Europäischer Gerichtshof für Menschenrechte
EGV	Vertrag zur Gründung der Europäischen Gemeinschaft
entspr.	entsprechend
ErbbauRG	Erbbaurechtsgesetz
etc	et cetera
EU	Europäische Union
EuGH	Europäischer Gerichtshof
f., ff.	folgende
FS	Festschrift
GBO	Grundbuchordnung
GbR	Gesellschaft bürgerlichen Rechts
GBV	Verordnung zur Durchführung der Grundbuchordnung (Grundbuchverfügung)
gem.	gemäß
GG	Grundgesetz für die Bundesrepublik Deutschland
ggf.	gegebenenfalls
GmbH	Gesellschaft mit beschränkter Haftung
GmbHG	Gesetz betreffend die Gesellschaften mit beschränkter Haftung
GoA	Geschäftsführung ohne Auftrag
GrdstVG	Grundstückverkehrsgesetz
GrEStG	Grunderwerbsteuergesetz
GRUR	Gewerblicher Rechtsschutz und Urheberrecht
GRUR-RR	Gewerblicher Rechtsschutz und Urheberrecht – Rechtsprechungsreport
GS	Gedächtnisschrift
GVG	Gerichtsverfassungsgesetz
GWB	Gesetz gegen Wettbewerbsbeschränkungen

HGB .... Handelsgesetzbuch
hM .... herrschende Meinung
hrsg. .... herausgegeben
Hs. .... Halbsatz

iHv .... in Höhe von
insbes. .... insbesondere
insges. .... insgesamt
InsO .... Insolvenzordnung
InvG .... Investmentgesetz
iSv .... im Sinne von
iVm .... in Verbindung mit

JA .... Juristische Arbeitsblätter
JR .... Juristische Rundschau
Jura .... Juristische Ausbildung
JuS .... Juristische Schulung
JZ .... Juristen-Zeitung
JZGB .... Japanisches Zivilgesetzbuch

KG .... Kommanditgesellschaft; Kammergericht

LA .... Liber Amicorum
LG .... Landgericht
LM .... Nachschlagewerk des Bundesgerichtshofes, hrsg. von Lindenmaier und Möhring
LuftVG .... Luftverkehrsgesetz

MarkenG .... Markengesetz
MDR .... Monatsschrift für Deutsches Recht
MittBayNot .... Mitteilungen des Bayerischen Notarvereins
mwN .... mit weiteren Nachweisen

NJW .... Neue Juristische Wochenschrift
NJW-RR .... NJW-Rechtsprechungs-Report, Zivilrecht
Nr. .... Nummer
NStZ-RR .... Neue Zeitschrift für Strafrecht, Rechtsprechungsreport
NVwZ .... Neue Zeitschrift für Verwaltungsrecht
NZFam .... Neue Zeitschrift für Familienrecht
NZG .... Neue Zeitschrift für Gesellschaftsrecht
NZM .... Neue Zeitschrift für Miet- und Wohnungsrecht
NZV .... Neue Zeitschrift für Verkehrsrecht

OHG .... Offene Handelsgesellschaft
OLG .... Oberlandesgericht

PatG	Patentgesetz
Pkw	Personenkraftwagen
RabelsZ	Rabels Zeitschrift für ausländisches und internationales Privatrecht
RG	Reichsgericht
RGZ	Entscheidung des Reichsgerichts in Zivilsachen
RIW	Recht der internationalen Wirtschaft
Rn.	Randnummer
RNotZ	Rheinische Notar-Zeitschrift
RPfleger	Der Rechtspfleger
RPflG	Rechtspflegergesetz
s.	siehe
S.	Satz
sa	siehe auch
ScheckG	Scheckgesetz
sog.	so genannt
StGB	Strafgesetzbuch
str.	strittig
TA Lärm	Technische Anleitung zum Schutz gegen Lärm
teilw.	teilweise
TKG	Telekommunikationsgesetz
UmweltHG	Umwelthaftungsgesetz
UrhG	Urheberrechtsgesetz
usw	und so weiter
UWG	Gesetz gegen den unlauteren Wettbewerb
va	vor allem
vgl.	vergleiche
VVG	Gesetz über den Versicherungsvertrag
WEG	Gesetz über das Wohnungseigentum und das Dauerwohnrecht (Wohnungseigentumsgesetz)
WG	Wechselgesetz
WM	Wertpapiermitteilungen
WuM	Wohnungswirtschaft und Mietrecht
zB	zum Beispiel
ZEuP	Zeitschrift für Europäisches Privatrecht
ZEV	Zeitschrift für Erbrecht und Vermögensnachfolge
ZfIR	Zeitschrift für Immobilienrecht

ZHR .... Zeitschrift für das gesamte Handels- und Wirtschaftsrecht
ZIP .... Zeitschrift für Wirtschaftsrecht und Insolvenzpraxis
ZJS .... Zeitschrift für das Juristische Studium
ZPO .... Zivilprozessordnung
ZRP .... Zeitschrift für Rechtspolitik
zT .... zum Teil
ZUM .... Zeitschrift für Urheber- und Medienrecht
ZVG .... Gesetz über die Zwangsversteigerung und die Zwangsverwaltung

Paragrafen ohne Gesetzesangabe sind solche des BGB.

Verzeichnis der abgekürzt zitierten Literatur

Baumbach/Hopt HGB	*Baumbach/Hopt*, Handelsgesetzbuch, 38. Aufl. 2018
Baur/Stürner SachenR	*Baur/Stürner*, Sachenrecht, 18. Aufl. 2009
BeckOK BGB/*Bearbeiter*	Beck'scher Onlinekommentar, Bürgerliches Gesetzbuch, 43. Edition, Stand 2018
v. Bernstorff EnglandR	*v. Bernstorff*, Einführung in das englische Recht, 5. Aufl. 2018
Brehm/Berger SachenR	*Brehm/Berger*, Sachenrecht, 3. Aufl. 2014
Brox/Walker SchuldR AT	*Brox/Walker*, Allgemeines Schuldrecht, 42. Aufl. 2018
Bülow Kreditsicherheiten	*Bülow*, Recht der Kreditsicherheiten, 9. Aufl. 2017
Erman/*Bearbeiter*	*Erman*, Bürgerliches Gesetzbuch, 15. Aufl. 2017
GK-BetrVG/*Bearbeiter*	Gemeinschaftskommentar zum Betriebsverfassungsgesetz, 11. Aufl. 2018
Gottwald PdW SachenR	*Gottwald*, Prüfe dein Wissen – Sachenrecht, 16. Aufl. 2014
Gursky KK SachenR	*Gursky*, Klausurenkurs im Sachenrecht, Fälle und Lösungen nach höchstrichterlichen Entscheidungen, 12. Aufl. 2008
Habersack SachenR	*Habersack*, Examens-Repetitorium Sachenrecht, 8. Aufl. 2016
Hager Verkehrsschutz	*Hager*, Verkehrsschutz durch redlichen Erwerb, 1990
Helms/Zeppernick SachenR II	*Helms/Zeppernick*, Sachenrecht II (Immobiliarsachenrecht), Reihe Jura kompakt, 3. Aufl. 2017
Hübner/Constantinesco FrankreichR	*Hübner/Constantinesco*, Einführung in das französische Recht, 4. Aufl. 2001
Jauernig/*Bearbeiter*	*Jauernig*, Bürgerliches Gesetzbuch, 16. Aufl. 2015
Koch/Löhnig Fälle SachenR	*Koch/Löhnig*, Fälle zum Sachenrecht, 5. Aufl. 2017

Medicus/Petersen BürgerlR	*Medicus/Petersen*, Bürgerliches Recht, 26. Aufl. 2017
MüKoBGB/*Bearbeiter*	Münchener Kommentar zum Bürgerlichen Gesetzbuch, 7. Aufl. 2014 f.
Müller/Gruber SachenR	*Müller/Gruber*, Sachenrecht, 2016
Neuner SachenR	*Neuner*, Sachenrecht, 5. Aufl. 2017
NK-BGB/*Bearbeiter*	NomosKommentar zum Bürgerlichen Gesetzbuch, Band 3, 4. Aufl. 2016
Palandt/*Bearbeiter*	*Palandt*, Bürgerliches Gesetzbuch, 77. Aufl. 2018
Prütting SachenR	*Prütting*, Sachenrecht, 36. Aufl. 2017
Schapp/Schur SachenR	*Schapp/Schur*, Sachenrecht, 4. Aufl. 2010
Soergel/*Bearbeiter*	*Soergel*, Kommentar zum Bürgerlichen Gesetzbuch, 13. Aufl. 2000 ff.
Staudinger/*Bearbeiter*	*Staudinger*, Kommentar zum Bürgerlichen Gesetzbuch, Neubearbeitung 2001 ff.
Vieweg/Röthel SachenR	*Vieweg/Röthel*, Fälle zum Sachenrecht: ein Casebook, 4. Aufl. 2017
Vieweg/Werner SachenR	*Vieweg/Werner*, Sachenrecht, 7. Aufl. 2015
Wellenhofer FamR	*Wellenhofer*, Familienrecht, 4. Aufl. 2017
Westermann/Gursky/Eickmann SachenR	*Westermann/Gursky/Eickmann*, Sachenrecht, Lehrbuch, 8. Aufl. 2011
Wieling SachenR	*Wieling*, Sachenrecht, 5. Aufl. 2007
Wilhelm SachenR	*Wilhelm*, Sachenrecht, 5. Aufl. 2016
Wolf/Neuner BGB AT	*Wolf/Neuner*, Allgemeiner Teil des bürgerlichen Rechts, 11. Aufl. 2016

Weitere Literaturhinweise zum Sachenrecht

Blank, Sachenrecht I/1; Sachenrecht I/2; Sachenrecht II, 2000
Czeguhn/Ahrens, Fallsammlung zum Sachenrecht, 2. Aufl. 2011
Demharter, Grundbuchordnung, 31. Aufl. 2018
Eckert, Sachenrecht, 4. Aufl. 2005
Englisch, Fälle und Lösungen zum Sachenrecht, 2005
Gerhardt, Mobiliarsachenrecht, Besitz, Eigentum, Pfandrecht, 5. Aufl. 2000
Gerhardt, Immobiliarsachenrecht, Grundeigentum und Grundpfandrechte, 5. Aufl. 2001
v. Gierke, Das Sachenrecht des bürgerlichen Rechts, 4. Aufl. 1959

Gursky, 20 Probleme aus dem Sachenrecht mit Eigentümer-Besitzer-Verhältnis, 9. Aufl. 2015
Gursky, 20 Probleme aus dem Sachenrecht – ohne EBV, 8. Aufl. 2014
Heck, Grundriss des Sachenrechts, 1930
Helms/Zeppernick, Sachenrecht I (Mobiliarsachenrecht), Reihe Jura kompakt, 3. Aufl. 2016
Lange, Sachenrecht des BGB, 1967
Lange/Schiemann, Fälle zum Sachenrecht, 6. Aufl. 2008
Lüke, Sachenrecht, 4. Aufl. 2018
Meder/Czelk, Grundwissen Sachenrecht, 2. Aufl. 2008
Reinicke/Tiedtke, Kreditsicherung, 5. Aufl. 2006
Rumpf-Rometsch/Dräger, Die Fälle: BGB Sachenrecht I, Mobiliarsachenrecht, 5. Aufl. 2018
Rumpf-Rometsch, Die Fälle: BGB Sachenrecht II, Immobiliarsachenrecht, 6. Aufl. 2016
Schellhammer, Sachenrecht nach Anspruchsgrundlagen, 5. Aufl. 2017
Schöner/Stöber, Grundbuchrecht, 15. Aufl. 2012
Schreiber, Sachenrecht, 7. Aufl. 2018
Schwabe, Lernen mit Fällen – Sachenrecht, 11. Aufl. 2017
Vieweg/Regenfus, Examinatorium Sachenrecht, 2. Aufl. 2011
Weber, Kreditsicherungsrecht, 9. Aufl. 2012
Weber, Sachenrecht I (Bewegliche Sachen), 4. Aufl. 2015
Weber, Sachenrecht II (Grundstücksrecht), 4. Aufl. 2015
Weirich/Ivo, Grundstücksrecht, 4. Aufl. 2015
H. P. Westermann/Staudinger, BGB-Sachenrecht, 13. Aufl. 2017
Wörlen/Kokemoor, Sachenrecht, 10. Aufl. 2017
E. Wolf, Lehrbuch des Sachenrechts, 2. Aufl. 1979

1. Kapitel. Grundlagen

§ 1. Eigenart und Bedeutung des Sachenrechts

I. Einführung

In einer Rechts- und Gesellschaftsordnung, welche die vorhandenen Sachen nicht allen Bürgern zum beliebigen Gemeingebrauch überlässt, sondern von der Institution des Privateigentums ausgeht (Art. 14 GG), muss geregelt werden, welche Sachen welcher Person zustehen und welche Befugnisse diese Person an der Sache hat. Diese Aufgabe wird im Wesentlichen durch das Sachenrecht im dritten Buch des BGB (§§ 854–1296) wahrgenommen. Es enthält die Vorschriften über den Erwerb und Verlust von Sachen und die an Sachen möglichen Befugnisse. Wichtigstes Recht an Sachen ist das Eigentum. Am Beispiel des Eigentums lassen sich die Charakteristika des Sachenrechts am besten aufzeigen. 1

1. Sachenrecht als Zuordnungsrecht

Das **Eigentum** ist das umfassendste absolute Zuordnungsrecht an einer Sache. Zuordnungsrecht an einer Sache bedeutet, dass dem Berechtigten die Sache unmittelbar zugewiesen ist und er auf sie unmittelbar einwirken kann, ohne dass er zuvor andere Personen um Erlaubnis fragen muss. 2

Wegen der Einwirkungsbefugnis auf die Sache werden die Sachenrechte auch Herrschaftsrechte genannt. Zuordnungsrechte können nicht nur an Sachen, sondern auch an anderen Gegenständen bestehen, wie das Patentrecht an Erfindungen oder das Urheberrecht an geistigen Schöpfungen. Soweit die absoluten Zuordnungsrechte an Sachen bestehen, sind sie *dingliche Rechte.*

Beispiel: A kann als Eigentümer seines Pkw damit fahren, wann und solange er will. Ist sein Wagen aber für längere Zeit in Reparatur, so kann er nicht einfach den Pkw eines anderen benutzen. Er muss vielmehr dessen Eigentümer E, dem der Wagen unmittelbar zugeordnet ist, um Erlaubnis fragen. Im geschäftlichen Verkehr wird in solchen Fällen in der Regel ein Mietvertrag (§ 535) abgeschlossen. Der Mietvertrag gibt dem A jedoch kein unmittelbares Zuordnungsrecht an dem Pkw des E, sondern nur einen Anspruch, dem die

Pflicht des E entspricht, A den Gebrauch des Pkw zu überlassen. Verletzt E diese Pflicht, indem er den Pkw nicht A, sondern einem anderen überlässt, so hat A möglicherweise einen Schadensersatzanspruch gegen E, kann den Pkw aber nicht benutzen.

3 Dies verdeutlicht zugleich den Unterschied zwischen **Sachenrecht** und **Schuldrecht.** Die dinglichen Rechte ordnen eine Sache einer Person unmittelbar zu. Es besteht eine Beziehung zwischen Person und Sache. Aus dem Schuldverhältnis ergibt sich dagegen nur die Pflicht und der damit verbundene Anspruch (§§ 194 I, 241 I) eines anderen im Sinne einer Beziehung zwischen zwei Personen, Gläubiger und Schuldner. Die Benutzung der Sache ist hier erst möglich, wenn der Schuldner seiner Verpflichtung zur Gebrauchsüberlassung nachkommt und dem Gläubiger die Benutzung überlässt.

2. Absolutes Zuordnungsrecht

4 Das Eigentum ist **absolutes Zuordnungsrecht**, dh es **wirkt gegen jedermann.** Bin ich Eigentümer einer Sache, so gilt das gegenüber jedermann. Die Sache ist dem Eigentümer zur exklusiv alleinigen Nutzung zugewiesen; alle anderen können durch den Eigentümer davon ausgeschlossen werden.

Beispiel: Der Obstgarten des E darf ohne seine Erlaubnis grundsätzlich von niemandem betreten werden. Er ist allein E zugeordnet. Alle anderen sind verpflichtet, diese Zuordnung zu achten und das Betreten zu unterlassen.

5 Der **Schutz des Eigentums** gegen **jedermann** wird durch Pflichten der anderen Personen realisiert. Diese Pflichten bestehen beim absoluten Recht für jedermann, während die aus dem Schuldverhältnis entspringenden Forderungen nur zwischen den Parteien bestehen. Die Forderung ist ein relatives, nur den Schuldner verpflichtendes Recht.

Beispiel: Aus einem Kaufvertrag hat der Käufer K ausschließlich eine Forderung gegen den Verkäufer (§ 433 I 1). Beschädigt ein Dritter D die Kaufsache, bevor sie an K übereignet ist, so hat D gegenüber K keine Pflicht verletzt und ist ihm nicht zum Schadensersatz verpflichtet. Nur wenn K bereits Eigentümer der Sache gewesen wäre, hätte er aufgrund seines absoluten Eigentumsrechts einen Schadensersatzanspruch gegen D (§ 823 I).

3. Eigentum und beschränkte dingliche Rechte

6 Neben dem Eigentum als dem umfassendsten Zuordnungsrecht an einer Sache kennt das Sachenrecht auch beschränkte dingliche Rechte

(zB Nießbrauch). Die Beschränkung ergibt sich daraus, dass diese Rechte – anders als das Eigentum – keine umfassende Zuordnung von Befugnissen enthalten, sondern dem Berechtigten nur einzelne Befugnisse an der Sache zuordnen. Es sind aber dingliche Rechte, weil sie dem Berechtigten hinsichtlich dieser **Befugnisse** eine unmittelbare Herrschaft über die Sache zuordnen, die, wie das Eigentum, absoluten Schutz gegenüber Dritten genießt. Der dingliche Schutz wird bei den beschränkten dinglichen Rechten noch dadurch verstärkt, dass sie bei Veräußerung des Eigentums auch gegenüber dem neuen Eigentümer wirken (sog. Sukzessionsschutz).

Beispiel: Hat Käufer K nur den schuldrechtlichen Anspruch gegen Verkäufer V aus dem Kaufvertrag, so kann, wenn V das Eigentum auf D übertragen hat, K wegen des relativen Charakters der schuldrechtlichen Ansprüche nicht von D Übereignung verlangen. Steht ihm aber ein dingliches Erwerbsrecht zu (→ Rn. 9), so kann er seinen Eigentumserwerb auch gegenüber D durchsetzen.

Die beschränkt dinglichen Rechte lassen sich einteilen in dingliche Nutzungsrechte, dingliche Verwertungsrechte und dingliche Erwerbsrechte:

a) **Dingliche Nutzungsrechte** ermöglichen nur die Benutzung und 7
den Gebrauch einer Sache, enthalten aber zB nicht die Befugnis, die Sache zu veräußern.

Dingliche Nutzungsrechte sind:
- die Grunddienstbarkeit (§§ 1018–1029)
- der Nießbrauch (§§ 1030–1089)
- die beschränkte persönliche Dienstbarkeit einschließlich des dinglichen Wohnungsrechts (§§ 1090–1093)
- das Erbbaurecht (geregelt im ErbbauRG vom 15.1.1919).

b) **Dingliche Verwertungsrechte** erlauben nicht die Benutzung, 8
aber unter bestimmten Voraussetzungen die Verwertung der Sache durch Veräußerung im Wege der Versteigerung gegen den Willen des Eigentümers, sofern nicht der Eigentümer die Veräußerung durch rechtzeitige Zahlung eines Geldbetrags abwendet.

Dingliche Verwertungsrechte sind:
- die Reallast (§§ 1105–1112)
- die Hypothek (§§ 1113–1190)
- die Grundschuld (§§ 1191–1198)
- die Rentenschuld (§§ 1199–1203)
- das Pfandrecht (§§ 1204–1296).

9 c) **Dingliche Erwerbsrechte** begründen ein Anrecht auf den Erwerb einer Sache. Dazu gehören:

- das dingliche Vorkaufsrecht (§§ 1094–1104)
- die Vormerkung (§ 883)
- das gesetzlich nicht geregelte, aber von Rechtsprechung und Lehre anerkannte dingliche Anwartschaftsrecht.

10 Die beschränkten dinglichen Rechte sind **Teilinhalte aus dem Eigentum**, die der Eigentümer abspaltet, wenn er an seiner Sache ein beschränktes dingliches Recht bestellt. In dem Umfang, in dem das beschränkte dingliche Recht besteht, ist die Befugnis des Eigentümers eingeschränkt und geht auf den beschränkt dinglich Berechtigten über. Erlischt das beschränkte dingliche Recht, so wächst der abgespaltene Teilinhalt automatisch wieder dem Eigentümer zu.

Beispiel: Grundstückseigentümer E räumt T durch eine beschränkte persönliche Dienstbarkeit das Recht ein, sein Grundstück zum Betrieb einer Tankstelle zu benutzen (§ 1090). Soweit die Befugnis des T aus der beschränkten persönlichen Dienstbarkeit reicht, kann E nicht selbst eine Tankstelle betreiben. Erlischt die Dienstbarkeit des T, so geht die Befugnis wieder auf E als Eigentümer über.

4. Eigentum und Besitz

11 Außer dem Eigentum und den beschränkten dinglichen Rechten ist im Sachenrecht auch der **Besitz** geregelt (§§ 854–872; dazu unten §§ 4, 5). Die Unterscheidung zwischen Eigentum und Besitz ist von grundlegender Bedeutung. Besitz hat, wer **rein tatsächlich** die Herrschaft über die Sache ausüben kann ohne Rücksicht darauf, ob ihm ein **Recht**, zB das Eigentum, an der Sache zusteht.

Beispiel: E ist Eigentümer einer Uhr. Er trägt sie bei sich und ist deshalb auch (rechtmäßiger) Besitzer. Wird E die Uhr von D gestohlen, so kann D nunmehr die tatsächliche Sachherrschaft ausüben und ist deshalb (unrechtmäßiger) Besitzer. Durch den Diebstahl verliert E nur seinen Besitz bzw. die Sachherrschaft, das Eigentum als Zuordnungsrecht verbleibt ihm. D wiederum hat dann die tatsächliche Sachherrschaft, aber kein Eigentum.

II. Die Gliederung des Sachenrechts

1. Übersicht

Die folgende Übersicht soll die Einteilung in die drei dargestellten Grundbegriffe – Eigentum, Besitz, beschränkte dingliche Rechte – noch einmal verdeutlichen. 12

Besitz	Beschränkte dingliche Rechte	Eigentum
Tatsächliche Sachherrschaft über eine Sache, § 854 **Formen:** – Alleinbesitz – Mitbesitz, § 866	**I. Nutzungsrechte** – Nießbrauch, § 1030 – Dienstbarkeiten, §§ 1018, 1090 – Erbbaurecht, ErbbauRG – Wohnungsrecht, § 1093 **II. Verwertungsrechte** – Pfandrecht, § 1204 – Grundpfandrechte: – Hypothek, § 1113 – Grundschuld, § 1191 – Reallast, § 1105 **III. Erwerbsrechte** – Vorkaufsrecht, § 1094 – Vormerkung, § 883 – Anwartschaftsrecht	Umfassendes Nutzungs- und Verwertungsrecht an einer Sache, § 903 **Formen:** – Alleineigentum – Bruchteils- bzw. Miteigentum, §§ 1008 f. – Gesamthandseigentum

2. Die wesentlichen Anspruchsziele der dinglichen Ansprüche

Aus der Eigenart dieser Sachenrechte ergeben sich besondere **Anspruchsgrundlagen** bzw. Anspruchsziele. Man kann insoweit im Wesentlichen drei Anspruchsziele unterscheiden: 13

a) Ansprüche auf Herausgabe
   – aus einem Recht zum Besitz, sog. petitorischer Anspruch (zB aus § 985)
   – aus dem Besitz selbst, sog. possessorischer Anspruch (§ 861)

b) **Ansprüche auf Beseitigung und Unterlassung** (zB §§ 1004, 862)

c) **Ansprüche auf Befriedigung** aus einem Gegenstand (zB aufgrund eines Pfandrechts an einer beweglichen Sache, § 1204, oder einer Hypothek, §§ 1113, 1147).

3. Der Aufbau des dritten Buches des BGB (Sachenrecht)

14 Das dritte Buch des BGB umfasst acht Abschnitte:

Abschnitt 1: Besitz
Abschnitt 2: Allgemeine Vorschriften über Rechte an Grundstücken
Abschnitt 3: Eigentum
Abschnitt 4: Dienstbarkeiten
Abschnitt 5: Vorkaufsrecht
Abschnitt 6: Reallasten
Abschnitt 7: Hypothek, Grundschuld, Rentenschuld
Abschnitt 8: Pfandrecht an beweglichen Sachen und an Rechten

Im Mittelpunkt des Studiums stehen die Abschnitte 1 bis 3 sowie der Abschnitt 7. Der zentrale Abschnitt zum **Eigentum** ist wiederum in fünf Titel gegliedert.

Titel 1: Inhalt des Eigentums (§§ 903–924)
Titel 2: Erwerb und Verlust des Eigentums an Grundstücken (§§ 925–928)
Titel 3: Erwerb und Verlust des Eigentums an beweglichen Sachen (§§ 929–984)
Titel 4: Ansprüche aus dem Eigentum (§§ 985–1007)
Titel 5: Miteigentum (§§ 1008–1011)

III. Grundbegriffe des Sachenrechts

1. Die Sache als Anknüpfungspunkt der Sachenrechte

15 **a) Begriff.** Das Sachenrecht befasst sich nur mit der Vermögenszuordnung von **Sachen**. Eigentum, beschränkte dingliche Rechte und Besitz sind deshalb grundsätzlich nur an Sachen möglich.

Einzige **Ausnahmen**: Nießbrauch (§ 1068) und Pfandrecht (§ 1273) können auch an Rechten bestehen.

16 **Sachen** sind nach **§ 90 körperliche**, dh greifbare **Gegenstände.** Keine Sachen sind nach § 90a S. 1 **Tiere**. Auf sie sind aber die für Sachen geltenden Vorschriften entsprechend anzuwenden, soweit dies mit dem Wesen und dem Schutz der Tiere vereinbar ist (§ 90a S. 3). An Tieren ist deshalb Eigentum und Besitz möglich, damit sie einer Person verantwortlich zugeordnet werden können. Diese Rechte dürfen jedoch nur eingeschränkt ausgeübt werden. Keine Sachen sind auch **geistige Werke** (→ § 2 Rn. 14) sowie Rechte, zB Forderungen oder Gestaltungsrechte. Wer zB eine Erfindung macht oder ein

Musikstück komponiert, kann an der Erfindung ein Patentrecht bzw. ein Urheberrecht haben.

Ist die Erfindung in einer Sache verkörpert, zB in einem Manuskript, so besteht neben dem Patent- oder Urheberrecht an der Erfindung auch noch das Eigentum am Manuskriptpapier als Sache. Gleiches gilt für das Verhältnis zwischen Software und **Datenträger**. Ist der Urheber mit der Vervielfältigung und Veräußerung seines Werks einverstanden, so erwirbt der Käufer mit dem Eigentum am Buch, an der CD oder dem Datenträger zugleich das Recht, das geistige Werk, zB die Software, für eigene Zwecke zu nutzen. Das Recht zur Benutzung des geistigen Werks ist in diesem Fall so eng mit der Sache (Buch, CD, Datenträger) verbunden, dass der Rechtsverkehr allein auf die Sache abstellt (s. auch BGH NJW 1988, 406: kaufrechtliche Sachmängelgewährleistung). Heute liegt es allerdings vermehrt so, dass Daten nicht mehr über Speichermedien transportiert, sondern direkt von Servern auf Endgeräte geladen werden. Solche **Daten** sind keine Sachen iSv 90 BGB, sodass das Sachenrecht keine Anwendung findet (dazu *Sattler* JZ 2017, 1036, 1037). 17

b) Bewegliche und unbewegliche Sachen. Bei den Sachen unterscheidet das BGB zwischen beweglichen und unbeweglichen Sachen. Unbewegliche Sachen sind Grundstücke und ihre wesentlichen Bestandteile. Alle anderen Sachen sind bewegliche Sachen, weil sie ihre räumliche Lage ändern können. Viele Normen des Sachenrechts, zB die §§ 985 ff., gelten für bewegliche und unbewegliche Sachen gleichermaßen; in Teilbereichen, etwa bei den Erwerbsvoraussetzungen, differenziert das Gesetz aber nach beweglichen und unbeweglichen Sachen. Insofern kann man auch vom Mobiliarsachenrecht einerseits und dem Immobiliarsachenrecht andererseits sprechen. 18

- Für bewegliche Sachen gelten andere Übertragungsvorschriften (§§ 929–936) als für unbewegliche Sachen (§§ 873–925).
- Einzelne beschränkte dingliche Rechte (Erbbaurecht, Grunddienstbarkeit, beschränkte persönliche Dienstbarkeit, Vorkaufsrecht, Reallast, Hypothek, Grundschuld und Rentenschuld) können nur an Grundstücken bestehen. Ein Pfandrecht kann dagegen außer an Rechten nur an beweglichen Sachen bestellt werden (§ 1204).

c) Vertretbare und unvertretbare Sachen. Weiterhin kann man vertretbare und unvertretbare Sachen unterscheiden. Vertretbare Sachen sind bewegliche Sachen, die im Verkehr nach Zahl, Maß oder Gewicht bestimmt zu werden pflegen, § 91 (zB Rohstoffe, Lebensmittel). Diese Unterscheidung hat aber nur im Schuldrecht (zB §§ 700, 706 II) Bedeutung. Ferner kennt das Gesetz den Begriff der verbrauchbaren Sachen (zB §§ 1067, 1075 II). 19

20 **d) Körperteile als Sachen.** Keine Sachen sind Personen und ihre lebenden Körper. Das Bestimmungsrecht hierüber ergibt sich aus dem Persönlichkeitsrecht, nicht aus dem Eigentum. Abgetrennte und damit verselbstständigte **Körperteile** wie Haare, gezogene Zähne, gespendetes Blut, Eizellen, Samen oder auch Organe, können dagegen als Sachen Eigentumsobjekte sein. Sie werden jedoch durch das Persönlichkeitsrecht überlagert, dem der Vorrang zukommt. Dies gilt jedenfalls so lange wie die Person, von der der Körperteil stammt, diesen nicht in den Verkehr gelangen lassen will.

Beispiele: Wird **Samen**, den der Spender vor einer zur Zeugungsunfähigkeit führenden Operation hat konservieren lassen, aus Nachlässigkeit eines anderen vernichtet, so nimmt der BGH eine Körperverletzung und nicht eine Eigentumsverletzung an (BGH NJW 1994, 127; dazu *Taupitz* NJW 1995, 745).

Embryonen sind keine Sachen gem. § 90. Daher kann an ihnen auch kein Eigentum bestehen. Das gilt sowohl für kryokonservierte Embryonen als auch für Embryonen in der Petrischale bzw. „in vitro" (OLG Karlsruhe FamRZ 2016, 1790). Eine Art Verfügungsbefugnis kann hier ggf. über eine Pflegschaft erlangt werden, § 1912 analog (vgl. BGH NJW 2016, 3174).

21 Hat die Person den (abgetrennten) Körperteil dagegen in den Rechtsverkehr gelangen lassen, sodass die Verbindung zu ihr nach ihrer Bestimmung endgültig verloren geht, so gewinnen das Sachobjekt und das Eigentumsrecht daran die Oberhand. Dieser Vorrang des Eigentumsrechts an der Sache gilt so lange, bis die Sache, wie zB ein Organ, wieder bei einer anderen Person eingepflanzt wird (s. zu Abgrenzungsfragen *Brohm* JuS 1998, 197; *Damm* JZ 1998, 926, 933).

22 **e) Sache als wirtschaftliche Einheit.** Eigentum und beschränkte dingliche Rechte bestehen jeweils an der **ganzen Sache**, einschließlich der wesentlichen Bestandteile, die nicht Gegenstand anderer dinglicher Rechte sein können (§ 93), sondern notwendig vom Eigentum mit umfasst werden. Der Grund für die ganzheitliche Zuordnung der Sache zu einem einzigen Eigentumsrecht oder einem beschränkten dinglichen Recht liegt in der Erhaltung der Sache als wirtschaftliche Einheit. Verschiedene Eigentumsrechte an verschiedenen Teilen einer einheitlichen Sache würden zu deren Zerstückelung führen. An nicht wesentlichen Bestandteilen (→ Rn. 23), zB einem Austauschmotor im Fahrzeug (BGH MDR 2017, 700), und an Zubehör (§ 97), zB dem Reserverad, kann dagegen die dingliche Rechtslage von der Rechtslage an der Hauptsache abweichen.

Beispiel: A ist Eigentümer eines Pkw. Er kauft bei R einen Austauschmotor. R baut den Motor in den Pkw des A ein. Da A aber noch nicht vollständig bezahlt hat, behält sich R das Eigentum am Motor vor (§ 449). Folge: A ist Eigentümer des Pkw, R ist Eigentümer des Motors. Anders ist es bei wesentlichen Bestandteilen wie zB dem Lack, mit dem der Pkw des A neu gespritzt wird. Der Lack kann als wesentlicher Bestandteil nicht Gegenstand eines anderen als des an der Hauptsache bestehenden Rechts sein. Folge: A wird Eigentümer des Lackes (§ 947 I, II), ein Eigentumsvorbehalt des R hätte keine Wirkung.

2. Bestandteile und Zubehör

a) Bestandteile. Die Teile, aus denen eine zusammengesetzte Sache 23
besteht, nennt man Bestandteile. Zu unterscheiden sind wesentliche und nicht wesentliche Bestandteile. **Wesentlich** sind Bestandteile einer Sache, die **nicht voneinander getrennt** werden können, ohne dass der eine oder andere zerstört oder in seinem Wesen verändert wird, **§ 93** (zB ein eingemauerter Kamin, OLG Düsseldorf NZM 1998, 805; der Öltank eines Wohnhauses, BGH NJW-RR 2013, 652). Diese Sachen verlieren durch die Verbindung ihre körperliche Selbstständigkeit und werden zum Teil einer einheitlichen Sache (zB auch eingebaute Baustoffe). Entsprechendes gilt, wenn der Ausbau zwar möglich ist, die Kosten dafür aber unverhältnismäßig hoch wären. Ist die **Abgrenzung** zwischen wesentlichen und unwesentlichen Bestandteilen schwierig, entscheidet die **Verkehrsanschauung** oder hilfsweise die natürliche Betrachtungsweise eines verständigen Beobachters; ausschlaggebend ist dabei der Zeitpunkt der Verbindung (BGH NJW 2012, 778).

Wesentliche Bestandteile einer Sache können **nicht Gegenstand besonderer Rechte** anderer sein, also zB nicht für sich in fremdem Eigentum stehen. Der Eigentümer der Hauptsache ist also immer auch Eigentümer des wesentlichen Bestandteils. Gesonderter Besitz ist aber denkbar.

Nicht wesentliche Bestandteile können aus der Sache ohne Schaden ausgebaut werden, zB Austauschmotor beim Pkw oder eine serienmäßig hergestellte Einbauküche (OLG Koblenz NJW-RR 2017, 838). An ihnen können eigene Rechte bestehen.

Beispiel: Ein nicht serienmäßig hergestelltes Modul, das in ein kleines Wärmekraftwerk zur Stromerzeugung eingesetzt ist, wurde vom BGH nicht als wesentlicher Bestandteil eingeordnet. Solange die Restsache nach der Abtrennung des Bestandteils noch in der bisherigen Weise benutzt werden könne – und sei es auch erst, nachdem ein anderes vergleichbares Modul eingebaut worden ist – sei der abgetrennte Bestandteil grundsätzlich als unwesentlich (bzw. eigenständig) anzusehen. Anders liege es nur, wenn der Bestandteil so spezifisch an die Hauptsache angepasst sei, dass er nach Abtrennung nicht mehr anderweitig verwendbar wäre (BGH NJW 2012, 778).

24 **Für wesentliche Bestandteile eines Grundstücks** oder Gebäudes enthält **§ 94** eine (unwiderlegbare) Sonderregelung. Unabhängig von der Definition des § 93 gelten danach als wesentliche Bestandteile auch alle mit dem Grund und Boden fest verbundenen Sachen, insbes. Gebäude, sowie Erzeugnisse des Grundstücks, solange sie mit dem Boden zusammenhängen (zB Ackerfrüchte), § 94 I. Außerdem sind die zur Herstellung des Gebäudes eingefügten Sachen (zB Waschbecken) wesentliche Bestandteile des Gebäudes, § 94 II. Insofern ist nicht die Abtrennbarkeit das Kriterium, sondern die Willensrichtung desjenigen, der das Gebäude errichtet hat (BGHZ 8, 1, 6).

Beispiele: Bei **Windkraftanlagen** ist das Betonfundament am Boden aufgrund der festen Verbindung mit dem Grundstück auch dessen wesentlicher Bestandteil iSv § 94 I, nicht aber die weiteren Teile einer Windkraftanlage, nämlich Turm, Rotor und Gondel (so auch *Peters* WM 2007, 2003).

Eine **Solaranlage**, die auf das Dach eines Hauses montiert ist, aber nicht zu dessen Stromversorgung beiträgt und ohne unverhältnismäßigen Aufwand auch wieder abgebaut und anderweitig montiert werden kann, ist nicht wesentlicher Bestandteil des Grundstücks (OLG Nürnberg MDR 2017, 24).

25 **b) Scheinbestandteile.** Scheinbestandteile sind Sachen, die nur zu einem **vorübergehenden Zweck** mit dem Grund und Boden (§ 95 I 1) bzw. einem Gebäude (§ 95 II) verbunden werden (zB die Einbauküche, die der Mieter mitbringt). Ein vorübergehender Zweck ist jedenfalls anzunehmen, wenn die spätere Aufhebung der Verbindung von Anfang an geplant war, wofür grundsätzlich der innere Wille des Einfügenden im Zeitpunkt der Verbindung maßgeblich ist (BGH NJW 2017, 2099). Ein nur vorübergehender Zweck ist aber nicht schon deshalb ausgeschlossen, weil die Sache (zB Windkraftanlage) nach ursprünglicher Planung für ihre gesamte Lebensdauer auf dem Grundstück verbleiben sollte. Schließlich kann es nicht entscheidend auf die konkrete wirtschaftliche Lebensdauer der einzelnen Sache ankommen. Ausschlaggebend ist vielmehr, ob der Einfügende die Sache dauerhaft auf dem Grundstück belassen wollte (BGH aaO).

Beispiel: (nach BGH NJW 2017, 2099): P pachtet von seiner Ehefrau E ein Grundstück, auf dem er eine Windkraftanlage aufstellt und betreibt. Nun verkauft E das Grundstück an V, während P die Anlage an N verkauft, der nunmehr Pächter des Grundstücks ist. Auch wenn hier P davon ausging, dass die Anlage für ihre voraussichtliche Nutzungsdauer von 20 Jahren auf dem Grundstück verbleiben würde, so hat er sie doch als Pächter eingebaut und damit allein in eigenem Interesse, so dass lediglich von einem Scheinbestandteil iSd § 95 I 1 auszugehen ist. V hat daher mit dem Erwerb des Grundstücks nicht auch die Windkraftanlage erworben.

Scheinbestandteile bleiben **selbstständige bewegliche Sachen** und können im Eigentum eines Dritten stehen, zB auch infolge einer Sicherungsübereignung. Ein wesentlicher Bestandteil kann zu einem Scheinbestandteil nach § 95 werden, wenn der Eigentümer des Grundstücks bestimmt, dass der Bestandteil nun zu einem vorübergehenden Zweck mit dem Grundstück verbunden sein soll und den Bestandteil entsprechend § 929 S. 2 auf einen Dritten überträgt (s. BGH NJW 2006, 990).

c) **Zubehör.** Zubehör sind bewegliche Sachen, die, ohne Bestand- **26**
teil der Hauptsache zu sein, dem **wirtschaftlichen Zweck der Hauptsache** zu **dienen** bestimmt sind und zu ihr in einem dieser Bestimmung entsprechenden räumlichen Verhältnis stehen, **§ 97**. Insoweit genügt ein erkennbarer örtlicher Zusammenhang. Die erforderliche Zweckbestimmung erfolgt in der Regel durch schlüssige Handlung, für die die tatsächliche Benutzung der Sache für den wirtschaftlichen Zweck einer anderen Sache ein Indiz sein kann (BGH NJW 2009, 1078). Die Zubehöreigenschaft fehlt jedoch, wenn die Sache im Verkehr nicht als Zubehör angesehen wird. Die Abgrenzung von Zubehör und Bestandteilen richtet sich nach der (regionalen) **Verkehrsanschauung**, wobei ein technisch-wirtschaftlicher Maßstab anzulegen ist. Zubehör ist zB das Mobiliar eines Hotels. Bei einer Einbauküche hingegen wäre einzelfallabhängig zu entscheiden. Die rechtliche Bedeutung des Zubehörs zeigt sich in Einzelvorschriften (zB § 926).

Beispiel: Durch den Keller des Hauses von H laufen **Versorgungsleitungen**, die das benachbarte Haus des N mit Strom und Wasser versorgen. Die Leitungen sind nicht wesentlicher Bestandteil des Hauses von H und damit auch nicht Eigentum des H gem. § 946, da sie naturgemäß nicht „zur Herstellung" seines Hauses eingefügt worden sind, vgl. § 94 II. Die Leitungen dienen vielmehr der Versorgung des Nachbargrundstücks und sind damit Zubehör des Grundstücks von N (BGH NJW-RR 2011, 1458). Ein „entsprechendes räumliches Verhältnis" iSv § 97 I ist durch die unmittelbare Nachbarschaft der Grundstücke gegeben. Von dieser sachenrechtlichen Zuordnung zu unterscheiden wäre die Frage, ob H die Leitungen im Keller seines Hauses gem. § 1004 II zu dulden hat (→ § 25 Rn. 43).

3. Nutzungen/Früchte

27 Nutzungen sind die Früchte einer Sache oder eines Rechts sowie die Vorteile, welche der Gebrauch einer Sache oder eines Rechts gewährt, **§ 100** (zB die **Gebrauchsvorteile**, die der Besitz eines Kfz bietet). Als Früchte einer Sache definiert **§ 99 I** die **Erzeugnisse** der Sache und ihre sonstige bestimmungsgemäße Ausbeute (Obst am Baum, Milch der auf dem Boden gehaltenen Kühe, Steine aus dem Steinbruch). Früchte sind auch die **Erträge**, die die Sache oder das Recht kraft eines Rechtsverhältnisses gewährt, zB die Miete bei Vermietung der Sache, § 99 III. Die Frage, wer Eigentümer der Früchte wird, beantworten die §§ 953 ff. Unter Umständen gebühren diese Vorteile aber einer anderen Person, sodass sie der Eigentümer herausgeben muss (vgl. zB §§ 101, 1039 I 2). Zieht ein unberechtigter Besitzer Nutzungen, kann er dem Eigentümer zur Herausgabe bzw. zum Wertersatz verpflichtet sein, §§ 987 ff.

IV. Internationaler Anwendungsbereich

28 In einer Welt mit internationalen Beziehungen und weltumspannenden Transportmöglichkeiten sind bewegliche Sachen im Gegensatz zu Grundstücken (Immobilien) nicht an einen festen Ort gebunden, sondern können in andere Länder gelangen, in denen andere Rechtsvorschriften gelten. Es stellt sich dann die Frage, welche Rechtsordnung Anwendung findet. Wie erwirbt zB der Urlauber das Eigentum an dem Schmuck, den er im Urlaub kauft, um ihn als Geschenk nach Hause mitzubringen? Gilt deutsches Recht, weil ein Deutscher den Schmuck erwirbt oder gilt das Recht des Urlaubslandes? Diese Fragen regelt das Internationale Privatrecht, das für das Sachenrecht in Art. 43–46 EGBGB zu finden ist.

Rechte an einer Sache unterliegen grundsätzlich dem **Recht des Staates**, in dem sich die **Sache befindet**, Art. 43 I EGBGB (lex rei sitae = *situs*-Regel). Für den Eigentumserwerb der (im Erwerbszeitpunkt im Ausland befindlichen) Ware findet danach das Recht des jeweiligen Landes Anwendung. Das Sachenrecht des BGB findet für im Ausland erworbene Sachen erst Anwendung, sobald die Sachen nach Deutschland verbracht wurden (dazu auch Art. 43 II, III EGBGB). Sonderregelungen gelten für Grundstücksimmissionen (Art. 44 EGBGB) und Transportmittel (Art. 45 EGBGB).

Eine Ausnahme von der *situs*-Regel enthält Art. 46 EGBGB dann, wenn die Sache zu einem bestimmten Staat eine wesentlich engere Verbindung aufweist als zum Ortsrecht. Dies trifft zB für Sachen auf der Durchreise zu. Wenn zB der Lkw des deutschen Spediteurs durch Österreich nach Italien und zurück fährt, dann hält er sich in diesen Ländern nur kurze Zeit auf und behält eine wesentlich engere Verbindung zu Deutschland. Deshalb richtet sich das Eigentum am Lkw nach deutschem Recht. Dies ist etwa bedeutsam beim Sicherungseigentum, das manche Länder nicht anerkennen (→ § 15 Rn. 45 f.).

§ 2. Inhalt und Arten des Eigentums

I. Formen des Eigentumserwerbs

Das BGB regelt im Sachenrecht als erstes den Besitz (§§ 854–872). 1
Erst in §§ 903 ff. befasst es sich mit dem Inhalt des Eigentums. Da das Eigentum jedoch das wichtigste dingliche Recht ist, das den Charakter des Sachenrechts wesentlich prägt, soll hier vorab auf die wichtigsten Aspekte des Eigentums eingegangen werden.

Der **Erwerb des Eigentums** kann sich auf unterschiedliche Art und Weise vollziehen.

Formen des Eigentumserwerbs
1. Durch **Rechtsgeschäft** – §§ 929 ff. bei beweglichen Sachen – §§ 873 ff. bei Grundstücken 2. Durch **Gesetz** – Verbindung, Vermischung, Verarbeitung, §§ 946 ff. – Ersitzung, §§ 937 ff. – dingliche Surrogation, §§ 718 II, 1247 S. 2, 1287, 2019, 2111 3. Durch **Aneignung**, §§ 958 ff. 4. Durch **Erbgang**, §§ 1922 ff. 5. Durch Hoheitsakt, §§ 817 II ZPO, 90 I ZVG

II. Befugnisse aus dem Eigentum

Art. 14 GG umreißt die Grundlinien des Eigentumsrechts insofern, 2
als ein **Kernbestand freiheitlicher Betätigung im Vermögensbe-**

reich gewährleistet werden soll. Die privatrechtliche Ausgestaltung des Eigentums an Sachen enthält dagegen **§ 903**. Er gestattet dem Eigentümer, nach Belieben mit seiner Sache zu verfahren und andere von jeder Einwirkung auszuschließen, sofern nicht das Gesetz oder Rechte Dritter entgegenstehen. In dieser Inhaltsbestimmung kommt zum Ausdruck, dass das Eigentum im BGB als das **umfassendste Zuordnungsrecht** an einer Sache vorgesehen ist und grundsätzlich alle an einer Sache möglichen Befugnisse dem Eigentümer zustehen (→ § 1 Rn. 4 f.).

1. Benutzungsbefugnisse des Eigentümers

3 Das Gesetz gestattet dem Eigentümer zunächst, seine Sache **beliebig zu gebrauchen, § 903**. Es weist ihm nicht einzelne Befugnisse enumerativ zu, sondern gibt ihm die umfassende Generalerlaubnis für alle mit einer Sache denkbaren Verwendungsmöglichkeiten.

Beispiele: Der Eigentümer kann seine Sache selbst in Besitz nehmen oder sie einem anderen entgeltlich oder unentgeltlich überlassen. Er kann die Art ihrer Verwendung bestimmen. Eine Maschine etwa kann er für Produktionszwecke einsetzen, veräußern, umbauen oder auch verkommen lassen. Auch die Entscheidung über die gewerbliche Nutzung seiner Sachen ist dem Eigentümer überlassen. Weiterhin kann er darüber entscheiden, ob er seine Sachen der Öffentlichkeit zugänglich machen will.

Die Befugnisse sind jedoch **nicht** immer **schrankenlos**. Insbes. der Eigentümer von Grundstücken unterliegt wesentlichen Beschränkungen, etwa durch öffentlich-rechtliche Vorschriften (zB Baurecht, Naturschutzrecht, Denkmalschutzrecht). Zum Teil sind einzelne Inhalte, wie etwa die sog. bergfreien Bodenschätze oder die Wassernutzung (BVerfGE 58, 300, 332 ff.), sogar aus dem Eigentum herausgenommen und gehören nicht mehr zu den Befugnissen des Grundeigentümers. Auch das Eigentum an Tieren (→ § 1 Rn. 16) ist durch besondere Schutzgesetze, insbes. das Tierschutzgesetz, wesentlich eingeschränkt.

2. Ausschließung Dritter

4 Die positive Befugnis des Eigentümers, mit seiner Sache nach Belieben zu verfahren, wird ergänzt durch die Befugnis, Dritte von jeder Einwirkung auszuschließen. Die Ausschließungsbefugnis schützt das Eigentum in seinem ganzen Inhalt und richtet sich deshalb **gegen jede Art von Einwirkung** in das Eigentum (→ § 24 Rn. 3). Sie ist unabhängig davon, ob der Eigentümer seine Sache selbst gebrauchen will oder ob er sie ungenutzt lässt.

Beispiel: Der Eigentümer kann anderen Personen etwa das Betreten seines Grundstücks untersagen oder sich gegen wesentliche Immissionen, die auf sein Grundstück einwirken, zur Wehr setzen (→ § 24 Rn. 4 ff.).

In Bezug auf Grundstücke und Gebäude kann das Recht zur Ausschließung Dritter auf das sog. **Hausrecht** gestützt werden. Dieses beruht auf dem Grundstückseigentum oder -besitz (§§ 858, 903, 1004) und ermöglicht es seinem Inhaber, in der Regel frei darüber zu entscheiden, wem er den Zutritt gestattet und wem nicht (BGH NJW 2012, 1725). Einschränkungen können sich aber daraus ergeben, dass eine Örtlichkeit für den allgemeinen Publikumsverkehr geöffnet wird und der Berechtigte damit seine Bereitschaft zu erkennen gibt, grundsätzlich jedem den Zutritt zu gewähren, der sich im Rahmen des üblichen Verhaltens bewegt. In diesem Fall bedarf der Ausschluss einer bestimmten Person mit Blick auf das allgemeine Persönlichkeitsrecht (Art. 2 I iVm Art. 1 I GG) und den Gleichheitsgrundsatz (Art. 3 GG) eines sachlichen Grundes (BGH aaO). 5

Beispiele:
- Ein Flughafenbetreiber kann kraft seines Hausrechts das Verteilen von Flugblättern verbieten, wenn zu besorgen ist, dass es den Flugbetrieb stört (BGH NJW 2006, 1054).
- Der Betreiber eines **Hotels** kann die Beherbergung eines NPD-Politikers verweigern und unterliegt insoweit auch nicht den Einschränkungen der §§ 19 I, 21 AGG. Anders liegt es jedoch, wenn er sich zuvor schon vertraglich verpflichtet hatte. Dann bedarf die Erteilung eines **Hausverbots** der Rechtfertigung durch besonders gewichtige Sachgründe (BGH NJW 2012, 1725).
- Mit dem Erwerb einer Eintrittskarte zu einer Veranstaltung ist noch nicht das Recht zur Rundfunk- oder Fernsehberichterstattung nach außen verbunden. Der Eigentümer kann dafür vielmehr ein zusätzliches Entgelt verlangen. Dies stellt weder eine unbillige Behinderung noch eine sachlich nicht gerechtfertigte Ungleichbehandlung nach §§ 19, 20 GWB dar, wenn der Veranstalter eine marktbeherrschende Stellung hat (BGH NJW 2006, 377).

3. Das Sachenrecht zwischen Freiheit und Bindung

Auch wenn das Sachenrecht dem Eigentümer eine Sache umfassend 6
zuordnet und die Benutzung sowie Verfügung über die Sache grundsätzlich seinem Belieben überlässt, muss der Einzelne bei der Benutzung seines Eigentums auch auf die Allgemeinheit Rücksicht nehmen. Die Allgemeinheit ihrerseits achtet dieses Eigentum und der Staat verleiht ihm seinen Schutz. Art. 14 II GG bestimmt demgemäß,

dass Eigentum verpflichtet und sein Gebrauch dem Wohl der Allgemeinheit dienen soll. Die Bedeutung des Sachenrechts liegt deshalb auch darin, dass in ihm das **Spannungsverhältnis zwischen Freiheit und Bindung** des Eigentums ausgetragen werden muss. Diese Bindungen finden sich zT im BGB, größtenteils jedoch im öffentlichen Recht. Der sachenrechtliche Freiheitsbereich des Eigentümers lässt sich deshalb nur in Verbindung mit anderen Rechtsgebieten, insbes. dem öffentlichen Recht, bestimmen.

III. Arten des Eigentums

1. Miteigentum nach Bruchteilen

7 Das Eigentum ist in erster Linie Alleineigentum in dem Sinne, dass das subjektive Eigentumsrecht einem einzigen Berechtigten, dem Alleineigentümer, zusteht. Das Eigentum an einer Sache kann jedoch auch mehreren Berechtigten in der Form des Miteigentums nach Bruchteilen oder als Gesamthandseigentum zugewiesen sein.

Beim Miteigentum nach Bruchteilen steht das Eigentum an einer Sache zwei oder mehreren Personen in der Weise zu, dass jede Person nur zu einem gedanklich-rechnerischen Bruchteil an der Sache berechtigt ist, der sich aber auf die ganze Sache erstreckt und nicht auf einen realen Sachteil begrenzt ist (sog. **ideeller Bruchteil**).

Beispiel: M und F kaufen sich nach der Heirat ihre Wohnungseinrichtung. Da beide gleichermaßen mit ihren Ersparnissen beitragen, sollen die angeschafften Gegenstände nach übereinstimmendem Willen auch beiden gleichermaßen gehören. Hier entsteht Miteigentum. Jedem Ehegatten gehört jeder Gegenstand zur Hälfte, er ist Miteigentümer, nicht Alleineigentümer. Das Miteigentum erstreckt sich auf die ganze Sache, beschränkt durch das gleichzeitige Miteigentum des anderen Teils.

8 **Schuldrechtlich** handelt es sich beim Miteigentum um eine **Gemeinschaft nach Bruchteilen, §§ 741 ff.** Ergänzende sachenrechtliche Vorschriften für das Miteigentum finden sich in den **§§ 1008 ff.** Kennzeichen der Bruchteilsgemeinschaft ist, dass jeder Miteigentümer im Gegensatz zur Gesamthandsgemeinschaft (→ Rn. 9) über seinen ideellen **Anteil frei** und unabhängig von den anderen Miteigentümern **verfügen** kann (§ 747 S. 1). Die Verfügung über den Miteigentumsanteil erfolgt nach den für das Alleineigentum geltenden Regeln, also nach den §§ 929 ff. bei beweglichen Sachen und den §§ 873 ff. bei

Grundstücken. Ein Verzicht auf einen Miteigentumsanteil an einem Grundstück gem. § 928 ist nicht möglich (BGH NJW 2007, 2254).

Beispiel (nach LG Arnsberg NJW 2017, 2421): Wollen fünf Personen einen Umtrunk veranstalten und sämtliche Ausgaben (Raummiete, Getränke etc) teilen, so liegt im Hinblick auf einen erworbenen Bierkasten Miteigentum vor bzw. eine Gemeinschaft nach den §§ 741 ff. Wird dann im Kronkorken einer Bierflasche eine Preisauslobung (hier: Auto) entdeckt, so steht der Preis allen gemeinschaftlich zu. Vereinnahmt ein Teilnehmer den Preis für sich allein, haben die anderen einen Schadensersatzanspruch aus §§ 745 II, 280 I bzw. einen bereicherungsrechtlichen Anspruch aus § 812 I 1 Alt. 2 (dazu Klausurfall bei *Roggendorf/Textor* Jura 2017, 1417).

2. Das Gesamthandseigentum

Das Gesamthandseigentum steht zwei oder mehreren Personen in 9
der Weise zu, dass sie **nur gemeinschaftlich** über die Sache **verfügen** können. Der einzelne Gesamthandseigentümer kann im Gegensatz zum Miteigentum nach Bruchteilen nicht über seinen Anteil an der einzelnen Sache selbstständig verfügen (§§ 719 I, 1419 I, 2033 II). Das Gesamthandsvermögen steht vielmehr allen einheitlich zu. Jeder ist an die Gesamthand gebunden. Gesamthandseigentum kann nur im Rahmen einer Gesamthandsgemeinschaft bestehen. Das BGB kennt nur drei Formen der Gesamthand. Neue und andere Formen der Gesamthandsgemeinschaft können nicht durch Rechtsgeschäft geschaffen werden.

Gesamthandsgemeinschaften des BGB
– Gesellschaftsvermögen der Personengesellschaft, §§ 718, 719 – Eheliche Gütergemeinschaft, § 1416 – Erbengemeinschaft, § 2032

3. Das Treuhandeigentum

Ein „Treuhandeigentum“ ist im BGB nicht ausdrücklich geregelt. 10
Der Erwerb von Treuhandeigentum ist dadurch gekennzeichnet, dass der Treugeber dem Treuhänder (Treuhandeigentümer) zwar sachenrechtlich das Volleigentum überträgt, ihm schuldrechtlich aber Beschränkungen in seinen Verfügungsbefugnissen darüber auferlegt. Der Treuhänder unterliegt im Innenverhältnis zum Treugeber also ei-

ner **schuldrechtlichen Bindung**, die seine Eigentümerrechte nach Maßgabe der Treuhandvereinbarung beschränkt. Um das juristisch zu erfassen, hat man den Begriff des Treuhandeigentums geprägt.

Beispiel: Zur Absicherung eines Kredits übereignet Unternehmer U der Bank B sicherungshalber einen Baukran (§ 930). Dadurch wird die Bank im Rechtssinne Eigentümer, allerdings bleibt der Kran im Besitz des U, damit er damit arbeiten kann. Nach der üblichen Sicherungsabrede darf B den Kran dann weder an einen Dritten verkaufen und übereignen noch sonst vorzeitig verwerten. Vielmehr hat U einen Anspruch auf Rückübereignung, sobald er den Kredit zurückgezahlt hat.

11 **Verstößt** der Treuhänder gegen die ihm auferlegten Pflichten bzw. Beschränkungen, zB indem er den betreffenden Vermögensgegenstand veräußert, so handelt er sachenrechtlich durchaus als Berechtigter, sodass die betreffende Verfügung grundsätzlich wirksam ist (vgl. § 137 S. 1). Das sachenrechtliche „Können" bleibt von den schuldrechtlichen Beschränkungen unberührt. Bei einem Verstoß gegen sein schuldrechtliches „Dürfen" macht sich der Treuhänder jedoch gegenüber dem Treugeber schadensersatzpflichtig.

12 Je nach Rechtsstellung des Treuhänders und seinem Interesse an der Treuhand lassen sich verschiedene Arten der Treuhand unterscheiden (Übersicht bei Palandt/*Herrler* BGB § 903 Rn 33 ff.). Insbes. kann man die uneigennützige und die eigennützige Treuhand unterscheiden. Bei der **uneigennützigen Treuhand** darf der Treuhänder als juristischer Eigentümer das Treuhandeigentum nur zu Zwecken nutzen, die den Interessen des Treugebers als dem wirtschaftlichen Eigentümer dienen. Bei der **Verwaltungstreuhand** etwa wird das Treuhandverhältnis im Interesse des Treugebers begründet, weil dieser selbst das Recht nicht ausüben kann oder will.

Beispiel: T verwaltet ein Grundstück, dessen Eigentümer er juristisch ist, entsprechend den Interessen und den Weisungen des Treugebers G. Der Grund dafür kann sein, dass G nach außen aus bestimmten Gründen nicht als Eigentümer erkennbar sein will. Denkbar wäre aber auch, dass G als Ausländer im Inland bestimmte Gegenstände nicht erwerben darf und diese daher durch einen Inländer auf seine Rechnung erwerben und in seinem Interesse verwalten lässt.

13 Bei der **eigennützigen Treuhand** hingegen dient die Sache in bestimmtem Umfang den Interessen des Treuhänders. Der Treuhänder darf die Sache aber nicht vollständig im eigenen Interesse benutzen, sondern nur zu den im Treuhandvertrag vereinbarten Zwecken. Im

Übrigen dient die Sache den Interessen des Treugebers als wirtschaftlichem Eigentümer. Hauptanwendungsfall der eigennützigen Treuhand ist die Sicherungstreuhand im Rahmen einer **Sicherungsübereignung** (s. Beispiel → Rn. 10; im Einzelnen → § 15 Rn. 1 ff.).

IV. Geistiges Eigentum

Das Sacheigentum des § 903 als umfassendes Herrschafts- und Zuordnungsrecht kann nur an körperlichen Sachen (§ 90) als Objekten der Herrschaft des Eigentümers bestehen. Absolute Herrschafts- und Zuordnungsrechte sind aber auch an **unkörperlichen Gegenständen als Herrschaftsobjekten** möglich. Beispiele dafür sind Patent- und Urheberrechte an Erfindungen und sonstigen geistigen Schöpfungen sowie Markenrechte an Namen und anderen Kennzeichen. Daneben gibt es besondere Schutzrechte wie zB für Gebrauchs- und Geschmacksmuster. Da die unkörperlichen Herrschaftsobjekte dieser Rechte vorwiegend an geistige Ideen und Vorstellungen anknüpfen, spricht man bei diesen Rechten von geistigem Eigentum. Weil diese Rechte va die gewerbliche Betätigung schützen, nennt man sie mit Ausnahme des Urheberrechts auch gewerbliche Schutzrechte. Das Urheberrecht und die gewerblichen Schutzrechte werden dem Eigentumsbegriff des Art. 14 GG zugeordnet, weil dieser nicht auf Sachen begrenzt ist, sondern alle vermögenswerten Gegenstände umfasst (zB für Urheberrecht BGH NJW 2017, 1961). 14

Geistiges Eigentum und Sacheigentum weisen eine Reihe von **Gemeinsamkeiten** auf, da beide absolute Rechte sind. So wird etwa der Schutz des geistigen Eigentums durch Beseitigungs- und Unterlassungsansprüche gewährt (s. § 97 I UrhG, §§ 14 V, 15 IV, 18 MarkenG, §§ 139 I, 140a PatG), die mit denjenigen aus § 1004 vergleichbar sind. Auch genießt das geistige Eigentum den Schutz als sonstiges Recht iSv § 823 I. **Unterschiede** ergeben sich aus den besonderen Herrschaftsobjekten beim geistigen Eigentum. An ihnen als unkörperlichen Gegenständen kann grundsätzlich kein Sachbesitz bestehen (s. aber § 9 PatG). Um die Rechte dennoch für Dritte erkennbar zu machen, tritt an die Stelle des Sachbesitzes bei gewerblichen Schutzrechten regelmäßig die Eintragung in ein Register (§§ 4 Nr. 1, 32 ff. MarkenG, §§ 34 ff. PatG).

Empfehlungen zur vertiefenden Lektüre: *Krebs/Becker*, Die Teilverdinglichung und ihre Anwendung auf Internetdomains, JZ 2009, 932.

V. Das Wohnungseigentum

1. Sondereigentum an der Wohnung

15 **a) Allgemeines.** Das Grundstückseigentum umfasst nach den §§ 94, 946 auch das Eigentum an den darauf befindlichen Gebäuden. Dabei kann es sich auch um Miteigentum mehrerer Personen handeln. Die Möglichkeit, dass ein konkreter Gebäudeteil bzw. eine einzelne Wohnung in einem Gebäude einem bestimmten Eigentümer zusteht, ist im BGB indes nicht vorgesehen. Die praktisch hoch bedeutsamen Regelungen dazu finden sich im **Wohnungseigentumsgesetz** (WEG). Das Wohnungseigentum vermittelt seinem Inhaber das Eigentum an einer von mehreren Wohnungen in einem Gebäude. Der Begriff der Wohnung ist nicht gesetzlich definiert. Maßgebend für die Bestimmung ist die Verkehrsauffassung auf Grundlage der baulichen Gestaltung (Palandt/*Wicke* WEG § 1 Rn. 2). Eine Wohnung ist danach die Summe der Räume, welche die Führung eines Haushalts ermöglichen (BAnz Nr. 58 v. 23.3.1974).

16 Das Wohnungseigentum besteht aus dem **Miteigentum** am Grundstück und den Gemeinschaftsanlagen (§ 1 V WEG) **sowie** aus dem **Sondereigentum** an der Wohnung (§§ 1 II, 5 WEG) als einer untrennbaren Einheit. Die Anerkennung von Sondereigentum an der einzelnen Wohnung (sowie bestimmten Kellerräumen oder Garagen) stellt eine Ausnahme von dem allgemeinen Grundsatz des BGB dar, dass wesentliche Bestandteile nicht Gegenstand besonderer Rechte sein können (§§ 93, 94). Es muss sich jedoch um eine in sich abgeschlossene Wohnung handeln (§ 3 II 1 WEG).

Für die **Bestimmung** und Abgrenzung des **Sondereigentums** ist nicht die tatsächliche Bauausführung, sondern der zur Eintragung ins Grundbuch gelangte **Aufteilungsplan** entscheidend. Das ergibt sich auch aus dem Bestimmtheitsgrundsatz des Sachenrechts (BGH NJW 2016, 473). Entspricht die tatsächliche Bauausführung diesen Vorgaben nicht (zB weil eine Wand verschoben wurde), hat der betroffene Wohnungseigentümer unverändert Anspruch auf die plangemäße Herstellung des gemeinschaftlichen Eigentums, sofern die festgestellte Abweichung nicht nur unwesentlich ist und die Herstellung keine völlig unverhältnismäßigen Kosten verursacht (BGH aaO).

17 Das Sondereigentum kann nur an **wesentlichen Bestandteilen** bestehen (BGH NJW 1975, 688). Es kann nicht ohne den Miteigentumsanteil veräußert oder belastet werden (§ 6 WEG). Infolge der

Verbindung des Sondereigentums mit dem Miteigentumsanteil ist das Wohnungseigentum eine **besondere Form des Miteigentums nach Bruchteilen**. Es kann wie dieses selbstständig übertragen werden. Anders als das gewöhnliche Bruchteilseigentum kann das Wohnungseigentum seinerseits aber wiederum Gegenstand einer (Unter-)Bruchteilsgemeinschaft zB von Ehegatten sein. Insofern kann zwar das Sondereigentum an einer Wohnung nach §§ 1 II, 6 WEG immer nur mit einem einzigen Miteigentumsanteil (→ Rn. 16) verbunden sein, welcher als solcher nicht aufteilbar ist; wohl aber kann das Wohnungseigentum (als Gesamtheit bestehend aus Sondereigentum und diesem Miteigentumsanteil) mehreren nach Bruchteilen zustehen.

b) Begründung des Wohnungseigentums. Das Wohnungseigentum wird entweder durch vertragliche Einigung der Miteigentümer in Form der Auflassung und **Eintragung** dieser Einigung im Grundbuch **begründet** (§§ 2, 3 WEG) oder durch einseitige Teilungserklärung des Grundstücksalleineigentümers gegenüber dem Grundbuchamt (§§ 2, 8 I WEG). Während das Wohnungseigentum bei Einigung mehrerer Miteigentümer nach § 3 WEG bereits mit der Eintragung in das über das Grundstück geführte Grundbuch entsteht, wird die Teilung nach § 8 WEG erst mit der Anlegung der Wohnungsgrundbücher gem. § 7 WEG wirksam (s. § 8 II 2 WEG). Ein Verzicht auf das Wohnungseigentum gem. § 928 ist nicht möglich (BGH NJW 2007, 2547). 18

Bei **Gründungsmängeln**, die alle Miteigentumsanteile betreffen, kann eine faktische Wohnungseigentümergemeinschaft entstehen, sofern die Wohnungsgrundbücher nach § 7 WEG angelegt sind (s. auch KG NJW-RR 1986, 1274). Der Mangel kann durch gutgläubigen Erwerb nach § 892 geheilt werden mit der Folge, dass aus dem faktischen Wohnungseigentum rechtlich gesichertes Wohnungseigentum wird (BGH NJW 1990, 447).

2. Die Gemeinschaft der Wohnungseigentümer

a) Rechte und Pflichten der Wohnungseigentümer. Aus der Gemeinschaft der Wohnungseigentümer ergeben sich bestimmte Pflichten, die das freie Belieben (§ 13 I WEG) einschränken. Der einzelne Wohnungseigentümer darf die im Sondereigentum stehende Wohnung nur **gemeinschaftsverträglich** in der Weise **nutzen**, dass anderen Miteigentümern keine besonderen Nachteile entstehen (§ 14 Nr. 1 WEG). Andernfalls entstehen für die einzelnen gestörten Wohnungseigentümer eigene **Abwehransprüche** aus **§ 1004 I** (BGH NJW 2014, 19

1090); entsprechendes gilt bei zweckwidriger Nutzung. Solange die damit verbundene Störung andauert, verjähren Unterlassungsansprüche nicht (BGH NJW-RR 2015, 781); bei langer Duldung kann ein Anspruch aber im Einzelfall verwirkt sein (BGH NJW 2016, 53). Denkbar ist zudem ein nachbarrechtlicher Ausgleichsanspruch analog § 906 II 2 (BGH NJW 2015, 613). In krassen Fällen kann der störende Wohnungseigentümer sogar zur Veräußerung seines Wohnungseigentums verurteilt werden, § 18 WEG (vgl. BGH WuM 2017, 58).

20 Der Wohnungseigentümer haftet auch insoweit, als er seine Wohnung **anderen Personen** zur Benutzung überlässt (§ 14 Nr. 2 WEG), insbes. für einen Nießbraucher (BGH NJW 2014, 2640). Außerdem muss der Wohnungseigentümer das Betreten und die Benutzung seines Sondereigentums **gestatten**, soweit dies zur Instandhaltung und Instandsetzung des gemeinschaftlichen Eigentums erforderlich ist (§ 14 Nr. 4 WEG).

Beispiele:

- A spielt jeden Abend bis 24 Uhr **Geige**. Wegen der unzureichenden Schallisolierung ist sein Spiel in der Wohnung des B zu hören, der deshalb nicht einschlafen kann. B kann die Unterlassung des Geigenspiels zu so später Stunde verlangen (vgl. § 15 III iVm § 14 Nr. 1 WEG).
- Das gemeinschaftliche Abflussrohr ist zwischen Erdgeschoss und dem 1. Stock verstopft, sodass bei dem im 1. Stock wohnenden A das Wasser nicht mehr abläuft. Der im Erdgeschoss wohnende B muss dulden, dass die Handwerker von seiner Wohnung aus die Störung beseitigen, falls eine andere zumutbare Möglichkeit nicht besteht. Er kann dafür jedoch Ersatz verlangen (§ 14 Nr. 4 WEG), der aus den Verwaltungskosten (§ 16 II WEG) zu leisten ist.
- Die (teilgewerbliche) Nutzung einer Wohnung zum Betrieb einer entgeltlichen **Tagespflegestätte** für Kleinkinder (Tagesmutter) ist nicht ohne weiteres gemeinschaftsverträglich und bedarf daher der Zustimmung des Verwalters oder der Wohnungseigentümergemeinschaft (BGH NJW-RR 2012, 1292).
- Das Anbringen von **Parabolantennen** auf Balkonen kann wegen Störung des optischen Gesamteindrucks von anderen Wohnungseigentümern untersagt werden; jedoch hat ein Informationsinteresse, das anders nicht erfüllt werden kann, wegen der Ausstrahlungswirkung des Art. 5 I 1 GG Vorrang. Abweichende Vereinbarungen sind möglich (BGH NJW 2004, 937).

21 Das Pflichtenverhältnis der Wohnungseigentümer untereinander begründet ein **gesetzliches Schuldverhältnis**, dessen Verletzung zu Schadensersatzansprüchen und zur Anwendung von § 278 führen kann. Diejenigen Wohnungseigentümer etwa, die schuldhaft dringen-

den Sanierungsmaßnahmen nicht zustimmen mit der Folge, dass ein anderer Eigentümer durch das Unterbleiben der Maßnahme einen Schaden an seinem Sondereigentum erleidet, haften diesem aus **§ 280 I, II** iVm § 286 auf Schadensersatz (BGH NJW 2015, 613, Feuchtigkeitsschaden).

Die Wohnungseigentümer können ihr Rechtsverhältnis in Ergänzung oder in Abweichung vom WEG durch eine sog. **Gemeinschaftsordnung** regeln (§ 10 II 2 WEG). Dies muss grundsätzlich durch eine Vereinbarung geschehen, der alle Wohnungseigentümer zustimmen. Ein Mehrheitsbeschluss, durch den einzelne Wohnungseigentümer überstimmt werden können (§§ 23, 25, 10 V WEG), ist nur in den gesetzlich vorgesehenen Fällen zulässig (§§ 12 IV, 15 II, 16 III, IV, 21 III, VII, 22 II WEG) oder wenn eine solche Beschlussfassung vereinbart ist (§ 23 I WEG). Ansonsten bedarf es einer Vereinbarung, weil ohne Zustimmung des Wohnungseigentümers nicht in sein Eigentum eingegriffen werden darf (BGH NJW 2000, 3500). Die Gemeinschaftsordnung, mag sie auf einer Vereinbarung oder einem zugelassenen Beschluss beruhen, hat **satzungsähnlichen Charakter** (BGHZ 88, 302, 304; BGH NJW 2003, 2165). Regelungsgegenstände können nur Fragen des Gemeinschaftsverhältnisses sein, nicht Ansprüche auf Veränderung der Eigentumsverhältnisse (BGH NJW 2003, 2165). Beschlüsse der Wohnungseigentümerversammlung wirken auch dann gegenüber einem Sonderrechtsnachfolger (zB Käufer), wenn sie nicht im Grundbuch eingetragen sind (§ 10 IV WEG). 22

Beispiel: Die Zuweisung von im Gemeinschaftseigentum stehenden Flächen an einzelne Wohnungseigentümer zur ausschließlichen Nutzung begründet ein **Sondernutzungsrecht** und erfordert daher eine Vereinbarung aller Wohnungseigentümer iSv § 10 II 2 WEG; das gilt auch dann, wenn alle Wohnungseigentümer eine gleichwertige Fläche zur alleinigen Nutzung erhalten (BGH NJW 2017, 64).

b) Verwaltung des gemeinschaftlichen Eigentums. Das gemeinschaftliche Eigentum, an dem alle Wohnungseigentümer als Miteigentümer berechtigt sind, bedarf der Verwaltung. Diese steht den Wohnungseigentümern grundsätzlich gemeinschaftlich zu, § 21 I WEG. Oft wird ein Verwalter bestellt (§§ 26 ff. WEG). Eine persönliche Haftung der einzelnen Wohnungseigentümer nach außen gegenüber Gläubigern für die Kosten der Verwaltung ist nicht vorgesehen. Auch der Verwalter kann die Wohnungseigentümer ohne besondere Vollmacht nicht kraft Gesetzes persönlich verpflichten. Er ist nur be- 23 rechtigt, im Namen aller Wohnungseigentümer und damit im Namen der Wohnungseigentümergemeinschaft mit Wirkung für und gegen sie zu handeln (§ 27 II WEG; s. auch BGH NJW 2005, 2061). Für Gemeinschaftsverbindlichkeiten **haftet** dem Gläubiger das **Vermögen der Wohnungseigentümergemeinschaft**. Dieses Vermögen, das der Verwalter getrennt von seinem eigenen Vermögen zu halten hat (§ 27 V 1 WEG), besteht aus den Geldern, die die Wohnungseigentümer gem. § 28 I, II WEG zu leisten haben. Nicht zum Vermögen der Wohnungseigentümergemeinschaft gehört dagegen das gemeinschaftliche Eigentum iSv § 1 V WEG. Dieses Eigentum ist mit dem Sondereigentum an der Wohnung verbunden und gehört den Wohnungseigentümern als Bruchteilseigentum nach §§ 741 ff., 1008 ff.

Schadensersatzansprüche, die auf die Verletzung des **Gemeinschaftseigentums** (zB Fassadenwand) gestützt werden, sind im Interesse einer geordneten Verwaltung einheitlich geltend zu machen. Insofern besteht eine „geborene Ausübungsbefugnis“ der Wohnungseigentümergemeinschaft, denn solche Ansprüche stehen den Wohnungseigentümern gemeinschaftlich zu (BGH NJW 2014, 1090). Für die Geltendmachung von **Unterlassungsansprüchen** aus § 1004 (→ Rn. 19) ist eine alleinige Zuständigkeit der Wohnungseigentümergemeinschaft nur ausnahmsweise dann gegeben, wenn diese die Durchsetzung solcher Ansprüche durch Mehrheitsbeschluss an sich gezogen hat (BGH NJW 2015, 1020).

24 Weil die Wohnungseigentümergemeinschaft Trägerin eines eigenen Vermögens ist und mit diesem Vermögen als Haftungssubjekt für die Gemeinschaftsverbindlichkeiten den Gläubigern haftet, hat der BGH die Wohnungseigentümergemeinschaft als **rechtsfähigen Verband sui generis** anerkannt (BGH NJW 2005, 2061). Demgemäß bestimmt § 10 VI WEG, dass die Wohnungseigentümergemeinschaft im Rahmen der gesamten Verwaltung des gemeinsamen Eigentums gegenüber Dritten sowie den Wohnungseigentümern selbst Rechte erwerben und Pflichten eingehen kann. Die **Organe**, die für die Wohnungseigentümergemeinschaft handeln, sind die **Wohnungseigentümerversammlung** als die Gesamtheit der Wohnungseigentümer (§§ 21–25 WEG) und der **Verwalter** als quasi geschäftsführendes Organ gem. §§ 26–28 WEG.

25 In die **Zuständigkeit der Wohnungseigentümerversammlung** fallen zB die Aufstellung einer Hausordnung (§ 21 V Nr. 1 WEG), Instandhaltungsmaßnahmen oder die Befugnis, über die Geltendmachung von Gewährleistungsansprüchen wegen Mängeln am Gemeinschaftseigentum zu bestimmen (§ 21 V Nr. 2 WEG; BGH NJW 1979, 2207). Ob eine Regelung durch Verein-

barung oder durch Beschluss zu treffen ist, bestimmt sich nach § 10 II 2 und § 23 I WEG. Eine ordnungsmäßige Verwaltung kann mit Stimmenmehrheit beschlossen werden (§ 21 III WEG). **Bauliche Veränderungen**, die über Instandhaltungsmaßnahmen hinausgehen, bedürfen jedoch grundsätzlich der Zustimmung aller Wohnungseigentümer (§ 22 I 1 WEG). Das gilt etwa für die Errichtung einer **Mobilfunksendeanlage** auf dem Haus (BGH NJW 2014, 1233) oder den Einbau eines Personenaufzugs (BGH WuM 2017, 227). Eine Zustimmung ist jedoch nach § 22 I 2 WEG entbehrlich, wenn einem Wohnungseigentümer dadurch keine iSv § 14 Nr. 1 WEG unzumutbaren Nachteile erwachsen. Bauliche Veränderungen, die sich auf die einzelne Eigentumswohnung beschränken, können deshalb grundsätzlich ohne Zustimmung der anderen Wohnungseigentümer vorgenommen werden.

In der Wohnungseigentümerversammlung hat jeder Wohnungseigentümer **26** nur eine Stimme, unabhängig von Zahl und Größe seines Anteils am Gesamteigentum (§ 25 II 1 WEG). Eine abweichende Vereinbarung, die das **Stimmrecht** von der Höhe des Miteigentumsanteils abhängig macht, ist jedoch möglich. Der Veräußerer von Wohnungseigentum ist stimmberechtigt, solange er als Wohnungseigentümer eingetragen ist. Dies gilt auch, wenn dem Erwerber nach dem Kaufvertrag bereits Besitz, Nutzungen und Lasten zufallen und sein Übereignungsanspruch durch eine Vormerkung (→ § 18 Rn. 1 ff.) gesichert ist (BGH NJW 1989, 1087).

Der **Verwalter** führt im Wesentlichen die laufenden Geschäfte und hat die **27** Beschlüsse der Wohnungseigentümerversammlung durchzuführen (s. im Einzelnen § 27 WEG). Er hat ferner einen Wirtschaftsplan aufzustellen und Rechnung zu legen (§ 28 WEG). Über den Wirtschaftsplan selbst einschließlich der Fälligkeit der sich aus ihm ergebenden Zahlungen und die Abrechnung beschließen aber die Wohnungseigentümer durch Stimmenmehrheit (§ 28 V WEG; dazu BGH NJW 2003, 3550).

3. Teilzeitwohnrecht

Durch Umsetzung der Richtlinie 94/47 EG ist das **Teilzeitwohnrecht** **28** (Timesharing) in das deutsche Recht übernommen und durch §§ 481 ff. in das BGB integriert worden. Das Teilzeitwohnrecht gibt das Recht, ein bestimmtes oder aus einem Bestand auszuwählendes Wohngebäude bzw. Teile davon für jeweils einen bestimmten Zeitraum im Jahr zu Erholungs- oder Wohnzwecken gegen Zahlung eines Gesamtpreises zu nutzen. Teilzeitwohnrechte können auf der Grundlage von Miteigentumsanteilen, eines Nießbrauchs, auf der schuldrechtlichen Basis eines Mietvertrags oder auf vereins- oder genossenschaftsrechtlicher Grundlage begründet werden.

Empfehlungen zur vertiefenden Lektüre: *Armbrüster*, Grundfälle zum Wohnungseigentumsrecht, JuS 2002, 141, 245, 348, 451, 564, 665; *Bork*, Wider die Rechtsfähigkeit der Wohnungseigentümergemeinschaft – eine resignierende Polemik, ZIP 2005, 1205; *Niedenführ*, Die WEG-Novelle 2007, NJW 2007, 1841.

VI. Das Erbbaurecht als eigentumsähnliches Recht

29 Das Erbbaurecht ermöglicht die Bebauung eines Grundstücks, ohne dass dem Bauenden das Grundstückseigentum zustehen muss. Das Erbbaurecht ist ein beschränktes dingliches Recht am Grundstück, das die Nutzung eines Grundstücks zum Zwecke der **Errichtung und** des **Habens eines Bauwerks** (§ 1 ErbbauRG) **auf Zeit**, häufig 66 oder 99 Jahre, gewährt. Es genießt den Schutz des Art. 14 GG (BVerfG NJW 1989, 1271). Das Erbbaurecht wird vom Gesetz weitgehend wie das Grundstückseigentum behandelt (§ 11 ErbbauRG). Es kann auch für den Grundstückseigentümer bestellt werden (BGH NJW 1982, 2381) und selbstständig übertragen werden. Das Erbbaurecht kann auch belastet werden, zB mit einer Grundschuld oder mit einem Untererbbaurecht (BGHZ 62, 179). Für die Überlassung des Erbbaurechts ist lediglich der **Erbbauzins** (§ 9 ErbbauRG) zu entrichten.

30 Das Erbbaurecht berechtigt zum Errichten und Haben **beliebiger Bauwerke** auf und unter der Erde, zB auch einer Golfanlage (BGH NJW 1992, 1681). Aus dem Inhalt des Erbbaurechts muss die Bebauung aber nach Art und Anzahl der Gebäude ungefähr erkennbar sein (BGHZ 101, 143; BGH NJW 1994, 2024). Das Erbbaurecht kann insbes. dazu dienen, die Wohnbedürfnisse minderbemittelter Bevölkerungskreise (s. § 27 II ErbbauRG) zu befriedigen, die dann nur die Kosten für das Eigenheim, nicht aber für den Grundstückserwerb aufbringen müssen. Das Erbbaurecht wird meistens von der öffentlichen Hand ausgegeben, hat in der Praxis aber keine große Bedeutung erlangt.

31 Das aufgrund des Erbbaurechts errichtete Bauwerk wird entgegen § 94 **nicht wesentlicher Bestandteil** des Grundstücks, sondern ist wesentlicher Bestandteil des Erbbaurechts (§ 12 I 1 ErbbauRG) und steht im Eigentum des Erbbauberechtigten. Erlischt das Erbbaurecht, so fällt das Bauwerk dem Grundstückseigentümer zu, der dafür eine Entschädigung leisten muss (§§ 12 III, 27 ErbbauRG). Das Erbbaurecht erlischt aber nicht schon, wenn die Bebaubarkeit des Grundstücks entfällt (BGHZ 101, 143, 148). Als Inhalt des Erbbaurechts kann auch vorgesehen werden, dass der Erbbauberechtigte unter bestimmten Voraussetzungen das Erbbaurecht gegen eine angemessene Vergütung auf den Grundstückseigentümer übertragen muss (sog. **Heimfallanspruch**; § 2 Nr. 4, §§ 3, 4, 32 ErbbauRG; dazu etwa OLG Hamm MDR 2015, 82).

§ 3. Die Prinzipien des Sachenrechts

Das Sachenrecht wird von bestimmten Prinzipien beherrscht, die im Gesetz zwar nicht ausdrücklich erwähnt sind, aber der gesetzlichen Regelung zugrunde liegen, und deren Anwendung und Auslegung beeinflussen. Die Kenntnis dieser Prinzipien ist deshalb sehr wichtig. 1

Grundprinzipien des Sachenrechts
– Numerus clausus der Sachenrechte – Publizitätsgrundsatz – Bestimmtheitsgrundsatz – Spezialitätsgrundsatz – Abstraktionsprinzip

I. Der Typenzwang oder numerus clausus der Sachenrechte

Der Grundsatz des *numerus clausus* der Sachenrechte bedeutet, 2 dass es ausschließlich die im Gesetz geregelten Rechte an Sachen gibt. Weitere neue Sachenrechte können von den Parteien nicht erfunden oder beschlossen werden. Es gilt ein Typenzwang. Insoweit sind der Privatautonomie Grenzen gesetzt. Grund dafür sind der **Schutz des Rechtsverkehrs** und das Vertrauen auf die **Inhalte dinglicher Rechte**. Wer Eigentum erwirbt, soll sich darauf verlassen können, dass er die volle Verfügungsbefugnis über einen Gegenstand erwirbt und dass nur die im Gesetz geregelten Beschränkungen existieren können. Zugleich kann von Dritten erwartet werden, dass sie den Inhalt der geltenden Sachenrechte kennen und beachten, wenn deren Zahl begrenzt und ihr Inbegriff klar definiert ist.

Während **vertragliche Rechte** oder Ansprüche nur gegenüber dem Vertragspartner bestehen und demgemäß auch individuell ausgestaltet werden können, liegt es in der Natur der **Sachenrechte** bzw. dinglichen Rechte, dass sie **absolute** Rechte (→ § 1 Rn. 4) sind, die gegen jedermann wirken und von jedermann beachtet werden müssen. Das setzt aber auch voraus, dass ihr Inhalt unzweideutig ist.

Beispiel: A hat beim Kunsthändler B einen wertvollen antiken Schrank entdeckt. Da A nicht genügend Geld bei sich hat, andererseits aber vermeiden möchte, dass B den Schrank an einen anderen Interessenten verkauft, möchte er sich am Schrank ein dingliches Erwerbsrecht bestellen lassen, das es B unmöglich machen soll, den Schrank an einen Dritten zu veräußern. Das ist jedoch nicht möglich, da das BGB kein allgemeines dingliches Erwerbsrecht an beweglichen Sachen kennt. Die Vormerkung (§ 883) ist auf Grundstücke beschränkt. A kann daher keine dingliche Sicherung erhalten. Wenn B den Schrank an einen Dritten überträgt, kann A dies, solange die Sache ihm nicht übereignet ist, nicht verhindern. Er bleibt auf einen Schadensersatzanspruch gegen B beschränkt. Das BGB kennt kein *ius ad rem* beim Kaufvertrag. Bei vorsätzlicher sittenwidriger Schädigung kann ausnahmsweise ein Schadensersatzanspruch gegen den Dritten aus § 826 gegeben sein.

3 Der Typenzwang der Sachenrechte schließt jedoch nur die vertragliche Gestaltungsfreiheit der Parteien aus. Gesetzliche oder **richterrechtliche Neubildungen** von Sachenrechtstypen bleiben möglich. Deshalb konnte zB das dingliche Anwartschaftsrecht beim Eigentumsvorbehalt ohne Verstoß gegen den Typenzwang durch Richterrecht entwickelt werden (→ § 14 Rn. 11 ff.). Der Typenzwang steht auch nicht der gegenseitigen Anerkennung und Zulassung von dinglichen Rechten eines Mitgliedstaats der EU in einem anderen Mitgliedstaat entgegen (s. *M. Wolf* WM 1990, 1941, 1950).

4 Typenzwang bedeutet auch, dass die gesetzlich vorgesehenen Typen von den Parteien nicht oder nur in engen Grenzen abgeändert werden. Auch insoweit besteht kaum Gestaltungsfreiheit.

Beispiel: Die Bank möchte eine Hypothek mit dem Inhalt vereinbaren, dass der Eigentümer des belasteten Grundstücks keine Veränderungen vornehmen darf. Dies ist jedoch nicht möglich. Die Hypothek gewährt von Gesetzes wegen nur ein Verwertungsrecht (§§ 1113, 1147), nicht aber die Befugnis zur Einflussnahme auf Investitionsentscheidungen des Eigentümers. Solche Vereinbarungen können allenfalls schuldrechtlich und möglicherweise im Rahmen einer Dienstbarkeit (§ 1018) getroffen werden. Die Bank kann sich als Inhalt der Hypothek auch keine dingliche Nutzung bestellen lassen.

II. Der Publizitätsgrundsatz

5 Der absolute Geltungsanspruch der dinglichen Rechte macht es nicht nur erforderlich, die gesetzlich zugelassenen Sachenrechtstypen zu begrenzen, das Bestehen konkreter dinglicher Rechte muss vielmehr auch **erkennbar** sein. Daher gilt der Grundsatz der Publizität. Die Bestellung und Übertragung dinglicher Rechte soll nach außen

„publik" werden. Publizitätsmittel sind bei Rechten an beweglichen Sachen der **Besitz** und bei Grundstücksrechten die **Eintragung im Grundbuch**.

Die Bestellung und Übertragung von **Grundstücksrechten** setzt die Eintragung ins Grundbuch voraus (§ 873 I), wodurch die Rechtsänderung nach außen erkennbar wird. Zur Übertragung des Eigentums an **beweglichen Sachen** verlangt das Gesetz neben der Einigung als Publizitätsmittel grundsätzlich auch die **Übergabe**, also die Übertragung des Besitzes (§ 929 S. 1), weil mit der Übertragung der tatsächlichen Sachherrschaft der Eigentumsübergang nach außen erkennbar gemacht wird. Beim Inkrafttreten des BGB konnte man noch davon ausgehen, dass der Besitzer im Regelfall auch Eigentümer ist. Daran knüpfen die Eigentumsvermutung des § 1006 und die Bestimmungen der §§ 932ff. über den gutgläubigen Erwerb an. Der Besitz hat seine Funktion als Publizitätsmittel in der heutigen Wirtschaftsordnung jedoch weitgehend eingebüßt, da die Wirtschaftsgüter beim Eigentumsvorbehalt, beim Leasing und beim Sicherungseigentum vielfach von Besitzern genutzt werden, die nicht Eigentümer sind. Der Gläubiger kann nicht mehr darauf vertrauen, dass sein Schuldner kreditwürdig ist, nur weil er viele Sachen in seinem Besitz hat. 6

Die Eintragung des Eigentums an beweglichen Sachen in ein Register (vgl. *Kieninger* AcP 208, 182, 210) wäre kein geeignetes Publizitätsmittel, da es zu viele solcher Sachen gibt und der Aufwand dafür zu groß wäre, zumal solche Sachen auch untergehen und ständig neue produziert werden. Einen Registereintrag sieht das Gesetz lediglich für große Schiffe (s. etwa § 578a I, aber auch § 929a I) und Flugzeuge (§ 14 I LuftVZO) vor.

III. Der Bestimmtheitsgrundsatz

Der **Bestimmtheitsgrundsatz** wirkt sich in doppelter Hinsicht aus. Zum einen können sich dingliche Rechte immer nur auf eine **konkret bestimmte Sache** beziehen. Beim Eigentum etwa muss klar sein, welche Sache welchem Eigentümer zusteht, wer worüber Herrschaftsbefugnisse hat etc. Folglich muss beim Erwerb und der Bestellung dinglicher Rechte genau bestimmt sein, um welche konkret bezeichnete Sache es geht. Während bei der Gattungsschuld der schuldrechtliche Anspruch auf eine unbestimmte Sache von mittlerer Art und Güte gerichtet sein kann (§ 243 I), welche erst noch konkre- 7 tisiert werden muss, ist dies bei der dinglichen Zuordnung nicht möglich. Man kann nicht Eigentümer einer nicht genau bezeichneten Sache aus einer Gattung gleichartiger Sachen sein.

Beispiele: K hat bei V einen Fernsehapparat eines bestimmten Fabrikats gekauft und sogleich bezahlt. Da er den Apparat erst am nächsten Tag abholen kann, vereinbart er mit V, dass ihm eines der im Lager des V stehenden Geräte gleichen Fabrikats mit Bezahlung als Eigentümer gehöre. K und V machen sich aber nicht die Mühe, ein bestimmtes einzelnes Gerät für K herauszusuchen und beiseite zu stellen. Als K am nächsten Tag zur Abholung des Fernsehapparates erscheint, erfährt er, dass der Insolvenzverwalter alle Geräte an sich genommen hat. K kann hier vom Insolvenzverwalter nicht Herausgabe eines Geräts mit der Begründung verlangen, dass er Eigentümer sei. K ist nicht Eigentümer eines Fernsehgeräts geworden, denn es fehlt an der Bestimmtheit, welches konkrete Gerät ihm gehören soll.

Die bei Trennung von einem Ehegatten abgegebene Erklärung, der andere könne den „gesamten Hausrat" haben, ist in der Regel nicht hinreichend bestimmt, wenn sich die Ehegatten nicht klar darüber sind, welche einzelnen Gegenstände damit gemeint sind (OLG Brandenburg NJW-RR 2016, 1097).

8 Praktische Bedeutung hat der Bestimmtheitsgrundsatz im Bereich der **Kreditsicherung**. Als Mittel der Kreditsicherung ist die **Sicherungsübereignung** von Gegenständen an den Kreditgeber weit verbreitet. Insoweit ist anerkannt, dass eine dingliche Einigung zwischen Kreditgeber und Kreditnehmer für den Eigentumsübergang genügt, eine tatsächliche Übergabe der Sache also nicht erforderlich ist. Damit der Bestimmtheitsgrundsatz dann aber trotz fehlender Aussonderung der Sache gewahrt ist, bedarf es einer **exakten Bezeichnung** der übereigneten Sachen.

Beispiel: Einem Kreditgeber können im Wege der Sicherungsübereignung nicht 200 von 400 **identischen Fahrrädern** übereignet werden, weil offen bliebe, welche 200 von den 400 auf Lager befindlichen Rädern gemeint sind. Denkbar wäre aber festzulegen, dass alle Waren übereignet werden, die sich in einem bestimmten Raum bzw. einer bestimmten Lagerhalle befinden. Entscheidend ist, dass ein Dritter auf Grundlage der getroffenen Vereinbarung ohne weiteres in der Lage wäre, die Gegenstände zu bezeichnen, die der Sicherungsübereignung unterliegen (→ § 15 Rn. 12).

9 Zum anderen muss der **Inhalt von dinglichen Rechten** hinreichend bestimmt sein. Das betrifft freilich nur solche dinglichen Rechte, deren Inhalt nicht schon kraft Gesetzes festliegt, wie dies beim Eigentum der Fall ist. Bei den **beschränkten dinglichen Rechten** hingegen verbleibt den Parteien ein gewisser Gestaltungsspielraum. Bei der Hypothek betrifft das zB die Höhe des Geldbetrages,

für den das Grundstück haften soll. Dieser Betrag muss zwingend festgelegt werden; andernfalls wäre die Hypothek zu unbestimmt und unwirksam.

Ein weiteres Beispiel sind die sog. **Grunddienstbarkeiten** (§§ 1090 ff. BGB). Insoweit kann bei einem Grundstück im Grundbuch eingetragen sein, dass der Eigentümer eines bestimmten Nachbargrundstücks berechtigt ist, das Grundstück in einer spezifischen Weise zu nutzen, zB als **Notweg**, weil er selbst keinen anderen Zugang zu seinem Grundstück hat. Insoweit muss die Vereinbarung wegen der absoluten Geltung gegenüber jedermann aber **inhaltlich bestimmt** getroffen werden, damit jeder genau ermitteln kann, was Gegenstand der Dienstbarkeit ist und worauf man sich zB als Käufer einzustellen hat. Hierüber darf keine Unklarheit bestehen.

IV. Der Spezialitätsgrundsatz

Mit dem Bestimmtheitsgrundsatz verwandt ist der Spezialitäts- 10
grundsatz. Dieser Grundsatz besagt, dass jeder selbstständigen Sache ein gesondertes Eigentumsrecht entspricht. Das Eigentum kann sich also immer nur auf die **einzelnen Sachen** beziehen. Der Spezialitätsgrundsatz stellt auch sicher, dass über jede wirtschaftlich selbstständige Sache unabhängig von anderen Gegenständen rechtlich selbstständig verfügt werden kann.

Beispiel: E hat von seinem Freund F ein Buch entliehen. Nachdem er es gelesen hat, stellt E das Buch in seine Bibliothek. Wenn F das Buch zurückhaben will, kann E nicht sagen, er sei Eigentümer seiner Bibliothek und deshalb auch Eigentümer des in die Bibliothek einverleibten Buches geworden. Vielmehr existieren so viele Eigentumsrechte wie Bücher. E hat kein Eigentum an der Bibliothek als solcher. Durch die Einverleibung in die Bibliothek ist deshalb das Eigentum des F nicht untergegangen.

Etwas anderes gilt nur, wenn eine Sache wesentlicher Bestandteil einer anderen wird (§§ 93 ff., 946, 947) oder wenn mehrere Sachen für den Verkehr ununterscheidbar vermischt werden, zB wenn ein Sack voll Getreide in das bereits halbvolle Getreidesilo geschüttet wird (§ 948 I).

Sacheigentum kann auch nicht an einem **Unternehmen** als solchem bestehen. Dieses ist eine Zusammenfassung von Sachen, Rechten, insbes. Forderungen, und geschäftlichen Werten, wie etwa dem Kundenstamm und Lieferbeziehungen. Eigentum im Sinne des § 903 kann hier nur an den einzelnen zum Unternehmen gehörenden Sachen bestehen. Diese müssen beim Unternehmenskauf deshalb jeweils Stück für Stück übertragen werden (*asset deal*).

V. Das Abstraktions- und Trennungsprinzip

11 Nach dem Trennungsprinzip wird rechtlich eine strenge Trennung vorgenommen zwischen dem zugrunde liegenden Kausal- bzw. Verpflichtungsgeschäft einerseits (zB Kaufvertrag) und den jeweiligen Verfügungsgeschäften andererseits (zB Übereignung der Kaufsache nach § 929 S. 1). Zudem sind Verpflichtungs- und Verfügungsgeschäft(e) voneinander unabhängig (abstrakt), sodass die Wirksamkeit jedes einzelnen Geschäfts gesondert für sich zu prüfen ist. So kann der Kaufvertrag wirksam sein, aber die Übereignung fehlschlagen (zB weil eine Partei jetzt volltrunken ist, § 105 II). Es mag aber auch der Kaufvertrag unwirksam sein (zB infolge von Anfechtung, § 142 I), während die Übereignung unabhängig davon wirksam ist. Die Rückabwicklung des Geschäfts erfolgt im letzteren Fall über das Bereicherungsrecht (§ 812 I 1 Alt. 1). Nur im Ausnahmefall ist ein Mangel so schwerwiegend, dass er auch auf die anderen Ebenen durchschlägt (sog. Fehleridentität, → § 6 Rn. 7). Auf Einzelheiten wird bei der Darstellung des Eigentumserwerbs noch einzugehen sein (→ § 6 Rn. 2 ff.).

12 Ein Vorteil des Abstraktionsprinzips besteht darin, dass es vielfältigere **Differenzierungen** zulässt, die der vielgestaltigen Lebenswirklichkeit besser gerecht werden als eine Einheitslösung, die Vertrag und dingliche Rechtslage stets miteinander verkoppelt (*Baur/Stürner* SachenR § 5 Rn. 43). Zum Beispiel lässt sich damit ein Eigentumsvorbehalt des Verkäufers (§ 449) ohne weiteres konstruieren. Überdies dient das Abstraktionsprinzip der Rechtssicherheit bzw. dem Bedürfnis nach Verkehrsschutz; denn das Eigentum ist einfach feststellbar und in seinem Bestand nicht von der Wirksamkeit anderer Rechtsgeschäfte abhängig.

Empfehlungen zur vertiefenden Lektüre: *Bayerle,* Trennungs- und Abstraktionsprinzip in der Fallbearbeitung, JuS 2009, 1079; *Bezzenberger,* Lohnt sich das Abstraktionsprinzip?, LA Seul, 2014, 21; *Lieder/Berneith,* Echte und unechte Ausnahmen vom Abstraktionsprinzip, JuS 2016, 673; *Loose,* Sachenrecht kompakt – ein Überblick für Studienanfänger zum dritten Buch des BGB, JA 2016, 808; *Petersen,* Das Abstraktionsprinzip, Jura 2004, 98; *Schreiber,* Die Grundprinzipien des Sachenrechts, Jura 2010, 272; *Strack,* Hintergründe des Abstraktionsprinzips, Jura 2011, 5; *Weber,* Das Trennungs- und Abstraktionsprinzip, JuS 1993, L 73.

2. Kapitel. Besitzrecht

§ 4. Der Besitz

I. Begriff und Bedeutung des Besitzes

1. Besitz als tatsächliche Sachherrschaft

Im Gegensatz zum Eigentum und den beschränkten dinglichen Rechten, die dem Berechtigten das Recht an der Sache zuweisen, knüpft der Besitz an die tatsächliche Sachherrschaft über die Sache an. § 854 I bestimmt, dass der Besitz einer Sache durch die Erlangung der tatsächlichen Gewalt über die Sache erworben wird. Besitz kann an Grundstücken und an beweglichen Sachen bestehen. Oft treffen Eigentum und Besitz zusammen, nämlich dann, wenn der Eigentümer seine Sache auch selbst in (unmittelbarem) Besitz bzw. in seiner Herrschaftsgewalt hat. Zu einem Auseinanderfallen von Eigentum und unmittelbarem Besitz kommt es beispielsweise, wenn der Eigentümer die Sache an einen Dritten vermietet. Dann wird der Mieter für die Mietdauer zum Besitzer der Sache. 1

Besitz setzt **objektiv die tatsächliche Sachherrschaft** über die Sache voraus. Hinzukommen muss aber auch noch ein **subjektives** Element, nämlich der **Besitzwille**. Unbeachtlich ist dabei, ob der Besitzer ein Recht zum Besitz hat oder nicht.

Beispiele:
- (Unmittelbarer) Besitzer des entliehenen Buches ist der Entleiher, weil er das Buch tatsächlich in seiner Gewalt hat.
- Der Schuster, der die Schuhe ausbessert, ist (unmittelbarer) Besitzer der Schuhe bis diese wieder abgeholt werden.
- (Unmittelbarer) Besitzer ist auch der Finder, der die vom Eigentümer verlorene Geldbörse an sich nimmt. Keinen Besitz hat dagegen in diesem Fall der Eigentümer selbst, der nicht weiß, wo sich die Geldbörse befindet und deshalb auch nicht die tatsächliche Sachherrschaft über sie ausüben kann.
- (Unmittelbarer) Besitzer ist ferner der Dieb, der eine Sache gestohlen hat. Er ist zwar unrechtmäßiger Besitzer. Entscheidend für den Besitz ist aber nur die tatsächliche Sachherrschaft.

Das Vorliegen der **tatsächlichen Sachherrschaft** richtet sich danach, ob die realisierbare Möglichkeit zur Einwirkung auf die Sache 2 besteht. Eine ihrer Natur nach nur **vorübergehende Verhinderung** bei der Ausübung der tatsächlichen Sachherrschaft bleibt dabei unbeachtlich (§ 856 II).

Beispiele:
- Der Eigentümer E, der über Nacht seinen Pkw auf der Straße abstellt, bleibt dessen unmittelbarer Besitzer, denn er könnte ihn jederzeit benutzen.
- Unmittelbaren Besitz hat man grundsätzlich auch an allen Gegenständen, die sich im eigenen Herrschaftsbereich, insbes. in der eigenen Wohnung befinden, ohne dass man sie im Einzelnen alle kennen muss. Das gilt auch, wenn man im Urlaub ist.

3 Der Besitz als tatsächliche Sachherrschaft deckt sich weitgehend mit dem strafrechtlichen Begriff des **Gewahrsams** (zB in § 242 StGB). Jedoch ist der Gewahrsamsbegriff noch enger an den tatsächlichen Verhältnissen orientiert. So kann der Erbe zwar gem. § 857 Besitzer sein, aber er hat keinen Gewahrsam, solange er nicht die tatsächliche Sachherrschaft ausüben kann. Unterschiede zeigen sich auch beim Besitzdiener (→ Rn. 28 ff.), der Gewahrsam haben kann, obwohl er nicht als Besitzer anerkannt wird (§ 855).

2. Bedeutung des Besitzes

4 Der Besitz als Rechtsfigur oder Tatbestandsmerkmal taucht im BGB an vielen Stellen auf. Seine Bedeutung reicht weit über den Anwendungsbereich der §§ 854 ff. hinaus.

a) Der Herausgabeanspruch des Eigentümers aus § 985 richtet sich gegen den Besitzer als Anspruchsgegner bzw. Beklagten. Passivlegitimiert ist hier nur, wer wirklich Besitzer ist. Nur von ihm kann (tatsächlich) Herausgabe verlangt werden. Ähnlich liegt es bei den Ansprüchen aus § 1007.

b) Die rechtsgeschäftliche **Eigentumsverschaffung** erfolgt bei beweglichen Sachen nach § 929 S. 1 durch Übergabe der Sache an den Erwerber. Übergabe bedeutet nichts anderes als die Übertragung des Besitzes. Die Übereignung gelingt nur, wenn der Veräußerer den Besitz vollständig verliert und der Erwerber ihn tatsächlich erlangt.

c) Bei den anderen Erwerbsformen der §§ 929 f. wird ebenfalls auf den Besitz, etwa in Form des mittelbaren Besitzes, abgestellt. Das Verständnis dieser zentralen Normen setzt daher genaue Kenntnisse des Besitzrechts voraus.

d) Besitzpfandrechte wie das Werkunternehmerpfandrecht (§ 647) knüpfen an den Besitz des Unternehmers an Sachen des Bestellers an.

e) Der Besitz ist als „sonstiges Rechtsgut" iSv § 823 I deliktsrechtlich geschützt (→ § 5 Rn. 1, 18).

3. Funktionen des Besitzes

Nach seiner Bedeutung und Wirkungsweise lassen sich mehrere Funktionen des Besitzes unterscheiden. 5

a) Schutzfunktion. Einige Normen dienen der Verteidigung des vorhandenen Besitzes bzw. der Wiedererlangung des verlorenen Besitzes.
- Der Besitz gewährt dem Besitzer Verteidigungs- bzw. Selbsthilferechte, §§ 859, 860.
- Wird dem Besitzer der Besitz gegen seinen Willen entzogen, steht ihm ein possessorischer Anspruch auf Wiedereinräumung des Besitzes zu, §§ 861 f., 867.
- Hat der Besitzer auch ein Recht zum Besitz, können petitorische Herausgabeansprüche bestehen, § 1007 I, II.
- Der (berechtigte) Besitz genießt deliktischen Schutz als „sonstiges" Recht, § 823 I.
- Rechtsgrundlos erlangter Besitz kann kondiziert werden, § 812 I.
- Es besteht Besitzschutz in der Zwangsvollstreckung, §§ 771, 809 ZPO.

b) Publizitätsfunktion. Tatsächliche Sachherrschaft ist nach außen sichtbar. Bei **beweglichen Sachen** hat der Besitz daher auch die Funktion eines Publizitätsmittels, dh der Besitz wird vom Gesetz bei beweglichen Sachen dazu benutzt, auf das Bestehen von Rechten aufmerksam zu machen. Diese Publizität zeigt sich auf mehrfache Weise. 6
- Bei **Übertragung des Eigentums** und bei der Bestellung beschränkter dinglicher Rechte verlangt das Gesetz die Übergabe (= Übertragung des Besitzes, s. §§ 929 S. 1, 1032 S. 1, 1205 I 1). Mit der Besitzübertragung soll nach außen für andere die Änderung der Rechtslage erkennbar gemacht werden (Übertragungsfunktion).
- Eine zweite Folge der Publizitätsfunktion des Besitzes ergibt sich aus § 1006. Anknüpfend an den Umstand, dass der Besitz üblicherweise das Bestehen von Rechten an der Sache dokumentiert, stellt das Gesetz zugunsten des Besitzers die **Vermutung** auf, dass er Eigentümer der Sache ist. Der Besitzer braucht sein Eigentum in

einem Prozess deshalb nicht zu beweisen. Er kann sich auf die Vermutung des § 1006 stützen. Beweispflichtig ist, wer das Eigentum des Besitzers bestreitet.
- Beim gutgläubigen Eigentumserwerb vom Nichtberechtigten ist der Besitz der Anknüpfungspunkt für den guten Glauben des Erwerbers. Der Besitz spricht eben im Zweifel auch für das Eigentum des Veräußerers (Gutglaubenswirkung).
- Für § 566 (Kauf bricht nicht Miete) wird vorausgesetzt, dass der Wohnraum bereits an den Mieter „überlassen" war; damit wird an den Besitz bzw. die tatsächliche Sachherrschaft des Mieters angeknüpft. Erst die davon ausgehende Publizitätswirkung ermöglicht es dem Erwerber zu erkennen, in welche Mietverhältnisse er eintreten muss (BGH NJW-RR 2016, 982).

7 c) **Erhaltungsfunktion.** Geschützt wird auch das Vertrauen auf den Fortbestand des Besitzes (auch Kontinuitätsfunktion genannt).
- Der mit einem Eigentümerwechsel konfrontierte Besitzer wird durch § 986 II in der Weise geschützt, dass er seine Einwendungen aus dem früheren Besitzverhältnis (zB auf Basis eines Leihvertrags) auch dem neuen Eigentümer entgegenhalten kann.
- Insbes. ist das Interesse des Mieters als Besitzer einer Wohnung bei einem Eigentumswechsel besonders geschützt, § 566 (Kauf bricht nicht Miete).
- Das unfreiwillige Abhandenkommen des Besitzes verhindert grundsätzlich den gutgläubigen Eigentumserwerb von Dritten, § 935.
- Zehnjähriger Eigenbesitz kann zu Eigentumserwerb führen, § 937 (Ersitzungswirkung).

II. Erwerb und Verlust des unmittelbaren Besitzes

1. Erwerb des Besitzes

Voraussetzungen des Erwerbs des unmittelbaren Besitzes, § 854
1. Erlangung der tatsächlichen Sachherrschaft 2. Besitzerwerbswille

a) **Tatsächliche Sachherrschaft** setzt eine räumliche Beziehung zur Sache in der Weise voraus, dass man in der Lage ist, jederzeit beliebig auf die Sache einzuwirken. Von Sachherrschaft wird man zudem nur sprechen können, wenn sie eine gewisse Mindestdauer aufweist, also nicht nur Sekunden andauert. Im Einzelfall kann es Abgrenzungsschwierigkeiten geben, wenn die Sache faktisch der Sachherrschaft mehrerer Personen unterliegt. Hier entscheidet die **Verkehrsanschauung**, wem der Besitz zuzuordnen ist. 8

Beispiele:
- Probiert man im Kaufhaus ein Kleidungsstück an, wird man dadurch noch nicht zum Besitzer, mag man auch in der Umkleidekabine vorübergehend allein die Sachherrschaft innehaben.
- Im Supermarkt stehen auch die Waren, die Kunden bereits in ihren Einkaufswagen gelegt haben, noch im Besitz des Supermarktinhabers.
- Die Diebin hingegen, die im Kaufhaus den Lippenstift in ihre Tasche steckt, begründet damit Besitz.
- Der Student wird nicht Besitzer des Lehrbuchs, das er in der Bibliothek liest, wohl aber Besitzer des Buches, das er ausleiht.
- Macht der Besteller nach der Reparatur seines Fahrzeugs mit dem Werkunternehmer auf dem Beifahrersitz eine Probefahrt, bleibt allein der Unternehmer unmittelbarer Besitzer des Kfz. Der Besitz des Werkunternehmers ist lediglich gelockert (BGH NJW-RR 2017, 818).
- Auch der Kaufinteressent, der eine Probefahrt mit einem Auto unternimmt, wird damit noch nicht zum Besitzer des Autos (OLG Köln NZV 2006, 260).
- Besitz an einer Parklücke hat derjenige, der sie zuerst mit seinem Auto erreicht (dazu *Gottwald* SachenR Fall 1).

b) **Der Besitzerwerbswille** erfordert nicht die Qualität eines rechtsgeschäftlichen Willens. Es genügt der sog. **natürliche Wille**, den auch der Geschäftsunfähige haben kann. Auch sechsjährige Kinder können daher wirksam Besitz erwerben. Geschäftsfähigkeit ist also nicht erforderlich. Dies gilt sowohl für den mit der tatsächlichen Übergabe verbundenen Besitzverschaffungswillen, dh den Willen, einem anderen den Besitz zu überlassen (BGH NJW 1988, 3260), als auch für den Besitzausübungswillen, dh den Willen, den Besitz auch tatsächlich nach dem Erwerb auszuüben. Der Besitzwille muss **erkennbar** sein. Er mag sich etwa durch die Benutzung des Gegenstands zeigen. Der Besitzwille muss sich aber nicht speziell auf eine konkrete Sache beziehen. Es genügt ein **genereller Besitzwille**, sofern er die Sachen in Räumen betrifft, die in der Obhut des Inhabers stehen (BGHZ 101, 186, 188). 9

Beispiele: Es genügt, wenn sich der Besitzwille auf den Inhalt des Briefkastens bezieht; man muss noch nicht wissen, was sich heute darin befindet. Kein Besitzwille besteht demgegenüber in Bezug auf Sachen, die einer Person ohne deren Wissen und Wollen zugesteckt werden, zB bei Drogen, die einem Touristen vor dem Grenzübergang von einem Dritten ins Gepäck geschmuggelt werden.

10 **c) Besitzerwerb nach § 854 II.** Kann der Besitzerwerber bereits die tatsächliche Sachherrschaft ausüben, so genügt die **Einigung** des Erwerbers mit dem bisherigen Besitzer über den Besitzübergang (§ 854 II). Der bisherige Besitzer muss aber seine tatsächliche Gewalt über die Sache aufgeben.

Beispiel: B hat sein Buch bei seinem Freund F liegen lassen. Nun ruft F den B an und bittet ihn, ihm das Buch für einen Monat auszuleihen, womit B einverstanden ist. Hier hatte B zunächst noch unmittelbaren Besitz an seinem Buch (vgl. § 856 II). Auf Grundlage der Leihvereinbarung hat sich B aber dann mit F konkludent über den Besitzübergang auf F iSv § 854 II geeinigt. B hat damit seine unmittelbare Sachherrschaft verloren und ist nur noch mittelbarer Besitzer.

Die Einigung über den Besitzübergang darf nicht mit der Einigung über den Eigentumsübergang (§ 929 S. 1) verwechselt werden (dazu → § 7 Rn. 4). Die Einigung in § 854 II ist nach hM ein Rechtsgeschäft (zB *Prütting* SachenR Rn. 56). Deshalb ist hierfür im Gegensatz zum bloßen Besitzwillen Geschäftsfähigkeit (§§ 104 ff.) erforderlich, andererseits ist aber auch der Besitzerwerb durch Stellvertreter (§§ 164 ff.) möglich. In den sonstigen Fällen des Besitzerwerbs hingegen scheidet Stellvertretung aus, da die Handlung zur Erlangung der Sachherrschaft keine Willenserklärung sondern ein Realakt ist. Anders liegt es nur, wenn der Stellvertreter zugleich Besitzdiener ist (→ § 7 Rn. 13).

2. Besitzerwerb des Erben, § 857

11 Ausnahmsweise erkennt das BGB in § 857 auch einen unmittelbaren Besitz an, ohne dass es auf die tatsächliche Sachherrschaft ankommt. Der beim Erblasser bestehende Besitz geht mit dessen Tod **kraft Gesetzes** auf den Erben über, auch wenn der Erbe, weil er weit entfernt wohnt oder vom Erbfall noch gar keine Kenntnis hat, die tatsächliche Herrschaft gar nicht ausüben kann und will. Da von § 1922 nur die Eigentümerstellung erfasst wird, bedurfte es einer zusätzlichen Regelung, um auch die tatsächliche Sachherrschaft übergehen zu lassen.

§ 857 dient dem **Schutz des Erben.** Da er mit dem Erbfall automatisch kraft Gesetzes unmittelbarer Besitzer wird, kann auch ihm gegenüber verbotene Eigenmacht verübt werden mit der Folge, dass dem Erben Besitzschutzansprüche zustehen können (§ 858, → § 5 Rn. 2 ff.). Wird ein Nachlassgegenstand ohne Wissen des Erben veräußert, liegt unfreiwilliger Besitzverlust und damit ein Abhandenkommen iSv § 935 I vor, sodass gutgläubiger Erwerb verhindert wird.

Beispiel: Nach dem Tod des Erblassers E hält sich Tochter T aufgrund eines Testaments von 2010 für die Alleinerbin und veräußert eine zum Nachlass gehörende Vase an D. Nun wird ein Testament von 2017 gefunden, wonach Sohn S Alleinerbe ist. Damit ist jetzt klar, dass T als Nichtberechtigte über die Vase verfügt hat. D konnte nicht gutgläubig Eigentum erwerben, weil die Vase dem wahren Eigentümer und Besitzer S (§ 857!) abhanden gekommen ist. S kann somit von D Herausgabe nach § 985 verlangen.

Komplizierter würde es im vorliegenden Fall, wenn erst nachträglich bekannt würde, dass E noch ein Kind K hatte, von dem er auch selbst nichts wusste. Wenn nun K die genannten Testamente erfolgreich **anficht** (§ 2079), sind diese **rückwirkend** als von Anfang an nichtig anzusehen, § 142 I. Nach hM soll § 857 jedoch demjenigen Erben, der erst infolge einer Anfechtung ex tunc zum Erben wird, nicht zugute kommen; denn insoweit gebührt dem Verkehrsschutz Vorrang (BGH NJW 1969, 1349; Palandt/*Herrler* BGB § 857 Rn. 5).

3. Besitz von Gesellschaften

Soweit es um natürliche Personen geht, ist deren Sachherrschaft 12
und Besitzwillen entscheidend. Bei **Personengesellschaften** (KG, OHG) wird auf die vertretungsberechtigten Gesellschafter abgestellt (BGH WM 1967, 938). Dies gilt auch für die BGB-Gesellschaft (GbR), seitdem diese als rechtsfähig anerkannt ist, vgl. § 14 II (dazu BGH NJW 2001, 1656).

Besitz kann zudem **juristischen Personen** (zB AG, GmbH) zuste- 13
hen. Bei ihnen wird der Besitz bzw. die Sachherrschaft durch ihre **Organe** ausgeübt. Deren Besitz wird der juristischen Person zugerechnet (s. BGHZ 57, 166, 167; BGH NJW 2004, 217). Demgemäß ist beim Verein oder einer AG auf den Vorstand abzustellen (§ 26 BGB; § 76 AktG), bei der GmbH auf den Geschäftsführer (§ 35 GmbHG). Beim Besitzerwerb kommt es darauf an, dass das Organ die Sachherrschaft mit Besitzerwerbswillen erlangt. Allerdings genügt es auch hier, wenn die Sachherrschaft durch einen Besitzdiener (zB Angestellten) ausgeübt wird (dazu → Rn. 28 ff.).

Beispiel (nach BGHZ 156, 310): Benutzt der Geschäftsführer G der X-GmbH deren Wagen in seiner Funktion als Organ der Gesellschaft, so ist allein die GmbH als Besitzerin des Wagens anzusehen. Endet jedoch die Organstellung des G, weil ihm die Geschäftsführungsbefugnis wirksam entzogen wird, und behält er den Wagen in seiner tatsächlichen Gewalt, so begründet G selbst unmittelbaren Besitz am Fahrzeug.

4. Verlust des Besitzes

14 Der Verlust des unmittelbaren Besitzes (§ 856) tritt ein, wenn der bisherige Besitzer, zB infolge Verlustes oder Diebstahls der Sache, die tatsächliche Herrschaft **unfreiwillig** nicht mehr ausüben kann oder wenn er **freiwillig** nach außen erkennbar seinen Willen kundtut, die tatsächliche Sachherrschaft nicht mehr ausüben zu wollen, zB infolge Veräußerung der Sache oder infolge ihrer Herausgabe an den Eigentümer. Der bloße Besitzaufgabewille für sich allein genügt aber nicht. Es müssen äußerlich erkennbare Besitzaufgabehandlungen hinzukommen.

III. Arten des Besitzes

1. Alleinbesitz und Mitbesitz, § 866

15 Besitzt eine Person die Sache nur für sich, ist sie Alleinbesitzer. Besitzen mehrere die ganze Sache, so sind sie Mitbesitzer. Ein typischer Fall des Mitbesitzes ist bei Ehegatten bezüglich der Haushaltsgegenstände und der ehelichen Wohnung (BGH NJW 2004, 3041; AG Köln NZFam 2015, 978) gegeben. Auch Mitbesitz kann auf andere übertragen werden. Ein Besitzschutz nach den §§ 861, 862 findet zwischen Mitbesitzern nur eingeschränkt statt (§ 866; vgl. → § 5 Rn. 21).

2. Teilbesitz, § 865

16 Mehrere Personen können eine Sache auch derart besitzen, dass jeder nur einen abgegrenzten Teil davon besitzt. Der Besitz kann sich insbes. auf einzelne Räume eines Gebäudes beschränken (zB Hotelzimmer) oder an wesentlichen Bestandteilen einer Sache bestehen. Für den Besitz gilt § 93 nicht. Teilbesitz kann aber nur an realen Sachteilen, nicht wie beim Miteigentum (→ § 2 Rn. 7 f.) an ideellen Teilen bestehen (BGH NJW 1983, 568). Jeder Teilbesitzer genießt für seinen Teilbesitz selbstständig den Besitzschutz der §§ 858 ff.

Beispiel: Der Untermieter ist unmittelbarer Besitzer seines Zimmers und der Mieter unmittelbarer Besitzer der übrigen Wohnung und zugleich mittelbarer Teilbesitzer des vom Untermieter bewohnten Zimmers.

3. Eigenbesitz und Fremdbesitz

Diese Unterscheidung betrifft die **Willensrichtung** des Besitzers. 17
Er kann Eigenbesitzer oder Fremdbesitzer sein je nachdem, ob er die Sache so besitzt, als ob sie ihm selbst gehöre (Eigenbesitzer, § 872) oder ob er bei seinem Besitz einen anderen als Eigenbesitzer oder sonst besser Berechtigten anerkennt (Fremdbesitzer). Der Begriff des Eigenbesitzes ist zB von Bedeutung in §§ 836 III, 937, 955, 958, 988, 993, 1006, 1120. Ob Eigenbesitz oder Fremdbesitz vorliegt, hängt allein vom erkennbaren Willen des Besitzers ab. Die Eigentumsverhältnisse werden dadurch nicht berührt.

Beispiele:
- Erkennt der Mieter bei seinem Besitz den Vermieter als Eigentümer an, so ist er Fremdbesitzer. Unterschlägt er aber die Sache, indem er zB das gemietete Auto nicht mehr zurückgibt, und besitzt er sie nun so, als ob er Eigentümer wäre, so macht er sich zum (bösgläubigen) Eigenbesitzer.
- Erwirbt der gutgläubige K von Dieb D eine Uhr, so kann er zwar wegen § 935 I nicht Eigentümer werden. K mag aber gutgläubig von seinem Eigentum ausgehen und wird daher zum (gutgläubigen) Eigenbesitzer, weil er die Uhr als ihm gehörig besitzt.

4. Berechtigter und unberechtigter Besitz

Je nachdem ob der Besitzer ein **Recht zum Besitz** hat (zB kraft 18
Mietvertrags, Leihvertrags, Werkvertrags) oder nicht, etwa weil der Vertrag nichtig ist, die Vertragszeit abgelaufen ist oder ohnehin nie ein Vertrag bestand (zB bei Besitzerlangung durch Diebstahl), unterscheidet man berechtigten und unberechtigten Besitz.

Diese Unterscheidung hat weitreichende Folgen. So ist der unberechtigte Besitzer dem Eigentümer zur Herausgabe der Sache verpflichtet (§ 985), der berechtigte hingegen nicht (vgl. § 986). Der berechtigte Besitz verdient deliktischen Schutz, der unberechtigte regelmäßig nicht (→ § 5 Rn. 18). Je nachdem, ob der Besitzer weiß, dass er kein Recht zum Besitz hat, spricht man vom **gutgläubigen** oder **bösgläubigen** Besitzer. Das wird va bei den §§ 987 ff. (Eigentümer-Besitzer-Verhältnis) relevant. Daneben gibt es noch den fehlerhaften Besitz, der den durch verbotene Eigenmacht erlangten Besitz meint, § 858 II 1.

5. Unmittelbarer und mittelbarer Besitz

a) Begriff. Wenn man von „Besitz“ spricht, meint man meistens 19
den unmittelbaren Besitz, zumal sich darin die tatsächliche Sachherr-

schaft direkt realisiert. Demgegenüber hat der mittelbare Besitzer keine direkte Beziehung zur Sache, er kann nicht unmittelbar auf die Sache zugreifen. Ihm ist ein anderer als unmittelbarer Besitzer vorgeschaltet, der die tatsächliche Sachherrschaft ausübt. Über den unmittelbaren Besitzer verbleibt dann aber ein mittelbarer Einfluss auf die Sache.

Mittelbarer Besitz ist insbes. bei den Gebrauchsüberlassungsverträgen gegeben. So ist der Mieter unmittelbarer Besitzer, während der Vermieter mittelbarer Besitzer ist; der Entleiher ist unmittelbarer Besitzer, der Verleiher mittelbarer Besitzer. Da der unmittelbare Besitzer hier dem mittelbaren Besitzer (auch Oberbesitzer genannt) den Besitz vermittelt, nennt man den **unmittelbaren Besitzer** auch **„Besitzmittler“**.

Der **Mieter**, der sich im Rahmen des vereinbarten Mietverhältnisses hält und den Vermieter als Eigentümer anerkennt, ist unmittelbarer Fremdbesitzer. Er will die Sache nur auf Zeit besitzen und sie danach zurückgeben. Er hält sich an die aus dem Mietvertrag entspringenden Sorgfaltspflichten, um die Sache für den Vermieter zu erhalten. Weil und indem sich der Mieter in dieser Weise in der Ausübung seines Besitzes beschränkt, verbleibt dem Vermieter auch tatsächlich ein Rest von Einflussmöglichkeiten auf die Sache. Er kann den Mieter an die Einhaltung seiner Sorgfaltspflichten erinnern und nach Ablauf der Mietzeit die Herausgabe der Sache verlangen. Der Vermieter kann die tatsächliche Sachherrschaft aber nicht selbst ausüben, sondern bleibt auf den guten Willen des Besitzers angewiesen. Er ist nur Besitzer, soweit ihm der Mieter als Besitzmittler diesen Besitz vermittelt. Wegen dieser Abhängigkeit von der Vermittlung des Besitzes durch den Mieter ist der Vermieter nur mittelbarer Besitzer.

20 Möglich ist auch ein **mehrstufiger mittelbarer Besitz** derart, dass über dem mittelbaren Besitzer erster Stufe ein mittelbarer Besitzer zweiter und dritter Stufe usw steht (§ 871).

Beispiel: Hat Mieter M ein Zimmer seiner Wohnung an den Untermieter U weitervermietet, so ist U unmittelbarer Besitzer, M ist hinsichtlich des Zimmers erststufiger mittelbarer Besitzer und der Vermieter V ist zweitstufiger mittelbarer Besitzer.

b) Die Voraussetzungen des mittelbaren Besitzes

Mittelbarer Besitz
1. Bestehen eines (tatsächlichen oder vermeintlichen) Besitzmittlungsverhältnisses, § 868 2. Fremdbesitzwille des unmittelbaren Besitzers 3. Bestehender Herausgabeanspruch des mittelbaren Besitzers gegen den unmittelbaren Besitzer

aa) Als **Besitzmittlungsverhältnis** kommt **jedes Rechtsverhältnis** 21
in Betracht, aufgrund dessen dem Besitzmittler im Hinblick auf die Sache konkret bestimmte Herausgabe- und Sorgfaltspflichten obliegen. § 868 nennt einzelne Besitzmittlungsverhältnisse ausdrücklich, nämlich das Verhältnis zwischen Nießbraucher (unmittelbarer Besitzer) und Eigentümer (mittelbarer Besitzer), Pfandgläubiger und Verpfänder, Pächter und Verpächter, Mieter und Vermieter sowie zwischen Verwahrer und Hinterleger.

Ob das zugrunde liegende Rechtsgeschäft (zB Mietvertrag) rechtlich **wirksam** ist, ist dabei unerheblich. Es genügt, dass der Besitzmittler einen entsprechenden Besitzmittlungswillen zeigt, dh sich erkennbar so verhält, als ob das vereinbarte Rechtsgeschäft bestünde (s. dazu auch BGH NJW 1955, 499). Das Besitzmittlungsverhältnis muss **vorübergehend** sein, wobei gleichgültig ist, ob die Zeitdauer von vornherein bestimmt ist oder nicht. Diese Voraussetzung ist in den genannten Fällen naturgemäß erfüllt.

Beispiele für weitere Besitzmittlungsverhältnisse:
- das Verhältnis zwischen Entleiher und Verleiher (§§ 598 ff.);
- das Verhältnis zwischen **Vorbehaltskäufer** (unmittelbarer Besitzer) und Vorbehaltsverkäufer (§ 449, mittelbarer Besitzer, → § 14 Rn. 25);
- bei der Sicherungsübereignung das Verhältnis zwischen Sicherungsgeber (unmittelbarer Besitzer) und Sicherungsnehmer (mittelbarer Besitzer, → § 15 Rn. 10);
- bei der GoA ist der auftraglose berechtigte Geschäftsführer Besitzmittler des Geschäftsherrn (BGH WM 1956, 1279, 1281; MüKoBGB/*Joost* § 868 Rn. 52); insoweit kann das Besitzmittlungsverhältnis auch auf einem **gesetzlichen Rechtsverhältnis** beruhen.
- Ein gesetzliches Besitzmittlungsverhältnis ist zudem in der **Ehe** zu sehen. Der Ehegatte, der nicht Eigentümer aber unmittelbarer Besitzer ist, vermittelt dem Eigentümerehegatten den mittelbaren Besitz aufgrund der Ehe.

– Ein Besitzmittlungsverhältnis besteht zudem aufgrund des Rechts und der Pflicht zur Vermögenssorge im **Eltern-Kind-Verhältnis** (BGH NJW 1989, 2542).

22 **bb)** Mittelbarer Besitz setzt zudem einen (fortdauernden) **Fremdbesitzwillen des unmittelbaren Besitzers** voraus. Aufgrund des Besitzmittlungsverhältnisses muss der Besitzmittler als **Unterbesitzer** den mittelbaren Besitzer als **Oberbesitzer** mit stärkerer Rechtsstellung anerkennen. Und zugleich muss auch der Oberbesitzer den Willen zur Ausübung des mittelbaren Besitzes haben.

Beispiel: Entleiher E, der zunächst unmittelbarer Fremdbesitzer und Besitzmittler von Verleiher V war, beschließt nach einer Woche, das ausgeliehene Buch zu unterschlagen und endgültig für sich zu behalten. Dann wird E ab diesem Zeitpunkt zum (unberechtigten) Eigenbesitzer, der den Oberbesitzer V als mittelbaren Besitzer nun nicht mehr anerkennt. Ab diesem Zeitpunkt besteht daher kein Besitzmittlungsverhältnis mehr.

23 **cc)** Das Besitzmittlungsverhältnis ist dadurch gekennzeichnet, dass dem mittelbaren Besitzer gegen den Besitzmittler ein **Herausgabeanspruch** zusteht. Dieser Herausgabeanspruch kann sich aus dem Besitzmittlungsverhältnis ergeben, falls dieses wirksam ist (s. als Beispiele §§ 546, 695, 1055, 1223). Es genügt aber auch ein Herausgabeanspruch aus § 812 oder § 985, der dann relevant wird, wenn der dem Besitzmittlungsverhältnis zugrunde liegende Vertrag nicht rechtswirksam ist.

Beispiel: Mieter M hat von Vermieter V ein Fahrrad gemietet. Auch wenn der Mietvertrag nichtig ist, hat V jedenfalls gegen M einen Rückgabe- bzw. Herausgabeanspruch aus § 812 I 1 Alt. 1, weil M um den Besitz des Fahrrads ungerechtfertigt bereichert ist. Dieser bereicherungsrechtliche Herausgabeanspruch genügt für die Annahme eines Besitzmittlungsverhältnisses zwischen M und V.

24 **c) Erwerb des mittelbaren Besitzes.** Der Erwerb des mittelbaren Besitzes erfolgt dadurch, dass ein Besitzmittlungsverhältnis entsprechend den Voraussetzungen des § 868 geschaffen wird. Die Übertragung eines bereits bestehenden mittelbaren Besitzes auf einen Dritten erfolgt durch die Abtretung des Herausgabeanspruchs gegen den unmittelbaren Besitzer (§ 870). Dies ist va bedeutsam für die Übereignung nach § 931 (→ § 7 Rn. 33 ff.).

25 **d) Verlust des mittelbaren Besitzes.** Der Verlust des mittelbaren Besitzes tritt ein, wenn die Beteiligten das Besitzmittlungsverhältnis beenden und der Besitzmittler dem mittelbaren Besitzer die Sache zu-

rückgibt. Gleiches gilt, wenn der Besitzmittler dem Oberbesitzer den Besitz nach außen erkennbar nicht mehr vermitteln will, indem er zB die Sache unterschlägt. Nicht erforderlich ist, dass der bisherige mittelbare Besitzer von dieser Willensänderung erfährt (s. auch BGH WM 1979, 771, 773). Ebenso verliert der mittelbare Besitzer seinen Besitz, wenn er ihn nach § 870 auf einen anderen überträgt.

e) Bedeutung des mittelbaren Besitzes. Die Bedeutung des mittel- 26
baren Besitzes entspricht weitgehend der des unmittelbaren Besitzes (s. § 868: „so ist auch der andere Besitzer"). Der mittelbare Besitzer genießt wie der unmittelbare Besitzer den **Schutz gegenüber verbotener Eigenmacht**, indem er die Besitzschutzansprüche der §§ 861, 862 geltend machen kann (§ 869). Es steht ihm aber auch das Selbsthilferecht des § 859 zu, obwohl dies in § 869 nicht ausdrücklich erwähnt ist. Die Besitzschutzansprüche und das Selbsthilferecht hat der mittelbare Besitzer aber nur dann, wenn verbotene Eigenmacht (§ 858) von einem Dritten gegen den unmittelbaren Besitzer verübt wird.

Gegenüber Eingriffen Dritter ist der mittelbare Besitz auch nach § 823 I geschützt. Im Verhältnis zum unmittelbaren Besitzer selbst kann sich der mittelbare Besitzer hingegen nicht auf die Besitzschutzansprüche oder auf § 823 I berufen; insoweit bleibt der mittelbare Besitzer auf Ansprüche beschränkt, die sich aus seiner schuldrechtlichen Beziehung zum unmittelbaren Besitzer ergeben (BGHZ 32, 194, 204), also aus dem jeweiligen Besitzmittlungsverhältnis (→ Rn. 23) oder aus §§ 812, 985.

Der mittelbare Besitz erfüllt bei beweglichen Sachen grundsätzlich 27
auch die **Publizitätsfunktion** wie der unmittelbare Besitz (→ Rn. 6). In den §§ 930, 931 lässt das Gesetz die Einräumung des mittelbaren Besitzes für die äußerliche Erkennbarkeit des Eigentumsübergangs genügen. Auch die Eigentumsvermutung (§ 1006 I) gilt für den mittelbaren Besitzer (§ 1006 III).

IV. Der Besitzdiener (§ 855)

1. Begriff

In unserer arbeitsteiligen Wirtschaft wird die tatsächliche Sachherr- 28
schaft über Sachen zwangsläufig auch auf andere Personen, insbes. Arbeitnehmer, übertragen. Soweit diese Personen nicht selbststän-

dige, unabhängige Besitzpositionen haben, sondern nur als verlängerter Arm des eigentlichen Besitzers anzusehen sind und bei der Ausübung der Sachherrschaft seinen Weisungen unterliegen, sollen sie auch nicht Besitzer im rechtlichen Sinne werden. Man spricht dann vom Besitzdiener. § 855 bestimmt dazu, dass derjenige, der die tatsächliche Gewalt über die Sache in der Weise ausübt, dass er den **Weisungen** eines anderen bezüglich des Umgangs mit der Sache **unterworfen** ist, nur Besitzdiener ist, während allein der Weisungsberechtigte (unmittelbarer) Besitzer ist. Besitzdienerschaft und mittelbarer Besitz unterscheiden sich dadurch, dass der Besitzdiener Weisungen unterworfen ist, der Besitzmittler dagegen nicht. Der Besitzmittler ist deshalb selbst Besitzer, der Besitzdiener nicht (s. § 855: „so ist *nur der andere* Besitzer“).

Besitzdienerschaft
1. Soziales Abhängigkeitsverhältnis mit Weisungsgebundenheit 2. das nach außen erkennbar ist 3. Ausübung der tatsächlichen Sachherrschaft 4. Unterordnungswille

29 a) **Soziales Abhängigkeitsverhältnis. Besitzdiener** ist gem. § 855, wer die tatsächliche Gewalt über eine Sache **für einen anderen** in dessen Hausstand oder Erwerbsgeschäft oder in einem ähnlichen Verhältnis ausübt, vermöge dessen er den sich auf die Sache beziehenden Weisungen des anderen Folge zu leisten hat. Die Person muss die tatsächliche Gewalt über die Sache im Rahmen eines nach außen erkennbaren, **sozialen Abhängigkeitsverhältnisses** ausüben, welches dem Besitzherrn zumindest faktisch die Möglichkeit gibt, seinen Willen gegenüber dem Besitzdiener durchzusetzen. Die schlichte Weisungsunterworfenheit genügt nicht; der Eigentümer/Besitzherr muss über ein Direktionsrecht oder vergleichbare Befugnisse verfügen (BGH NJW-RR 2017, 818). Typischer Besitzdiener ist der angestellte Arbeitnehmer, und zwar auch der leitende Angestellte. Zudem können Kinder Besitzdiener ihrer Eltern sein. Mangels Weisungsabhängigkeit ist aber ein Ehegatte nicht Besitzdiener des anderen Gatten.

Stets genügt, dass ein **tatsächliches Weisungs- und Unterordnungsverhältnis** vorliegt. Das Rechtsverhältnis muss nicht wirksam sein. Der Besitzdiener muss sich aber erkennbar den Weisungen des

Besitzherrn unterordnen; der Besitzherr wiederum muss seinen Willen durchsetzen können (BGH MDR 2017, 700). Daran fehlt es regelmäßig in Auftrags- und Geschäftsbesorgungsverhältnissen (BGH NJW 2014, 1524; 2015, 1678).

Beispiele:
- Stellt A seinen Lkw in einer zur Tankstelle des B gehörenden Garage ab, so ist B als Tankstelleninhaber selbstständig und nicht den Weisungen des A unterworfen. Es liegt deshalb ein Verwahrungsvertrag (§ 688) vor, in dem B unmittelbarer, A mittelbarer Besitzer ist.
- Stellt A seinen Lkw dagegen auf seinem Betriebsgelände ab und hat er den B als Bewacher angestellt, so ist B den Weisungen des A im Rahmen des Arbeitsverhältnisses unterworfen und daher nur Besitzdiener, nicht Besitzer (s. auch BAG NJW 1999, 1049). Besitzer im Rechtssinne ist allein A.
- Hat A dem C einen Firmen-Pkw auch zur privaten Nutzung überlassen, so ist C bezüglich des Pkw nicht Besitzdiener, sondern Besitzmittler, da er in seinem Privatbereich keinen Weisungen unterworfen ist (s. OLG Düsseldorf NJW 1986, 2513).
- Bei einem Werkvertrag ist der Besteller, der nach erfolgter Reparatur seines Kfz eine Probefahrt macht, nicht Besitzdiener des Werkunternehmers. Es fehlt insoweit an einem sozialen Abhängigkeitsverhältnis, aber auch an einer strukturell vergleichbaren Situation, die eine analoge Anwendung von § 855 BGB rechtfertigen könnte (BGH NJW-RR 2017, 818).
- E hebt einen großen Geldbetrag von der Bank ab und geht dann gemeinsam mit Freund F nach Hause. Dabei erklärt sich F aus Gefälligkeit bereit, das Geld in seiner Tasche zu tragen. Hier ist F jedenfalls aus tatsächlichen Gründen weisungsunterworfen und daher nur Besitzdiener (vgl. OLG Stuttgart WM 2009, 1003).
- Ein Hausmeister, der Mitarbeitern für die Durchführung von Arbeiten in einzelnen Wohnungen vorübergehend einen Zentralschlüssel überlässt, bleibt dessen Besitzer; die Arbeiter sind nur Besitzdiener (OLG Koblenz MDR 2009, 679).
- Hat ein leitender Angestellter Schlüssel zu Räumen im Betrieb des Arbeitgebers, bleibt gleichwohl allein der Arbeitgeber Besitzer der Räume und der darin befindlichen Sachen, während der Angestellte nur Besitzdiener ist; anderes gilt nur für offenkundig persönlichen Besitz des Arbeitnehmers in den Räumen wie zB private Kleidung (BGH NJW 2015, 1678).

b) Unterordnungswille. Erkennt der Besitzdiener das Unterord- 30
nungsverhältnis nicht mehr an und entzieht er sich den Weisungen des Besitzherrn, um die tatsächliche Gewalt für sich selbst auszuüben, so ist er (solange) nicht mehr Besitzdiener, sondern begeht verbotene Eigenmacht (§ 858) und wird selbst zum (unrechtmäßigen) Besitzer (s. Beispiel bei → § 5 Rn. 17).

2. Bedeutung der Besitzdienerschaft

31 Die Bedeutung der Rechtsfigur des Besitzdieners liegt darin, dass der Besitzer einen anderen für sich die tatsächliche Gewalt ausüben lassen kann, ohne den anderen dadurch zum Besitzer zu machen und ohne selbst den Besitz zu verlieren.

Die **Konsequenzen** zeigen sich in vielfacher Weise: Ob verbotene Eigenmacht (§ 858 I) vorliegt oder nicht, entscheidet sich nur nach dem Willen des Besitzherrn, nicht des Besitzdieners. Die Besitzschutzansprüche der §§ 861, 862 stehen nur dem Besitzherrn, nicht dem Besitzdiener zu; der Besitzdiener kann aber das Selbsthilferecht des Besitzherrn ausüben (§ 860). Der Besitzdiener ist auch nicht der Finder iSv § 965, der die Sache an sich nimmt; dies ist vielmehr der Besitzherr (BGHZ 8, 130). Beim Eigentumserwerb genügt für § 929 S. 1 die Übergabe an den Besitzdiener des Erwerbers; ist der Besitzdiener zudem Stellvertreter (§ 164), kann er zugleich die dingliche Einigung erklären. Der Herausgabeanspruch des Eigentümers aus § 985 richtet sich gegen den Besitzer, nicht gegen einen Besitzdiener. Zu weiteren Konsequenzen → § 7 Rn. 10 und → § 8 Rn. 31.

V. Fall zum Besitzrecht

32 **Fall 1 – Geld im Regal** (BGH NJW 1987, 2812): B betreibt einen Supermarkt, dessen Eigentümer er ist. Als K in dem Supermarkt einkaufen geht, entdeckt er zwischen den aufgestellten Waren im Regal einen 500 EUR-Schein. K steckt den Schein nicht ein, sondern händigt ihn dem leitenden Angestellten A aus. B hat seine Mitarbeiter angewiesen, Fundsachen genau zu registrieren und sorgsam zu verwahren bzw. Geld in die Kasse zu legen. Daher notiert A die Funddaten und legt den Schein in die Kasse, wo er mit anderem Geld vermischt wird. Ein Verlierer meldet sich nicht. K verlangt ein halbes Jahr später von B die Rückgabe des Geldscheins. Er meint, er sei als Finder Eigentümer des Scheines geworden. Zumindest könne er als Hinterleger des Scheines dessen Herausgabe fordern bzw. Wertersatz. Wie ist die Rechtslage?

Lösungsskizze:

I. K könnte gegen B einen Herausgabeanspruch aus § 695 S. 1 haben.

1. Dazu müsste die Aushändigung des Geldscheins von K an B (vertreten durch A) als Abschluss eines Verwahrungsvertrags nach § 688 einzuordnen sein. Ob ein diesbezüglicher rechtsgeschäftlicher Bindungswille auf beiden Seiten vorhanden war, erscheint fraglich. Falls man gleichwohl einen solchen Bindungswillen annehmen wollte, fragt sich weiter, ob überhaupt eine Übergabe iSv § 688 erfolgt war. Übergabe meint auch hier Verschaffung des unmittelbaren Besitzes nach § 854 I. Daran könnte es vorliegend fehlen, weil B

ggf. schon vorher, dh bereits im Zeitpunkt des „Fundes“ unmittelbarer Besitzer des Geldscheins war und dies auch geblieben ist.

2. Zu prüfen ist daher zunächst, ob B schon im Zeitpunkt des Verlustes durch den Eigentümer unmittelbaren Besitz an dem Geldschein begründet hatte. Für den Erwerb unmittelbaren Besitzes nach § 854 I ist erforderlich, dass die tatsächliche Gewalt über die Sache erworben wird, die Sachherrschaft von einem entsprechenden Willen getragen ist und dass dieser Besitzwille nach außen erkennbar wird.

a) Die Frage der tatsächlichen Gewalt hängt maßgeblich von der Verkehrsanschauung ab, dh von der zusammenfassenden Würdigung aller Umstände des jeweiligen Falls entsprechend den Anschauungen des täglichen Lebens. Insofern gilt, dass dem Supermarktbetreiber die Sachherrschaft über alle in den Regalen liegenden Gegenstände zukommt.

b) Der Besitzwille könnte fraglich sein, weil B von dem Geldschein nichts wusste. Insoweit genügt jedoch ein genereller Besitzwille, der sich auf alle Dinge bezieht, die sich mit Einverständnis des Besitzers im Ladenraum befinden. Dazu gehören auch von Kunden verlorene Gegenstände, denn B ist daran interessiert, diese Gegenstände im Interesse seiner Kunden in seine Obhut zu nehmen, um sie ihnen wieder aushändigen zu können.

c) Der diesbezügliche Besitzwille des B ist auch nach außen erkennbar. Schließlich hatte B seine Angestellten angewiesen, auf Fundsachen zu achten und sie zu registrieren.

Zwischenergebnis: B war bereits vor der Entdeckung des Geldscheins durch K unmittelbarer Besitzer des Geldscheins geworden.

3. Dadurch, dass K den Geldschein lediglich aufhob und unmittelbar zu A brachte, hat er keinen eigenen Besitz an dem Geldschein begründet. Für eine Übergabe und Besitzverschaffung iSv § 688 war somit, da B bereits Besitzer des Scheins war, kein Raum mehr (aA *Dubischar* JuS 1989, 703, 705, der ein gestuftes Besitzverhältnis annimmt; K begründe eigenen Besitz, erkenne aber den B als Oberbesitzer an; demgemäß könnte man § 695 nicht an der Übergabe scheitern lassen).

Ergebnis: Ein Anspruch aus § 695 S. 1 (bzw. bei Unmöglichkeit der Herausgabe aus §§ 275 I, 280 I, III, 283) scheidet daher aus.

II. K könnte gegen B einen Anspruch auf Herausgabe bzw. Wertersatz nach §§ 812 I 2 Alt. 1, 818 II haben.

Dieser Anspruch scheitert ebenfalls. Mangels Übergabe kann nicht von einer Leistung iSv § 812 gesprochen werden. K hat weder Eigentum noch Besitz geleistet. Insofern hat B auch nichts erlangt, was er nicht vorher schon gehabt hätte.

III. Auch ein **Anspruch aus § 985** kommt nicht in Betracht. Insbes. ist K durch den „Fund“ nicht nach § 973 Eigentümer des Scheins geworden. Fund im Sinne des § 965 I setzt eine „verlorene“, dh eine besitzlose Sache voraus (vgl. Palandt/*Herrler* BGB Vor § 965 Rn. 1). Als K den Schein „fand", bestand jedoch bereits Besitz des B.

Ergebnis: K hat gegen B keine Ansprüche.

Empfehlungen zur vertiefenden Lektüre: *Petersen,* Grundfragen zum Recht des Besitzes, Jura 2002, 160; *ders.,* Sonderfragen zum Recht des Besitzes, Jura 2002, 255; *Röthel,* Erbenbesitz und Erbschaftsbesitz, Jura 2012, 947; *Schreiber,* Mittelbarer Besitz, Jura 2003, 682; *ders.*, Die Besitzformen, Jura 2012, 514; *Szerkus,* Besitzmittlungswille und Besitzmittlungsverhältnis: Begriff und Fallgruppen, Jura 2017, 251.

Fälle und Klausuren: *Gottwald* SachenR Fälle 2 und 4.

§ 5. Besitzschutz

I. Übersicht zum Besitzschutz

1 Der gesetzliche Schutz des Besitzes realisiert sich in mehrfacher Weise:

1. Die **Gewaltrechte der §§ 859, 860** dienen der Selbsthilfe von Besitzer und Besitzdiener gegenüber Dritten, die den Besitz entziehen oder stören wollen. Aufgrund der Rechte aus den §§ 858 ff. steht dem Besitzer auch das **Hausrecht** zu (s. BGH NJW 2006, 377; 2012, 1725; dazu auch → § 2 Rn. 5).

2. Die **possessorischen Ansprüche der §§ 861, 862, 867** folgen aus dem Besitz selbst und geben dem Besitzer bei Besitzentziehung oder -störung das Recht, die Wiederherstellung der vorigen Besitzverhältnisse zu verlangen. Auf diese Weise können **vorläufig** wieder die bisherigen tatsächlichen Besitzverhältnisse hergestellt werden, unabhängig davon, wem wirklich ein *Recht* zum Besitz zusteht. Das hat auch gerade deshalb Bedeutung, weil die Klärung der Besitzrechte kompliziert und langwierig sein kann.

3. Die **petitorischen Herausgabeansprüche aus § 1007 I, II** hingegen folgen aus dem Recht zum Besitz und räumen demjenigen Besitzer Herausgabeansprüche ein, der das (bessere) Recht zum Besitz hat. Damit soll eine **endgültige** Besitzzuordnung erreicht werden.

4. Deliktischer Schutz wird über § 823 I sichergestellt, indem der Besitz als ein sonstiges geschütztes Rechtsgut anerkannt wird. Hier richtet sich der Anspruch auf Schadensersatz.

5. Das durch den Besitz verstärkte Recht zum Besitz kann Gegenstand einer Leistungskondiktion (§ 812 I 1 Alt. 1), va aber einer **Eingriffskondiktion** (§ 812 I 1 Alt. 2) sein.

II. Die Gewaltrechte der §§ 859, 860

1. Schutzzweck der §§ 859 ff.

Der Schutz des Besitzes zeigt sich va darin, dass dem Besitzer **Abwehrrechte** gegen verbotene Eigenmacht (§ 858) in Form eines Selbsthilferechts (§ 859) sowie in Form von Besitzschutzansprüchen (§§ 861, 862) zustehen. Dabei bezieht sich § 861 auf die Entziehung des Besitzes, während § 862 jede sonstige Störung des Besitzes erfasst. Die §§ 861, 862 begründen subjektive Abwehrrechte des Besitzers gegen jedermann zum **Schutz des tatsächlich bestehenden Besitzzustands**. Diese Rechte sind unabhängig davon, wer ein Recht zum Besitz hat. 2

Zweck des Verbots eigenmächtigen Vorgehens (§ 858) ist es, **Selbstjustiz** und die Anwendung von Brachialgewalt zu **verhindern** und friedliche Lebensverhältnisse zu garantieren. Wer meint, Anspruch auf eine Sache zu haben bzw. einem anderen dessen angeblich unrechtmäßigen Besitz nicht belassen will, muss seine Ansprüche gerichtlich durchsetzen und darf nicht eigenmächtig vorgehen. Auf ein Verschulden des eigenmächtig Handelnden kommt es dabei nicht an.

Ziel der Ansprüche ist insoweit die rasche **Wiederherstellung der zuvor bestehenden Besitzverhältnisse** bzw. die Abstellung einer Störung. Demgemäß erfolgt die gerichtliche Durchsetzung von Ansprüchen aus den §§ 861, 862 meist im Wege einer einstweiligen Verfügung gem. § 935 ZPO.

Beispiel: Käufer K, der die Ware schon bezahlt hat und Verkäufer V wiederholt erfolglos zur Lieferung aufgefordert hat, darf sich die Kaufsache nicht eigenmächtig aus dem Lager des V holen. Macht er dies gleichwohl, begeht er verbotene Eigenmacht (§ 858 I) und V kann die (vorläufige) Rückgabe der Sache gem. § 861 I verlangen. Den Lieferanspruch aus § 433 I muss K ggf. gerichtlich durchsetzen.

2. Inhalt und Rechtsnatur von § 859

§ 859 bestimmt, dass sich der unmittelbare Besitzer verbotener Eigenmacht mit Gewalt erwehren darf (Besitzwehr). § 859 II bezieht 3 sich konkret auf den Fall eines Diebstahls einer beweglichen Sache. Dem auf frischer Tat betroffenen oder verfolgten Täter darf man die Sache mit Gewalt wieder abnehmen (Nacheile und Besitzkehr). § 859 III erstreckt das Abwehrrecht auf den Entzug von Besitz an Grundstücken. § 860 stellt klar, dass auch der Besitzdiener die Gewalt ausüben darf; meist ist er auch an der Sache viel näher dran als der eigentliche Besitzer. Der Sache nach handelt es sich bei der Besitzwehr um eine besondere Form der Notwehr und somit um einen **Rechtfertigungsgrund** für die jeweilige Gewaltanwendung.

Beispiel: Räuber R entreißt Besitzer B auf offener Straße die Tasche. B eilt dem R nach und schlägt ihm mit seinem Schirm solange auf den Kopf, bis dieser die Tasche fallen lässt. R hat hier keinen Anspruch auf Ersatz der Arztbehandlungskosten aus § 823 I, da es an der Rechtswidrigkeit der Körperverletzung durch B fehlt. B kann sich außer auf Notwehr (§ 227) auch auf den Rechtfertigungsgrund des § 859 II berufen.

3. Die Tatbestandsvoraussetzungen des § 859

4

Das Selbsthilferecht des unmittelbaren Besitzers aus § 859
1. (Vorheriger) unmittelbarer Besitz (oder Besitzdienerschaft, § 860) 2. Verbotene Eigenmacht, § 858 3. Verhältnismäßigkeit der Gewaltanwendung

5 Im Mittelpunkt der §§ 859, 861, 862 steht der Begriff der **verbotenen Eigenmacht**. Sie liegt gem. § 858 I vor, wenn dem unmittelbaren Besitzer ohne dessen Willen der Besitz entzogen wird oder er im Besitz gestört wird, sofern nicht das Gesetz die Entziehung oder die Störung gestattet. Verbotene Eigenmacht setzt zum einen die **tatsächliche Besitzentziehung** voraus bzw. den diesbezüglichen Versuch. Die von **Organen einer juristischen Person** begangene verbotene Eigenmacht wird der juristischen Person nach § 31 zugerechnet.

Ohne Willen des Besitzers meint, dass die Besitzentziehung ohne tatsächliche Zustimmung des Besitzers erfolgt. Dies ist allein aus Sicht des Besitzers zu beurteilen. Natürliche Willensfähigkeit genügt; bei Minderjährigen ist eine wirksame Zustimmung zu bejahen, soweit sie einsichtsfähig sind und die Bedeutung der Besitzentziehung verstehen, § 828 III analog (*Koch/Wallimann* JuS 2014, 912, 914). Der Umstand, dass sich der Störer selbst für berechtigt halten durfte, die

Sache wegzunehmen, oder er irrtümlich von einer Zustimmung des Besitzers ausgeht, ist irrelevant.

Beispiele: Verbotene Eigenmacht liegt vor,
- wenn jemand an der Garderobe aus Versehen eine Jacke mitnimmt, die er für die eigene hält (gleicher Hersteller, gleiches Modell), die tatsächlich aber einem Dritten gehört;
- wenn der Verkäufer, der aufgrund Eigentumsvorbehalts noch Eigentümer der verkauften Sache ist, sich diese eigenmächtig zurückholt, weil der Käufer in Zahlungsrückstand ist (LG Frankfurt a. M. CR 2014, 175);
- wenn einer Person mit absoluter Gewalt (vis absoluta) Sachen abgenommen werden (zB durch Raub);
- wenn der Ersteigerer eines Hausgrundstücks das (nicht mit ersteigerte) Mobiliar des Hauses eigenmächtig veräußert, statt die in § 855 ZPO vorgeschriebene Vorgehensweise zu beachten, wonach ein Gerichtsvollzieher den Schuldner aus dem Besitz zu setzen und den Gläubiger in den Besitz einzuweisen hat (BGH NJW 2017, 3656).

Gibt der Besitzer aufgrund seines **Irrtums** oder infolge arglistiger 6
Täuschung eine Sache heraus, hat er jedoch den tatsächlichen Willen zur Herausgabe und zum Besitzverlust. In diesem Fall liegt keine verbotene Eigenmacht vor. Weiteres Tatbestandsmerkmal der verbotenen Eigenmacht ist die fehlende gesetzliche Gestattung der Entziehung oder Störung. Eine solche Gestattung kann sich aus den allgemeinen Rechtfertigungsgründen ergeben (zB §§ 227 ff., 904 S. 1) oder auch wiederum aus § 859 selbst.

Fall 2 – Verteidigung mit Schirm: B, dem der Räuber R eine wertvolle Tasche entrissen hat, will sich verteidigen und ergreift daher den Schirm des Passanten P, um R damit zu bedrohen. P will sich den Einsatz seines Schirms nicht gefallen lassen und nimmt ihn dem B mit Gewalt wieder weg, wodurch B zu Boden geworfen wird und sich das Knie verletzt. B verlangt von P Ersatz der Arztbehandlungskosten. Zu Recht?

Lösungsskizze:
B könnte gegen P einen Schadensersatzanspruch aus § 823 I haben.
1. Der Körper des B wurde durch die Aktion des P kausal verletzt.
2. Allerdings könnte die Verletzungshandlung des P gem. § 859 I, II gerechtfertigt sein.
a) P war unmittelbarer Besitzer des Schirms.
b) Der Besitz am Schirm wurde dem P gegen seinen Willen entzogen.
Jedoch liegt keine verbotene Eigenmacht gem. § 858 I vor, wenn das Gesetz die Besitzentziehung gestattet. Das war hier der Fall, da sich B auf den Rechtfertigungsgrund des § 904 S. 1 stützen kann. Danach hatte P die Einwirkung des B auf seinen Schirm zu dulden, weil B damit den Angriff des

R abwehren wollte. Insoweit drohte dem P durch die Benutzung des Schirms auch kein unverhältnismäßig großer Schaden.

Da somit in der Entziehung des Schirms keine verbotene Eigenmacht gegenüber P lag, kann sich P nicht auf den Rechtfertigungsgrund des § 859 berufen.

3. P handelte auch schuldhaft, nämlich vorsätzlich, § 276 I.

4. Ein Schaden liegt in Gestalt der Arztbehandlungskosten (§ 249 II 1) vor.

Ergebnis: B kann von P Schadensersatz verlangen.

Hinweis: Wenn der Schirm Schaden genommen haben sollte, hätte P insoweit einen Schadensersatzanspruch gegen B aus § 904 S. 2.

7 **Die Verhältnismäßigkeit der angewandten Gewalt** wird von der überwiegenden Meinung (Palandt/*Herrler* BGB § 859 Rn. 2) als ungeschriebenes Tatbestandsmerkmal des § 859 begriffen. Art und Ausmaß der Gewalt müssen im Verhältnis zum verteidigten Rechtsgut angemessen sein. Wenn dies bei der Notwehr gilt (vgl. § 227 II, „Verteidigung, welche erforderlich ist"), gibt es keinen Grund, bei § 859 andere Maßstäbe anzulegen.

Das **Abschleppen** eines Pkw, der auf einem Privatgrundstück unerlaubt geparkt wurde, auf einen recht weit entfernten Abstellplatz ist allerdings nicht deswegen unverhältnismäßig, weil dafür vergleichsweise hohe Kosten anfallen. Die Frage der grundsätzlichen Rechtmäßigkeit der Selbsthilfemaßnahme gegenüber der verbotenen Eigenmacht ist insoweit zu trennen von der Frage, welche Aufwendungsersatzansprüche im Einzelfall geltend gemacht werden können (LG München I NJW-RR 2016, 663).

III. Der Herausgabeanspruch aus § 861

8 § 861 gibt dem Besitzer, dem der Besitz durch verbotene Eigenmacht entzogen worden ist, einen sog. „possessorischen" Anspruch auf Wiedereinräumung des Besitzes, also zB auf Herausgabe einer beweglichen Sache. Der bisherige Besitzer soll auf diese Weise, unabhängig von einem etwaigen Recht zum Besitz, (vorläufig) die Besitzsituation wiedererlangen, die er vor der verbotenen Eigenmacht innehatte. § 861 ist eine **Anspruchsgrundlage**. Der daraus folgende Anspruch ist auch abtretbar (BGH NJW 2008, 580).

Der Anspruch aus § 861
1. Besitzentzug beim Anspruchsteller 2. Durch verbotene Eigenmacht, § 858 I 3. Fehlerhafter Besitz des Anspruchsgegners, § 858 II 4. Kein Ausschluss des Anspruchs nach § 861 II 5. Kein Erlöschen des Anspruchs nach § 864

1. Besitzentzug durch verbotene Eigenmacht

Der Anspruchsteller muss zuvor **Besitzer** gewesen sein, Teilbesitz (§ 865) oder Mitbesitz (§ 866, s. auch → § 4 Rn. 15 ff.) genügen. Einem Besitzdiener hingegen steht der Anspruch aus § 861 nicht zu. Bei einem mittelbaren Besitzer ist § 869 S. 2 zu beachten, wonach der mittelbare Besitzer primär nur Wiedereinräumung des Besitzes an den bisherigen unmittelbaren Besitzer verlangen kann. Nur wenn dieser den Besitz nicht wieder übernehmen kann oder will, kann der mittelbare Besitzer verlangen, dass der Besitz ihm selbst eingeräumt wird. 9

Besitzentzug setzt voraus, dass der bisherige Besitzer die faktische Sachherrschaft iSv § 854 I verloren hat. Der Entzug muss durch verbotene Eigenmacht (§ 858 I) erfolgt sein. Insoweit gilt dasselbe wie bei § 859 (→ Rn. 5). Den durch verbotene Eigenmacht erlangten Besitz nennt man **fehlerhaften Besitz**, § 858 II 1.

2. Fehlerhafter Besitz des Anspruchsgegners, § 858 II

Hier kommen drei Varianten in Betracht. Der Anspruchsgegner kann den Besitz durch eigene verbotene Eigenmacht erlangt haben, § 858 II 1. Er kann aber auch Gesamtrechtsnachfolger eines Erblassers sein, der zuvor fehlerhaft besaß (etwa weil er die verbotene Eigenmacht begangen hatte), § 858 II 2 Alt. 1. Und schließlich kann der Anspruchsgegner Besitznachfolger sein (zB als Käufer) und die Fehlerhaftigkeit des Besitzes des Vorgängers beim Besitzerwerb positiv gekannt haben, § 858 II 2 Alt. 2. 10

Beispiel: Der Hehler, der die gestohlene Sache dem Dieb abkauft, weiß, dass sie dem früheren Besitzer gegen dessen Willen entzogen worden ist. Als Besitznachfolger des zuvor bereits fehlerhaft besitzenden Diebes hat daher auch der Hehler nur fehlerhaften Besitz.

3. Anspruchsausschluss gem. § 861 II

11 Der Anspruch aus § 861 ist ausgeschlossen, wenn der Anspruchsteller als Besitzer dem Störer gegenüber fehlerhaft besaß und der Besitz in dem letzten Jahr vor der Störung erlangt worden ist, § 861 II. Das betrifft den Fall, dass ein Besitzer auf eine verbotene Eigenmacht selbst wieder mit verbotener Eigenmacht reagiert. Diese Form von Selbstjustiz soll erlaubt sein.

Beispiel: Dieb D hat dem Eigentümer E das Fahrrad geklaut. E sieht sein Fahrrad wenige Tage später unabgesperrt vor einem Laden stehen. Dort hat es D gerade abgestellt, um einkaufen zu gehen. Nimmt sich E sein Fahrrad nun kurzerhand wieder, so begeht er zwar im Grunde verbotene Eigenmacht (§ 858 I) gegenüber dem derzeitigen Besitzer D, da er diesem den Besitz gegen dessen Willen entzieht. Doch aus dieser Aktion des E sollen dem Dieb zweifellos keine Ansprüche erwachsen. Deshalb ist der Anspruch des D aus § 861 I hier gem. § 861 II ausgeschlossen.

Anders würde es indes liegen, wenn der Diebstahl des D inzwischen über ein Jahr zurückliegt, vgl. § 861 II. Dann könnte die Aktion des E auch kaum mehr als Verteidigungshandlung begriffen werden.

4. Erlöschen des Anspruchs nach § 864

12 Der Anspruch aus § 861 erlischt gem. § 864 I mit Ablauf eines Jahres nach Verübung der verbotenen Eigenmacht, wenn nicht vorher der Anspruch im Wege der Klage geltend gemacht worden ist. Wer länger als ein Jahr wartet, erscheint in seinem Interesse, die früheren Besitzverhältnisse vorläufig wiederherstellen zu wollen, eben nicht mehr schutzwürdig. Außerdem erlischt der Anspruch, wenn nachher durch **rechtskräftiges Urteil** festgestellt wird, dass dem Täter ein Recht an der Sache oder auf die Sache (zB aus § 433 I) zusteht, § 864 II.

Umstritten ist, ob § 864 II auch gelten soll, wenn das Urteil, das dem Täter etwa einen Herausgabeanspruch gegen den bisherigen Besitzer bestätigt, bereits **vor** Verübung der verbotenen Eigenmacht rechtskräftig geworden ist. Dagegen spricht jedoch der eindeutige Gesetzeswortlaut („nach der Verübung“) und der Grundsatz, dass der Gläubiger sein Recht im Wege der Zwangsvollstreckung zu verfolgen hat und nicht zur Selbstjustiz greifen darf (Palandt/*Herrler* BGB § 864 Rn. 6; aA RGZ 107, 258).

5. Unbeachtlichkeit petitorischer Einwendungen

13 Gemäß **§ 863** kann gegenüber den in §§ 861, 862 bestimmten Ansprüchen ein Recht zum Besitz oder zur Vornahme der störenden Handlung nur mit dem Ziel geltend gemacht werden, dass die Entzie-

hung oder Störung des Besitzes nicht verbotene Eigenmacht sei (**possessorische Einwendungen**). Gemeint ist damit, dass sonstige schuld- oder sachenrechtliche Einwendungen dahingehend, dass man doch ein Recht an der oder auf die (entwendete) Sache habe (zB als Pfandrechtsgläubiger aus § 1251, als Käufer aus § 433 I 1 oder als Vermieter aus § 546), beim Anspruch aus § 861 I unberücksichtigt bleiben. Dem Anspruchsteller soll unabhängig von der (späteren) Klärung der Besitz*rechte* die rasche Wiederherstellung der früheren Besitzverhältnisse ermöglicht werden. Meist geschieht die Rechtsverfolgung eben auch im Wege der einstweiligen Verfügung (§§ 935 ff. ZPO).

Nach hM kann der Anspruchsgegner seine **„petitorischen" Einwendungen** jedoch im Wege der **Widerklage** im selben Prozess geltend machen. Sollten possessorische Klage und petitorische Widerklage dann zeitgleich entscheidungsreif sein, macht es wenig Sinn, der Klage stattzugeben und den Beklagten zur Herausgabe zu verurteilen, obwohl er angesichts der erfolgreichen Widerklage sogleich wieder Rückgabe verlangen kann. Die hM geht daher zur Vermeidung widersprüchlicher Verurteilungen in diesem Fall davon aus, dass der Anspruch aus § 861 gem. § 864 II analog erlischt (BGH NJW 1979, 1358; Palandt/*Herrler* BGB § 863 Rn. 3; krit. *Prütting* SachenR Rn. 124).

Beispiel: Nachdem Verkäufer V trotz mehrfacher Aufforderung nicht liefert, holt sich Käufer K die gekaufte Sache selbst aus dem Lager des V. Da insoweit verbotene Eigenmacht des K vorliegt, kann V auf Rückgabe der Sache aus § 861 I klagen. Im Wege der Widerklage kann K jedoch seinen Übereignungsanspruch aus § 433 I 1 geltend machen. Sollten beide Klagen gleichzeitig entscheidungsreif sein, wird das Gericht die Klage des V abweisen und der Widerklage des K stattgegeben (s. auch Klausurfall bei *Finkenauer* JuS 2015, 818).

Wird der possessorische Besitzschutz im Wege des **vorläufigen Rechtsschutzes** begehrt, so steht der **einstweiligen Verfügung** grundsätzlich auch schon eine nur vorläufig vollstreckbare gerichtliche Entscheidung entgegen, durch die das petitorische Gegenrecht anerkannt wird (OLG Stuttgart NJW 2012, 625); denn nur so lassen sich gegenläufige einstweilige Verfügungen vermeiden.

Fall 3 – Hausbesetzer: E ist Eigentümer eines alten Wohnhauses, das abgerissen und durch einen Büroneubau ersetzt werden soll. Nachdem alle Mieter ausgezogen sind, wird das Haus von einer Gruppe junger Leute besetzt und bewohnt, die damit gegen die Zerstörung von Wohnraum im Stadtkern protestieren wollen. E unternimmt zunächst nichts, da ihm die Abbruchgenehmigung noch nicht erteilt ist. Als die Abbruchgenehmigung 14 nach 1 1/2 Jahren erteilt wird, fordert E die Besetzer auf, das Haus sofort zu räumen. Da dies nicht geschieht, organisiert E ein Räumkommando, das die Besetzer bei Nacht und Nebel an die frische Luft setzt. Die Besetzer verlangen Wiedereinräumung des Besitzes an den Wohnungen, weil ihnen sonst keine Unterkunft zur Verfügung steht. Zu Recht?

Lösungsskizze:
Die Besetzer könnten gegen E einen Anspruch auf Wiedereinräumung des Besitzes am Haus aus § 861 I haben.

1. Durch die Räumung kam es zum Besitzentzug bei den Anspruchstellern.
2. Ein Fall von verbotener Eigenmacht liegt vor, denn E hat den Besetzern als unmittelbaren Besitzern den Besitz entzogen, und zwar gegen ihren Willen und ohne gesetzliche Genehmigung, vgl. § 858 I.

Beachte: Der Umstand, dass E Eigentümer ist und den Herausgabeanspruch aus § 985 hätte, ändert daran nichts. Sinn der §§ 859ff. ist gerade die Vermeidung von Selbstjustiz.

3. Fehlerhafter Besitz des Anspruchsgegners, § 858 II 1, ist gegeben, denn Anspruchsgegner E hat den Besitz durch verbotene Eigenmacht erlangt, § 858 I. Den jungen Leuten wurde gegen ihren Willen der Besitz am Haus entzogen.
4. Der Anspruch ist nicht nach § 861 II ausgeschlossen. Zwar war der Besitz der Hausbesetzer gegenüber E fehlerhaft, da sie ihrerseits dem E den Besitz durch verbotene Eigenmacht entzogen hatten; seit der Besitzentziehung ist jedoch bereits mehr als ein Jahr vergangen. E hat nach 1 1/2 Jahren gegen diese verbotene Eigenmacht kein Selbsthilferecht mehr, das ihm nur „sofort nach der Entziehung" zusteht (§ 859 III), dh so schnell wie nach den Umständen objektiv möglich.
5. Ein Erlöschen des Anspruchs nach § 864 I ist nicht gegeben, denn die Jahresfrist des § 864 I ist nach der „Zwangsräumung" durch E noch nicht verstrichen.
6. Einwendungen petitorischer Art, nämlich den Anspruch aus § 985 gegen die Hausbesetzer, kann E im Verfahren des possessorischen Besitzschutzes nicht vorbringen.

Ergebnis: Die Besetzer können nach § 861 I Wiedereinräumung des Besitzes von E verlangen. Eine rasche gerichtliche Sicherung dieses Anspruchs kann durch einstweilige Verfügung (§§ 935, 940 ZPO) erreicht werden.

Merke: Gleichgültig ist, dass E Eigentümer des Hauses ist. Er müsste seinen Anspruch auf Herausgabe des Besitzes (§ 985) vor Gericht durchsetzen, wenn keine freiwillige Herausgabe erfolgt. Das wäre auch im Wege der Widerklage möglich. Sind beide Klagen gleichzeitig entscheidungsreif, so ist aufgrund der Widerklage (§ 33 I ZPO) das Recht zum Besitz anzuerkennen und die (begründete!) Klage aus § 861 I abzuweisen (→ Rn. 13).

6. Besitzschutz zwischen Ehegatten

Ehegatten haben auf Grundlage der ehelichen Lebensgemeinschaft 15 (§ 1353 I 2) Mitbesitz an den gemeinsam benutzten **Haushaltsgegenständen**, und zwar unabhängig davon, wer Eigentümer ist. Nimmt ein Ehegatte anlässlich der Trennung, ohne den anderen zu fragen, bestimmte Gegenstände einfach mit, so liegt an sich verbotene Eigenmacht vor. § 866 steht dem nicht im Wege, da es nicht um die Grenzen des Gebrauchs des Einzelnen geht, sondern um den Entzug des gesamten Besitzes.

Umstritten ist aber, ob **§ 1361a**, der für diesen Fall eine besondere Regelung der Verteilung der Haushaltsgegenstände vorsieht, gegenüber § 861 als lex specialis anzusehen ist. Dies wird von einer Meinung insbes. aus Gründen der Verfahrensökonomie bejaht (OLG Schleswig FamRZ 1997, 892). Vorzugswürdig ist indes die Gegenauffassung (OLG Koblenz NJW 2007, 2237; FamRZ 2009, 1934). Auch zwischen Ehegatten muss Selbstjustiz vermieden werden. Keiner sollte der Verteilung der Haushaltsgegenstände eigenmächtig vorgreifen dürfen. Zudem verfolgen die Normen unterschiedliche Zwecke (vorläufige Wiederherstellung der bisherigen Besitzverhältnisse einerseits und endgültige Verteilung andererseits). Tauscht ein Ehegatte eigenmächtig die Wohnungsschlösser aus, um den anderen auszuschließen, liegt ebenfalls verbotene Eigenmacht vor (AG Köln NZFam 2015, 978).

IV. Der Anspruch wegen Besitzstörung, § 862

Anspruch aus § 862 auf Störungsbeseitigung oder -unterlassung
1. Störung des Besitzes 2. durch verbotene Eigenmacht, § 858 I 3. Anspruchsgegner ist Störer 4. Kein Ausschluss des Anspruchs nach § 862 II 5. Kein Erlöschen des Anspruchs nach § 864

Während es bei § 861 um die Herausgabe des Besitzes nach Besitz- 16 entziehung geht, betrifft § 862 die Besitzstörung, also die Verhinderung der Ausübung der Herrschaft über die Sache in einzelnen Beziehungen, zB in Form von **Immissionen** (Lärm, Geruch, Staub u. a.; zB

BGH NJW 1995, 132), durch unbefugtes Parken auf fremden Grundstücken, Zuparken einer Grundstückszufahrt oder durch eine nach § 909 unzulässige Vertiefung des Nachbargrundstücks (BGH NJW 2001, 1865). Jedes Verhalten, das nicht Besitzentzug ist, aber den Besitzer daran hindert, mit seiner Sache nach Belieben zu verfahren, beinhaltet eine Besitzstörung. **Anspruchsziel** ist hier die **Beseitigung der Störung** (§ 862 I 1) bzw. bei drohender erstmaliger oder erneuter Störung die **Unterlassung** derselben (§ 862 I 2). Hinsichtlich möglicher Einwendungen ist auch hier § 863 zu beachten (→ Rn. 13).

Von großer Bedeutung ist § 862 überall dort, wo die gestörte Person selbst nicht Eigentümer (des beeinträchtigten Grundstücks), sondern etwa als **Mieter** oder Pächter nur Besitzer ist und daher die Störung nicht über § 1004 I (dazu → § 24 Rn. 1 ff.) abwehren kann. In der Sache weisen die Ansprüche aus § 862 I und § 1004 I freilich viele Parallelen auf.

Beispiele:

- Mieter M kann seinen Balkon nicht genießen, weil auf dem Nachbarbalkon ständig geraucht wird und laufend stinkender, gesundheitsgefährdender **Tabakrauch** herüberweht. In dieser Störung liegt grundsätzlich eine verbotene Eigenmacht gem. § 858 I, so dass ein Unterlassungsanspruch aus § 862 I 2 besteht, sofern die Störung tatsächlich wesentlich ist. Für Immissionen kann insoweit auf die Maßstäbe des § 906 I (Wesentlichkeit, Ortsüblichkeit) zurückgegriffen werden. Insofern ist auch irrelevant, dass dem Nachbarn nach seinem Mietvertrag das Rauchen in der Wohnung bzw. auf dem Balkon gestattet ist. Allerdings ist der Unterlassungsanspruch nicht grenzenlos, da die Freiheit, in den eigenen vier Wänden zu rauchen, als Teil der Persönlichkeitsentfaltung ebenfalls Schutz genießt. Das Gebot der gegenseitigen Rücksichtnahme (§ 242) erfordert insoweit einen angemessenen Interessenausgleich in Gestalt einer Gebrauchsregelung (BGH NJW 2015, 2023; LG Dortmund ZMR 2017, 947; dazu Klausurfall bei *Jobst* JA 2016, 260).
- E überlässt seinen Sportwagen seinem Freund F, der das Fahrzeug unberechtigt auf einem durch ein privates Halteverbotsschild gekennzeichneten Platz auf dem von M gemieteten Grundstück parkt. Daraufhin fordert M von E eine Unterlassungserklärung mit dem Inhalt, dort nicht mehr zu parken. E verteidigt sich damit, dass er nicht für das Verhalten des F verantwortlich gemacht werden könne. Indes besteht hier (eine Wiederholungsgefahr vorausgesetzt) ein Anspruch von M gegen E aus § 862 I 2. Das **unbefugte Abstellen des Fahrzeugs** bedeutet eine Besitzstörung oder teilweise Besitzentziehung und demgemäß verbotene Eigenmacht iSv § 858 I. Die Störung ist dem E auch als Zustandsstörer zurechenbar. Als Eigentümer und Halter des Fahrzeugs war er jederzeit in der Lage, das Fahrzeug wegzufahren und die Störung abzustellen. Zudem hatte E durch Überlas-

sung des Fahrzeugs an F die (nicht fern liegende) Gefahr des Falschparkens mit geschaffen. Daher kann die Beeinträchtigung immerhin mittelbar auch auf den Willen des E zurückgeführt werden (BGH NJW 2012, 3781).

- Trotz wirksamer Kündigung und mehrfacher Mahnung räumt Mieter M das gemietete Büro nicht. Daraufhin stellt ihm Vermieter V die Versorgung mit Warmwasser und Heizwärme ab. In dieser **Unterbrechung von Versorgungsleistungen** liegt nach hM keine Besitzstörung und auch keine verbotene Eigenmacht des V, denn dadurch wird weder der Zugriff des Besitzers auf die Mieträume beeinträchtigt noch die sich aus dem bloßen Besitz ergebende Nutzungsmöglichkeit eingeschränkt (BGH NJW 2009, 1947). M kann sich daher nicht über § 862 I zur Wehr setzen.

V. Schutz des gutgläubigen Besitzers, § 1007

Neben den Besitzschutzansprüchen der §§ 861, 862, die die tatsächlichen Besitzverhältnisse im Interesse des Rechtsfriedens schützen wollen und die jedem Besitzer unabhängig davon zustehen, ob sein Besitz berechtigt ist oder nicht, sieht § 1007 einen **zusätzlichen Herausgabeanspruch** vor. Der Anspruch steht jedoch nur dem berechtigten Besitzer zu sowie dem gutgläubigen Besitzer (§ 1007 III), der meint, zum Besitz berechtigt zu sein, ohne dass ihm grobe Fahrlässigkeit zur Last fällt (§ 932 II). Der Anspruchsinhaber kann dabei unmittelbarer oder mittelbarer Besitzer sein, Eigenbesitzer oder Fremdbesitzer. Der jeweilige berechtigte oder gutgläubige Besitzer kann den Anspruch aber nur gegen einen Besitzer geltend machen, der weder ein Recht zum Besitz hat noch gutgläubig ist (§ 1007 I). 17

Ist die Sache abhanden gekommen, so kann nach § 1007 II Herausgabe auch vom gutgläubigen Besitzer verlangt werden. Mit dem Anspruch kann nur die Herausgabe beweglicher Sachen verlangt werden. Nach § 1007 III 2 sind auch § 986 und die Nebenansprüche der §§ 987–1003 entsprechend anzuwenden. Neben dem Anspruch aus § 1007 und § 861 stehen dem Besitzer zumeist auch andere Herausgabeansprüche zu, sei es aus Vertrag, aus § 812 (→ § 5 Rn. 25) oder aus § 823 I iVm § 249 I.

Anspruch aus § 1007 I gegen den bösgläubigen Besitzer auf Herausgabe
1. Früherer Besitz des Anspruchstellers an beweglicher Sache 2. Jetziger Besitz des Anspruchsgegners 3. Bösgläubigkeit des jetzigen Besitzers bei Besitzerwerb (vgl. § 932 II) 4. Kein Ausschluss des Anspruchs a) § 1007 III 1 Alt. 1 (Bösgläubigkeit des Anspruchstellers bei Besitzerwerb) b) § 1007 III 1 Alt. 2 (freiwillige Besitzaufgabe) c) §§ 1007 III 2, 986 (derzeitiges Besitzrecht des jetzigen Besitzers)

Beispiele:

- L ist Besitzer eines Pkw, den er vom Eigentümer geleast hat. L überlässt den Wagen seinem Arbeitnehmer A als Geschäftswagen. Gibt A den Pkw nach Beendigung des Arbeitsvertrags nicht an seinen Arbeitgeber L zurück, so steht L gegen A ein (nach-)vertraglicher Rückgabeanspruch zu. L kann von A aber auch Herausgabe nach § 1007 I verlangen. A war als Arbeitnehmer zunächst Besitzdiener und damit nicht Besitzer (§ 855). Besitzer wurde A erst, als er sich den Weisungen des L entzog und den Pkw nicht zurückgab. Zu diesem Zeitpunkt durfte er aber nicht davon ausgehen, dass er zum Besitz berechtigt war. A war deshalb beim Besitzerwerb nicht gutgläubig und ist deshalb auch nach § 1007 I zur Herausgabe verpflichtet.
- Leasingnehmer L wird der Pkw von Dieb D gestohlen. D vermietet den Pkw an M, der auf sein Recht zum Besitz aus dem Mietvertrag vertraut, weil er D, ohne dabei fahrlässig zu handeln, für den Eigentümer hält. L kann nach § 1007 II, der eine eigenständige Anspruchsgrundlage enthält, auch vom gutgläubigen M Herausgabe verlangen, da der Pkw ihm gestohlen worden ist. In diesem Fall steht L gegen M kein weiterer Herausgabeanspruch zu, insbes. auch kein Anspruch aus § 861, weil M die von D begangene verbotene Eigenmacht nicht bekannt und sein Besitz deshalb nicht fehlerhaft nach § 858 II 1 war.

Hinweis für die Klausur: Kann der Anspruchsteller, da er zugleich Eigentümer ist, seinen Herausgabeanspruch auch auf § 985 stützen, so ist unbedingt mit der Prüfung von § 985 zu beginnen. Die Ausführungen zu § 1007 können dann sehr kurz bleiben oder bei Zeitnot weggelassen werden.

VI. Besitzschutz durch Deliktsrecht

1. Besitz als sonstiges Rechtsgut gem. § 823 I

Die starke obligatorische Rechtsstellung infolge der Besitzschutzansprüche mit Wirkung gegen jedermann hat dazu geführt, dass der **berechtigte Besitz** auch als sonstiges Recht im Sinne des **§ 823 I** anerkannt wurde. Der **Schaden** liegt im Fall einer Besitzentziehung im (zeitweiligen) **Verlust der Nutzungsmöglichkeit** (Nutzungsschaden) oder auch darin, dass der Besitzer gegenüber dem Eigentümer wegen der Verzögerung oder Unmöglichkeit der Rückgabe der Sache haften muss (Haftungsschaden). 18

Beispiel: Das Recht zum Besitz ist indes nicht verletzt, wenn ein Unfall auf der Autobahn vorübergehend zu einer Streckensperrung führt und eine (gepachtete) Autobahngaststätte daher in dieser Zeit keine Kunden mehr hat. Hier fehlt es an einer unmittelbaren Einwirkung auf die Sache (Raststätte) selbst, die weiterhin brauchbar und funktionsfähig ist (BGH NJW 2015, 1174). In solchen Fällen ist nicht der Besitz selbst, sondern vielmehr nur das Vermögensinteresse betroffen, das von § 823 I nicht geschützt wird.

Fraglich ist, inwieweit auch der unberechtigte Besitzer den Schutz des Deliktsrechts verdient. Unumstritten ist insoweit, dass dem **bösgläubigen unberechtigten Besitzer**, der weiß, dass er kein Besitzrecht hat, jedenfalls **keine Ansprüche** aus § 823 I zustehen. 19

Beispiel: Dieb D hat das Auto des A gestohlen. Als D mit dem Auto unterwegs ist, nimmt ihm F die Vorfahrt und beschädigt das Fahrzeug, das folglich in die Werkstatt muss. D muss sich nun für die nächsten Tage zwangsläufig einen Leihwagen nehmen. Die diesbezüglichen Kosten kann D nicht von F nach § 823 I ersetzt verlangen. Der bösgläubige unberechtigte Besitz wird nicht als sonstiges Recht geschützt.

Strittig ist jedoch, in welchem Umfang der **gutgläubige unberechtigte Besitzer** geschützt werden soll. Das betrifft den Besitzer, der zwar in Wirklichkeit kein Recht zum Besitz hat, aber im guten Glauben an ein solches Recht besitzt, zB der gutgläubige Käufer einer gestohlenen Sache. Vorzugswürdig ist die Auffassung (*Medicus/Petersen* BürgerlR Rn. 607), die in Parallele zu den §§ 987 ff. den gutgläubigen unberechtigten Besitzer zumindest insoweit durch § 823 I schützt, als er im Verhältnis zum Eigentümer nach §§ 987, 990 die Nutzungen behalten darf (dazu → § 22 Rn. 1 ff.). Insoweit kann im genannten Umfang auch der nichtberechtigte Besitzer von einem 20

Dritten Schadensersatz verlangen, etwa wegen entgangener Gebrauchsvorteile. Verwehrt ist ihm aber, vom Eigentümer selbst, der ihm durch verbotene Eigenmacht den Besitz entzogen hat, Schadensersatz für die während der Besitzentziehung entgangenen Nutzungen zu verlangen, da der nichtberechtigte Besitzer diese Nutzungen gerade nicht hätte ziehen dürfen (BGH NJW 1981, 865).

21 Der Schutz über § 823 I gilt auch für den Mitbesitz, und zwar auch im Innenverhältnis zwischen **Mitbesitzern**.

Beispiel (nach BGHZ 62, 243): Zwei Unternehmen residieren in einem Mietshaus, in dem sie beide einen Lastenaufzug benutzen dürfen. Der Angestellte A des einen Betriebs beschädigt den Aufzug, welcher nun eine Woche unbenutzbar ist. Folge ist, dass eine Lieferung an den anderen Betrieb nicht eingebracht, sondern kostenpflichtig anderweitig zwischengelagert werden muss. Hier kann Schadensersatz aus § 831 verlangt werden. A hat als Verrichtungsgehilfe den objektiven Tatbestand des § 823 I erfüllt, weil er den Besitz als sonstiges Recht verletzt hat, und zudem den Tatbestand des § 823 II iVm § 862, da er die Besitzstörung veranlasst hat. § 866 steht dem nicht entgegen. Sein Anwendungsbereich ist auf die Anspruchsgrundlagen der §§ 859ff. beschränkt, deliktsrechtlichen Ansprüchen steht die Norm nicht im Wege (BGH aaO, str.; ausf. Fall bei *Gottwald* SachenR Fall 8).

2. Besitzschutz über §§ 823 II, 858 in Abschleppfällen

22 Der Besitz wird zudem über **§ 823 II** geschützt, weil die §§ 858ff. als **Schutzgesetze** anerkannt sind (BGH NJW 2009, 2530). Besondere Examensrelevanz haben insoweit Fälle des **Abschleppens von Falschparkern** (BGH NJW 2009, 2530; 2012, 528; 2014, 3727; 2016, 863 und 2407; dazu *Lorenz* NJW 2009, 1025).

Fall 4 – Falschparker: Plem (P) parkt sein Auto mangels anderer freier Parkplätze am Montagvormittag auf einem Supermarktparkplatz, der dem Kaufmann Spitzer (S) gehört. Die Schilder, wonach man auf diesem Parkplatz nur maximal zwei Stunden zum Zweck des Einkaufs parken darf und auf denen für den Fall des Zuwiderhandelns das kostenpflichtige Abschleppen angedroht wird, nimmt P zwar zur Kenntnis, er hofft aber, dass alles gut gehen wird. Tatsächlich hat S jedoch den Unternehmer Unger (U) damit beauftragt, das Gelände laufend zu kontrollieren und unerlaubt parkende Fahrzeuge abzuschleppen. Nachdem die Parkhöchstdauer inzwischen deutlich überschritten und ein Ausruf des Kfz-Kennzeichens im Supermarkt ohne Wirkung geblieben ist, schleppt U das Fahrzeug des P ab und versetzt es auf einen öffentlichen Parkplatz.

Nun verlangt U von P die Abschleppkosten iHv 250 EUR ersetzt (Grundgebühr von 40 EUR für den laufenden Kontrollaufwand, 180 EUR

Versetzungsgebühr und 30 EUR Bearbeitungsgebühr). U verweist darauf, dass S ihm alle denkbaren Ansprüche gegen die Falschparker abgetreten habe. P weigert sich zu zahlen. Er meint, er sei zu Unrecht abgeschleppt worden; zudem seien die verlangten Gebühren viel zu hoch. Welche Ansprüche hat U?

Lösungsskizze:

I. U könnte gegen P einen (eigenen) Anspruch auf Zahlung von 250 EUR aus §§ 677, 683 S. 1, 670 haben.

Voraussetzung dafür wäre, dass U ein fremdes Geschäft führen wollte. Nachdem U von S mit der Parkraumüberwachung beauftragt wurde, erfolgen seine diesbezüglichen Maßnahmen jedoch in Erfüllung des Vertrags mit S und damit in Erfüllung eigener Verpflichtungen. Nach hM sind in solchen Fällen ein fremdes Geschäft und ein Fremdgeschäftsführungswille zu verneinen (*Medicus/Petersen* BürgerlR Rn. 414).

Ergebnis: Der Anspruch besteht nicht.

II. U könnte gegen P einen Anspruch auf Zahlung von 250 EUR aus abgetretenem Recht haben, §§ 677, 683 S. 1, 670 iVm § 398.

1. S hat dem U seine Ansprüche gegen die potenziellen Falschparker abgetreten, § 398.

Bei diesen Ansprüchen handelt es sich zwar um künftige Ansprüche, aber auch solche sind abtretbar, sofern sie bestimmbar sind. Die hier betroffenen Ansprüche sind jedenfalls im Augenblick ihrer Entstehung klar bestimmt, was genügt. Auch gegen die Abtretbarkeit der Ansprüche (vgl. §§ 399f.) bestehen keine Bedenken.

2. S müsste ein Anspruch aus §§ 677, 683 S. 1, 670 gegen P zustehen.

a) Das Abschleppen ist ein Geschäft.

b) Das Abschleppen(lassen) des störenden Fahrzeugs von P ist für S einerseits ein eigenes Geschäft, weil S auch ein eigenes Interesse an der Entfernung des Fahrzeugs hat. Andererseits betrifft die Maßnahme ein fremdes Fahrzeug, dessen Fahrer/Halter selbst zur Entfernung verpflichtet ist. Daher ist von einem auch-fremden Geschäft auszugehen (vgl. BGH NJW 2016, 863 und 2407).

c) Der Fremdgeschäftsführungswille kann unter diesen Voraussetzungen vermutet werden.

d) Die Geschäftsführung müsste dem objektiven Interesse und dem wirklichen oder mutmaßlichen Willen des P entsprochen haben, §§ 677, 683 S. 1. Die Übernahme einer Geschäftsführung liegt dann im Interesse des Geschäftsherrn, wenn sie ihm objektiv vorteilhaft und nützlich ist (BGH NJW 2016, 2407). Das erscheint hier mit Blick auf P zweifelhaft. Zunächst liegt es jedenfalls fern zu sagen, dass der Wille des P dahin ging, abgeschleppt zu werden, zumal keine akute Gefahrensituation durch das unerlaubte Parken geschaffen worden war.

In dem Fall, dass der **Kfz-Halter** auf Aufwendungsersatz in Anspruch genommen wird, während eine andere Person das Fahrzeug unerlaubt abgestellt hat, geht der BGH allerdings davon aus, dass das Abschleppen in solchen Fällen dem Willen des Fahrzeughalters entspricht. Bei objektiver Betrachtung stelle sich die Entfernung des Fahrzeugs für den Halter als vorteilhaft dar. Denn durch die Umsetzung des Fahrzeugs, zu der der Grundstücksbesitzer gem. § 859 I, III im Wege der Selbsthilfe berechtigt sei, werde der Halter (als Zustandsstörer, vgl. BGH NJW 2012, 3781) von seiner Verpflichtung zur Störungsbeseitigung gem. § 861 I frei. Andere kostengünstigere oder vorteilhaftere Möglichkeiten, die Störung zu beseitigen, seien meist nicht gegeben, wenn der Fahrzeugführer nicht vor Ort sei. Die einzige Möglichkeit, den rechtswidrigen Zustand unmittelbar zu beseitigen, liege daher regelmäßig in dem Umsetzen des Fahrzeugs. „Aus der Sicht eines verständigen, sich rechtstreu verhaltenden Fahrzeughalters entspricht das Abschleppen deshalb seinem Interesse, weil nur auf diese Weise der Beseitigungsanspruch zu der geschuldeten Zeit erfüllt werden“ kann (BGH NJW 2016, 2407). Da sich der wirkliche Wille des Halters (!) regelmäßig nicht feststellen lasse, sei bei Ermittlung des mutmaßlichen Willens insoweit auf das beschriebene objektive Interesse des Halters abzustellen.

Ob man das auf den hier gegebenen Fall übertragen kann, dass der Fahrzeughalter zugleich der Fahrzeugführer ist, erscheint indes fraglich. In solchen Fällen ist nämlich davon auszugehen, dass bewusst falsch geparkt und die Störung bewusst riskiert wurde in der Hoffnung, dass schon nichts passieren werde. Insoweit kann beim Halter, der zugleich Fahrzeugführer ist, kein mutmaßlicher Wille, abgeschleppt zu werden, angenommen werden, solange keine akute Gefahrensituation gegeben ist (*Lorenz* NJW 2009, 1025, 1027).

e) Der abweichende Wille des P könnte aber nach § 679 unbeachtlich sein, sofern ein besonderes öffentliches Interesse an der Geschäftsführung bestand. Ein öffentliches Interesse ist zu bejahen, wenn akute Gefahren für Leben, Gesundheit oder Sachgüter drohen (Palandt/*Sprau* BGB § 679 Rn. 3) bzw. eine Polizeipflicht zum Handeln besteht (vgl. MüKoBGB/*Schäfer* § 679 Rn. 10). Das wäre anzunehmen beim unerlaubten Parken in einer Feuerwehranfahrtszone (*Lorenz* NJW 2009, 1025, 1027). Eine entsprechende Gefährdungslage ist hier jedoch nicht erkennbar. Es besteht zwar durchaus ein Interesse daran, dass Supermarktparkplätze, insbes. in der Innenstadt, für Kunden frei gehalten werden, damit diese ihre Einkäufe erledigen können. Das Fehlen von solchen Parkplätzen kann zu einem Rückstau in den öffentlichen Verkehrsbereich führen sowie zu verbotswidrigem Parken im Straßenbereich. Tatsächlich sind entsprechende Gewerbebetriebe auch aufgrund öffentlich-rechtlicher Vorschriften verpflichtet, entsprechende Parkplätze vorzuhalten. Gegen ein entsprechendes öffentliches Interesse iSv § 679 spricht jedoch, dass es sich hier um einen privaten Parkplatz handelt und dessen unrechtmäßige Inanspruchnahme keine dringlichen Gefahren für die Rechtsgüter Dritter schafft (aA wohl *Lorenz* NJW 2009, 1025, 1027).

Die Voraussetzungen einer berechtigten GoA liegen somit nicht vor.
Ergebnis: Der Anspruch besteht nicht.

III. U könnte gegen P einen Schadensersatzanspruch iHv 250 EUR aus §§ 823 II, 858 I iVm § 398 haben.

1. § 858 I bildet ein Schutzgesetz iSv § 823 II (BGH NJW 2009, 2530; 2012, 528).

2. P müsste den Tatbestand der verbotenen Eigenmacht gem. § 858 I verwirklicht haben.

a) Die vorübergehende Inanspruchnahme des Parkplatzes durch P kann als Besitzstörung eingeordnet werden.

b) Es handelt sich um eine Besitzstörung gegen den Willen des unmittelbaren Besitzers (S) und ohne gesetzliche Genehmigung.

3. P handelte beim Falschparken rechtswidrig und schuldhaft, §§ 823 II, 276 I.

4. Schaden

a) Haftungsausfüllende Kausalität/Schaden im Schutzbereich der Norm

Ein Schaden trat erst dadurch ein, dass U infolge seiner generellen Beauftragung durch S die Abschleppaktion durchführte und somit Kosten anfielen. S musste sich die Störung indes nicht gefallen lassen und durfte das Auto des P abschleppen lassen, vgl. § 859 III (vgl. BGH NJW 2014, 3727; 2016, 2407). Insofern handelt es sich um eine vom Gesetz gebilligte Reaktion des S, zu der S durch das Verhalten des P herausgefordert wurde. Demgemäß ist die Schadensfolge adäquat und dem P auch zuzurechnen.

Der eingetretene Schaden liegt mit Blick auf § 858 auch im Bereich des Schutzzwecks der Norm. Das Gesetz räumt dem im Besitz Gestörten das Selbsthilferecht des § 859 ein, dessen Ausübung auch mit Kosten verbunden sein kann und darf.

b) Ersatzfähig sind nach § 249 I zunächst die Abschleppkosten selbst (hier 180 EUR), und zwar in der Höhe, in der sie am Ort der Besitzstörung üblicherweise für das Abschleppen anfallen (BGH NJW 2016, 2407). S hat auch nicht seine Schadensminderungspflicht aus § 254 II verletzt, da nicht ersichtlich ist, dass er sich auf andere Weise billiger hätte behelfen können. Insbes. wurde vor der Abschleppmaßnahme auch versucht, den Fahrzeugführer per Ausruf im Supermarkt ausfindig zu machen, sodass die Maßnahme nicht als unverhältnismäßig erachtet werden kann (vgl. dazu AG München DAR 2014, 148; AG Buxtehude DAR 2014, 148).

Ersatzfähig sind darüber hinaus die Kosten, die im Zusammenhang mit der Vorbereitung des Abschleppvorgangs entstehen, zB Kosten für die Überprüfung des Fahrzeugs, um den Halter ausfindig zu machen, sowie für die Zuordnung des Fahrzeugs zu einer bestimmten Fahrzeuggruppe, damit ein dafür geeignetes Abschleppfahrzeug ausgewählt wird. Weiterhin kann das Kfz auf vorhandene Schäden kontrolliert werden, damit ausgeschlossen ist, dass der Eigentümer später behauptet, die Schäden seien durch das Abschleppen verursacht worden (zum Ganzen BGH NJW 2014, 3727).

c) Nicht zu ersetzen sind indes Kosten für die Bearbeitung und außergerichtliche Abwicklung des Schadensersatzanspruchs (hier 30 EUR). Solche Kosten hat jeder Geschädigte selbst zu tragen. Auch anteilige Kosten für die Überprüfung der Parkflächen (hier 40 EUR) schuldet der Falschparker nicht, denn dieser Aufwand fällt nicht infolge der konkreten Besitzstörung an, sondern deshalb, weil der Eigentümer zuvor den Unternehmer mit der Überwachung des gesamten Parkraums beauftragt hat. Demgemäß fehlt es an einem kausalen Zusammenhang zwischen der schadensstiftenden Handlung des P und dem Anfall der betreffenden Kosten (vgl. BGH NJW 2012, 528). P schuldet daher nur 180 EUR.

(Hinweis: Als ebenfalls nicht ersatzfähig betrachtet der BGH Kosten für die Ermittlung des Fahrzeughalters, soweit diese allein dazu dienen, einen notorischen Falschparker ausfindig zu machen, um ihn dann auf Unterlassung verklagen zu können. Anders liegt es nur dann, wenn auch dieser Aufwand dem Interesse des Halters entspricht, damit er selbst erfährt, wo sein Fahrzeug abgeholt werden kann; BGH NJW 2016, 863 und 2407).

5. Der Anspruch aus § 823 II konnte ebenfalls wirksam nach § 398 an U abgetreten werden.

Ergebnis: Somit steht U gegen P ein Zahlungsanspruch aus §§ 823 II, 858 I iVm § 398 iHv 180 EUR zu.

IV. U könnte ferner einen Schadensersatzanspruch aus § 823 I iVm § 398 gegen P aus abgetretenem Recht haben.

Als verletztes Rechtsgut iSv § 823 I kommt eine Eigentums- oder Besitzstörung in Betracht. Durch die unerlaubte Nutzung des Parkplatzes hat P immerhin diese Teilfläche des Eigentums von S vorübergehend blockiert bzw. den S insoweit in der Nutzung seines Eigentums gestört. Zwar erscheint diese Störung mit Blick auf die Gesamtnutzung des Grundstücks durch S als sehr geringfügig; es ist aber gleichwohl vertretbar, unter solchen Umständen eine Eigentumsverletzung zu bejahen (so etwa *Huneke* Jura 2010, 852, 857). Da auch der berechtigte Besitz zu den von § 823 I geschützten Rechtsgütern gehört, ist es außerdem vertretbar, eine Besitzstörung anzunehmen und damit einen Anspruch aus § 823 I zu begründen. Es soll jedoch nicht unerwähnt bleiben, dass die Rspr. in solchen Fällen von der Prüfung des § 823 I gänzlich absieht und allein § 823 II iVm § 858 I prüft.

23 Der Anspruch aus §§ 823 II, 858 setzt eine Verletzungshandlung und **Verschulden** voraus und hilft daher nicht weiter, wenn der **Fahrzeughalter** in Anspruch genommen wird, das unerlaubte Abstellen des Fahrzeugs jedoch durch eine andere Person (**Fahrzeugführer**) erfolgt ist und der Fahrzeughalter dafür nach den Umständen nicht verantwortlich gemacht werden kann. In diesem Fall führt aber der geprüfte Anspruch aus GoA zum Ziel, da das Abschleppen des Wagens

dem Interesse des Halters als Geschäftsherrn und Zustandsstörer entspricht (s. Fall von BGH NJW 2016, 863; s. im Fall unter II. 2. d).

In den Abschleppfällen ist weiter zu beachten, dass der Unternehmer gegenüber dem Falschparker ein **Zurückbehaltungsrecht am Fahrzeug** hat (§ 273 I), bis dieser die betreffenden Kosten beglichen hat. 24

Beispiel: Abschleppunternehmer U sagt, dass er das Fahrzeug erst herausgeben bzw. den Standort des Fahrzeugs erst dann verraten wird, wenn ihm die geltend gemachten Abschleppkosten ersetzt werden. Hierfür kann sich U auf § 273 I stützen, denn die Rückgabepflicht des Unternehmers und die Zahlungspflicht des Falschparkers resultieren insoweit aus „demselben rechtlichen Verhältnis" iSv § 273 I.

Aus dem Schuldverhältnis ergibt sich in solchen Fällen auch nicht, dass das Zurückbehaltungsrecht ausgeschlossen wäre, vgl. § 273 I. Insbes. verstößt die Geltendmachung des Zurückbehaltungsrechts nicht gegen Treu und Glauben, § 242. Zwar ist der Wert der zurückbehaltenen Sache (Auto) um ein Vielfaches höher als der Gegenanspruch, indes hat der Gläubiger hier keine anderen Möglichkeiten, um auf den Schuldner Druck auszuüben und ihn zur Zahlung zu bewegen. Und genau darin liegt der Zweck des gesetzlichen Zurückbehaltungsrechts (vgl. BGH NJW 2012, 528). Im Übrigen kann der Falschparker die für ihn negativen Folgen der Ausübung des Zurückbehaltungsrechts auch durch Sicherheitsleistung abwenden, § 273 III.

Solange nicht gezahlt ist und somit ein Zurückbehaltungsrecht am Fahrzeug besteht, gerät der Unternehmer mit der Rückgabe des Wagens **nicht in Verzug,** sodass der Fahrzeugeigentümer keine Ansprüche wegen **Nutzungsentschädigung** aus §§ 990 I 2, II, 280 I, II, 286 hat (vgl. → § 22 Rn. 35).

VII. Die Kondiktion des Besitzes

Wurde der Besitz an einer Sache rechtsgrundlos erlangt, kann Gegenstand eines bereicherungsrechtlichen Anspruchs, etwa aus § 812 I 1 Alt. 1, auch der erlangte Besitz sein. Ziel des Anspruchs ist dann die Herausgabe (§ 818 I) bzw. Rückübertragung des Besitzes auf den Leistenden bzw. früheren Besitzer. Relevant wird das in Klausurfällen, wenn nicht das Eigentum sondern nur der Besitz erlangt wurde. 25

Probleme tauchen jedoch auf, wenn der Bereicherungsschuldner den **Besitz** inzwischen wieder **verloren** hat. Im Grunde ergibt sich dann aus § 818 II ein Wertersatzanspruch. Die Frage ist indes, wie man den schlichten Besitz, der nicht mit dem Eigentum verwechselt werden darf, bewerten soll. In der Regel wird es hier so liegen, dass der Bereicherungsschuldner nicht nach § 818 II auf **Wertersatz** haftet, wenn in seinem Vermögen – von etwa gezogenen Nutzungen abgesehen – kein selbstständiger Wert verbleibt, der als ungerechtfertigte Bereicherung herauszugeben wäre. Dem Besitz als solchem kommt insofern kein eigenständiger Wert zu, der den Bestand des Besitzes überdauern oder bei Austauschgeschäften durch die erhaltene Gegenleistung ersetzt werden könnte. Die mit Hilfe fremden Geldes erworbenen Sachen verkörpern nicht den Wert des Besitzes am Geld, sondern des Eigentums (BGHZ 198, 381 = NJW 2014, 1095). Relevanz hat das va bei Geschäften mit **Geschäftsunfähigen**.

Beispiel (nach BGH NJW 2014, 1095): Bank B meint, der Inhalt eines Schließfachs stehe der G zu, und überlässt ihr die darin befindlichen Geldscheine. Tatsächlich handelte es sich jedoch um das Schließfach des S, den die B daraufhin entschädigt. Wenn G geschäftsunfähig ist und das Geld inzwischen verbraucht hat, kann B von G nichts verlangen. Ein Anspruch aus § 985 besteht schon deshalb nicht, weil die Bank B nie Eigentümerin der Geldscheine war. Ein Anspruch aus GoA, §§ 683 S. 1, 670, 267, scheitert, denn B hat mit der Zahlung an S kein Geschäft der G geführt; schließlich bestand für G aus keinem Rechtsgrund eine Pflicht, dem S Ersatz zu leisten. Und auch mit der Leistungskondiktion aus §§ 812 I 1 Alt. 1, 818 II kommt B nicht zum Ziel, da G nur Besitz erlangt hatte, der Besitz aber nicht mehr vorhanden ist, und auch ein Wertersatz dafür aus den genannten Gründen ausscheidet (s. auch Klausurfall bei *Jansen/Rademacher* JuS 2015, 1017).

Empfehlungen zur vertiefenden Lektüre: *Amend,* Aktuelles und Historisches zur richterlichen Anerkennung des possessorischen Besitzschutzes, JuS 2001, 124; *Kaiser,* Wichtige zivilrechtliche Abschleppfälle im Assessorexamen, JA 2015, 534; *Lipp,* Besitz und Besitzschutz im Bürgerlichen Recht, JuS 1997, L 57; *Lorenz*, Privates Abschleppen – Besitzschutz oder „Abzocke"?, NJW 2009, 1025; *Omlor/Gies*, Der Besitz und sein Schutz im System des BGB, JuS 2013, 12; *dies.*, Klausurkonstellationen zum Besitzschutzrecht, JuS 2013, 1065; *Paal/Guggenberger,* Falschparken, Parkkrallen und private Rechtsdurchsetzung, NJW 2011, 1036; *Röthel/Sparmann,* Besitz und Besitzschutz, Jura 2005, 456; *Zeising*, Petitorische Durchbrechung possessorischen Besitzschutzes, Jura 2010, 248.

Fälle und Klausuren: *Doll,* Streit um den Regenwurm, JA 2005, 504; *Fervers*, Übungsklausur „Go for a ride", Jura 2017, 570; *Gottwald* SachenR Fälle 1, 3, 5–10; *Huneke*, Abschleppen vom Supermarktparkplatz – Selbsthilfe oder

Abzocke?, Jura 2010, 852; *Jobst*, „Der rauchende Mieter", JA 2016, 260; *Koch/Löhnig* Fälle SachenR Fall 1; *Neuner* SachenR Fall 3; *Petersen*, „Der eigensinnige Vermieter", JA 1999, 292; *Pöschke/Sonntag*, Besitzschutz durch Abschleppen vom Privatparkplatz, JuS 2009, 711; *Vieweg/Röthel* SachenR Fälle 2, 3.

3. Kapitel. Rechtsgeschäftlicher Eigentumserwerb an beweglichen Sachen

§ 6. Allgemeine Grundsätze des Verfügungsgeschäfts

I. Unterschiedliche Regeln für Grundstücke und bewegliche Sachen

1 Einen wesentlichen Inhalt des Eigentums (§ 903) bildet die Befugnis, das Eigentum durch Veräußerung auf einen anderen zu übertragen. Das Gesetz sieht unterschiedliche Vorschriften für die Eigentumsübertragung von Grundstücken einerseits (§§ 873, 925) und beweglichen Sachen andererseits (§§ 929ff.) vor. Der wesentliche Grund für diesen Unterschied liegt darin, dass über die Eigentumsverhältnisse an Grund und Boden Klarheit herrschen muss. Dem dient die Eintragung ins Grundbuch (§ 873). Wegen der Bedeutung des Grundstückseigentums soll der Einzelne aber auch vor einer übereilten Veräußerung ohne ausreichende Beratung geschützt werden. Deshalb ist nicht nur beim Verpflichtungsgeschäft (§ 311b I), sondern auch beim Verfügungsgeschäft (§ 925 I) der Notar eingeschaltet, was bei der Eigentumsübertragung beweglicher Sachen nicht erforderlich ist (§ 929). Trotz dieser Unterschiede bestehen für beide Arten rechtsgeschäftlicher Veräußerung Gemeinsamkeiten. Die Veräußerung erfolgt jeweils durch ein Verfügungsgeschäft und es gilt stets das Abstraktionsprinzip.

II. Das Trennungs- und Abstraktionsprinzip

1. Verpflichtungsgeschäft und Verfügungsgeschäft

2 Durch einen **Kaufvertrag** verpflichtet sich der Verkäufer zur Übertragung des Eigentums an der Kaufsache auf den Käufer (§ 433 I 1). Solange er diese Verpflichtung nicht erfüllt, ist er immer noch Eigentümer der verkauften Sache. Erst wenn er die eingegan-

gene Verpflichtung zur Eigentumsübertragung durch die dingliche Einigung und die Besitzübergabe gem. § 929 S. 1 (oder eine Übereignung gem. §§ 930, 931) erfüllt, wird der Käufer Eigentümer. Kauf und Übereignung erfordern insoweit zwei Arten von Verträgen: den Kaufvertrag als schuldrechtliches Verpflichtungsgeschäft und die dingliche Einigung als Erfüllungsgeschäft.

Die **dingliche Einigung** erzeugt keine Verpflichtungen, sondern ist darauf gerichtet, unmittelbar den Erwerb oder Verlust des Eigentums oder anderer dinglicher Rechte herbeizuführen. Man spricht daher von einem Verfügungsgeschäft im Gegensatz zum Verpflichtungsgeschäft. Das Kennzeichen wirksamer **Verfügungsgeschäfte** liegt darin, dass durch sie ein Recht unmittelbar ohne weitere Durchführungsgeschäfte übertragen, belastet, in seinem Inhalt geändert oder aufgehoben wird (BGHZ 101, 24), während die Verpflichtungsgeschäfte lediglich Pflichten und Ansprüche begründen (§§ 241, 194 I), ohne auf bestehende Rechte direkt einzuwirken.

Merke: Verfügung ist die Übertragung, Belastung, Aufhebung oder Inhaltsänderung eines Rechts.

2. Inhalt von Trennungs- und Abstraktionsprinzip

Die Unterscheidung von Verpflichtungsgeschäft und Verfügungs- 3
geschäft ist Gegenstand des Trennungs- und des Abstraktionsprinzips (s. auch → § 3 Rn. 11). Das Trennungsprinzip besagt, dass **Verpflichtungsgeschäft und Verfügungsgeschäft zu trennen** sind, dh, dass es sich um zwei verschiedene Rechtsgeschäfte handelt. Nach dem Abstraktionsprinzip sind (1) Abschluss und Wirksamkeit von Verfügungs- und Verpflichtungsgeschäft je für sich gesondert zu prüfen und (2) ist der Rechtsgrund (causa), warum das Verfügungsgeschäft vorgenommen wird, nicht in diesem selbst, sondern im Verpflichtungsgeschäft enthalten. Das **Verfügungsgeschäft** ist **abstrakt**, dh ohne causa, und kann deshalb zur Erfüllung von Verpflichtungsgeschäften mit je unterschiedlichem Zweck (causa) eingesetzt werden (s. *Wolf/Neuner* BGB AT § 29 Rn. 65 ff.), zB für die Erfüllung eines Schenkungsvertrags.

Wegen der Trennung von Verpflichtungs- und Verfügungsgeschäft 4
berührt die Unwirksamkeit des einen Geschäfts grundsätzlich nicht die Wirksamkeit des anderen Geschäfts. Das schuldrechtliche und das dingliche Geschäft sind nicht als Gesamtheit, sondern jedes getrennt für sich zu betrachten (s. BGH NJW 2005, 415).

Beispiel: Wenn sich der 16-jährige M ohne Zustimmung seiner Eltern, und ohne dass die Voraussetzungen des § 110 vorliegen, ein Moped kauft, so ist der Kaufvertrag unwirksam. Die dingliche Übereignung des Mopeds an M ist dagegen nach § 107 wirksam, weil der Eigentumserwerb keine Verpflichtung begründet und für M deshalb lediglich rechtlich vorteilhaft ist (s. auch → Rn. 10).

5 Indem die Übereignung von der Wirksamkeit des Verpflichtungsgeschäfts unabhängig gemacht wird, will das Gesetz der Rechtssicherheit dienen und im Interesse der Verkehrssicherheit eine klare **Feststellung des Eigentümers** ermöglichen (ausführlich *Stadler,* Gestaltungsfreiheit und Verkehrsschutz durch Abstraktion, 1996, 202 ff., 534 f.).

Die rechtliche Trennung des Verfügungs- vom Verpflichtungsgeschäft kann nicht ohne weiteres dadurch umgangen werden, dass beide als einheitliches Rechtsgeschäft iSv **§ 139** behandelt werden mit der Folge, dass bei Nichtigkeit eines Geschäfts nach § 139 auch die Nichtigkeit des zweiten Geschäfts angenommen wird. Dadurch würde der Abstraktionsgrundsatz weitgehend aufgehoben. Verpflichtungs- und Verfügungsgeschäft können vielmehr nur in besonderen Ausnahmefällen zu einer Einheit iSv § 139 verbunden sein. Der normalerweise immer gegebene wirtschaftliche Zusammenhang oder die Zusammenfassung von Verpflichtungs- und Verfügungsgeschäft in einer Urkunde genügen dafür nicht (BGH NJW-RR 1989, 519; weitergehend *Wiegand* AcP 190, 112, 122 ff.; *Grigoleit* AcP 199, 379, 414 ff.). Zulässig ist jedoch, die Wirksamkeit des Verpflichtungsgeschäfts gem. § 158 als Bedingung für die Wirksamkeit des Verfügungsgeschäfts zu vereinbaren (s. *Jauernig* JuS 1994, 721, 723). Es muss allerdings eine ausdrückliche Vereinbarung vorliegen. **Andere Rechtsordnungen**, wie zB Frankreich, England oder Japan, verzichten auf das Abstraktionsprinzip (s. auch → § 7 Rn. 39 ff.).

3. Rückabwicklung bei unwirksamem Verpflichtungsgeschäft

6 Das aufgrund eines unwirksamen Verpflichtungsgeschäfts wirksam übertragene Eigentum kann nach § 812 I 1 Alt. 1 (Leistungskondiktion) zurückverlangt werden, weil die Leistung wegen des unwirksamen Verpflichtungsgeschäfts ohne rechtlichen Grund (sine causa) erbracht wurde. Ist dagegen der Kaufvertrag wirksam, während das dingliche Übereignungsgeschäft unwirksam ist, so kann der Käufer aufgrund der Verpflichtung des Verkäufers aus dem Kaufvertrag (§ 433 I 1) noch die Vornahme einer wirksamen Übereignung als Erfüllung verlangen. Sind sowohl der Kaufvertrag als auch die dingliche Übereignung unwirksam, so kann der Käufer nicht Übereignung verlangen, wohl aber der Verkäufer als Eigentümer nach § 985 Herausgabe des Besitzes vom Käufer. Daneben steht ihm auch ein Anspruch aus Leistungskondiktion nach § 812 I 1 Alt. 1 zu, der aber nicht auf

Herausgabe des Eigentums, sondern nur auf Herausgabe des Besitzes gerichtet sein kann.

4. Fehleridentität

Als Folge des Abstraktionsprinzips sind Verpflichtungs- und Verfügungsgeschäft isoliert voneinander auf Fehler zu prüfen. Im Einzelfall kann ein und derselbe Fehler allerdings zugleich das Verpflichtungs- und das Verfügungsgeschäft betreffen. Man spricht dann von Fehleridentität. 7

a) Ein **Irrtum nach § 119 I** bezüglich des Kausalgeschäfts bezieht sich grundsätzlich nicht auf das abstrakte Verfügungsgeschäft. Im Einzelfall kann der Irrtum aber auch die Verfügung betreffen. Beim **Eigenschaftsirrtum nach § 119 II** ist Fehleridentität grundsätzlich nicht gegeben; der Irrtum kann aber ganz ausnahmsweise auf das Verfügungsgeschäft durchschlagen, wenn die Eigenschaft die Identität der Sache maßgebend bestimmt (aA *Grigoleit* AcP 199, 379, 399).

b) Eine **arglistige Täuschung** oder widerrechtliche Drohung (§ 123) bezieht sich regelmäßig auch auf das Verfügungsgeschäft.

c) Bei einem Verstoß gegen ein **Verbotsgesetz** ist in der Regel nur das Verpflichtungsgeschäft nach **§ 134** nichtig, nicht aber das Verfügungsgeschäft. Es kann aber auch das Verfügungsgeschäft nach § 134 nichtig sein, wenn der Zweck des Verbotsgesetzes gerade den dinglichen Rechtsübergang verhindern will. Dies trifft zB auf die Verfügungsgeschäfte beim Handel mit Drogen zu. Nach dem Zweck von § 29 I BtMG sind sowohl die Übereignung des Betäubungsmittels als auch die Übereignung des dafür bezahlten Kaufpreises nach § 134 nichtig (s. BGH NJW 1983, 636).

d) Weiterhin kann neben dem Verpflichtungsgeschäft auch das Verfügungsgeschäft nach **§ 138** sittenwidrig sein. Dies gilt für **Wuchergeschäfte** (s. BGH NJW 1994, 1275 und 1470), weil sich **§ 138 II** nicht nur auf das „Versprechen" als Verpflichtungsgeschäft sondern auch auf das „Gewährenlassen" durch ein Erfüllungsgeschäft bezieht. Anders liegt es aber regelmäßig bei einem nach **§ 138 I** sittenwidrigen Geschäft (BGH NJW-RR 2000, 1431), sofern nicht gerade mit dem Verfügungsgeschäft bzw. Leistungsvollzug der sittenwidrige Zweck verwirklicht werden soll (BGH NJW-RR 2006, 888; NJW 2014, 2790). So nimmt der BGH bei einem Grundstückskaufvertrag, bei dem eine Verkehrswertüber- oder -unterschreitung von mind. 90 % vorliegt, also der Kaufpreis zB doppelt so hoch ist wie der Verkehrswert des Grundstücks, regelmäßig Nichtigkeit des Kaufvertrags nach § 138 I an (BGH NJW 2014, 1652), geht aber von der Wirksamkeit des (abstrakten) Verfügungsgeschäfts aus (BGH NJW-RR 2011, 880).

e) Verstöße gegen die eherechtlichen (absoluten) **Veräußerungsverbote der §§ 1365, 1369** machen sowohl das Verpflichtungs- als auch das Verfügungsgeschäft nichtig.

Beispiel: Käufer K ist von Verkäufer V über den Wert eines Schmuckstücks, das ihm als echtes Gold mit Diamant verkauft worden ist, arglistig getäuscht worden. K ficht deshalb den Kaufvertrag an. V meint, damit sei auch die Übereignung angefochten und nichtig (§ 142 I) und verlangt von K Herausgabe der übereigneten Sache nach § 985.

Hier besteht kein Anspruch des V aus § 985. Der **Anfechtungsgrund** (§ 123 I) besteht bei der arglistigen Täuschung über den Wert der Sache zwar grundsätzlich auch für die dingliche Einigung (dazu auch *Grigoleit* AcP 199, 379, 404). Die Anfechtungserklärung des getäuschten Käufers (§ 143 I) bezieht sich jedoch regelmäßig nur auf den Kaufvertrag, sodass sich der Verkäufer nicht auf eine unwirksame Verfügung berufen kann. Die Übereignung bleibt vielmehr wirksam.

Merke: Die Wirksamkeit von Verfügungs- und Verpflichtungsgeschäft ist grundsätzlich getrennt voneinander zu prüfen.

III. Das Verfügungsgeschäft als Rechtsgeschäft

1. Anwendung der Vorschriften des Allgemeinen Teils

8 Wie das Verpflichtungsgeschäft bildet auch das Verfügungsgeschäft ein eigenes **Rechtsgeschäft**. Das Gesetz verlangt für die Übertragung des Eigentums und für den Erwerb sonstiger dinglicher Rechte eine eigenständige Einigung (§§ 873, 929), die man auch die dingliche Einigung nennt. Beim Verzicht auf das Eigentum oder andere dingliche Rechte liegt dagegen nur ein einseitiges Rechtsgeschäft vor, dessen willensmäßiges Element die einseitige Verzichtserklärung des Berechtigten bildet (zB §§ 875 I, 928 I, 959).

9 Dingliche Einigung und einseitige Verzichtserklärung sind **Willenserklärungen**, auf die die allgemeinen Vorschriften der §§ 104 ff. (Geschäftsfähigkeit), §§ 116 ff. (Willensmängel), §§ 133, 157 (Auslegung), §§ 145 ff. (Vertrag), §§ 158 ff. (Bedingung), §§ 164 ff. (Stellvertretung), §§ 182 ff. (Zustimmung) sowie die Nichtigkeitsgründe der §§ 125, 134, 138 Anwendung finden, soweit nicht besondere Vorschriften die Anwendung ausschließen.

2. Die dingliche Einigung eines Minderjährigen

10 Klausurrelevant sind Ansprüche im Zusammenhang mit der Durchführung oder Rückabwicklung von Verträgen, an denen **be-**

schränkt Geschäftsfähige beteiligt sind. Hier muss streng nach der Wirksamkeit des schuldrechtlichen und des dinglichen Geschäfts unterschieden werden.

Beispiel: Der 16-jährige M kauft sich ein Moped, nachdem er das dazu erforderliche Geld heimlich und ohne Zustimmung seiner Eltern von seinem Sparbuch abgehoben hat. M bezahlt bar und V übereignet ihm das Moped. Ob M Eigentümer geworden ist, hängt von der Anwendung der §§ 106 ff. ab. Zwar ist der Kaufvertrag unwirksam, weil M ohne Zustimmung seiner Eltern gehandelt hat und auch die Voraussetzungen des § 110 nicht vorliegen. Die dingliche Einigung nach § 929 S. 1 ist hingegen wirksam, weil der Eigentumserwerb für den M lediglich rechtlich vorteilhaft ist, vgl. § 107. Damit wird M Eigentümer des Mopeds. Es kommt aber eine Kondiktion des Mopeds durch den Verkäufer nach § 812 I 1 Alt. 1 in Betracht. Die Übereignung des Geldes an den Verkäufer hingegen ist für M ein rechtlich nachteilhaftes Geschäft und daher ohne Zustimmung der Eltern unwirksam.

In Bezug auf **§ 107**, der die Einwilligung des gesetzlichen Vertreters zu solchen Rechtsgeschäften des **beschränkt Geschäftsfähigen** verlangt, die nicht lediglich rechtlich vorteilhaft sind, stellen sich noch weitere Probleme. So ist fraglich, unter welchen Umständen der **Grundstückserwerb** eines Minderjährigen rechtlich nachteilhaft ist (dazu → § 17 Rn. 11). Umstritten ist außerdem, was gelten soll, wenn ein **Minderjähriger** ohne Zustimmung seiner Eltern eine **fremde Sache** veräußert (dazu → § 8 Rn. 27).

3. Die dingliche Einigung eines Geschäftsunfähigen

Die Willenserklärungen eines volljährigen Geschäftsunfähigen sind 11
nach § 105 I unheilbar nichtig. Demgemäß ist auch eine dingliche Einigung nichtig, ohne dass es darauf ankommt, ob der Geschäftsunfähige dadurch einen Vorteil erlangt oder nicht. Der Geschäftsunfähige kann ohne Mitwirkung seines Betreuers (vgl. § 1902) also weder Eigentum erwerben noch verlieren. Eine Ausnahme gilt lediglich für Geschäfte des täglichen Lebens nach § 105a. Die Übergabe an den Geschäftsunfähigen bewirkt aber durchaus seinen Besitzerwerb, sofern er in der Lage ist, einen **natürlichen Besitzwillen** zu bilden (vgl. → § 4 Rn. 9).

4. Anwendung der AGB-Vorschriften

Die AGB-Vorschriften der §§ 305 ff. sind nicht nur auf schuld- 12
rechtliche Verträge, sondern auch auf dingliche Rechtsgeschäfte und die insoweit vorgesehenen Klauseln anwendbar.

Beispiele:
- In den AGB des Verkäufers ist vorgesehen, dass die Übereignung unter Eigentumsvorbehalt erfolgt. In den AGB des Käufers wiederum kann stehen, dass der Eigentumsvorbehalt (→ § 14 Rn. 1 ff.) ausgeschlossen ist.
- In den AGB eines Reparaturbetriebs wird ein vertragliches Pfandrecht für die reparierte Sache festgelegt (BGH NJW 1977, 1240).
- In den AGB der Banken und Sparkassen wird ein Pfandrecht an allen Gegenständen vorgesehen, die in den Besitz oder die Verfügungsgewalt der Bank oder Sparkasse gelangen (s. BGH NJW 1988, 3260, 3262).
- Für die Nebenabreden bei der Grundschuldbestellung kann der Grundpfandgläubiger vorformulierte Klauseln verwenden.

§ 7. Die Übereignung beweglicher Sachen

I. Überblick zu den §§ 929 ff.

1 Eigentumserwerb kann sich durch Rechtsgeschäft, durch Aneignung, kraft Erbgangs sowie kraft Gesetzes vollziehen (→ § 2 Rn. 1). Die rechtsgeschäftliche Übereignung **beweglicher Sachen** ist in den §§ 929 ff. geregelt. Diese Normen beinhalten **keine** Anspruchsgrundlagen, sondern präzisieren die Voraussetzungen für eine erfolgreiche Übertragung des Eigentums. Diese Voraussetzungen können inzident zu prüfen sein, wenn es im Rahmen einer Anspruchsgrundlage auf das Tatbestandsmerkmal des Eigentums ankommt, also zu klären ist, wer Eigentümer einer Sache ist. Die Frage nach dem Eigentümer stellt sich insbes. bei den Ansprüchen aus § 985 oder § 1004.

2 Kernelemente des Verfügungsgeschäfts nach § 929 S. 1 sind die rechtsgeschäftliche **Einigung** über den Eigentumsübergang einerseits und die **Übergabe** der beweglichen Sache andererseits.

Während die Einigung den Veräußerungswillen des Veräußerers und den Erwerbswillen des Erwerbers zum Ausdruck bringt, dient die Besitzübergabe der Publizität des Übereignungsvorgangs. Hat der Erwerber die Sache schon, bedarf es allerdings keiner Übergabe mehr, § 929 S. 2. Andererseits macht die Übergabe Schwierigkeiten, solange ein Dritter im Besitz der Sache ist, zB ein Mieter. In solchen Fällen kann die Übergabe durch ein sog. Übergabesurrogat (vgl. § 931) ersetzt werden. Gleiches gilt, wenn der Veräußerer zwar das Eigentum übertragen, vorläufig aber noch im Besitz der Sache bleiben will (§ 930). Demgemäß lassen sich vier Grundformen der rechtsgeschäftlichen Eigentumsübertragung an beweglichen Sachen unterscheiden.

Formen rechtsgeschäftlicher Übereignung von Mobilien			
§ 929 S. 1	§ 929 S. 2	§§ 929 S. 1, 930	§§ 929 S. 1, 931
Einigung + Übergabe	Einigung + schon vorhandener Besitz bei Erwerber	Einigung + Vereinbarung eines Besitzmittlungsverhältnisses	Einigung + Abtretung des Herausgabeanspruchs gegen Dritten

Wie § 873 II für Grundstücksrechte deutlich macht, ist die sachenrechtliche Einigung im Gegensatz zum schuldrechtlichen Vertrag nicht ohne weiteres bindend. Dies gilt auch für die Einigung nach § 929. Da sie nicht bindend ist, kann sie bis zum Eigentumsübergang **widerrufen** werden. Der die Einigung beseitigende Widerruf wirkt aber erst, wenn er dem anderen Teil gem. § 130 I 1 zugeht. Geht der Widerruf vor der Übergabe oder dem Übergabesurrogat zu, dann hat die Übergabe wegen der weggefallenen Einigung nicht den Eigentumsübergang zur Folge. Auf die Widerruflichkeit kann aber verzichtet werden, indem eine unwiderrufliche Einigung erklärt wird. 3

II. Die Übereignung nach § 929 S. 1

Übereignung gem. § 929 S. 1
1. Einigung 2. Übergabe 3. Einigsein 4. Berechtigung des Veräußerers

1. Einigung

Die formlos wirksame Einigung nach § 929 ist ein **dinglicher Verfügungsvertrag**, der aus den beiderseitigen Willenserklärungen besteht und sich nach den allgemeinen, für Rechtsgeschäfte geltenden Regeln richtet (→ § 6 Rn. 8f.). Erforderlich sind ein Übereignungsangebot des bisherigen Eigentümers und die Annahme durch den Erwerber. Die Einigung muss gerade auf die **Übertragung des Eigentums** gerichtet sein. Bei Fehlen ausdrücklicher Erklärungen ist dies durch **Auslegung** nach §§ 133, 157 aus den Umständen zu ermitteln (s. für die Übereignung von Geld BGH NJW 1990, 1913). 4

Beispiel: Ein Berufsfotograf übersendet einem Zeitungsverlag Fotos für das Archiv. Die Bilder tragen einen Stempel mit dem Hinweis „Foto nur leihweise". Im Lieferschein steht: „Zur Archivauswahl". Unter solchen Umständen kann in der Zusendung kein Übereignungsangebot nach § 929 S. 1 gesehen werden (BGH NJW-RR 2007, 1530).

5 Die Einigungserklärungen sind nach allgemeinen Grundsätzen **anfechtbar** (§§ 119ff.), sie können nichtig sein (§§ 134, 138) und durch Stellvertreter (§§ 164ff.) erklärt werden. Bei Minderjährigen oder Geschäftsunfähigen sind die §§ 104ff. zu beachten (→ § 6 Rn. 10).

Die Einigung kann auch unter **Bedingungen** (§ 158) erklärt werden. Hauptanwendungsfall ist die Veräußerung unter **Eigentumsvorbehalt**. Wenn ein Käufer den Kaufpreis erst nach und nach in Raten bezahlen will, wie das bei vielen Konsumgütern und Lieferverträgen zutrifft, will der Verkäufer sein Eigentum vor der vollständigen Bezahlung des Kaufpreises oft noch nicht aufgeben, auch wenn er schon bereit ist, den Besitz zu übertragen. Es wird dann ein Eigentumsvorbehalt vereinbart (§ 449), der auf der Seite des dinglichen Veräußerungsgeschäfts dadurch gekennzeichnet ist, dass die dingliche Einigung unter der aufschiebenden Bedingung (§ 158 I) erfolgt, dass das Eigentum erst mit der vollständigen Bezahlung des Kaufpreises übergeht. Die mit der dinglichen Einigung verbundene Wirkung des Eigentumsübergangs tritt in diesem Fall erst mit Eintritt der Bedingung, dh der vollständigen Bezahlung des Kaufpreises, ein. Vorher bleibt der Verkäufer Eigentümer, obwohl die Sache bereits übergeben ist. Zu Einzelheiten s. → § 14 Rn. 1ff.

6 Die Einigung muss dem **Bestimmtheitsgrundsatz** genügen (→ § 3 Rn. 7ff.), also auf eine konkrete Sache bezogen sein. Die Bestimmtheit muss im Zeitpunkt der Einigung gegeben sein (s. BGHZ 73, 253, 255) und so beschaffen sein, dass jeder mit den Vereinbarungen vertraute Dritte als objektiver Betrachter die übereignete Sache ohne Schwierigkeiten von anderen unterscheiden kann (BGH NJW 1992, 1161; s. auch → Rn. 31).

Beispiel: Eine dingliche Einigung, die sich auf „eines" der zehn im Lager stehenden, identischen Fahrräder bezieht, ist nichtig, weil nicht klar ist, welches der zehn Räder gemeint ist. Anders liegt es aber dann, wenn das gemeinte Fahrrad ausgesondert und auf die Seite gestellt wird oder wenn das Rad so konkret beschrieben wird (nach Marke, Farbe, Rahmennummer etc), dass es eindeutig bestimmbar ist.

2. Übergabe an den Erwerber

Übergabe ist die beiderseitig gewollte **Übertragung des Besitzes** vom Veräußerer auf den Erwerber. Dadurch wird die Rechtsänderung äußerlich sichtbar gemacht. Die Übergabe nach § 929 S. 1 ist allerdings erst vollzogen, wenn die Erwerberseite den alleinigen Besitz hat und auf der Veräußererseite **vollständiger Besitzverlust** vorliegt (BGH NJW-RR 2010, 983; MDR 2016, 414). Die Einräumung von Mitbesitz genügt nicht (BGH NJW 1979, 714). Im Falle der Ermächtigung zur einseitigen Besitzergreifung ist die Übergabe erst vollzogen, wenn der Erwerber die Sache tatsächlich an sich genommen hat (BGH NJW 1979, 714). Die Übergabe muss auf eine bestimmte Einigung bezogen sein. Die eigenmächtige Wegnahme der Sache bedeutet keine Übergabe im Sinne der §§ 929f. 7

Beispiel: Wird einem Angehörigen ein Auto „geschenkt", besitzt der Schenker aber selbst weiterhin einen Zweitschlüssel sowie den Fahrzeugbrief, so verfügt er nach wie vor über Mitbesitz mit der Folge, dass keine Übergabe iSv § 929 S. 1 erfolgt ist (OLG Schleswig SchlHA 2013, 64).

Bei **Kraftfahrzeugen** ist zu beachten, dass die **Übergabe des Fahrzeugbriefs** („Zulassungsbescheinigung Teil II") **keine** Voraussetzung für den Eigentumserwerb ist. In gleicher Weise ersetzt die Übergabe des Briefs auch nicht die Übergabe des Wagens, da der Kfz-Brief kein Traditionspapier ist (BGH NJW 1978, 1854). Die Eintragung im Kfz-Brief hat deshalb keine unmittelbaren Auswirkungen auf die Eigentumsverhältnisse (BGH NJW 1991, 353); sie hat lediglich Relevanz für die Beurteilung eines gutgläubigen Erwerbs (→ § 8 Rn. 17). Wird der Wagen übergeben, behält der Verkäufer den Brief jedoch vorerst ein, wird darin regelmäßig ein konkludent vereinbarter **Eigentumsvorbehalt** liegen (BGH NJW 2006, 3488). Ansonsten gilt für die Eigentumsverhältnisse am Kfz-Brief aber § 952 I analog; dem Eigentümer des Autos steht auch der Fahrzeugbrief zu. 8

Beispiel: Eigentümer E übereignet Käufer K das verkaufte Auto, das K gleich mitnimmt. Hier ist K auch dann Eigentümer des Autos geworden, wenn E vergessen hat, ihm den Fahrzeugbrief zu übergeben. In diesem Fall kann K vielmehr aus § 952 I analog die Herausgabe des Kfz-Briefs verlangen.

Übergabe iSd § 929 S. 1
1. Vollständige Besitzaufgabe des Veräußerers 2. Besitzerwerb auf Erwerberseite 3. auf Veranlassung des Veräußerers

3. Übergabe unter Einschaltung Dritter

9 In einer modernen Wirtschaft, in der sich der Einzelne der Hilfe Dritter bedient und in der alle Möglichkeiten der Rationalisierung ausgeschöpft werden, kann man den Begriff der Übergabe nicht darauf beschränken, dass der Veräußerer die Sache aus seiner Hand direkt in die Hand des Erwerbers gibt. Vielmehr müssen auch andere Formen der Verschaffung von Sachherrschaft für den Übergang des Eigentums genügen. Eine Übergabe an den Erwerber iSv § 929 S. 1 kann insbes. mithilfe von Besitzdienern, Besitzmittlern und Geheißpersonen bewerkstelligt werden.

10 **a)** An der Übergabe kann auf einer oder auf beiden Seiten ein Dritter als **Besitzdiener, § 855**, beteiligt sein.

Beispiel: Händigt Veräußerer V die von Käufer K gekaufte Sache nicht diesem persönlich aus, sondern an dessen Angestellten A, der zu ihm geschickt wurde, so liegt in der Übergabe an A zugleich die Übergabe an K, weil A nur Besitzdiener des K ist – also gewissermaßen dessen verlängerter Arm – und deshalb allein K unmittelbarer Besitzer wird (§ 855). Liegt die dingliche Einigung zwischen V und K vor, wird K daher bereits mit der Übergabe an A Eigentümer. V und K können sich dabei schon vorher dinglich geeinigt haben; A kann die Einigung aber auch als Vertreter des K (§ 164 I und III) vornehmen.

11 **b)** Bei der Übergabe können auch **Besitzmittler, § 868**, mitwirken. Das wird relevant, wenn eine Hilfsperson eingesetzt werden soll, die nicht zugleich Besitzdiener ist. Steht auf der Erwerberseite ein Besitzmittler, so führt die Übergabe an ihn dazu, dass er als unmittelbarer Besitzer sogleich dem Erwerber als mittelbarem Besitzer den Besitz vermittelt. Der Besitzmittler muss freilich auch für den Erwerber besitzen wollen und dessen Herausgabeanspruch anerkennen (BGH NJW 2016, 1887). Das betreffende Besitzmittlungsverhältnis, zB Miete oder Verwahrung, wird dann regelmäßig zuvor (dh antizipiert) zwischen Erwerber und Besitzmittler vereinbart (→ Rn. 29). Fehlt es

hingegen an einer entsprechenden (ausdrücklichen oder konkludenten) Vereinbarung und besteht im Zeitpunkt der Übergabe (noch) kein Besitzmittlungsverhältnis, so gibt es auch keinen Besitzmittler und die eingesetzte Hilfsperson erwirbt zunächst selbst das Eigentum (Durchgangserwerb). Es muss dann noch eine zweite Übereignung von der Hilfsperson an den Erwerber erfolgen. Ist die Hilfsperson ein Stellvertreter, kann die Weiterübereignung an den Erwerber auftragsgemäß durch Insichgeschäft (§ 181) bewirkt werden.

Beispiel: Hat K bei V ein Pferd erworben und dabei vereinbart, dass V das Pferd nicht zu K nach Hause bringt, wo es K nicht unterstellen kann, sondern gleich beim Landwirt L abgibt, bei dem K einen Einstellplatz gemietet hat, so ist L zwar nicht Besitzdiener, er vermittelt aber den Besitz am Pferd dem K, sobald er das Pferd erhält. Die Übertragung des unmittelbaren Besitzes auf einen Dritten (L), der dem Erwerber (K) den mittelbaren Besitz verschafft, ist ebenfalls als Übergabe gem. § 929 S. 1 durch den Veräußerer V an K anzusehen, weil V die Sache in den Herrschaftsbereich des K gelangen lässt und seinen eigenen Besitz ganz aufgibt. Dadurch unterscheidet sich die Übergabe gem. § 929 S. 1 von der Übertragungsform des § 930, bei welcher der Veräußerer den unmittelbaren Besitz behält.

Ein **Besitzmittler** kann dabei sowohl auf der Seite des Veräußerers **12**
als auch auf der Seite des Erwerbers am Übertragungsvorgang beteiligt sein.

Beispiele:
- Eine Übergabe iSv § 929 S. 1 liegt vor, wenn der Bauer, bei dem V sein Pferd eingestellt hat, auf Anweisung des V das Pferd nicht direkt an Käufer K übergibt, sondern an dessen Besitzmittler L, der das Pferd sogleich von K ausleihen will.
- Eine Übergabe nach § 929 S. 1 liegt sogar dann vor, wenn B mit Einverständnis des V nunmehr aufgrund eines mit K geschlossenen neuen Verwahrungsvertrags fortan dem K den Besitz vermittelt. Hier erwirbt der Erwerber den mittelbaren Besitz aufgrund einer Besitzanweisung des Veräußerers an den unmittelbaren Besitzer (vgl. für Kreditsicherungsfall BGH MDR 2016, 414).

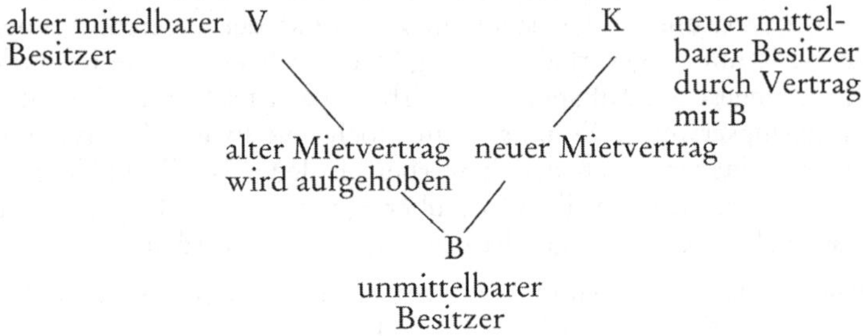

Möglich ist auch, dass der Besitzmittler des Veräußerers V die Sache einem Besitzmittler des Erwerbsberechtigten K übergibt.

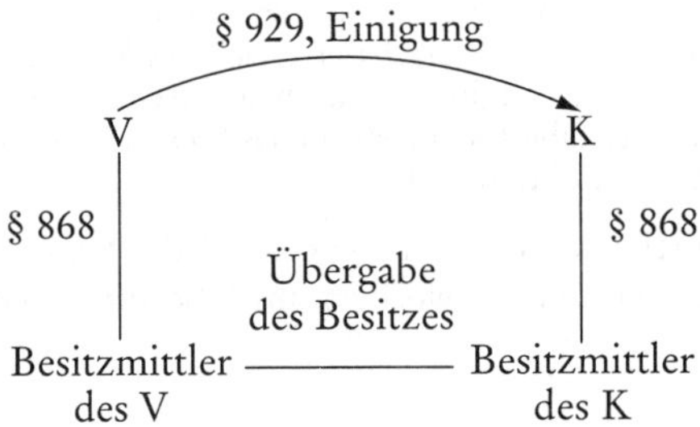

Im Unterschied zu § 931 wird in solchen Fällen nicht der bisherige Herausgabeanspruch ohne Kenntnis des unmittelbaren Besitzers abgetreten, sondern unter Mitwirkung des unmittelbaren Besitzers wird ein **neues Besitzmittlungsverhältnis** mit dem Erwerber begründet. Demgemäß liegt eine Übergabe nach § 929 S. 1 auch vor, wenn ein Lagerhalter als unmittelbarer Besitzer der eingelagerten Sache in Absprache mit Veräußerer und Erwerber den Lagervertrag mit dem Veräußerer aufhebt (wodurch dieser den mittelbaren Besitz verliert) und mit dem Erwerber einen neuen Lagervertrag vereinbart (BGH NJW-RR 2010, 983).

13 c) Ist der Besitzdiener oder Besitzmittler zugleich **Stellvertreter** des Veräußerers oder Erwerbers, kann diese Hilfsperson auch die dingliche Einigung gem. § 929 im Namen des Vertretenen erklären, § 164 I. Dabei kommen auch die Grundsätze über das sog. **Geschäft** für den, **den es angeht**, zur Anwendung (BGH NJW 2016, 1887). Bei einem Bargeschäft des täglichen Lebens kann zB auf der Erwerberseite ein Bevollmächtigter, der die Stellvertretung nicht offen ge-

legt hat, die Annahme erklären, die dann unmittelbar für den Vertretenen wirkt, wenn dies dem Willen des Bevollmächtigten als Erklärungsempfänger entspricht.

Beispiel: Angestellter A hat Handlungsvollmacht. Im Auftrag von Chef C kauft A bei Verkäufer V unter Barzahlung Bürobedarf ein. Hier liegt ein Stellvertretungsgeschäft auch dann vor, wenn A gegenüber V nicht offenlegt, dass er im Namen des C handelt; denn bei Bargeschäften des täglichen Lebens ist dem Verkäufer egal, wer Vertragspartner bzw. Erwerber ist. Das gilt sowohl für die schuldrechtliche auf den Kaufvertrag gerichtete Willenserklärung, als auch für die dingliche Einigung nach § 929 S. 1. Beide Erklärungen von A wirken für und gegen C, § 164 I. Die Übergabe an C nach § 929 wiederum wurde bereits dadurch bewirkt, dass eine Übergabe an A stattfand, da A als Angestellter zugleich Besitzdiener des C ist (vgl. → Rn. 10).

d) Geheißerwerb. Im Interesse einer vereinfachten Abwicklung 14
von Lieferbeziehungen ist die Rechtsprechung noch einen Schritt weitergegangen und hat auch darauf verzichtet, dass der dritte oder vierte Beteiligte Besitzdiener oder Besitzmittler sein muss. Es genügt vielmehr, wenn auf Veräußererseite ein Dritter die Sache **auf Geheiß** des Veräußerers übergibt (BGHZ 36, 56, 60) oder wenn auf Erwerberseite die Sache auf Geheiß des Erwerbers an einen Dritten übergeben wird (BGH NJW 1973, 141; 1999, 425). Durch die Befolgung der Anweisung wird äußerlich dokumentiert, dass der Anweisende im Sinne der Besitzübertragung die tatsächliche Herrschaft über die Sache ausüben kann. Das lässt man für eine Übergabe iSv § 929 S. 1 genügen.

Beispiel: V verkauft sein Fahrrad an K. Als V dem K das Fahrrad übereignen bzw. übergeben will, fällt ihm ein, dass er es am Vortag bei seiner Mutter M hat stehen lassen. Daher schickt er K zu M, welche er anweist, dem K das Fahrrad auszuhändigen. M ist hier weder Besitzdienerin noch Besitzmittlerin, wohl aber Geheißperson, weil sie auf Geheiß des Veräußerers die Übergabe an den Erwerber vornimmt.

Die Übergabe von oder an Geheißpersonen ermöglicht **Leistungs-** 15
abkürzungen. Der Veräußerer muss die Sache nicht selbst übergeben, sondern kann seinen eigenen Lieferanten anweisen, sie direkt an den Abnehmer zu liefern. Aber auch der Abnehmer muss die Sache nicht selbst annehmen, sondern hat die Möglichkeit, die Auslieferung gleich direkt an seinen Abkäufer erfolgen zu lassen. Wie der nachfolgende Fall zeigt, kann beides auch kombiniert werden. Zum gutgläubigen Erwerb in diesen Fällen → § 8 Rn. 7.

Fall 5 – Streckengeschäft: P hat den Vertrieb der von ihm hergestellten Waren einer Vertriebsgesellschaft G übertragen, die die Vertriebsrechte an selbstständige Handelsvertreter weiter überträgt. Der Handelsvertreter H verkauft einen Teil der Waren an den Kunden K. Die Bestellung des K leitet H an G und G wiederum an P weiter, der die bestellte Ware mit der Post direkt dem K zusendet. H ficht nun gegenüber K den Kaufvertrag und die Übereignung wegen arglistiger Täuschung an, weil K über seine Zahlungsfähigkeit getäuscht hat, und verlangt nach § 985 von K Herausgabe der Waren. K bestreitet, dass H Eigentümer geworden ist. Mit Recht?

Lösungsskizze:
H könnte gegen K einen Herausgabeanspruch aus § 985 haben.
1. Voraussetzung dafür wäre, dass H Eigentümer der Waren ist.
Ursprünglich war der Produzent P Eigentümer. P könnte sein Eigentum durch Übereignung an G verloren haben, anschließend G ihr Eigentum an H und H wiederum an K. Hier liegt eine Kette von drei Kaufverträgen zwischen P und G, zwischen G und H sowie zwischen H und K vor, wobei jeder in seiner Position als Verkäufer seinem Käufer zur Übereignung verpflichtet ist (§ 433 I 1). Zur Erfüllung dieser Verpflichtung muss jeweils eine dingliche Einigung zwischen den jeweiligen Parteien getroffen werden. Für die Übergabe ist jedoch nicht erforderlich, dass P der G, G dem H und H dem K jeweils die Sache übersendet. Die im Interesse einer Vereinfachung in Übereinstimmung aller Beteiligten gewählte direkte Versendung von P an K (sog. Streckengeschäft) verwirklicht vielmehr in jedem Verhältnis den Tatbestand der Übergabe. Da die Übertragung der Sache auf Geheiß des Erwerbers an Dritte für die Übergabe genügt, liegt im Verhältnis zwischen P und G eine Übergabe vor, weil P auf Geheiß des Erwerbers G die Sache dem Dritten K übergibt. Auf die gleiche Weise wird H Eigentümer, weil auf seine Anweisung in Verbindung mit der Anweisung des G die Sache dem Erwerber K übergeben wird.
Es liegt also keine unmittelbare Übereignung von P an K vor, sondern eine Übereignungskette, durch die die jeweiligen Käufer nacheinander – und sei es auch nur für eine logische Sekunde – Eigentümer werden (s. auch BGH NJW 1986, 1166). Durch die Befolgung der jeweiligen Anweisung bleibt äußerlich erkennbar, dass auch H eine tatsächliche Einwirkungsbefugnis auf die Sache hat. Eine weitergehende Unterwerfung des K unter einen wie auch immer gearteten Besitzwillen des H ist nicht erforderlich.
Damit wurden nacheinander G und H Eigentümer und schließlich war K Eigentümer. Nachdem H allerdings nicht nur den Vertrag sondern auch die dingliche Einigung mit K wirksam angefochten hat, ist diese als von Anfang an nichtig anzusehen, § 142 I. Damit hat H sein Eigentum doch nicht an K verloren.
2. K ist Besitzer ohne Besitzrecht, § 986.
Ergebnis: H kann den Anspruch aus § 985 gegen K mit Erfolg geltend machen.

Merke: Ist das Tatbestandsmerkmal **Eigentum** fraglich, ist **„historisch"** zu prüfen. Man beginnt die Prüfung an dem Zeitpunkt, zu dem die Eigentumsverhältnisse laut Sachverhalt noch eindeutig waren, und schreibt zunächst: „Ursprünglich war X Eigentümer". Anschließend prüft man in chronologischer Reihenfolge alle Vorgänge durch, die zu einer Veränderung der Eigentumslage geführt haben können.

4. Das Einigsein

Die dingliche Einigung nach § 929 S. 1 muss **im Zeitpunkt der Übergabe** noch wirksam sein (vgl. § 929 S. 1: „einig sind"). Das ist unproblematisch zu bejahen, wenn Einigung und Übergabe zeitgleich erfolgen. Liegt jedoch zwischen Einigung und Übergabe ein zeitlicher Zwischenraum, so wäre denkbar, dass der Veräußerer seine Einigungserklärung inzwischen **widerrufen** hat; denn eine Bindung an die Einigung, wie in § 873 II für Grundstücksrechte, gibt es bei der Übereignung beweglicher Sachen nicht (krit. allerdings *Lipp* FS Schapp, 2010, 363 ff.). Die Einigung kann vor der Vollendung des Erwerbs jederzeit einseitig widerrufen werden. Es besteht aber eine **Vermutung für den Fortbestand der Einigung**, zumal man etwa bei einem Kaufvertrag auch einen Anspruch auf Übereignung hat. Der Widerruf der Einigung ist zudem erst wirksam, wenn er dem anderen Teil erkennbar ist (BGH NJW 1978, 696). Tod oder Geschäftsunfähigkeit nach wirksamer Einigung sind analog § 130 II unschädlich. 16

5. Berechtigung des Veräußerers

a) Letzter Prüfungspunkt bei § 929 S. 1 ist die Berechtigung des Veräußerers zur Eigentumsübertragung. Der die Einigung erklärende Veräußerer muss **verfügungsbefugt** sein. Grundsätzlich berechtigt ist der Eigentümer selbst (bzw. sein Stellvertreter für ihn). Dabei kann sich der Veräußerer, der unmittelbarer oder mittelbarer Besitzer ist, für sein Eigentum auf die Vermutung des § 1006 stützen. Die Berechtigung muss während Einigung und Übergabe fortbestehen (anders bei Immobilien, vgl. § 878). 17

Miteigentümer können nach § 747 S. 1 über ihren eigenen Anteil je allein verfügen und das Eigentum durch Übertragung aller Anteile mit Hilfe getrennter Verfügungsgeschäfte einem Erwerber verschaffen. Verfügen sie von vornherein gemeinschaftlich über das Gesamteigentum, so liegt nur ein Verfügungsgeschäft aller Miteigentümer vor (BGH NJW 1994, 1470).

18 **b)** Ausnahmsweise kann **dem Eigentümer die Verfügungsberechtigung** über seine eigene Sache **fehlen.** Das betrifft die folgenden Fälle:

- Verfügungsbeschränkungen nach vorheriger Verfügung unter aufschiebender Bedingung (§ 161 I); hat der Eigentümer seine Sache unter **Eigentumsvorbehalt** veräußert, bleibt er zwar noch bis zur vollständigen Kaufpreiszahlung Eigentümer, seine Verfügungsbefugnis ist nun aber während der Schwebezeit gem. § 161 I beschränkt;
- Verfügungsbeschränkungen bestehen unter **Ehegatten** im gesetzlichen Güterstand im Hinblick auf Verfügungen über das Vermögen im Ganzen, § 1365, und Verfügungen über Haushaltsgegenstände, § 1369; ohne Zustimmung des Ehegatten sind solche Verfügungen unwirksam (näher *Wellenhofer* FamR § 14 Rn. 1 ff.);
- Verfügungsbeschränkungen des **Vorerben** enthalten die §§ 2113 ff.;
- Verfügungsbeschränkungen der Erben bestehen bei **Testamentsvollstreckung,** § 2211;
- nach Eröffnung des Insolvenzverfahrens (§§ 80 ff. InsO) ist der Gemeinschuldner zwar noch Rechtsinhaber, aber nicht mehr verfügungsbefugt.

Demgemäß kann die **Verfügungsbefugnis** in bestimmten Fallgruppen ausschließlich einem **Dritten** zustehen, nämlich nach Eröffnung des Insolvenzverfahrens nur dem **Insolvenzverwalter** (§ 80 I InsO) oder bei Testamentsvollstreckung dem Testamentsvollstrecker (§ 2205).

19 **c) Zusätzlich neben dem Rechtsinhaber** können auch andere Personen zur Verfügung befugt sein. So kann der Eigentümer einen anderen, etwa als Vermögensverwalter, gem. **§ 185 I** zur Verfügung über seine Sachen **im eigenen Namen ermächtigen.** Relevanz hat das beim verlängerten Eigentumsvorbehalt (→ § 14 Rn. 43 f.). In diesem Fall kann dann zwar jeder für sich allein verfügen, aber nur die erste Verfügung ist wirksam, weil mit ihr das Eigentum auf den Erwerber übergeht, der dann als neuer Eigentümer allein verfügungsberechtigt ist.

20 **d)** Außerdem kann der Eigentümer die **Verfügung eines Nichtberechtigten** über seine Sache nachträglich **genehmigen, § 185 II 1 Alt. 1.** Die Verfügung des Nichtberechtigten wird dann mit ex tunc-Wirkung wirksam (§ 184 I). Hat ein Nichtberechtigter über einen Gegenstand verfügt und verlangt der Eigentümer von ihm den er-

langten Erlös nach § 816 I 1 heraus, so liegt im Herausgabeverlangen regelmäßig zugleich die Genehmigung der Verfügung. Die Verfügung eines Nichtberechtigten wird außerdem wirksam, wenn der Nichtberechtigte den Gegenstand erwirbt oder wenn er von dem Berechtigten beerbt wird und dieser für die Nachlassverbindlichkeiten unbeschränkt haftet (§ 185 II 1 Alt. 2, 3).

Beispiel: G ist Eigentümer einer Maschine, die er an B verkauft hat und ihm übereignen will. Nachdem er in Insolvenz gefallen ist, ist er zwar noch Eigentümer, aber nicht mehr verfügungsbefugt (§ 80 I InsO). Die Verfügungsbefugnis steht dem Insolvenzverwalter W zu (§ 80 I InsO). Um Eigentümer zu werden, muss B die Einigung mit W treffen. W könnte auch den G nach § 185 I zur Übereignung an B ermächtigen. Dann könnte auch G die Übereignung vornehmen. Ebenso könnte W die Einigung nachträglich gem. § 185 II genehmigen und ihr dadurch Wirksamkeit verleihen.

e) Im Hinblick auf die **Rechtsfolgen fehlender Verfügungsbefugnis** gilt, dass das von einer nicht verfügungsbefugten Person vorgenommene Verfügungsgeschäft grundsätzlich unwirksam ist. Anders liegt es jedoch, wenn das Gesetz die Möglichkeit eines gutgläubigen Erwerbs vorsieht (→ § 8 Rn. 1 ff., → § 19 Rn. 4 ff.) oder wenn der Verfügungsberechtigte nach § 185 II die unwirksame Verfügung genehmigt (→ Rn. 20). Ausgeschlossen ist gutgläubiger Erwerb bei den sog. absoluten Verfügungsbeschränkungen, wie sie zB in den §§ 1365, 1369 für Ehegatten im gesetzlichen Güterstand enthalten sind. Die Verfügung, die der Eigentümer ohne die erforderliche Zustimmung seines Ehegatten trifft, ist danach jedermann gegenüber unwirksam bzw. **absolut unwirksam**. Absolute Verfügungsbeschränkungen finden sich ferner in §§ 2113, 2211 BGB und in § 81 InsO. 21

Relative Unwirksamkeit dagegen liegt vor, wenn die Verfügung nur einzelnen Personen gegenüber unwirksam, anderen Personen gegenüber dagegen wirksam ist. § 135 I 1 sieht eine solche relative Unwirksamkeit vor („nur diesen Personen gegenüber unwirksam"), wenn ein gesetzliches oder ein behördliches (§ 136) Veräußerungsverbot nur den Schutz bestimmter Personen bezweckt.

Beispiel: Pfändet der Gerichtsvollzieher die Sache des Eigentümers E zugunsten des Gläubigers G (§ 808 ZPO), so wird damit dem E zugleich ein **behördliches Veräußerungsverbot** (§ 136) auferlegt, das den vollstreckungsberechtigten Gläubiger schützen soll. Überträgt E trotz des Veräußerungsverbots sein Eigentum auf A, so wird A allen Personen gegenüber Eigentümer, nur im Verhältnis zu G gilt dies nicht. Für G ist nach wie vor E, nicht A, Eigentümer der Sache. G kann deshalb gegen E die Zwangsvollstreckung fortsetzen und von A nach § 804 II ZPO iVm §§ 1227, 985 BGB Herausgabe verlangen.

22 **f) Kein Ausschluss der Verfügungsbefugnis durch Rechtsgeschäft.** Die Verfügungsbefugnis kann nicht durch Rechtsgeschäft ausgeschlossen oder beschränkt werden (§ 137 S. 1). Dadurch soll die Verkehrs- und Umlauffähigkeit der Rechte im Interesse des Wirtschaftsverkehrs erhalten werden. Zulässig ist aber die schuldrechtliche Verpflichtung, eine Verfügung zu unterlassen. Eine gleichwohl vorgenommene Verfügung ist dann zwar wirksam, begründet aber einen Schadensersatzanspruch wegen des Pflichtverstoßes.

III. Die Übereignung nach § 929 S. 2

23 Ist der **Erwerber bereits im** unmittelbaren oder mittelbaren **Besitz** der Sache, so wird das Erfordernis einer Übergabe hinfällig. Demgemäß stellt § 929 S. 2 klar, dass in diesem Fall zur Übereignung die dingliche Einigung genügt (sog. brevi manu traditio, Übergabe kurzer Hand). Zum Vollzug einer Schenkung kann demgemäß die bloße Einigung genügen (BGH NJW 2007, 2844). Wie oder von wem der Besitz zuvor erlangt wurde, ist irrelevant.

Übereignung gem. § 929 S. 2
1. Einigung 2. (Unmittelbarer oder mittelbarer) Besitz des Erwerbers 3. Berechtigung des Veräußerers

Beispiel: Der Mieter, der den zunächst gemieteten Fernsehapparat erwerben will, braucht zum Eigentumserwerb nur noch die dingliche Einigung mit dem Veräußerer vorzunehmen, da er bereits unmittelbarer Besitzer des Geräts ist. Das ginge auch, wenn M das Gerät an U untervermietet hätte. Es genügt, dass der Erwerber im Zeitpunkt der Einigung mittelbaren Besitz innehat und ihm der mittelbare Besitz von einem Dritten und nicht vom Veräußerer vermittelt wird (BGH BeckRS 2004, 11753).

IV. Die Übereignung durch Besitzkonstitut, §§ 929 S. 1, 930

1. Sinn dieser Übereignungsform

Im Einzelfall können die Parteien daran interessiert sein, die Übertragung des Eigentums auf den Erwerber sofort vorzunehmen, den Besitz aber (vorläufig) noch dem Veräußerer zu belassen. Dies ermöglicht § 930. Ein Bedürfnis hierfür ist etwa gegeben, wenn der Käufer eine Sache, zB ein Kleidungsstück, das er bereits bezahlt hat und dessen Eigentümer er deshalb werden soll, noch für einige Zeit beim Verkäufer belassen muss, weil Änderungen vorgenommen werden sollen. Ebenso kann der Käufer ein Interesse haben, dass die von ihm bereits erworbenen Sachen (zB Kohlen, Baumaterialien u. a.), bis er sie zum Verbrauch benötigt, noch beim Verkäufer gelagert bleiben. 24

In solchen Fällen scheidet eine Übereignung nach § 929 S. 1 aus, weil diese Norm den vollständigen Besitzverlust des Veräußerers voraussetzt. Die Übereignung kann dann nach § 930 erfolgen. Da aber auch dafür eine dingliche Einigung iSv § 929 S. 1 erforderlich ist, wird diese Norm regelmäßig mitzitiert. Wichtiger Anwendungsfall des § 930 ist zudem die Sicherungsübereignung (dazu → § 15 Rn. 1 ff.). Dabei bleibt der Veräußerer im unmittelbaren Besitz der Sache (zB einer Maschine), weil er weiter mit ihr arbeiten will, während der Kreditgeber (zB eine Bank) Eigentümer der Sache wird. 25

Übereignung gem. §§ 929 S. 1, 930
1. Einigung 2. Vereinbarung eines Besitzmittlungsverhältnisses 3. Einigsein 4. Berechtigung

2. Vereinbarung eines Besitzmittlungsverhältnisses

Um den unmittelbaren Besitz beim Veräußerer belassen zu können, wird in § 930 auf das Erfordernis der Übergabe verzichtet und als Ersatz dafür die Vereinbarung eines Besitzmittlungsverhältnisses (= Besitzkonstitut) iSv § 868 vorgesehen. Das **Besitzmittlungsverhältnis** ersetzt **als Übergabesurrogat** aber nur die Übergabe, nicht die dingliche Einigung. Für diese gelten die Ausführungen zu § 929 26

(→ Rn. 4 ff.) entsprechend. Als Besitzmittlungsverhältnis kommt jedes konkrete (Rechts-)Verhältnis zwischen dem Veräußerer als Besitzer und dem Erwerber in Betracht, aufgrund dessen der Erwerber mittelbaren Besitz erlangt (wiederhole: → § 4 Rn. 21).

Das Besitzmittlungsverhältnis gem. § 868
1. Rechtsverhältnis iSd § 868 2. Besitzmittlungswille 3. Herausgabeanspruch des mittelbaren Besitzers gegen den unmittelbaren Besitzer

27 Gleichgültig ist, ob der **Veräußerer unmittelbarer oder mittelbarer Besitzer** ist.

Beispiel: E, der seinen Baukran an B vermietet, kann diesen als mittelbarer Besitzer gleichwohl nach § 930 zur Sicherheit an seinen Kreditgeber G übereignen. § 930 setzt nur voraus, dass er Besitzer bleibt und dass er dem Erwerber als Oberbesitzer (→ § 4 Rn. 22) den Besitz vermittelt. Der Erwerber G ist dann zweitstufiger mittelbarer Besitzer (→ § 4 Rn. 20).

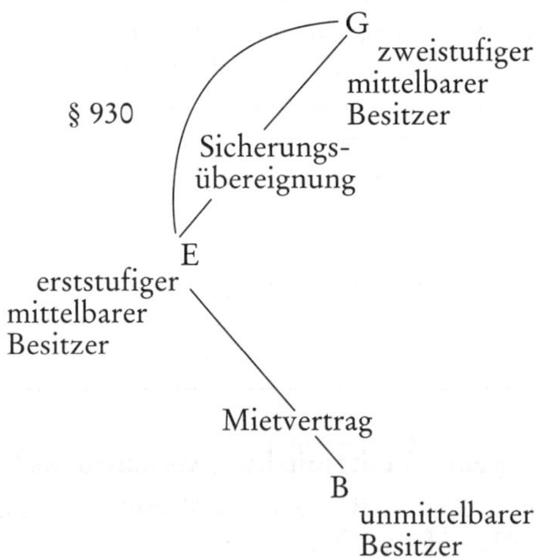

28 Möglich ist auch eine **Übereignung zwischen Ehegatten** nach §§ 929 S. 1, 930 in der Weise, dass sie sich der Ehe als gesetzlichem Besitzmittlungsverhältnis bedienen (→ § 4 Rn. 21). Der Mann kann etwa seiner Frau ihm gehö-

rende Gegenstände des ehelichen Hausrats in der Weise übereignen, dass beide darüber einig sind, dass M die Gegenstände weiter benutzen darf, er aber aufgrund der Ehe zugleich der F den Besitz vermittelt (s. BGH NJW 1979, 976). Eine Übereignung nach § 929 hingegen scheidet in Bezug auf Haushaltsgegenstände zwischen Ehegatten meist aus, da das Erfordernis des vollständigen Besitzverlustes beim Veräußerer schwer erreichbar ist, solange die Ehegatten in der Ehewohnung Mitbesitz an den meisten Gegenständen haben.

3. Das antizipierte Besitzkonstitut

Zuweilen besteht das Bedürfnis, sich vorzeitig den Erwerb von Sachen zu sichern, die erst noch produziert werden müssen oder die der Veräußerer seinerseits erst künftig zu Eigentum erwerben wird. Dieses Bedürfnis zeigt sich etwa, wenn dem Kreditgeber ein Warenlager zur Sicherheit übereignet ist, dessen Bestand ständig wechselt, weil alte Waren veräußert oder verarbeitet werden und neue Waren hinzukommen. 29

Eine Möglichkeit bestünde natürlich darin, für jede neu erworbene Sache in dem Augenblick, in dem sie dem Warenlager einverleibt wird, eine dingliche Einigung in Verbindung mit einem Besitzmittlungsverhältnis zu vereinbaren. Das wäre aber insbes. bei häufigem Wechsel zu umständlich und wird daher den Bedürfnissen des Wirtschaftsverkehrs nicht gerecht. Deshalb ist die Übereignung künftiger Sachen durch antizipierte dingliche Einigung und antizipiertes Besitzkonstitut zugelassen worden. Die dingliche Einigung und das Besitzmittlungsverhältnis werden vorweg vereinbart, noch **bevor** der Veräußerer die Waren **als Eigentümer und Besitzer erworben** hat. Das Eigentum daran geht auf den Erwerber erst in dem Augenblick über, in dem es der Veräußerer für eine logische Sekunde erworben hat (§ 185 II). 30

Beispiel: Pflanzengroßhändler K übereignet den Inhalt eines bestimmten Warenlagers zur Absicherung eines Kredits an die B-Bank. In Verbindung mit der Sicherungsübereignung wird vereinbart, wie K mit den eingelagerten Pflanzen umzugehen hat, zu welchen Bedingungen er sie verkaufen darf etc. In dieser Vereinbarung liegt zugleich die Vereinbarung eines Besitzmittlungsverhältnisses iSv § 868. Insoweit handelt es sich um eine Übereignung nach § 930. Da das Warenlager laufend durch An- und Verkauf einen wechselnden Warenbestand hat, handelt es sich in Bezug auf die künftig ins Lager kommenden Pflanzen um ein vorweg vereinbartes Besitzmittlungsverhältnis. B wird dann automatisch Eigentümer, sobald neue, von K erworbene Waren in das Lager gestellt werden.

31 Wichtig ist dabei die Beachtung des sachenrechtlichen **Bestimmtheitsgrundsatzes** (→ § 3 Rn. 7ff.). Die antizipierte dingliche Einigung und das antizipierte Besitzkonstitut müssen im Zeitpunkt der Einigung so *bestimmt* sein, dass anhand der Einigung ohne weitere Nachforschungen ermittelt werden kann, welche einzelne Sache auf den Erwerber übergehen soll.

Dafür genügt etwa die Umschreibung, dass das Eigentum an allen Waren einer im Einzelnen beschriebenen Gattung, die in einem genau beschriebenen Raum gelagert werden (sog. **Raumsicherungsvertrag**; s. etwa BGH NJW 2000, 2898), auf den Erwerber übergehen soll (dingliche Einigung) und der Veräußerer diese Waren für den Erwerber verwahren wolle (Besitzkonstitut). Ausreichend ist auch die **Markierung** der von der Übereignung erfassten oder der nicht erfassten Sachen (sog. Markierungsvertrag, BGH NJW 1991, 2144; 1992, 1161). Einer räumlichen Eingrenzung oder Markierung bedarf es nicht, wenn die übereigneten Gegenstände auch anders bestimmt werden können, so zB wenn alle Gegenstände einer bestimmten Gattung übereignet werden (BGH NJW 1994, 133). Nicht ausreichend ist die rein tatsächlich getrennte Verwahrung, wenn sie nicht vereinbart ist oder der Vereinbarung nicht entspricht (s. als Beispiel BGH NJW 1984, 803). Nicht genügend bestimmt ist auch eine Übereignung aller Waren „mit Ausnahme der unter Eigentumsvorbehalt gelieferten Güter“ (BGH NJW 1986, 1985) oder „aller pfändbaren“ Sachen (BGH NJW-RR 1988, 565).

32 Die dingliche Einigung und die Vereinbarung eines Besitzmittlungsverhältnisses müssen für jede einzelne Sache gegeben sein. Es kann aber ein Bündel solcher Vereinbarungen in einer Formulierung zusammengefasst werden, sofern eben nur klar ist, welche einzelne Sache davon erfasst werden soll. Steht dem Veräußerer an den übereigneten Waren teils das Eigentum, teils nur ein **Anwartschaftsrecht** zu, so verlangt der Bestimmtheitsgrundsatz allerdings nicht, dass angegeben wird, an welchen Sachen im Einzelnen das Eigentum oder das Anwartschaftsrecht besteht (BGHZ 28, 16).

V. Die Übereignung durch Abtretung des Herausgabeanspruchs, §§ 929 S. 1, 931

1. Übertragungsvoraussetzungen

Übereignung gem. §§ 929 S. 1, 931
1. Einigung 2. Abtretung des Herausgabeanspruchs 3. Einigsein 4. Berechtigung des Veräußerers

Eine Eigentumsübertragung ist auch möglich, wenn zum betreffenden Zeitpunkt ein Dritter Besitzer der Sache ist (zB als Mieter). Vermittelt ein Dritter als unmittelbarer oder mittelbarer Besitzer dem Eigentümer den Besitz, so kann der Eigentümer das Eigentum an der Sache dadurch auf einen Erwerber übertragen, dass er diesem seinen **mittelbaren Besitz gem. § 870 überträgt**. Das ermöglicht § 931. Neben die dingliche Einigung muss hier – als Übergabesurrogat – ein Abtretungsvertrag (§ 398) zum Zwecke der Übertragung des mittelbaren Besitzes treten. Die Annahme eines Abtretungsvertrags setzt dabei nach außen hin deutlich erkennbare Umstände voraus, die auf einen Abtretungswillen der Parteien schließen lassen (BGH NJW 2016, 3235). 33

Beispiel: A hat seine Aktien, die er der Bank B in Verwahrung gegeben hat, an C verkauft. Nun kann er C das Eigentum daran übertragen, indem er mit C vereinbart, dieser könne jeder Zeit von der Bank Herausgabe der Aktien verlangen. A muss die Aktien also nicht aus dem Safe holen, um sie C übergeben zu können. Die Aktien können vielmehr bei der Bank als unmittelbarer Besitzerin verbleiben. A muss nur seinen Herausgabeanspruch aus dem Verwahrungsverhältnis mit der Bank (§ 695) an C abtreten. Diese Abtretung liegt in der zwischen A und C getroffenen Vereinbarung. Dadurch geht der mittelbare Besitz von A auf C über (§ 870) und C erwirbt dadurch in Verbindung mit der dinglichen Einigung das Eigentum (§§ 929 S. 1, 931).

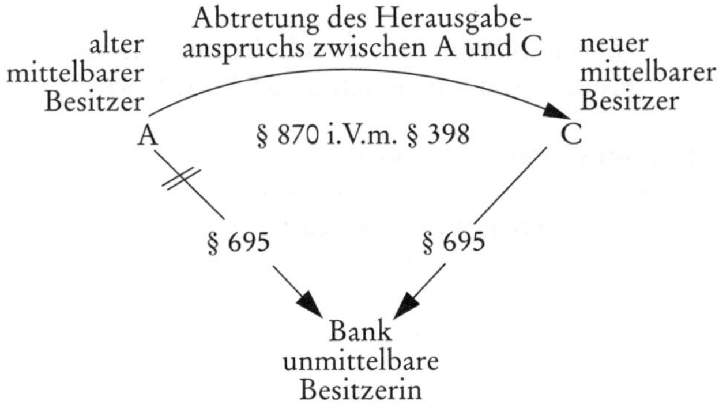

34 Sofern ein vertraglicher **Herausgabeanspruch** besteht, zB aus § 546 (Miete) oder § 604 (Leihe), ist dieser abzutreten. Ist der Vertrag, auf dem das Besitzmittlungsverhältnis beruht, unwirksam, so ist der gesetzliche Herausgabeanspruch, zB aus §§ 812, 823 iVm § 249 (→ § 4 Rn. 26), abzutreten.

Fraglich ist, wie übereignet werden kann, wenn weder der Eigentümer noch eine dritte Person im Besitz der Sache ist. Wenn somit mittelbarer Besitz und ein anderer Anspruch nicht bestehen, könnte man überlegen, ob dann der **Anspruch aus § 985 abgetreten** werden kann, um den Anforderungen des § 931 gerecht zu werden. Das wird jedoch von der hM verneint (vgl. MüKoBGB/*Oechsler* § 931 Rn. 11), denn Eigentum und Eigentumsherausgabeanspruch sind insoweit untrennbar miteinander verbunden (näher *Meier/Jocham* JuS 2017, 1155, 1157). In solchen Fällen muss vielmehr die Einigung über den Eigentumsübergang für den Eigentumserwerb genügen (Palandt/*Herrler* BGB § 931 Rn. 3; BeckOK BGB/*Kindl* § 931 Rn. 6).

Beispiel: Das wertvolle E-Bike des E ist von Dieb D **gestohlen** worden. Nach einer Woche braucht D das Bike jedoch nicht mehr und lässt es irgendwo liegen. E bekommt von seiner Versicherung V Ersatz und soll im Gegenzug das Eigentum am Bike auf V übertragen. Da hier keine Person Besitz am Rad hat, gibt es auch keinen Herausgabeanspruch des E, den E an V nach § 931 abtreten könnte. In solchen Fällen muss man sich damit begnügen, die bloße Einigung über den Eigentumsübergang iSv § 929 S. 1 für die Übereignung genügen zu lassen. Wird das Bike später aufgefunden, so kann V vom jeweiligen Besitzer dann nach § 985 Herausgabe verlangen.

35 Mit der Übergabe von **Traditionspapieren** wie Ladescheinen (§ 448 HGB) oder Lagerscheinen (§ 475g HGB) geht auch der mittelbare Besitz an der da-

rin verbrieften Ware über. Die Verbriefung des Herausgabeanspruchs in den Traditionspapieren legitimiert den Inhaber des Papiers und ermöglicht den einredefreien sowie gutgläubigen Erwerb des verbrieften Herausgabeanspruchs auch vom Nichtberechtigten (s. *Schnauder* NJW 1991, 1642, 1646). Die Übergabe eines Traditionspapiers hat dieselbe Wirkung wie die Übergabe der Sache.

Mit der Eigentumsübertragung kann ein **Besitzmittlungsverhältnis** in verschiedener Weise verknüpft sein. Dabei ist zu unterscheiden: 36

Gibt A wie im obigen Beispiel (→ Rn. 38) seinen mittelbaren Besitz an den von der Bank verwahrten Aktien auf, indem er ihn auf C überträgt, so liegt eine Übereignung in der Form der §§ 929 S. 1, 931 vor. A könnte aber auch mittelbarer Besitzer bleiben und mit C ein neues Besitzmittlungsverhältnis vereinbaren, sodass A erststufiger, C zweitstufiger mittelbarer Besitzer wird. Dabei handelt es sich um eine Übereignung in Form der §§ 929 S. 1, 930 (→ Rn. 28 ff.), die insbes. für die Sicherungsübereignung in Betracht kommt.

Will C die gekauften Aktien wiederum seiner Hausbank D in Verwahrung geben, so kann er A bitten, dass dieser seine Bank B anweist, die Aktien an D zu übergeben, die dann als unmittelbare Besitzerin die Aktien für C verwahrt und ihm dadurch einen neuen mittelbaren Besitz verschafft. In diesem Fall gibt A ebenfalls seinen Besitz auf, überträgt ihn aber nicht an C. Vielmehr wird dem C ein neuer erststufiger mittelbarer Besitz eingeräumt. Es liegt deshalb ein Fall der Übergabe im Sinne des § 929 S. 1 durch Einschaltung von Drittpersonen vor (→ Rn. 12 f.).

Diese Unterscheidungen haben va Bedeutung im Hinblick auf die unterschiedlichen Voraussetzungen beim gutgläubigen Erwerb (§§ 932 ff.).

2. Rechtsstellung des Erwerbers

Durch die Abtretung des Herausgabeanspruchs in Verbindung mit der dinglichen Einigung wird der Erwerber nach §§ 929 S. 1, 931 Eigentümer. Stehen dem Dritten jedoch **Einwendungen** gegen den abgetretenen Herausgabeanspruch zu, so kann er diese nach § 986 II auch dem Erwerber entgegenhalten. § 986 II erfasst neben Einwendungen auch die Einreden, weil § 986 auf dem Gedanken beruht, dass die Rechtsstellung des Besitzers durch die Abtretung, an der er nicht mitgewirkt hat, nicht geschmälert werden soll. 37

Beispiel: L hat sich von Eigentümer E für drei Wochen ein Buch ausgeliehen und seinerseits dem E eine DVD geliehen. E veräußert das Buch nach §§ 929 S. 1, 931 an N. Wenn nun N als neuer Eigentümer von L Herausgabe des Buches verlangt, kann sich L darauf berufen, dass seine Leihfrist noch nicht abgelaufen ist und dass für ihn eine Rückgabe nur Zug um Zug gegen Rückerhalt der DVD (§ 273) in Betracht kommt. L kann seine Einreden und Einwendungen nicht nur gem. § 404 gegenüber dem abgetretenen Herausgabeanspruch des § 604 geltend machen, sondern gem. § 986 II auch gegenüber dem Herausgabeanspruch aus § 985 (s. auch BGHZ 64, 122, 125).

VI. Übertragung und Erwerb von Miteigentum

38 Wie das Alleineigentum kann auch der einzelne Anteil eines bereits bestehenden Miteigentums nach Bruchteilen in den Formen der §§ 929–931 übertragen werden. Anstelle der Übertragung des Alleinbesitzes tritt dann die Übertragung des mit dem Miteigentum verbundenen Mitbesitzes (§ 866).

Wollen mehrere, zB **Ehegatten**, beim Erwerb vom Alleineigentümer Miteigentum nach Bruchteilen erwerben, so muss die dingliche Einigung nach § 929 mit allen Erwerbern vollzogen werden und die Übergabe an alle zu Mitbesitz erfolgen. Durch die Einigung wird auch die Höhe der Miteigentumsanteile bestimmt, wobei im Zweifel gem. §§ 1008, 742 von gleichen Anteilen auszugehen ist.

Allein aus dem Vorliegen eines **Schlüsselgewalt**geschäfts (§ 1357) ergibt sich aber noch nicht der Erwerb der Ehegatten zu Miteigentum, da der Norm des § 1357 keine dingliche Wirkung zukommt (BGH NJW 1991, 2283). Vielmehr vollzieht sich der Eigentumserwerb auch im Rahmen des § 1357 nach den allgemeinen Erwerbstatbeständen der §§ 929 ff. zugunsten desjenigen, in dessen Namen die dingliche Einigung abgeschlossen wird.

VII. Rechtsvergleichende Hinweise

39 Die Übereignung beweglicher Sachen vollzieht sich im **französischen** Recht (Art. 711, 1196, 1583 Code civil) allein aufgrund des Kaufvertrags (Einheits- und Konsensprinzip). Zur Übertragung des Eigentums genügt der kaufvertragliche Konsens der Parteien über Sache und Preis; ein dinglicher Vollzugsakt (Besitzübergabe oder Vereinbarung eines Übergabesurrogats) ist nicht erforderlich. Das Abstraktionsprinzip gilt nicht. Rücktritt oder Vertragsannullierung haben rückwirkend den Eigentumsfortfall des Käufers zur Folge; allerdings bleibt dann gutgläubiger Erwerb möglich, sodass die Unterschiede zum deutschen Recht nicht allzu groß sind (vgl. *Bezzenberger* LA Seul, 2014, 21, 27 f.). Eine gewisse Korrektur des Einheits- und Konsensprinzips ist allerdings für den Kauf von Gattungssachen festzustellen. Während bei Speziessachen das Eigentum mit Abschluss des Kaufvertrags übergeht, tritt beim Kauf

von Gattungssachen der Eigentumsübergang erst mit der Konkretisierung der Gattungsschuld ein (vgl. *Senne/Wohlmann* JA 2000, 810). Auf den Bestimmtheitsgrundsatz wird somit nicht verzichtet.

Im **japanischen Recht** gilt für die Eigentumsübertragung das Konsensprin- 40
zip, sodass die Übertragung „durch bloße Willenserklärungen der Parteien" (Art. 176 Japanisches Zivilgesetzbuch) erfolgt. Die Übergabe der Sache an den Erwerber wird für den Eigentumserwerb nicht vorausgesetzt. Beim Kauf von Gattungssachen bedarf es aber wie in Frankreich einer Konkretisierung. Nach hM herrscht demgemäß das Einheitsprinzip. Bezogen auf einen Kaufvertrag bedeutet das etwa, dass sich die abgegebenen Willenserklärungen – nach dem französischen Vorbild (→ Rn. 45) – einheitlich zugleich auf den Kauf und die Übereignung beziehen. Eine Mindermeinung hingegen plädiert dafür, wie in Deutschland zusätzlich ein dingliches Verfügungsgeschäft anzunehmen, wie es regelmäßig in Gestalt einer Bezahlung oder Besitzübertragung in Erscheinung tritt; denn die Idee der prinzipiellen Trennung zwischen Sachenrecht und Schuldrecht hat das japanische Recht vom deutschen Recht übernommen. Gleichwohl besteht Einigkeit darüber, dass das Trennungsprinzip nicht gilt. Obwohl die Übertragung des Eigentums an einer beweglichen Sache lediglich die Willenserklärungen der Parteien voraussetzt, kann sich der Erwerber Dritten gegenüber grundsätzlich nur dann auf sein Eigentum berufen, wenn eine Übergabe erfolgt ist. Im Jahr 2005 wurde durch Sondergesetz ein elektronisches Registersystem für die Übertragung beweglicher Sachen durch juristische Personen eingeführt. Juristische Personen können ihr Eigentum Dritten nun allein mit Verweis auf die Registrierung entgegenhalten. (Für die Informationen zum japanischen Recht danke ich *Hisanori Nemoto*, Universität Hokkaido).

Das **englische Mobiliarsachenrecht** (Sale of Goods Act 1979) wird teils als 41
eine sich der Systematisierung entziehende Gemengelage von Trennungs- und Einheitsprinzip begriffen (*Baur/Stürner* SachenR § 64 Rn. 103), teils als dem Einheits- und Konsensprinzip unterfallend eingeordnet (*v. Bernstorff* EnglandR, 137). Folgende fallgruppenspezifische Regelungen lassen sich erkennen: Beim Spezieskauf obliegt es den Parteien, den Zeitpunkt des Eigentumsübergangs festzulegen. Fehlt eine solche Festlegung, gelten besondere Vermutungsregeln. Hat der Verkäufer die Sache in einen, dem Vertrag entsprechenden übergabefähigen Zustand zu bringen, so erfolgt der Eigentumsübergang erst mit Erfüllung dieser Vertragspflicht, die dem Käufer mitzuteilen ist. Ist zur Bestimmung des Kaufpreises die Prüfung oder Messung der Kaufsache erforderlich, gilt dasselbe. Beim Kauf auf Probe geht das Eigentum erst mit der Billigung der Kaufsache auf den Käufer über. Soweit diese speziellen Vermutungsregeln nicht greifen, gilt die Vermutung des Eigentumsübergangs mit Abschluss des *sale*. Beim Gattungskauf erfolgt der Eigentumsübergang mit der Konkretisierung.

Im **Rechtsvergleich** stehen sich danach verschiedene Modelle der Übereig- 42
nung beweglicher Sachen gegenüber:

(1) das **Einheitsprinzip:** Die Übereignung ist in den Kaufvertrag oder sonstigen schuldrechtlichen Vertrag integriert und vollzieht sich grundsätzlich mit dessen Abschluss;

(2) das **Traditionsprinzip:** Hier ist zusätzlich zum Abschluss des schuldrechtlichen Vertrags für die Übereignung noch die Übergabe des Besitzes erforderlich;

(3) das **Trennungsprinzip:** Es wird unterschieden zwischen dem schuldrechtlichen Vertrag und dem dinglichen Übereignungsvertrag, der in Gestalt der Einigung zusätzlich zum schuldrechtlichen Vertrag zu schließen ist. Hinzu treten im deutschen Recht die Übergabe bzw. die Übergabesurrogate.

Während die Modelle (1) und (2) die Anwendung des Abstraktionsgrundsatzes nicht ermöglichen, kann das Modell (3) mit oder ohne Abstraktionsgrundsatz zur Anwendung kommen und ermöglicht zudem problemlos den Eigentumsvorbehalt.

Empfehlungen zur vertiefenden Lektüre: *Bayerle*, Trennungs- und Abstraktionsprinzip in der Fallbearbeitung, JuS 2009, 1079; *Bezzenberger,* Schaltplan für die Übereignung beweglicher Sachen (§§ 929–934 BGB), JA 1998, 657; *Coester-Waltjen*, Die Eigentumsverhältnisse in der Ehe, Jura 2011, 341; *Haedicke,* Der bürgerlich-rechtliche Verfügungsbegriff, JuS 2001, 966; *Krüger,* Eigentumsübertragung mittels Besitzkonstitut und Einwendungen des unmittelbaren Besitzers – BGHZ 111, 142, JuS 1993, 12; *Lorenz,* Grundwissen – Zivilrecht: Der Eigentumsvorbehalt, JuS 2011, 199; *Masloff,* Eigentumserwerb durch Geheißpersonen, JA 2000, 503; *Petersen*, Veräußerungs- und Verfügungsverbote, Jura 2009, 768; *Schall*, Maultaschen im Sachenrecht, NJW 2010, 1248; *Schreiber,* Die Verfügungsbefugnis, Jura 2010, 599; *Senne/Wohlmann,* Die Grundtatbestände des Eigentumserwerbs im internationalen Vergleich – Deutschland, Niederlande, Schweiz, Frankreich, JA 2000, 810; *Stadler,* Die Vorschläge des Gemeinsamen Referenzrahmens für ein europäisches Sachenrecht – Grundprinzipien und Eigentumserwerb, JZ 2010, 380; *Wank/Kamanabrou,* Zur Widerruflichkeit der Einigung bei den §§ 929 S. 1, 930, 931 BGB, Jura 2000, 154.

Fälle und Klausuren: *Gottwald* SachenR Fälle 54–62; *Hoeren,* EBV in der Krippe – Sachenrecht zum Weihnachtsfest, JuS 1996, 1094; *Jäckel/Tonikidis,* „Die Perle in der Auster“, JA 2012, 339; *Martinek,* Das Los der Witwe Klicko, JuS 1996, L 93; *Preisner,* Examenstypische Klausurenkonstellationen des Familien- und Erbrechts – Teil IV Sachen- und Zwangsvollstreckungsrecht, JA 2010, 705; *Schirmer,* Streit um ein paar Stückchen Papier, Jura 2013, 719; *Vieweg/Röthel* SachenR Fall 6; *Zenker,* Die verworrenen Wege zweier Lagerfahrzeuge, JA 2010, 578.

§ 8. Der gutgläubige Erwerb beweglicher Sachen

I. Schutz des Rechtsverkehrs

1. Interessenlage

Bei beweglichen Sachen erzeugt der Besitz ein gewisses Vertrauen 1
darauf, dass der Besitzer der Sache, der als Eigentümer auftritt, gerade wegen seines Besitzes auch der Eigentümer ist. Demgemäß wird nach § 1006 I 1 der Besitzer einer Sache als ihr Eigentümer vermutet. Daran knüpfen auch die §§ 932ff. an. Der gutgläubige Teilnehmer am rechtsgeschäftlichen Verkehr soll sich auf diesen **Vertrauenstatbestand** verlassen und Eigentum von demjenigen Besitzer erwerben können, der sich bei der rechtsgeschäftlichen Verfügung als Eigentümer ausgibt, obwohl er in Wirklichkeit nicht Eigentümer bzw. Verfügungsberechtigter ist. Man spricht vom gutgläubigen Erwerb vom Nichtberechtigten.

Die damit verbundene Benachteiligung des wirklichen Eigentümers, der sein Eigentum gegen seinen Willen zugunsten des geschützten gutgläubigen Erwerbers verliert, erschien dem Gesetzgeber jedoch nur für den Fall akzeptabel, dass der Eigentümer seinen Besitz dem veräußernden Nichteigentümer freiwillig überlassen hat (sog. Veranlassungsprinzip). Denn in diesem Fall hat der Eigentümer das Risiko, dass der andere das in ihn gesetzte Vertrauen missbraucht und die Sache veräußert, selbst in Kauf genommen und daher auch zu tragen. Anders liegt es indes, wenn der Eigentümer den Besitz an der Sache ohne seinen Willen verloren hat. Unter solchen Umständen ist er schutzwürdig, weshalb § 935 bei abhanden gekommenen Sachen einen gutgläubigen Erwerb grundsätzlich ausschließt.

2. Erfordernis eines Verkehrsgeschäfts

Gutgläubiger Erwerb nach den §§ 932ff. kommt nur bei **rechtsgeschäftlichem Erwerb** beweglicher Sachen **im Rechtsverkehr** in Betracht, denn die §§ 929ff. gelten nicht für den Eigentumserwerb kraft Gesetzes. Damit scheidet gutgläubiger Erwerb etwa im Rahmen des Erbgangs von vornherein aus. 2

Ein „Verkehrsgeschäft" ist aber auch zu verneinen, wenn die Personen, die auf der Erwerberseite stehen, mit denen auf der Veräußererseite rechtlich oder wirtschaftlich identisch sind (Innengeschäft). Gutgläubiger Erwerb scheidet daher aus, wenn auf der Erwerberseite dieselben Personen oder nur Personen stehen, die auch auf der Veräußererseite stehen.

Beispiele:
- Die aus den Gesellschaftern A, B und C bestehende OHG übereignet ihren im Gesellschaftsvermögen stehenden Lkw auf B zu Alleineigentum.
- Die Ein-Mann-GmbH übereignet einen Gegenstand auf ihren Alleingesellschafter.
- Die in Erbengemeinschaft verbundenen Miterben übertragen im Rahmen der Erbauseinandersetzung eine Sache auf einen der Miterben (BGH ZEV 2015, 339).

In all diesen Fällen liegt kein Verkehrsgeschäft vor. Wenn die veräußerte Sache nicht dem Veräußerer gehörte, scheidet ein Eigentumserwerb somit aus, da gutgläubiger Erwerb hier mangels Verkehrsgeschäftes von vornherein nicht möglich ist.

3 Anders liegt es jedoch, wenn auf der Erwerberseite weitere „Dritte" dazukommen. In diesem Fall handelt es sich nicht um reine Innengeschäfte, sondern um Geschäfte im Rechtsverkehr, sodass die §§ 932 ff. anwendbar sind. Bei Gutgläubigkeit aller Erwerber ist der gutgläubige Erwerb dann möglich.

Beispiele:
- Die aus den Gesellschaftern A, B und C bestehende OHG übereignet einen Lkw, der in Wirklichkeit dem E gehört, zu Miteigentum auf B und seine Schwester S, welche die OHG für die Eigentümerin halten.
- Die aus A, B und C bestehende A-Gesellschaft übereignet eine Sache, die in Wirklichkeit dem E gehört, auf die aus B, C und D bestehende B-Gesellschaft, deren Gesellschafter alle die A-Gesellschaft für die Eigentümerin halten.

Hinweis für die Klausur: Der Prüfungspunkt „Verkehrsgeschäft" muss nur angesprochen werden, wenn er im Einzelfall Probleme macht. Daher wird er in den folgenden Schemata auch weggelassen.

3. Überblick zu den §§ 932 ff.

4 Die Vorschriften der §§ 932 ff. über den gutgläubigen Erwerb beweglicher Sachen setzen voraus, dass ein dingliches Verfügungsgeschäft in einer der Formen der §§ 929–931 vorliegt. Wird bei der Prüfung der jeweiligen Übereignung festgestellt, dass die Berechtigung des Veräußerers fehlt, also dass der Veräußerer weder (verfügungsberechtigter) Eigentümer noch ein sonstiger Verfügungsberechtigter ist,

so ist im nächsten Schritt zu prüfen, ob **gutgläubiger Erwerb** in Betracht kommt. Die oben genannten Prüfungsschemata (→ § 7 Rn. 4, 23, 25, 32) sind dann um die Prüfung der jeweiligen Voraussetzungen des gutgläubigen Erwerbs zu ergänzen, denn auf diese Weise kann die fehlende Berechtigung des Veräußerers überwunden werden.

Dabei ist je nach Übergabeform zu differenzieren: § 932 bezieht sich auf die Übertragungsformen des § 929, § 933 auf § 930 und § 934 auf § 931.

Normsystematik beim gutgläubigen Erwerb				
Form der Übereignung	§ 929 S. 1	§ 929 S. 2	§§ 929 S. 1, 930	§§ 929 S. 1, 931
Einschlägige Gutglaubensvorschrift	§ 932 I 1, II	§ 932 I 2, II	§ 933	§ 934

Anknüpfungspunkt für den **guten Glauben** ist in allen Varianten der Umstand, dass der Veräußerer über seinen **Besitz** verfügen und ihn übertragen kann. Das rechtfertigt das Vertrauen in seine Eigentümerstellung. Deshalb muss der Veräußerer auch die tatsächlichen Handlungen, die dieses Vertrauen erzeugen, vornehmen und den Besitz auf den Erwerber übertragen. Er muss seinen Besitz ganz aufgeben (**Besitzverlust**; s. BGHZ 36, 56) und der Erwerber muss den Besitz vom Veräußerer erlangt haben (**Besitzerwerb**). Erst mit dieser Besitzübertragung ist für den Erwerber der äußere Anschein gegeben, dass der Veräußerer die Sache wie ein Eigentümer tatsächlich beherrschen kann und die Besitzverschaffungsmacht hat (*Vieweg/Werner* SachenR § 5 Rn. 16). 5

II. Gutgläubiger Erwerb gem. §§ 929 S. 1, 932

1. Allgemeines

6

Gutgläubiger Erwerb gem. §§ 929 S. 1, 932
1. Übereignung nach § 929 S. 1 durch Übergabe vom Veräußerer 2. Fehlende Berechtigung des Veräußerers 3. Gutgläubigkeit des Erwerbers, § 932 II 4. Kein Abhandenkommen der Sache, § 935

Sofern sich der Nichtberechtigte und der Erwerber der Übertragungsform des § 929 S. 1 bedienen, bedarf es zunächst neben der Einigung der Übergabe, also des **vollständigen Besitzverlusts** beim Veräußerer und des Besitzerwerbs beim Erwerber (→ § 7 Rn. 7). Der Veräußerer muss die Sache dem Erwerber übergeben haben; ohne **Übergabe** iSv § 929 S. 1 ist von vornherein kein gutgläubiger Erwerb möglich (klarstellend BGH MDR 2016, 414). Weiterhin muss der Erwerber gutgläubig sein, also den Veräußerer für den Eigentümer der Sache halten (näher dazu → Rn. 16 ff.). Und schließlich darf der gutgläubige Erwerb nicht nach § 935 ausgeschlossen sein (dazu → Rn. 29 ff.).

2. Der Scheingeheißerwerb

7 Ein Besitzerwerb iSv § 929 S. 1 liegt auch in den Fällen vor, in denen bei der **Übergabe** ein **Besitzdiener** oder ein **Besitzmittler** beteiligt ist oder ein Dritter auf Geheiß des Veräußerers den Besitz dem Erwerber überträgt, sog. **Geheißerwerb** (→ § 7 Rn. 14 f.). Ein beliebtes Klausurproblem betrifft dabei die Frage, ob gutgläubiger Erwerb auch möglich ist, wenn die Übergabe nicht durch eine echte Geheißperson, sondern nur durch eine **„Scheingeheißperson"** erfolgt.

Fall 6 – Kohlenlieferung (in Anlehnung an BGHZ 36, 56): A hat bei B gegen Vorauszahlung Kohlen auf Abruf bestellt. Zum Zeitpunkt des Abrufs hatte B sein Geschäft aber bereits aufgegeben. B bittet deshalb einen anderen Kohlenhändler (C), an A zu liefern. C liefert an A, behält sich jedoch, wie sich aus einem dem A übergebenen Lieferschein ergibt, das Eigentum bis zur Bezahlung des Kaufpreises vor. A verweigert die Zahlung, weil er allein mit B einen Vertrag geschlossen und auch schon an B bezahlt habe. Als C dann von A nach § 985 Herausgabe seiner Kohlen verlangt, beruft sich A darauf, dass er von B Eigentum erworben habe. Wie ist die Rechtslage?

Lösungsskizze:

C könnte gegen A einen Anspruch auf Herausgabe der Kohlen aus § 985 haben.

Voraussetzung wäre, dass C noch Eigentümer der Kohlen ist.

1. Ursprünglich war C Eigentümer der Kohlen.

2. Durch die Lieferung von C an A könnte das Eigentum nach § 929 S. 1 auf A übergegangen sein.

a) Aus Sicht des A lag insoweit ein Übereignungsangebot von B an ihn vor, das er angenommen hat.

b) Für die Übergabe ist im Verhältnis von Veräußerer und Erwerber grundsätzlich nicht erforderlich, dass diese Personen selbst die Übergabe vornehmen. Insbes. kann auf Geheiß des Veräußerers ein Dritter (zB Vorlieferant) direkt an den Erwerber ausliefern (sog. Geheißerwerb). Aus Sicht des A erwies sich C als Geheißperson des B.

c) Zwar war B Nichtberechtigter der Kohlen, da diese dem C gehörten; insoweit könnte A das Eigentum von B aber gutgläubig nach §§ 929 S. 1, 932 I 1 erworben haben. Schließlich konnte A nach den Umständen darauf vertrauen, dass C auf Geheiß des B an ihn geliefert hat.

Anders liegt es freilich aus Sicht des C, der im eigenen Namen eine eigene Lieferung an A unter Eigentumsvorbehalt (§§ 929 S. 1, 158 I, 449 I) erbringen wollte. Zu Lasten des A könnte man zudem vorbringen, dass nur der gute Glaube an das Eigentum des Veräußerers, nicht aber der gute Glaube an den Anschein einer Geheißsituation von § 932 geschützt wird (*Medicus/Petersen* BürgerlR Rn. 564). Stellt man darauf ab, wäre C noch Eigentümer, weil er unter Eigentumsvorbehalt geliefert hat und ihm gegenüber der Kaufpreis noch nicht beglichen wurde.

Fraglich ist somit, auf wessen Sicht abzustellen ist. Da es sich bei der Übereignung um eine rechtsgeschäftliche Veräußerung handelt, ist nach hM die für A erkennbare Bedeutung des Erklärungsverhaltens des C entscheidend (BGH NJW 1974, 1132; *Wieling* JZ 1977, 291, 295; *Rußmann* JuS 2012, 1008, 1010; aA *Medicus/Petersen* BürgerlR Rn. 564; *Lopau* JuS 1975, 773). An C lag es, bei der Übergabe seinen Willen deutlich zum Ausdruck zu bringen. Er hätte zudem schon zuvor gegenüber A klarstellen können, dass er von einem eigenen Vertrag mit A ausging. Dies geschah jedoch nicht, sodass A aus seiner Sicht das Handeln des C als Vollzug des Übereignungsgeschäfts mit B ansehen durfte. Da C aus Sicht des A auf Geheiß des B gehandelt hat, lag für A ein Besitzerwerb von B vor. Laut BGH genügt es insofern, wenn der Anschein erzeugt wird, dass sich ein Dritter dem Geheiß des Veräußerers unterwirft und dem Erwerber den Besitz verschafft. Nach objektiver Sichtweise erscheint die Übergabe dann nämlich als Leistung des Veräußerers (Lehre vom Schein-Geheißerwerb). Hierfür spricht auch das

Argument des Verkehrsschutzes. Somit ist A Eigentümer der Kohlen geworden.
Ergebnis: C hat keinen Herausgabeanspruch gegen A aus § 985.

Hinweis: Auch ein Anspruch auf Herausgabe aus § 812 I 1 Alt. 1 scheidet aus, da eine Leistung der Kohlen aus Sicht des Empfängers A allein von Seiten des B erfolgt ist. Ein Anspruch aus § 812 I 1 Alt. 2 wiederum scheitert am Vorrang der Leistungskondiktion.

III. Gutgläubiger Erwerb gem. §§ 929 S. 2, 932

Gutgläubiger Erwerb gem. §§ 929 S. 2, 932
1. Übereignung nach § 929 S. 2 2. Fehlende Berechtigung des Veräußerers 3. Besitzerwerb vom Veräußerer, § 932 I 2 4. Gutgläubigkeit des Erwerbers, § 932 II 5. Kein Abhandenkommen der Sache, § 935

8 Haben Nichteigentümer und Erwerber die Übertragungsform des § 929 S. 2 gewählt, so ist ein gutgläubiger Erwerb nur möglich, wenn der Erwerber den **Besitz**, den er bereits innehat, zuvor **gerade vom Veräußerer erlangt** hat (§ 932 I 2). Das ist vom Erwerber darzulegen und ggf. unter Beweis zu stellen (OLG Hamm MDR 2015, 143). Die Besitzerlangung von einem Dritten, der nicht auf Geheiß des Veräußerers gehandelt hat, genügt nicht (BGH NJW 2005, 359).

Beispiel: M hat von V ein Fahrrad gemietet, das er gerne kaufen möchte. Nun behauptet D gegenüber M, er sei Eigentümer aller Fahrräder, die von V vermietet würden. Darauf einigt sich D mit M über den Eigentumsübergang gem. § 929 S. 2, wobei die Übergabe entfällt, weil M als Mieter schon im Besitz der Sache ist. Ist D nicht Eigentümer, scheidet gutgläubiger Erwerb hier aus, weil M den Besitz nicht von D erlangt hat. Es fehlt insoweit an einem tragfähigen Rechtsscheinträger zugunsten von D. Auf dessen Gerede allein konnte sich M nicht verlassen.

IV. Gutgläubiger Erwerb bei Vereinbarung eines Besitzkonstituts, §§ 929 S. 1, 930, 933

Gutgläubiger Erwerb gem. §§ 929 S. 1, 930, 933
1. Übereignung nach §§ 929 S. 1, 930 2. Fehlende Berechtigung des Veräußerers 3. Übergabe der Sache vom Veräußerer an den Erwerber, § 933 4. Gutgläubigkeit des Erwerbers im Zeitpunkt der Übergabe, § 932 II 5. Kein Abhandenkommen der Sache, § 935

Bedienen sich der veräußernde Nichteigentümer und der Erwerber der Übertragungsform der §§ 929 S. 1, 930, so kommt gutgläubiger Erwerb erst in Betracht, wenn die Sache vom Veräußerer an den Erwerber **übergeben** worden ist und der Erwerber in diesem Zeitpunkt (noch) gutgläubig ist, **§ 933**. Der gutgläubige Erwerb ist also erst vollendet, wenn der Veräußerer durch die Übergabe der Sache an den Erwerber (oder eine andere von ihm bestimmte Person) seinen Besitz vollständig verloren hat (s. BGH NJW 1996, 2654). 9

Beispiel: Lässt sich Gläubiger G von seinem Schuldner S Sachen in der Form der §§ 929 S. 1, 930 zur Sicherheit übereignen, die er im Besitz des S belässt, und ist S nicht Eigentümer, so kann G noch nicht gutgläubig erwerben. Erst wenn S die Sachen an G herausgibt und G auch noch zu diesem Zeitpunkt gutgläubig ist und die Einigung fortbesteht, tritt gem. §§ 929 S. 1, 930, 933 ein gutgläubiger Erwerb ein. Das Besitzmittlungsverhältnis zwischen S und G muss jedoch nicht bis zur Übergabe ununterbrochen fortdauern (BGH NJW 1978, 696).

Das Tatbestandsmerkmal der **Übergabe** erfordert das **Einverständnis des Veräußerers**, dass der Erwerber den Besitz ergreift (BGH NJW 1996, 2654). Die für § 933 erforderliche Übergabe liegt auch vor, wenn der Erwerber die Sache mit Einverständnis des Veräußerers wegnimmt. Das Einverständnis muss jedoch im Zeitpunkt der Wegnahme geäußert sein. Eine früher im Voraus erteilte Ermächtigung genügt im Gegensatz zur Übergabe nach § 929 S. 1 (→ § 7 Rn. 7) nicht (BGHZ 67, 207), denn diese Ermächtigung ersetzt nicht die tatsächliche willentliche Mitwirkung des Veräußerers bei der Besitzübertragung, aufgrund der sich allein der Schutz des guten Glau- 10 bens nach § 933 rechtfertigen lässt. Auch eine nachträgliche **Genehmigung** der Wegnahme erfüllt nicht das Erfordernis der Übergabe nach § 933, da aus Gründen der Rechtssicherheit und Rechtsklarheit eine Mitwirkungshandlung des Veräußerers im Zeitpunkt des Besitzerwerbs vorliegen muss (BGH JZ 1978, 104, 106; aA BeckOK BGB/*Kindl* § 933 Rn. 4; Staudinger/*Wiegand* BGB § 933 Rn. 22).

11 **Fall 8 – Selbsthilfeaktion:** Besteller B beauftragt Unternehmer W mit der Errichtung eines Gebäudes. B tätigt erhebliche Vorauszahlungen auf den Werklohn und bekommt dafür von W zur Sicherheit das Eigentum an drei auf der Baustelle eingesetzten Kompressoren übertragen. B wird zugleich ermächtigt, die Maschinen für den Fall in unmittelbaren Besitz zu nehmen, dass W seinen vertraglichen Pflichten nicht nachkommt. Die Kompressoren hatte W zuvor allerdings schon der SparBank S sicherungsübereignet. Als W wegen Zahlungsunfähigkeit die Bauarbeiten einstellt, holt B die Kompressoren von der Baustelle ab. S verlangt mit Berufung auf ihr Eigentum die Kompressoren von B heraus. Zu Recht?

Lösungsskizze:
S könnte einen Herausgabeanspruch gegen B aus § 985 haben.

1. Ursprünglich war W Eigentümer.

2. W hatte dann sein Eigentum wirksam nach §§ 929 S. 1, 930 auf die Bank S übertragen bzw. sicherungsübereignet.

3. S könnte das Eigentum aber infolge der Übereignung von W auf B verloren haben. In Betracht kommt zugunsten von B nur ein Erwerb vom Nichtberechtigten nach §§ 929 S. 1, 930, 933. Insoweit sind alle Voraussetzungen erfüllt, lediglich das Tatbestandsmerkmal der Übergabe ist fraglich. B hat den Besitz an den Kompressoren nämlich nicht infolge Übergabe durch W erlangt, also nicht auf Veranlassung des Veräußerers, sondern er hat sie selbst abgeholt. Allerdings hatte W zuvor in diese Form der Besitzergreifung eingewilligt. Eine Meinung will eine solche zuvor „gestattete Wegnahme" an Stelle der Übergabe iSv § 933 genügen lassen (*Musielak* JuS 1992, 713, 718; Staudinger/*Wiegand* BGB § 933 Rn. 19ff.; Palandt/*Herrler* BGB § 933 Rn. 4). Es genüge, wenn der zuvor geäußerte Besitzübertragungswille im Zeitpunkt der Entziehung noch fortbestehe; er müsse nicht erneut aktualisiert werden. Nach BGH (NJW 1977, 42) genügt hingegen weder die vorherige Zustimmung noch die nachträgliche Genehmigung. Vielmehr ist die Mitwirkung des Veräußerers im Zeitpunkt des Besitzübergangs notwendig. Die vorherige Wegnahmeermächtigung könne zwar bewirken, dass die Wegnahme dann keine verbotene Eigenmacht bedeute; eine Veränderung der Besitzlage iSv §§ 929, 930, 933 könne jedoch nicht durch rechtsgeschäftliche Abreden herbeigeführt werden, sondern allein durch tatsächliches Verhalten (BGHZ 67, 207, 209). Dem ist zuzustimmen: Nur wenn der Veräußerer im Zeitpunkt des Besitzübergangs über die erforderliche Besitzverschaffungs-

macht verfügt und diese nach außen zum Ausdruck bringt, liegt der den gutgläubigen Erwerb legitimierende Rechtsscheintatbestand vor.

Ergebnis: B hat die Kompressoren mangels Übergabe nicht gutgläubig erworben. Der Herausgabeanspruch der S besteht, weil sie Eigentümerin der Maschinen ist (s. auch Falllösung bei *Habersack* SachenR Rn. 163).

V. Gutgläubiger Erwerb bei Abtretung des Herausgabeanspruchs, §§ 929 S. 1, 931, 934

Gutgläubiger Erwerb nach §§ 929 S. 1, 931, 934
1. Übereignung nach §§ 929 S. 1, 931 2. Fehlende Berechtigung des Veräußerers 3. Erlangung des mittelbaren Besitzes vom Veräußerer (§ 934 Alt. 1) **oder** Erlangung des Besitzes vom Besitzmittler (§ 934 Alt. 2) 4. Gutgläubigkeit des Erwerbers bei Besitzerlangung, § 932 II 5. Kein Abhandenkommen der Sache, § 935

1. § 934 Alt. 1

§ 934 bezieht sich auf die Übertragungsform der §§ 929 S. 1, 931. 12
Hier sind zwei Tatbestands- bzw. Fallvarianten zu unterscheiden. Ist der veräußernde Nichteigentümer gem. § 868 **mittelbarer Besitzer**, so kann der gutgläubige Erwerb bereits dadurch eintreten, dass der Veräußerer seinen Herausgabeanspruch und damit gem. § 870 den mittelbaren Besitz an den Erwerber abtritt. In diesem Zeitpunkt hat der Veräußerer jeden Besitz verloren und der Erwerber seinen Besitz vom Veräußerer als mittelbarem Besitzer erlangt (§ 934 Alt. 1). Dies setzt aber voraus, dass der unmittelbare Besitzer im Zeitpunkt der Vollendung des Eigentumserwerbs noch den Willen hat, den Herausgabeanspruch für den mittelbaren Besitzer anzuerkennen (BGH NJW 2005, 359). Das Besitzmittlungsverhältnis muss also noch bestehen. Ein abweichender Wille des Besitzmittlers, der den gutgläubigen Erwerb eines Dritten durch Abtretung des Herausgabeanspruchs verhindert, muss zwar nach außen erkennbar sein, nicht aber dem mittelbaren Besitzer mitgeteilt werden.

Beispiel: K kauft und bezahlt Waren bei V, die in Wirklichkeit dem E gehören. Da V die Waren bei L eingelagert hat, erfolgt die Übereignung in der Weise, dass V seinen mittelbaren Besitz bzw. den Herausgabeanspruch gegenüber L an K abtritt.

Hier kann K tatsächlich schon mit der Abtretung gutgläubig Eigentum erwerben. Da V in diesem Fall keinen Besitz mehr hat, sind die Voraussetzungen des § 934 Alt. 1 erfüllt. Es genügt hier – anders als bei § 933 – der Erwerb des mittelbaren Besitzes. Einen Wertungswiderspruch sieht demgemäß *Kindl* AcP 201, 391, 407ff., der verlangt, dass der Besitzmittler den Besitz an den Erwerber oder an eine von diesem autorisierte Person weiterzugeben hat. Ein Wertungswiderspruch besteht jedoch nicht, wenn man auf den Besitzverlust des Veräußerers abstellt und auch für den Erwerb nach §§ 929 S. 1, 930, 933 den von einem Dritten oder vom bisherigen Besitzmittler des Veräußerers vermittelten Besitz ausreichen lässt.

13 Der Besitzmittler muss seinen neuen **Besitzmittlungswillen** zugunsten des Erwerbers **erkennbar** äußern (BGH NJW 1979, 2037, 2038). Die Abtretung des Herausgabeanspruchs muss zudem wirksam sein. Ein Abtretungsverbot (§ 399) verhindert den Forderungsübergang und damit auch den Eigentumsübergang. Ebenso darf die Abtretung nicht von weiteren Voraussetzungen, wie zB einer noch fehlenden Zustimmung des unmittelbaren Besitzers, abhängig gemacht werden.

14 Problematisch wird es, wenn der Besitzmittler faktisch mehrere Besitzmittlungsverhältnisse bzw. zwei Oberbesitzer nebeneinander anerkennt. Dann könnte man aus Sicht der mittelbaren Besitzer, die unabhängig nebeneinander stehen, von mittelbarem **Nebenbesitz** sprechen.

Beispiel: V liefert an K eine Maschine unter Eigentumsvorbehalt. Etwas später übereignet K die Maschine nach §§ 929 S. 1, 930 zur Sicherheit an H, ohne den Eigentumsvorbehalt zu erwähnen. H wiederum verkauft die Maschine dann an L, wobei die Übereignung nach §§ 929 S. 1, 931 erfolgt, indem H dem L seine Rechte gegenüber K abtritt. K, der nach wie vor unmittelbarer Besitzer ist, wird demgemäß angewiesen, nun dem L den Besitz zu vermitteln.

Hier ist fraglich, ob L vom nichtberechtigten H gutgläubig Eigentum nach §§ 929 S. 1, 931, 934 Alt. 1 erwerben konnte. L hat zwar von H tatsächlich mittelbaren Besitz erlangt, letztlich aber nur neben V, welchen der K – auf Basis des Eigentumsvorbehalts – wohl zugleich weiterhin als seinen Oberbesitzer anerkennt. Insoweit ist strittig, ob der Erwerb von mittelbarem Nebenbesitz für §§ 929 S. 1, 931, 934 Alt. 1 genügen kann. Der BGH (BGHZ 50, 45ff. = NJW 1968, 1382) bejaht das im Ergebnis mit Verweis auf den Gesetzeswortlaut, erkennt die Rechtsfigur des Nebenbesitzes aber nicht an. S. dazu die ausführliche Falllösung bei → § 15 Rn. 19.

2. § 934 Alt. 2

Ist der Veräußerer jedoch **nicht mittelbarer Besitzer**, weil kein Besitzmittlungsverhältnis zwischen ihm und dem unmittelbaren Besitzer besteht, so ist der gutgläubige Erwerb gem. **§ 934 Alt. 2** erst vollendet, wenn der Erwerber den Besitz von dem Dritten erlangt hat. Dafür genügt es auch, wenn der Dritte (der die Sache zB gerade weitervermietet hat) dem Erwerber mittelbaren Besitz einräumt (BGH NJW 1978, 699). Der Veräußerer darf aber keinerlei Besitz mehr haben. Auch eine eigenmächtige Besitzergreifung durch den Erwerber führt nicht zum gutgläubigen Erwerb. 15

Beispiel: S besitzt Waren, die E gehören. Gläubiger G fordert von S, den er für den Eigentümer hält, zur Absicherung von Krediten die Sicherungsübereignung der Waren an sich. S widersetzt sich dieser Forderung jedoch. Gleichwohl behauptet G gegenüber der Bank B, S habe ihm die Waren nach §§ 929 S. 1, 930 zur Sicherheit übereignet und überträgt sein angebliches Sicherungseigentum in der Form von §§ 929 S. 1, 931 an die B, indem er seinen angeblichen Anspruch gegen S aus dem Besitzmittlungsverhältnis an B abtritt. Als nun B an S herantritt und unter Berufung auf die Übereignung des G Herausgabe der Waren verlangt, gibt S die Waren an B heraus, weil er sonst Schwierigkeiten mit B befürchtet.

Hier kann B mit der Herausgabe durch S gutgläubig Eigentum erwerben. Gem. §§ 929 S. 1, 931, 934 Alt. 2 braucht der Erwerber (B) den Besitz nicht vom Veräußerer (G) erlangt zu haben. Das Gesetz lässt die Besitzübergabe durch den Dritten (S) genügen, auch wenn dieser nicht auf Anweisung des Veräußerers gehandelt hat, sofern sich für den Erwerber (B) die Besitzübergabe nur erkennbar im Rahmen der getroffenen Vereinbarungen hält.

VI. Der gute Glaube

1. Vermutung des guten Glaubens

Der Besitz und seine Übertragung begründen für den Erwerber den Rechtsschein, dass der Veräußerer auch der Eigentümer ist. Dieses Vertrauen ist aber nur gerechtfertigt, wenn der Erwerber gutgläubig ist. § 932 II schließt deshalb den Erwerb aus, wenn der Erwerber **positiv weiß**, dass der Veräußerer nicht der Eigentümer ist oder wenn ihm dies infolge **grober Fahrlässigkeit** unbekannt geblieben ist. 16

Durch die Formulierung der §§ 932 I 1, 933, 934 macht das Gesetz dabei klar, dass der Erwerber, der sich auf den gutgläubigen Erwerb beruft, nicht seinen eigenen guten Glauben beweisen muss. Vielmehr muss derjenige, der den gutgläubigen Erwerb bestreitet, seinerseits beweisen, dass der Erwerber nicht im guten Glauben ist („es sei denn, dass …“).

2. Grob fahrlässige Unkenntnis

17 Grobe Fahrlässigkeit liegt vor, wenn die im Verkehr erforderliche Sorgfalt in einem ungewöhnlich hohen Maße missachtet wird. Beim **Gebrauchtwagenkauf** ist grob fahrlässige Unkenntnis des fehlenden Eigentums regelmäßig anzunehmen, wenn sich der Käufer nicht den **Kfz-Brief** (sog. „Zulassungsbescheinigung Teil II“) vorlegen lässt (BGH NJW 1996, 2226; 2013, 1946; OLG Saarbrücken NJW-RR 2017, 1454). Nach § 6 II 1 FZV ist beim Antrag auf Fahrzeugzulassung der Zulassungsbehörde die Zulassungsbescheinigung Teil II vorzulegen; auch damit werden der Eigentümer und andere dinglich Berechtigte vor Verfügungen von Nichtberechtigten geschützt. Beim Erwerb eines Neuwagens von einem autorisierten Kfz-Händler kann das Fahrzeug im Allgemeinen aber auch ohne Vorlage des Kfz-Briefs gutgläubig erworben werden (BGHZ 30, 374, 380; OLG Düsseldorf NJW-RR 1992, 381). Beim Erwerb eines im Ausland zugelassenen Fahrzeugs bestehen oft weitergehende Nachforschungspflichten; ggf. ist ein mit den einschlägigen Kfz-Papieren vertrauter Fachmann in Anspruch zu nehmen (OLG Koblenz DAR 2011, 86).

Beispiel: K kauft von V einen Gebrauchtwagen, der in Wirklichkeit dem E gehört, was V aber verschweigt. Da V im Besitz des Wagens ist, glaubt K, V sei der Eigentümer. Er lässt sich jedoch nicht den Kfz-Brief vorlegen. Nachdem V ihm den Wagen übergeben hat, verlangt E von K Herausgabe des Wagens.

Hier ist K nicht Eigentümer geworden und muss den Wagen daher nach § 985 an E herausgeben, und zwar ohne Rücksicht darauf, dass er den Kaufpreis schon an V bezahlt hat. Wer einen Gebrauchtwagen ohne Vorlage des Kfz-Briefs erwirbt, handelt grob fahrlässig und wird nicht in seinem guten Glauben an das Eigentum des Veräußerers geschützt, auch wenn dieser Besitzer ist. K kann aber gegen V nach §§ 435, 437 vorgehen, insbes. zurücktreten und Schadensersatz verlangen (s. § 325).

18 Umgekehrt kann der Erwerber, der sich den Kfz-Brief vom Veräußerer vorlegen lässt, mangels besonderer Anhaltspunkte regelmäßig gutgläubig erwerben, wenn er von dem im Brief eingetragenen Halter erwirbt (s. auch BGH NJW 1994, 2022). Bei Erwerb von einer im Brief eingetragenen juristischen Person muss die Berechtigung der für diese handelnden Personen geprüft werden (OLG Schleswig NJW 2007, 3007). Gutgläubiger Erwerb ist auch auf Grundlage eines gefälschten Kfz-Briefs möglich, sofern die **Fälschung** für den Erwer-

ber nicht erkennbar war (BGH NJW 2013, 1946; OLG Köln MDR 2018, 144).

Legt der Veräußerer den Kfz-Brief vor und ist erkennbar, dass der Veräußerer **nicht** der eingetragene Halter ist, so trifft den Erwerber grundsätzlich eine Nachforschungs- und **Erkundigungspflicht** beim Halter, ob der Veräußerer zur Veräußerung berechtigt ist (OLG Köln MDR 2014, 958). Versäumt er dies, so handelt er in der Regel grob fahrlässig. Eine Nachforschungs- und Erkundigungspflicht besteht jedoch nicht, wenn der veräußernde *Händler* nicht im Kfz-Brief eingetragen ist (BGH NJW-RR 1987, 1456), da dessen Eintragung unüblich ist.

Weitere Beispiele:
- Aufgrund eines **Angebots im Internet** trifft K auf einem Parkplatz Verkäufer V, der ihm ein Wohnmobil samt echt wirkendem Fahrzeugbrief übergibt, aber über keine weiteren Papiere und keinen Schlüssel verfügt, und sofortige Barzahlung verlangt (vgl. OLG Koblenz NJW-RR 2011, 555). Zugleich verweigert V, obwohl er sich als ehemaliger Polizist ausgibt, jegliche schriftliche Fixierung des Kaufvertrags. Hier mehren sich die Verdachtsmomente, sodass gutgläubiger Erwerb ausscheiden muss.
- Der sog. **Straßenverkauf** gebietet im Gebrauchtwagenhandel zwar besondere Vorsicht, weil er erfahrungsgemäß das Risiko der Entdeckung eines gestohlenen Fahrzeugs mindert. Der Straßenverkauf führt aber für sich allein noch nicht zu weitergehenden Nachforschungspflichten, wenn er sich für den Erwerber als nicht weiter auffällig darstellt (BGH NJW 2013, 1946).
- Auch ein Barverkauf als solcher erregt noch keinen Verdacht (OLG Köln MDR 2018, 144).
- Ein völlig marktunangemessener, zu niedriger Kaufpreis für ein gebrauchtes Kfz ist ein Indiz für fehlendes Eigentum des Veräußerers (OLG Bremen MDR 2006, 986).
- Der Erwerb eines hochwertigen Musikinstruments (Gragnani-Geige) deutlich unter dem Verkehrswert an einem Ort, an dem kein Handel mit solchen Gegenständen stattfindet, erfolgt regelmäßig nicht gutgläubig (OLG München NJW 2003, 673).

In Branchen, in denen regelmäßig nur unter **Eigentumsvorbehalt** 19
geliefert wird, muss ein Erwerber, der eine Ware nicht direkt vom Hersteller, sondern von einem Händler oder Verarbeiter übereignet erhält, mit einem Eigentumsvorbehalt des Vorlieferanten rechnen (s. auch BGH NJW 1999, 425, 426). Erkundigt er sich nicht nach den Eigentumsverhältnissen, so handelt er im Regelfall grob fahrlässig.

Von solchen Fallgruppen und besonderen Verdachtsmomenten abgesehen, besteht aber für den Erwerber **grundsätzlich keine Nach-**

forschungspflicht, ob der Veräußerer wirklich Eigentümer ist (BGH NJW 2013, 1946).

20 Umstritten ist, ob an **Mehrwegpfandflaschen** gutgläubig Eigentum erworben werden kann. Der BGH meint, dass dies bei Flaschen, die der Getränkeabfüller mit einer dauerhaften Kennzeichnung als sein Eigentum ausgewiesen hat (zB durch Einstanzung von „GG-Pool") nicht möglich sei (BGHZ 173, 159). Das mag innerhalb der Händlerkette in der Tat gutgläubigen Erwerb ausschließen, nicht jedoch im Verhältnis zum Verbraucher. Der Verbraucher geht davon aus, die Flaschen zu Eigentum zu erwerben und damit machen zu können, was er will. Eine Kennzeichnung der genannten Art ändert daran nichts, weil diese für den Verbraucher keinen Aussagewert hat (gegen den BGH auch *Weber* NJW 2008, 948). Anders liegt es nur bei einem eindeutigen Aufdruck auf der Flasche, der klar auf das fortbestehende Eigentum des Abfüllers verweist (dazu *Hoeren/Neurauter* JuS 2010, 412). In diesem Fall fehlt bereits ein (konkludentes) Übereignungsangebot (vgl. Fall bei *Metzger/Schmidt* JA 2011, 254).

3. Maßgebliche Person

21 Grundsätzlich ist bei der Beurteilung der Gutgläubigkeit auf den Erwerber selbst abzustellen. Wer sich bei der Übereignung durch einen **Stellvertreter** vertreten lässt, muss sich in Bezug auf die Einigung die Kenntnis oder grob fahrlässige Unkenntnis seines **Vertreters** nach § 166 I zurechnen lassen (s. auch BGH NJW 1991, 1415). Der Umstand, dass lediglich bei der Übergabe eine bösgläubige Hilfsperson (Besitzdiener, Besitzmittler) mitwirkt, ist indes irrelevant (BGH MDR 2016, 414). Beim Erwerb durch eine juristische Person (zB GmbH) wird ihr die Bösgläubigkeit ihres Organmitglieds zugerechnet; auch insoweit gilt § 166 I. Bei Erwerb mehrerer Personen zu **Miteigentum** ist auf jeden Erwerber einzeln abzustellen. Hier mag der eine gutgläubige Erwerber dann hälftiges Miteigentum erwerben, der andere bösgläubige jedoch nicht. Beim Eigentumserwerb durch eine **Gesamthand** (GbR, OHG, KG) müssen alle am Verfügungsgeschäft beteiligten vertretungsberechtigten Personen gutgläubig sein.

4. Inhalt des guten Glaubens

22 **a)** Der gute Glaube des Erwerbers muss nach §§ 932–934 darauf gerichtet sein, dass der **Veräußerer Eigentümer** ist. Der gute Glaube an die Verfügungsbefugnis, zB daran, dass der Veräußerer ein verfügungsberechtigter Insolvenzverwalter ist, genügt grundsätzlich nicht. Davon macht allein § 366 HGB, der gleichzeitig neben den §§ 932ff.

zur Anwendung kommen kann (BGH NJW 1980, 2245), eine eng begrenzte Ausnahme für den Fall des Erwerbs von einem **Kaufmann** im Betrieb von dessen Handelsgewerbe. § 366 I HGB erfordert, dass der Erwerber glaubt, dem Kaufmann sei die **Verfügungsbefugnis** nach § 185 vom wahren Eigentümer erteilt worden. Nach hM wird gem. § 366 HGB analog zudem der gute Glaube an die Vertretungsmacht des veräußernden Kaufmanns geschützt (*Baumbach/Hopt* HGB § 366 Rn. 5).

Gutgläubiger Erwerb nach § 366 I HGB
1. Veräußerung oder Verpfändung einer beweglichen Sache durch einen Kaufmann 2. im Betrieb seines Handelsgeschäfts, §§ 343, 344 HGB 3. Nichtberechtigung des Kaufmanns 4. Gutgläubigkeit des Erwerbers, § 932 II 5. im Hinblick auf die gesetzliche oder rechtsgeschäftliche Verfügungsbefugnis des Kaufmanns oder seine Vertretungsmacht (hM) 6. Kein Abhandenkommen der Sache, § 935

23 **b)** Bei einzelnen relativen Verfügungsbeschränkungen wird der negative gute Glaube daran geschützt, dass den Eigentümer eine solche Verfügungsbeschränkung nicht trifft (zB §§ 135 II, 136, 161 III, 2113 III, 2129 II 1, 2211 II). Demnach gilt folgende Übersicht:

Veräußerung durch	den Nichteigentümer	den in seiner Verfügungsbefugnis beschränkten Eigentümer	einen Dritten, der eine nicht bestehende Verfügungsbefugnis zu haben behauptet
	↓	↓	↓
Schutz des guten Glaubens?	Ja, gem. §§ 932 ff. bei gutem Glauben an die Eigentümerstellung des Veräußerers	Ja, gem. §§ 135 II, 136, 161 III, 2113 III, 2129 II, 2211 II	Nein, Ausnahme: § 366 HGB

24 **c)** Ist der Veräußerer jedoch von einem Dritten tatsächlich **ermächtigt** und hält der Erwerber den Dritten für den Eigentümer, so bezieht sich der gute Glaube nicht auf die Verfügungsbefugnis, sondern auf das Eigentum des Dritten und unterfällt deshalb ebenfalls dem Schutz des § 932 (BGHZ 56, 123, 129; *Wieling* SachenR § 10 III 2a).

Beispiel: V ist von D gem. § 185 I ermächtigt worden, eine Münzsammlung zu veräußern. Die Münzsammlung, die dem V von D übergeben wird, gehört in Wirklichkeit dem E. V und Käufer K halten jedoch D für den Eigentümer. Als D auf Anfordern dem K auch noch die Ersatzschlüssel für den Münzkasten zusendet, holt K die Münzen bei V gegen Bezahlung des Kaufpreises ab.

Hier konnte K durch die Veräußerung des V Eigentum erwerben. Sein Erwerb beruht nicht darauf, dass er an die Verfügungsbefugnis des V glaubte, sondern darauf, dass die Übergabe bzw. die Übergabesurrogate von demjenigen (D) ausgingen, den K für den Eigentümer hielt (s. BGHZ 56, 123, 129). Zwar hat V den Besitz auf K übertragen. Da aber D dem K die Ersatzschlüssel übergab, durfte K darin sogleich die Aufgabe des mittelbaren Besitzes durch D und das Einverständnis mit der Übergabe durch V sehen. K hat deshalb gutgläubig Eigentum erworben.

25 **d)** Nicht geschützt wird in § 934 der gute Glaube daran, dass die Abtretung des Herausgabeanspruchs nicht ausgeschlossen (§ 399) oder nicht an bestimmte Formerfordernisse gebunden ist (BGH NJW 1979, 2037).

26 **e)** Kraft des guten Glaubens wird nur die fehlende Veräußerungsberechtigung überwunden, nicht aber andere **Mängel** des jeweiligen **Rechtsgeschäfts**. Beim Erwerb vom nichtberechtigten Geschäftsunfähigen etwa fehlt für den Erwerb schon die wirksame Einigung. Der gute Glaube an dessen Eigentum und volle Geschäftsfähigkeit ist dann bedeutungslos. Beruht der vorangehende Eigentumserwerb des Veräußerers vom früheren Eigentümer auf einer zunächst wirksamen, aber anfechtbaren Übereignung und kennt der nächste Erwerber diesen Mangel, muss er sich im Fall der nachträglichen **Anfechtung** so behandeln lassen, wie wenn er die Nichtigkeit des Rechtsgeschäfts gekannt hätte (§ 142 II). Sein guter Glaube an das Eigentum des Veräußerers hilft hier nicht.

5. Insbesondere: Erwerb vom nichtberechtigten Minderjährigen

27 Umstritten ist, was gelten soll, wenn ein **Minderjähriger** ohne Zustimmung seiner Eltern eine **fremde Sache** veräußert. Das bildet ein beliebtes Klausurproblem und lässt sich am besten anhand eines Falles verdeutlichen.

Fall 7 – Großzügige kleine Freundin: Die 16-jährige M schenkt ihrer 18-jährigen Bekannten B zum Geburtstag ein hochwertiges Kleid, das sie sich von ihrer Freundin F ausgeliehen hatte. Dabei hält B die M gutgläubig für die Eigentümerin des Kleides. Als F davon erfährt, verlangt sie sogleich Herausgabe des Kleides von B. Zu Recht?

Lösungsskizze:

F könnte gegen B einen Anspruch auf Herausgabe des Kleides aus § 985 haben.

Voraussetzung wäre, dass F noch Eigentümerin des Kleides ist.

1. Ursprünglich war F Eigentümerin des Kleides.

2. Durch die Übereignung von M an B nach § 929 S. 1 könnte F das Eigentum verloren haben. Allerdings war M nicht Eigentümerin, sodass ihr die Berechtigung zur Veräußerung fehlte.

3. Folglich kommt nur gutgläubiger Erwerb der B nach §§ 929 S. 1, 932 in Betracht.

a) Auch der gutgläubige Erwerb setzt indes eine wirksame Einigung zwischen Veräußerer und Erwerber gem. § 929 S. 1 voraus. Hier ist fraglich, ob M überhaupt eine wirksame Einigungserklärung gem. § 929 S. 1 abgeben konnte. Grundsätzlich ist die Einigungserklärung gem. § 929 S. 1 für den minderjährigen Veräußerer nachteilhaft iSv § 107, da er dadurch sein Eigentum verliert. Vorliegend verfügt M jedoch über eine fremde Sache. Die Verfügung über fremdes Eigentum erweist sich für den Verfügenden als rechtlich neutrales Geschäft, da für ihn damit kein Rechtsverlust verbunden ist. Rechtlich neutrale Geschäfte des Minderjährigen bedürfen nach hM nicht der Zustimmung des gesetzlichen Vertreters gem. § 107 (zB *Schreiber* Jura 1987, 221). Argumentiert wird insoweit mit dem Rechtsgedanken des § 165, wonach die Minderjährigkeit des Vertreters der Wirksamkeit des Vertretergeschäfts nicht entgegensteht, da dessen Wirkungen nach § 164 I nicht in der Person des (minderjährigen) Vertreters, sondern in der des Vertretenen eintreten. Folglich bedurfte M zur Einigung nicht der Zustimmung ihrer Eltern; vielmehr kann von einer wirksamen Einigung zwischen M und B ausgegangen werden.

b) Zweifelhaft ist jedoch, ob die fehlende Berechtigung der M durch den guten Glauben der B überwunden werden konnte, § 932. Diese Frage wird unterschiedlich beantwortet.

Gegen den **gutgläubigen Erwerb vom Minderjährigen** in solchen Fällen wird angeführt, dass der Normzweck der Gutglaubensvorschriften umgangen würde, wenn man bei Verfügungen eines nicht berechtigten Minderjährigen den gutgläubigen Erwerb zulassen würde. Denn wäre die Situation gegeben, die der Erwerber unterstellt (nämlich Erwerb vom minderjährigen Eigentümer ohne Zustimmung der Eltern), so könnte er gerade nicht erwerben; das Geschäft wäre vielmehr nach § 108 I (schwebend) unwirksam. § 932 schütze aber nur den guten Glauben an die Berechtigung, nicht auch den guten Glauben an die Geschäftsfähigkeit (vgl. *Medicus/Petersen* BürgerlR

Rn. 542). Nach hM ist der Normzweck des § 107, der nur auf den Schutz des Minderjährigen, nicht aber auf den Schutz des Erwerbers abzielt, vom Schutzzweck des § 932 hingegen streng zu trennen. Auf die Rechtslage, die bestünde, wenn der den Erwerber schützende Rechtsschein der Wirklichkeit entspräche, kommt es daher nicht an (MüKoBGB/*Schmitt* § 107 Rn. 47 ff.; Staudinger/*Klumpp* BGB § 107 Rn. 79). Folgt man dem, konnte B im Beispiel Eigentümerin werden. F hat somit ihr Eigentum verloren.

Ergebnis: F hat keinen Herausgabeanspruch gegen B aus § 985.

Hinweis: F muss sich also mit Schadensersatzansprüchen an M halten, etwa aus § 823 I wegen Eigentumsverletzung, wobei M gem. § 828 III als einsichtsfähig bzw. deliktsfähig einzuordnen ist. Außerdem ist ein Anspruch gegen M aus § 823 II iVm § 246 StGB gegeben.

6. Zeitpunkt des guten Glaubens

28 Der gute Glaube muss grundsätzlich solange bestehen, **bis alle Erwerbsvoraussetzungen erfüllt** sind. Neben der dinglichen Einigung müssen deshalb der Besitzverlust des Veräußerers und der Besitzerwerb vom Veräußerer (§§ 932 I, 933, 934 Alt. 1) bzw. vom Dritten (§ 934 Alt. 2) in die Zeit des noch andauernden guten Glaubens fallen.

Bei der Übereignung unter einer **aufschiebenden Bedingung** (zB Eigentumsvorbehalt, § 449) tritt der Eigentumserwerb zwar erst mit dem Eintritt der Bedingung ein (§ 158 I), zB mit der vollständigen Kaufpreiszahlung. Gleichwohl schadet es dem Erwerber nicht, wenn er noch vor Bedingungseintritt bösgläubig wird, sofern er zum Zeitpunkt der dinglichen Einigung und zum Zeitpunkt des Besitzverlusts und Besitzerwerbs vom Veräußerer noch gutgläubig war (BGHZ 10, 69). Der für den guten Glauben entscheidende Zeitpunkt wird insoweit auf den Zeitpunkt des Erwerbs des Anwartschaftsrechts vorverlagert.

Beispiel: V hat eine dem E gehörende Sache unter Eigentumsvorbehalt an K veräußert. K soll also erst mit vollständiger Kaufpreiszahlung Eigentümer werden, §§ 929 S. 1, 158 I, 449 I. In diesem Fall genügt es, dass K bei Einigung und Übergabe gutgläubig war. Erfährt er noch vor der vollständigen Bezahlung des Kaufpreises vom Eigentum des E, so kann er gleichwohl mit der letzten Ratenzahlung Eigentum erwerben.

VII. Abhanden gekommene Sachen

1. Kein gutgläubiger Erwerb bei Abhandenkommen

a) Begriff. Wenn der Eigentümer den Sachbesitz **unfreiwillig verliert**, so lässt sich sein Eigentumsverlust nicht mehr rechtfertigen (→ Rn. 1). Aus diesem Grund schließt § 935 I den gutgläubigen Erwerb bei gestohlenen, verlorenen oder anderweitig abhanden gekommenen Sachen aus. Diebstahl und Verlust sind dabei, wie sich aus der Formulierung des § 935 I 1 ergibt, nur einzelne Anwendungsfälle des Abhandenkommens. Der weite Begriff des Abhandenkommens umfasst im Grunde jede Form des **unfreiwilligen Besitzverlusts**. Entscheidend ist, ob der Besitzer einen **Besitzaufgabewillen** hatte oder nicht. Dabei handelt es sich um einen rein tatsächlichen Willen, den auch ein beschränkt Geschäftsfähiger haben kann, sofern er sich der Bedeutung der Besitzweggabe bewusst ist (s. auch → § 4 Rn. 9; *Baur/Stürner* SachenR § 52 Rn. 42). 29

Beispiele:
- Die Herausgabe einer Uhr an den Räuber, der dem Opfer eine Pistole an den Kopf hält, beruht auf unwiderstehlichem **Zwang** und erfolgt daher unfreiwillig; damit kommt die Uhr abhanden (s. auch BGHZ 4, 10, 33 ff.).
- Bei Herausgabe infolge einer **Drohung** (vgl. § 123), die noch Entscheidungsspielraum lässt und noch nicht mit unwiderstehlichem Zwang verglichen werden kann, liegt hingegen kein Abhandenkommen vor (MüKoBGB/*Oechsler* § 935 Rn. 7; str.).
- Auch bei Herausgabe einer Sache aufgrund eines **Irrtums** oder einer Täuschung liegt ein Besitzaufgabewille vor, sodass die Sache nicht abhanden gekommen ist (BGH NStZ-RR 2016, 340).
- Verkauft oder verschenkt ein **Geschäftsunfähiger** eine Sache und „übereignet" er sie demgemäß, liegt ein Abhandenkommen vor; denn die hM (OLG München NJW 1991, 2571; Palandt/*Herrler* BGB § 935 Rn. 5; *Vieweg/Werner* SachenR § 5 Rn. 40) geht zutreffend davon aus, dass Geschäftsunfähige keinen wirksamen Besitzaufgabewillen bilden können. Mit der Gegenauffassung (Soergel/*Henssler* BGB § 935 Rn. 6), die auf die natürliche Willensbildungsfähigkeit bzw. Urteilsfähigkeit im Einzelfall abstellen will, sind zu große Abgrenzungsschwierigkeiten verbunden.
- Beim **beschränkt Geschäftsfähigen** hingegen ist nach zutreffender Auffassung entsprechend dem Gedanken des § 828 III auf die Einsichtsfähigkeit abzustellen (MüKoBGB/*Oechsler* § 935 Rn. 7).
- Eine Brille, die man beim Freund vergessen hat, ist nicht abhanden gekommen, solange man weiß, wo sie sich befindet.

30 **b) Abhandenkommen bei mittelbarem Besitz.** Überlässt der Eigentümer die Sache einem Besitzmittler (zB Mieter, Entleiher, Verwahrer) und unterschlägt dieser die Sache, so kommt sie dem Eigentümer nicht abhanden iSv § 935 I, denn seinen (unmittelbaren) Besitz hatte der Eigentümer hier freiwillig einem anderen überlassen bzw. freiwillig verloren. Das Risiko, dass sich der Besitzmittler nicht wie erwartet verhält, muss der Eigentümer tragen.

Anders liegt es aber, wenn die Sache beim Besitzmittler von einem Dritten gestohlen wird oder dem Besitzmittler aus Versehen verloren geht etc. In diesem Fall liegt es nicht anders, als wenn die Sache dem Eigentümer selbst abhanden gekommen ist. Daher stellt § 935 I 2 klar, dass auch in diesem Fall ein Abhandenkommen vorliegt.

31 **c) Veräußerung der Sache durch den Besitzdiener.** Unfreiwilliger Besitzverlust beim unmittelbaren Besitzer liegt ebenfalls vor, wenn die Sache dem **Besitzdiener** unfreiwillig abhanden kommt. Umstritten ist aber, wie der Fall zu behandeln ist, dass der Besitzdiener die Sache **gegen den Willen des Besitzers freiwillig weggibt**, sei es in guter Absicht oder auch in Form der **Unterschlagung** (Besitzkehr). Nach überwiegender Meinung kommt es hier anknüpfend an § 855 allein auf den Willen des Besitzers bzw. Besitzherrn an, sodass jede Weggabe durch den Besitzdiener, die dem Willen des Besitzers widerspricht, zur Anwendung von § 935 I 1 führt (BGH NJW 2014, 1524; *Baur/Stürner* SachenR § 52 Rn. 39). Andere wollen hier ein Abhandenkommen nur dann annehmen, wenn die Besitzdienerschaft nach außen klar erkennbar ist (Staudinger/*Wiegand* BGB § 935 Rn. 14). Dafür liefert das Gesetz jedoch keinen Anhaltspunkt. Nach einer dritten Auffassung sollen Besitzdiener und Besitzmittler (→ Rn. 30) in jedem Fall gleichgestellt werden, also für beide § 935 I 2 zur Anwendung kommen (MüKoBGB/*Oechsler* § 935 Rn. 10).

Beispiel: Duldet A als Arbeitnehmer und Besitzdiener des Eigentümers E den Diebstahl des ihm anvertrauten Laptops durch D, so liegt trotz des Einverständnisses des A nach hM ein Abhandenkommen vor, weil allein der Wille des E als unmittelbarem Besitzer entscheidet. Dafür spricht, dass das Gesetz in § 855 den Besitzdiener selbst nicht als Besitzer einordnet. Das muss auch gelten, wenn sich A außerhalb des räumlichen Herrschaftsbereichs des E aufhält und nach außen als Besitzdiener nicht erkennbar ist, denn eine diesbezügliche Differenzierung lässt sich dem Gesetz nicht entnehmen (Erman/*Bayer* BGB § 935 Rn. 7; aA Staudinger/*Wiegand* BGB § 935 Rn. 14).

Ist A hingegen ein Auftragnehmer des E, der die Sache einem anderen bringen soll, so liegt im Fall der Unterschlagung durch A kein Abhandenkommen vor. Ein Auftragnehmer ist kein Besitzdiener und erlangt daher mit Willen des Eigentümers unmittelbaren eigenen Besitz, während der Eigentümer seinen Besitz freiwillig verliert, so dass die Voraussetzungen von § 935 I nicht erfüllt sind.

Folgt man der hM, entscheidet in solchen Fällen also die **Einordnung als Besitzdiener** darüber, ob Eigentum verloren geht oder nicht (vgl. Fall bei BGH NJW 2014, 1524). Diesem vorgelagerten Prüfungspunkt ist also besondere Aufmerksamkeit zu widmen.

d) Abhandenkommen bei Mitbesitz. Im Falle von **Mitbesitz meh-** 32
rerer Eigentümer (zB Ehegatten; Gesellschafter; Vorstandsmitglieder) müssen alle Mitbesitzer mit dem Besitzverlust einverstanden sein. Fehlt der Besitzaufgabewille eines Miteigentümers, so liegt ihm gegenüber ein Abhandenkommen vor (s. BGH NJW 1995, 2097). Anders liegt es indes, wenn nur einer der Mitbesitzer Eigentümer der Sache ist.

Beispiel: (nach BGH NJW 2014, 1524 bzw. OLG Stuttgart BB 2013, 897): Sind M und F als Ehegatten Miteigentümer und Mitbesitzer eines Autos, so kommt dieses der F abhanden, wenn M das Auto eigenmächtig hinter ihrem Rücken veräußert. Ist M hingegen Alleineigentümer und F nur Mitbesitzerin, so ist § 935 nicht einschlägig, denn in diesem Fall kommt F nicht ihr Eigentum, sondern lediglich der (Mit-)Besitz abhanden. Davor soll § 935 indes nicht schützen; es besteht auch keine Regelungslücke, die eine analoge Anwendung rechtfertigen könnte (BGH aaO). Der F stehen hier immerhin die Rechte aus § 861 zu.

e) Endgültiger Ausschluss des gutgläubigen Erwerbs. Ist eine Sa- 33
che einmal abhanden gekommen, so kann nicht nur der Ersterwerber, sondern auch **jeder weitere Erwerber** nicht mehr gutgläubig erwerben.

Beispiel: Hat D die von E gestohlene Sache an H veräußert, so ist ein gutgläubiger Erwerb wegen des Abhandenkommens auch dann nach § 935 I ausgeschlossen, wenn H die Sache dann an A weiterveräußert und anschließend wiederum A an B. Das ursprüngliche Abhandenkommen der Sache beim Eigentümer verhindert auch bei Weiterveräußerungen den gutgläubigen Erwerb.

Beim Erwerb eines **Kfz** kommt es allein darauf an, dass das Fahrzeug abhanden gekommen ist. Ist nicht das Fahrzeug, sondern allein der Kfz-Brief („Zulassungsbescheinigung Teil II“) abhanden gekommen, bleibt gutgläubiger Erwerb am Fahrzeug möglich (AG Miesbach MDR 2015, 1177).

2. Gutgläubiger Erwerb trotz Abhandenkommens

34 Für einzelne Sachen, deren möglichst reibungslose Umlauffähigkeit für den wirtschaftlichen Verkehr besonders bedeutsam ist, sieht § 935 II vor, dass sie trotz des Abhandenkommens gutgläubig erworben werden können. Neben **Geld**stücken und Geldscheinen (auch ausländisches Geld) sind dies noch Inhaberpapiere, wie insbes. Inhaberaktien (§ 10 I AktG) oder Inhaberschecks (Art. 5, 21 ScheckG). Bei **Sammlermünzen**, die zum Umlauf im Zahlungsverkehr weder bestimmt noch geeignet sind, handelt es sich auch dann nicht um Geld iSv § 935 II, wenn die Münzen als **offizielles Zahlungsmittel** zugelassen sind (BGH NJW 2013, 2888).

Beispiel (nach BGH NJW 2013, 2888): Eigentümer E wird von Dieb D eine **Krügerrandmünze**, welche in Südafrika als offizielles Zahlungsmittel zugelassen ist, gestohlen. D veräußert die Münze an den gutgläubigen Käufer K. Hier kann K wegen § 935 I nicht Eigentümer werden. § 935 II ist nicht einschlägig. Auch wenn solche Sammlermünzen als offizielles Zahlungsmittel zugelassen sind, sind sie nach ihrer Gestaltung für diese Funktion weder gedacht noch geeignet. Ihrer Zwecksetzung nach sind sie vielmehr Anlage- und Sammelobjekte und daher dem Kreislauf des Geldes entzogen. Im Zahlungsverkehr würde sie auch kaum jemand als Geldmittel akzeptieren. Daher werden sie vom Normzweck des § 935 II nicht erfasst.

35 Weiterhin genießt die **öffentliche Versteigerung** iSv § 383 III 1 einen besonderen Schutz, indem jede dort versteigerte Sache trotz Abhandenkommens gutgläubig erworben werden kann (zB BGH NJW 1990, 899). Das gilt nach § 935 II auch für Versteigerungen nach § 979 Ia, also für Internetversteigerungen von **Fundsachen** durch Behörden. In gleicher Weise kann Diebesgut, das bei den Staatsanwaltschaften asserviert ist, im Rahmen einer behördlichen Internetversteigerung gutgläubig erworben werden, vgl. § 983 iVm §§ 979 Ia, 935 II.

VIII. Rückerwerb des Nichtberechtigten

36 Fraglich ist, ob ein Nichtberechtigter, der eine Sache zunächst wirksam an einen gutgläubigen Erwerber veräußert, später Eigentümer werden kann, wenn er die Sache vom Berechtigten zurückerwirbt. Recht unproblematisch liegen Fälle, in denen der Rückerwerb durch ein neues Rechtsgeschäft erfolgt.

Beispiel: Antiquitätenhändlerin H hält sich aufgrund der Verwechslung zweier Vasen für die Eigentümerin einer blauen Vase, die tatsächlich nur eine

Leihgabe des Eigentümers E ist, und veräußert sie an den gutgläubigen K. Später verkauft K die Vase auf einer Messe zufällig an den neuen Angestellten A von H, der für seine Chefin auf Einkaufstour ist. Hier hatte K zunächst wirksam nach §§ 929 S. 1, 932 Eigentum erworben und konnte die Vase dann als Berechtigter wiederum an H übereignen, wobei die Übergabe an A als Besitzdiener der H erfolgte und die Einigung von A als Stellvertreter (§ 164 I) erklärt wurde. E hat somit sein Eigentum an H verloren.

Umstritten ist jedoch, was in Fällen gilt, in denen der Rückerwerb **37**
des Nichtberechtigten infolge der Anfechtung des Verpflichtungsgeschäfts über die §§ 812, 929f. oder infolge Rücktritts über die §§ 346 I, 929f. erfolgt. Hat der gutgläubige Erwerber zunächst wirksam Eigentum erworben, ist er bei der Rückübereignung an sich Berechtigter, sodass es zwangsläufig zum Eigentumserwerb des ursprünglich Nichtberechtigten kommen müsste. Es ist jedoch fraglich, ob dieses Ergebnis interessengerecht ist.

Fall 9 – Hin und her: Eigentümerin E überlässt ihr Rennpferd Merano dem Rennstallinhaber R leihweise zu Trainingszwecken. Aus Geldnot verkauft R das Pferd an K und übergibt es ihm. K erklärt jedoch bald den Rücktritt vom Kaufvertrag, weil dem Pferd eine von R versprochene Eigenschaft fehlt. R bekommt das Pferd daraufhin von K zurückübereignet. Wer ist jetzt Eigentümer des Pferdes?

Lösungsskizze:

1. Ursprünglich war E Eigentümerin.
2. E könnte ihr Eigentum durch die Übereignung des R an K nach § 929 S. 1 verloren haben. R und K haben sich über den Eigentumsübergang geeinigt. Das Pferd wurde an K übergeben. Zwar war R Nichtberechtigter, K konnte das Eigentum nach §§ 929 S. 1, 932 aber gutgläubig erwerben. Demnach wurde K Eigentümer.
3. Fraglich ist jedoch, was nach dem Rücktritt des K gilt. Der Rücktritt gem. §§ 437 Nr. 2, 323 I führte zur Pflicht des K, das Pferd auf R rückzuübereignen, § 346 I. Da K Berechtigter war, musste diese Übereignung nach § 929 S. 1 an sich zum Eigentumserwerb des R führen. Doch soll R „nur“ wegen der Rückabwicklung des Kaufs nun besser stehen als zuvor und Eigentümer werden? Letztlich sollte durch die Rückabwicklung des Kaufvertrags nur der frühere Zustand wieder hergestellt werden, der vom Eigentum der E gekennzeichnet war.

Zum Teil wird hier für eine gesetzestreue Lösung plädiert, die eben zum wirksamen Eigentumserwerb des ursprünglich Nichtberechtigten führt. Das soll auch gelten, wenn der (bösgläubige) Nichtberechtigte genau dieses Ziel von Anfang an verfolgt hatte (Palandt/*Herrler* BGB § 932 Rn. 17; Jauernig/*Berger* BGB § 932 Rn. 2). Der frühere Eigentümer bleibt dann auf Schadensersatzansprüche angewiesen. Die vorzugswürdige hM hingegen lässt das Eigentum hier unmittelbar an den früheren Eigentümer zurückfallen (*Baur/Stürner* SachenR § 52 Rn. 34; *Prütting* SachenR Rn. 438). Begründen kann man das mit der beschränkten Schutzfunktion der §§ 932 ff., die nur den Erwerber, nicht aber den nichtberechtigten Veräußerer schützen sollen.

Ergebnis: E ist (wieder) Eigentümerin des Pferdes.

IX. Gutgläubiger lastenfreier Erwerb, § 936

38 Unter denselben Voraussetzungen, unter denen der Eigentümer sein Eigentum infolge gutgläubigen Erwerbs verliert, kann auch der Inhaber eines beschränkten dinglichen Rechts (zB Pfandrecht; Anwartschaftsrecht, vgl. § 161 III; s. dazu Fall in → § 14 Rn. 35) dieses Recht durch gutgläubigen lastenfreien Erwerb verlieren (§ 936). Dies gilt sowohl bei einer Veräußerung durch den Eigentümer als auch dann, wenn die Sache durch einen Dritten veräußert wird. Ein gutgläubig lastenfreier Erwerb scheitert, wenn die Sache dem Inhaber des beschränkten dinglichen Rechts abhanden gekommen ist. Zwar fehlt in § 936 ein ausdrücklicher Verweis auf § 935, die Norm ist jedoch nach hM analog anzuwenden, da für den Rechtsinhaber ein vergleichbares Schutzbedürfnis besteht (MüKoBGB/*Oechsler* § 936 Rn. 13; aA *Bartels/Nißing* Jura 2011, 252, 256).

Gutgläubiger lastenfreier Erwerb gem. § 936
1. Rechtsgeschäftlicher Eigentumserwerb an beweglicher Sache 2. Belastung der Sache mit dinglichem Recht eines Dritten 3. Besitzerwerb des Erwerbers entsprechend den Voraussetzungen der §§ 932 ff., § 936 I 2, 3 4. Gutgläubigkeit des Erwerbers hinsichtlich der Lastenfreiheit, § 936 II 5. Kein Ausnahmefall gem. § 936 III 6. Kein Abhandenkommen der Sache vom Rechtsinhaber, § 935 analog

39 **Fall 10 – Vermieterpfandrecht:** Mieter M hat von Vermieter V ein Ladenlokal gemietet. Nun verkauft und übereignet M seine Ladeneinrichtung an Käufer K. Dabei wird vereinbart, dass M die Einrichtung noch einen Monat weiter benutzen darf, zumal er seinen Mietvertrag mit V nicht so schnell kündigen kann. Einen Monat später holt K die Ladeneinrichtung bei M ab.

Wenige Tage danach wird K von V aufgefordert, die Sachen herauszugeben, denn es ständen noch Mietforderungen gegen M aus. Er, V, habe erst jetzt die Entfernung der Einrichtung vom Grundstück bemerkt. Wie ist die Rechtslage? (Vgl. auch Fall bei BGH NJW-RR 2005, 1328).

Lösungsskizze:
V könnte gegen K einen Anspruch auf Herausgabe aus § 562b II 1 haben.

1. V ist Vermieter und hat für seine offenen Forderungen aus dem Mietverhältnis mit M aus § 535 II ein gesetzliches Vermieterpfandrecht an den eingebrachten Sachen des M, also an der Ladeneinrichtung, § 562 I.
2. Das Pfandrecht ist nicht nach § 562a (Entfernung mit Wissen bzw. ohne Widerspruch des Vermieters) oder § 562b II 2 erloschen.
3. Das Pfandrecht könnte jedoch dadurch erloschen sein, dass K gutgläubig lastenfreies Eigentum erworben hat.

a) Die Übereignung der Einrichtung von M an K erfolgte nach §§ 929 S. 1, 930, da M zunächst noch Besitzer bleiben sollte. Das Eigentum hat K vom Berechtigten M erworben.

b) Fraglich ist aber, ob K das Eigentum nur mit dem Pfandrecht belastet erwerben konnte. Ein Erwerb des K ohne Belastung mit dem Pfandrecht setzt, da die Übereignung nach §§ 929 S. 1, 930 vorgenommen wurde, gem. § 936 – parallel zu den Voraussetzungen der §§ 929, 930, 933 – voraus, dass K inzwischen den unmittelbaren Besitz an der Ladeneinrichtung von M erlangt hat. Das ist der Fall, da K die Einrichtung schon bei M abgeholt hat. Allerdings müsste K zudem im Hinblick auf das (Vermieterpfand-)Recht auch gutgläubig gewesen sein, § 936 II. Daran fehlt es, weil K wusste, dass M das Betriebsgrundstück gemietet hat. Daher musste er mit dem Vermieterpfandrecht rechnen und war nicht gutgläubig.

Ergebnis: V kann von K Herausgabe zum Zweck der Zurückschaffung auf das Grundstück gem. § 562b II 1 verlangen.

Ein lastenfreier Erwerb ist nach § 936 III trotz guten Glaubens auch dann ausgeschlossen, solange im Falle der Übertragung des mittelbaren Besitzes durch Abtretung des Herausgabeanspruchs (§§ 931, 934) der Rechtsinhaber (im Beispiel der V) unmittelbarer oder mittelbarer Besitzer der Sache ist. 40

X. Schuldrechtlicher Ausgleich

Der Eigentümer und der Inhaber eines beschränkten dinglichen Rechts verlieren durch den gutgläubigen Erwerb zwar ihre dinglichen Rechte. Es können ihnen jedoch als Ausgleich **schuldrechtliche Ersatzansprüche** gegen den nichtberechtigten Veräußerer zustehen. 41

Beispiel: Eigentümerin E hatte an Freund F einen wertvollen Bildband ausgeliehen. In seiner Geldnot unterschlägt F das Buch und veräußert es an Käufer K.

Hier hat E gegen F einen (verschuldensunabhängigen) Anspruch aus § 816 I 1 auf **Herausgabe des Veräußerungserlöses.** Im Fall einer unentgeltlichen Veräußerung (Schenkung) könnte der Eigentümer sogar die Rückübertragung seines verloren gegangenen Eigentums vom Erwerber nach § 816 I 2 verlangen. Außerdem kann E, da F schuldhaft gehandelt hat, **Schadensersatz** wegen Unmöglichkeit der Rückgabe des Buches (§§ 604 I, 275 I, 283, 280 I) sowie wegen unerlaubter Handlung (Verletzung des Eigentums, § 823 I) verlangen.

42 **Ansprüche** des früheren Eigentümers **gegen den Erwerber** sind hingegen, von § 816 I 2 abgesehen, in der Regel ausgeschlossen. Ein bereicherungsrechtlicher Anspruch des Eigentümers aus § 812 I 1 Alt. 1 scheidet schon deshalb aus, weil er selbst nicht geleistet hat. Ein Anspruch aus Eingriffskondiktion, § 812 I 1 Alt. 2, scheitert am Vorrang der Leistungskondition. Abgesehen davon enthalten die §§ 932 ff. die Rechtfertigung dafür, dass mit Ausnahme des unentgeltlichen Erwerbs (§ 816 I 2) der Erwerber im Verhältnis zum früheren Eigentümer die Sache behalten darf. Anderenfalls würde der gutgläubige Erwerb weitgehend entwertet.

43 Entsprechendes muss für deliktsrechtliche Ansprüche gelten. Bei einem **Verschulden des Erwerbers** könnte man zwar an einen Schadensersatzanspruch aus § 823 I denken. Jedoch kann für eine Haftung des Erwerbers nicht schon leichte Fahrlässigkeit genügen, weil der Gutglaubensschutz des § 932 unterlaufen würde, wenn der Erwerber trotz seines gutgläubigen Erwerbs schadensersatzpflichtig wäre (BGH JZ 1956, 490). Bei Vorsatz und grober Fahrlässigkeit hingegen scheidet gutgläubiger Erwerb jedoch aus, weshalb § 823 I Anwendung finden könnte. Bei vorsätzlichem Handeln ist auch § 687 II anwendbar.

Beispiel: Autokäufer A übersieht leicht fahrlässig, dass ihm gefälschte Kraftfahrzeugpapiere vorgelegt worden waren. Hier kann A das Fahrzeug gleichwohl nach §§ 929 S. 1, 932 gutgläubig erwerben, da Bösgläubigkeit grobe Fahrlässigkeit voraussetzt, § 932 II. Im Verhältnis zum früheren Autoeigentümer E könnte man A zwar unter solchen Umständen eine fahrlässige Verletzung von dessen Eigentum vorwerfen, sodass der Tatbestand von § 823 I an sich erfüllt wäre. Der durch § 932 bewirkte Verkehrsschutz liefe aber ins Leere, wenn der Erwerber mit Schadensersatzpflichten rechnen müsste. Daher muss eine deliktsrechtliche Haftung des A gegenüber E ausscheiden.

XI. Rechtsvergleichende Hinweise

Ausgangspunkt im **französischen Recht** ist, dass die Veräußerung einer fremden Sache grundsätzlich unwirksam ist (Art. 1599 Code civil). Gleichwohl ist ein gutgläubiger Eigentumserwerb möglich, soweit der Gutgläubige tatsächlich den Besitz an der Sache erlangt (Folge der Publizitätswirkung des Besitzes, Art. 1198 Code civil). Auch abhanden gekommene Sachen können gutgläubig erworben werden, jedoch tritt der Eigentumserwerb hier erst drei Jahre nach dem unfreiwilligen Verlust ein (Art. 2276 II Code civil). Während dieser Frist hat der Erwerber einen Lösungsanspruch, wenn er die Sache im ordentlichen Geschäftsgang gekauft hat (Art. 2277 Code civil; vgl. hierzu *Hübner/Constantinesco* FrankreichR, 205 f.). 44

Auch das **japanische Recht** (Art. 192 JZGB) kennt den gutgläubigen Erwerb beweglicher Sachen von einem Nichtberechtigten. Voraussetzungen dafür sind die Besitzerlangung aufgrund eines wirksamen Rechtsgeschäfts, zB eines Kaufvertrags, und die Gutgläubigkeit des Erwerbers, wobei Kenntnis und fahrlässige Unkenntnis schaden. Der Verkauf einer nicht dem Eigentümer gehörenden Sache ist im japanischen Recht wirksam (Art. 560 JZGB), während er im französischen Recht nichtig ist (→ Rn. 42). Auch abhanden gekommene Sachen können gutgläubig erworben werden; in diesem Fall kann der vorherige Eigentümer jedoch innerhalb von zwei Jahren nach dem Erwerb vom gegenwärtigen Eigentümer verlangen, dass ihm Eigentum und Besitz an der Sache (zurück-)übertragen werden (Art. 193 JZGB). Wenn der gutgläubige Erwerber die abhanden gekommene Sache auf einer Versteigerung, auf einem öffentlichen Markt oder von einem Kaufmann, der mit ähnlichen Sachen Handel treibt, gekauft hat, muss der vorherige Eigentümer allerdings im Gegenzug dem gegenwärtigen Eigentümer den von ihm gezahlten Preis erstatten (Art. 194 JZGB). (Für die Informationen zum japanischen Recht danke ich *Hisanori Nemoto*, Universität Hokkaido). 45

Das **englische Recht** geht vom Grundsatz aus, dass ein gutgläubiger Erwerb nicht stattfindet (vgl. sec. 21 (1) Sale of Goods Act 1979), kennt aber von diesem Grundsatz im Interesse des Verkehrsschutzes zahlreiche Ausnahmen. Diese erfassen (anders als etwa die §§ 932 ff.) nur bruchstückhaft bestimmte Fallkonstellationen. So ist gutgläubiger Erwerb möglich, wenn der wahre Berechtigte sich so verhält, als sei der Nichtberechtigte rechtmäßiger Eigentümer (*estoppel by representation* bzw. *estoppel by negligence*); wenn der Erwerb im Vertrauen auf die Verfügungsbefugnis eines Kaufmanns oder Warenlagerhalters erfolgt, sofern dieser die Sache im üblichen Geschäftsverkehr veräußert (sec. 2 Factors Act 1889); wenn von einem Veräußerer erworben wird, der selbst durch anfechtbaren Vertrag erworben hat (sec. 23 Sale of Goods Act 1979). Möglich ist weiterhin ein gutgläubiger Erwerb des Zweitkäufers auf Kosten des berechtigten Erstkäufers, der die Ware im Besitz des Verkäufers gelassen hat (sec. 24 Sale of Goods Act 1979), sowie der gutgläubige Erwerb von einem Erstkäufer, der bereits den Besitz, aber noch nicht das 46

Eigentum erlangt hat (sec. 25 Sale of Goods Act 1979; näher *v. Bernstorff* EnglandR, 70f.). Die (früher in sec. 22 Sale of Goods Act 1979 vorgesehene) Möglichkeit des gutgläubigen Erwerbs von (auch abhanden gekommenen) Sachen auf einem für die Öffentlichkeit frei zugänglichen und rechtmäßig abgehaltenen Markt (*market overt*) wurde durch sec. 1 Sale of Goods (Amendment) Act 1994 abgeschafft.

Empfehlungen zur vertiefenden Lektüre: *Bartels/Nißing,* Zum gutgläubigen lastenfreien Erwerb einer abhanden gekommenen Sache, Jura 2011, 252; *Frahm/Würdinger,* Der Eigentumserwerb an Kraftfahrzeugen, JuS 2008, 14; *Kindl,* Gutgläubiger Mobiliarerwerb und Erlangung mittelbaren Besitzes, AcP 201, 391; *Kindler/Paulus,* Redlicher Erwerb – Grundlagen und Grundprinzipien, JuS 2013, 393 und 490; *Latta/Rademacher,* Der gutgläubige Zweiterwerb, JuS 2008, 1052; *Lieder,* Gutgläubiger Erwerb im Erbrecht und Gesellschaftsrecht, Jura 2010, 801; *Lorenz/Eichhorn,* Grundwissen – Zivilrecht: Der gutgläubige Erwerb, JuS 2017, 822; *Mohamed,* Der rechtsgeschäftliche Erwerb an beweglichen Sachen gemäß §§ 929ff. BGB im Überblick, JA 2017, 419; *Musielak,* Der Rückerwerb des Eigentums durch den nichtberechtigten Veräußerer, JuS 2010, 377; *Neuner,* Der Redlichkeitsschutz bei abhanden gekommenen Sachen, JuS 2007, 401; *Petersen,* Der gute Glaube an die Verfügungsmacht im Handelsrecht, Jura 2004, 247; *ders.*, Veräußerungs- und Verfügungsverbote, Jura 2009, 768; *Röthel,* Der lastenfreie Erwerb, Jura 2009, 241; *Schreiber,* Eigentumserwerb an abhanden gekommenen Sachen, Jura 2004, 238; *ders.*, Die Verfügungsbefugnis, Jura 2010, 599; *Staake,* Zum sorglosen Umgang mit der „Gutgläubigkeit", JA 2016, 1352; *Temming,* Der Ausschluss des gutgläubigen Erwerbs bei abhanden gekommenen Sachen, JuS 2018, 108; *Werner,* Der gutgläubig lastenfreie Erwerb beweglicher Sachen, JA 2009, 411; *Wietfeld,* Abhandenkommen bei Weggabe der Sache durch den Alleineigentümer ohne den Willen des mitbesitzenden Nichteigentümers, Jura 2014, 1039.

Fälle und Klausuren: *Anton,* Braque, Picasso und Kubismus – Bleibt Nathan „der Weise"?, JA 2010, 14; *Bayreuther/Arnold,* Rückabwicklung einer rechtsgrundlosen Verfügung durch einen Nichtberechtigten, JuS 2003, 769; *Caspers,* Der trickreiche Gebrauchtfahrradhändler, Jura 2011, 372; *Eisfeld,* Kecke Ricke und Wütender Keiler, JA 2010, 416; *Fröde,* Übungsklausur – Zivilrecht: Mobiliarsachenrecht, JuS 2008, 232; *Gottwald* SachenR Fälle 63–72; *Gursky* KK SachenR Fall 7; *Helms,* Verliehen, verschenkt, verkauft, Ad Legendum 2015, 27; *Hoeren,* Der „heilige" Martin, Jura 2005, 787; *Hoeren/Neurauter,* Anfängerklausur: Eigentum an Pfandflaschen, JuS 2010, 412; *Kadner Graziano/Keinert,* Ein Erlkönig auf dem Genfer Autosalon, Jura 2014, 1153; *Koch/Löhnig* Fälle SachenR Fälle 2, 3, 5; *Koch/Wallimann,* Fortgeschrittenenklausur: Münzbetrug am Spielplatz, JuS 2014, 912; *Krampe/Amshoff,* Der minderjährige Nichtberechtigte – Pannen beim Erwerb eines Fahrrads, JuS 2009, 55; *Lieder,* Referendarexamensklausur: Rüttelplatte, du musst wandern ..., JuS 2014, 1009; *Meller-Hannich/Wagener,* Übereignungen im Kohlelager, Jura 2013, 301; *Neuner* SachenR Fälle 8, 10; *Preisner,* Examenstypische Klausurenkonstellationen des Familien-, Sachen- und Erbrechts – Teil IV Sachen-

und Zwangsvollstreckungsrecht, JA 2010, 705; *Rußmann*, Referendarexamensklausur: Scheingeheißerwerb, JuS 2012, 1008; *Schlinker/Zickgraf*, Gutgläubiger Erwerb im Erbrecht – Fälle und Lösungen, JuS-Extra 2013, 6; *Singer/Große-Klußmann,* Ein bösgläubiger Bauherr, JuS 2000, 562; *Vieweg/Röthel* SachenR Fall 8; *Wimmer-Leonhardt*, Fortgeschrittenenklausur: Herausgabeansprüche – Begehrte Goldrahmen, JuS 2010, 136.

4. Kapitel. Gesetzlicher Eigentumserwerb an beweglichen Sachen

§ 9. Verarbeitung, Verbindung und Vermischung

I. Grundprinzipien

1 Die handwerkliche und industrielle Produktion ist überwiegend dadurch gekennzeichnet, dass aus mehreren Einzelteilen neue Gegenstände hergestellt werden oder aus der Be- und Verarbeitung von Rohstoffen neue Produkte entstehen. Die §§ 946–950 erfüllen die Aufgabe, die Eigentumsverhältnisse an den neu entstandenen Produkten zu bestimmen. Dabei ergeben sich zwei leitende Grundprinzipien:

1. Arbeitsaufwand als Erwerbsgrund

2 § 950 lässt den Verarbeiter, der aus vorhandenem Material eine **neue** bewegliche **Sache** herstellt, das Eigentum erwerben und zwar auch dann, wenn das verarbeitete Material einem anderen gehörte. Die Herstellung kann dabei maschinell oder per Hand erfolgen. Hersteller ist insoweit derjenige, der den jeweiligen Produktionsprozess organisiert (→ Rn. 8).

2. Erhaltung der Wirtschaftseinheit als Erwerbsgrund

3 Soweit das Eigentum an der neuen Sache nicht vom Verarbeiter erworben wird, weil der Wert der Verarbeitung zu gering ist (s. § 950 I 1 aE) oder weil es sich um die Bearbeitung von Grundstücken und die Herstellung von Gebäuden als Bestandteile von Grundstücken handelt, kommen als Erwerber die Eigentümer der miteinander verbundenen Sachen in Betracht. Dabei ist das Gesetz in den §§ 946, 947 darauf bedacht, der **Erhaltung der wirtschaftlichen Einheit der Hauptsache** auch bei den Eigentumsverhältnissen Rechnung zu tragen. Die Eigentümer der eingefügten Nebensachen verlieren ihr Eigentum, damit die einheitliche Benutzung und Verwertung der Hauptsache nicht durch verschiedenartige Eigentümer gestört wird.

Hauptsache in diesem Sinne ist stets das Grundstück, dessen Eigentümer die eingebauten Sachen kraft Gesetzes erwirbt (§ 946). Bei beweglichen Sachen erwerben die vormaligen Eigentümer Miteigentum an der neuen Sache, sofern nicht eine Sache als die Hauptsache anzusehen ist (§ 947). In gleicher Weise entscheidet das Gesetz, wenn mehrere Stoffe durch Vermischung dem Verkehr als eine neue einheitliche Sache erscheinen (§ 948). Wie das Eigentum erlöschen dann auch die an der Sache bestehenden beschränkten dinglichen Rechte (§ 949).

Gesetzlicher Eigentumserwerb
– Verbindung, Vermischung, Verarbeitung, §§ 946 ff. – Ersitzung, § 937 – Dingliche Surrogation, § 2019 – Fund, §§ 965 ff. – Aneignung, §§ 958 ff. – Erwerb von Erzeugnissen und sonstigen Bestandteilen einer Sache, §§ 953 ff. – Eigentumserwerb an Schuldurkunden, § 952

II. Verarbeitung gem. § 950

Die Verarbeitung iSv § 950 hat zur Folge, dass der **Hersteller Eigentümer** der neuen Sache wird (§ 950 I 1) und dass etwaige an dem Stoff bestehende Rechte (zB Pfandrecht, Anwartschaftsrecht) erlöschen (§ 950 II). Die Norm gilt nur für bewegliche Sachen. Grundstücke hingegen erscheinen als so wertvoll, dass durch ihre Bearbeitung das Eigentum nicht verloren gehen soll (§ 946). Da der Eigentumserwerb nach § 950 Vorrang vor den Erwerbsgründen der §§ 947, 948 (BGH NJW 1995, 2633) hat, wird er hier als erstes dargestellt. 4

Voraussetzungen des Eigentumserwerbs gem. § 950
1. Verarbeitung einer oder mehrerer beweglicher Sachen 2. Entstehung einer neuen beweglichen Sache 3. Verarbeitungswert nicht erheblich geringer als der Rohstoffwert **Rechtsfolge:** Eigentumserwerb des Herstellers

1. Voraussetzungen des Eigentumserwerbs

5 Durch die Be- oder Verarbeitung muss eine **neue Sache geschaffen** werden, die sich durch die Art ihrer äußeren Erscheinung wie durch ihren Gebrauchszweck nach der Verkehrsauffassung von den Ausgangsstoffen unterscheidet. Ein Kriterium für das Vorliegen einer neuen Sache kann zB darin gesehen werden, dass sich die begriffliche Bezeichnung für die Sache in ihrer neuen Gestalt ändert oder die Sache nun eine andere oder weitergehende Funktion hat.

Beispiele:
- Werden aus Stoffen Kleider hergestellt, aus Wolle Pullover oder aus Leder Schuhe, so sind diese Produkte nach ihrer äußeren Erscheinung und nach ihrem Gebrauchszweck neue Sachen. Gleiches gilt, wenn aus Holz Möbel, aus Rohgummi Reifen oder aus Blechen Autokarosserien hergestellt werden oder wenn aus einem Motorblock durch Einbau weiterer Teile ein Komplettmotor zusammengebaut wird (BGH NJW 1995, 2633).
- Neue Sachen können auch durch das Beschreiben, Bedrucken, Bemalen u. Ä. von Papier und anderen Materialien entstehen (s. BGH NJW 1991, 1480). Durch die schöpferische Betätigung, zB Schreiben oder Malen, kann der Schaffende neben dem Eigentum an der Sache auch das Urheberrecht an dem geistigen Werk erlangen.

6 **Keine neue Sache** entsteht durch die Abtrennung von Bestandteilen einer Sache oder durch die bloße Reparatur zB eines Kraftfahrzeugs, mag auch der Arbeitswert erheblich höher sein als der Sachwert des Fahrzeugs.

Allein durch das Aufzeichnen von Inhalten auf einem **Datenträger** (zB eines Interviews auf einem **Tonband**) entsteht ebenfalls noch keine neue Sache, denn dadurch erfährt das Speichermedium keine substanzielle Veränderung, noch ändert es seinen gewöhnlichen Funktionsumfang; es kann vielmehr weiterhin für seinen ursprünglichen Zweck eingesetzt werden (BGH NJW 2016, 317, Interview mit dem Altbundeskanzler; Klausurfall dazu bei *Matzke/Palenker* Jura 2017, 951). Das gilt auch, wenn es sich um eine einmalige oder wirtschaftlich wertvolle Aufnahme handelt, die dauerhaft gespeichert werden soll. Ein Herausgabeverlangen kann dann nicht auf § 985 gestützt werden, ggf. aber auf einen zugrunde liegenden Auftrag (§ 667).

7 Der Eigentumserwerb des Herstellers setzt voraus, dass der **Wert der Arbeitsleistung nicht erheblich geringer** ist als der Sachwert. Bei Gleichwertigkeit von Arbeitswert und Sachwert oder bei nur leicht geringfügigerem Arbeitswert tritt der Eigentumserwerb zugunsten des Verarbeiters ein. Bei einem Verhältnis von Stoffwert zu

Verarbeitungswert von 100 : 60 hat der BGH allerdings einen erheblich geringeren Arbeitswert angenommen und deshalb den Eigentumserwerb des Verarbeiters verneint (s. als Beispiele BGHZ 56, 88; BGH JZ 1972, 165; NJW 1995, 2633). Anders ausgedrückt: Wenn der Rohstoffwert mit 100 % anzusetzen ist, muss der Gesamtwert der neuen Sache infolge der Verarbeitung mehr als 160 % betragen, um die Rechtsfolgen des § 950 auszulösen.

Beispiel: D stiehlt hochwertiges Holz im Wert von 1000 EUR und zimmert daraus einen Tisch. Ist der Tisch 1400 EUR wert, ist der Verarbeitungswert (400 EUR) erheblich geringer als der Materialwert. Ist der Tisch hingegen 1800 EUR wert, ist der Verarbeitungswert nicht mehr erheblich geringer. Im letzteren Fall wären daher die Voraussetzungen von § 950 erfüllt und D wäre kraft Gesetzes Eigentümer des Tisches geworden.

2. Erwerb des Herstellers

a) Begriff des Herstellers. Der Eigentumserwerb tritt zugunsten 8
des Herstellers ein. **Hersteller** ist, wer nach der **Verkehrsauffassung** die Organisationshoheit über den Produktionsprozess innehat (BGHZ 14, 114; 20, 159) und das Verwendungsrisiko der hergestellten Sache trägt (Staudinger/*Wiegand* BGB § 950 Rn. 34; *Westermann/Gursky/Eickmann* SachenR § 53 Rn. 19). Das kann der selbstständige Handwerker sein, zB ein Schneidermeister, der aus Stoff Kleider macht, oder auch der Inhaber eines Betriebs, in dem Rohstoffe maschinell verarbeitet werden.

Dabei kann der Hersteller auch andere, die von seinen Weisungen 9
abhängig sind, für sich arbeiten lassen. Entscheidend ist, dass er den Produktionsvorgang beherrschen und beeinflussen kann. Hersteller sind deshalb regelmäßig nicht die Arbeitnehmer, sondern der Unternehmer, der die Produktion organisiert (s. auch BGH NJW 1991, 1480, 1482). Stiehlt ein Arbeitnehmer jedoch im Betrieb einen Rohstoff, aus dem er dann zuhause eine neue Sache herstellt, so ist er selbst deren Hersteller. Bei juristischen Personen, insbes. bei Kapitalgesellschaften, werden die Organisationsleistungen von Organen, zB des Vorstands einer AG oder des Geschäftsführers einer GmbH, der juristischen Person zugerechnet. Diese ist deshalb Hersteller.

b) Vertragliche Vereinbarung des Herstellers. Erwirbt das verar- 10
beitende Unternehmen nach § 950 das Eigentum an der hergestellten Sache, so geht im Gegenzug das Eigentum der Stofflieferanten unter. Das gilt auch in dem Fall, dass sich die Lieferanten das Eigentum an

ihren Waren bis zur vollständigen Bezahlung des Kaufpreises vorbehalten hatten (→ § 14 Rn. 1 ff.). Um zu verhindern, dass der Eigentumsvorbehalt durch die Verarbeitung zunichte gemacht wird, werden sog. **Verarbeitungsklauseln** vereinbart, in denen der Produzent verspricht, im Rechtssinne nicht für sich selbst, sondern für den Lieferanten herzustellen. Es wird also vertraglich der Lieferant zum Hersteller iSv § 950 bestimmt. Auf diese Weise soll der Lieferant ohne Durchgangserwerb des verarbeitenden Käufers das (Mit-)Eigentum an der neuen Sache erwerben.

11 Ob solche Klauseln wirksam vereinbart werden können, ist **umstritten**. Manche halten § 950 für dispositives Recht mit der Folge, dass keine Einwände gegen Verarbeitungsklauseln bestehen. Die Norm diene der Konfliktlösung zwischen Stoffeigentümer und Verarbeiter. Fehle es aber an einem solchen Konflikt, weil sich die Parteien bereits im Vorfeld über die Eigentumsverhältnisse geeinigt hätten, sei die Anwendung von § 950 hinfällig (*Baur/Stürner* SachenR § 53 Rn. 15). Nach der wohl hM hingegen ist § 950 zwar grundsätzlich zwingendes Recht, eine **Herstellervereinbarung** im genannten Sinne wird aber gleichwohl (zu dieser Inkonsequenz *Medicus/Petersen* BürgerlR Rn. 516 ff.) für zulässig und wirksam gehalten (BGHZ 14, 114; 20, 159; BGH NJW 1989, 3213; *Prütting* SachenR Rn. 464). Dies soll auch dann gelten, wenn der Verarbeiter später nicht mehr für den Lieferanten, sondern für sich selbst herstellen will (BGHZ 20, 159, 163 f.). Ist die Verarbeitungsklausel mit mehreren Lieferanten getroffen, deren verschiedene Stoffe zu einer neuen Sache verarbeitet werden, so sollen diese an der neuen Sache **Miteigentum** erwerben können im Verhältnis des Wertes ihrer Lieferung zum Wert des Endprodukts (BGHZ 46, 117; → § 14 Rn. 78). Da sich die Kreditpraxis ebenfalls an dieser Auffassung orientiert, empfiehlt es sich, auch in Klausuren dieser Ansicht zu folgen.

Beispiel: M stellt Polstermöbel her. Das dafür benötigte Holz bezieht er von H, die Polsterstoffe von P. H und P behalten sich bei ihren Lieferungen das Eigentum vor, bis M die ausstehenden Rechnungen voll bezahlt hat. Sie gestatten ihm jedoch die Verarbeitung des Materials, damit M seinen Betrieb fortführen kann. Gleichzeitig wird vereinbart, dass M die Herstellung anteilig für H und P vornehmen soll, damit deren Eigentumsvorbehalt an den neu hergestellten Polstermöbeln erhalten bleibt. Als M nicht mehr zahlen kann, machen H und P ihr Eigentum an den neuen Polstermöbeln geltend. Hält man die getroffenen „Herstellervereinbarungen" für wirksam, so sind H und P Miteigentümer der neuen Sache entsprechend dem Wert ihrer verarbeiteten Stoffteile geworden (s. auch Fall bei → § 14 Rn. 79).

Zum gleichen Ergebnis kommt man, wenn man § 950 generell für dispositiv hält. Andere wiederum differenzieren einzelfallabhängig danach, ob der verarbeitende Vorbehaltskäufer weitgehend fremdbestimmt arbeitet, sodass es tatsächlich gerechtfertigt erscheint, den Lieferanten als Hersteller anzusehen (*Medicus/Petersen* BürgerlR Rn. 518 f.). 12

Nach der **Gegenauffassung** werden solche Vereinbarungen indes für gänzlich **unwirksam** gehalten (zB *Wieling* SachenR § 11 II 4 f.; *Wilhelm* SachenR Rn. 1074 ff.; Palandt/*Herrler* BGB § 950 Rn. 6). § 950 schütze auch die Interessen der Gläubiger des Verarbeiters und allgemein die Interessen des Geschäftsverkehrs; dieser müsse darauf vertrauen können, dass das neu geschaffene Werk dem Hersteller gehöre. Der Hersteller könne diesen Schutz nicht durch Vereinbarungen mit Lieferanten beseitigen. Dagegen spricht jedoch, dass ein entsprechendes Vertrauen angesichts der Verbreitung der Verarbeitungsklauseln heute kaum mehr schutzwürdig erscheint. Das Ziel des Eigentumserwerbs des Lieferanten an der neuen Sache ist nach dieser Ansicht allein durch die Vereinbarung eines antizipierten Besitzkonstituts (dazu → § 7 Rn. 29) erreichbar. Dabei würde der Hersteller verpflichtet, mit Erwerb des Eigentums kraft § 950 sogleich wiederum einen Teil des Eigentums auf den Lieferanten zu übertragen. Auf diese Weise käme es jedoch zu einem **Durchgangserwerb** des Herstellers, der dem Lieferanten gefährlich würde, wenn der Hersteller zwischenzeitlich in Insolvenz geraten sollte oder Pfändungen stattfänden. Dieser Gefahr kann man entgehen, wenn man mit der hM Verarbeitungsklauseln für wirksam hält. 13

c) Eigentumserwerb kraft Gesetzes. Der Hersteller erwirbt das Eigentum an der neuen Sache kraft Gesetzes. Gleichgültig ist, ob der Hersteller bei der Verarbeitung bösgläubig war und gewusst hat, dass die verarbeiteten Sachen nicht ihm gehören oder dass der bisherige Eigentümer mit der Verarbeitung nicht einverstanden war (BGH NJW 1989, 3213). Ebenso erwirbt der Hersteller das Eigentum an abhanden gekommenen Sachen. **§ 935 gilt nicht** entsprechend. Gleichzeitig mit dem Eigentum erlöschen die beschränkten dinglichen Rechte an der verarbeiteten Sache (§ 950 II). 14

Eine spätere Wiederherstellung des ursprünglichen Zustands (zB Ausbau des Holzes aus den Polstermöbeln) führt nicht dazu, dass der ursprüngliche Eigentümer das Eigentum zurückerhält oder die beschränkten dinglichen Rechte wieder entstehen.

III. Verbindung beweglicher Sachen mit Grundstücken

15 **§ 946** lässt den Grundstückseigentümer alle Sachen kraft Gesetzes erwerben, die mit dem Grundstück als wesentlicher Bestandteil verbunden werden. Das Grundstückseigentum erscheint so schützenswert, dass es weder durch Verarbeitung noch durch den Einbau anderer Sachen berührt wird. § 946 regelt nur die Verbindung beweglicher Sachen mit einem Grundstück. Für die Vereinigung zweier Grundstücke gilt § 890.

Eigentumserwerb gem. § 946
1. Bewegliche Sache 2. Verbindung der Sache mit einem Grundstück 3. Sache muss dadurch wesentlicher Bestandteil des Grundstücks werden **Rechtsfolge:** Eigentumserwerb des Grundstückseigentümers

1. Verbindung zu wesentlichem Bestandteil

16 Bewegliche Sachen (Sachbegriff s. § 90) werden mit einem Grundstück va bei der Errichtung von Bauwerken auf dem Grundstück oder beim Einbau in ein Gebäude verbunden. Wer die Verbindung vornimmt oder warum sie geschieht, ist irrelevant. Die Verbindung muss aber so erfolgen, dass die eingebauten Sachen wesentliche Bestandteile des Grundstücks im Sinne der §§ 93, 94 werden (dazu schon → § 1 Rn. 23 ff.). Wird die eingebaute Sache nicht wesentlicher Bestandteil, so bleibt das ursprüngliche Eigentum an ihr bestehen.

17 **a) Begriff des wesentlichen Bestandteils.** Ein Teil einer Sache ist ihr wesentlicher Bestandteil, wenn er bei seiner Trennung von der Sache zerstört oder in seinem Wesen verändert würde (§ 93). Nach der Spezialregelung des § 94 I sind (unwiderlegbar) wesentliche Bestandteile des **Grundstücks** alle Sachen, die mit dem Grund und Boden fest verbunden sind, insbes. die auf dem Grundstück stehenden Gebäude oder die mit dem Grundstück verbundenen Früchte.

§ 94 II nennt als wesentliche Bestandteile des Gebäudes und damit zugleich als wesentliche Bestandteile des Grundstücks außerdem die

Sachen, die zur Herstellung des Gebäudes in dieses eingefügt wurden. Eine feste Verbindung ist hier nicht unbedingt notwendig.

Beispiele: Wesentliche **Bestandteile des Gebäudes** sind die in das Gebäude eingefügten Bausteine, Treppen, Fenster und Türen. Aber auch Waschbecken, Badewannen und eine Heizungsanlage bilden wesentliche Bestandteile des Gebäudes (§ 94 II) und damit auch des Grundstücks (§ 94 I).

Wird hingegen eine **Bronzeskulptur** auf einem ebenerdig eingelassenen Sandsteinsockel mit Betonfundament (am Rand eines Gehweges) aufgestellt und kann die Skulptur zwar mit gewissem Aufwand, aber ohne Beschädigung auch wieder entfernt und anderswo aufgestellt werden, so ist sie nicht wesentlicher Bestandteil des Grundstücks geworden. Im betreffenden Fall hatte eine Stadt das Kunstwerk versehentlich auf fremdem Grund und Boden errichtet, dadurch das Eigentum aber nicht verloren (OLG Zweibrücken NJW 2016, 821). Das Gericht verneinte die Voraussetzungen von § 93 und § 94 I 1.

b) Abgrenzung zu Scheinbestandteilen. Die Verbindung muss 18
auf Dauer beabsichtigt sein. Durch eine nur vorübergehend gedachte Verbindung wird auch die fest verbundene Sache *nicht* zum wesentlichen Bestandteil (§ 95). Das betrifft etwa die Einbauten von Mietern oder Pächtern, die die Verbindung nur für die Dauer ihrer Nutzungszeit planen, § 95 I 1, II. Dasselbe gilt für Einbauten dinglich Berechtigter, zB von Nießbrauchern, § 95 I 2.

Beispiel: M hat das Grundstück des E als Lagerplatz gemietet. E hat ihm gestattet, darauf für die Dauer der Mietzeit von zunächst zehn Jahren eine Lagerhalle zu errichten. Nach Beendigung des Mietvertrags ist M zur Beseitigung der Halle verpflichtet. Wenn M nun die Halle errichtet, wird er Eigentümer der Halle und nicht E. Die Halle wird wie eine bewegliche Sache behandelt; sie kann zB nach §§ 929ff. übereignet werden (s. als Beispiele BGHZ 56, 123 und BGH NJW 1987, 774). Anders läge es, wenn man vereinbart hätte, dass E die Halle nach Beendigung der Mietzeit mit oder ohne Entgelt übernehmen solle, weil dann eine Verbindung auf Dauer anzunehmen wäre (s. als Beispiele BGH NJW 1985, 789; 1988, 2789).

c) Abgrenzung zum Zubehör. Von den Bestandteilen eines 19
Grundstücks ist zudem das Zubehör zu unterscheiden. Zubehör sind bewegliche Sachen, die, ohne Bestandteil der Hauptsache zu sein, dem wirtschaftlichen Zweck der Hauptsache zu dienen bestimmt sind und zu ihr in einem dieser Bestimmung entsprechenden räumlichen Verhältnis stehen, § 97 I 1 (→ § 1 Rn. 26). Für die Abgrenzung ist die **Verkehrsanschauung** ausschlaggebend, § 97 I 2. Beispiele sind das Mobiliar eines Hotels oder der Fuhrpark eines auf dem Grundstück betriebenen Unternehmens.

2. Eigentumsverhältnisse

20 Sind die Voraussetzungen des § 946 erfüllt, geht das Eigentum an der beweglichen Sache mit der Verbindung vollständig und endgültig unter, und zwar auch frei von Rechten Dritter, § 949. Der Eigentümer der beweglichen Sache verliert sein Eigentum, wird dafür aber durch den Anspruch aus § 951 entschädigt (→ § 10 Rn. 1ff.). Das Eigentum fällt auch nicht mit Wiederabtrennung an den vormaligen Eigentümer zurück (s. OLG Stuttgart ZIP 1987, 1129).

21 Eine Ausnahme von § 946 enthält die Sonderregelung über den **entschuldigten Überbau** (§ 912; näher → § 25 Rn. 32ff.). Hier gehört das ganze Gebäude, auch soweit es versehentlich über die Grenze gebaut wurde und auf fremdem Grundstück steht, dem überbauenden Grundstückseigentümer. § 95 I 2 ist insoweit analog anwendbar. Gleiches gilt bei einem aufgrund einer Erlaubnis rechtmäßigen Überbau. Das ganze Gebäude ist, sofern es über die Grenze hinweg eine Einheit bildet (s. zB BGH NJW 1982, 756), wesentlicher Bestandteil des Grundstücks, von dem aus überbaut wurde (sog. Stammgrundstück), und nicht des Grundstücks, auf dem es tatsächlich steht. Stammgrundstück ist grundsätzlich dasjenige, dessen Eigentümer Geschäftsherr des Bauvorhabens ist (s. BGH NJW 1990, 1791, 1792). Der Erhaltung der wirtschaftlichen Einheit von Wohnungen oder Gewerberäumen durch deren Zuordnung zu einem einheitlichen Eigentumsrecht kommt dabei gem. § 93 Vorrang zu vor einer vertikalen Teilung des Gebäudes gemäß der Grundstücksgrenze, wie es § 94 vorsieht (s. auch BGH NJW 2002, 54). Beim unrechtmäßigen und **unentschuldigten Überbau** hingegen wird der überbaute Teil wesentlicher Bestandteil des überbauten Grundstücks (BGH NJW 2011, 1069).

IV. Verbindung und Vermischung beweglicher Sachen

1. Überblick

22 Werden **bewegliche** Sachen miteinander verbunden, ist zu differenzieren. Bleibt die Verbindung so lose, dass der jederzeitige Wiederausbau der Sache ohne Schaden möglich ist, so bleiben die Eigentumsverhältnisse unberührt. Die eingefügte Sache verbleibt im Eigentum ihres bisherigen Eigentümers (zB eingelegte Batterien; ein eingebauter Austauschmotor).

Ist die Verbindung dergestalt, dass mit der Wiederabtrennung ein Wertverlust verbunden wäre, die eingebaute Sache also wesentlicher Bestandteil (§ 93) einer einheitlichen Sache wird, so werden die bisherigen Eigentümer Miteigentümer dieser Sache. Das ist der Fall von

§ 947 I. Eine Ausnahme hiervon gilt aber wiederum im Fall des § 947 II; danach führt die Verbindung, wenn eine der Sachen als die **Hauptsache** anzusehen ist, zum Alleineigentum des Eigentümers dieser Sache.

2. Verbindung

Eigentumserwerb gem. § 947 I
1. Bewegliche Sache 2. Verbindung der Sache mit anderer beweglicher Sache 3. Sache muss dadurch wesentlicher Bestandteil der einheitlichen Sache werden, 4. ohne dass eine Sache als Hauptsache anzusehen ist 5. Kein Fall von § 950 **Rechtsfolge:** Miteigentum der bisherigen Eigentümer

a) Im Fall von § 947 I muss die Verbindung (unerheblich warum oder durch wen) dazu führen, dass die zuvor selbstständigen Sachen **wesentliche Bestandteile** einer neuen Sache werden. Für die Eigenschaft als wesentlicher Bestandteil ist § 93 maßgebend (dazu → § 1 Rn. 23). Die zusammengefügte Sache muss wiederum eine bewegliche Sache sein. Entsteht unter nicht unerheblichem Arbeitsaufwand allerdings eine neue Sache, ist § 950 vorrangig (→ Rn. 4 ff.). 23

Beispiel: Mehrere Bretter, die zu einem Holzblock zusammengeleimt werden, werden wesentliche Bestandteile der neuen Sache. Daran haben die bisherigen Eigentümer Miteigentum. Werden die Bretter aber unter entsprechendem Arbeitseinsatz zu einem Kasten verbaut, dessen Wert weit über dem Gesamtwert der Bretter liegt, so gilt vorrangig § 950 und verdrängt § 947 (s. BGH NJW 1995, 2633). Eigentümer des Kastens ist dann sein Hersteller.

b) Die Rechtsfolge des § 947 I (Miteigentum der bisherigen Alleineigentümer) gilt zudem nur, wenn keine der verbundenen Sachen als **Hauptsache** anzusehen ist. Ansonsten gilt § 947 II. Eine Sache bildet die Hauptsache, wenn die Bestandteile fehlen können, ohne dass das Wesen der Sache dadurch beeinträchtigt würde. Entscheidend ist die **Verkehrsanschauung**. 24

Beispiele: Der Lack, mit dem Gartenmöbel angestrichen werden, wird wesentlicher Bestandteil der Gartenmöbel als Hauptsache, ebenso der Kotflügel, der einem Pkw angeschweißt wird, § 947 II. Der Eigentümer eines Wohnwagens als Hauptsache wird Eigentümer der Tapete, mit der der Wagen innen tapeziert wird.

25 Welcher Bruchteil am Miteigentum jedem zusteht, beurteilt sich nach dem **Wert** der Sachen im Zeitpunkt der Verbindung oder Vermischung (§ 947 I Hs. 2).

3. Vermischung

26 Für die Vermischung gilt die Regelung des § 947 gem. § 948 I entsprechend. Eine Vermischung liegt vor, wenn bewegliche Sachen derart miteinander vereinigt werden, dass entweder ihre Trennung objektiv unmöglich (§ 948 I) oder nur mit unverhältnismäßigen Kosten möglich ist (§ 948 II).

Beispiele: A vermischt seinen Apfelsaft mit dem Wasser des B. Damit werden A und B Miteigentümer der Apfelschorle. Der Heizöllieferant füllt das Heizöl, an dem er sich das Eigentum vorbehalten hat, in den halb mit Öl des Käufers gefüllten Tank ein.

27 § 948 gilt auch für die Vermischung bzw. **Vermengung gleichartiger Sachen**, insbes. von **Geld**, dh von Münzen und Gelscheinen. **Umstritten** ist allerdings, ob in diesem Fall immer nur § 947 I mit der Folge von Miteigentum gilt, oder ob auch § 947 II anwendbar ist. Die Anwendung von § 947 II würde bedeuten, dass der Eigentümer des größten Anteils der gleichartigen Sachen zum Alleineigentümer würde. Die Frage ist indes, ob man den Hauptanteil an gleichartigen Sachen allein wegen dessen Masse als **„Hauptsache"** iSv § 947 II ansehen kann.

Beispiel: Der minderjährige M kauft ohne Zustimmung seiner Eltern ein Fahrrad und bezahlt mit acht 50 EUR-Scheinen. Verkäufer V legt die Scheine in seine Aktentasche, in der sich bereits über 10.000 EUR Bargeld befinden. Eine Stunde später wird die Tasche von Dieb D gestohlen. Da sich das Fahrrad als Schrott erweist und V inzwischen untergetaucht ist, will M nun von D sein Geld wieder haben.

Hier hatte M sein Eigentum an den acht Geldscheinen noch nicht durch Übereignung an V nach § 929 S. 1 verloren, weil dieses dingliche Geschäft für ihn rechtlich nachteilhaft war (§ 107) und die Zustimmung der Eltern fehlte. Möglicherweise hat M sein Eigentum dann aber dadurch verloren, dass die Scheine in der Tasche des V untrennbar mit anderen Geldscheinen des V vermischt wurden. Nach §§ 948 I, 947 I führt die Vermischung jedoch grundsätzlich nicht zum Eigentumsverlust, sondern zu entsprechendem Miteigentum. Anderes gilt nur dann, wenn eine der Sachen als Hauptsache anzusehen ist, § 947 II. Dann wird der Eigentümer der Hauptsache zum Alleineigentümer.

Wendet man diese Regelung auch auf Geld an, wäre V hier Alleineigentümer des Geldes geworden. Folglich hätte M sein Eigentum am Geld verloren und könnte nicht von D Herausgabe der Diebesbeute nach § 985 verlangen, sondern sich aus §§ 951, 812 I 1 Alt. 2 allein an V halten.

Die **Anwendung von § 947 II** (ggf. analog) auf den Fall der Vermischung gleichartiger Sachen, insbes. Geld, wird zT bejaht (Erman/*Ebbing* BGB § 948 Rn. 9; Soergel/*Henssler* BGB § 948 Rn. 6). Die Gegenmeinung (BGH NJW 2010, 3578; MüKoBGB/*Füller* § 948 Rn. 7; *Gehrlein* NJW 2010, 3543) ist jedoch vorzugswürdig. Gegen die Anwendung von § 947 II spricht – trotz der ausnahmslosen Verweisung des § 948 I auf den ganzen § 947 –, dass in solchen Vermischungsfällen die Aufhebung der Miteigentümergemeinschaft nach § 752 durch **Teilung in Natur** möglich ist (vgl. *Horn* JA 2012, 575, 582). Die jeweilige Masse kann unschwer entsprechend den jeweiligen Bruchteilen zwischen den Miteigentümern verteilt werden. Schließlich geht es regelmäßig nicht darum, exakt die Teile (zB Münzen oder Geldscheine) zurückzubekommen, die man vorher hatte, sondern nur einen entsprechenden Anteil. Daher erscheint der Eigentümer der Hauptsache in seinem Vertrauen auf sein fortbestehendes Alleineigentum nicht schützenswert. In solchen Fällen besteht auch nicht die Gefahr der Zerschlagung wirtschaftlicher Werte. Weiterhin wäre es auch gerade im Fall von Geld sehr schwierig zu bestimmen, ab welchem Summenverhältnis von einer Hauptsache gesprochen werden könnte. Daher sollte § 947 II nur in den Fällen des § 948 gelten, in denen die Aufhebung durch Teilung in Natur nicht in Betracht kommt.

§ 10. Ausgleich für den Rechtsverlust

I. § 951 als Rechtsfortwirkungsanspruch

Die §§ 946–950 muten dem Eigentümer den Verlust seines Eigentums zu. Dieser Rechtsverlust dient in §§ 946–948 der Erhaltung der Wirtschaftseinheit der Hauptsache und in § 950 der Berücksichtigung des Arbeitswerts. Dazu ist zwar der Verlust des Eigentums erforderlich. Der **im Eigentum verkörperte Vermögenswert** soll dem Eigentümer aber erhalten bleiben. Aus diesem Grunde sieht § 951 I 1 als Ersatz für den eingetretenen Rechtsverlust einen Ausgleichsanspruch in Geld vor. In diesem **Geldanspruch** besteht der im Eigen- 1 tum verkörperte Wert weiter fort, deshalb nennt man den Anspruch aus § 951 I 1 auch Rechtsfortwirkungsanspruch.

II. Bereicherungsanspruch

2 Demjenigen, der durch die §§ 946ff. einen Rechtsverlust erlitten hat, gewährt § 951 I 1 einen Anspruch auf Geldvergütung nach den Vorschriften des Bereicherungsrechts. Es handelt sich um eine **Rechtsgrundverweisung**. Die Verweisung auf das Bereicherungsrecht umfasst nicht nur die in §§ 818, 819 genannten Rechtsfolgen, sondern auch die gesamten tatbestandlichen Voraussetzungen des Bereicherungsanspruchs in § 812 I 1 Alt. 2, die komplett durchgeprüft werden müssen (s. BGHZ 55, 176; BGH NJW 2015, 229).

Anspruch aus §§ 951 I 1, 812 I 1 Alt. 2
1. Rechtsverlust infolge der §§ 946ff. 2. Tatbestand des § 812 I 1 Alt. 2 a) etwas erlangt b) infolge der gesetzlichen Wirkung der §§ 946ff. und somit in sonstiger Weise auf Kosten des bisherigen Rechtsinhabers c) ohne rechtlichen Grund **Rechtsfolge:** Verpflichtung zu Wertersatz, § 818 II, in Höhe der Bereicherung, §§ 818 III, IV, 819

1. Rechtsverlust durch die §§ 946ff.

3 Zunächst ist zu prüfen, ob überhaupt einer der Fälle der §§ 946ff. vorliegt (→ § 9 Rn. 4ff., 15ff., 22ff.) und beim Anspruchsteller zu einem Rechtsverlust geführt hat.

Ein Ausgleich nach § 951 I 1 ist nur dann notwendig und gerechtfertigt, wenn das Eigentum oder sonstige dingliche Rechte ersatzlos verloren gehen. Tritt dagegen anstelle des Eigentums ein Miteigentumsanteil (§§ 947 I, 948) oder setzt sich die Belastung mit beschränkten dinglichen Rechten am Miteigentumsanteil fort (§ 949 S. 2), so ist bereits ein Ersatz für das ursprüngliche Recht gegeben und ein Anspruch aus § 951 I 1 kommt nicht in Betracht.

2. Tatbestand des § 812 I 1 Alt. 2

Da es sich in § 951 I 1 um eine **Rechtsgrundverweisung** handelt, 4
setzt der Ausgleichsanspruch weiter voraus, dass der Tatbestand des § 812 I 1 Alt. 2 erfüllt ist. Erlangt wird regelmäßig das Eigentum an der Sache, und zwar kraft Gesetzes infolge der Wirkung der §§ 946–950 und somit auf sonstige Weise **(Eingriffskondiktion, § 812 I 1 Alt. 2)**. Zudem muss der Rechtsverlust ohne rechtlichen Grund erfolgt sein. § 951 I 1 stellt dabei klar, dass die §§ 946–950 selbst nicht den rechtlichen Grund für den Rechtsverlust darstellen.

Beispiel: Dieb D stiehlt dem E Ziegelsteine, die er in sein Haus einbaut. Hier werden die Ziegel durch die Verbindung mit dem Haus des D wesentliche Bestandteile des Gebäudes, § 946, und gelangen damit in das Eigentum des D. Ein Herausgabeanspruch des E aus § 985 scheidet damit aus. E kann aber von D, da dessen gesetzlicher Erwerb auf sonstige Weise ohne rechtlichen Grund erfolgte, nach §§ 951 I 1, 812 I 1 Alt. 2, 818 II Wertersatz verlangen.

Ein **rechtlicher Grund** liegt aber vor, wenn der Einbau von Sachen in ein 5
Gebäude oder in eine bewegliche Sache aufgrund eines Vertrags mit dem Bauunternehmer oder einem anderen Handwerker vorgenommen wird. In diesem Fall ist nur der Vergütungsanspruch aus dem Vertrag (zB § 631 I), nicht aber ein Anspruch aus § 951 I 1 gegeben.

3. Inhalt des Anspruchs

Der Anspruch aus § 951 I 1 ist **auf Geld gerichtet** bzw. auf Wert- 6
ersatz iSv § 818 II. Wiederherstellung des früheren Zustands kann hingegen nicht verlangt werden (§ 951 I 2); das Gesetz will die damit meist verbundene Zerschlagung wirtschaftlicher Werte verhindern. Es besteht jedoch in den Fällen der §§ 946, 947 ggf. ein Wegnahmerecht, § 951 II iVm § 997 (→ Rn. 14f.).

Der Geldanspruch aus §§ 951 I 1, 812 I 1 Alt. 2, 818 II bestimmt sich grundsätzlich nach dem **objektiven Wert** der früheren Sache. Dabei kann sich jedoch das Problem stellen, dass der erlangte Eigentumszuwachs aus Sicht des Erwerbers eher wertlos erscheint.

Beispiel: B baut infolge grober Fahrlässigkeit ein Haus über die Grenze seines Grundstücks, sodass es in etwa 10 Meter Länge auf dem Grundstück des E steht. Da es sich um einen unentschuldigten Überbau handelt, erwirbt E nach § 946 das Eigentum an dem auf seinem Grundstück stehenden Gebäudeteil (→ § 9 Rn. 21). B könnte deshalb nach §§ 951 I 1, 812 I 1 Alt. 2, 818 II von ihm eine Geldvergütung in Höhe des Werts der eingebauten Materialien verlangen. Beträgt der Wert zB 10.000 EUR, so sähe sich E einem Anspruch in erheblicher Höhe ausgesetzt, obwohl er den Überbau gar nicht haben will und davon keinen Nutzen hat.

7 In solchen Fällen spricht man von einer **aufgedrängten Bereicherung**. Eine Ersatzpflicht in Höhe des objektiven Wertes erscheint hier kaum zumutbar. Zur Lösung des Problems bieten sich mehrere Möglichkeiten an.

Der BGH wendete einst § 1001 S. 2 analog an (BGHZ 23, 61). Der Erwerber könne den Anspruch aus §§ 951 I 1, 812 I 1 Alt. 2 abwenden, indem er den Entreicherten auf dessen **Wegnahmerecht** verweise. Das würde im Beispielsfall freilich auf den Abriss des Gebäudeteils hinauslaufen. Abgesehen davon bietet § 1001 S. 2 nicht die nötige Rechtsfolge zum Schutz des Erwerbers (vgl. *M. Wolf* JZ 1966, 467). Eine weitere Möglichkeit besteht darin, dass der Erwerber dem Anspruch aus §§ 951 I 1, 812 I 1 Alt. 2 einredeweise **Gegenansprüche** aus § 1004 oder §§ 823, 249 entgegenhalten kann, die jeweils **auf Beseitigung** der Eigentumsbeeinträchtigung gerichtet sind (s. BGH NJW 1965, 816; *Baur/Stürner* SachenR § 53 Rn. 33). Der Erwerber soll nicht für etwas zahlen müssen, dessen Beseitigung er verlangen kann.

8 Das passt aber nicht immer, da nicht in jedem Fall von einer Eigentumsverletzung oder -störung gesprochen werden kann. Dann ist die Lösung ausnahmsweise darin zu suchen, dass man den Umfang des Ersatzanspruchs nicht nach dem objektiven Wert des Eigentumszuwachses, sondern nach dem **subjektiven Nutzen** für den Erwerber bemisst (Soergel/*Henssler* BGB § 951 Rn. 23; *Medicus/Petersen* BürgerlR Rn. 899). Das lässt sich erreichen, indem man entweder bei der Wertberechnung nach § 818 II allein auf den tatsächlichen subjektiven Ertragswert für den Erwerber abstellt (in diese Richtung etwa BGH NJW 2015, 1523), oder indem man in solchen Fällen auf Seiten des Erwerbers von Anfang an von einer **Entreicherung** iSv § 818 III ausgeht.

Da E im obigen **Beispiel** den Überbau nicht haben will, ist ihm zu raten, Beseitigung gem. § 1004 zu verlangen. Diesen Anspruch kann E dem Anspruch aus §§ 951 I 1, 812 I 1 Alt. 2 entgegenhalten. Dann muss er an B nichts bezahlen. Ist die Beseitigung nicht möglich (zB wegen eines Abrissverbots), so ist der Umfang des Anspruchs aus §§ 951 I 1, 812 I 1 Alt. 2, 818 II nach dem subjektiven Nutzen für E zu ermitteln. Hat der Überbau für E kaum Wert, muss er auch nicht mehr als den subjektiven Ertragswert ersetzen.

III. Anwendungsbereich und Konkurrenzen

Der Anspruch aus § 951 I 1 kann mit anderen Ansprüchen zusammentreffen. Dann fragt sich, in welchem Verhältnis die jeweiligen Ansprüche zueinander stehen. 9

1. Schadensersatz- und Verwendungsersatzansprüche

a) Nach § 951 II 1 werden **Schadensersatzansprüche** aus unerlaubter Handlung durch § 951 nicht berührt. Beide können nebeneinander bestehen. Ebenso können neben § 951 Schadensersatz- und Nutzungsherausgabeansprüche gem. §§ 987–993 (dazu → § 22 Rn. 1 ff.) gegeben sein.

Beispiel: Nimmt der Arbeitnehmer A täglich bei seinem Arbeitgeber unerlaubt Baumaterial mit, das er dann in sein Haus einbaut, so hat der Arbeitgeber nicht nur einen Wertersatzanspruch aus §§ 951 I 1, 812 I 1 Alt. 2, 818 II, sondern daneben auch einen Schadensersatzanspruch nach §§ 989, 990 und §§ 992, 823 I und II iVm § 242 StGB sowie aus Vertragsverletzung des Arbeitsvertrags, § 280 I iVm § 241 II.

b) Für die **vertraglich geregelten Verwendungsersatzansprüche** 10
(s. zB §§ 536a, 539, 601) gilt, dass sie den Anspruch aus §§ 951 I 1, 812 I 1 Alt. 2 ausschließen. So beurteilen sich etwa die Ansprüche des Mieters wegen einer Investition in die Mietsache allein nach den §§ 536a, 539 I. Die in diesen Normen enthaltenen Differenzierungen dürfen nicht durch die Anwendung von § 951 I 1 unterlaufen werden. In gleicher Weise haben individuelle Absprachen der Parteien über den Verwendungsersatz Vorrang (BGH NJW 2015, 229).

Umstritten ist aber, ob der Vorrang auch für die **Verwendungsersatzansprüche** der §§ 994 ff. gelten soll, die im Eigentümer-Besitzer-Verhältnis Anwendung finden. Zum Teil wird in den §§ 994 ff. eine Sonderregelung für Verwendungsersatzansprüche des unberechtigten Besitzers gesehen, welche den Zugriff auf §§ 951 I 1, 812 I 1 Alt. 2 sperren. Die besseren Argumente sprechen indes für die Gegenauffassung (MüKoBGB/*Füller* § 951 Rn. 38; näher → § 23 Rn. 26).

Beispiel: B hält sich für den gesetzlichen Erben seines Vaters und ersetzt bei der (vermeintlich) geerbten Fabrikhalle das undichte Dach durch ein neues Dach. Wird nun ein Testament gefunden, wonach B enterbt wurde, so war B bei Vornahme der Verwendungen unberechtigter Besitzer. Seine Ansprüche gegen den Eigentümer/Erben, der nach § 985 Herausgabe verlangt, richten sich nach den §§ 994ff. iVm §§ 1001ff. unter Berücksichtigung von §§ 2022, 2029. Sofern B eigene Baustoffe verwendet hat und infolge des Einbaus daran das Eigentum nach § 946 verloren hat, hat er zudem den Anspruch aus §§ 951 I 1, 812 I 1 Alt. 2 (str.). Für den Eigentümer ergeben sich daraus keine Nachteile, weil er auch nach Bereicherungsrecht für eine ihm aufgedrängte, subjektiv wertlose Bereicherung ggf. keinen Ersatz leisten muss (vgl. → Rn. 8).

2. Vertragsansprüche und Vorrang der Leistungskondiktion

11 Was das Verhältnis des Anspruchs aus §§ 951 I 1, 812 I 1 Alt. 2 zu vertraglichen Leistungsansprüchen und Ansprüchen aus Leistungskondiktion (§ 812 I 1 Alt. 1) betrifft, müssen verschiedene Fallgestaltungen unterschieden werden.

a) Besteht die vertragliche Leistungsbeziehung zwischen dem Entreicherten und dem Bereicherten, so kommen allein die vertraglichen Leistungsansprüche oder, sofern der Vertrag unwirksam ist, Ansprüche aus einer Leistungskondiktion in Betracht.

Beispiel: Lackiert M aufgrund eines Werkvertrags mit E dessen Gartenzaun, so kann er nur den vertraglichen Vergütungsanspruch aus § 631 I gegen E geltend machen (→ Rn. 5). Aber auch wenn der Vertrag unwirksam ist, steht M gegen E wegen des Vorrangs der Leistungsbeziehungen nur eine Leistungskondiktion und kein Anspruch aus §§ 951 I 1, 812 I 1 Alt. 2 (Nichtleistungskondiktion) zu, obwohl der Lack gem. § 947 II Eigentum des E wird.

12 **b)** Die vertraglichen Leistungsbeziehungen sind auch dann ausschlaggebend, wenn zwischen dem Eigentümer, der sein Eigentum verliert, und dem Erwerber andere Personen als Vertragspartner zwischengeschaltet sind. Es können dann nur Vertragsansprüche gegen den jeweiligen Vertragspartner und bei unwirksamem Vertrag nur **Ansprüche aus Leistungskondiktion** gegen den jeweiligen Leistungsempfänger geltend gemacht werden. Es bleibt bei dem Grundsatz, dass eine bereicherungsrechtliche Abwicklung nur in den jeweiligen Leistungsverhältnissen stattfindet. Ein Anspruch aus §§ 951 I 1, 812 I 1 Alt. 2 besteht hier nicht.

Fall 11 – Verbaute Baustoffe: E hat den Bauunternehmer B beauftragt, auf seinem Grundstück ein Haus zu errichten. B bestellt bei L die erforderlichen Baustoffe, die L zwar auf die Baustelle liefert, an denen er sich aber das Eigentum bis zur Zahlung des Kaufpreises vorbehält. B verwendet die Baustoffe des L und baut sie bei E ein. Nachdem E wegen einer arglistigen Täuschung des B den Werkvertrag mit diesem angefochten hat, verlangt L von E Bezahlung, weil E das Eigentum an den auf dem Grundstück eingebauten Baustoffen erlangt habe und B inzwischen insolvent sei.

Lösungsskizze:
L könnte gegen E einen Anspruch aus §§ 951 I 1, 812 I 1 Alt. 2, 818 II auf Wertersatz haben.
1. Ein Eigentumsverlust des L nach § 946 ist erfolg, weil die Baustoffe infolge der Verbindung mit dem Gebäude bzw. Grundstück dessen wesentliche Bestandteile wurden, § 94. Die Rechtsänderung ist zugunsten des E eingetreten.
2. Infolge der Rechtsgrundverweisung des § 951 I 1 auf das Bereicherungsrecht sind die Voraussetzungen des Anspruchs aus § 812 I 1 Alt. 2 gegen E zu prüfen.
a) E hat etwas erlangt, nämlich das Eigentum an den Baustoffen.
b) Dies könnte in sonstiger Weise auf Kosten des L, § 812 I 1 Alt. 2, erfolgt sein. Es gilt jedoch der Grundsatz vom Vorrang der Leistungskondiktion. Wer selbst aufgrund Vertrags (hier Kaufvertrag zwischen L und B) geleistet hat, kann das Geleistete nicht von einem Dritten im Wege der Nichtleistungskondiktion herausverlangen (BGHZ 56, 228, 240). Und aus Sicht des Empfängers gilt: Wer eine Leistung seines (vermeintlichen) Vertragspartners empfangen hat (hier E von B), muss sich nicht von dritter Seite eine Nichtleistungskondiktion gefallen lassen. Hier konnte dem E auch tatsächlich das Eigentum von B in Erfüllung des Werkvertrags *geleistet* werden. B konnte als Nichtberechtigter Eigentum leisten, da – unabhängig vom Einbau – gem. §§ 929 S. 1, 932 auch gutgläubiger rechtsgeschäftlicher Erwerb des E möglich gewesen wäre. Das Ergebnis kann insoweit nicht davon abhängen, ob B dem E die Baustoffe zuerst übereignet und dann erst einbaut, oder ob das Eigentum erst infolge des Einbaus übergeht.
Ergebnis: Ein Anspruch des L gegen E besteht nicht. L muss sich mit seinen Ansprüchen an B halten, an den er aufgrund des Kaufvertrags geleistet hat.

3. Ansprüche bei abhanden gekommenen Sachen

Eine **Ausnahme** von vorgenannten Grundsätzen gilt bei abhanden 13
gekommenen Sachen. Hat der Eigentümer, der sein Eigentum infolge der §§ 946ff. verliert, die Sache nicht freiwillig durch Leistung weggegeben, sondern ist ihm die Sache abhanden gekommen, so kann er gegen den Erwerber einen Anspruch aus § 951 I 1 auch dann geltend machen, wenn der Einbau aufgrund eines Vertrags mit einem Dritten vorgenommen wurde (BGHZ 55, 176). Der Schutz des Eigentums, wie er in § 935 zum Ausdruck kommt, setzt sich hier gegenüber dem Vorrang der Leistungskondiktion durch. Das ist ein beliebtes Klausurproblem.

Fall 12 – Gestohlene Baustoffe: Wie in Fall 11 baut Bauunternehmer B bei Eigentümer E aufgrund Werkvertrags in dessen Haus Baustoffe ein. Allerdings hatte B die Baustoffe dem A gestohlen. Wiederum ficht E den Werkvertrag mit B wirksam an, sodass kein Werklohnanspruch von B gegen E besteht. Nun verlangt A von E Wertersatz für die verbauten Baustoffe, weil B inzwischen untergetaucht ist.

Lösungsskizze:
A könnte gegen E einen Anspruch aus §§ 951 I 1, 812 I 1 Alt. 2, 818 II auf Wertersatz haben.
1. Ein Eigentumsverlust des A nach § 946 ist erfolgt (vgl. Fall 11).
2. Infolge der Rechtsgrundverweisung des § 951 I 1 auf das Bereicherungsrecht sind die Voraussetzungen von § 812 I 1 Alt. 2 zu prüfen.
a) E hat etwas erlangt, nämlich kraft Gesetzes das Eigentum an den Baustoffen, § 946.
b) Im Verhältnis von A und E kommt nur eine Nichtleistungskondiktion (§ 812 I 1 Alt. 2) in Betracht. Diese könnte indes verdrängt sein, weil aus Sicht des E Leistungen seines Vertragspartners B vorlagen. Indes greift der Vorrang der Leistungskondiktion hier nicht. Dieses Ergebnis rechtfertigt sich aus dem Vergleich mit der Rechtslage bei der rechtsgeschäftlichen Übereignung. Hätte E das Eigentum nicht nach § 946 erworben, sondern wären ihm die Materialien von B gem. §§ 929 S. 1, 932 übereignet worden, so hätte E wegen § 935 I 1 nicht Eigentum erwerben können (→ § 8 Rn. 29 ff.). A hätte von ihm trotz des mit B geschlossenen Vertrags nach § 985 Herausgabe verlangen können. Dann kann es aber bei einem Erwerb, der sich (zufällig) nach § 946 vollzieht, nicht anders liegen. Zwar lässt sich am Eigentumserwerb nichts mehr ändern, aber als Ausgleich für den Rechtsverlust ist dem Eigentümer ein direkter Anspruch gegen den Erwerber nach § 951 I 1 zuzugestehen. § 951 I 1 tritt als Rechtsfortwirkungsanspruch wertmäßig an die Stelle des durch § 946 ausgeschlossenen Herausgabeanspruchs aus § 985. Der Vorrang der Leistungskondiktion gilt eben nur für die Fälle, in denen das Erlangte (Eigentum) tatsächlich geleistet wurde; leisten konnte B an E aber wegen § 935 nicht das Eigentum sondern nur den Besitz. Das Eigentum ging allein kraft Gesetzes über.
c) Ein Rechtsgrund für die Vermögensmehrung bei E fehlt. Die §§ 946 ff. bilden diesen Rechtsgrund gerade nicht.
Ergebnis: A kann von E Wertersatz (§ 818 II) verlangen.

4. Das Wegnahmerecht

14 Ein im Gesetz vorgesehenes Wegnahmerecht (zB § 997) wird durch § 951 nicht ausgeschlossen. Dies stellt § 951 II 1 ausdrücklich klar. Eine solche Klarstellung ist erforderlich, weil nach § 951 I 2 die Wiederherstellung des früheren Zustands nicht verlangt werden kann.

Die Ausübung des Wegnahmerechts (etwa durch Wiederherauslösung der Sache aus der zuvor gem. §§ 946, 947 erfolgten festen Verbindung mit anderen Sachen) ist jedoch zumindest teilweise die Wiederherstellung des früheren Zustands. Ein Unterschied zeigt sich aber in der Kostentragung. Wenn der verlierende Eigentümer die Wiederherstellung des früheren Zustands verlangen könnte, so müsste der Erwerber die Kosten der Wiederherstellung tragen. Einen solchen Wiederherstellungsanspruch schließt § 951 I 2 aus. Bei dem in § 951 II 1 zugelassenen Wegnahmerecht trägt dagegen der wegnehmende frühere Eigentümer die Kosten der Wiederherstellung des früheren Zustands (§ 258 S. 1).

§ 951 II 2 sieht darüber hinaus noch ein **selbstständiges Wegnahmerecht** 15
neben § 997 vor. Während § 997 nur dem Besitzer das Wegnahmerecht gewährt, erstreckt § 951 II 2 das Wegnahmerecht auf weitere Personen, die nicht Besitzer waren, aber ihr Eigentum an einer beweglichen Sache durch Verbindung verloren haben (hM, MüKoBGB/*Füller* § 951 Rn. 40f.; aA BGHZ 40, 272, 280). Der Nichtbesitzer kann das Wegnahmerecht jedoch nur anstelle seines Vergütungsanspruchs aus § 951 I 1 ausüben. Es steht deshalb nur einem solchen Nichtbesitzer zu, der gem. § 951 I 1 anspruchsberechtigt ist.

Empfehlungen zur vertiefenden Lektüre: *Röthel,* Herstellungsverträge und Eigentumsordnung, NJW 2005, 625; *Süß*, Der gesetzliche Erwerb des Eigentums an Mobilien, Jura 2011, 81; *Szerkus*, Zur specificatio und den Tatbestandsmerkmalen des Eigentumserwerbs nach § 950 BGB, Jura 2017, 520.

Fälle und Klausuren: *Deutsch,* Undank ist der Welten Lohn, JA 2007, 504; *Gottwald* SachenR Fälle 73–81; *Krackhardt/Sparmann*, Heimlicher Holzhandel, Jura 2006, 531; *Krumm/Ehlers*, Semesterabschlussklausur: Geldnöte eines Landwirts, JuS 2014, 1090; *Linhart,* Wer bekommt die Lasagne?, Jura 2006, 621; *Rehm/Lerach*, Fortgeschrittenenklausur Zivilrecht: Eigentumserwerb durch Verbindung beweglicher Sachen – Der „Bücherwurm“, JuS 2008, 613; *Singer/Große-Klußmann,* Ein bösgläubiger Bauherr, JuS 2000, 562.

§ 11. Erwerb von Erzeugnissen und Bestandteilen

I. Grundprinzipien

1. Überblick

Erzeugnisse und sonstige Bestandteile von Sachen können nicht 1
Gegenstand selbstständiger Rechte sein, solange sie mit der Hauptsache als wesentlicher Bestandteil verbunden sind (§ 93). Solange er-

streckt sich das Eigentum an der Sache auch auf die Erzeugnisse und sonstigen Bestandteile. Werden die Erzeugnisse und Bestandteile aber von der Hauptsache getrennt, so werden sie selbstständige Sachen, deren Eigentumsverhältnisse vom Gesetz in den §§ 953–957 geregelt werden. § 953 formuliert den Grundsatz des Erwerbs des Eigentümers der Hauptsache, der aber wiederum nur gilt, wenn keine der Ausnahmen und Unterausnahmen der §§ 954 ff. greifen. Die Normen sind hier ineinander verschachtelt.

Beispiele: Erzeugnisse eines Grundstücks sind die Pflanzen und Früchte, die dort wachsen. Erzeugnisse einer Kuh sind die Milch oder das Kalb. Mit ihrer Abtrennung von der Hauptsache (Ernte, Geburt etc) stellt sich die Frage, wer Eigentümer der neuen beweglichen Sache ist.

2. Erwerb durch Eigentümer der Hauptsache

2 **Im Grundsatz** gilt die Regelung des § 953, wonach der Eigentümer der Hauptsache auch das Eigentum an den abgetrennten Erzeugnissen und Bestandteilen erwirbt. Dem Eigentümer der Kuh steht also auch das Eigentum am Kalb zu. Der Eigentumserwerb tritt von selbst **mit der Trennung** ein, gleichgültig ob diese vom Eigentümer selbst, von einem Dritten oder durch Natureinflüsse vorgenommen worden ist.

Beispiel: E lässt von H in sein Haus einen Tresor einbauen, nachdem H ihm (bewusst wahrheitswidrig) versichert hatte, dass der Tresor absolut einbruchsfest sei. Nachdem der Tresor bei E von Einbrechern aufgebrochen wurde, ficht E den Vertrag mit H nach § 123 I an und lässt den Tresor wieder ausbauen.

Hier hatte H, auch wenn er sich sein Eigentum vorbehalten hatte und der Tresor noch nicht bezahlt war, infolge des Einbaus sein Eigentum verloren, § 946. Mit dem Wiederausbau erlangt E das Eigentum am Tresor nach § 953. H ist nicht Eigentümer, er hat kein Aneignungsrecht nach §§ 954–957. Auch steht ihm kein Wegnahmerecht nach § 951 II 2 zu, da er an E geleistet hat und das Wegnahmerecht des § 951 nur gegeben ist, wenn die Voraussetzungen einer Eingriffskondiktion nach §§ 951 I 1, 812 I 1 Alt. 2 gegeben sind (→ § 10 Rn. 15). H kann aber von E aufgrund einer Leistungskondiktion (§§ 812 I 1 Alt. 1, 818 I) die Rückübereignung des Tresors verlangen.

3 Eine **Ausnahme** vom Eigentumserwerb des Eigentümers macht § 954 für den Fall, dass einem anderen an der Sache ein dingliches Recht zur Ziehung der Nutzungen zusteht, etwa ein Nießbrauch (§ 1030) oder ein Nutzungspfandrecht (§ 1213). Dann erwirbt der Nutzungsberechtigte mit der Trennung das Eigentum.

3. Vorrang des gutgläubigen Eigenbesitzers

Die §§ 953, 954 gelten allerdings wiederum nicht, wenn die Voraus- 4
setzungen des § 955 erfüllt sind. Danach erwirbt primär der gutgläubige Eigenbesitzer (§ 872) oder der gutgläubige Nutzungsberechtigte der Hauptsache die abgetrennten Erzeugnisse und Bestandteile, soweit diese als Früchte iSv § 99 I anzusehen sind. Das gilt auch dann, wenn die Hauptsache dem Eigentümer zuvor abhanden gekommen war. § 935 gilt für die abgetrennten Erzeugnisse und Bestandteile nicht entsprechend.

Eigentumserwerb des gutgläubigen Eigenbesitzers gem. § 955

1. **Eigenbesitz** (§ 955 I) oder **Nutzungsbesitz** (§ 955 II)
2. **Gutgläubigkeit** hinsichtlich des Besitz- und Nutzungsrechts bei Besitzerwerb (§ 955 I 2)
3. **Keine nachträgliche Kenntnis** des Rechtsmangels bis zum Abschluss der Trennung
4. **Trennung** während der Besitzzeit oder nach unfreiwilligem Besitzverlust (§§ 955 III, 940 II)
5. Kein Fall von § 956
6. Kein Fall von § 957

Rechtsfolge: Eigentumserwerb des Eigenbesitzers an den abgetrennten Erzeugnissen und Bestandteilen

Beispiel: Mit dem Tod seines Vaters hält sich der einzige Sohn S für den Alleinerben und nimmt das vermeintlich geerbte Schaf in seinen Besitz. Nachdem S das Schaf geschoren hat, findet sich ein Testament, wonach F, ein Freund des Vaters, zum Alleinerben eingesetzt wurde. Hier steht das Schaf zwar nach § 1922 I dem F als wahrem Alleinerben und Eigentümer zu. S war jedoch redlicher Eigenbesitzer bis das Testament gefunden wurde und hatte auch zur Zeit der Trennung der Wolle vom Schaf von seinem tatsächlich fehlenden Besitzrecht keine Kenntnis. Daher wurde S gem. § 955 Eigentümer der Wolle.

II. Erwerb des Aneignungsberechtigten

Eine weitere Ausnahme zu den vorgenannten Grundsätzen bildet 5
§ 956. Gestattet der Eigentümer oder eine nach §§ 954, 955 aneignungsberechtigte Person einem anderen die Aneignung der Erzeug-

nisse und sonstigen Bestandteile (zB im Rahmen eines Pachtvertrags), so erwirbt diese Person das Eigentum nach § 956. Der Eigentumserwerb tritt mit der Trennung ein, wenn der Gestattungsempfänger im Besitz der Hauptsache ist; andernfalls erwirbt er das Eigentum nicht schon mit der Trennung, sondern erst, wenn er die getrennten Sachen in Besitz nimmt. Die Gestattung ist vom Eigentumserwerb an den abgetrennten Sachen zu unterscheiden und unabhängig vom Eigentumserwerb wirksam (BGH NJW-RR 2005, 1718).

Die **Gestattung** selbst ist ein **Verfügungsgeschäft**, das in der Regel im Zusammenhang mit einem schuldrechtlichen Vertrag steht, zB Miete, Pacht oder auch Schenkung. Im Detail ist dabei vieles umstritten. Das betrifft zum einen den Inhalt der Gestattung. Zum Teil wird der **Verfügungsgegenstand** in der Übertragung des künftigen Eigentums der Erzeugnisse gesehen (RGZ 78, 35, 36). Vorzugswürdig erscheint jedoch die **Aneignungstheorie**, wonach das Fruchtziehungsrecht des Gestattenden übertragen wird (Erman/*Ebbing* BGB § 956 Rn. 3). Umstritten ist zudem, ob es sich bei der Gestattung um eine einseitige Willenserklärung handelt oder um einen zweiseitigen dinglichen Vertrag (so überzeugend MüKoBGB/*Oechsler* § 956 Rn. 2).

Eigentumserwerb des Aneignungsberechtigten gem. § 956

1. Aneignungsgestattung
2. Trennung nach Besitzüberlassung (§ 956 I 1 Alt. 1) oder Besitzergreifung (§ 956 I 1 Alt. 2)
3. Fortbestand der Aneignungsgestattung zur Zeit der Trennung oder Besitzergreifung
4. Verfügungsberechtigung des Gestattenden als Eigentümer oder sonstig nach §§ 954, 955 Berechtigter (§ 956 II) oder hilfsweise gutgläubiger Erwerb nach § 957

Rechtsfolge: Eigentumserwerb des Aneignungsberechtigten an den abgetrennten Erzeugnissen und Bestandteilen

6 **Beispiel:** M hat von E einen Kalksteinbruch gemietet mit der Erlaubnis, diesen auszubeuten. M nimmt ständig Sprengungen vor, um Kalksteine zu gewinnen. Später kündigt E den Mietvertrag und veräußert den Steinbruch an K. Letzterer behauptet, er sei mit dem Erwerb des Steinbruchs auch Eigentümer der bereits vor der Kündigung gesprengten Kalksteine geworden, da diese ja aus dem Steinbruch stammen und verlangt von M gem. § 985 deren Herausgabe.

Dieser Herausgabeanspruch ist nicht gegeben. Es lag eine Aneignungsgestattung des E an M vor. Da M als Mieter auch im Besitz des Steinbruchs war, wurde er mit der Trennung automatisch Eigentümer der Kalksteine und nicht E, § 956 I 1 Alt. 1 (s. auch BGHZ 27, 364).

Die Gestattung setzt nicht voraus, dass der Gestattende dem Eigentümer der Hauptsache gegenüber zum Besitz berechtigt ist (BGH NJW-RR 2002, 1576). Die Aneignungsgestattung kann auch von einem **Nichtberechtigten** ausgehen. Nach **§ 957** erwirbt der Gestattungsempfänger dann gleichwohl Eigentum, wenn er den Besitz von dem Nichtberechtigten erlangt hat und im Hinblick auf die Gestattungsbefugnis des Nichtberechtigten gutgläubig ist. Nach hM ist allerdings nur das Vertrauen auf die Erwerbsgestattung des **Besitzers** der Sache schutzwürdig (MüKoBGB/*Oechsler* § 957 Rn. 2). 7

Beispiel: A öffnet unerlaubt die Tore zum Erdbeerfeld des E, setzt sich dort an die Kasse und lässt Kunden zum Selbstpflücken auf das Feld. Hier können die Kunden gem. § 957 gutgläubig (§ 932 II analog) vom nichtberechtigten A, der ihnen die Aneignung gestattet hat, das Eigentum an den Früchten erwerben. A hat sich zwar unberechtigt in den Besitz des Erdbeerfeldes gebracht, ist aber gleichwohl Besitzer, so dass die Kunden auf die Erwerbsgestattung vertrauen dürfen.

Empfehlungen zur vertiefenden Lektüre: Fälle und Klausuren: *Gottwald* SachenR Fälle 82, 83; *Gursky* KK SachenR Fall 11.

§ 12. Sonstige Erwerbs- und Verlustgründe

Außer dem Erwerb und Verlust des Eigentums durch die rechtsgeschäftliche Übereignung oder durch den gesetzlichen Eigentumserwerb der §§ 946–950 und der §§ 953–957 sieht das Gesetz weitere Erwerbs- und Verlustgründe vor, denen im Rechtsleben mit Ausnahme des § 952 aber wenig praktische Bedeutung zukommt. 1

I. Ersitzung

Der Eigenbesitzer, der eine bewegliche Sache **zehn Jahre lang gutgläubig besessen** hat, erwirbt nach § 937 I das Eigentum an der Sache. Das Gesetz erkennt damit die faktischen Verhältnisse als maßgebend an und schützt dadurch das Vertrauen des gutgläubigen Eigenbesitzers in seinen faktischen Besitzstand. Der Eigentumser- 2 werb durch Ersitzung ist im Gegensatz zu § 935 auch bei gestohlenen und abhanden gekommenen Sachen möglich, sofern der Eigenbesitzer gutgläubig im Hinblick auf sein Recht zum Eigenbesitz ist. Das kann insbes. auch bei Raubkunst relevant werden (dazu *Gottwald* SachenR Fall 73). Wer sich auf Eigentum kraft Ersitzung beruft, trägt die Beweislast für den zehnjährigen Eigenbesitz; wer die Ersitzung bestreitet, muss die Bösgläubigkeit bzw. Kennnis vom fehlenden Eigentum beweisen. Das gilt auch bei abhanden gekommenen Sachen (OLG Nürnberg MDR 2017, 1443; aA MüKoBGB/*Baldus* § 937 Rn. 89).

Ersitzung, § 937
1. Bewegliche Sache 2. Ersitzer ist Eigenbesitzer, § 872 3. Gutgläubigkeit bei Besitzerwerb, § 937 II Alt. 1 (vgl. § 932 II) 4. Keine nachträgliche Kenntnis vom fehlenden Eigentum, § 937 II Alt. 2 5. Ablauf der Ersitzungszeit von 10 Jahren, §§ 938 ff.

Beispiel: K kauft vom unerkannt geisteskranken G ein Gemälde. Hier kann K nicht nach § 929 S. 1 Eigentümer werden, weil die dingliche Einigung des geschäftsunfähigen G nichtig ist (§§ 104 Nr. 2, 105 I; → § 6 Rn. 11). Hält sich K (oder sein Rechtsnachfolger, § 943) aber zehn Jahre lang gutgläubig für den Eigentümer des Bildes, so tritt Ersitzung ein. K wird gem. § 937 I Eigentümer.

3 Der gutgläubige **Eigentumserwerb** aufgrund Ersitzung ist endgültig und **kondiktionsfest**. Der Erwerber ist, auch wenn er den Besitz (wie im Beispiel) aufgrund einer rechtsgrundlosen Leistung erlangt hat, nicht nach §§ 812 I 1 Alt. 1, 818 I (Leistungskondiktion) zur Herausgabe des Eigentums verpflichtet, denn der Erwerb durch Ersitzung **trägt seinen Rechtsgrund in sich** (BGH NJW 2016, 3162; Palandt/*Herrler* BGB Vor § 937 Rn. 2; aA RGZ 130, 69). Dass der Gesetzgeber insoweit eine endgültige und abschließende Regelung treffen wollte, zeigt sich darin, dass – anders als bei § 951 – bei der Ersitzung Ausgleichsansprüche für den Rechtsverlust gerade nicht vorgesehen sind (BGH aaO).

Zwar bleibt § 816 I 1 anwendbar, wonach derjenige, der dem Erwerber entgeltlich den Besitz übertragen hat, nach § 816 I 1 zur Herausgabe des Erlöses verpflichtet ist. Praktische Relevanz dürfte dieser Anspruch aber kaum haben, da bereicherungsrechtliche Ansprüche spätestens **nach zehn Jahren verjäh-**

ren (§§ 195, 199 IV) und mit Eintritt der Ersitzung verjährt sein dürften (s. dazu *Anton* JA 2010, 14, 23). Schuldrechtliche Herausgabeansprüche (zB aus §§ 546, 604) bleiben von der Ersitzung auch unberührt, werden aber meist ebenfalls verjährt sein.

II. Aneignung herrenloser Sachen

Herrenlose bewegliche Sachen kann sich jedermann aneignen, der die Sache in Eigenbesitz nimmt (§ 958 I). Die Begründung von Eigenbesitz erfordert lediglich einen Besitzerwerbswillen, der ein natürlicher und kein rechtsgeschäftlicher Wille ist und deshalb nicht Geschäftsfähigkeit erfordert → § 4 Rn. 9. Der Eigentumserwerb tritt mit Begründung des Eigenbesitzes kraft Gesetzes ein. Voraussetzung ist, dass die anzueignende Sache herrenlos und die Aneignung nicht gesetzlich verboten ist (zB bei Pflanzen, die unter Artenschutz stehen) und dass nicht das Aneignungsrecht eines anderen verletzt wird, § 958 II. Aneignungsrechte anderer können insbes. nach § 1 BJagdG bestehen. 4

Herrenlos sind neben wilden Tieren (§§ 960 ff.) va Sachen, deren Eigentum der frühere Eigentümer aufgegeben hat. Erforderlich ist hierzu nach § 959 die Aufgabe des Besitzes in der Absicht, auf das Eigentum zu verzichten. Der Verzicht enthält eine Willenserklärung, für die Geschäftsfähigkeit erforderlich ist.

Bei **Sperrmüll**, der an die Straße gestellt wurde, kann in der Regel davon ausgegangen werden, dass der frühere Eigentümer das Eigentum daran aufgegeben hat und mit der Aneignung durch Dritte einverstanden ist (str.), sodass darin kein Diebstahl liegt. Anders verhält es sich aber mit bereitgestellten Abfällen, mit denen der Eigentümer bestimmte Verwendungszwecke verfolgt, zB wohltätige Zwecke im Fall der Altkleidersammlung (vgl. MüKoBGB/*Oechsler* § 959 Rn. 4).

III. Fund

Auch durch Fund ist unter bestimmten Voraussetzungen Eigentumserwerb möglich. Fund setzt begrifflich voraus, dass eine Sache **verloren** gegangen und damit **besitzlos** geworden ist. Solange der Eigentümer weiß, wo er seine Sache hat liegen lassen und sie dort auch noch liegt, ist er noch Besitzer, vgl. § 856 II. Die §§ 965 ff. sind selten Gegenstand einer Klausur, man sollte die Normen aber zumindest einmal gelesen und eine grobe Vorstellung vom Eigentumserwerb des Finders (§ 973) haben. 5

Eigentumserwerb des Finders, § 973
1. Verlorene (besitzlose), bewegliche Sache 2. Fund 3. Anzeige des Fundes beim Verlierer, Eigentümer oder der zuständigen Behörde, § 965 I, II 1 (Ausnahme bei Sachen im Wert von weniger als 10 EUR, § 965 II 2) 4. Ablauf einer Frist von sechs Monaten seit Anzeige, § 973 I 1 (bzw. bei Sachen unter 10 EUR seit dem Fund, § 973 II 1) 5. Empfangsberechtigter hat sich nicht bei zuständiger Behörde gemeldet und ist dem Finder auch nicht vor Fristablauf bekannt geworden, § 973 I 1

6 Eine Sonderregelung gilt für den **Schatzfund**, § 984. Eigentümer eines Schatzes werden zur Hälfte der Entdecker, wenn er die Sache in Besitz nimmt (sog. Entdeckeranteil), und zur anderen Hälfte der Eigentümer, in dessen Sache der Schatz verborgen war (sog. Eigentümeranteil).

Entdecker ist, wer den Schatz als erster wahrgenommen hat, gleichgültig, ob aufgrund erlaubter oder unerlaubter Handlung. Entdecker ist grundsätzlich auch der **Arbeitnehmer**. Wird der Arbeitnehmer dagegen zu einer geplanten und gezielten Schatzsuche angestellt, wobei er den Weisungen des Arbeitgebers gerade hinsichtlich der Schatzsuche unterliegt, so ist der Arbeitgeber Entdecker (s. zum Ganzen BGH NJW 1988, 1204). Der Eigentumserwerb nach § 984 ist verfassungsrechtlich nicht geschützt (BVerfG NJW 1988, 2593).

IV. Eigentum an Schuldurkunden

1. Unselbstständige Urkunden

7 Nach § 952 I 1 steht das Eigentum an der über eine Forderung ausgestellten Schuldurkunde kraft Gesetzes dem Gläubiger der Forderung zu. Obwohl die Schuldurkunde eine bewegliche Sache ist, kann das Eigentum an ihr nicht selbstständig übertragen werden. Das Eigentum ist vielmehr **untrennbar mit der Forderung verknüpft** und steht dem jeweiligen Gläubiger zu. Es gilt deshalb auch nicht § 1006 (BGH NJW 1972, 2268). Wird die Forderung nach § 398 abgetreten, so geht kraft Gesetzes ohne besonderen Übertragungsakt auch das Eigentum an der Schuldurkunde auf den neuen Gläubiger über. Das Recht am Papier folgt dem Recht aus dem Papier.

§ 952 I gilt über **§ 952 II** ferner für den Hypotheken- und **Grundschuldbrief** (§§ 1116 I, 1192 I), für die in § 808 genannten Legitimationspapiere (zB Sparbuch) sowie analog für den **Kfz-Brief** (BGHZ 34, 134). 8

Beispiel: A übereignet seinen Wagen nach § 929 S. 1 an B, weigert sich aber, obwohl B bereits den Kaufpreis bezahlt hat, den Kfz-Brief herauszugeben. B ist mit der Übereignung des Wagens kraft Gesetzes Eigentümer des Kfz-Briefs geworden, § 952 I 1 analog, und kann diesen nach § 985 von A herausverlangen. Der Kfz-Brief kann nicht selbstständig übereignet werden. Er ist kein Traditionspapier.

2. Inhaber- und Orderpapiere

§ 952 gilt nicht für Inhaber- und Orderpapiere. Inhaberpapiere sind neben 9 der Schuldverschreibung auf den Inhaber (§ 793) und neben den Inhaberzeichen des § 807 va die Inhaberaktien (§ 10 I 2 AktG). **Inhaberpapiere** werden als selbstständige Urkunden **wie bewegliche Sachen** nach §§ 929ff. übertragen, wobei hier umgekehrt das Recht aus dem Papier dem Recht am Papier folgt. Bei **Orderpapieren**, wie insbes. Wechsel und Scheck, kommt zu den Übertragungsvoraussetzungen der §§ 929ff. zusätzlich das Erfordernis des **Indossaments** hinzu (Art. 11 WG; Art. 14 ScheckG). Auch bei ihnen folgt das Recht aus dem Papier dem Recht am Papier.

Empfehlungen zur vertiefenden Lektüre: *Edenfeld,* Reformfragen des Fundrechts, JR 2001, 485; *Kemper,* Besitzverhältnisse an Sachen, die in einem SB-Großmarkt verlorengegangen sind, JA 1987, 623; *Krämer,* Das Bernsteinzimmer-Mosaik – Ersitzung durch den gutgläubigen Erben des bösgläubigen Besitzers, NJW 1997, 2580; *Schreiber,* Eigentumserwerb durch Fund, Jura 1990, 446.

Fälle und Klausuren: *Finkenauer,* Eine Stradivari auf Irrwegen, JuS 2009, 934; *Gottwald* SachenR Fälle 73, 74, 84–89; *Wimmer-Leonhardt,* Fortgeschrittenenklausur: Herausgabeansprüche – Begehrte Goldrahmen, JuS 2010, 136.

5. Kapitel. Sicherungsrechte an beweglichen Sachen

§ 13. Bedeutung und Funktion der Sicherungsrechte

I. Wirtschaftlicher Sachverhalt der Kreditgewährung

1 Die Sicherungs- und Verwertungsrechte (Eigentumsvorbehalt, Sicherungsübereignung, Pfandrecht an beweglichen Sachen, Grundpfandrechte) sind eine wichtige Grundlage für die Kreditgewährung. Sie dienen dem Kreditgeber als wertmäßige Sicherheit, falls sein Schuldner, der Kreditnehmer, die Kreditschuld nicht tilgt. Der Kreditgeber kann dann die Sache, an der das Sicherungs- oder Verwertungsrecht besteht, für sich behalten oder durch Veräußerung verwerten und den Erlös mit der Kreditschuld verrechnen.

2 Kredite werden im Wirtschaftsleben vornehmlich zu **Investitionszwecken** aufgenommen. Der Kreditnehmer, der eine Fabrik bauen, eine Maschinenanlage errichten oder ein Wohnhaus erstellen will, hat in der Regel nicht den gesamten Betrag als Eigenmittel zur Verfügung. Gleichwohl will er die Investition vornehmen können und auch sofort mit der Fabrik und den Maschinen arbeiten und verdienen oder das Haus bereits bewohnen. Soweit seine Eigenmittel nicht ausreichen, ist er auf einen Kredit angewiesen.

3 Kredite dienen aber auch häufig der Durchführung der **laufenden Produktion**, indem der Kreditnehmer Fremdmittel aufnimmt, um Waren für die Produktion kaufen zu können (zB Rohstoffe) oder die Löhne und Gehälter für die Arbeitskräfte zahlen zu können, bis er die produzierten Waren weiterverkaufen und aus dem Erlös die Kredite abdecken kann. Zudem werden Kredite auch von **Verbrauchern** für **Konsumzwecke** (vgl. §§ 491 ff.) oder zur Eigenheimfinanzierung in Anspruch genommen.

4 **Kreditgeber** sind in erster Linie **Banken** und Sparkassen. Weiterhin gewähren Einzelhändler, Großhändler oder Hersteller Kredite häufig dadurch, dass sie bei Lieferung von Ware auf die sofortige Zahlung des Kaufpreises verzichten und diesen stunden. Dieser Verzicht auf sofortige Zahlung ist wirtschaftlich nichts anderes als eine Form der Kreditgewährung. Zur Sicherung dieser Kreditart dient va der Eigentumsvorbehalt.

II. Arten der Sicherheit

1. Personalkredit

Der Kreditgeber trägt das Risiko, dass der Kreditnehmer seine Geldschuld nicht erfüllen kann. Er will sich deshalb gegen das Risiko der Zahlungseinstellung und der Zahlungsunfähigkeit des Kreditnehmers absichern und lässt sich dafür Sicherheiten bestellen. 5

Eine Sicherheit kann darin bestehen, dass sich der Kreditgeber neben dem Kreditnehmer einen zweiten Schuldner bestellen lässt, der als **Gesamtschuldner** (§ 421) oder als **Bürge** (§ 765) für die Rückzahlung des Kredits mit seinem Vermögen haftet. Diese Art der Kreditsicherung durch weitere Schuldner wird auch als Personalkredit bezeichnet. Als eine besondere Art des Personalkredits kann man auch die **Sicherungsabtretung** ansehen, bei der sich der Kreditgeber eine dem Kreditnehmer gegen einen Dritten zustehende Forderung als Sicherheit abtreten lässt, sodass er, falls der Kreditnehmer nicht zahlt, von dem Dritten aufgrund der abgetretenen Forderung Zahlung verlangen kann.

2. Realkredit

Praktisch bedeutsamer als der Personalkredit ist der Realkredit. 6 Beim Realkredit besteht die Sicherheit darin, dass der Kreditgeber auf **bewegliche oder unbewegliche Sachen** zugreifen und diese veräußern kann, um sich aus dem Verwertungserlös zu befriedigen, falls der Kreditnehmer seine Schuld nicht zurückzahlt. Die einzelnen Formen des Realkredits stellt im Wesentlichen das Sachenrecht zur Verfügung. Sicherheiten an Grundstücken gewähren die **Grundpfandrechte** (§§ 1113 ff., 1191 ff., 1199 ff.). Als dingliches Verwertungsrecht an beweglichen Sachen sieht das BGB das **Pfandrecht** vor (§§ 1204 ff.). Der Nachteil des Pfandrechts besteht allerdings darin, dass dem kreditgewährenden Gläubiger der Besitz an der Sache übergeben werden muss (§ 1205; sog. Besitzpfand oder Faustpfand) und der Eigentümer die Sache deshalb nicht mehr für sich in seinem Betrieb oder Geschäft nutzen kann.

Die Praxis des Kreditverkehrs bedient sich deshalb häufig anderer 7 Sicherungsformen, nämlich des **Eigentumsvorbehalts** (→ § 14) und der **Sicherungsübereignung** (→ § 15) in der Form des §§ 929 S. 1,

930. Diese Sicherungsmittel haben den Vorteil, dass der Gläubiger den unmittelbaren Besitz an der Sache dem Schuldner überlässt und dieser mit der Sache arbeiten und wirtschaften kann, um dadurch die für die Rückzahlung des Kredits erforderlichen Mittel zu verdienen. Der Nachteil dieser Sicherungsformen besteht jedoch in ihrem Mangel an Publizität.

8 Daneben ist in der Kreditpraxis das **Finanzierungsleasing** von Bedeutung. Dabei erwirbt der Leasinggeber das Eigentum am Grundstück (Immobilienleasing) oder an den beweglichen Sachen (Mobilienleasing) und überlässt sie dem Leasingnehmer mietweise zur Nutzung. Beim Immobilienleasing kann der Leasinggeber statt des Eigentums auch nur ein Erbbaurecht (→ § 2 Rn. 29 ff.) erwerben. Das Eigentum bzw. das Erbbaurecht dienen dem Leasinggeber als dingliche Sicherheit. Deshalb kann auch das Finanzierungsleasing dem Realkredit zugerechnet werden.

Realkreditsicherheiten	
Pfandrechte	**Sonstige Sicherungsformen**
– Vertragl. Pfandrecht an Sachen und Rechten §§ 1204 ff., §§ 1273 ff. – Grundpfandrechte (Hypothek, Grundschuld, Rentenschuld) §§ 1113 ff., 1191 ff., 1199 ff.	– Eigentumsvorbehalt, § 449 – Sicherungsübereignung, §§ 929 S. 1, 930 – Finanzierungsleasing

§ 14. Der Eigentumsvorbehalt

I. Grundlagen

1. Begriff des Eigentumsvorbehalts

1 Verzichtet der Verkäufer, obwohl er dem Käufer die gekaufte Sache bereits übergibt, auf die sofortige Bezahlung des Kaufpreises, so gewährt er dem Käufer durch Stundung des Kaufpreises oder durch Vereinbarung von Teilzahlungen einen Kredit. Dafür will er eine Sicherung. Diese Sicherung bietet die Figur des Eigentumsvorbehalts. Dabei wird der Kaufvertrag als zugrunde liegendes Verpflichtungsgeschäft zwar unbedingt geschlossen, die sachenrechtliche Übereignung (regelmäßig nach § 929 S. 1) wird jedoch an die **Bedingung (§ 158 I)** der vollständigen Kaufpreiszahlung geknüpft, **§ 449 I**. Die dingliche

Einigung wird vom Verkäufer also nur **aufschiebend bedingt** erklärt. Infolge der Übergabe der Sache an den Käufer erhält dieser zwar schon den unmittelbaren Besitz an der Sache und kann mit ihr arbeiten, das Eigentum geht aber erst auf ihn über, wenn die Bedingung eingetreten ist, der Käufer also vollständig bezahlt hat. Darin liegt die Sicherheit für den Verkäufer.

Diese Sicherheit realisiert sich in mehrfacher Hinsicht: Falls der Vorbehaltsverkäufer wegen Zahlungsrückstands des Käufers vom Kaufvertrag zurücktritt, kann er die Ware vom Käufer auch aus § 985 herausverlangen. Der Rücktritt vom Vertrag ist wegen § 216 II 2 sogar noch möglich, wenn die Kaufpreisforderung schon **verjährt** ist; das auf dem Kaufvertrag beruhende Besitzrecht des Käufers aus § 986 kann also auch noch nach Verjährung beseitigt werden. Bei Zwangsvollstreckungsmaßnahmen Dritter gegen den Käufer kann sich der Vorbehaltsverkäufer mit der Drittwiderspruchsklage (§ 771 ZPO) wehren. In der Insolvenz des Käufers steht ihm eine Aussonderungsbefugnis (§ 47 InsO; → Rn. 40) zu, wenn der Insolvenzverwalter die Vertragserfüllung nach § 103 iVm § 107 II InsO ablehnt.

2. Die wirksame Vereinbarung des Eigentumsvorbehalts

a) Vereinbarung im Verpflichtungsgeschäft. Rechtswirkungen 2
erzeugt der Eigentumsvorbehalt nur, wenn er wirksam vereinbart ist. Normalfall ist die Vereinbarung des Eigentumsvorbehalts bereits im Rahmen des zugrunde liegenden Verpflichtungsgeschäfts, also des Kauf- oder Werklieferungsvertrags. Unter Kaufleuten kann der Eigentumsvorbehalt bei Branchenüblichkeit auch als stillschweigend vereinbart gelten (vgl. BGH NJW-RR 2004, 555). Ein allgemeiner Handelsbrauch oder eine allgemeine Verkehrssitte, dass der Kauf ohne Bezahlung stets unter Eigentumsvorbehalt erfolge, besteht hingegen nicht. Bei Teilzahlungsgeschäften mit Verbrauchern ist die in **§§ 507 II 1, 492 I** vorgeschriebene Schriftform zu beachten. Oft finden sich Eigentumsvorbehalte in den **AGB des Verkäufers**. Solche Klauseln sind regelmäßig weder überraschend iSv § 305c noch unangemessen gem. § 307 I.

Ist der Eigentumsvorbehalt bereits **im Kaufvertrag vereinbart**, so 3
gilt für das Verfügungsgeschäft, dass das mit der Übergabe der Sache zum Ausdruck kommende dingliche Einigungsangebot des Verkäufers hinsichtlich des Eigentumsübergangs unter der **aufschiebenden Bedingung** (§ 158 I) der vollständigen Kaufpreiszahlung steht (§ 449 I). Diese Bedingung erkennt der Erwerber mit der Annahme der Sache nach § 151 S. 1 an. Sieht der Kaufvertrag dagegen keinen

Eigentumsvorbehalt vor, so ist eine Lieferung bzw. Übergabe regelmäßig als unbedingte Übereignung zu werten.

4 **b) Vereinbarung erst im Verfügungsgeschäft.** Schweigt der Kaufvertrag zum Eigentumsvorbehalt und will ihn der Verkäufer erst **im Zeitpunkt der Übereignungshandlung** vereinbaren, so ist hierzu im Regelfall eine ausdrückliche Erklärung erforderlich (BGHZ 64, 395); denn in der Lieferung als solcher ist nach den allgemeinen Auslegungsregeln und dem objektiven Empfängerhorizont (§§ 133, 157) grundsätzlich ein konkludentes unbedingtes Übereignungsangebot zu sehen (BGH NJW 1982, 1751). Hält der Verkäufer eines Autos den Kfz-Brief zurück, liegt darin allerdings regelmäßig ein konkludent erklärter Eigentumsvorbehalt (BGH NJW 2006, 3488).

5 Die Erklärung einer nur bedingten Übereignung (§§ 929 S. 1, 158 I) durch den Verkäufer entfaltet nur dann Wirkung, wenn sie dem Käufer auch auf zumutbare Weise **zugeht** (§ 130). Fehlt es am Zugang, so bleibt es bei der unbedingten Übereignung. Der Zugang an einen für die Vertragsgestaltung nicht zuständigen Erfüllungsgehilfen (zB Lagerarbeiter) genügt nicht (BGH NJW 1979, 2199). Die Überprüfung eines Lieferscheins ist in der Regel nicht zumutbar, wohl aber die Überprüfung der Verkaufsbedingungen (AGB). Ergibt sich aus den AGB des Verkäufers die Lieferung (nur) unter Eigentumsvorbehalt, kann daran auch eine Abwehrklausel in den Einkaufsbedingungen des Käufers nichts ändern; denn annehmen kann der Käufer nur das bedingte Übereignungsangebot, ein anderes Angebot liegt nicht vor.

6 Ist die Erklärung des **nachträglichen Eigentumsvorbehalts** wirksam zugegangen, so liegt – mangels anderer Erklärungen des Veräußerers – nur eine bedingte Übereignung vor (§§ 929 S. 1, 158 I). Im Grunde verhält sich der Verkäufer damit zwar **vertragswidrig**, da aus dem Kaufvertrag an sich eine Verpflichtung zu unbedingter Übereignung folgte. Der Käufer könnte im Grunde auf unbedingte Übereignung bestehen. Das hilft ihm aber nicht, weil der Verkäufer in jedem Fall nur Zug um Zug gegen Bezahlung leisten muss (§§ 320, 322). Der Käufer, der die Ware gleich haben will, jedoch nicht sofort bezahlen kann, wird sich also zwangsläufig auf den nachträglichen Eigentumsvorbehalt einlassen.

7 **c) Vereinbarung nach unbedingter Übereignung.** Von dem nachträglichen Eigentumsvorbehalt nach Abschluss des Kaufvertrags aber bei Vornahme der Übereignung zu unterscheiden ist die **nachträgliche Vereinbarung** eines Eigentumsvorbehalts nach einer zunächst vorgenommenen Vollübereignung an den Vorbehaltskäufer.

Beispiel: Nach Lieferung und Übereignung der Ware stellt Käufer K fest, dass er momentan nicht bezahlen kann. K vereinbart daher mit Verkäufer V eine Stundung des Kaufpreises um zwei Monate. Im Gegenzug will V eine Sicherheit. Daher vereinbaren V und K nun, dass ein „Eigentumsvorbehalt" für V gelten soll.

Die Frage ist, wie man eine solche nachträgliche Vereinbarung in die §§ 929ff. einzuordnen hat. Konstruktiv werden dafür mehrere **Erklärungsansätze** geliefert. Zum Teil werden zwei Übereignungsvorgänge vorausgesetzt. Der Käufer müsse die Ware wieder an den Verkäufer nach §§ 929 S. 1, 930 zurückübereignen, damit dieser sie dem Käufer dann nach §§ 929 S. 2, 158 I bedingt übereignen könne (so BGH NJW 1953, 217). Nach hM kommt man jedoch schon in einem Schritt zum gewünschten Ergebnis, indem man entsprechende Vereinbarungen als Rückübereignung des um das Anwartschaftsrecht verkürzten Eigentums auslegt (s. *L. Raiser* NJW 1953, 217; wohl auch *Baur/Stürner* SachenR § 51 Rn. 34) oder als auflösend bedingte Sicherungsübereignung nach §§ 929 S. 1, 930. Der Unterschied ist bedeutsam, da das Sicherungseigentum – anders als das Vorbehaltseigentum – in der Insolvenz kein Aussonderungsrecht, sondern nur ein Absonderungsrecht gewährt, welches lediglich auf die bevorzugte Befriedigung aus der Masse gerichtet ist (→ § 15 Rn. 38).

3. Schuldrechtliche Konsequenzen

Wie **§ 449 II** klarstellt, gelten beim Eigentumsvorbehalt – vorbehaltlich einer anderen Vereinbarung – die allgemeinen schuldrechtlichen Vorschriften. Der Eigentumsvorbehalt verleiht dem Verkäufer keine zusätzlichen Rechte; insbes. kann der Verkäufer die Sache nicht zur Sicherheit vorübergehend wieder herausverlangen, wenn er sich um die gute Behandlung der Kaufsache oder um die pünktliche Ratenzahlung sorgt. Dem Käufer steht insoweit ein relatives Besitzrecht aus dem Kaufvertrag (§ 433 I) und nach hM auch ein absolutes dingliches Recht zum Besitz aufgrund des Anwartschaftsrechts zu (→ Rn. 11ff.; → Rn. 20ff.). 8

Bezahlt der Käufer den Kaufpreis nicht, so kann ihm der Verkäufer gem. § 323 I eine Nachfrist setzen und nach deren erfolglosem Ablauf vom Vertrag **zurücktreten**. Eine Nachfristsetzung ist entbehrlich in den Fällen des § 323 II Nr. 1–3. Dabei eröffnet Nr. 2 zwar die Möglichkeit, für die Ratenzahlung bestimmte Termine oder Fristen zu vereinbaren und im Vertrag das Fortsetzungsinteresse von der Rechtzeitigkeit der Ratenzahlung abhängig zu machen. Die Voraussetzungen des in Nr. 2 angesprochenen relativen Fixgeschäfts sind 9 aber beim Ratenzahlungskauf grundsätzlich nicht gegeben. Ist der Kaufpreis teilweise bezahlt, so kann der Verkäufer nach § 323 V 1 nur zurücktreten, wenn er an der Teilleistung kein Interesse hat. Dies wird regelmäßig der Fall sein, wenn die Kaufsache nicht teilbar ist und der gezahlte Teilpreis auch nicht annähernd den Wert der Sache deckt. Steht nur ein unerheblicher Rest aus, so ist der Rücktritt gem. § 323 V 2 ausgeschlossen. Der Rücktritt ist aber auch möglich, wenn der Kaufpreisanspruch verjährt ist und nicht bezahlt wird (§ 216 II 2).

10 Beim Teilzahlungsverkauf mit einem **Verbraucher** (§ 13) verlangt **§ 508 S. 1** für den Rücktritt das Vorliegen eines **Zahlungsverzugs** in der qualifizierten Form des § 498 I 1, dh es muss ein Verzug mit mindestens zwei aufeinander folgenden Teilzahlungen in einer Gesamthöhe von mindestens 10 % (bzw. 5 %) des Kaufpreises vorliegen und der rückständige Betrag darf trotz Setzung einer zweiwöchigen Frist mit Androhung der Restschuldfälligkeit nicht gezahlt worden sein. Nimmt der Unternehmer (§ 14) beim Verbrauchsgüterkauf die Sache wieder an sich, so gilt dies nach § 508 S. 5 als Ausübung des Rücktrittsrechts (s. dazu *Habersack/Schürnbrand* JuS 2002, 833). Eine zum Nachteil des Verbrauchers abweichende Vereinbarung ist unwirksam (§ 512).

II. Das Anwartschaftsrecht des Käufers

1. Begriff

11 Vor dem Eigentumserwerb hat der Käufer regelmäßig bereits Anzahlungen auf die Sache geleistet und im Falle eines Ratenkaufs unter Umständen die meisten Raten schon bezahlt. Gleichwohl geht das Eigentum auf den Käufer erst mit der letzten Rate über, auch wenn ihm wegen der nahezu vollständigen Bezahlung des Kaufpreises die Sache bei wirtschaftlicher Betrachtung fast schon ganz gehört. Andererseits hat es der Käufer jederzeit in der Hand, durch Zahlung das Eigentum zu erlangen, ohne dass der Veräußerer hierauf noch Einfluss nehmen könnte. Insofern hat der Käufer, der die Sache ja auch schon in Besitz hat, bereits eine weitgehend sichere Erwerbsposition inne, die man als Vorstufe zum Eigentum und durchaus auch als **dingliche Rechtsposition** einordnen kann.

Dafür hat man den Begriff des **Anwartschaftsrechts** geprägt. Das Anwartschaftsrecht ist als gesichertes Erwerbsrecht eine Vorstufe des künftigen Eigentums, das in seinem wirtschaftlichen Wert mit fortschreitender Abzahlung des Kaufpreises ständig steigt. Man hat das Anwartschaftsrecht deshalb auch als ein gegenüber dem Eigentum **„wesensgleiches Minus“** bezeichnet (BGHZ 28, 16, 21).

Andere Deutungen der Rechtsnatur des Anwartschaftsrechts konnten sich bislang nicht durchsetzen (vgl. sog. Pendenztheorie von *Eichenhofer* AcP 185, 162; Theorie vom zeitlich segmentierten Eigentum bei *Mülbert* AcP 202, 912, 946; näher dazu 23. Aufl. Rn. 679).

Ein **Anwartschaftsrecht** ist zu bejahen, wenn von dem mehrakti- 12
gen Entstehungstatbestand eines Rechts schon so viele Erfordernisse erfüllt sind, dass von einer **gesicherten Rechtsposition** des Erwerbers gesprochen werden kann, die der Veräußerer nicht mehr durch eine einseitige Erklärung zu zerstören vermag (BGH NJW 1955, 544). Außer beim Eigentumsvorbehalt entsteht ein Anwartschaftsrecht auch für den Sicherungsgeber bei der Sicherungsübereignung, wenn das Eigentum an der sicherungsübereigneten Sache nach Begleichung der Schuld automatisch auf den Sicherungsgeber zurückfallen soll. Eine entsprechende dingliche Rechtsposition ist weiterhin unter bestimmten Voraussetzungen auch beim Erwerb von Grundstücken sowie beim Erwerb eines Grundpfandrechts denkbar. Ferner kann beim Nacherben (§§ 2100 ff.) von einer Anwartschaft gesprochen werden (vgl. RGZ 101, 185).

Dingliche Anwartschaftsrechte
– Stellung des Käufers beim Erwerb unter Eigentumsvorbehalt – Stellung des Sicherungsgebers bei auflösend bedingter Sicherungsübereignung – Stellung des Erwerbers eines Grundstücks, nachdem er selbst beim Grundbuchamt den Antrag auf Eintragung gestellt hat (→ § 17 Rn. 47) – Stellung des Erwerbers eines Grundstücks nach Eintragung einer Vormerkung (→ § 18 Rn. 30) – Stellung des Hypothekars nach Eintragung der Hypothek vor Entstehung der Forderung oder vor Briefübergabe (→ § 27 Rn. 7)

2. Schutz des Käufers vor Zwischenverfügungen

Die Anerkennung eines eigenständigen dinglichen Anwartschafts- 13
rechts rechtfertigt sich insbes. daraus, dass das Gesetz über die **§§ 160 ff.** dem Vorbehaltskäufer eine weitgehend gesicherte Erwerbsposition einräumt, die ihm bei Zahlung des Kaufpreises nicht mehr

entzogen werden kann. Zwar ist der Verkäufer noch bis zum Bedingungseintritt Eigentümer und kann theoretisch (gem. § 931) weiter über dieses Eigentum verfügen. Dadurch kann er den **Eigentumserwerb des Käufers** jedoch grundsätzlich **nicht mehr hindern,** da eine solche Verfügung nach § 161 I 1 unwirksam ist. Das soll folgender Fall verdeutlichen:

14 **Fall 13 – Doppelverkauf mit Mähmaschine:** A verkauft eine Mähmaschine unter Eigentumsvorbehalt an B, der die Maschine kurz darauf von A geliefert bekommt. Es ist Bezahlung in zehn Monatsraten vereinbart. Eine Woche später verkauft A dieselbe Maschine an C unter Abtretung des Herausgabeanspruchs gegen B, den er gegenüber C als Entleiher der Maschine bezeichnet. Kann C von B Herausgabe der Maschine verlangen? Was gilt, wenn B an A die letzte Rate bezahlt?

Lösungsskizze:

I. C könnte gegen B einen Herausgabeanspruch aus § 985 haben.

1. C müsste Eigentümer der Mähmaschine sein.

a) Ursprünglich war A Eigentümer.

b) Die Veräußerung an B führte (noch) nicht zum Eigentumsverlust des A, weil dieser sich das Eigentum bis zur vollständigen Kaufpreiszahlung vorbehalten hatte, §§ 929 S. 1, 158 I, 449 I.

c) A hat sein Eigentum dann nach §§ 929 S. 1, 931 an C veräußert unter Abtretung des Herausgabeanspruchs aus dem Besitzmittlungsverhältnis mit B. Die Eigentumsvorbehaltsvereinbarung zwischen A und B, die für beide Seiten Rechte und Pflichten begründet, genügt zur Begründung eines Besitzmittlungsverhältnisses gem. § 868. Als abtretbarer Anspruch kann insoweit der potenzielle Herausgabeanspruch des Vorbehaltsverkäufers gegen den Käufer aus §§ 346 I, 323, 449 II begriffen werden, der va im Fall des Zahlungsverzugs des Käufers entstehen würde. A war zum Zeitpunkt der Vereinbarung mit C auch noch Eigentümer bzw. Berechtigter. Damit wurde C Eigentümer der Mähmaschine.

2. B ist Besitzer der Maschine, § 854 I.

3. B dürfte kein Besitzrecht gegenüber C nach § 986 I haben. B hat gegenüber A aus dem Kaufvertrag heraus ein Besitzrecht an der Maschine. Nach § 986 II kann der Besitzer B dem neuen Eigentümer C die Einwendungen entgegensetzen, welche ihm gegen den abgetretenen Anspruch zustehen. B kann sein aus dem Kaufvertrag herrührendes Besitzrecht also auch dem C entgegen halten. Er muss die Maschine somit nicht herausgeben.

Zwischenergebnis: C kann nicht Herausgabe von B verlangen.

II. Rechtslage bei Zahlung der letzten Kaufpreisrate durch B

1. Wenn B vollständig bezahlt hat, wird die für den Eigentumsübergang notwendige Bedingung nach § 158 I erfüllt. Damit würde er eigentlich Eigentümer.

2. Allerdings hatte zwischenzeitlich schon C Eigentum erworben. Nach § 161 I 1 wird die Veräußerung an C jedoch mit Zahlung der letzten Kaufpreisrate durch B absolut unwirksam, weil sie die von der Bedingung abhängige Wirkung, nämlich den Eigentumserwerb des B, vereiteln würde. Daher konnte die Veräußerung an C den Eigentumserwerb von B nicht verhindern.

3. Anders läge es nur dann, wenn C das Eigentum gutgläubig lastenfrei, also nicht belastet mit dem Anwartschaftsrecht, erworben hätte, vgl. § 161 III. Hier richtet sich der gutgläubige Erwerb nach §§ 929 S. 1, 931, 934. An sich wäre § 934 Alt. 1 erfüllt, da der Veräußerer (A) mittelbarer Besitzer der Sache war und seinen (potenziellen) Herausgabeanspruch abtreten konnte. Käme es auf dieser Grundlage zum lastenfreien Erwerb des Eigentums und zum Untergang des Anwartschaftsrechts, wäre dessen Schutz freilich unvollständig. Hier hilft die (analoge) Anwendung von § 936 III, welcher klarstellt, dass das Recht, mit dem die Sache belastet ist (hier: Anwartschaftsrecht), auch dem gutgläubigen Erwerber (C) gegenüber nicht erlischt, wenn dieses Recht dem Besitzmittler (hier: B) zusteht. Das trifft hier zu. Damit konnte dem C auch ein etwaiger guter Glaube nicht helfen.

Ergebnis: B wird mit Kaufpreiszahlung Eigentümer der Maschine.

Auch **Zwangsvollstreckungsmaßnahmen** Dritter in die Sache, zB eine Pfändung gem. § 808 ZPO, sind dem Vorbehaltskäufer gegenüber unwirksam, sobald die Bedingung eintritt (§ 161 I 2). Die Eröffnung des Insolvenzverfahrens über das Vermögen des Vorbehaltsverkäufers und Verfügungen des Insolvenzverwalters (§ 80 InsO) sind dem Käufer gegenüber unwirksam. § 103 InsO ist in der Insolvenz des Verkäufers nicht anwendbar (→ Rn. 41). Der Käufer erwirbt deshalb das Eigentum mit der vollständigen Bezahlung des Kaufpreises. 15

Der Käufer ist ferner durch einen **Schadensersatzanspruch** gem. § 160 I gesichert, wenn infolge eines Verschuldens des Verkäufers die Sache untergeht oder der Rechtserwerb sonst beeinträchtigt wird. Vereitelt der Verkäufer treuwidrig den Eintritt der Bedingung, indem er zB die Annahme des Kaufpreises verweigert, gilt die Bedingung nach § 162 I gleichwohl als eingetreten. 16

3. Abhängigkeit von der Kaufpreisforderung

Das Anwartschaftsrecht besteht jedoch nur so lange, wie die **Bedingung noch eintreten kann**. Es ist abhängig vom Bestand der Kaufpreisforderung. Ist die Bedingung durch Zahlung des Kaufpreises eingetreten, so verwandelt sich das Anwartschaftsrecht des Käufers automatisch in das Eigentum an der Sache. Kann die Bedingung dagegen nicht mehr eintreten, weil die Kaufpreisforderung zB infolge des Rücktritts vom Kaufvertrag, durch Anfechtung oder Aufhebung 17 des Kaufvertrags oder aus anderen Gründen untergegangen ist, so geht auch das Anwartschaftsrecht unter; denn wegen der Unmöglichkeit des Bedingungseintritts kann auch das Eigentum nicht mehr erworben werden.

Der Rückstand mit der Kaufpreiszahlung begründet zwar unter den Voraussetzungen von § 323 oder § 508 S. 1 ein **Rücktrittsrecht** (→ Rn. 9f.), führt für sich allein jedoch nicht zum Erlöschen des Anwartschaftsrechts, bevor nicht die Kaufpreisforderung durch Ausübung des Rücktrittsrechts gem. §§ 346 I, 349 untergegangen ist (BGHZ 54, 214). Dies gilt auch bei einem Rücktritt wegen mangelhafter Lieferung nach §§ 434, 437 Nr. 2, 323 I.

18 Das **Anwartschaftsrecht** kann allerdings auch bei Fortbestand der Kaufpreisforderung durch Einigung zwischen Verkäufer und Käufer **wieder aufgehoben** werden, sei es dass der Verkäufer wieder Volleigentum erhält, oder dass der Käufer (schon vor vollständiger Kaufpreiszahlung) Volleigentum erwirbt.

4. Ersterwerb des Anwartschaftsrechts

Ersterwerb des Anwartschaftsrechts
1. Einigung 2. Übergabe oder Übergabesurrogat, §§ 929ff. 3. Einigsein 4. Berechtigung des Veräußerers oder hilfsweise gutgläubiger Erwerb, §§ 932ff. 5. Fortbestand abhängig von der Möglichkeit des Bedingungseintritts

19 Als wesensgleiches Minus des Eigentums wird das Anwartschaftsrecht **nach den gleichen Vorschriften wie das Eigentum** erworben, also nach den §§ 929ff. Es bedarf der dinglichen Einigung (hier in Form der bedingten Einigung über die Eigentumsübertragung) sowie einer Übergabe der Sache, die regelmäßig nach § 929 S. 1 erfolgt, aber auch nach §§ 929 S. 2, 930 oder 931 denkbar ist. Dabei ist in allen Varianten unproblematisch, dass der Verkäufer aufgrund der Vorbehaltsvereinbarung zunächst mittelbarer Besitzer der Sache bleibt. Die (bedingte) Einigung muss im Zeitpunkt der Übergabe fortbestehen (sog. Einigsein). Der Veräußerer der Sache muss grundsätzlich

Berechtigter sein; es kommt aber – wie bei der unbedingten Übertragung des Volleigentums – auch gutgläubiger Erwerb vom Nichtberechtigten in Betracht.

Beispiel: Pelzhändler V verkauft einen der E gehörenden Pelzmantel, der ihm zur Verwahrung übergeben war, auf Abzahlung an K und übergibt ihm den Mantel, behält sich aber das Eigentum vor. K hält V für den Eigentümer.

Hier hat der gutgläubige K mit Übergabe wirksam ein Anwartschaftsrecht vom Nichtberechtigten V erworben, §§ 929 S. 1, 158 I, 932. Mit vollständiger Kaufpreiszahlung geht das Eigentum auf ihn über, ohne dass sich E wehren kann. Erfährt K vor Bedingungseintritt, dass V nicht Eigentümer ist, so wird auch dadurch der Eigentumserwerb nicht gehindert, weil der **gute Glaube im Zeitpunkt der Übergabe**, aber nicht mehr bei Bedingungseintritt gegeben sein muss.

5. Anwartschaftsrecht als Recht zum Besitz

Im Fall des Eigentumsvorbehalts ist der Käufer, der den Besitz an der Sache vom Verkäufer übertragen erhalten hat, unmittelbarer Fremdbesitzer, solange er mangels Kaufpreiszahlung noch nicht selbst Eigentümer geworden ist. Er ist aufgrund eines relativen Rechts aus dem Kaufvertrag (§ 433 I) dem Verkäufer gegenüber zum Besitz berechtigt. Der Käufer hat also jedenfalls ein obligatorisches Besitzrecht. 20

Umstritten ist allerdings, ob ihm das Anwartschaftsrecht darüber hinaus ein **dingliches Recht zum Besitz** verleiht, also ein **absolutes Besitzrecht**, das auch dem Eigentümer entgegen gehalten werden kann (bejahend: OLG Karlsruhe JZ 1966, 273; *Baur/Stürner* SachenR § 59 Rn. 47; Soergel/*Henssler* BGB Anh. § 929 Rn. 79; Palandt/*Herrler* BGB § 929 Rn. 41; aA BGHZ 10, 69, 72; *Brox* JuS 1984, 657, 659). Relevant wird diese Frage beim gutgläubigen Erwerb des Anwartschaftsrechts vom Nichtberechtigten sowie beim gutgläubigen Zweiterwerb (→ Rn. 35 f.).

Beispiel wie zuvor: K hat vom Pelzhändler V gutgläubig das Anwartschaftsrecht am Mantel erworben. Nimmt man aufgrund des Anwartschaftsrechts ein absolutes Recht zum Besitz an, so kann dieses auch der Eigentümerin nach § 986 entgegen gehalten werden, sodass K auch vor Bedingungseintritt bzw. Eigentumserwerb nicht nach § 985 verpflichtet ist, den Mantel an E herauszugeben. Dafür spricht, dass zum Anwartschaftsrecht als Vorstufe des Eigentums auch schon das Recht zum Besitz gehört und der Schutz des guten Glaubens unabhängig davon gewährleistet sein muss, ob man sogleich das Vollrecht oder zunächst nur das Anwartschaftsrecht erwirbt.

Nach aA stände K nur ein Besitzrecht aus dem Kaufvertrag zu, das er zwar dem V, nicht aber der E entgegenhalten kann. Er hätte danach zunächst nach § 985 an E herauszugeben, um später nach vollständiger Kaufpreiszahlung bzw. Bedingungseintritt und Eigentumserwerb wiederum die Sache von E aus § 985 zurückzuverlangen. Abwenden könnte K dieses Hin und Her allenfalls dann, wenn der Bedingungseintritt kurz bevorsteht; denn in diesem Fall wäre das Herausgabeverlangen der E als treuwidrig einzustufen (*dolo agit qui petit quod statim redditurus est* – arglistig handelt, wer fordert, was sogleich zurückzugeben ist).

21 Das **Recht zum Besitz** (vgl. § 986) gleichgültig ob es auf den Kaufvertrag oder auf das Anwartschaftsrecht gestützt wird, **endet** jedoch, wenn der Kaufvertrag zB durch Anfechtung oder durch Rücktritt aufgehoben wird (→ Rn. 17) oder wenn für den Fall des Verzugs mit den Kaufpreisraten auch ohne Ausübung des Rücktritts wirksam ein Recht zur einstweiligen Rücknahme der Vorbehaltsware vereinbart ist (BGHZ 34, 191, 197; 96, 182, 187).

6. Schutz des Anwartschaftsrechts

22 Das Recht zum Besitz wird dem Anwartschaftsberechtigten dadurch gesichert, dass er gegen einen unberechtigten Besitzer Ansprüche aus § 985 sowie den **§§ 987 ff. in analoger Anwendung** geltend machen kann, weil das Anwartschaftsrecht als Vorstufe und wesensgleiches Minus (→ Rn. 11) schon wie das Eigentum Schutz verdient.

Beispiel: Wird der von A unter Eigentumsvorbehalt gekaufte Pkw von D gestohlen, so kann A von D aufgrund seines Anwartschaftsrechts analog § 985 Herausgabe verlangen, auch wenn er noch nicht Eigentümer ist. Der Eigentümer E selbst kann analog § 986 I 2 von D regelmäßig nur Herausgabe an A verlangen.

23 Das Anwartschaftsrecht wird nach ganz hM als **absolutes Recht** auch durch **§ 823 I** („sonstiges Recht") geschützt. Ebenso ist § 1004 analog anzuwenden. Zugunsten des Anwartschaftsberechtigten können weiterhin Ansprüche aus §§ 992, 823 I oder §§ 989, 990 I bestehen. Geht es um die Beschädigung der Sache selbst, fragt sich allerdings, wie sich die **Schadensersatzansprüche des Anwartschaftsberechtigten** einerseits und des (Noch-)**Eigentümers** andererseits zueinander verhalten. Schließlich muss der Schädiger den Schaden nur einmal begleichen (dazu Fälle bei *Eleftheriadou* JuS 2009, 434; *Bernhard* Jura 2010, 62).

Beispiel A hat einen Gebrauchtwagen unter Eigentumsvorbehalt bei V gekauft. Als A den Kaufpreis erst teilweise abgezahlt hat, wird der Wagen durch

Verschulden des S bei einem Verkehrsunfall zerstört. Hier fragt sich, wer (A und/oder V) von S Schadensersatz nach § 823 I verlangen kann. Aus Sicht von S wiederum ist zu klären, an wen er mit befreiender Wirkung leisten kann.

Bedenkt man, dass das Eigentum im Vergleich zum Anwartschafts- **24**
recht das Vollrecht darstellt, läge es nahe, nur den Eigentümer/Verkäufer für schadensersatzberechtigt zu halten (*Biletzki* JA 1996, 288, 289). Damit würde aber übersehen, dass die Gefahr des Untergangs der Sache mit Übergabe auf den Käufer übergegangen ist, **§ 446**. Der Käufer schuldet dem Verkäufer weiterhin den Kaufpreis bzw. die Abzahlung, auch wenn die Sache mittlerweile zerstört ist. Der Substanzschaden bleibt also letztlich beim Käufer „hängen"; der Schaden des Verkäufers besteht lediglich im Verlust seiner Sicherheit.

Eine zweite Auffassung geht daher von einer **Teilgläubigerschaft** von Eigentümer und Anwartschaftsberechtigtem gemäß dem Verhältnis zwischen bereits getilgtem und noch offenem Kaufpreisanspruch zur Zeit des Schadensfalles aus (so BGHZ 55, 20, 32). Das berücksichtigt aber nachträgliche Änderungen (weitere Kaufpreiszahlungen) nicht und belastet den Schädiger mit der Aufgabe, die Anteile der beiden Gläubiger zuverlässig zu ermitteln.

Gemäß einer dritten Ansicht sind Eigentümer und Anwartschaftsberechtigter als **Mitgläubiger** anzusehen mit der Folge, dass der Schuldner nur an beide gemeinsam mit befreiender Wirkung leisten kann. Begründet wird das mit einer Analogie zu § 432 (*Baur/Stürner* SachenR § 59 Rn. 45) oder zu § 1281 (*M. Wolf* JuS 1976, 35 f.) oder mit einer Gesamtanalogie zu beiden Normen (*Brox* JuS 1984, 657, 660).

Vorzugswürdig erscheint indes die vierte Ansicht, wonach allein der **Anwartschaftsberechtigte forderungsberechtigt** ist (*Müller-Laube* JuS 1993, 529, 534; *Bernhard* Jura 2010, 62, 65). Schließlich hat er allein den Schaden, weil er die Sache nicht mehr nutzen und bei Zerstörung auch nicht mehr zu Eigentum erwerben kann, gleichzeitig aber noch Ratenzahlung an den Verkäufer schuldet. Auch ist der Anwartschaftsberechtigte typischerweise im Besitz der Sache und erscheint daher für den Schuldner im Zweifel (vgl. § 1006 I) als derjenige, der berechtigt ist, den Schadensersatz zu erhalten. Gem. **§ 851** wird der Schädiger, solange er die Umstände nicht näher kennt, daher auch durch Ersatzleistung an den Besitzer von seiner Schuld befreit. Der Eigentümer hingegen hat nur dann einen Schaden, wenn der Vorbehaltskäufer seiner Zahlungspflicht nicht mehr nachkommt, dieses Risiko liegt aber in der Natur des Sicherungsgeschäfts. Abgesehen davon kann man aus der Sicherungsabrede ggf. eine Pflicht des Käufers herleiten, dem Vorbehaltsverkäufer eine Ersatzsicherheit zu bestellen (zB Bankbürgschaft).

Überblick: Schutz des Anwartschaftsrechts
– Schutz vor Zwischenverfügungen, § 161 – Besitzrecht gem. § 986 – Besitzschutz bei unmittelbarem Besitz, §§ 861 f. – Ansprüche aus §§ 985, 987 ff. analog – Schutz gegen Störungen, § 1004 analog – Deliktischer Schutz als „sonstiges Recht“ gem. § 823 I – Aussonderungsrecht in der Insolvenz, § 47 InsO

7. Die Rechtsstellung des Verkäufers beim Eigentumsvorbehalt

25 Der Verkäufer als **Eigentümer** ist zugleich **mittelbarer Besitzer,** dem der Käufer den Besitz vermittelt. Solange dem Verkäufer das Eigentum zusteht, kann er darüber verfügen und es gem. §§ 929 S. 1, 931 auf Dritte übertragen. Die Übertragung erfolgt jedoch mit der Belastung durch das Anwartschaftsrecht, sodass dieser (weitere) Erwerber das Eigentum verliert, wenn der (erste) Käufer den Kaufpreis bezahlt (§ 161 I 1; → Rn. 13).

26 Der Verkäufer kann als Eigentümer auch den Herausgabeanspruch aus § 985 geltend machen, nicht jedoch gegenüber dem aufgrund des Kaufvertrags zum Besitz berechtigten Käufer. Ist ein Dritter unberechtigt im Besitz der Sache, so kann der Verkäufer gem. §§ 985, 986 I Herausgabe nur an den Käufer verlangen. Der Anspruch aus § 985 steht dem Verkäufer gegenüber dem Käufer aber dann zu, wenn er vom Kaufvertrag aufgrund von § 323 oder § 508 S. 1 zurücktritt (→ Rn. 9 f., 17).

III. Übertragung des Anwartschaftsrechts (Zweiterwerb)

1. Übertragung analog §§ 929 ff.

27 Der Käufer kann ein Interesse daran haben, den im Anwartschaftsrecht liegenden Vermögenswert durch Veräußerung zu verwerten oder das Anwartschaftsrecht einem Gläubiger als Sicherheit zu gewähren. Den Gläubigern des Käufers wiederum kann daran gelegen

sein, auf das Anwartschaftsrecht als Vermögensgegenstand zuzugreifen. Diesen Bedürfnissen wird dadurch Rechnung getragen, dass das Anwartschaftsrecht als dingliches Recht im Rechtsverkehr übertragen und von den Gläubigern im Wege der Zwangsvollstreckung gepfändet werden kann. Als Vorstufe des künftigen Eigentums bzw. wesensgleiches Minus kann das Anwartschaftsrecht vom Vorbehaltskäufer ohne Zustimmung des Vorbehaltseigentümers analog den §§ 929 ff. auf Dritte übertragen werden.

Übertragung des Anwartschaftsrechts
1. Einigung über die Übertragung des Anwartschaftsrechts, § 929 S. 1 analog 2. Übergabe oder Übergabesurrogat, §§ 929 ff. analog 3. Einigsein 4. Berechtigung des Veräußerers im Hinblick auf das Anwartschaftsrecht oder hilfsweise gutgläubiger Erwerb, §§ 932 ff. 5. Fortbestand des Anwartschaftsrechts abhängig von der Möglichkeit des Bedingungseintritts

Beispiel: B hat bei A einen Pkw auf Abzahlung gekauft. Nachdem er den Wagen ein Jahr gefahren, aber noch nicht abbezahlt hat, möchte er ihn an C veräußern. Das ist in der Weise möglich, dass B dem C sein Anwartschaftsrecht am Pkw analog § 929 S. 1 durch Einigung über den Übergang des Anwartschaftsrechts und Übergabe des Sachbesitzes überträgt. Es liegt dann ein Erwerb des Anwartschaftsrechts vom Berechtigten B vor.

Ob der Anwartschaftsberechtigte im Einzelfall als Berechtigter **28** über sein bestehendes Anwartschaftsrecht oder als Nichtberechtigter über das ihm nicht zustehende Eigentum verfügt, muss ggf. durch **Auslegung** ermittelt werden. Entscheidend ist, ob sich der Inhalt der dinglichen Einigung auf das Anwartschaftsrecht oder auf das Eigentum bezieht; denn die Übergabe ist in beiden Fällen dieselbe. Klausurrelevant ist dabei, dass eine unwirksame Übertragung des Eigentums meist in eine Übertragung des Anwartschaftsrechts **umgedeutet** werden kann (§ 140), s. auch → § 15 Rn. 15. Die Unwirksamkeit der Übereignung kann sich insbes. daraus ergeben, dass der Erwerber im Hinblick auf das (fehlende) Eigentum des veräußernden Anwartschaftsberechtigten nicht gutgläubig ist oder dass im Fall einer Übereignung nach § 933 die Übergabe noch nicht erfolgt ist.

Beispiel: V behauptet Eigentümer zu sein, obwohl ihm in Wirklichkeit nur ein Anwartschaftsrecht zusteht, und veräußert sein angebliches Eigentum an K, der grob fahrlässig die wahren Eigentumsverhältnisse nicht erkennt. Hier scheidet gutgläubiger Erwerb des Eigentums aus, § 932 II. Die Einigung zwischen V und K nach § 929 S. 1 kann dann aber dahin ausgelegt oder umgedeutet werden, dass K zumindest das Anwartschaftsrecht des V erwerben sollte. Insoweit handelt es sich um Erwerb vom Berechtigten.

Hinweis für die Klausur: Ist die gewollte Eigentumsübertragung unwirksam, ist zu prüfen, ob zumindest eine wirksame Übertragung des Anwartschaftsrechts gewollt ist.

2. Rechtsstellung des Anwartschaftserwerbers

29 **a) Eigentumserwerb mit Bedingungseintritt.** Der (Zweit)Erwerber des Anwartschaftsrechts wird mit Bedingungseintritt automatisch Eigentümer der Sache. Dies erfolgt nach hM **ohne Durchgangserwerb** des Ersterwerbers (vgl. BGHZ 20, 88). Von wem der Kaufpreis beglichen wird, vom Kaufpreisschuldner oder vom Zweiterwerber als Drittem gem. § 267 (s. BGHZ 75, 221, 228), ist unerheblich. Möglich ist zudem, dass der Erwerber mit Einverständnis des Verkäufers gem. § 414 oder § 415 die Kaufpreisschuld übernimmt und diese als Schuldner bezahlt.

Beispiel: K hat eine Waschmaschine unter Eigentumsvorbehalt erworben. Er „schenkt" die Maschine nun seiner über die Umstände informierten, frisch verheirateten Tochter T, die durch Einigung und Übergabe analog § 929 S. 1 das Anwartschaftsrecht an der Maschine erwirbt. Wenn Schwiegersohn S nun den restlichen Kaufpreis überweist, wird T automatisch Eigentümerin.

30 **b) Das Anwartschaftsrecht** bleibt auch in der Person des Erwerbers vom Schicksal der **Kaufpreisforderung abhängig.** Der Erwerber verliert deshalb das Anwartschaftsrecht, wenn durch Anfechtung (§§ 119, 123) oder durch Rücktritt vom Kaufvertrag (§ 323) die Kaufpreisforderung untergeht (→ Rn. 17) und die Bedingung für den Eigentumserwerb deshalb nicht mehr eintreten kann. Eine Zustimmung des Erwerbers zur Ausübung des dem Vorbehaltskäufer nach wie vor zustehenden Anfechtungs- oder Rücktrittsrechts ist nicht erforderlich, da diese Rechte von Anfang an das Anwartschaftsrecht schwächen und der Erwerber von vornherein nur das so geschwächte Anwartschaftsrecht erlangt. Der Erwerber kann sich dadurch absichern, dass er sich zB die Ansprüche auf Rückzahlung der geleisteten Kaufpreisraten aus § 812 oder § 346 abtreten lässt.

c) Nachträgliche Vereinbarungen zwischen Vorbehaltskäufer und Vorbehaltsverkäufer, durch die das Anwartschaftsrecht beeinträchtigt wird, ohne dass Rückzahlungsansprüche entstehen, sind grundsätzlich ohne Wirkung gegenüber dem Erwerber. 31

Fall 14 – Die Last mit dem Laster (BGHZ 75, 221 = NJW 1980, 175): V verkauft am 2.1. an K einen Lkw unter Eigentumsvorbehalt. Am 5.4. nimmt K bei der SparBank (SB) einen Kredit auf, zu dessen Sicherung er SB das Anwartschaftsrecht an dem Lkw überträgt. Am 1.7. beschließen V und K, dass der Eigentumsvorbehalt auch noch weitere Verbindlichkeiten des K gegenüber V absichern soll. K zahlt am 1.9. die letzte Kaufpreisrate. Als K seine weiteren Schulden bei V nicht bezahlt, holt dieser den Wagen bei K ab; SB widerspricht und verlangt Herausgabe an sich. Zu Recht?

Lösungsskizze:
SB könnte gegen V einen Anspruch auf Herausgabe aus § 985 haben.
1. Dazu müsste sie Eigentümerin des Lkw sein. Ursprünglich war V Eigentümer.
a) V hat am 2.1. sein Eigentum nicht an K verloren, da die Übereignung unter der aufschiebenden Bedingung der vollständigen Kaufpreiszahlung erfolgte, §§ 929 S. 1, 158 I, 449 I.
b) Fraglich ist, ob SB mit Zahlung der letzten Rate durch K am 1.9. Eigentümerin geworden ist. Dafür müsste sie Inhaberin eines Anwartschaftsrechts an dem Lkw gewesen sein; außerdem müsste die ausstehende Bedingung eingetreten sein.
aa) SB war Inhaberin eines Anwartschaftsrechts an dem Lastwagen. K hat am 2.1. das Anwartschaftsrecht an dem Lkw erworben, §§ 929 S. 1, 158 I, 449 I, und es am 5.4. wirksam auf SB übertragen, §§ 929 S. 1, 930 analog.
bb) Die ursprünglich vereinbarte Bedingung der vollständigen Kaufpreiszahlung ist am 1.9. eingetreten. Der neu vereinbarte Bedingungseintritt – Begleichung aller Schulden gegenüber V – steht jedoch noch aus. Fraglich ist, ob durch die Vereinbarung von V und K am 1.7. der Bedingungseintritt nachträglich überhaupt verändert werden konnte. Man könnte die Auffassung vertreten, dass die ursprünglichen Kaufvertragsparteien weiterhin die Möglichkeit haben, den Eintritt der Bedingung zu verhindern oder zu erschweren, da der Kaufvertrag weiterhin bestehen bleibt und der Anwartschaftserwerber nicht in dieses Schuldverhältnis eintritt. Nach hM stellt die Vereinbarung über den Bedingungseintritt jedoch eine **Verfügung** über das Anwartschaftsrecht dar, zu welcher der Vorbehaltskäufer nicht mehr befugt ist, § 185, wenn er das Anwartschaftsrecht bereits auf einen Dritten übertragen hat (BGHZ 75, 221, 226; *Medicus/Petersen* BürgerlR Rn. 473). Dem ist aus dogmatischen und wirtschaftlichen Gründen zuzustimmen. Könnten die Vertragsparteien willkürlich die Bedingung für den Erwerb des Vollrechts ändern, würde das Anwartschaftsrecht als eigenes Sicherungsmittel für den Vorbehaltskäufer wirtschaftlich entwertet.

Daher wirkt sich die Vereinbarung vom 1.7. nicht auf den Eigentumserwerb durch SB aus. Sie ist am 1.9. Eigentümerin geworden.
2. V ist Besitzer des Lkw ohne Besitzrecht, § 986.
Ergebnis: SB kann von V Herausgabe des Lkw aus § 985 verlangen.

3. Doppelte Anwartschaft

32 Das Anwartschaftsrecht kann auch seinerseits wiederum unter Vorbehalt, dh unter der aufschiebenden Bedingung der vollständigen Bezahlung des Kaufpreises für das Anwartschaftsrecht weiterübertragen werden. Dann besteht eine doppelte Anwartschaft: die erste Anwartschaft am Eigentum und die zweite Anwartschaft am ersten Anwartschaftsrecht. Es sind zwei Vorbehaltsverkäufe hintereinandergeschaltet.

Beispiel: B hat von V einen Pkw unter Eigentumsvorbehalt zum Preis von 10.000 EUR gekauft und bereits 9.000 EUR angezahlt. Will B nun den Pkw an C für 7.000 EUR veräußern, wobei C nur 3.500 EUR anzahlt und den Rest in monatlichen Raten von je 500 EUR abzahlen soll, so kann B sein Anwartschaftsrecht unter Vorbehalt analog §§ 929 S. 1, 158 I, 449 I auf C übertragen. C erwirbt dann ein Anwartschaftsrecht am Anwartschaftsrecht des B. Zahlt zuerst B seinen offenen Restkaufpreis von 1.000 EUR an seinen Verkäufer, so erwirbt er das Eigentum. Das Anwartschaftsrecht des C am Anwartschaftsrecht des B verwandelt sich im Wege dinglicher Surrogation in ein Anwartschaftsrecht am neu erworbenen Eigentum des B (*M. Wolf* JuS 1976, 35f.). Zahlt hingegen zuerst C seinen Kaufpreis an B, so geht mit der vollständigen Bezahlung dieses Kaufpreises das Anwartschaftsrecht des B am Eigentum des V auf C über. Das Eigentum am Pkw erwirbt C aber erst, wenn der Kaufpreis des B an V voll bezahlt wird.

33 Wieder etwas anders liegt es, wenn der Vorbehaltskäufer zwar nach **§ 185 I ermächtigt** ist, die Sache im ordnungsgemäßen Geschäftsverkehr im eigenen Namen und ohne Offenlegung des (ersten) Eigentumsvorbehalts weiter zu verkaufen (dazu → Rn. 42ff.), die Weiterveräußerung aber wiederum unter Eigentumsvorbehalt erfolgen soll. In diesem Fall ist dem ersten Eigentumsvorbehalt ein zweiter nachgeschaltet (sog. **nachgeschalteter Eigentumsvorbehalt**). Hier verliert der Vorbehaltsverkäufer sein Eigentum, wenn entweder sein Abnehmer (Erstkäufer) an ihn zahlt oder der Zweitkäufer an den Erstkäufer zahlt.

Beispiel: E hat Fernsehgeräte an H unter Eigentumsvorbehalt geliefert, gestattet aber H gem. § 185 I, diese Geräte an seine Kunden weiterzuveräußern.

H verkauft ein Gerät an K unter Vorbehalt des Eigentums bis zur vollständigen Bezahlung des Kaufpreises durch K. E bleibt infolgedessen Eigentümer. Sein Eigentum ist jedoch sowohl mit dem Anwartschaftsrecht des H als auch mit einem Anwartschaftsrecht des K belastet. Zahlt K seinen Kaufpreis an H, so ist die Bedingung für seinen Eigentumserwerb erfüllt und er erwirbt das Eigentum unmittelbar von E. Zahlt H dagegen zuerst seine Schuld an E, so erwirbt H aufgrund seines Anwartschaftsrechts das Eigentum von E. Zahlt nunmehr K an H, so erwirbt K das Eigentum von H (s. auch BGHZ 56, 34).

4. Gutgläubiger Erwerb der Anwartschaft

Fehlt dem Veräußerer eines Anwartschaftsrechts die Berechtigung zur Veräußerung, so ist zu unterscheiden: 34

a) Gutgläubiger Erwerb eines einem Dritten zustehenden Anwartschaftsrechts. Ein nicht dem Veräußerer zustehendes, jedoch als solches bestehendes Anwartschaftsrecht eines Dritten kann in analoger Anwendung der §§ 932 ff. gutgläubig erworben werden (hM; *Baur/Stürner* SachenR § 59 Rn. 39; *Prütting* SachenR Rn. 393).

Fall 15 – Fremdes Anwartschaftsrecht: E veräußert eine Computeranlage unter Eigentumsvorbehalt an K, der ein Drittel des Kaufpreises anzahlt. Dann vermietet K die Anlage an den Unternehmer U. Da U gerade in Geldnöten ist, veräußert er die Anlage weiter an D, dem er erzählt, er habe die Anlage selbst von E unter Eigentumsvorbehalt erworben. D hält sich daher für den Inhaber des Anwartschaftsrechts und zahlt, weil U mittlerweile untergetaucht ist, selbst den Restkaufpreis an E. Wer ist jetzt Eigentümer der Anlage?

Variante: U behauptet gegenüber D, von der Kaufpreisforderung des E seien nur noch 200 EUR offen. Tatsächlich beläuft sich der ausstehende Betrag aber auf 2.000 EUR. Wie viel muss D zahlen, um Eigentum zu erwerben?

Lösungsskizze:

Zu klären ist, wer Eigentümer der Computeranlage ist.

1. Ursprünglich war E Eigentümer der Anlage. Weder die aufschiebend bedingte Veräußerung nach §§ 929 S. 1, 158 I, 449 I an K noch die Vermietung an U führten zu einem Verlust seines Eigentums. Auch die Übertragung einer „Anwartschaft“ auf D änderte am Eigentum des E noch nichts, da ja nicht über das Eigentum verfügt wurde.

2. Mit Zahlung des Restkaufpreises ist das Anwartschaftsrecht jedoch zum Vollrecht erstarkt und die Bedingung für den Eigentumsverlust des E eingetreten. Fraglich ist aber, wer dadurch Eigentümer wurde. Das hängt davon ab, wer Inhaber des Anwartschaftsrechts war.

a) Zunächst war K aufgrund des vereinbarten Eigentumsvorbehalts und der bedingten Übereignung Anwartschaftsrechtsinhaber.

b) Danach könnte D diese Anwartschaft von U erworben haben. Die §§ 929 ff. finden auf die Übertragung des Anwartschaftsrechts entsprechende Anwendung. Eine Einigung liegt vor. Die Übergabe der Anlage erfolgte nach § 929 S. 1 analog. Allerdings war U im Hinblick auf das Anwartschaftsrecht Nichtberechtigter. Die hM bejaht indes auch die Möglichkeit des gutgläubigen Erwerbs eines Anwartschaftsrechts, sofern das Anwartschaftsrecht tatsächlich existiert. Der Umstand, dass es einer anderen Person zusteht, wird durch den guten Glauben des Erwerbers überwunden. Der Erwerber ist in seinem Vertrauen auf den Besitz als Rechtsscheintatbestand für das Anwartschaftsrecht schutzwürdig.

D war hier auch gutgläubig iSv § 932 analog. Somit konnte D das Anwartschaftsrecht gutgläubig vom Nichtberechtigten U erwerben. Damit ist D mit Bedingungseintritt Eigentümer geworden.

Ergebnis: D ist Eigentümer der Computeranlage.

Variante: Der gute Glaube an Behauptungen betreffend den obligatorischen Teil des Vertrags wird nach einhelliger Auffassung nicht geschützt, denn dafür fehlt im Gesetz jede Grundlage. D muss also in jedem Fall die vollen 2.000 EUR zahlen.

35 **b) Kein gutgläubiger Erwerb eines nicht existierenden Anwartschaftsrechts.** Besteht das vom Veräußerer behauptete Anwartschaftsrecht gar nicht, steht es also auch nicht einem Dritten zu, ist nach ganz hM kein gutgläubiger Erwerb möglich (*Baur/Stürner* SachenR § 59 Rn. 40; *Habersack* SachenR Rn. 248). Denn vertraut würde hier nur auf das Gerede des Veräußerers, der selbst zugibt, nicht der Eigentümer zu sein. Der an den Besitz des Veräußerers anknüpfende gute Glaube wäre damit von vornherein erschüttert. Davon zu unterscheiden bleibt der rechtlich mögliche, gutgläubige Ersterwerb eines Anwartschaftsrechts von einer Person, die sich als Eigentümer der Sache ausgibt.

Beispiele:
- V hat von E ein Fahrrad ausgeliehen, behauptet D gegenüber aber, er habe es von E unter Eigentumsvorbehalt gekauft. Auch wenn D gutgläubig ist, kann er das behauptete Anwartschaftsrecht des V nicht analog §§ 929 S. 1, 932 erwerben, da der Zweiterwerb ein existierendes Anwartschaftsrecht voraussetzt.
- Gibt sich Entleiher V gegenüber dem gutgläubigen D jedoch als Eigentümer aus und vereinbart V mit Käufer D, dass das Eigentum auf D erst mit vollständiger Kaufpreiszahlung übergehen soll, so erwirbt D gutgläubig ein Anwartschaftsrecht von V (§§ 929 S. 1, 932, 158 I, 449). In diesem Fall handelt es sich um gutgläubigen Ersterwerb eines Anwartschaftsrechts vom Nichtberechtigten.

IV. Pfändung und Vollstreckung

1. Die Pfändung des Anwartschaftsrechts

a) Art der Pfändung. In der Zwangsvollstreckung mögen Gläubiger des Vorbehaltskäufers daran interessiert sein, das Anwartschaftsrecht zu pfänden, um auf den darin verkörperten Vermögenswert zugreifen zu können. Dann stellt sich die Frage, auf welche Art und Weise die Pfändung zu erfolgen hat. Nach einer Ansicht ist im Wege der **Sachpfändung** (§ 808 ZPO) vorzugehen (*Brox* JuS 1984, 657, 665; *Bülow* Kreditsicherheiten Rn. 820). Dagegen spricht jedoch, dass hier nach außen nicht sichtbar wird, ob das Anwartschaftsrecht oder die Sache gepfändet wird. Die hM vertritt daher die Auffassung, dass die Pfändung des Anwartschaftsrechts im Wege der **Rechtspfändung** gem. § 857 ZPO erfolgt (Palandt/*Herrler* BGB § 929 Rn. 54). Danach ist die Pfändung bewirkt, wenn der Pfändungsbeschluss des Vollstreckungsgerichts dem Drittschuldner (= Vorbehaltsverkäufer) zugestellt ist (§ 829 II, III ZPO). Dafür spricht, dass auf diese Weise der Anwartschaft als selbstständigem Recht am besten Rechnung getragen wird. 36

In Anknüpfung an die **Theorie der Rechtspfändung** ist allerdings **umstritten**, was gelten soll, wenn der Kaufpreis an den Verkäufer gezahlt wird und der Vorbehaltskäufer somit infolge des Bedingungseintritts Eigentümer der Sache wird. Nach einer Auffassung (BGH NJW 1954, 1325) bedarf es insoweit ergänzend der Sachpfändung nach § 808 ZPO (sog. Theorie der **Doppelpfändung**), wobei die Sachpfändung schon zu einem Zeitpunkt erfolgen kann und soll, zu dem der Käufer noch nicht Eigentümer ist und noch kein Pfändungspfandrecht an der Sache entstehen kann. Sobald der Vorbehaltskäufer dann das Eigentum an der Sache erlangt, soll sich das Pfandrecht automatisch an der Sache fortsetzen. Das erscheint indes unnötig kompliziert. Vorzugswürdig erscheint die Gegenauffassung, wonach die Rechtspfändung genügt und sich das Pfandrecht am Anwartschaftsrecht dann in analoger Anwendung von § 1287 am Eigentum fortsetzt (*Baur/Stürner* SachenR § 59 Rn. 41; *Medicus/Petersen* BürgerlR Rn. 486). 37

b) Verteidigung des Eigentümers gegen die Pfändung. Der (Vorbehalts-)Eigentümer kann sich gegen die Pfändung des Anwartschaftsrechts nicht im Wege der Drittwiderspruchsklage (§ 771 38

ZPO) wehren, weil nur in das Anwartschaftsrecht vollstreckt und das Vorbehaltseigentum davon nicht berührt wird (aA *Bülow* Kreditsicherheiten Rn. 721, 820, auf der Grundlage der Theorie der Sachpfändung). Die Klage aus § 771 ZPO steht dem Eigentümer nur zu, soweit durch die Zwangsvollstreckung in das Eigentum eingegriffen wird, also Gläubiger etwa in das vermeintliche Eigentum des Vorbehaltskäufers vollstrecken wollen.

Der pfändende Gläubiger kann aber auch selbst den Restkaufpreis an den Vorbehaltsverkäufer zahlen, wozu er als mittelbarer Besitzer nach § 268 I 2 (*Brox* JuS 1984, 657, 664) oder jedenfalls nach § 267 (BGHZ 75, 221, 228) berechtigt ist. In diesem Fall erwirbt zwar der Vorbehaltskäufer das Eigentum, aber das Pfändungspfandrecht am Anwartschaftsrecht setzt sich eben – wie beschrieben – aufgrund dinglicher Surrogation in analoger Anwendung von § 1287 am Eigentum des Käufers fort. Der Gläubiger kann dann gem. § 814 ZPO das *Eigentum* im Wege der öffentlichen Versteigerung verwerten.

2. Insolvenz des Vorbehaltskäufers

39 In der Insolvenz des Vorbehaltskäufers steht dem Vorbehaltsverkäufer aufgrund seines Eigentums die **Aussonderungsbefugnis** (§ 47 InsO) zu, wenn der Insolvenzverwalter die Vertragserfüllung nach § 103 iVm § 107 II InsO ablehnt (BGHZ 176, 86). Das Aussonderungsrecht bewirkt, dass der Aussonderungsberechtigte den Gegenstand für sich herausverlangen und damit dem Insolvenzverfahren gänzlich entziehen kann. Wählt der Insolvenzverwalter des Vorbehaltskäufers die Erfüllung, so muss der Kaufpreis als Masseschuld nach § 55 I Nr. 2 InsO voll an den Vorbehaltsverkäufer gezahlt werden.

Das Aussonderungsrecht am Vorbehaltseigentum besteht zugunsten eines Factors fort, wenn ihm der Verkäufer die Kaufpreisforderung und das Vorbehaltseigentum (nach § 931) im Rahmen eines **echten Factorings** (→ Rn. 69 ff.) abgetreten hat (BGH NJW 2014, 2358; ähnlich OLG München ZIP 2015, 283); denn das Eigentum bleibt dann auch nach dieser Übertragung weiterhin Vorbehaltseigentum. Anderes gilt, wenn die Sicherheit infolge der Abtretung einen Bedeutungswandel erfährt und nun einem Sicherungseigentum (vgl. → § 15 Rn. 38) gleichzustellen ist, das etwa der Absicherung eines Kredits dient (BGHZ 176, 86).

3. Vollstreckung in das Vorbehaltseigentum

40 Wenn Gläubiger des Vorbehaltseigentümers **in das Vorbehaltseigentum vollstrecken** wollen, ist der Vorbehaltskäufer daran interes-

siert, sein Anwartschaftsrecht zu verteidigen. Dazu kann er auf die Drittwiderspruchsklage aus § 771 ZPO zurückgreifen (BGHZ 55, 20, 26). Auch das Anwartschaftsrecht ist insoweit ein die Veräußerung hinderndes Recht. In der Regel wird jedoch der Käufer im Besitz der Sache sein. Eine Pfändung gegen den Vorbehaltseigentümer als Schuldner nach § 808 ZPO kann demnach ohne Zustimmung des Vorbehaltskäufers nicht stattfinden (s. § 809 ZPO). Die Gläubiger des Vorbehaltseigentümers können jedoch die Kaufpreisforderung nach §§ 828 ff. ZPO und das Rücktrittsrecht nach § 857 ZPO pfänden und nach § 835 ZPO ausüben.

In der Insolvenz des Vorbehaltsverkäufers kann der Vorbehaltskäufer gem. § 47 InsO aussondern, wenn er den Restkaufpreis bezahlt. Eine Ablehnung der Erfüllung nach § 103 InsO durch den Insolvenzverwalter des Vorbehaltsverkäufers wird vom BGH zwar grundsätzlich zugelassen, falls sie nicht nach § 242 rechtsmissbräuchlich ist (BGHZ 54, 214, 216; 98, 160, 168). Die Anwendung von § 103 InsO muss aber bereits nach dem Grundgedanken des § 161 I 2 ausscheiden (s. auch § 107 I InsO). 41

V. Der verlängerte Eigentumsvorbehalt bei Weiterveräußerung

1. Einführung

Der Eigentumsvorbehalt findet sich nicht nur in Geschäften mit dem Endverbraucher. Er wird vielmehr auch mit solchen Käufern vereinbart, die die gekauften Waren im Rahmen ihres Betriebs verarbeiten oder als Groß- und Einzelhändler weiterveräußern. Die erfolgreiche Weiterveräußerung wird aber in der Regel nur möglich sein, wenn der Vorbehaltskäufer seinen Abnehmern nicht nur sein bestehendes Anwartschaftsrecht sondern das Eigentum verschaffen kann. Andererseits will der Vorbehaltsverkäufer seine Sicherheit in Gestalt des vorbehaltenen Eigentums nicht verlieren, solange ihm gegenüber nicht vollständig bezahlt worden ist. 42

Eine Möglichkeit, die den Interessen der Beteiligten weitgehend gerecht und in der Praxis häufig gewählt wird, ist der **verlängerte Eigentumsvorbehalt**. Dabei ermächtigt der Vorbehaltsverkäufer den Vorbehaltskäufer nach **§ 185 I** zur Weiterveräußerung der Waren im eigenen Namen und zwar unabhängig davon, ob seine Kaufpreisfor- 43 derung gegen den Vorbehaltskäufer bereits bezahlt ist oder nicht. Der Vorbehaltskäufer verfügt demgemäß seinen Abnehmern gegenüber als Berechtigter und kann ihnen das Eigentum verschaffen. Der Einkauf der Waren unter Eigentumsvorbehalt muss den Abnehmern gegenüber nicht aufgedeckt werden.

Da der Verkäufer aber durch diese Art der Ermächtigung sein Eigentum verlieren kann, bevor seine Kaufpreisforderung erfüllt ist, geht sein Bestreben dahin, anstelle des verlorenen Eigentums andere Sicherheiten zu erhalten. Diese Sicherheit erreicht er dadurch, dass er sich die Kaufpreisforderung des Vorbehaltskäufers gegen den Abnehmer/Zweiterwerber nach **§ 398 abtreten** lässt (→ Rn. 47ff.) und im Falle der Weiterverarbeitung eine Verarbeitungsklausel vereinbart (→ Rn. 64).

Die **formularmäßige Vereinbarung** eines verlängerten Eigentumsvorbehalts ist im Regelfall nicht nach § 305c I als überraschende Klausel anzusehen. In einzelnen Branchen kann der verlängerte Eigentumsvorbehalt sogar als branchenüblich anzusehen sein und gilt dann ohne besondere Vereinbarung (BGH ZIP 2003, 2211).

Begriffsmerkmale des verlängerten Eigentumsvorbehalts
1. Veräußerung unter Eigentumsvorbehalt, §§ 929 S. 1, 158 I, 449 I 2. Vorbehaltsverkäufer ermächtigt Käufer zur Weiterveräußerung der Ware im ordnungsgemäßen Geschäftsverkehr, § 185 I 3. Käufer tritt die künftige (Kaufpreis-)Forderung gegen seine Abnehmer im Voraus an den Verkäufer ab, § 398 4. Meist wird dem Käufer zudem eine Einziehungsermächtigung erteilt, §§ 362 II, 185 I

2. Die Ermächtigung zur Weiterveräußerung

44 Liefert der Vorbehaltseigentümer seine Waren an einen Groß- oder Einzelhändler, dessen Geschäftsbetrieb auf die Weiterveräußerung dieser Waren gerichtet ist, so kann regelmäßig von einer stillschweigenden Ermächtigung zur Weiterveräußerung nach § 185 I ausgegangen werden (BGHZ 27, 306). Die Weiterveräußerungsermächtigung steht dem Vorbehaltskäufer/Händler grundsätzlich auch dann noch zu, wenn er in finanzielle Schwierigkeiten gerät, solange sich seine Aktionen nur objektiv im üblichen Geschäftsrahmen halten (BGHZ 68,

199). Ist eine Ermächtigung erteilt, so kann sie vom Vorbehaltsverkäufer nicht beliebig, sondern nur aus begründetem Anlass bei Gefährdung seiner Interessen widerrufen werden (BGH NJW 1969, 1171).

Die Weiterveräußerungsermächtigung wird regelmäßig davon abhängig gemacht, dass die Weiterveräußerung im **ordnungsmäßigen Geschäftsbetrieb** erfolgt. Die Weiterveräußerung ist **ordnungsgemäß**, wenn sie im Rahmen eines Bar- oder Kreditkaufs an einen Dritten erfolgt. 45

Kein ordnungsgemäßer Gebrauch von der Weiterveräußerungsermächtigung liegt dagegen im Falle einer Sicherungsübereignung oder Verpfändung der Vorbehaltsware vor, da der Händler als Vorbehaltskäufer dafür nicht einen ihm endgültig verbleibenden Erlös erhält, sondern durch ein aufgrund der Sicherungsübereignung erhaltenes Darlehen zugleich Rückzahlungspflichten eingeht.

Die Weiterveräußerungsermächtigung kann von bestimmten **Voraussetzungen abhängig** gemacht werden, zB davon, 46

- dass der Vorbehaltsverkäufer die Kaufpreisforderung aus der Weiterveräußerung erhält und dies zB nicht durch Vereinbarung eines Abtretungsverbots (§ 399) des Vorbehaltskäufers mit dem Zweiterwerber vereitelt wird (BGH NJW 1988, 1210, 1213; → Rn. 49);
- dass die Kaufpreisforderung im Augenblick des Eigentumsübergangs an den Zweiterwerber noch besteht und nicht wegen Vorausbezahlung des Kaufpreises untergegangen ist (BGH NJW-RR 2004, 555);
- dass der Erlös aus der Weiterveräußerung an den Vorbehaltsverkäufer ausgezahlt wird (s. BGH NJW 2005, 1365).

Da bei **nicht ordnungsgemäßer Veräußerung** keine Ermächtigung des Händlers nach § 185 I besteht, kann ein Zweiterwerber das Eigentum in solchen Fällen nur **gutgläubig vom Nichtberechtigten erwerben**, sei es nach den §§ 932 ff. bei Gutgläubigkeit an das Eigentum des Vorbehaltskäufers oder nach § 366 I HGB bei Gutgläubigkeit an die Weiterveräußerungsermächtigung. Der Zweiterwerber handelt aber grob fahrlässig iSv § 366 I HGB bzw. ist nicht im guten Glauben, wenn er in der Branche mit einem verlängerten Eigentumsvorbehalt des Vorlieferanten rechnen muss und erkennen kann, dass die Veräußerung nicht ordnungsgemäß erfolgt. Das betrifft etwa den Fall, dass der Abnehmer den Kaufpreis schon vor Entstehung der Kaufpreisforderung an den Vorbehaltskäufer gezahlt hat, weil die Vorausabtretung an den Vorbehaltsverkäufer dann ins Leere geht (BGH NJW-RR 2004, 555).

3. Vorausabtretung der Kaufpreisforderungen

47 **a) Bestimmbarkeit der Forderung.** Als Ausgleich für die Erteilung der Verfügungsermächtigung über sein Eigentum lässt sich der Vorbehaltseigentümer vom Vorbehaltskäufer schon im Voraus die aus dem Weiterverkauf gegen die Abnehmer entstehenden Kaufpreisforderungen abtreten. Diese Vorausabtretung **künftiger Forderungen** ist möglich, soweit dem Erfordernis der Bestimmbarkeit genügt ist (BGHZ 7, 365). Insoweit muss sich **im Zeitpunkt der Entstehung der Forderung** exakt feststellen lassen, welche Forderung von der Abtretung erfasst wird. Dieser Bestimmbarkeit ist hinsichtlich der Person des Forderungsschuldners genügt, wenn die Abtretung von Forderungen vereinbart wird, die aus der Weiterveräußerung der Waren des Vorbehaltseigentümers gegen die Kunden des Erstkäufers entstehen.

Bezüglich der **Höhe** der abgetretenen Forderung ist die Bestimmbarkeit gewahrt, wenn die Höhe an den Wert der zu sichernden Kaufpreisforderung des Vorbehaltsverkäufers gebunden wird (BGH NJW 1981, 816). Die Bestimmbarkeit ist auch ausreichend, wenn die konkrete Bestimmung einigen Aufwand erfordert (BGHZ 70, 86, 89).

48 **b) Verhinderung von Übersicherungen.** Neben der Bestimmbarkeit ist auch darauf zu achten, dass die Vorausabtretung nicht wegen **anfänglicher Übersicherung** nach § 138 I unwirksam ist (dazu auch → § 15 Rn. 31, 35 für die Sicherungsübereignung). Eine Übersicherung besteht zwar nicht allein deshalb, weil die Vorausabtretung zusammen mit dem Eigentumsvorbehalt vereinbart wird, denn die beiden Sicherheiten bestehen nicht kumulativ, sondern alternativ nebeneinander. Eine anfängliche Übersicherung, die zur Nichtigkeit der Abtretung nach § 138 I führt, kann aber ausnahmsweise vorliegen, wenn von Anfang an ein außergewöhnlich großes Missverhältnis zwischen Sicherheit und Schuld besteht (zB der Wert der Sicherheiten 300 % erreicht) und zudem eine verwerfliche Gesinnung des Sicherungsnehmers hinzukommt (näher zur Übersicherung bei → § 15 Rn. 31 ff.).

Eine **nachträgliche Übersicherung** wiederum, die erst zu einem späteren Zeitpunkt eintritt, führt nicht zur Unwirksamkeit der gesamten Vorausabtretung, sondern lässt zugunsten des Vorbehaltskäufers einen **vertragsimmanenten Freigabeanspruch** entstehen, sobald die gesetzliche Deckungsgrenze von 150 % nicht nur vorübergehend überschritten wird (BGH NJW 1998, 671,

675; NJW-RR 2015, 1182; s. dazu und insbes. zur Ermittlung der Deckungsgrenze → § 15 Rn. 32f.).

c) Rechtslage bei Ausschluss der Abtretung. Der Vorbehaltskäufer kann mit seinem Abnehmer gem. § 399 vereinbaren, dass die Forderung nicht oder nur mit Genehmigung des Abnehmers übertragbar sein soll. Nach **§ 354a HGB** steht ein solches **Abtretungsverbot** der Wirksamkeit der Abtretung nur dann ausnahmsweise nicht entgegen, wenn die Forderung aus einem beiderseitigen Handelsgeschäft (§ 343 ff. HGB) stammt. In anderen Fällen bewirkt das wirksam vereinbarte Abtretungsverbot, dass die Vorausabtretung an den Vorbehaltsverkäufer ins Leere geht; denn die jeweilige Forderung ist dann bereits in der Sekunde ihrer Entstehung eine unabtretbare Forderung. Durch die Vereinbarung eines Abtretungsverbots verletzt der Erstkäufer ggf. eine Verpflichtung aus seinem Kaufvertrag mit dem Vorbehaltseigentümer und macht sich schadensersatzpflichtig. Der Ausschluss der Abtretung ist aber dennoch wirksam (BGHZ 70, 229) und nicht sittenwidrig, solange der Erstkäufer damit berechtigte Interessen verfolgt. 49

Ist das **Abtretungsverbot wirksam,** so verliert der Vorbehaltsverkäufer die in der Vorausabtretung liegende Sicherheit. Er kann sich jedoch dadurch sichern, dass er die Ermächtigung zur Weiterveräußerung nach § 185 I nur für den Fall erteilt, dass die Forderung aus der Weiterveräußerung abtretbar ist (→ Rn. 46). Dies ist im Zweifel im Wege der Auslegung anzunehmen. Auch wenn das zutrifft und der Vorbehaltskäufer die Ware dann als Nichtberechtigter weiterveräußert, bleibt aber die Gefahr, dass dem Vorbehaltsverkäufer das Eigentum nun durch **gutgläubigen Erwerb** des Zweitkäufers verloren geht. 50

Beispiel: Privatmann A erwirbt Baumaterialien bei Händler K, die K unter verlängertem Eigentumsvorbehalt bei Großhändler G eingekauft hat. Dabei vereinbart A mit K, dass die Abtretung der an ihn gerichteten Kaufpreisforderung aus § 433 II ausgeschlossen sein soll (§ 399), weil das dem A die Verwaltung seiner Verbindlichkeiten deutlich erleichtert. K lässt sich darauf ein, obwohl ihm die Ermächtigung zur Weiterveräußerung nach § 185 I von G nur für den Fall erteilt war, dass die Forderung aus der Weiterveräußerung abtretbar ist. In diesem Fall kann K die Übereignung der Waren an A nur als Nichtberechtigter vornehmen. A könnte daher nur Eigentümer werden, wenn die Voraussetzungen des gutgläubigen Erwerbs (§§ 932 ff.) erfüllt sind. Die Frage ist indes, unter welchen Voraussetzungen ein Abnehmer den Händler gutgläubig für den Eigentümer bzw. für verfügungsberechtigt halten darf.

Im Handelsverkehr muss man hier regelmäßig von **Erkundigungspflichten** der Abnehmer ausgehen, da der Eigentumsvorbehalt weit verbreitet ist (vgl. noch BGH NJW 1980, 2245). Indes hat sich das Problem für den Handelsverkehr durch die Regelung in § 354a HGB weitgehend erledigt. In Bezug auf einen **privaten** Abnehmer hingegen wird man das Bestehen einer Erkundigungspflicht eher abzulehnen haben; letztlich kommt es aber auf den Einzelfall an (vgl. BGH NJW-RR 1991, 343).

51 **d) Einziehungsermächtigung.** Der Übergang der Kaufpreisforderung auf den Vorbehaltseigentümer soll den Abnehmern des Vorbehaltskäufers nach Möglichkeit nicht bekannt werden, um dessen Kreditwürdigkeit als Händler nicht zu gefährden. Neben der Ermächtigung zur Verfügung über das Eigentum im eigenen Namen ermächtigt der Vorbehaltseigentümer den Erstkäufer deshalb regelmäßig auch zur **Einziehung** der Kaufpreisforderung (§ 362 II iVm § 185 I) **im eigenen Namen**, solange der Erstkäufer seinen Zahlungsverpflichtungen gegenüber dem Vorbehaltseigentümer nachkommt. Im Normalfall bekommt der Abnehmer daher von der Forderungsabtretung nichts mit.

Wird der Erstkäufer zahlungsunfähig, gerät er in eine finanzielle Krise oder wird ein Insolvenzverfahren gegen ihn beantragt, so erlischt die Einziehungsbefugnis zwar nicht ohne weiteres von selbst (BGH NJW 2000, 1950). Der Vorbehaltseigentümer kann aber die Ermächtigung zur Weiterveräußerung und die Einziehungsermächtigung widerrufen, wenn seine Sicherheit gefährdet ist (BGH NJW 1969, 1171) und dann die Kaufpreisforderung direkt vom Kunden einziehen.

4. Vorausabtretung und Globalzession

52 Als Mittel zur Sicherung ihrer Kredite lassen sich Banken häufig *alle* ihrem Kreditnehmer im Rahmen seines Geschäftsbetriebs zustehenden Forderungen abtreten. Man spricht hier von **Globalzession.** Diese global gewollte Vorausabtretung aller künftigen Forderungen würde an sich auch die an den Vorbehaltseigentümer abgetretenen Kaufpreisforderungen aus der Weiterveräußerung erfassen. Insoweit kommt es zum Konflikt der Interessen der Kreditgeber und der Warenlieferanten. Hier gilt es zu klären, welche Abtretung wirksam ist.

53 **a) Prioritätsgrundsatz.** Im Konflikt der Globalzession mit der Vorausabtretung aus dem verlängerten Eigentumsvorbehalt gilt der

Prioritätsgrundsatz (s. etwa BGHZ 149, 351, 354; BGH NJW 2005, 1192). Die zuerst vereinbarte Abtretung hat grundsätzlich den Vorrang. § 185 II 2 und § 161 I bringen dieses Prinzip zum Ausdruck (s. auch *Neuner* AcP 203, 46ff.).

b) Vertragsbruchtheorie und Vorrangklauseln. Nach dem Prio- 54
ritätsprinzip würde die zuerst vereinbarte Globalzession eine nachträglich vereinbarte Vorausabtretung aus verlängertem Eigentumsvorbehalt unwirksam machen. Der BGH sieht jedoch die Vereinbarung einer Globalzession, die auch die Kaufpreisforderung aus der Weiterveräußerung des Vorbehaltseigentums erfassen will, als **sittenwidrig (§ 138)** und deshalb nichtig an (BGHZ 55, 34; BGH NJW 1999, 2588). Schließlich führt die Globalzession hier dazu, dass der Erstkäufer die Vereinbarung mit dem Vorbehaltseigentümer über die Vorausabtretung nicht einhalten kann und der Vorbehaltseigentümer dadurch über die Wirksamkeit seines verlängerten Eigentumsvorbehalts getäuscht wird. Der Erstkäufer (Zedent) wird demgemäß zum Vertragsbruch gegenüber seinem Lieferanten verleitet, weil er bei Offenlegung der Globalzession keine Ware mehr ohne Zahlung erhalten und damit wirtschaftlich in eine **Zwangslage** geraten würde (BGHZ 55, 34, 35; BGH NJW 2005, 1192; **Vertragsbruchtheorie**; krit. *Medicus/Petersen* BürgerlR Rn. 527, die solche Fälle eher unter dem Gesichtspunkt der Schuldnerknebelung erfassen wollen, was freilich auch zu § 138 führt). Die Sittenwidrigkeit muss bereits im Zeitpunkt der Vornahme der Vorausabtretung bestehen (BGHZ 100, 353, 359). Auch eine Inhaltskontrolle nach § 307 führt zur Unwirksamkeit der Globalzession, wenn diese in AGB enthalten ist.

Gelangt man somit zur **Nichtigkeit** der Globalzession nach § 138, kommt es auf die Priorität nicht mehr an. Auf diese Weise wird erreicht, dass auch die nachfolgende Vorausabtretung an den Vorbehaltslieferanten wirksam ist.

Die geschilderte Rechtsprechung rechtfertigt sich aus dem spezifischen Zusammenhang zwischen der Zwangslage des Erstkäufers/Zedenten und der besonderen **Schutzbedürftigkeit der Warenlieferanten**. Sie lässt sich daher nicht auf den Fall der Kollision einer Globalzession an eine Bank mit einer späteren Globalzession an einen Vermieter von Baumaschinen übertragen; denn beim Vermieter geht es nicht um den Verlust seines Eigentums und der Mieter (Zedent) befindet sich nicht in einer vergleichbaren Zwangslage (BGH NJW 2005, 1192).

55 **Fall 16 – Globalzession:** Zur Absicherung eines Existenzgründungsdarlehens iHv 200.000 EUR lässt sich die SparBank (SB) von Kaufmann K alle bestehenden und künftigen Forderungen aus dessen Handelsbetrieb abtreten. Kurz danach vereinbart K mit Lieferant L einen Rahmenvertrag über die laufende Lieferung von Elektroartikeln. Dabei wird zwischen K und L Lieferung unter verlängertem Eigentumsvorbehalt vereinbart. Die Forderungen aus dem Weiterverkauf der Waren werden an L vorab abgetreten. Als Großverbraucher D bei K Waren im Wert von 20.000 EUR kauft, melden sich sogleich L und SB bei ihm und verlangen jeweils Zahlung an sich. Tatsächlich ist K auch praktisch zahlungsunfähig und gegenüber SB schon mit seinen Darlehensrückzahlungsraten deutlich in Verzug. Kann L von D Zahlung verlangen?

Lösungsskizze:

L könnte gegen D einen Anspruch auf Zahlung aus §§ 433 II, 398 haben.

1. Aus dem Vertrag zwischen K und D resultiert eine Kaufpreisforderung aus § 433 II.

2. Diese Forderung könnte im Wege des verlängerten Eigentumsvorbehalts an L abgetreten worden sein, § 398. Das setzt allerdings den Bestand der Forderung in der Person des Zedenten im Zeitpunkt der Abtretung voraus. Daran würde es fehlen, wenn K die Forderung bereits zuvor wirksam an SB nach § 398 abgetreten hatte. Bei mehreren Abtretungen gilt das Prioritätsprinzip. Entscheidend ist, an wen die erste/frühere Abtretung nach § 398 erfolgt ist. Das wäre hier an sich die Abtretung an SB, weil die Globalzession vor der Vereinbarung mit dem Lieferanten L erfolgte.

3. Anders läge es nur, wenn die Globalzession an die Bank sittenwidrig und damit nichtig war, § 138 I.

a) Für Sittenwidrigkeit wegen Schuldnerknebelung oder Übersicherung gibt es vorliegend keine Anhaltspunkte.

b) Hier ist die Globalzession jedoch wegen der Verleitung des Zedenten K zum Vertragsbruch mit seinen Warenlieferanten sittenwidrig. Die Globalzession bewirkt, dass danach keine wirksamen verlängerten Eigentumsvorbehalte mehr mit Warenlieferanten vereinbart werden können. Da K aber auf entsprechende Lieferungen angewiesen ist, wird er diese Verträge trotzdem abschließen und die Globalzession verschweigen. Die Lieferanten werden somit getäuscht und K wird sich ggf. wegen Betrugs strafbar machen. Wenn die Bank weiß oder zumindest damit rechnen muss, dass in der jeweiligen Branche mit verlängerten Eigentumsvorbehalten gearbeitet wird, liegt auch das notwendige subjektive Element von § 138 vor. Damit ist die Globalzession an SB nichtig.

Somit war K im Zeitpunkt der Abtretung an L noch Forderungsinhaber. Die Abtretung an L ist wirksam. Wirksamkeitshindernisse sind insoweit nicht ersichtlich (s. auch Schema in → § 15 Rn. 43 zur Sicherungszession).

Ergebnis: L kann von D Zahlung verlangen.

Die Praxis der Banken hat ihre Globalzessionsklauseln diesen Rechtsprechungsgrundsätzen angepasst. Die **dingliche Vorrangklausel** sieht vor, dass die Globalzession nur solche Forderungen erfasst, die nicht unter die Vorausabtretung aus verlängertem Eigentumsvorbehalt fallen oder nachträglich aus dieser herausfallen. Der Vorausabtretung wird dadurch in der Globalzessionsklausel dinglich der Vorrang eingeräumt. Eine solche Klausel ist wirksam (BGH NJW 1974, 942). 56

Wirksam wäre auch eine Klausel, die der Vorausabtretung den dinglichen Vorrang gegenüber der Globalzession nur in Höhe des Warenwerts einräumt, den Wert der Eigenleistung des Vorbehaltskäufers also unter die Globalzession fallen lässt. Der Bestimmtheitsgrundsatz ist gewahrt, weil der Warenwert (= Einkaufspreis des Erstkäufers) feststeht (s. auch BGH NJW 1964, 149).

Unwirksam ist jedoch eine rein **schuldrechtliche Vorrangklausel**, durch die sich der Globalzessionar lediglich verpflichtet, der Vorausabtretung den Vorrang einzuräumen, weil dadurch der Vorbehaltseigentümer das Risiko der Leistungsfähigkeit des Globalzessionars tragen muss und die Durchsetzung seiner Ansprüche erschwert wird (BGHZ 72, 308). 57

Ein weiteres Problem im Zusammenhang mit Globalzessionen illustriert der folgende Fall. 58

Fall 17 – Trickreiche Verrechnung (BGHZ 72, 316): Kaufmann K hat aus Sicherungsgründen mit der SparBank (SB) eine Globalzession vereinbart, allerdings mit der Einschränkung, dass Forderungen, die einem verlängerten Eigentumsvorbehalt unterliegen, nicht erfasst sein sollen. Jedoch unterhält K auch sein Girokonto bei SB und Zahlungen seiner eigenen Schuldner werden – wie mit SB ausdrücklich vereinbart – ausschließlich über dieses Konto abgewickelt. Zuletzt ist die Zahlung von Abnehmer A auf diesem Konto eingegangen, der bei K für 8.000 EUR eine Computeranlage erstanden hatte, die zuvor von L unter Eigentumsvorbehalt an K geliefert worden war. Weil K bei ihm in deutlichem Zahlungsrückstand ist, begehrt L die 8.000 EUR für sich und verlangt von SB Auszahlung dieses Betrags. SB meint, der Betrag sei längst mit dem Schuldsaldo des K verrechnet worden und daher nicht mehr vorhanden. Wie ist die Rechtslage?

Lösungsskizze:
L könnte gegen SB einen Anspruch auf Herausgabe des Geldbetrags aus § 816 II haben.
Voraussetzung wäre, dass eine Leistung an einen Nichtberechtigten erbracht worden wäre.
1. Die Zahlung der 8.000 EUR stellt eine Leistung dar.

2. SB wäre insoweit als Nichtberechtigte anzusehen, weil die betreffende Forderung nicht ihr zustand, sondern allein L; schließlich war die Forderung aufgrund der dinglichen Teilverzichtsklausel von der Globalzession ausgenommen, während der verlängerte Eigentumsvorbehalt als wirksam anzusehen ist. Die Forderung gegen A war insoweit an L vorausabgetreten worden, § 398.

3. Fraglich ist jedoch, ob hier überhaupt eine Leistung *an die Bank* vorliegt. Tatsächlich hat A nicht an SB leisten wollen, sondern allein an K bzw. auf dessen Konto. Die Leistung kam nur faktisch SB zugute, da sie als Zahlstelle des K fungierte. Leistungsempfänger iSv § 816 II war aber allein K.

Die Voraussetzungen von § 816 II liegen somit gegenüber SB nicht vor. Ein Anspruch ergäbe sich lediglich gegen den zahlungsunfähigen K, aber hieran ist L nicht interessiert (zumal er gegen K ohnehin den Anspruch aus § 433 II hat).

4. Wenn die Bank sich jedoch infolge der Verrechnung des Betrags mit dem Schuldsaldo ihres Kunden faktisch wie ein Leistungsempfänger verhält, muss sie sich laut BGH nach Treu und Glauben, § 242, auch wie ein Leistungsempfänger behandeln lassen. Die Bank hat hier ihre Position als Zahlstelle dazu *ausgenutzt,* die von der Rechtsprechung an eine Globalzession mit Rücksicht auf die schutzwerten Belange der Vorbehaltslieferanten gestellten strengen Anforderungen zu unterlaufen (BGHZ 72, 316, 321; s. auch Fall bei *Omlor/Spies* JuS 2011, 56, 59). Schließlich war K (Vorbehaltskäufer) hier ausdrücklich dazu verpflichtet, seinen Zahlungsverkehr ausschließlich über das Konto der SB laufen zu lassen. Damit hat SB den K als Leistungsempfänger aber nur vorgeschoben, um § 816 II zu umgehen und dennoch dieselben Wirkungen wie bei einer unerlaubten Globalzession ohne dinglichen Teilverzicht zu erzielen. SB kann sich daher nicht darauf berufen, dass im Außenverhältnis zum Drittschuldner A der K Leistungsempfänger war.

Ergebnis: Der Anspruch des L gegen die Bank besteht.

5. Vorausabtretung und Factoringzession

59 Ähnliche Fragen wie bei der Globalzession stellen sich beim Zusammentreffen von verlängertem Eigentumsvorbehalt und Factoring. Beim Factoring handelt es sich um eine Finanzdienstleistung, die der Unternehmensfinanzierung dient. Man unterscheidet echtes und unechtes Factoring.

a) Rechtslage bei echtem Factoring. Das in der Praxis vorherrschende echte Factoring stellt einen **Forderungskauf** dar (BGHZ 69, 254; 100, 353, 358f.). Die Factoring-Bank (Factor) kauft die Forderungen des Vorbehalts- bzw. Erstkäufers (Kunde) aus Weiterveräußerungen, die ihr demgemäß vom Vorbehaltskäufer abgetreten werden. Als Gegenleistung zahlt der Factor dafür einen um 10–20 % unter dem Nennwert liegenden Preis. Der Factor übernimmt dabei das Delkredererisiko (Risiko der Uneinbringlichkeit der Forderung); soweit die Forderungen nicht eingetrieben werden können, kommt es also nicht zum Rückgriff beim Kunden.

Vorausabtretungen im Rahmen eines solchen echten Factoringver- 60
trags sind **grundsätzlich nicht sittenwidrig**, weil die Interessen von Vorbehaltslieferanten nicht verletzt werden (s. *Omlor/Spies* JuS 2011, 56, 60). Da es sich in diesem Fall nicht um einen Kredit handelt, sondern der Erstkäufer den vom Factor gezahlten Betrag endgültig behalten darf, liegt es nicht viel anders, als wenn der Zweitkäufer selbst seinen Kaufpreis (bar) an den Erstkäufer gezahlt hätte (sog. Barvorschusstheorie; s. *Canaris* NJW 1981, 245; *Serick* NJW 1981, 794). Da in diesem Fall die an den Vorbehaltseigentümer vorausabgetretene Forderung erlöschen würde und ihm keine Forderung mehr zustünde, kann es nicht sittenwidrig sein, wenn der Factor durch Aufkauf der Forderung praktisch dasselbe Ergebnis herbeiführt (BGHZ 100, 353, 359). Die Vertragsbruchtheorie findet hier demnach keine Anwendung.

Erteilt der Vorbehaltsverkäufer dem Erstkäufer die Ermächtigung 61
zur Einziehung der vorausabgetretenen Forderungen (→ Rn. 44), so liegt darin zugleich die Ermächtigung an den Erstkäufer zur Vornahme einer echten Factoring-Abtretung (BGHZ 72, 15). Die Einziehungsermächtigung wird dadurch im Sinne einer **Abtretungsermächtigung** erweitert.

Beispiel: Vorbehaltsverkäufer V hat Vorbehaltskäufer K zur Weiterveräußerung der unter Eigentumsvorbehalt gelieferten Waren im ordnungsgemäßen Geschäftsverkehr ermächtigt (§ 185 I) und sich im Gegenzug die Forderungen gegen die Abnehmer abtreten lassen. K darf die Kaufpreisforderungen gegen seine Abnehmer im eigenen Namen einziehen, sofern er das eingenommene Geld zur Befriedigung der Forderungen des V verwendet. Entscheidet sich K hier für den Verkauf und die Abtretung der Forderungen gegen die Abnehmer im Wege des echten Factoring an die Factoring-Bank F (§§ 433, 399), so ist die Abtretung an die Bank unabhängig davon wirksam, ob sie vor oder nach der Vereinbarung mit V erfolgt.

Hat K die Vorausabtretung seiner künftigen Forderungen gegen seine Abnehmer an F schon vor dem Geschäft mit V vorgenommen, so ist die Abtretung an F bereits nach dem Prioritätsgrundsatz vorrangig und wirksam. Die Annahme von Sittenwidrigkeit scheidet aus den genannten Gründen aus.

Hat sich K hingegen erst nach der Vereinbarung mit V für die Zusammenarbeit mit F entschieden, so ist die Abtretung an F ebenfalls wirksam. Denn das echte Factoring stellt den Vorbehaltsverkäufer nicht schlechter. Für V ist es unerheblich, ob das Geld von F oder vom Abnehmer selbst kommt, sofern damit nur seine Forderung beglichen wird. Deswegen darf K in seiner Ermächtigung zur Einziehung der vorausabgetretenen Forderungen zugleich eine Ermächtigung zur Vornahme einer echten Factoring-Abtretung sehen.

62 Die **Wirksamkeit des echten Factorings entfällt** allerdings, wenn der Factor außer einem Diskont noch weitere Gebühren in erheblichem Umfang in Ansatz bringt und dadurch das Sicherungsbedürfnis des Vorbehaltsverkäufers beeinträchtigt, weil dem Erstkäufer ein geringerer Betrag zufließt, als er dem Vorbehaltsverkäufer schuldet. In diesem Fall verbleibt es bei der Sittenwidrigkeit nach der Vertragsbruchtheorie und es kann auch nicht mehr angenommen werden, dass die vom Vorbehaltsverkäufer dem Erstkäufer erteilte Einziehungsermächtigung die Factoring-Abtretung deckt. Die vom Factor üblicherweise einbehaltenen **Kosten**- und Gebührenanteile von 10–20 % beeinträchtigen im Allgemeinen nicht die Sicherheit des Vorbehaltsverkäufers, da die Kaufpreisforderung des Vorbehaltskäufers gegenüber dem Zweitkäufer aufgrund der Handelsspanne oder einer Bearbeitung der Ware auch nach Abzug von 10–20 % durch den Factor meist immer noch höher ist als seine Schuld gegenüber dem Vorbehaltsverkäufer.

63 **b) Rechtslage beim unechten Factoring.** Vom echten Factoring, das im Grundsatz als Forderungskauf einzuordnen ist, ist das unechte Factoring zu unterscheiden. Es tritt üblicherweise als **Kreditgeschäft** in Erscheinung.

Der Factor zahlt auf die einzuziehenden Forderungen einen Vorschuss, dessen Zurückzahlung er vom Erstkäufer verlangt, soweit der Zweitkäufer auf die einzuziehende Forderung keine Zahlungen leistet. Die Dienstleistung des Factors entspricht insoweit einer Darlehensgewährung. Dient die Globalzession im Rahmen eines unechten Factoring demgemäß auch der Sicherung des Factors wegen seiner Ansprüche auf Rückzahlung gegen den Erstkäufer, was in der Regel zutrifft, liegt es nicht anders als bei sonstigen Globalzessionen für Sicherungszwecke der Geld- und Warenkreditgeber (→ Rn. 52 ff.), dh die Globalzession an den unechten Factor ist nach der Vertragsbruchtheorie **sittenwidrig** und nicht von der Einziehungsermächtigung des Vorbehaltsverkäufers an den Erstkäufer gedeckt (BGHZ 82, 50; aA *Roth/Fitz* JuS 1985, 188, 191 f.).

Das unechte Factoring kann sich im Einzelfall aber auch nur als **Form der Inkasso-Zession** darstellen, soweit die Abtretung an den Factor lediglich dazu dient, den Forderungsbetrag einzuziehen und an den Erstkäufer weiterzuleiten. Eine Inkasso-Zession für sich allein ist nicht zu beanstanden und auch von einer vom Vorbehaltsverkäufer dem Erstkäufer erteilten Einziehungsermächtigung gedeckt, solange die Interessen der Vorbehaltslieferanten dadurch nicht mehr beeinträchtigt werden, als wenn der Erstkäufer die Forderung selbst einzieht.

6. Der verlängerte Eigentumsvorbehalt bei Weiterverarbeitung

Liefert der Vorbehaltseigentümer Rohstoffe oder sonstige Materialien an einen Abnehmer, der diese Waren im Rahmen seines Geschäftsbetriebs verarbeitet, so erwirbt der Abnehmer nach § 950 I kraft Gesetzes als Hersteller das Eigentum und der Vorbehaltseigentümer verliert sein Eigentum (→ § 9 Rn. 4 ff.). Gegen diese Gefahr versucht sich der Vorbehaltseigentümer durch sog. **Verarbeitungsklauseln** zu sichern. Danach soll nicht der verarbeitende Vorbehaltskäufer, sondern der Vorbehaltsverkäufer Eigentümer der aus den gelieferten Materialien neu hergestellten Sache werden. Dieses Ergebnis soll dadurch erzielt werden, dass der Verkäufer als „Hersteller“ im Sinne des Gesetzes vereinbart wird. Nach hM sind solche Verarbeitungsklauseln bzw. **Herstellervereinbarungen** zulässig und wirksam (BGHZ 20, 159; BGH NJW 1989, 3213; zum Meinungsstreit bereits → § 9 Rn. 10 ff.). **64**

Vereinbaren **mehrere Lieferanten**, die jeweils Teile oder Rohstoffe für die vom Verarbeiter erstellte neue Sache geliefert haben, jeder für sich, dass das Eigentum an der neuen Sache auf jeden von ihnen voll übergehen soll, so wäre an sich nach dem Prioritätsgrundsatz nur die zuerst getroffene Vereinbarung wirksam. Wie im Verhältnis zwischen Globalzession und Vorausabtretung (→ Rn. 61 ff.) muss jedoch eine Vereinbarung wegen Sittenwidrigkeit unwirksam sein (§ 138 I), wenn ein Lieferant die wirtschaftlichen Werte in Anspruch nehmen will, die von anderen Lieferanten stammen, weil dadurch die anderen Lieferanten in der gleichen Weise wie bei der Vorausabtretung über die Wirksamkeit des von ihnen vereinbarten antizipierten Besitzkonstituts getäuscht würden. **65**

Entsprechende Verarbeitungsklauseln können jedoch von jedem Lieferanten in Anlehnung an § 947 I in der Weise wirksam vereinbart werden, dass an der neuen Sache nur ein **Miteigentumsanteil** beansprucht wird, der dem Verhältnis des Wertes seiner Ware zum Wert der übrigen Waren im Zeitpunkt der Verarbeitung entspricht. Alternativ könnte der Miteigentumsanteil erfasst werden, der dem anteiligen Rohstoffwert am Gesamtwert der neuen Sache entspricht (BGHZ 46, 117, 120 f.). **66**

Fall 18 – Blechverarbeitung: K liefert an H diverse Aluminiumbleche, die dieser zur Herstellung medizinischer Geräte benötigt. K behält sich das Ei- **67**

gentum an den gelieferten Blechen bis zur vollständigen Zahlung des Kaufpreises vor. Dabei heißt es in den Lieferbedingungen des K: „Eine Be- und Verarbeitung der Ware erfolgt im Auftrag des Verkäufers, und zwar in der Weise, dass der Verkäufer als Hersteller iSv § 950 anzusehen ist. Bei Verarbeitung mit anderen, dem Verkäufer nicht gehörenden Waren durch den Käufer steht dem Verkäufer das Miteigentum an der neuen Sache zu; und zwar im Verhältnis des Rechnungswerts der Vorbehaltsware zu dem Wert der anderen verarbeiteten Waren zur Zeit der Verarbeitung."

H verarbeitet das Blech zu Gehäusen, in welche dann Geräte fest eingebaut werden. Die fertigen Geräte werden der SparBank (SB) zur Sicherheit übereignet. Da H seine Kredite nicht zurückzahlen kann, holt sich SB diese Geräte eigenmächtig ab und verwertet sie. K verlangt nun mit Hinweis auf sein verletztes Eigentum von SB Herausgabe des erzielten Erlöses. Zu Recht? (Dazu BGHZ 20, 159 = NJW 1956, 788 und BGHZ 46, 117; Klausurfall bei *Thomale* JuS 2013, 1097).

Lösungsskizze:

K könnte gegen SB einen Anspruch auf Herausgabe des erzielten Erlöses aus § 816 I haben.

1. Dazu müsste SB als Nichtberechtigte über die Geräte verfügt haben.

a) Ursprünglich war K Eigentümer der Bleche. Die Auslieferung der Bleche an H führte wegen des vereinbarten Eigentumsvorbehalts (§§ 929 S. 1, 158 I) noch nicht zum Eigentumserwerb von H.

b) Durch die Verarbeitung der Bleche wäre eigentlich H Eigentümer der neuen Geräte geworden, § 950 I 1 (zur Abgrenzung von § 947 und § 950 in diesem Fall BGHZ 20, 159 ff.). Anders wäre es aber dann, wenn die in den Lieferbedingungen enthaltene Klausel wirksam ist und hier zu einer anderen Eigentumslage geführt hat. Inwieweit § 950 vertraglich abbedungen werden kann, ist umstritten (vgl. → § 9 Rn. 11).

Eine Auffassung hält § 950 für absolut zwingendes Recht (Palandt/*Herrler* BGB § 950 Rn. 1, 6). Hersteller kann danach nur sein, wer Organisationshoheit über den Herstellungsprozess hat und das wirtschaftliche Absatzrisiko trägt. Danach hätte H Eigentum erworben, da er als herstellender Unternehmer objektiv der Hersteller ist. Eine andere Auffassung stellt § 950 völlig zur Disposition der Parteien (*Baur/Stürner* SachenR § 53 Rn. 15). Nach überwiegender Meinung hingegen ist § 950 zwar grundsätzlich zwingend; Vereinbarungen darüber, wer Hersteller ist, sollen jedoch möglich sein (BGHZ 14, 114; 20, 159; BGH NJW 1989, 3213; *Prütting* SachenR Rn. 464). Dafür spricht, dass als Hersteller ohnehin nicht unbedingt derjenige anzusehen ist, der selbst Hand anlegt, sondern vielmehr derjenige, in dessen Auftrag hergestellt wird. Folgt man dem, ist die Klausel wirksam.

c) Die Anwendung der vorliegenden Klausel führt allerdings nicht zu Alleineigentum des K, sondern lediglich zu Miteigentum an den fertigen Geräten. Hier ist der Miteigentumsanteil des K auch hinreichend bestimmt festgelegt worden bzw. auf Basis der Werte der verschiedenen verbauten

Materialien errechenbar. Somit ist K nach Verarbeitung durch H Miteigentümer der Geräte geworden.

d) Dieses Miteigentum ist nicht durch die Sicherungsübereignung an SB verloren gegangen. Hier wäre nur gutgläubiger Erwerb nach §§ 929 S. 1, 930, 933 in Betracht gekommen. Dafür fehlt es jedoch sowohl an der *Übergabe* durch H nach § 933 (SB holt sich die Geräte ja eigenmächtig) als auch am guten Glauben der Bank, die mit dem verlängerten Eigentumsvorbehalt und der Verarbeitungsklausel rechnen muss, § 932 II. SB konnte somit nur einen etwaigen Miteigentumsanteil des H, nicht aber den des K wirksam erwerben. Damit verfügte SB zumindest teilweise als Nichtberechtigte.

2. Die Weiterveräußerung der Geräte durch SB ist K gegenüber wirksam, wenn die betreffenden Erwerber gutgläubig Eigentum erworben haben, §§ 929 S. 1, 932. Davon kann aber ausgegangen werden. Anderenfalls läge in dem Erlösherausgabeverlangen des K jedenfalls eine Genehmigung iSv § 185 II, die zur Wirksamkeit der Verfügungen führen würde.

Ergebnis: SB muss den auf den Eigentumsanteil des K entfallenden Teil des Erlöses nach §§ 816 I, 818 I, II an K herausgeben.

VI. Der erweiterte Eigentumsvorbehalt

1. Begriff

Der einfache Eigentumsvorbehalt steht unter der Bedingung, dass der Kaufpreis aus dem zugrunde liegenden Kaufvertrag bezahlt wird (§§ 929 S. 1, 158 I, 449). Die Bedingung kann aber auch dahin erweitert werden, dass neben dieser Kaufpreisforderung **noch weitere Forderungen** beglichen sein müssen, damit das Eigentum auf den Erwerber übergeht. 68

Beispiel: V liefert an K ständig Waren für dessen Betrieb. Bei jedem Vertrag wird vereinbart, dass die Eigentumsübertragung unter der aufschiebenden Bedingung der Bezahlung nicht nur dieser Lieferung, sondern auch der früheren Lieferungen erfolgt. Dadurch wird der Eigentumsvorbehalt auf zusätzliche Forderungen erweitert und dient auch deren Sicherung (s. etwa BGHZ 42, 53). Man spricht hier auch von einem **Kontokorrentvorbehalt**, ohne dass jedoch ein Kontokorrentverhältnis gem. § 355 HGB vorliegen muss. Der Vorbehalt kann sich auch auf erst künftig entstehende Forderungen erstrecken.

Soll das Eigentum an einer Ware somit, obwohl sie selbst bezahlt ist, noch als Sicherheit für (andere) Forderungen dienen, so übernimmt der erweiterte Eigentumsvorbehalt die **Funktion einer Sicherungsübereignung** (→ § 15 Rn. 1 ff.). Das hat zur Folge, dass dem Verkäufer als Lieferanten in der Insolvenz des Käufers kein Ausson- 69 derungsrecht mehr zusteht, sondern wie bei der Sicherungsübereignung (→ § 15 Rn. 38) nur ein Absonderungsrecht (BGH NJW 1978, 632; 1992, 2483). Der erweiterte Eigentumsvorbehalt aber erlischt auf jeden Fall, wenn alle bestehenden Forderungen erfüllt sind. Er lebt nicht automatisch wieder auf, wenn später neue Forderungen entstehen (BGH NJW 1978, 632).

2. Zulässigkeit

70 In Individualvereinbarungen zwischen Unternehmern iSv §§ 14, 310 I ist ein solcher erweiterter Eigentumsvorbehalt grundsätzlich zulässig. Wird der erweiterte Eigentumsvorbehalt in **AGB** derart vorgesehen, dass alle Forderungen aus der Geschäftsverbindung gesichert werden sollen, so ist eine solche Klausel nach § 307 II Nr. 2 gegenüber einem **Verbraucher** grundsätzlich unwirksam, da dadurch die Pflicht zur Eigentumsverschaffung als Hauptpflicht des Kaufvertrags in einer den Vertragszweck gefährdenden Weise eingeschränkt wird, wenn das Eigentum trotz vollständiger Bezahlung der einen Sache nur wegen nicht vollständiger Bezahlung ganz anderer Sachen nicht übergeht.

Nur ausnahmsweise und in beschränktem Rahmen kann ein berechtigtes Interesse für einen erweiterten Eigentumsvorbehalt in AGB anerkannt werden. Wirksam ist ein erweiterter Eigentumsvorbehalt insbes. gegenüber **Kaufleuten** für offene Forderungen aus der Geschäftsverbindung (BGH NJW 1994, 1154). Bei nachträglicher Übersicherung besteht ein Freigabeanspruch (→ Rn. 48).

71 Soweit zulässig, kann der erweiterte Eigentumsvorbehalt bereits **bei Abschluss des Kaufvertrags** oder auch nachträglich vereinbart werden. Hat jedoch der Käufer sein Anwartschaftsrecht auf einen Dritten übertragen (→ Rn. 27), so bedarf eine nachträgliche Erweiterung des Eigentumsvorbehalts der Zustimmung des Dritten, da die Änderung der Erwerbsbedingungen eine Inhaltsänderung des Anwartschaftsrechts darstellt, die K als nicht mehr berechtigter Inhaber des Anwartschaftsrechts nicht mehr vornehmen kann (BGHZ 75, 221; s. Fall 14, → Rn. 31).

3. Insbesondere: Konzernvorbehalt

72 Werden statt oder neben den Forderungen des Verkäufers auch Forderungen Dritter vom erweiterten Eigentumsvorbehalt erfasst, so ist dieser **Drittvorbehalt** gem. **§ 449 III** nichtig. Dies gilt insbes. auch für einen sog. **Konzernvorbehalt**, der die Forderungen aller zu ei-

nem Konzern gehörenden Unternehmen einbezieht. Die Nichtigkeit ergreift aber nur den Vorbehalt zugunsten von Forderungen des Dritten und erstreckt sich nicht auf einen daneben vereinbarten Vorbehalt für Forderungen des Verkäufers (s. „soweit" in § 449 III). Nichtig sind sowohl die schuldrechtliche als auch die dingliche Vereinbarung des Drittvorbehalts.

Überblick: Formen des Eigentumsvorbehalts
– Verlängerter Eigentumsvorbehalt (→ Rn. 42 ff., 64 ff.) – Nachgeschalteter Eigentumsvorbehalt (→ Rn. 33) – Erweiterter Eigentumsvorbehalt (→ Rn. 68)

VII. Rechtsvergleichende Hinweise

73 Der dinglich wirkende Eigentumsvorbehalt richtet sich auch bei grenzüberschreitenden Kaufverträgen nicht nach dem **UN-Kaufrecht**, sondern nach den jeweiligen nationalen Vorschriften (Art. 4 S. 2 Buchst. b CISG), die sich aus den Bestimmungen des internationalen Privatrechts gemäß der *lex rei sitae*-Regel ergeben (dazu auch BGH NJW 1997, 461). Art. 9 I der Richtlinie 2011/7/EU zur Bekämpfung von Zahlungsverzug im Geschäftsverkehr bestimmt, dass die Mitgliedstaaten in Einklang mit den anwendbaren nationalen Vorschriften, wie sie durch das internationale Privatrecht bestimmt werden, vorsehen, wonach der Verkäufer bis zur vollständigen Bezahlung das Eigentum an Waren behält, wenn zwischen Käufer und Verkäufer vor der Lieferung der Waren ausdrücklich eine Eigentumsvorbehaltsklausel vereinbart wurde. Das nationale Recht muss die Vereinbarung eines Eigentumsvorbehalts also zulassen. Zuvor ergab sich dasselbe aus Art. 4 I der Richtlinie 2000/35/EG (dazu *Kieninger* AcP 208, 182, 184).

74 Im **französischen Recht** wurde durch die Reform des Rechts der Kreditsicherheiten im Jahr 2006 (Ordonnance Nr. 2006–346 v. 23.3.2006, Journal Officiel (JO) v. 24.3.2006; dazu *Klein/Tietz* RIW 2007, S. 101 ff.; *Kieninger* AcP 208, 182, 199 ff.) der Eigentumsvorbehalt *(propriété retenue à titre de garantie)* ausdrücklich in den Code civil aufgenommen (Art. 2367–2372 Code civil). Als schriftlich zu vereinbarender, nicht registrierungsbedürftiger Vorbehalt (Art. 2368 Code civil) schiebt er die rechtsübertragende Wirkung des Kaufvertrags bis zur vollständigen Forderungsbegleichung auf (Art. 2367 I Code civil). Abweichend vom deutschen Recht ist das vorbehaltene Eigentum dabei akzessorisch zur Forderung, geht also bei deren Abtretung mit dieser auf den neuen Gläubiger über (Art. 2367 II, 1321 Code civil). In der Insolvenz des Käufers gewährt der Eigentumsvorbehalt dem Verkäufer einen Herausgabeanspruch (Aussonderungsrecht; näher *Hübner/Constantinesco* FrankreichR, 189).

Auch bestimmte Formen des verlängerten Eigentumsvorbehalts entsprechen in Frankreich inzwischen geltendem Recht, so etwa die Erstreckung auf gleichartige vertretbare Sachen im Besitz des Schuldners oder seines Beauftragten (Art. 2369 Code civil), die Erstreckung auf verarbeitetes Vorbehaltseigentum bei Trennbarkeit (Art. 2370 Code civil) sowie die Erstreckung auf Versicherungsforderungen bei Verschlechterung oder Untergang (Art. 2372 Code civil) und das Rückgabe- und Verwertungsrecht des Vorbehaltsverkäufers bei Zahlungsverzug unter Rückzahlung eines Mehrwerts an den Käufer (Art. 2371 Code civil; vgl. *Baur/Stürner* SachenR § 64 Rn. 91 mit weiteren Nachweisen).

75 Das **japanische Zivilgesetzbuch** enthält keine Vorschriften zum Eigentumsvorbehalt. Die Rechtslage ist demgemäß umstritten. Die überwiegende Meinung geht davon aus, dass der Käufer einer beweglichen Sache im Fall eines Kaufvertrags mit Eigentumsvorbehalt ein dingliches Anwartschaftsrecht erwirbt. Das Eigentum geht dann erst mit voller Kaufpreiszahlung auf den Käufer über. Ein Dritter, der die Sache zwischenzeitlich vom Käufer erwirbt, kann aber gem. Art. 192 JZGB ggf. gutgläubig lastenfreies Eigentum erwerben. Im Insolvenzverfahren des Vorbehaltskäufers steht dem Vorbehaltsverkäufer nach hM – anders als im deutschen oder französischen Recht – nur ein Absonderungsrecht zu; denn dem Wesen nach wird das Vorbehaltseigentum nur als Pfandrecht des Verkäufers für die Kaufpreisforderung gesehen.

Ein verlängerter Eigentumsvorbehalt ist im japanischen Recht ebenfalls möglich; davon wird bislang aber nur wenig Gebrauch gemacht. Der Grund dafür ist, dass die gesetzlichen Voraussetzungen dafür, Dritten eine Abtretung (künftiger) Forderungen entgegen halten zu können (vgl. Art. 467 Abs. 2 JZGB), lange Zeit nur mit Schwierigkeiten zu erfüllen waren, denn dazu gehört insbes. das Erstellen einer datierten Urkunde für jeden einzelnen Schuldner. Im Jahr 2005 sind die diesbezüglichen Bedingungen durch ein Sondergesetz für Geldforderungen von juristischen Personen deutlich erleichtert worden. Juristische Personen können die Abtretung gegenwärtiger und künftiger Geldforderungen, auch wenn sie den Schuldner noch nicht kennen, nun in ein elektronisches Register eintragen und auf diese Weise Dritten bzw. den Schuldnern entgegenhalten. Daher könnte der verlängerte Eigentumsvorbehalt gerade von Gesellschaften in Zukunft möglicherweise mehr genutzt werden.

Abgesehen davon sieht das japanische Recht für den Verkäufer einer beweglichen Sache ein gesetzliches Vorzugsrecht an der Sache vor, das sich im Fall eines wirksamen Weiterverkaufs der Sache kraft dinglicher Surrogation auf die Kaufpreisforderung des Käufers gegen den Drittkäufer bezieht (Art. 304 I JZGB). Die Surrogation setzt allerdings auch voraus, dass der Verkäufer die Kaufpreisforderung gegen den Drittkäufer vor dessen Zahlung pfändet. Da die Pfändung in der Praxis aber oft unterbleibt oder misslingt, wird der Schutzzweck der Norm nicht immer erreicht. Der verlängerte Eigentumsvorbehalt könnte daher auch in Japan ein nützliches und notwendiges Instrument der Kreditsicherung werden. (Für die Informationen zum japanischen Recht danke ich *Hisanori Nemoto*, Universität Hokkaido).

76 Im **englischen Recht** wurde der Eigentumsvorbehalt erst 1976 durch die Rechtsprechung anerkannt (Aluminium Industrial Vaasen BV v. Romalpa

Aluminium Ltd.) und schließlich im Rahmen einer Gesetzesnovelle im Sale of Goods Act 1979 berücksichtigt (vgl. *v. Bernstorff* EnglandR, 119). Der durch sec. 19 Sale of Goods Act 1979 zugelassene einfache Eigentumsvorbehalt (*retention of title)* erfordert grundsätzlich die ausdrückliche und eindeutige Vereinbarung, dass das Eigentum erst dann auf den Käufer übergeht, wenn dieser den Kaufpreis vollständig bezahlt hat. Lediglich für handelsrechtliche Distanzgeschäfte sieht sec. 19 (2) und (3) Sale of Goods Act 1979 Vermutungen zugunsten des Eigentumsvorbehalts vor (näher *v. Bernstorff* EnglandR, 119f.). Der Eigentumsvorbehalt kann bei rechtzeitiger Geltendmachung im Falle der Insolvenz des Käufers durchgesetzt werden. Er sichert die Rückgabe des Vorbehaltsguts, aber nicht im eigentlichen Sinne die Kaufpreisforderung (s. *Klötzel* RIW 1985, 460). Da bei Vereinbarung eines Eigentumsvorbehalts nur festgelegt wird, dass der Verkäufer sich sein Eigentum bis zur vollständigen Bezahlung vorbehält, ist seitens der Rechtsprechung auch die Verabredung eines Kontokorrent- und Konzernvorbehalts anerkannt. Beim verlängerten Eigentumsvorbehalt, der sich auf neu entstandene Güter oder Verkaufsforderungen erstreckt, geht die Rechtsprechung von einem registrierungspflichtigen Sicherungsrecht *(charge)* aus (Tatung (UK) Ltd. v. Gallex Telesure Ltd. (1989) 5 B. C. C. 325, 333; näher *v. Bernstorff* EnglandR, 121ff.).

Empfehlungen zur vertiefenden Lektüre: *Armgardt*, Das Anwartschaftsrecht – dogmatisch unbrauchbar, aber examensrelevant, JuS 2010, 486; *Effer-Uhe*, Eigentumsvorbehalt und mittelbarer Besitz, JR 2017, 451; *Engelhardt*, Schicksal des Anwartschaftsrechts bei der Veräußerung einer unter Eigentumsvorbehalt verkauften Sache – Teil I, JA 2013, 269, Teil II, JA 2013, 330; *Harke,* Anwartschaftsrecht als Pfandrecht, JuS 2006, 386; *Heyers*, Grundstrukturen des Eigentumsvorbehalts, JA 2016, 961; *Hoffmann,* Das mobiliarsachenrechtliche Anwartschaftsrecht in der juristischen Ausbildung, JuS 2016, 289; *Leible/Sosnitza,* Grundfälle zum Recht des Eigentumsvorbehalts, JuS 2001, 244, 341, 449 und 556; *Lorenz*, Grundwissen – Zivilrecht: Der Eigentumsvorbehalt, JuS 2011, 199; *Schreiber,* Anwartschaftsrechte, Jura 2001, 623; *Zeranski,* Eigentümer und Vorbehaltskäufer im Widerstreit um die Vorbehaltsware, AcP 203, 693.

Fälle und Klausuren: *Derleder,* Der doppelte Eigentumsvorbehalt, Jura 2002, 772; *Eleftheriadou*, Referendarexamensklausur: Die zerstörte Vorbehaltssache – Autokauf mit Folgen, JuS 2009, 434; *Gomille*, „Gepfändeter Triumph“, JA 2013, 894; *Gottwald* SachenR Fälle 177–193; *Omlor/Spies*, (Original-)Referendarexamensklausur: Globalzession und verlängerter Eigentumsvorbehalt – Umgebucht, JuS 2011, 56; *Gursky* KK SachenR Fälle 8, 9; *Koch/Löhnig* Fälle SachenR Fall 6; *Neuner* SachenR Fälle 10, 11, 12; *Repgen,* Stoffes Schicksal, Jura 2002, 267; *Runge-Rannow,* Grundfälle zum Anwartschaftsrecht, Teil I, JA 2016, 487, Teil II, JA 2016, 568, Teil III, JA 2016, 648; *Singer/Große-Klußmann,* Ein bösgläubiger Bauherr, JuS 2000, 562; *Thomale,* Referendarexamensklausur: Briefmarken zur Sicherheit, JuS 2012, 728; *ders.*, Fortgeschrittenenklausur: Kreditsicherungsrecht – Heuschrecken, JuS 2013, 1097.

§ 15. Die Sicherungsübereignung

I. Grundlagen

1 Während der Eigentumsvorbehalt das Sicherungsmittel der Warenlieferanten ist, können sich die Geldkreditgeber der Sicherungsübereignung bedienen, um die **beweglichen Sachen** des Schuldners als Sicherheit zu erlangen. Man spricht dann von Sicherungseigentum. Die Sicherungsübereignung stützt sich auf die §§ 929, 930, ist gesetzlich als solche aber nicht geregelt. Das Gesetz sieht in Bezug auf bewegliche Sachen lediglich das Pfandrecht (§§ 1204 ff.) als Sicherungsmittel vor. Insoweit kann der Schuldner dem Gläubiger Sachen als Sicherheit für bestehende Forderungen verpfänden. Das Pfandrecht (dazu → § 16 Rn. 1 ff.) hat jedoch den Nachteil, dass die Sache dem Gläubiger übergeben werden muss (§ 1205). Warenbestände sowie wertvolle Betriebsmittel wie Maschinen oder Fahrzeuge eignen sich daher von vornherein nicht als Pfand, denn der Schuldner ist weiter auf ihre Verfügbarkeit in seinem Betrieb angewiesen. Als Ausweg wurde in der Praxis daher die Sicherungsübereignung entwickelt.

2 Die Sicherungsübereignung ist **sachenrechtlich** eine **Übereignung** vom Schuldner auf den Gläubiger, wobei sich die Parteien in aller Regel der Form der §§ 929, 930 bedienen. Das hat den Vorteil, dass der **Schuldner im Besitz der Sache** bleibt und diese weiter für seine Zwecke nutzen kann. Zugleich kommt dem Schuldner die in § 930 nur schwach ausgebildete Publizität (→ § 4 Rn. 6) zugute. Da er im Besitz der Sache bleibt, sind für Dritte die Sicherungsübereignung und das Ausmaß der Verschuldung des Unternehmens nicht ohne weiteres erkennbar. Dieser Vorteil für den Schuldner ist freilich ein Nachteil für den rechtsgeschäftlichen Verkehr, der die Kreditwürdigkeit des Schuldners nicht mehr anhand des bloßen Besitzes zuverlässig beurteilen kann.

3 Bei der Sicherungsübereignung ist terminologisch zwischen dem Sicherungsgeber und dem Sicherungsnehmer zu unterscheiden. **Sicherungsgeber** ist der Schuldner, der die Sicherheit (zB Maschine) dem Gläubiger gibt. Der Gläubiger ist **Sicherungsnehmer**, der vom Schuldner die Sicherheit erhält. Gleichzeitig ist in Bezug auf den gewährten Kredit der Gläubiger Kreditgeber und der Schuldner Kreditnehmer, sodass der Gläubiger Kreditgeber und Sicherungsnehmer ist,

während der Schuldner Kreditnehmer und Sicherungsgeber ist. Der Sicherungsgeber wird regelmäßig zugleich Schuldner der gesicherten Forderung sein. Notwendig ist dies aber nicht. Der Sicherungsgeber kann sich im Zusammenhang mit der Sicherungsübereignung auch zur Sicherung der Schuld eines anderen verpflichten.

In § 51 Nr. 1 InsO wird die Sicherungsübereignung ausdrücklich anerkannt. 4
Zur Sicherung der Publizität wird *de lege ferenda* von manchen die Eintragung in ein **Register** empfohlen (s. etwa *Dorndorf/Frank* ZIP 1985, 65, 78 f.; rechtsvergleichend *Kieninger* WM 2005, 2353, 2358 und AcP 208, 182, 210 ff.).

Bei der Sicherungsübereignung wird der Gläubiger durch die 5
Übertragung gem. §§ 929, 930 zwar Eigentümer der Sache. Eine Besonderheit liegt aber darin, dass er zugleich durch den **Sicherungsvertrag schuldrechtlich gebunden** wird. Danach darf er von diesem Eigentum nur zu Sicherungszwecken Gebrauch machen. Er darf die Sache erst an sich nehmen oder verkaufen, wenn die gesicherte Forderung bei Fälligkeit nicht freiwillig erfüllt wird. Die Sicherungsübereignung gehört deshalb zur Rechtsfigur der eigennützigen Treuhand (→ § 2 Rn. 13).

II. Die sicherungsweise Rechtsübertragung

Die Übertragung des Eigentums gem. §§ 929 S. 1, 930 erfordert ne- 6
ben der dinglichen Einigung unter Beachtung des Bestimmtheitserfordernisses (→ § 3 Rn. 8 ff.) die Vereinbarung eines Besitzmittlungsverhältnisses zwischen dem Sicherungsgeber, der im Besitz der Sache bleibt, und dem Sicherungsnehmer.

Voraussetzungen der Sicherungsübereignung
1. Einigung über die sicherungsweise Übertragung des Eigentums 2. Übergabesurrogat gem. § 930 durch Vereinbarung eines (ggf. antizipierten) Besitzmittlungsverhältnisses in Gestalt der Sicherungsabrede 3. Hinreichende Bestimmtheit der erfassten Sachen 4. Einigsein 5. Berechtigung des Sicherungsgebers; hilfsweise gutgläubiger Erwerb nach §§ 929, 930, 933

1. Die Einigung

7 Die dingliche Einigung wird bei der Sicherungsübereignung regelmäßig **unbedingt**, also nicht auflösend bedingt erfolgen. Das bedeutet, dass beim späteren Wegfall des Sicherungszwecks bzw. bei Befriedigung der abgesicherten Forderung eine Rückübereignung der Sache auf den Sicherungsgeber stattfinden muss. Insoweit hat der Sicherungsgeber bei Erlöschen der gesicherten Forderung auch einen **schuldrechtlichen Anspruch** aus dem Sicherungsvertrag darauf, dass ihm die Sache vom Sicherungsnehmer rückübereignet wird (→ Rn. 26). Wenn der Sicherungsgeber im Besitz der Sache ist, genügt für die Rückübereignung die dingliche Einigung gem. § 929 S. 2.

8 Es ist aber auch möglich, die Sicherungsübereignung unter der **auflösenden Bedingung** des Erlöschens der gesicherten Forderung vorzunehmen, sodass ihre Wirkung von selbst endet (§ 158 II), wenn die gesicherte Forderung durch Befriedigung oder auf andere Weise erlischt. Das Eigentum fällt dann mit Bedingungseintritt automatisch auf den Sicherungsgeber zurück. Da bei der auflösenden Bedingung in gleicher Weise wie bei der aufschiebenden Bedingung zwischenzeitliche Verfügungen vor Bedingungseintritt den Erwerb des bedingten Rechts nicht hindern (§ 161 II), steht dem Sicherungsgeber, der unter auflösender Bedingung übereignet hat, ein **Anwartschaftsrecht** an der Sache zu (BGH NJW 1984, 1184), vergleichbar dem Anwartschaftsrecht beim Eigentumsvorbehalt (→ § 14 Rn. 11 ff.).

9 Besteht Unklarheit darüber, ob eine unbedingte oder auflösend bedingte Sicherungsübereignung gewollt war, kommt es auf die **Auslegung** des Sicherungsvertrags an. Der BGH (NJW 1984, 1184; 1991, 353; NJW-RR 2005, 280) geht **im Zweifel** von einer **unbedingten Einigung** aus, da die Sicherungsübereignung nicht als akzessorisches Recht ausgestaltet ist. Für diese Auffassung spricht, dass im Kreditverkehr der Banken regelmäßig nur ein schuldrechtlicher Rückübertragungsanspruch vorgesehen ist, die Praxis also ganz überwiegend mit unbedingten Übereignungen arbeitet. Dient die übereignete Sache der Absicherung mehrerer Forderungen, könnten andernfalls auch Schwierigkeiten bei der Feststellung des Bedingungseintritts bestehen.

Hinweis für die Klausur: Fehlen nähere Angaben, ist im Zweifel von einer unbedingten, also nicht auflösend bedingten Sicherungsübereignung auszugehen.

2. Übergabesurrogat

Da der Sicherungsgeber im Besitz der Sache bleiben soll, kommt meist nur die Übereignungsform der §§ 929, 930 in Betracht, wonach die Übergabe durch die Vereinbarung eines Besitzkonstituts ersetzt werden kann. Das erforderliche konkrete **Besitzmittlungsverhältnis**, § 868, ist regelmäßig **im Sicherungsvertrag** (→ Rn. 21 ff.) enthalten, der auch näher festlegt, wie mit der Sache verfahren werden darf (vgl. BGH NJW 1979, 2308). 10

Es genügt eine **formlose** Sicherungsabrede; die beiderseitigen Rechte und Pflichten müssen nicht näher oder ausdrücklich konkretisiert werden (BGH NJW-RR 2005, 280). Hält sich der Sicherungsgeber an seine sicherungsvertraglichen Pflichten, so vermittelt er als unmittelbarer Fremdbesitzer dem Sicherungsnehmer den mittelbaren Eigenbesitz.

Da die Sicherungsübereignung meist auch Sachen erfassen soll, die erst künftig in das Eigentum des Sicherungsgebers gelangen, wird diesbezüglich ein **antizipiertes Besitzkonstitut** vereinbart (dazu → § 7 Rn. 29). Die dingliche Einigung und das Besitzmittlungsverhältnis werden insoweit vorweg vereinbart, noch **bevor** der Sicherungsgeber die Waren als Eigentümer und Besitzer erworben hat. Das Eigentum daran geht auf den Sicherungsnehmer dann erst in dem Augenblick über, in dem es der Sicherungsgeber für eine logische Sekunde erworben hat (§ 185 II). 11

3. Beachtung des Bestimmtheitsgrundsatzes

Der sachenrechtliche Bestimmtheitsgrundsatz (→ § 3 Rn. 7) wird insbes. bei der Sicherungsübereignung relevant. Die antizipierte dingliche Einigung und das antizipierte Besitzkonstitut müssen im **Zeitpunkt der Einigung** so bestimmt sein, dass aufgrund einfacher äußerer Abgrenzungskriterien für jeden, der die Parteiabreden kennt, ohne weitere Nachforschungen ersichtlich ist, welche individuell bestimmten Sachen übereignet worden sind (BGH NJW 2000, 2898). Bedeutsam ist das bei der Übereignung von Warenlagern mit wechselndem Bestand (s. auch → § 7 Rn. 30). 12

Beispiele: Hinreichend **bestimmt** wäre die Sicherungsübereignung von:
- allen Waren in einem bestimmten Raum (Raumsicherungsvertrag; BGH NJW 1996, 2654)
- allen Waren, die eine bestimmte Kennzeichnung/Markierung aufweisen (Markierungsvertrag; zB BGH NJW 2000, 2898)

- Waren, die in einem Inventarverzeichnis aufgeführt sind, auf das vertraglich Bezug genommen wird (BGH NJW 2008, 3142)
- einer „Rüttelplatte", wenn zwar die Angabe einer Seriennummer fehlt, der Sicherungsgeber aber ohnehin nur eine Maschine dieser Art besitzt (OLG Saarbrücken NJW-RR 2011, 638).

Zu **unbestimmt** wäre die Übereignung von:

- einem „halben Warenlager"
- fünfzig Ferkeln, wenn sich auf dem Hof viel mehr gleichartige Tiere befinden (BGH NJW 1984, 803)
- allen „pfändbaren Waren" (BGH NJW-RR 1988, 565).

4. Verfügungsberechtigung des Sicherungsgebers und gutgläubiger Erwerb

13 Auch die Sicherungsübereignung setzt voraus, dass der Sicherungsgeber Eigentümer oder sonst verfügungsbefugt ist. Fehlt die Berechtigung, ist gutgläubiger Erwerb nach §§ 929, 930, 933 zu prüfen.

a) Sicherungsgeber ist nur Anwartschaftsinhaber. Ist der Sicherungsgeber nicht Eigentümer der beweglichen Sachen, zB weil er sie unter Eigentumsvorbehalt erworben und den Kaufpreis noch nicht bezahlt hat, so kann an Stelle des Eigentums das dem Sicherungsgeber zustehende **Anwartschaftsrecht zur Sicherheit** übertragen werden. Da das Anwartschaftsrecht entsprechend den für die Eigentumsübertragung geltenden Vorschriften der §§ 929 ff. übertragen wird (→ § 14 Rn. 27), können sich die Parteien auch hier der Übertragungsform der §§ 929 S. 1, 930 (analog) bedienen, sodass der Sicherungsgeber im Besitz der Sache bleiben kann. Er handelt dann als Berechtigter. Der Sicherungsnehmer erwirbt das Anwartschaftsrecht sofort, wird aber erst Eigentümer, wenn der Kaufpreis an den Vorbehaltsverkäufer bezahlt ist. Es findet kein Durchgangserwerb durch das Vermögen des Käufers bzw. Sicherungsgebers statt.

14 Legt der Sicherungsgeber gar nicht offen, dass ihm an den Sachen kein Eigentum, sondern nur ein Anwartschaftsrecht zusteht, so kann die dingliche Einigung über die Sicherungsübereignung in eine **Übertragung** des **Anwartschaftsrechts umgedeutet** werden (§ 140). Der Wille zur Übertragung der Anwartschaft ist als ein Weniger im Übereignungswillen regelmäßig mit enthalten (BGHZ 50, 45, 48 f.). Dies ist deshalb von Bedeutung, weil ein gutgläubiger Erwerb bei einer in der Form der §§ 929, 930 erfolgten Sicherungsübereignung nur möglich ist, wenn der Sicherungsgeber dem Sicherungsnehmer die Sache

übergibt und der Sicherungsnehmer zu diesem Zeitpunkt noch gutgläubig ist (§ 933). Da der Sicherungsgeber aber grundsätzlich den unmittelbaren Besitz der Sache behalten soll, scheidet ein gutgläubiger Erwerb regelmäßig aus. Die Übertragung der Anwartschaft ist dagegen wirksam.

b) Gutgläubiger Erwerb trotz „Nebenbesitzes"? Ein klassisches, 15
sich im Zusammenhang mit Sicherungsübereignungen stellendes Problem betrifft den gutgläubigen Erwerb trotz „Nebenbesitzes". Das ist ein beliebtes Klausurproblem.

Fall 19 – Fräsmaschine (BGHZ 50, 45 = NJW 1968, 1382): V liefert an K eine Fräsmaschine unter Eigentumsvorbehalt. Etwas später übereignet K die Maschine zur Sicherheit an H, ohne den Eigentumsvorbehalt zu erwähnen. H wiederum verkauft die Maschine nach zwölf Monaten an L, wobei H und L sich darüber einig sind, dass das Eigentum auf L übergehen soll. Dazu tritt H dem L seine Rechte gegenüber K ab. Gleichzeitig wird K angewiesen, den Besitz an der Maschine künftig nur noch dem L zu vermitteln. Den Kaufpreis hat K an V noch nicht gezahlt.

Wer ist jetzt Eigentümer der Fräsmaschine?

Lösungsskizze:

Fraglich ist, wer nun Eigentümer der Fräsmaschine ist.

1. Ursprünglich war V Eigentümer der Fräsmaschine.

2. Durch die Veräußerung an K hat V das Eigentum noch nicht verloren, weil die Übereignung nach § 929 S. 1 unter der Bedingung der vollständigen Kaufpreiszahlung stand, §§ 158 I, 449 I. Die vollständige Kaufpreiszahlung ist bislang nicht erfolgt.

3. V könnte das Eigentum infolge der Veräußerung von K an H verloren haben.

a) Es handelt sich um eine Übereignung nach §§ 929, 930. Die Einigung zwischen K und H ist erfolgt. Im Sicherungsvertrag liegt regelmäßig zugleich die Vereinbarung eines Besitzmittlungsverhältnisses (§ 868).

b) Allerdings war K Nichtberechtigter, sodass nur ein gutgläubiger Erwerb vom Nichtberechtigten nach §§ 929, 930, 933 in Betracht kommt. Dessen Voraussetzungen sind aber nicht erfüllt, da die Maschine bei K bleiben sollte und eben nicht an H übergeben worden ist. Somit blieb die Maschine im Eigentum des V.

4. V könnte sein Eigentum infolge der Veräußerung von H an L verloren haben.

a) Diese Übereignung richtet sich nach §§ 929, 931. Eine Einigung liegt vor. Seinen Herausgabeanspruch gegenüber K hat H an L abgetreten.

b) Da H nicht Eigentümer ist, kommt nur gutgläubiger Erwerb vom Nichtberechtigten in Betracht. § 934 Alt. 1 setzt dafür voraus, dass H als mittelbarer Besitzer der Maschine seinen Herausgabeanspruch gegen K an L abgetreten hat. Tatsächlich haben sich H und L auch diesbezüglich geeinigt. Allerdings ist fraglich, ob auf Basis des vereinbarten Besitzmittlungsverhältnisses überhaupt ein Herausgabeanspruch des H gegenüber K bestand. Schließlich war die Übereignung von Sicherungseigentum an H, wie soeben festgestellt wurde, fehlgeschlagen; und damit scheidet ein Herausgabeanspruch des H im Sicherungsfall aus.

Laut BGH (BGHZ 50, 45 ff. = NJW 1968, 1382) ist § 934 Alt. 1 in solchen Fällen jedoch erfüllt. K war nämlich immerhin Inhaber des Anwartschaftsrechts. Die Vereinbarung zwischen H und K kann daher dahin ausgelegt oder umgedeutet werden, dass zumindest das Anwartschaftsrecht sicherungsweise auf H übertragen werden sollte, §§ 929, 930 analog (→ Rn. 18). H ist also Anwartschaftsberechtigter geworden. Die dieser Übertragung zugrunde liegende Sicherungsabrede begründet auch ein wirksames Besitzmittlungsverhältnis zwischen H und K. H kann daher als mittelbarer Besitzer den diesbezüglichen Herausgabeanspruch gegenüber K an L wirksam abtreten und somit die Voraussetzungen von §§ 929, 931, 934 Alt. 1 erfüllen.

Nach der Gegenansicht (zB *Medicus/Petersen* BürgerlR Rn. 561) ist hier indes zu beachten, dass K als Besitzmittler nicht nur dem Erwerber L, sondern weiterhin auch dem Eigentümer V als Vorbehaltsverkäufer den Besitz vermittelt. V sei somit besitzrechtlich nicht von L verdrängt worden, vielmehr bestehe nun gleichstufiger, mittelbarer *Nebenbesitz* von L und V. Damit sei der Erwerber L noch nicht näher an die Sache herangerückt als V. Erst dann, wenn K seine besitzrechtliche Stellung im Verhältnis zu V abbreche und damit seinen mittelbaren Besitz zum Erlöschen bringe, sei Raum für einen Eigentumserwerb durch L. Mit anderer Begründung zum gleichen Ergebnis kommt eine dritte Ansicht, die insoweit mit einer teleologischen Reduktion von § 934 Alt. 1 argumentiert; die Norm sei auf Fälle der vorliegenden Art nicht anzuwenden, um einen Wertungswiderspruch zu § 933 zu vermeiden, wonach gutgläubiger Erwerb erst mit Erlangung des unmittelbaren Besitzes eintritt (*Neuner* SachenR Rn. 410).

Für die erstgenannte Auffassung spricht allerdings, dass § 934 Alt. 1 hier vom Wortlaut her erfüllt ist und dass dem BGB die Figur des mittelbaren Nebenbesitzes eben nicht bekannt ist. Außerdem ist davon auszugehen, dass ein unmittelbarer Besitzer grundsätzlich immer nur eine Person als Oberbesitzer anerkennt. Insofern hat K mit der Anerkennung zunächst des H und dann des L als Oberbesitzer den Willen verloren, die Sache auch für V zu besitzen. Es kommt also wohl gar nicht zu einem „Nebenbesitz“. Vielmehr ist das Besitzmittlungsverhältnis zu V beendet worden, als K damit begann, dem H bzw. dem L den Besitz zu vermitteln. Damit besteht keine Besitzposition des V mehr, die einem Eigentumserwerb des L entgegengehalten werden könnte.

Ergebnis: Folgt man der Auffassung des BGH, konnte L hier gutgläubig nach §§ 931, 934 Alt. 1 das Eigentum an der Fräsmaschine erlangen.

Das **Problem des „Nebenbesitzes“** taucht aber nicht nur im Zusammenhang mit der Sicherungsübereignung auf. Es sind verschiedene **Fallkonstellationen** denkbar. Weitere Fallvarianten: 16

- Eigentümer E verkauft eine Ware, die bei Lagerhalter L eingelagert ist, unter Eigentumsvorbehalt an K. Dieser spielt sich als Eigentümer auf und veräußert die Ware nach §§ 929 S. 1, 931, 934 weiter an D unter Abtretung seines angeblichen Herausgabeanspruchs gegen L, wobei L dann dem D einen Lagerschein ausstellt, zugleich aber gegenüber E die Einlagerung bestätigt (RGZ 135, 75; 138, 265). Hier können E und D als mittelbare Nebenbesitzer bezeichnet werden.
- LN hat einen Wagen geleast, der LG gehört. Als der Wagen zur Inspektion in der Werkstatt des U ist, veräußert LN den Wagen unter Vorlage gut gefälschter Papiere nach §§ 929 S. 1, 931, 934 an K unter Abtretung seines Herausgabeanspruchs gegenüber U aus dem Werkvertrag. Insoweit stehen LG und K als mittelbare Besitzer nebeneinander.

c) Sicherungsübereignung und Vermieterpfandrecht. Bei Sicherungsübereignungen, insbes. bei sog. **Raumsicherungsverträgen**, können sich Konflikte mit dem Vermieterpfandrecht ergeben. Nach §§ 562, 578 (*lesen!*) hat der Vermieter für seine Forderungen aus dem Mietverhältnis ein kraft Gesetzes entstehendes (besitzloses) Pfandrecht an den eingebrachten Sachen des Mieters. Zu diesen Sachen zählen zB Einrichtungsgegenstände, aber auch Fahrzeuge, die regelmäßig auf dem gemieteten Grundstück abgestellt werden (BGH MDR 2018, 266). 17

Dabei sind mehrere Fallgestaltungen zu unterscheiden. Erfolgt die Sicherungsübereignung, **nachdem** die Sachen des Mieters in die Mieträume bereits eingebracht worden sind, so erwirbt der Sicherungsnehmer das Sicherungseigentum in der Regel belastet mit dem Vermieterpfandrecht (BGH NJW 1992, 1156). Das gilt auch, wenn dem Mieter statt des Eigentums bislang nur ein **Anwartschaftsrecht** an den Sachen zusteht; das Vermieterpfandrecht entsteht dann am Anwartschaftsrecht des Mieters und setzt sich später am Eigentum fort (s. BGH aaO). Die Voraussetzungen eines gutgläubig lastenfreien Erwerbs des Sicherungsnehmers nach § 936 liegen bei der Übereignung gem. §§ 929 S. 1, 930 im Regelfall nicht vor (s. schon Fall 10 bei → § 8 Rn. 39).

Beispiel: Mieter M ist in Geldnot und nimmt daher bei der B-Bank einen Kredit auf. Zur Absicherung des Darlehensrückzahlungsanspruchs übereignet M der B sicherungshalber einen in den Mieträumen befindlichen, geerbten Konzertflügel. Als M zahlungsunfähig wird, streiten Vermieter V und B um den Flügel, der sich nach wie vor in der Wohnung befindet. B meint, sie habe nicht gewusst, dass es sich um Mieträume handle.

Hier konnte B zwar nach §§ 929 S. 1, 930 das Sicherungseigentum vom Berechtigten erwerben. Die Sache war jedoch mit dem Vermieterpfandrecht des V belastet, § 562 I. Ein gutgläubig lastenfreier Erwerb scheidet aus, weil nach § 936 I 1, 3 in den Fällen der Übereignung nach § 930 das Recht des Dritten (Vermieterpfandrecht) erst dann erlischt, wenn der Erwerber auf Grund der Veräußerung den Besitz an der Sache erlangt hat. Den unmittelbaren Besitz am Flügel hatte B aber zu keinem Zeitpunkt erlangt. V hat daher kraft des Pfandrechts ein Verwertungsrecht am Flügel.

18 Vereinbart der Sicherungsnehmer mit dem Mieter als Sicherungsgeber in einer **antizipierten Übereignung**, dass er das Sicherungseigentum **gleichzeitig** mit der Einbringung erwerben soll, so erwirbt er das Sicherungseigentum ebenfalls nur belastet mit dem **Vermieterpfandrecht** (Palandt/*Weidenkaff* BGB § 562 Rn. 10). Dies ergibt sich zum einen daraus, dass der Sicherungsnehmer das Eigentum oder Anwartschaftsrecht an den Sachen nur erwerben kann, wenn der Mieter als Sicherungsgeber zuvor für eine logische Sekunde Eigentümer oder Anwartschaftsberechtigter war (§ 185 II; → § 7 Rn. 30). In dieser logischen Sekunde entsteht dann aber auch das Vermieterpfandrecht und geht mit dieser Belastung auf den Sicherungsnehmer über. Zudem ist die Entstehung des Vermieterpfandrechts nach §§ 562, 578 **kraft Gesetzes** vorgesehen. Diese Folge kann nicht durch Sicherungsgeber und Sicherungsnehmer ohne Mitwirkung des Vermieters beseitigt werden. Das Vermieterpfandrecht entsteht deshalb kraft Gesetzes vorrangig ohne Rücksicht auf eine Vereinbarung zwischen Sicherungsgeber und Sicherungsnehmer (vgl. BGH NJW 1992, 1156).

19 Erwirbt der Sicherungsnehmer das **Sicherungseigentum** oder die Anwartschaft **vor der Einbringung**, so kann das Vermieterpfandrecht nicht entstehen, weil der Mieter dann im Zeitpunkt der Einbringung der Sache weder Eigentümer noch Anwartschaftsberechtigter ist. Der Sicherungsnehmer kann dies etwa dadurch erreichen, dass er die Übereignung und Kennzeichnung des Sicherungsguts vor der Einbringung vereinbart.

20 Im Fall des **Vermieterwechsels** infolge Verkaufs des Miethauses tritt der neue Eigentümer gem. §§ 566, 578 I kraft Gesetzes in den Mietvertrag ein. Dabei ist auch im Verhältnis zum neuen Vermieter auf den Zeitpunkt der (ursprünglichen) **Einbringung der Sache in die Mieträume** abzustellen; denn nur so kann eine Besserstellung des Mieters durch den Eigentumsübergang vermieden werden. Das

eigenständige Vermieterpfandrecht des Erwerbers (neuen Vermieters) erfasst daher auch die vor dem Eigentumsübergang eingebrachten Sachen des Mieters. Eine Sicherungsübereignung der Sache nach ihrer Einbringung in die Mieträume und vor einem veräußerungsbedingten Vermieterwechsel verhindert daher nicht, dass das Vermieterpfandrecht des neuen Vermieters die Sache erfasst (BGH NJW 2014, 3775; krit. *Wilhelm* JZ 2015, 346 ff.). Die Vermieterpfandrechte des alten und neuen Vermieters an denselben Sachen sind dabei gleichrangig.

III. Der Sicherungsvertrag

1. Überblick

Von der Sicherungsübereignung selbst zu unterscheiden ist die ihr **21** zugrunde liegende schuldrechtliche Vereinbarung, der Sicherungsvertrag, auch „Sicherungsabrede" genannt. Der Sicherungsvertrag ist formlos wirksam. Er liefert die **schuldrechtliche Grundlage** für die Beziehungen zwischen Sicherungsgeber und Sicherungsnehmer. Dieser Vertrag regelt die beiderseitigen Rechte und Pflichten und begründet ein Dauerschuldverhältnis zwischen den Beteiligten. Der Sicherungsvertrag enthält insbes. die Verpflichtung zur Sicherungsübereignung und ist somit **Rechtsgrund** iSv § 812 I dafür, dass der Sicherungsnehmer das Eigentum an der Sache erhält. Ferner begründet er das Besitzmittlungsverhältnis (§ 868) zwischen Sicherungsgeber und Sicherungsnehmer. Im Sicherungsvertrag enthalten ist regelmäßig auch die sog. Zweckbestimmungserklärung, dh die Bestimmung darüber, für welche Forderungen die Übereignung als Sicherheit dienen soll.

Der Sicherungsvertrag ist nicht identisch mit dem **Kreditvertrag**, der meist die Gewähr eines Darlehens (§ 488) an den Sicherungsgeber betrifft; vielmehr handelt es sich um zwei voneinander zu trennende Rechtsgeschäfte. Insbes. mag das Darlehen bereits ausgezahlt sein und der Sicherungsvertrag erst nachträglich zustande kommen. Auch wenn der Kreditvertrag nichtig ist, ist der Sicherungsvertrag grundsätzlich wirksam und beschränkt etwa die Verfügungsbefugnisse des Sicherungsnehmers; der Parteiwille ist dann im Zweifel darauf gerichtet, dass das Sicherungseigentum der Absicherung des bereicherungsrechtlichen Rückzahlungsanspruchs aus § 812 I 1 Alt. 1 dient (→ Rn. 26). Im Ausnahmefall kann von den Parteien aber auch eine Einheit von Sicherungsvertrag und Kreditgeschäft gewollt sein, sodass Teilnichtigkeit zur Gesamtnichtigkeit aller Geschäfte (§ 139) führt.

2. Rechte und Pflichten des Sicherungsgebers

22 Sicherungsgeber wird meist der Kreditschuldner selbst sein, es kann aber auch ein Dritter die Sicherungsübereignung zu dessen Gunsten vornehmen. Aufgrund des Sicherungsvertrags ist der Sicherungsgeber zur sicherungsweisen **Übereignung**, zur sorgfältigen Behandlung der Sache und, falls dies vereinbart ist, zu deren Versicherung zugunsten des Sicherungsnehmers verpflichtet. Er ist ferner verpflichtet, dem Sicherungsnehmer bei Fälligkeit der Forderung den Besitz der Sache zum Zwecke der Verwertung herauszugeben, wenn die Forderung nicht freiwillig bezahlt wird. Die Herausgabepflicht besteht auch dann, wenn die gesicherte Forderung verjährt ist (§ 216 I analog, vgl. BGHZ 35, 191, 198). Solange diese Voraussetzungen nicht vorliegen, also der „**Sicherungsfall**" noch nicht eingetreten ist, hat der Sicherungsgeber ein **Recht zum Besitz** der Sache. Das Besitzrecht umfasst auch das Recht des Sicherungsgebers, aus dem Sicherungsgut **Nutzungen** zu ziehen, zB auch durch Vermietung an einen Dritten.

Erlaubt der Sicherungsnehmer dem Sicherungsgeber die **Weiterveräußerung** oder die Weiterverarbeitung, so können die Forderung aus der Weiterveräußerung und die neue Sache in gleicher Weise wie beim verlängerten Eigentumsvorbehalt (→ § 14 Rn. 42 ff.) als neue Sicherheiten vorgesehen werden (s. als Beispiel BGH ZIP 1989, 1584).

3. Pflichten des Sicherungsnehmers

23 Der Sicherungsnehmer (Kreditgeber) ist verpflichtet, von seinem Eigentum an der Sache nur zum Zwecke der Verwertung Gebrauch zu machen, wenn die gesicherte Forderung nicht bei Fälligkeit bezahlt wird. Die **Verwertung** erfolgt in der Regel durch Veräußerung des Sicherungsguts. Solange der Sicherungsnehmer nicht Herausgabe zum Zwecke der Verwertung verlangen kann, weil der Sicherungsfall noch nicht eingetreten ist, stehen der Besitz am Sicherungsgut und das Recht, daraus **Nutzungen** zu ziehen, wie gesagt dem Sicherungsgeber zu. Auch nach Eintritt der Verwertungsreife kann der Sicherungsnehmer keinen Ersatz für die vom Sicherungsgeber gezogenen Nutzungen verlangen, weil dies nicht zum Wesen des Sicherungsvertrags gehört. Anderes gilt nur dann, wenn dies im Sicherungsvertrag ausdrücklich vorgesehen ist (BGH NJW 2007, 216).

24 Das **Recht zur Verwertung** entsteht mit der Fälligkeit der gesicherten Forderung. Für die Art und Weise der Verwertung gelten in erster Linie die im

Sicherungsvertrag getroffenen Abreden, die jedoch von den gesetzlichen Grundwertungen des Pfandverkaufs (§§ 1234 ff.) nicht einseitig zum Nachteil des Sicherungsgebers abweichen dürfen. Sind keine besonderen Abreden getroffen oder sind sie nach § 307 oder § 138 unwirksam, so ist der Sicherungsnehmer unter Beachtung von § 1234 (s. BGH NJW 1995, 2221) zum freihändigen Verkauf der Sache berechtigt, wobei er im Rahmen des Zumutbaren die für den Sicherungsgeber günstigste Verwertung wählen muss (s. als Beispiel BGH NJW 2000, 352). Entscheidend ist dabei auch die Zahlungsfähigkeit des Erwerbers. Der aus dem Verkauf erzielte Erlös wird auf die gesicherte Forderung verrechnet. Einen etwaigen Überschuss muss der Sicherungsnehmer an den Sicherungsgeber analog § 1247 S. 2 auszahlen.

Verfügungen, die nicht der Verwertung nach Fälligkeit der Forderung dienen, muss der Sicherungsnehmer unterlassen. Verfügt der Sicherungsnehmer dennoch, indem er die Sache gem. §§ 929, 931 einem Dritten übereignet, so ist die **Verfügung** allerdings uneingeschränkt wirksam, sofern die Sicherungsübereignung nicht auflösend bedingt ist (§ 161 II; → Rn. 8). Der Sicherungsnehmer macht sich aber schadensersatzpflichtig (s. Beispiel → Rn. 26). Sofern der Sicherungsnehmer den gesicherten Anspruch an einen Dritten abtritt, geht das Sicherungseigentum nicht kraft Gesetzes nach § 401 I auf den Zessionar über, da das Sicherungseigentum im Gegensatz zum Pfandrecht (→ § 16 Rn. 10 f.) nicht akzessorisch ist (s. auch BGHZ 78, 137, 143). 25

Ist die Sicherungsübereignung nicht auflösend bedingt (→ Rn. 7), so ist der Sicherungsnehmer zur **Rückübereignung** der Sache (nach § 929 S. 2) verpflichtet, da die Sicherungsübereignung nicht akzessorisch ist (BGH NJW 1984, 1184, 1186; 1991, 353) und deshalb auch ohne die gesicherte Forderung wirksam bleibt. Dies ist auch § 216 II 1 zu entnehmen, da dort von einer „Rückübertragung" ausgegangen wird. 26

Die Pflicht zur Rückübereignung besteht nicht nur, wenn die Forderung nachträglich erlischt, sondern auch dann, wenn die Forderung nie entstanden ist, weil zB das Darlehen nicht ausbezahlt wurde, obwohl die Sicherungsübereignung bereits durchgeführt worden ist. Ist das Darlehen zwar ausgezahlt worden, der Darlehensvertrag aber (zB wegen Wuchers) nichtig, so kann die Rückübereignung gleichwohl nur nach Rückzahlung verlangt werden; denn im Zweifel dient die Sicherungsübereignung auch der Absicherung des Anspruchs aus § 812 I 1 Alt. 1. Die Rückübereignung kann nicht verlangt werden, wenn die gesicherte Forderung lediglich verjährt ist (§ 216 II 1 analog).

Beispiel: Sicherungsgeber SG übereignet Sicherungsnehmer SN eine Maschine. SN wird demnach zwar gem. §§ 929 S. 1, 930 Eigentümer, unterliegt aber den Bindungen des Sicherungsvertrags, wonach er insbes. nicht frei über das Sicherungsgut verfügen darf. Veräußert SN die Sache gleichwohl nach §§ 929 S. 1, 931 an D, so liegt allerdings die Verfügung eines Berechtigten vor und D wird Eigentümer. SG kann jedoch gegenüber D nach § 986 II die Herausgabe verweigern, solange er aufgrund des Sicherungsvertrags zum Besitz der Sache berechtigt ist.

Der Anspruch von SG aus dem Sicherungsvertrag gegen SN auf Rückübertragung des Eigentums ist nun aber nach § 275 I erloschen, weil SN die Erfüllung infolge der Veräußerung unmöglich geworden ist. Hier hat SG gegen SN nur noch einen Schadensersatzanspruch aus §§ 280 I, III, 283.

IV. Sittenwidrigkeit des Sicherungsvertrags

1. Interessenlage

27 Sicherungsnehmer können versucht sein, die Unterlegenheit ihres Schuldners übermäßig auszunutzen. Zudem sind manche Gläubiger in rücksichtsloser Weise bestrebt, Vorteile gegenüber konkurrierenden Gläubigern zu erlangen. Die Sicherungsübereignung kann in solchen Fällen nach umfassender Würdigung aller Umstände, insbes. der wirtschaftlichen Situation des Sicherungsgebers und der Interessen aller beteiligter Gläubiger, ausnahmsweise als sittenwidrig (§ 138 I) und damit nichtig anzusehen sein. Die Rechtsprechung hat hierzu verschiedene Fallgruppen herausgearbeitet. Entscheidender Beurteilungszeitpunkt ist dabei der Zeitpunkt des Vertragsschlusses (BGH NJW 2016, 2662).

2. Fallgruppen

28 Die Sittenwidrigkeit der Sicherungsübereignung kann sich wegen einer sog. **Knebelung** des Sicherungsgebers ergeben, wenn dieser durch die Sicherungsübereignung in seiner wirtschaftlichen Bewegungsfreiheit und in der Freiheit der Unternehmensführung einseitig vom Sicherungsnehmer abhängig wird (s. BGHZ 26, 185; BGH NJW 1970, 637).

Beispiel: Der Sicherungsvertrag verpflichtet den Unternehmer, an den Sicherungsnehmer alle Maschinen, Waren und sonstige zum Unternehmen gehörende Gegenstände zur Sicherheit zu übereignen. Zugleich wird dem Sicherungsnehmer ein Recht auf Anhörung und Widerspruch bei allen wichtigen Unternehmensentscheidungen eingeräumt.

Die Sicherungsübereignung kann auch sittenwidrig und daher gem. § 138 I nichtig sein, wenn die Interessen der übrigen Gläubiger des Sicherungsgebers nicht genügend berücksichtigt werden. Die Sittenwidrigkeit kann sich dabei nach umfassender **Gesamtwürdigung** von Inhalt, Beweggrund und Zweck des einzelnen Vertrags ergeben, wenn zur **Gläubigerbenachteiligung** oder Gläubigergefährdung, denen grundsätzlich bereits durch die Vorschriften des Insolvenzrechts vorgebeugt wird, noch besondere Umstände hinzukommen (BGH NJW 2016, 2662). Die Wahrnehmung eigener Sicherungsinteressen allein ist noch nicht sittenwidrig. Insoweit sind wiederum die Fallgruppen der **Übersicherung** (→ Rn. 31), der **Kredittäuschung** und der Insolvenzverschleppung zu unterscheiden (Übersicht zu den Fallgruppen bei BGH aaO). 29

Ein Fall der **Kredittäuschung** liegt etwa vor, wenn Sicherungsgeber und Sicherungsnehmer vorsätzlich zusammen die sonstigen Gläubiger des Sicherungsgebers über dessen Kreditwürdigkeit irreführen. Eine sittenwidrige Kredittäuschung kann aber auch dann vorliegen, wenn der Kreditgeber grob fahrlässig die Täuschung und Schädigung anderer Gläubiger nicht erkennt (BGHZ 10, 228, 234). Eine Bank als Sicherungsnehmer handelt aber nicht allein deshalb sittenwidrig, weil sie weiß, dass ihre Sicherungsübereignung das gesamte vollstreckungsfähige Vermögen des Sicherungsgebers umfasst (BGH NJW 1984, 728). 30

Insolvenzverschleppung ist gegeben, wenn ein Kreditgeber um eigener Vorteile willen die letztlich unvermeidliche Insolvenz eines Unternehmens nur hinausschiebt, indem er Kredite gewährt, die nicht zur Sanierung, sondern nur dazu ausreichen, den Zusammenbruch zu verzögern, wenn hierdurch andere Gläubiger über die Kreditfähigkeit des Unternehmens getäuscht und geschädigt werden sowie der Kreditgeber sich dieser Erkenntnis mindestens leichtfertig verschließt (s. BGH WM 1995, 995; NJW 2016, 2662). Die Insolvenzverschleppung kann mit der Kredittäuschung zusammentreffen. Die Fallgruppen können sich insoweit überschneiden.

3. Übersicherung

a) Begriff. Praktisch am bedeutsamsten sind Fälle der Übersicherung. Eine Übersicherung liegt vor, wenn ein **grobes Missverhältnis** zwischen dem Wert der sicherungsübereigneten Sachen und dem Wert der zu sichernden Forderung besteht und den Sicherungsnehmer insoweit auch eine verwerfliche Gesinnung trifft (BGH NJW-RR 2010, 1529). Entscheidend für die Beurteilung des Missverhältnisses ist dabei der im potenziellen späteren Verwertungsfall realisier- 31 bare Wert des Sicherungsguts im Vergleich zu den von der Sicherungsabrede erfassten (noch offen stehenden) Forderungen.

Wichtig ist dabei die Unterscheidung zwischen einer bereits zu Beginn bestehenden Übersicherung (**anfängliche** Übersicherung) und einer erst nachträglich sich ergebenden Übersicherung (**nachträgliche** Übersicherung); denn nur im ersten Fall wird von Sittenwidrigkeit bzw. Nichtigkeit der Sicherungsübereignung oder Sicherungszession ausgegangen.

32 **b) Nachträgliche Übersicherung.** Eine **nachträgliche Übersicherung** kann dadurch eintreten, dass ein Teil der gesicherten Forderungen inzwischen getilgt ist, oder dadurch, dass ein übereignetes Warenlager nun einen deutlich größeren Bestand aufweist. Das führt **nicht zur Unwirksamkeit** des Sicherungsvertrags. Für solche Fälle ergibt sich aus dem Sicherungsvertrag aufgrund der Interessenlage vielmehr im Wege ergänzender Vertragsauslegung nach §§ 157, 242 ein **vertragsimmanenter Freigabeanspruch** (grundlegend BGH NJW 1998, 671), sofern er nicht ohnehin ausdrücklich vereinbart ist (vgl. *Pfeiffer* ZIP 1997, 49; *Canaris* ZIP 1997, 813).

Diese Grundsätze wurden vom BGH zuletzt mit Verweis auf das **Treuhandverhältnis** zwischen Sicherungsgeber und Sicherungsnehmer bestätigt: „Hieraus ergibt sich – abgesehen vom Fall auflösend bedingter Sicherungsübertragungen – die Pflicht des Sicherungsnehmers, die Sicherheit schon vor Beendigung des Vertrages zurückzugewähren, wenn und soweit sie endgültig nicht mehr benötigt wird. Diese Pflicht folgt gemäß § 157 aus dem fiduziarischen Charakter der Sicherungsabrede sowie der Interessenlage der Vertragsparteien. Soweit Sicherheiten nicht nur vorübergehend nicht mehr benötigt werden, also eine **endgültige Übersicherung** vorliegt, ist ihr weiteres Verbleiben beim Sicherungsnehmer ungerechtfertigt. Dieser vertragliche Anspruch des Sicherungsgebers auf Rückgabe nicht mehr benötigter Sicherheiten besteht auch dann, wenn der Sicherungsvertrag eine ausdrückliche Freigaberegelung nicht oder nur eine unangemessen beschränkende und deshalb unwirksame Freigabeklausel enthält. Das Fehlen einer ausdrücklichen wirksamen Regelung des vertraglichen Freigabeanspruchs führt deshalb **nicht zur Unwirksamkeit** der Sicherheitenvereinbarung" (BGH NJW 2015, 1952).

33 Der BGH hat die **Sicherungsgrenze**, bei deren Überschreitung grundsätzlich eine Übersicherung eintritt, gem. § 237 S. 1 auf **150 %** der zu sichernden Forderung zuzüglich Umsatzsteuer festgelegt (BGH NJW 1998, 671, 675). In dem Umfang, in dem der Wert der Sicherheiten 150 % der zu sichernden Forderung zuzüglich Umsatzsteuer nicht nur vorübergehend übersteigt, kann der Sicherungsgeber

somit die **Freigabe bzw. Rückübereignung** (nach § 929 S. 2) verlangen. Der **Wert** von Sachsicherheiten wird anhand des Börsen- oder Marktpreises, bei Fehlen eines solchen anhand des Einkaufspreises oder bei neu produzierten Gegenständen anhand der Herstellungskosten, geschätzt bzw. errechnet. Stehen dem Sicherungsnehmer mehrere, auch verschiedene, Sicherheiten zur Verfügung, so hat er gem. § 262 ein Wahlrecht, welche Sicherheit er zurückgeben will (BGH NJW-RR 2003, 45).

Die genannte 150 %-Marke ergibt sich für den BGH aus folgenden Erwägungen: Im Ausgangspunkt gilt, dass eine Übersicherung an sich vorliegt, wenn der im Zeitpunkt der künftigen Verwertung **realisierbare Wert** der Sicherheiten (sog. Deckungswert) **höher** ist **als** der Betrag der zu sichernden **Forderungen** zuzüglich der im Zusammenhang mit der Verwertung anfallenden Kosten, die in Anlehnung an § 171 I 2, II 1 InsO mit 10 % berechnet werden. Die sog. **Deckungsgrenze**, deren Überschreitung zur Übersicherung führt, liegt damit bezogen auf den Verwertungszeitpunkt bei 110 % (BGH NJW 1998, 671, 675; *Pfeiffer* ZIP 1997, 49, 58). Zusätzlich muss aber noch die Umsatzsteuer aus dem Verwertungserlös abgeführt werden (vgl. § 170 II InsO). Da der realisierbare Wert der Sicherheiten im künftigen Verwertungsfall nicht zuverlässig im Voraus geschätzt werden kann, gesteht der BGH den Beteiligten einen Bewertungsabschlag zu. Diesen bestimmt er gem. § 237 S. 1 mit $^{1}/_{3}$ des aktuellen Werts der Sicherheiten. Bezogen auf die Summe der zu sichernden Forderungen, die mit 100 % (ohne Einbeziehung der Verwertungskosten) angesetzt wird, darf somit der Gesamtwert der Sicherheiten (= **Sicherungsgrenze)** im Regelfall bis **150 %** betragen, weil $^{2}/_{3}$ von 150 % den Wert der mit 100 % angesetzten Forderungen erreichen (BGH NJW 1998, 671, 675).

Freigabeklauseln in AGB können abweichende Regelungen treffen. Sie dürfen aber von dem Grundgehalt des vertragsimmanenten Freigabeanspruchs und seinen Voraussetzungen nicht wesentlich abweichen. Ist eine vereinbarte Freigabeklausel unwirksam, so ist nicht die Sicherheit insges. unwirksam. Vielmehr greift der vertragsimmanente Freigabeanspruch ein (BGH NJW 1998, 671; NJW 2015, 1952). Die Freigabepflicht kommt im Falle bloß teilweiser Tilgung in der Regel nur bei Sachmehrheiten, nicht hingegen bei Einzelsachen in Betracht. Nach der Verwertung der Sicherheit tritt an die Stelle des Freigabeanspruchs der Anspruch auf Auszahlung des Übererlöses (→ Rn. 24). 34

c) Anfängliche Übersicherung. Eine anfängliche Übersicherung liegt vor, wenn bereits **bei Vertragsschluss** gewiss ist, dass im noch ungewissen Verwertungsfall ein grobes Missverhältnis zwischen dem 35 realisierbaren Wert der Sicherheit und den gesicherten Forderungen bestehen wird. Eine solche anfängliche Übersicherung führt, wenn zudem beim Sicherungsnehmer eine **verwerfliche Gesinnung** vorliegt, zur Sittenwidrigkeit und Nichtigkeit des Sicherungsvertrags wie auch der Sicherungsübereignung bzw. Sicherungszession (§ 138 I). Angesichts der weitreichenden Folgen einer bejahten Sittenwidrigkeit wird ein grobes Missverhältnis überwiegend erst bei einer Sicherungsgrenze von **200 %** gesehen (Staudinger/*Sack*/*Fischinger* BGB § 138 Rn. 378; Palandt/*Ellenberger* BGB § 138 Rn. 97), zT sogar erst bei 300 % (*Nobbe* FS Schimansky, 1999, 433, 453).

4. Rechtsfolgen der Sittenwidrigkeit

36 Ist der Sicherungsvertrag ausnahmsweise infolge Sittenwidrigkeit nach § 138 nichtig, so sind die Sicherungsübereignungen **rechtsgrundlos** erfolgt. Es kann daher vom Sicherungsgeber **Rückübereignung** nach § 812 I 1 Alt. 1 iVm § 929 S. 2 verlangt werden. Sofern die Sittenwidrigkeit auch zugleich die dingliche Sicherungsübereignung erfasst, ergibt sich der Rückgabeanspruch zudem aus § 985. Von Nichtigkeit auch des dinglichen Geschäfts ist auszugehen, wenn die Wirksamkeit des Sicherungsvertrags Bedingung (§ 158) für die Wirksamkeit der Sicherungsübereignung war, wenn beide Rechtsgeschäfte als Einheit gedacht waren (§ 139) oder wenn Fehleridentität (→ § 6 Rn. 7) zu bejahen ist. Bei Sicherungsübereignungen wird das meist anzunehmen sein, da die Unsittlichkeit gerade im Vollzug der Leistung liegt.

V. Pfändung und Vollstreckung

1. Zugriff von Gläubigern des Sicherungsgebers

37 Sofern andere Gläubiger des Sicherungsgebers die sicherungsübereigneten Sachen gem. § 808 ZPO beim Sicherungsgeber pfänden, ist der Sicherungsnehmer nicht wie ein Pfandgläubiger auf die Klage aus § 805 ZPO beschränkt, sondern kann der Pfändung mit der **Drittwiderspruchsklage** aus § 771 ZPO widersprechen, weil er Eigentümer dieser Gegenstände ist und sich die Verwertung nicht von anderen aufdrängen lassen muss.

38 In der **Insolvenz des Sicherungsgebers** steht ihm aber trotz seines Eigentums kein Aussonderungsrecht (§ 47 InsO), sondern nur ein **Absonderungs-**

recht zu (§ 51 Nr. 1 InsO), weil ohnehin das ganze Vermögen verwertet wird. Der Insolvenzverwalter ist, wenn er die Sache besitzt, gem. §§ 166ff. InsO zu deren Verwertung berechtigt. Dem Sicherungsnehmer steht aber analog § 48 InsO ein Ersatzabsonderungsrecht am Erlös zu, wenn der Insolvenzverwalter die Sache verwertet hat (BGH NJW-RR 1999, 271). Ist die Sicherungsübereignung auflösend bedingt vorgenommen, so können die Gläubiger des Sicherungsgebers jedoch in das diesem zustehende Anwartschaftsrecht gem. § 857 ZPO vollstrecken. Ist die Sicherungsübereignung unbedingt erfolgt, so können die Gläubiger des Sicherungsgebers gem. §§ 828ff. ZPO in den schuldrechtlichen Rückübertragungsanspruch des Sicherungsgebers aus dem Sicherungsvertrag vollstrecken.

2. Zugriff der Gläubiger des Sicherungsnehmers

Die Gläubiger des Sicherungsnehmers können in die sicherungsübereigneten Gegenstände vollstrecken. Der Sicherungsgeber kann jedoch der Vollstreckung nach **§ 771 ZPO** aufgrund seines Anwartschaftsrechts oder aufgrund des Rückübertragungsanspruchs widersprechen (BGHZ 55, 20, 26), wenn und solange der Sicherungsnehmer nicht zur Verwertung des Sicherungsguts berechtigt ist (BGH NJW 1978, 1859). Unter den gleichen Voraussetzungen steht dem Sicherungsgeber in der Insolvenz des Sicherungsnehmers ein Aussonderungsrecht zu (§ 47 InsO; str.). 39

VI. Die Sicherungszession

1. Begriff

Praktische Bedeutung hat neben der Sicherungsübereignung die **Sicherungsabtretung von Forderungen**, insbes. in der Form der Globalzession und der Vorausabtretung (→ § 14 Rn. 52ff.). Wie bei der Sicherungsübereignung sind insoweit der schuldrechtliche Sicherungsvertrag einerseits und das Verfügungsgeschäft in Gestalt der Abtretung (§ 398) andererseits zu unterscheiden. Die Sicherungsabtretung hat gegenüber der Verpfändung von Forderungen den Vorteil, dass sie dem Drittschuldner nicht mitgeteilt werden muss und deshalb geheim bleiben kann, zumal dem Sicherungsgeber zumeist auch eine Ermächtigung zum Einzug der Forderung im eigenen Namen erteilt wird (vgl. schon → § 14 Rn. 44ff.). Demgegenüber muss die Bestellung eines Pfandrechts an der Forderung dem Drittschuldner gem. § 1280 angezeigt werden. 40

41 Die Sicherungsabtretung ist, wie die sicherungsweise Übertragung anderer Gegenstände, eine Vollrechtsübertragung, jedoch mit der **schuldrechtlichen Verpflichtung** aus dem Sicherungsvertrag, von dem übertragenen Recht nur zum Zwecke der Verwertung bei Nichterfüllung der gesicherten Forderung Gebrauch zu machen. Sie ist deshalb der eigennützigen Treuhand zuzuordnen (→ § 2 Rn. 13).

42 Die Sicherungsabtretung ist wie die Sicherungsübereignung **nicht akzessorisch**. § 401 findet deshalb keine Anwendung (BGH BB 1982, 890). Sie kann jedoch ebenso wie die Sicherungsübereignung unter der auflösenden Bedingung vereinbart werden, dass die zu sichernde Forderung besteht.

2. Wirksamkeitsvoraussetzungen

43 Erforderlich ist eine formlose **Einigung** zwischen Sicherungsgeber (Zedent) und Sicherungsnehmer (Zessionar) über die Abtretung der Forderung(en) gem. § 398. Da nicht existierende Forderungen auch nicht gutgläubig erworben werden können, ist der Bestand der abzutretenden Forderung absolute Wirksamkeitsvoraussetzung. Es genügt allerdings eine erst künftig entstehende Forderung (arg. § 185 II 1). Die Abtretung wird dann mit Entstehung der Forderung in der Person des Zedenten wirksam.

Bei der Abtretung **künftiger Forderungen** ist auf die Bestimmtheit bzw. **Bestimmbarkeit** der Forderung zu achten. Im Zeitpunkt der Abtretung müssen zumindest der Entstehungsgrund der künftigen Forderung und der Umfang der Abtretung so fixiert sein, dass bei Entstehung der Forderung sowohl die Person des Drittschuldners als auch der Inhalt der Forderung zweifelsfrei bestimmt werden können.

Beispiel: Die Einrichtung und der Warenbestand eines Geschäftsbetriebs werden einer Bank sicherungsübereignet. Die aus dem Weiterverkauf des Sicherungsguts entstehenden Forderungen werden der Bank zugleich im Voraus sicherungshalber abgetreten. Danach wird der gesamte Betrieb einschließlich Waren und Einrichtung zu einem **Einheitspreis** an Käufer K verkauft.

Zwar liegt auch unter solchen Umständen ein Weiterverkauf des Sicherungsguts vor. Gleichwohl kann sich die Bank hier nicht gegenüber K auf die Vorausabtretung berufen. Vielmehr geht die auf das Sicherungsgut bezogene Vorauszession an die Bank hier ins Leere, weil der Teil der Kaufpreisforderung, der sich auf das Sicherungsgut bezieht, nicht individualisierbar ist und es deshalb an der notwendigen Bestimmbarkeit der abgetretenen Forderung fehlt (BGH NJW-RR 2009, 924).

Voraussetzungen der Sicherungszession
1. Einigung über die sicherungsweise Abtretung der Forderung 2. (Künftiger) Bestand der Forderung 3. Bestimmbarkeit der Forderung 4. Abtretbarkeit der Forderung, §§ 399f. 5. Zedent ist Berechtigter 6. Keine sonstigen Unwirksamkeitsgründe, zB § 138

Weiterhin muss die **Forderung abtretbar** sein. Der Ausschluss der 44 Abtretung kann sich aus Gesetz (§§ 399 Alt. 1, 400) oder aus Vertrag (§ 399 Alt. 2) ergeben. Im kaufmännischen Verkehr berührt die **Abbedingung der Abtretbarkeit** die Wirksamkeit einer dennoch vorgenommenen Abtretung aber regelmäßig nicht, § 354a I HGB. Eine Ausnahme gilt allerdings für Forderungen aus Darlehensverträgen, deren Gläubiger ein Kreditinstitut ist, § 354a II HGB. Darüber hinaus muss der Sicherungsgeber auch wirklich (künftiger) Forderungsinhaber sein; gutgläubiger Erwerb scheidet aus. **Globalzessionen** können im Einzelfall sittenwidrig und nichtig sein, etwa im Fall der anfänglichen Übersicherung (→ Rn. 31f.) oder beim Zusammentreffen mit dem verlängerten Eigentumsvorbehalt (§ 14 Rn. 52ff.).

VII. Rechtsvergleichende Hinweise

Im französischen und englischen Recht hat die Sicherungsübereignung 45 nicht die gleiche Bedeutung wie im deutschen Recht. Stattdessen kommen in diesen Rechtsordnungen die besitzlosen Pfandrechte, zumeist als Registerpfandrechte, stärker zur Anwendung.

In **Frankreich** war die Sicherungsübereignung wegen fehlender Publizität lange Zeit nicht anerkannt. Erst Anfang 2007 wurde mit der Kodifikation der Treuhand (*fiducie*, Art. 2011ff. Code civil) ein Rechtsinstitut eingeführt, das u.a. auch zur Begründung von Sicherungsrechten *(fiducie-sûreté)* genutzt werden kann.

Auch dem **englischen Recht** ist die Sicherungsübereignung deutscher Prä- 46 gung fremd. Zwar hat sich mit der *chattel mortgage* ein der Sicherungsübereignung vergleichbares Institut herausgebildet, das an allen beweglichen Sachen und an nichtkörperlichen Gegenständen bestellt werden kann. Die *chattel mortgage* wird durch einen Vertrag bestellt, durch den das Eigentum an dem Sicherungsgut auf den Sicherungsnehmer übertragen wird. Zur Entstehung eines vollen *legal title* muss sie aber innerhalb bestimmter Fristen und unter Beibringung entsprechender Unterlagen bei einem Register angemeldet werden. Werden die Formvorschriften nicht eingehalten, kann allenfalls ein *equitable title* entstehen, der jedoch nicht vor einem gutgläubig lastenfreien Erwerb schützt. Wohl aufgrund der aufwändigen und kostenträchtigen Formerfordernisse hat die *chattel mortgage* in der Praxis kaum Bedeutung erlangt (vgl. *v. Bernstorff* EnglandR, 122 f.; *Baur/Stürner* SachenR § 64 Rn. 106).

Empfehlungen zur vertiefenden Lektüre: *Canaris,* Die Problematik der Sicherheitenfreigabeklauseln im Hinblick auf § 9 AGBG und § 138 BGB, ZIP 1996, 1109; *Geibel,* Die Kollision zwischen verlängertem Eigentumsvorbehalt und antizipierter Sicherungsübereignung, WM 2005, 962; *Huber,* Sicherungseigentum in Zwangsvollstreckung und Insolvenz, JuS 2011, 588; *Kieninger,* Nationale, europäische und weltweite Reformen des Mobiliarsicherungsrechts, WM 2005, 2310 und 2353; *Meyer/von Varel,* Die Sicherungszession, JuS 2004, 194; *Szerkus*, Die Lehre vom Nebenbesitz und gutgläubiger Erwerb nach § 934 Alt. 1 BGB, ZJS 2016, 592.

Fälle und Klausuren: *Gottwald* SachenR Fälle 194–199; *Hofmann/John*, Anfängerklausur – Zivilrecht: Sachenrecht – Von Melkmaschinen und Traktoren, JuS 2011, 515; *Koch/Löhnig* Fälle SachenR Fall 7; *Omlor/Spies*, (Original-) Referendarexamensklausur: Globalzession und verlängerter Eigentumsvorbehalt – Umgebucht, JuS 2011, 56; *Zenker,* Die verworrenen Wege zweier Lagerfahrzeuge, JA 2010, 578.

§ 16. Das Pfandrecht

I. Begriff und Bedeutung

1. Begriff

1 Der Schuldner einer (Geld-)Forderung kann seinem Gläubiger zur **Absicherung des Anspruchs** ein Pfandrecht bestellen. Der Gläubiger erhält damit die Möglichkeit, im Fall der Nichtleistung die verpfändete Sache zu verwerten und den Erlös aus der Verwertung zur Tilgung der Forderung zu verwenden (vgl. § 1204 I). Das Pfandrecht gewährt somit ein beschränktes dingliches (Verwertungs-)Recht an einer Sache (oder einem Recht, vgl. §§ 1273 ff.). Dieser Abschnitt betrifft das Pfandrecht an **beweglichen Sachen** und Rechten. Pfandrechte können aber auch an unbeweglichen Sachen bestellt werden in Form der sog. Grundpfandrechte (dazu → § 26 Rn. 1 ff.).

2. Arten der Pfandrechte

Arten der Pfandrechte (ohne Grundpfandrechte)
1. **Vertragliches Pfandrecht, §§ 1204 ff.** – an Sachen, §§ 1204 ff. – an Rechten, §§ 1273 ff. 2. **Gesetzliches Pfandrecht** – Besitzpfandrechte, zB § 647 – Besitzlose Pfandrechte, zB §§ 562, 592, 704 3. **Pfändungspfandrecht, § 804 ZPO**

a) Das vertragliche Pfandrecht. Das vertragliche Pfandrecht (auch Faustpfandrecht genannt) entsteht durch **Rechtsgeschäft** zwischen dem Verpfänder als Eigentümer der Sache, der zugleich der Schuldner oder auch ein Dritter sein kann, und dem Forderungsgläubiger als Pfandrechtsgläubiger. Als Pfand kommen bewegliche Sachen (§§ 1204 ff.) und Rechte (§§ 1273 ff.) in Betracht. 2

Beispiel: S hat von seinem Freund F ein Darlehen iHv 5.000 EUR erhalten. Da F eine Sicherheit wünscht, verpfändet ihm S eine kostbare Perlenkette.

b) Das gesetzliche Pfandrecht. Für bestimmte, aus Vertragsverhältnissen stammende Forderungen sieht das Gesetz vor, dass einem Vertragspartner zur Sicherung für diese Forderungen (zB Mietforderung) ein Pfandrecht an den dem anderen Vertragspartner gehörenden Gegenständen zusteht, soweit diese Gegenstände in das Vertragsverhältnis einbezogen sind. So steht dem Vermieter oder Verpächter **kraft Gesetzes** ein Pfandrecht an den eingebrachten Sachen des **Mieters** oder Pächters zu (§§ 562, 578, 592). Das Pfandrecht des **Werkunternehmers** wiederum hat Bedeutung bei Reparaturverträgen, bei denen die Sachen dem Unternehmer zur Reparatur übergeben werden (§ 647; dazu → Rn. 43 f.). 3

c) Das Pfändungspfandrecht. Vom Pfandrecht des BGB zu unterscheiden ist das vollstreckungsrechtliche Pfändungspfandrecht. Zur zwangsweisen Befriedigung für seine Forderungen kann der Gläubiger bewegliche Sachen (§§ 808 ff. ZPO) sowie Forderungen (§§ 828 ff. ZPO) und sonstige Rechte (§ 857 ZPO) im Wege der Zwangsvollstreckung pfänden. Durch die Pfändung erlangt der Gläubiger dann ein Pfandrecht (§ 804 I ZPO), das man Pfändungspfandrecht nennt. Es ist mit den Befugnissen ausgestattet, die gem. §§ 1204 ff. 4

das rechtsgeschäftlich bestellte Pfandrecht gewährt, soweit nicht im Zwangsvollstreckungsrecht Sonderregeln vorgesehen sind (s. § 804 II ZPO).

3. Bedeutung im Rechtsverkehr

5 Das vertragliche Pfandrecht ist von der Sicherungsübereignung und der Sicherungsabtretung weitgehend verdrängt worden (→ § 15 Rn. 1 ff.), da es den Nachteil hat, dass dem Gläubiger der Besitz an der Pfandsache zu überlassen ist (→ Rn. 13). Unverändert wichtig sind aber das gesetzliche Pfandrecht sowie das Pfändungspfandrecht. Und insoweit sind auch wiederum die §§ 1204 ff. relevant, weil diese Vorschriften dort entsprechende Anwendung finden (§ 1257; § 804 ZPO).

6 Bedeutung hat das vertragliche Pfandrecht allerdings noch im **Bankverkehr**. Banken lassen sich an den in ihrer Verwahrung befindlichen Wertpapieren und Wertgegenständen ihrer Kunden ein Pfandrecht zur Sicherung wegen etwaiger Forderungen bestellen. Ein Pfandrecht ist hier zweckmäßig, weil die Bank ohnehin im Besitz der Sache ist und der Schuldner mit diesen Gegenständen nicht produzieren und arbeiten will. Vielfach ist die Verpfändung der in Bankverwahrung befindlichen Gegenstände nicht in besonderen Vereinbarungen, sondern in den AGB der Banken enthalten.

Eine antizipierte Pfandbestellung an allen Sachen, die irgendwie in den Besitz des Gläubigers gelangt sind, wie in Nr. 14 I AGB-Banken vorgesehen, ist weder nach § 305c I überraschend noch nach § 307 unwirksam (BGH ZIP 1983, 1053).

II. Die rechtsgeschäftliche Bestellung des Pfandrechts an beweglichen Sachen

7 Sofern das Pfandrecht nicht kraft Gesetzes (§ 1257) oder durch Pfändung im Wege der Zwangsvollstreckung (§ 804 ZPO) entsteht, muss es durch **Rechtsgeschäft** bestellt werden (**§ 1205**). Zu unterscheiden sind dabei – ähnlich wie bei der Sicherungsübereignung (→ § 15 Rn. 21) – der schuldrechtliche Verpflichtungsvertrag einerseits und der dingliche Bestellungsakt mit Einigung und Übergabe als Verfügungsgeschäft andererseits. Das schuldrechtliche Verpflichtungsgeschäft ist der **Sicherungsvertrag**, aus dem sich die Pflicht zur Pfandbestellung und sonstige Pflichten zwischen dem Pfandgläubiger und dem Eigentümer ergeben. Der Eigentümer kann zugleich der Schuldner sein, muss es aber nicht; so mag ein Dritter bereit

sein, seine Sache als Pfand für die Forderung des Schuldners zur Verfügung zu stellen.

Der Ersterwerb des vertraglichen Pfandrechts an einer beweglichen Sache
1. Einigung über die Pfandrechtsbestellung an beweglicher Sache, § 1205 I 2. Bestand der zu sichernden Forderung 3. Übergabe der Pfandsache, §§ 1205 ff. 4. Einigsein 5. Verfügungsberechtigung des Verpfänders oder gutgläubiger Erwerb, § 1207

1. Die Einigung

Die Einigung gem. § 1205 I ist ein dinglicher Vertrag wie in § 929 8
S. 1, nur dass sich der Einigungswille hier auf die Pfandrechtsbestellung richtet. Parteien sind der Eigentümer der Pfandsache (Verpfänder) und der Gläubiger. Die Einigung muss im Zeitpunkt der Übergabe der Pfandsache noch fortbestehen (sog. Einigsein; vierter Prüfungspunkt); darauf ist aber nur einzugehen, wenn dies problematisch erscheint.

Im Rahmen der Einigung wird auch festgelegt, welche Sache mit dem 9
Pfandrecht belastet wird. Ein Gegenstand kann mehrfach für verschiedene Forderungen verpfändet werden. Er ist dann mit mehreren Pfandrechten belastet. Die mehreren Pfandrechte an einem Pfandgegenstand sind aber nicht gleichberechtigt. Vielmehr besteht unter ihnen ein **Rangverhältnis** derart, dass das an erster Rangstelle stehende Pfandrecht vor dem an zweiter Rangstelle stehenden Pfandrecht aus dem Verwertungserlös befriedigt wird. Der Rang eines Pfandrechts bestimmt sich nach dem Zeitpunkt, in dem es gem. §§ 1205, 1206 bzw. gem. § 1274 bestellt wird (§ 1209) oder kraft Gesetzes entsteht (§ 1257 iVm § 1209).

2. Der Bestand der zu sichernden Forderung

Das Pfandrecht ist nach seinem gesetzlichen Zweck auf die Siche- 10
rung einer Forderung gerichtet, die zwar keine Geldforderung sein muss, aber in eine Geldforderung übergehen können muss (s. § 1228 II 2). Im Hinblick auf diesen Sicherungszweck hat der Gesetzgeber das Pfandrecht eng an die Forderung angelehnt und es in vielfältiger

Weise von der Forderung abhängig gemacht. Diese Abhängigkeit von der Forderung bezeichnet man als **Akzessorietät** des Pfandrechts; diese hat das Pfandrecht mit der Hypothek und der Bürgschaft gemeinsam (→ § 27 Rn. 11 ff.).

11 Die Akzessorietät des Pfandrechts zeigt sich darin, dass das Pfandrecht **ohne** eine zu sichernde **Forderung nicht bestehen kann**. Es entsteht nicht, wenn und solange die gesicherte Forderung nicht besteht, und es erlischt, wenn die gesicherte Forderung erlischt (§§ 1252, 1273 II 1). Das Pfandrecht kann jedoch für eine künftige oder bedingte Forderung bestellt werden (§ 1204 II).

12 Das für eine **künftige oder bedingte Forderung** bestellte Pfandrecht entsteht bereits im Zeitpunkt der Einigung und Besitzeinräumung (BGH NJW 1983, 1123, 1125). Insoweit ist der Grundsatz der Akzessorietät gelockert. Das Pfandrecht kann aber erst verwertet werden, wenn auch die künftige oder bedingte Forderung entstanden und fällig geworden ist. Die Parteien können aber entgegen § 1204 II auch vereinbaren, dass das Pfandrecht aufschiebend bedingt erst mit Entstehen der Forderung entstehen soll.

Das Pfandrecht kann auch für **mehrere Forderungen** zwischen demselben Gläubiger und Schuldner bestellt werden, zB für alle bestehenden und künftigen Forderungen aus einer Geschäftsverbindung (BGH NJW 1965, 965) oder für frühere noch offenstehende Reparaturrechnungen.

3. Die Übergabe

13 Die rechtsgeschäftliche Bestellung des Pfandes erfordert die Besitzübergabe vom Eigentümer an den Gläubiger (**Besitzpfand**). Für die Übergabe gem. § 1205 I 1 gelten die zu § 929 S. 1 entwickelten Grundsätze. Ist der Pfandgläubiger bereits im Besitz der Sache, so genügt die dingliche Einigung, § 1205 I 2. Eine Pfandrechtsbestellung durch Besitzkonstitut scheidet aus, weil die Pfandrechtsbestellung durch eine Änderung der Besitzverhältnisse für andere Gläubiger äußerlich erkennbar sein soll, woran es in § 930 fehlt. Will der Schuldner im Besitz der Sache verbleiben, kommt nur eine Sicherungsübereignung in Betracht.

14 Die Übergabe kann, falls der Eigentümer mittelbarer Besitzer ist, durch Abtretung des Herausgabeanspruchs aus dem Besitzmittlungsverhältnis entsprechend §§ 929 S. 1, 931 ersetzt werden, wobei zusätzlich zu § 931 hinzukommen muss, dass der Eigentümer die Verpfändung dem unmittelbaren Besitzer oder, falls ein mittelbarer Besitzer ihm den Besitz vermittelt, auch diesem anzeigt (§ 1205 II).

Beispiel: S will dem G zur Sicherung seiner Forderung ein Pfandrecht an seinen Aktien bestellen, die im Depot der Bank B liegen. Dazu tritt er ihm den gegen die B bestehenden Herausgabeanspruch ab. Die Verpfändung wird auch der B mitgeteilt. Auf diese Weise kann G ein Pfandrecht erwerben.

An Stelle der Übertragung des alleinigen unmittelbaren oder mittelbaren Besitzes an den Pfandgläubiger genügt auch die Einräumung von sog. **qualifiziertem Mitbesitz** in der Weise, dass der Eigentümer dem Gläubiger dessen Mitbesitz nicht einseitig entziehen und für sich Alleinbesitz ausüben kann (**§ 1206**; s. als Beispiel BGH NJW 1983, 1114, 1116). Man denke an den Fall, dass die Sache bei einem Pfandhalter lagert, der sie nur an Schuldner und Gläubiger gemeinsam herausgeben darf. **15**

Umstritten ist, was zu gelten hat, wenn die Übergabe in der Weise erfolgt, dass dem Gläubiger der angeblich einzige Schlüssel zu dem betreffenden Schließfach oder Lager, wo sich die Pfandsache befindet, übergeben wird, sich der Verpfänder aber tatsächlich **heimlich** einen **Zweitschlüssel** vorbehält. Da der Verpfänder hier immer noch Besitz innehat, liegt an sich keine Übergabe iSv § 929 S. 1 vor, was gegen den Pfandrechtserwerb sprechen könnte. Anders als bei der Eigentumsübertragung lässt sich bei der Verpfändung aber nie ganz ausschließen, dass der Eigentümer noch Zugriffsmöglichkeiten auf die Sache hat. Man denke etwa an den Fall, dass der Eigentümer später wider Erwarten noch einen Zweitschlüssel findet. Abgesehen davon darf ein solches heimliches Vorgehen nicht zu Lasten des Gläubigers gehen. Daher ist auch in solchen Fällen von einem Pfandrechtserwerb auszugehen (vgl. NK-BGB/*Bülow* § 1205 Rn. 27).

4. Die Verfügungsberechtigung des Verpfänders

Grundsätzlich muss der Verpfänder Berechtigter sein, also Eigentümer der Pfandsache oder Verfügungsbefugter, § 185. Fehlt die Berechtigung, ist bei der rechtsgeschäftlichen Bestellung auch ein **gutgläubiger Erwerb** des Pfandrechts in entsprechender Anwendung der §§ 932, 934, 935 möglich (§ 1207). § 933 ist in § 1207 nicht erwähnt, weil eine Pfandbestellung analog §§ 929 S. 1, 930 nicht zugelassen ist (→ Rn. 13). Der Pfandgläubiger kann auch gutgläubig den Vorrang vor einem anderen, bereits an der Sache bestehenden Pfandrecht erwerben (§ 1208). Abhandenkommen nach § 935 I schließt gutgläubigen Erwerb aus (vgl. § 1207). **16**

Ob **Gutgläubigkeit** vorliegt, ist einzelfallabhängig zu entscheiden. Der gutgläubige Erwerb des Pfandrechts an einem Kraftfahrzeug wird im Gegensatz zum gutgläubigen Erwerb des Eigentums nicht bereits dadurch ausgeschlossen, dass sich der Erwerber nicht den Kfz-Brief vorlegen lässt (BGHZ 68, 323). Eine allgemeine Erkundigungspflicht des Pfandgläubigers nach etwaigen **17**

Sicherungsübereignungen, die den guten Glauben ausschließen würde, besteht nicht (BGH NJW 1983, 1114, 1116).

5. Rechtsfolgen

18 Mit der wirksamen Pfandrechtsbestellung erwirbt der Gläubiger das Pfandrecht an der Sache. Der bisherige Eigentümer (Schuldner oder Dritter) bleibt Eigentümer, das Eigentum ist jetzt aber mit dem Pfandrecht als beschränktem dinglichem (Verwertungs-)Recht belastet. Kann der Schuldner die zu sichernde Forderung nicht termingerecht tilgen, steht dem Gläubiger ein **Verwertungsrecht** an der Sache zu (→ Rn. 28 ff.). Statt Verwertung des Pfandes kann der Pfandgläubiger aber auch weiterhin Erfüllung der gesicherten Forderung verlangen.

19 **a) Gesetzliches Schuldverhältnis.** Zwischen dem jeweiligen Pfandgläubiger und dem Verpfänder (der, da auch gutgläubiger Erwerb möglich ist, nicht unbedingt der Eigentümer sein muss) entsteht ein gesetzliches Schuldverhältnis mit schuldrechtlichen Rechten und Pflichten, deren Verletzung auch Schadensersatzpflichten aus §§ 280 ff. auslösen kann.

Aufgrund des Pfandrechts ist der **Pfandgläubiger** zur **Verwahrung** des Pfandes verpflichtet (§ 1215). Der Pfandgläubiger muss die Sache pfleglich behandeln (§ 1217). Bei drohendem Verderb oder drohender Wertminderung der Sache hat der Verpfänder einen Anspruch auf **Pfandaustausch** oder Rückgabe gegen Sicherheitsleistung (§ 1218 I). Kommt der Pfandgläubiger einem berechtigten Austauschverlangen nicht nach, macht er sich nach § 280 I schadensersatzpflichtig (BGH MMR 2013, 708 bez. Pfandrecht des Lagerhalters).

Nach Erlöschen des Pfandrechts oder Zug um Zug (§ 273 I) gegen Befriedigung der gesicherten Forderung ist der Gläubiger dem Verpfänder gem. § 1223 I zur **Rückgabe** verpflichtet, auch wenn dieser nicht Eigentümer ist und auch dem Eigentümer gegenüber nicht zum Besitz berechtigt ist (BGH NJW 1979, 1203). Will der Pfandgläubiger von seiner Verwertungsbefugnis Gebrauch machen, so muss er dies dem Verpfänder androhen (§ 1220 und § 1234). Die Veräußerung des Pfandes und deren Ergebnis muss der Pfandgläubiger dem Eigentümer mitteilen (§ 1241). Bei Verletzung der zum Schutz des Eigentümers bestehenden Verwertungsvorschriften macht er sich schadensersatzpflichtig (§ 1243 II).

Zieht der Pfandgläubiger **Nutzungen aus dem Pfand**, ohne durch ein Nutzungspfandrecht (§§ 1213 f.) hierzu berechtigt zu sein, hat er das daraus Erlangte an den Pfandschuldner nach §§ 681 S. 2, 667 herauszugeben. Das gilt etwa für einen Vermieter, der ein Vermieterpfandrecht (§ 562) am Inventar des Mieters hat. Vermietet er die Räume nach Auszug des Mieters samt dem

Inventar entgegen der Verwahrungspflicht gem. §§ 1215, 1257 an einen Dritten, hat er den auf das Inventar entfallenden Teil der Miete an den Pfandschuldner herauszugeben (BGH NJW 2014, 3570). Eine Anrechnung auf die abgesicherte Forderung scheidet dabei aus, weil § 1214 II nur für das Nutzungspfand gilt.

Pflichten treffen auch den **Verpfänder** insofern, als er dem Pfandgläubiger für die auf das Pfand gemachten Verwendungen (→ § 23 Rn. 2) Ersatz leisten muss (§ 1216 S. 1) oder die Ausübung des Wegnahmerechts zu dulden hat (§ 1216 S. 2). Er muss ferner in den Fällen des Mitbesitzes (§ 1206) die Sache an den Pfandgläubiger nach Eintritt der Verkaufsberechtigung (§ 1228 II) zum Zwecke der Verwertung herausgeben (§ 1231). Die Ansprüche aus §§ 1216–1218 verjähren in sechs Monaten (§ 1226 S. 1). 20

b) Einwendungen des Verpfänders. Der Verpfänder (Eigentümer der Pfandsache) kann gegen die Ausübung der pfandrechtlichen Verwertungsbefugnis nicht nur die ihm persönlich gegen den Pfandgläubiger zustehenden **Einreden** geltend machen. Wegen der Akzessorietät des Pfandrechts stehen dem Verpfänder gegen das Pfandrecht vielmehr auch alle Einreden zu, die der Schuldner gegen die Forderung erheben kann (§§ 1211, 1273 II 1). Eine Ausnahme gilt allerdings für die Einrede der Verjährung (§ 216 I). Diese Einrede steht nur dem Schuldner gegen die Forderung zu. 21

Beispiel: Bank B hat sich für alle Forderungen aus dem Bankverhältnis mit A ein Pfandrecht an den in ihren Besitz gelangten Sachen des A und seiner Ehefrau F einräumen lassen. F hat Wertpapiere bei der Bank in Verwahrung. Als A seine Darlehensschuld nicht zurückzahlt, droht B der F die Verwertung der Wertpapiere an. Hier kann F einwenden, dass ihr Mann einen rechtskräftig festgestellten Schadensersatzanspruch gegen die B hat, weil diese an Lieferanten des A fahrlässig unrichtige kreditschädigende Auskünfte erteilt hat. Insoweit kann sie gem. § 1211 iVm § 770 II geltend machen, dass sich die B durch Aufrechnung befriedigen kann. Diese Einrede steht ihr zu, obwohl und gerade weil sie die Aufrechnung nicht selbst erklären kann, da sie nicht Gläubigerin der Schadensersatzforderung ist. B darf deshalb die Wertpapiere der F nicht verwerten.

c) Schutz des Pfandrechts. Der Pfandgläubiger erwirbt eine geschützte Rechtsposition. Das Pfandrecht genießt als **absolutes dingliches Recht** Schutz gegenüber jedermann. Da das Pfandrecht an beweglichen Sachen als Besitzpfandrecht ausgestaltet ist, gehört zu seinem Inhalt das **Recht zum Besitz**. Der Pfandgläubiger kann deshalb von Dritten, die nicht zum Besitz berechtigt sind, Herausgabe 22 verlangen (§ 1227 iVm § 985) sowie Schadensersatz und Nutzungsherausgabe (§§ 987ff.) geltend machen, muss aber nach §§ 994ff. auch Verwendungsersatz zahlen. Auch § 1004 ist entsprechend anwendbar.

Beispiel: Wird dem Pfandgläubiger G die in seinem Besitz befindliche Sache von D gestohlen, so kann er gem. § 1227 iVm § 985 von D Herausgabe der Sache verlangen. Daneben kann auch der Eigentümer E seinen Herausgabeanspruch aus § 985 gegen D geltend machen. Er kann aber in entsprechender Anwendung von § 986 I 2 in erster Linie nur Herausgabe des Besitzes an den Pfandgläubiger verlangen.

23 Neben den eigentlichen dinglichen Schutzansprüchen aus §§ 985, 1004 kann der Pfandgläubiger bei Verletzung der Pfandsache auch einen Schadensersatzanspruch aus § 823 I oder einen Anspruch aus Eingriffskondiktion (§ 812 I 1 Alt. 2) erheben. Für das Verhältnis dieser Ansprüche zum Anspruch des Eigentümers gelten, soweit es den Sachwert betrifft, die Ausführungen zum Anwartschaftsrecht entsprechend (→ § 14 Rn. 23f.).

III. Die Übertragung des Pfandrechts

Der Zweiterwerb eines vertraglichen Pfandrechts an einer beweglichen Sache
1. Einigung über Abtretung der durch das Pfand gesicherten Forderung, § 398 2. Bestand der gesicherten Forderung 3. Abtretbarkeit der Forderung 4. Berechtigung des Zedenten

1. Erwerb durch Forderungsabtretung

24 Da das Pfandrecht die Forderung sichern soll und zwischen Forderung und Pfandrecht eine strenge Akzessorietät besteht (→ Rn. 10f.), geht mit der rechtsgeschäftlichen Abtretung der Forderung auch das Pfandrecht automatisch auf den Zessionar über. Das ergibt sich schon allgemein aus § 401 I, wird für das Pfandrecht aber von **§ 1250 I 1** noch einmal ausdrücklich bestätigt. Das Pfandrecht kann **nicht für sich allein** übertragen werden. Wollen die Parteien „das Pfandrecht" übertragen, ist eine solche Vereinbarung vielmehr dahin auszulegen (§§ 133, 157), dass die mit dem Pfandrecht gesicherte Forderung ab-

getreten werden soll. Forderung und Pfandrecht hängen untrennbar zusammen, § 1250 I 2. Forderungsinhaber und Pfandrechtsgläubiger müssen stets identisch sein. Wird bei Abtretung der Übergang des Pfandrechts auf den Zessionar von den Parteien ausgeschlossen, so erlischt das Pfandrecht, § 1250 II.

Eine **Übergabe** der Pfandsache ist für den (Zweit-)Erwerb des Pfandrechts **nicht erforderlich**. Mit Erwerb des Pfandrechts erwirbt der neue Pfandgläubiger einen **Anspruch auf Herausgabe** des Pfandes gegen den bisherigen Pfandgläubiger, **§ 1251 I**. 25

2. Gutgläubiger Zweiterwerb eines nicht bestehenden Pfandrechts

Besteht die behauptete Forderung nicht, kann sie auch nicht gutgläubig durch Abtretung erworben werden. Ein Pfandrecht gibt es dann mangels Forderung ohnehin nicht. 26

Davon zu unterscheiden ist der Fall, dass eine **Forderung besteht**, die Bestellung des Pfandrechts aber scheiterte und nun die mit dem vermeintlichen Pfandrecht gesicherte Forderung an einen Dritten abgetreten wird. Insoweit stellt sich die Frage, ob hier mit dem Forderungserwerb des Dritten auch ein gutgläubiger Erwerb des Pfandrechts möglich ist.

Fall 20 – Begehrtes Gemälde: A, Eigentümer eines wertvollen Gemäldes, ist in Geldnot und lässt sich daher von B ein Darlehen gewähren. B, der es schon immer auf das Gemälde abgesehen hat, zahlt A zwar den Geldbetrag aus, zwingt ihn aber unter Androhung körperlicher Gewalt dazu, ihm für die Darlehensforderung das Gemälde zu verpfänden. Eingeschüchtert kommt A dem nach und übergibt B das Bild. Jedoch hat auch B mit seinen Gläubigern zu kämpfen und sieht sich gezwungen, die Forderung gegen A an Gläubiger C abzutreten und dem C das Gemälde auszuhändigen. Kurz darauf ficht A gegenüber B die Pfandrechtsbestellung wirksam an und verlangt von C Herausgabe des Gemäldes. Wie ist die Rechtslage? 27

Lösungsskizze:

A könnte gegen C einen Anspruch auf Herausgabe des Gemäldes gem. § 985 haben.

1. A ist Eigentümer des Gemäldes geblieben; die Verpfändung berührt das Eigentum nicht.

2. C ist im Besitz des Gemäldes.

3. C hätte ein Besitzrecht gem. § 986 I, wenn er ein wirksames Pfandrecht von B erworben hätte.

a) B hat dem C die Darlehensforderung aus § 488 I 2 wirksam gem. § 398 abgetreten. B war auch Inhaber der Forderung.

b) Mit Abtretung der Forderung würde ein etwaiges Pfandrecht auf C übergehen, § 1250 I 1. Fraglich ist aber, ob ein Pfandrecht besteht. Zunächst hatte A zur Absicherung der Forderung dem B ein Pfandrecht nach §§ 1204 ff. durch Einigung und Übergabe bestellt. Allerdings hat A die Pfandrechtsbestellung wirksam gem. §§ 123 I, 142 I angefochten. Folglich ist B rückwirkend nicht Inhaber des Pfandrechts geworden. Bei der Verfügung über das Pfandrecht handelte B somit gegenüber C als Nichtberechtigter.

c) Der Erwerb eines Pfandrechts vom Nichtberechtigten ist nicht gesetzlich geregelt. § 1207 betrifft nur den Ersterwerb, nicht aber den Zweiterwerb. Die ganz hM (vgl. *Baur/Stürner* SachenR § 55 Rn. 32; Erman/*Schmidt* BGB § 1250 Rn. 4) lehnt deshalb einen gutgläubigen Zweiterwerb eines Pfandrechts ab. Anders als bei Vormerkung und Hypothek, die jeweils im Grundbuch eingetragen werden können, fehlt es nämlich an dem erforderlichen objektiven Rechtscheinstatbestand; schließlich erfolgt die Übertragung des Pfandrechts ohne Besitzverschaffung (vgl. § 1251). Außerdem handelt es sich beim Zweiterwerb des Pfandrechts um einen Erwerb kraft Gesetzes (vgl. §§ 401, 1250), einen Erwerb kraft guten Glaubens kennt das BGB aber nur bei rechtsgeschäftlichem Erwerb.

Damit hat C kein Pfandrecht von B erworben. Ein Besitzrecht gem. § 986 ist zu verneinen.

Ergebnis: A kann von C die Herausgabe des Gemäldes aus § 985 verlangen.

IV. Verwertung und Erlöschen des Pfandrechts

1. Die Verwertung des Pfandrechts an einer beweglichen Sache

28 Falls die gesicherte Forderung bei **Fälligkeit** nicht beglichen wird (= Fall der **Pfandreife**), darf der Pfandgläubiger das Pfand verwerten lassen, §§ 1228 II 1, 1282. Eine abweichende Vereinbarung, wonach das Eigentum an der Pfandsache dem Pfandgläubiger zufallen soll, ist gem. § 1229 nichtig. Das Pfandrecht an beweglichen Sachen wird **durch Verkauf** verwertet, § 1228 I. Dafür gelten die §§ 1233–1240. Der Verkauf erfolgt grundsätzlich im Wege der öffentlichen Versteigerung (§ 1235 I iVm § 383 III). Durch den vom Pfandgläubiger nach diesen Vorschriften durchgeführten Verkauf erlangt der Erwerber das Eigentum an der Sache (§ 1242 I 1). Gleichzeitig erlöschen auch etwaige andere dingliche Rechte, die an der Sache bestanden haben (§ 1242 II).

29 Der Eigentumserwerb setzt jedoch voraus, dass die in § 1243 I genannten **Voraussetzungen einer rechtmäßigen Veräußerung** eingehalten sind. Trifft

dies nicht zu, so ist der Eigentumserwerb ausgeschlossen, falls nicht ein gutgläubiger Erwerb gem. § 1244 in Betracht kommt. Gutgläubiger Erwerb ist dabei auch bei abhanden gekommenen Sachen denkbar, weil § 1244 nicht auf § 935 verweist. Werden beim Pfandverkauf Vorschriften der §§ 1234–1240 verletzt, die nicht zu den in § 1243 I genannten Voraussetzungen rechtmäßiger Veräußerung gehören, so ist der Pfandgläubiger nach § 1243 II dem Eigentümer zum Schadensersatz verpflichtet, falls nicht die Anwendung dieser Vorschriften vertraglich abbedungen oder eine Abweichung von ihnen nachträglich genehmigt worden ist (BGH ZIP 1995, 572).

Die pfandrechtliche **Verwertungsbefugnis** ist in ihrer **Höhe** durch die Höhe der Geldforderung **begrenzt** (§ 1210 I 1). Auch darin zeigt sich die Abhängigkeit des Pfandrechts von der Forderung. Das Pfandrecht haftet jedoch neben der Hauptforderung auch für Nebenforderungen wie Zins- und Vertragsstrafeforderungen (§ 1210 I 1) sowie für Forderungen aus dem Pfandverhältnis (§ 1210 II). 30

Der aus der Versteigerung erzielte **Erlös** gebührt dem Pfandgläubiger (§ 1247 S. 1), soweit dies zur Befriedigung der gesicherten Forderung und der sonstigen durch das Pfandrecht gesicherten Ansprüche (§ 1210) erforderlich ist. Bleibt danach vom Erlös noch etwas übrig, tritt der restliche Erlös kraft dinglicher Surrogation an die Stelle des Pfandes (§ 1247 S. 2), sodass sich die an der versteigerten Sache bestehenden dinglichen Rechte unmittelbar am Erlös fortsetzen. Deshalb erwirbt der Eigentümer den Erlös, soweit er nicht dem Pfandgläubiger gebührt. 31

Neben der Verwertung nach §§ 1234–1240 kann der Pfandgläubiger auch die **Verwertung** nach den **Vorschriften der Zwangsvollstreckung** (§§ 814 ff. ZPO) wählen (§ 1233 II). In diesem Fall bedarf er jedoch eines dinglichen Titels (Urteil), aus dem sich seine pfandrechtliche Verwertungsbefugnis ergibt (s. auch → § 26 Rn. 15).

2. Erlöschen des Pfandrechts

a) Durch rechtmäßigen **Pfandverkauf** erlischt das Pfandrecht, § 1242 II. Daneben gibt es eine Reihe **weiterer Gründe** für das Erlöschen des Pfandrechts: 32

- Erlöschen des Pfandrechts mit Erlöschen der Forderung, § 1252
- Freiwillige (auch irrige oder erschlichene) Rückgabe der Pfandsache, § 1253
- Einseitige Aufgabe seitens des Gläubigers, § 1255
- Zusammenfallen von Pfandrecht und Eigentum (sog. Konsolidation), § 1256 I 1
- Gutgläubig lastenfreier rechtsgeschäftlicher Erwerb, § 936

- Lastenfreier gesetzlicher Eigentumserwerb gem. §§ 945, 949, 950 II
- Gutgläubiger Erwerb beim unrechtmäßigen Pfandverkauf, § 1244
- Untergang der Pfandsache.

33 b) Das Pfandrecht **erlischt** aber **nicht**, wenn ein Dritter (§ 267) an Stelle des Schuldners an den Gläubiger zahlt. In diesem Fall **geht die Forderung kraft Gesetzes** samt dem Pfandrecht (§§ 401, 1250) auf ihn **über**, § 1225 S. 1. Davon zu unterscheiden ist der Fall, dass der Eigentümer der Pfandsache zahlt. In diesem Fall geht die Forderung zwar auch auf den Verpfänder über, § 1225 S. 1; jedoch treffen dann Eigentum und Pfandrecht in einer Person zusammen, wodurch das Pfandrecht erlischt, § 1256 I 1 (Ausnahmen gem. § 1256 I 2, II).

3. Zusammentreffen mehrerer Sicherungsgeber

34 Schwierigkeiten ergeben sich, wenn **mehrere Sicherungsgeber verschiedenartiger** Sicherheiten nebeneinander stehen und einer von ihnen den Gläubiger befriedigt. Das ist auch ein beliebtes Klausurproblem (vgl. *Rußmann* JuS 2012, 1008).

Beispiel: Für den Kredit des S hat sich seine Frau als Bürgin verpflichtet, sein Bruder hat zudem dem Gläubiger G eine Hypothek an seinem Grundstück als Sicherheit bestellt. Ferner hat ein Freund des S dem G seine Münzsammlung verpfändet.

Nach dem Wortlaut des Gesetzes führt die Zahlung durch einen Sicherungsgeber dazu, dass die **Forderung** gegen den Schuldner **kraft Gesetzes** auf ihn **übergeht**. Das gilt nach § 1225 S. 1 für den Verpfänder, nach § 774 I 1 für den Bürgen und nach § 1143 I 1 bei der Hypothek für den Grundstückseigentümer. Mit der Forderung gehen dabei auch die jeweiligen akzessorischen Sicherheiten der anderen Sicherungsgeber auf den Zahlenden über, §§ 401, 412. Der zuerst Zahlende könnte sich dann aus der Sicherheit des anderen Gläubigers befriedigen. Es würde folglich derjenige am besten stehen, der zuerst zahlt, weil er die besten Regressmöglichkeiten bei den anderen Sicherungsgebern hätte. Auf diese Weise würde die Verteilung des Rückgriffsrisikos jedoch vom **Wettlauf** um den gesetzlichen Forderungsübergang abhängen. Das wäre ein unsachgemäßes Ergebnis. Um das zu verhindern gilt nach hM (BGH NJW 2009, 437; *Medicus/Petersen* BürgerlR Rn. 939 f.) auch beim Zusammentreffen mehrerer unterschiedlicher akzessorischer Sicherheiten die **Regelung für Mitbürgen**, §§ 769, 774 II, 426, entsprechend. Zwischen mehreren gleichstufigen Sicherungsgebern entsteht also ein **gesetzliches Ausgleichsschuldverhältnis analog § 426 I**. Die Sicherheit wird demgemäß nur anteilig erworben und das Rückgriffsrisiko angemessen verteilt. Im Zweifel haften im Innenverhältnis dann alle zu gleichen Teilen, § 426 I 1. Dogmatisch werden somit die für gleichrangig haftende Geber gleichartiger Sicherheiten geltenden Grundsätze (vgl. auch für mehrere Verpfänder die §§ 1225 S. 2, 774 II, 426) auf das Zusammentreffen unterschiedlicher Sicherheiten erstreckt.

Bei **mehreren Sicherheiten** ist im Übrigen zu beachten, dass die **Aufgabe einer Sicherheit** durch den Gläubiger bewirkt, dass der Bürge dann kraft Gesetzes (§ 776) insoweit frei wird, als er aus dem aufgegebenen Recht nach § 774 hätte Ersatz verlangen können. Daran ändert sich auch nichts mehr beim späteren Rückerwerb der Sicherheit durch den Gläubiger (BGH NJW 2013, 2508).

V. Das Pfandrecht an Rechten

Ein Pfandrecht kann außer an beweglichen Sachen auch **an allen** 35
sonstigen **Rechten** bestehen (§ 1273 I), sofern diese übertragbar sind (§ 1274 II). Praktisch relevant ist das Pfandrecht an einer Forderung. Auf das Pfandrecht an Rechten finden die Vorschriften des Pfandrechts an beweglichen Sachen Anwendung, soweit nicht die Vorschriften der §§ 1274–1296 besondere Regelungen enthalten.

1. Bestellung des Pfandrechts

Das Pfandrecht an Rechten wird gemäß den für die Übertragung 36
des jeweiligen Rechts geltenden Vorschriften bestellt (§ 1274 I 1), nur dass sich die Einigung auf die Bestellung des Pfandrechts und nicht auf die Übertragung richten muss.

Das Pfandrecht an einer Forderung wird gem. § 398 durch die Einigung über die Verpfändung bestellt. § 1280 enthält jedoch das zusätzliche Erfordernis der **Verpfändungsanzeige** an den Schuldner. Dies soll der Publizität des Verpfändungsakts dienen. Das Bedürfnis danach, dieser Publizität auszuweichen, hat Anlass für die Sicherungsabtretung gegeben (→ § 15 Rn. 40 ff.). Eine Auflassungsanwartschaft kann in der Form des § 925 verpfändet werden (§ 1274 I; → § 17 Rn. 49).

2. Das Rechtsverhältnis vor der Pfandreife

Bei einem Pfandrecht an einer Forderung muss va geregelt werden, 37
wer die verpfändete Forderung vor der Pfandreife (§ 1228 II) einzie-

hen darf. Dabei geht es aber allein um die **verpfändete Forderung**, nicht um die durch das Pfandrecht gesicherte Forderung, die dem Pfandgläubiger als Gläubiger zusteht und über die er allein verfügen kann, während an der verpfändeten Forderung der Verpfänder und der Pfandgläubiger beteiligt sind.

38 § 1281 S. 1 sieht vor, dass vor der Pfandreife an den Pfandgläubiger und den Verpfänder als den Gläubiger **nur gemeinschaftlich** geleistet werden darf. Jeder von ihnen kann für sich allein vom Schuldner der verpfändeten Forderung die Leistung verlangen, aber er kann dabei immer nur verlangen, dass an beide gemeinschaftlich geleistet wird (§ 1281 S. 2). Deshalb sind beide sich gegenseitig verpflichtet, bei der Einziehung mitzuwirken (§ 1285 I). Durch diese Vorschriften soll sichergestellt werden, dass weder der Verpfänder noch der Pfandgläubiger die eingezogene Leistung für sich allein behalten kann. Vielmehr soll die Haftung des eingezogenen Gegenstandes für das Pfandrecht gesichert werden.

Nach § 1275 iVm § 404 kann der Schuldner der verpfändeten Forderung auch dem Pfandgläubiger gegenüber alle ihm zustehenden Einwendungen und Einreden geltend machen.

39 Durch die Leistung auf die verpfändete Forderung erlischt diese Forderung. Damit das Pfandrecht nicht untergeht, setzt es sich im Wege der **dinglichen Surrogation** am geleisteten Gegenstand fort (§ 1287).

Beispiel: G hat aufgrund eines Vermächtnisses einen Anspruch auf wertvollen Schmuck ihrer verstorbenen Tante erworben. Zur Sicherung eines ihr von der Bank B gewährten Kredits bestellt sie der B ein Pfandrecht an dieser Vermächtnisforderung (§ 2174). Wenn der Schmuck der G aus der Erbschaft geleistet wird, erwirbt B aufgrund dinglicher Surrogation ein Pfandrecht am Schmuck, das als ein Pfandrecht an beweglichen Sachen fortbesteht (§ 1287 S. 1).

3. Rechtsstellung nach Pfandreife

40 Nach Pfandreife, die mit **Fälligkeit der gesicherten Forderung** eintritt (§ 1228 II), kann der Pfandgläubiger seine Verwertungsbefugnis auf verschiedene Weise ausüben. Zum einen kann er die Befriedigung durch Zwangsvollstreckung (§§ 828 ff., 857 ZPO) wählen (§ 1277). Alternativ kann der Pfandgläubiger nach Pfandreife die Forderung allein ohne Mitwirkung des Verpfänders einziehen (§ 1282). Er muss sich jedoch vom Schuldner nach § 1275 iVm § 404 alle Einwendungen und Einreden gegen die verpfändete Forderung entgegenhalten lassen. Ist die verpfändete Forderung auf Geld gerichtet,

so gebührt ihm das eingezogene Geld zur Befriedigung für die gesicherte Forderung (§ 1288 II).

VI. Gesetzliche Pfandrechte

1. Entstehung

Das gesetzliche Pfandrecht entsteht kraft Gesetzes, ohne dass es einer dinglichen Einigung bedarf. Der Bestand einer Forderung ist aber auch hier zwingende Voraussetzung. Das gesetzliche Pfandrecht ist vielfach **Besitzpfandrecht**, dh die Pfandsache muss in den Besitz des Gläubigers gelangt sein und das Pfandrecht besteht nur solange, wie der Gläubiger die Pfandsache im Besitz hat (s. §§ 583, 647 BGB, §§ 397, 440, 464, 475b HGB). Daneben gibt es das besitzlose **Einbringungspfandrecht**. Dabei braucht der Gläubiger nicht Besitzer der Pfandsache zu sein. Die Sache muss aber auf das gemietete oder gepachtete Grundstück „eingebracht" sein. Das betrifft etwa die Einrichtung des Mieters oder die beim Beherbergungsvertrag vom Gast mitgebrachten Sachen (§§ 233, 562, 578, 592, 704). Zum Konflikt mit Raumsicherungsverträgen → § 15 Rn. 17. Das gesetzliche Pfandrecht kann auch an einem Anwartschaftsrecht entstehen (BGH NJW 1965, 1475), weil dieses als wesensgleiches Minus wie das Eigentum behandelt wird. 41

Gesetzliche Pfandrechte 42

Besitzpfandrechte
- Werkunternehmerpfandrecht, § 647
- Pächterpfandrecht am Inventar, § 583
- Pfandrecht des Kommissionärs, § 397 HGB
- Pfandrecht des Frachtführers, § 440 HGB
- Pfandrecht des Spediteurs, § 464 HGB
- Pfandrecht des Lagerhalters, § 475b HGB

Besitzlose Pfandrechte (Einbringungspfandrechte)
- Vermieterpfandrecht, § 562
- Verpächterpfandrecht, § 592
- Pfandrecht des Gastwirtes, § 704
- Pfandrecht des Berechtigten bei der Hinterlegung, § 233

2. Kein gutgläubiger Erwerb

43 Das gesetzliche Pfandrecht bezieht sich grundsätzlich nur auf die Sachen, die im Eigentum des Vertragspartners stehen. Umstritten ist, ob ein gutgläubiger Erwerb **gesetzlicher Besitzpfandrechte** möglich sein soll. Das ist ein beliebtes Klausurproblem.

Fall 21 – Werkunternehmerpfandrecht (nach BGHZ 34, 122; BGH ZIP 2002, 2217): Zur Finanzierung eines Autokaufs nahm A bei der SparBank (SB) einen Kredit auf. Zur Absicherung des Kredits wird der Wagen an SB sicherungsübereignet. Nach dem Sicherungsvertrag ist A verpflichtet, Reparaturen selbstständig und auf eigene Rechnung durchführen zu lassen. Für den Fall eines Zahlungsverzugs ist ein Verlust des Besitzrechts angeordnet und zugleich die Pflicht des A, den Wagen an SB herauszugeben. Als A einen Unfall mit geringem Sachschaden hat, bringt er den Wagen in die Werkstatt des W, der die erforderliche Reparatur vornimmt. Da sich die finanzielle Situation von A verschlechtert und er die Rechnung des W nicht bezahlen kann, holt er den Wagen bei W nicht mehr ab. Als A auch die Abzahlungen an SB einstellt, verlangt diese den Wagen von W heraus. W meint, er habe wegen seines Werkunternehmerpfandrechts ein Besitzrecht bis die Rechnung beglichen sei. Zu Recht?

Lösungsskizze:
SB könnte gegen W einen Anspruch auf Herausgabe des Wagens aus § 985 haben.

1. SB ist infolge der Sicherungsübereignung nach §§ 929, 930 Eigentümerin des Wagens. W ist Besitzer des Wagens.

2. Die Frage ist, ob W aufgrund eines Werkunternehmerpfandrechts, § 647, ein Besitzrecht iSv § 986 I 1 Alt. 1 zusteht (zu einem Besitzrecht aus anderen Gründen → § 23 Rn. 24, Fall 30).

a) W hat eine Forderung aus dem Werkvertrag mit A, § 631 I.

b) W hat gem. § 647 ein Pfandrecht an den von ihm ausgebesserten beweglichen Sachen, die zum Zwecke der Ausbesserung in seinen Besitz gelangt sind. Das trifft auf den Wagen grundsätzlich zu.

c) Jedoch muss es sich bei § 647 um eine Sache *des Bestellers* handeln. Da der Wagen aber im Eigentum der SB stand, konnte grundsätzlich kein Werkunternehmerpfandrecht des W entstehen (vgl. BGH MDR 2017, 700). SB kann aufgrund der Absprache, dass sich A allein um die Reparaturen zu kümmern hat, auch nicht als Mitbestellerin im Werkvertrag behandelt werden.

d) Allerdings könnte SB dadurch, dass sie A zur Vornahme von Reparaturen verpflichtet hat, in die Situation eingewilligt haben, in der das Werkunternehmerpfandrecht nach § 647 kraft Gesetzes entsteht. Da diese Situation durch Rechtsgeschäft hergestellt werde, halten *Medicus/Petersen* BürgerlR Rn. 594 (aA BGHZ 34, 122, 125) eine analoge Anwendung der §§ 183,

185 I für naheliegend. W könnte danach ein Werkunternehmerpfandrecht erworben haben, weil die einer Verpfändung ähnliche Hingabe zur Reparatur durch die Einwilligung des Eigentümers gedeckt sei. Dagegen spricht aber, dass SB mit den Kosten der Reparatur nichts zu tun haben wollte. Außerdem entsteht das Pfandrecht nach § 647 gerade nicht aufgrund einer Verfügung, sondern kraft Gesetzes.

e) W könnte das Werkunternehmerpfandrecht aber gutgläubig erworben haben. Fraglich ist allerdings, ob ein gutgläubiger Erwerb gesetzlicher Pfandrechte möglich ist. Ein gutgläubiger Erwerb nach §§ 1207, 932 ff. ist nicht möglich, denn § 1207 regelt nur den rechtsgeschäftlichen, nicht aber den gesetzlichen Pfandrechtserwerb. Auch ein gutgläubiger Erwerb nach §§ 1207, 1257 scheidet aus, da § 1257 seinem Wortlaut nach nur auf ein „kraft Gesetzes *entstandenes* Pfandrecht" Anwendung findet.

Denkbar wäre allenfalls, einen solchen Erwerb nach § 1207 analog für möglich zu halten. Für eine Analogie könnte sprechen, dass § 366 III HGB die Möglichkeit eines solchen gutgläubigen Erwerbs ausdrücklich vorsieht; zudem ist eine Übergabe zur Begründung eines Werkunternehmerpfandrechts genauso wie bei der rechtsgeschäftlichen Pfandrechtsbestellung erforderlich. Daran anknüpfend wird der gutgläubige Erwerb des Unternehmerpfandrechts teilweise bejaht (*Baur/Stürner* SachenR § 55 Rn. 40; *Hager* Verkehrsschutz, 310 f.). Die überwiegende Meinung (BGHZ 34, 153; *Westermann/Gursky/Eickmann* SachenR § 132 Rn. 2) lehnt gutgläubigen Erwerb jedoch zu Recht ab; § 366 III HGB ist als handelsrechtliche Spezialnorm bzw. Ausnahmevorschrift nicht verallgemeinerungsfähig. Eine entsprechende Regelung ist ins BGB gerade nicht übernommen worden. Eine analoge Anwendung von § 1207 muss scheitern, weil die rechtsgeschäftliche Verfügung als Grundlage für den Schutz des guten Glaubens fehlt. Die Übergabe zum Zweck der Reparatur kann nicht mit der Übergabe bei der Pfandrechtsbestellung verglichen werden.

Ergebnis: W kann sich nicht auf ein Besitzrecht kraft Werkunternehmerpfandrechts berufen. Allerdings steht ihm ein Zurückbehaltungsrecht aus §§ 1000 S. 1, 994 I zu (→ § 23 Rn. 24 – Fall 30). Der Herausgabeanspruch besteht daher nur Zug um Zug gegen Ersatz der Verwendungen.

Im Einzelfall mag in solchen Konstellationen allerdings **ein vertragliches Pfandrecht** an der Sache entstehen, sei es aufgrund ausdrücklicher Vereinbarung oder durch **AGB** des Werkunternehmers. Zwar wäre für die vertragliche Pfandrechtsbestellung ebenfalls die Berechtigung des Verpfänders Voraussetzung, indes kann ein diesbezüglicher Mangel beim vertraglichen Pfandrecht durch gutgläubigen Erwerb überwunden werden (vgl. BGHZ 68, 323; → Rn. 16 f.). Bedeutung gewinnt eine Pfandbestellungsklausel in einem Reparaturvertrag darüber hinaus, wenn der Besteller zwar nicht selbst Eigentü- 44 mer der Sache ist, aber nach § 185 I vom Eigentümer zur Pfandrechtsbestellung ermächtigt wurde.

45 **AGB-Klauseln**, die angesichts der geschilderten Rechtslage gerade auf den gutgläubigen Erwerb eines (vertraglichen) Pfandrechts abzielen, halten einer Inhaltskontrolle anhand von § 307 grundsätzlich Stand; denn es besteht ein berechtigtes Sicherungsinteresse des Werkunternehmers (vgl. BGHZ 68, 323). Insoweit kann eine Parallele zu § 366 III HGB gezogen werden, der für einzelne gesetzliche Pfandrechte das berechtigte Interesse auf Schutz des gutgläubigen Erwerbs anerkennt. Einem Missbrauch kann im Einzelfall durch Verneinung des guten Glaubens begegnet werden. Unbedenklich sind ferner Klauseln, wonach sich das vertragliche Werkunternehmerpfandrecht auch auf Forderungen aus **früher durchgeführten Arbeiten** erstreckt, soweit diese mit dem Auftragsgegenstand in Zusammenhang stehen (BGHZ 101, 307). Das betrifft etwa den Fall, dass sich das Kfz erneut beim selben Werkunternehmer zur Reparatur befindet und das Werkunternehmerpfandrecht nun wegen einer früheren, noch offenen Reparaturrechnung geltend gemacht wird.

VII. Rechtsvergleichende Hinweise

46 Das **französische und das englische Recht** kennen wie das deutsche Recht das Besitzpfand an beweglichen Sachen, das ebenfalls als akzessorisches Recht ausgestaltet ist. Daneben existieren in diesen Rechtsordnungen jedoch eine Reihe von dem deutschen Recht nicht bekannten, besitzlosen Registerpfandrechten, die ein Bedürfnis für den Eigentumsvorbehalt und die Sicherungsübereignung nicht im gleichen Maße wie im deutschen Recht hervortreten ließen.

47 In **Frankreich** wurde das Mobiliarsicherungsrecht durch die Reform des Rechts der Kreditsicherheiten im Jahr 2006 (Ordonnance Nr. 2006–346 v. 23.3.2006, Journal Officiel (JO) v. 24.3.2006) im Wesentlichen neu gestaltet. Es wurde ein allgemeines Pfandrecht *(gage commun)* eingeführt, das unabhängig von der Art des Sicherungsgegenstandes und der Parteien an jedem körperlichen Gegenstand, auch an einem zukünftigen oder einem Inbegriff von Gegenständen, bestellt werden kann (Art. 2333 Code civil; vgl. *Klein/Tietz* RIW 2007, 101 ff.). Zusätzlich wurde ein besonderes Pfandrecht für Unternehmensinventar geschaffen (*gage des stocks,* Art. L527–1 bis L527–9 Code de Commerce). Beide Sicherungsrechte setzen zur Geltung inter partes die Bestellung durch einen schriftlichen Vertrag voraus, der die Parteien, die gesicherte Forderung und die Beschreibung des Sicherungsgutes enthalten muss (Art. 2336 Code civil). Um drittwirksam zu sein, muss zusätzlich dem Pfandgläubiger oder seinem Beauftragten entweder der Besitz verschafft werden oder eine Registrierung des Pfandrechts beim örtlich zuständigen *tribunal de commerce* erfolgen (Art. 2337 f. Code civil). Die Registrierung schließt aus, dass die Sache vom Pfandgläubiger lastenfrei an einen gutgläubigen Dritten veräußert wird (Art. 2337, 2276 Code civil). Die mit der Möglichkeit der Re-

gistrierung verbundene Ablösung des Besitzes als Publizitätsträger führt faktisch zu einer Einschränkung des Verkehrsschutzes und der Rechtssicherheit und damit letztlich zu einer Behinderung des Handelsverkehrs (vgl. *Kieninger* AcP 208, 182, 201). Schließlich wurde durch die Reform ein nicht registrierungsbedürftiges Pfandrecht an gegenwärtigen und künftigen Forderungen *(nantissement de meubles incorporels)* eingeführt, dessen Entstehung zwischen den Parteien allein vom Zeitpunkt der schriftlichen Verpfändungsvereinbarung abhängt und zur Entfaltung der Drittwirkung dem Drittschuldner lediglich angezeigt werden muss (Art. 2355 ff. Code civil).

In **England** ist das Besitzpfand *(pledge* oder *pawn)* gleichfalls anerkannt. Es **48**
entsteht als akzessorisches Recht durch Einigung und Besitzverschaffung und gibt dem Gläubiger bei Pfandreife ein Verwertungsrecht durch Pfandverkauf. Praktisch bedeutsam ist es im internationalen Warenhandel va als Pfandrecht an kaufmännischen Inhaber- oder Traditionspapieren (näher *v. Bernstorff* EnglandR, 123 ff.). Die Nachteile dieses Faustpfands vermeidet als besitzloses Sicherungsmittel die der deutschen Sicherungsübereignung vergleichbare *chattel mortgage* (→ § 15 Rn. 47). Als subsidiäres besitzloses Sicherungsmittel kennt das englische Recht ferner die *hypothecation.* Durch ihre Vereinbarung im *letter of hypothecation* erhält der Sicherungsnehmer eine Treuhänderposition hinsichtlich des Sicherungsguts; eine Registrierung ist nicht erforderlich. Allerdings können die einer *hypothecation* unterliegenden Sicherungsgegenstände nur mit gerichtlicher Hilfe verwertet werden. Die *hypothecation* wird gelegentlich von Banken zur Bestellung umfassender Kreditsicherheiten genutzt. Als reines case-law ist ihre Verwendung jedoch für den Sicherungsnehmer mit einem großen Risiko verbunden (näher *v. Bernstorff* EnglandR, 124 f.).

Als Kreditsicherheiten am gesamten gegenwärtigen und künftigen Vermögen des Sicherungsgebers sind schließlich *fixed charges* oder *floating charges* möglich. Die *fixed charge* kann Warenbestände, Forderungen oder Wertpapiere als Sicherheiten erfassen. Es handelt sich um eine besitzlose Belastung, die aber – soweit sie von einer Gesellschaft gestellt wird – zur Wirksamkeit gegenüber Dritten der Registrierung beim *registrar of companies* und der genauen Kennzeichnung der belasteten Gegenstände bedarf. Die einer *fixed charge* unterliegenden Vermögensgegenstände sind von der unbeschränkten Verfügungsgewalt des Sicherungsgebers ausgenommen. Die *floating charge* – die nur von Gesellschaften gestellt werden kann und daher immer registrierungspflichtig ist – ist die Generalbelastung des gesamten Vermögens der schuldnerischen Gesellschaft. Sie ist bis zu dem Eintritt des vertraglich beschriebenen Sicherungsfalls schwebend unwirksam. Der Sicherungsgeber kann daher zunächst über das Sicherungsgut verfügen mit der Folge seiner Enthaftung und Surrogation durch andere neu erworbene Gegenstände. Erst mit dem Eintritt des Sicherungsfalls konkretisiert sich die *floating charge* auf die in diesem Zeitpunkt im Schuldnervermögen vorhandenen Gegenstände *(cristallisation)* und erlaubt deren Verwertung durch einen Zwangsverwalter (vgl. *v. Bernstorff* EnglandR, 127 f.; *Baur/Stürner* SachenR § 64 Rn. 107). Die *floating charge* ersetzt in England weithin die Forderungsabtretung *(security assignment).*

Empfehlungen zur vertiefenden Lektüre: *Alexander,* Gemeinsame Strukturen von Bürgschaft, Pfandrecht und Hypothek, JuS 2012, 481; *ders.*, Gesetzliche Pfandrechte an beweglichen Sachen, JuS 2014, 1; *Bredemeyer,* Regresskollision bei Mehrheiten von Sicherungen, Jura 2012, 612; *Lukes,* Die Sicherungsrechte des Werkunternehmers nach §§ 647, 648, 648a BGB, JA 2016, 727; *Schmidt,* Neues über gesetzliche Pfandrechte an Sachen Dritter, NJW 2014, 1; *Schreiber,* Vertragliche Pfandrechte an Mobilien, Jura 2004, 36.

Fälle und Klausuren: *Derleder/Pallas,* Der Transportpark des Kleinunternehmers, JuS 1999, 367; *Fröde,* Übungsklausur – Zivilrecht: Mobiliarsachenrecht, JuS 2008, 232; *Gottwald* SachenR Fälle 200–209; *Gursky* KK SachenR Fall 17; *Koch/Löhnig* Fälle SachenR Fall 5, 7; *Neuner* SachenR Fall 9; *Petersen,* Der eigensinnige Vermieter, JA 1999, 292; *Rußmann,* Referendarexamensklausur – Zivilrecht: Scheingeheißerwerb, Ausgleich unter verschiedenartigen Sicherungsgebern, JuS 2012, 1008; *Stegmüller,* Originalexamensklausur: Anfechtung, Ausschlagung und Pfandrechtserwerb, JuS 2012, 442; *Wagner,* Pfundiges Pfand – Zur Verwertung der Pfandsache nach den §§ 1242 ff., JA 2015, 412.

6. Kapitel. Erwerb und Verlust von Grundstücksrechten

§ 17. Übereignung und Belastung des Grundstücks

I. Einführung

Die Übereignung und Belastung des Grundstückseigentums (§§ 873, 925) hat in der Praxis große Bedeutung. Demgegenüber sind gesetzliche Erwerbsgründe bei Grundstücken, etwa die in §§ 900, 927 geregelte Ersitzung oder die in § 928 vorgesehene Aufgabe des Eigentums, selten. 1

Auch bei der Übereignung oder Belastung von Grundstücken ist das **Abstraktionsprinzip** zu beachten. Das sachenrechtliche Verfügungsgeschäft ist streng vom zugrunde liegenden schuldrechtlichen Geschäft zu trennen. Dieses Geschäft kann bei der Belastung eines Grundstücks mit einem Grundpfandrecht ein Sicherungsvertrag sein. Bei der Eigentumsübertragung ist es meist ein Kaufvertrag (§ 433). Zu den Pflichten des Verkäufers gehört dabei auch, sämtliche Hindernisse zu beseitigen, die der Eintragung des Käufers im Grundbuch im Wege stehen (BGH NJW 2007, 3777).

Zu beachten ist, dass der **Kaufvertrag** über ein Grundstück der **Form des § 311b I** bedarf. Formbedürftig sind dabei auch alle Vereinbarungen, die mit dem Grundstücksvertrag rechtlich zusammenhängen, dh nach dem Parteiwillen damit stehen und fallen sollen (BGHZ 101, 396). Ein ohne Beachtung der Form des § 311b I geschlossener Vertrag wird nachträglich ex-nunc wirksam, wenn Auflassung und Eintragung im Grundbuch erfolgen, § 311b I 2. Das gilt allerdings nur, wenn der Vertrag im Übrigen wirksam zustande gekommen ist und keine sonstigen Nichtigkeitsgründe vorliegen (BGH NJW-RR 2017, 114).

Ist ein Kaufvertrag über ein Grundstück mit dem beurkundeten Inhalt ein **Scheingeschäft**, so ist der Vertrag nach § 117 I nichtig. Das verdeckte, tatsächlich zu anderen Bedingungen gewollte Geschäft (vgl. § 117 II) ist hingegen nicht formgerecht beurkundet und daher nach § 125 nichtig (s. Fallbeispiel bei § 18 Rn. 10). Wenn das verdeckte Geschäft aber durchgeführt wird und

Auflassung und Eintragung im Grundbuch erfolgen, so tritt grundsätzlich nach § 311b I 2 Heilung ein. Das gilt aber nicht, wenn das Rechtsgeschäft an anderen Nichtigkeitsgründen leidet. In einem BGH-Fall war für das Angebot des Käufers in einer Klausel eine übermäßig lange Bindungsfrist vorgesehen gewesen, die nach § 308 Nr. 1 unwirksam war. Das Angebot war daher tatsächlich schon erloschen gewesen, als der Verkäufer es annahm. Dieser Mangel konnte durch die Heilung nicht mehr behoben werden (BGH NJW-RR 2017, 114).

2 **Grundstück** im Sinne des BGB ist ein durch katastermäßige Vermessung räumlich abgegrenzter Teil der Erdoberfläche, der im Grundbuch mit einem besonderen Grundbuchblatt gem. § 3 I GBO (→ Rn. 28) als eine selbstständige Sacheinheit geführt wird. Entscheidend ist die grundbuchmäßige Zusammenfassung zu einer rechtlichen Einheit, auch wenn es sich nach dem Liegenschaftskataster um mehrere Flächen handelt (s. § 890 I). Das **Liegenschaftskataster** ist das vom Katasteramt geführte, amtliche Verzeichnis, in dem flächendeckend alle Grundstücke eines bestimmten Gebietes bzw. Landes registriert sind, § 2 II GBO.

II. Anwendungsbereich von § 873

3 Während sich die rechtsgeschäftliche Eigentumsübertragung an beweglichen Sachen nach §§ 929 ff. richtet, ist für die Übertragung oder Belastung von Grundstücksrechten § 873 maßgebend. § 873 setzt neben der **Einigung** die **Eintragung im Grundbuch** voraus und regelt im Einzelnen folgende Fallgestaltungen:

(1) die **Übertragung des Grundstückseigentums (einschließlich Wohnungseigentum)**; nur für die hierfür erforderliche Einigung ist die Form des § 925 zu beachten (→ Rn. 13 ff.),

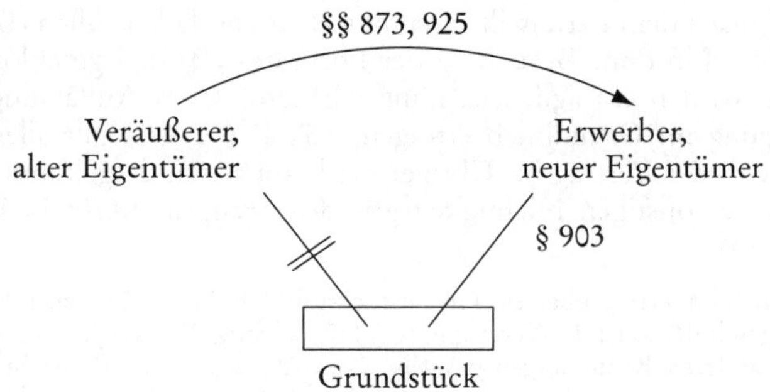

(2) die **Belastung des Grundstückseigentums** mit einem Recht, zB die Bestellung einer Grundschuld oder einer Dienstbarkeit, 4

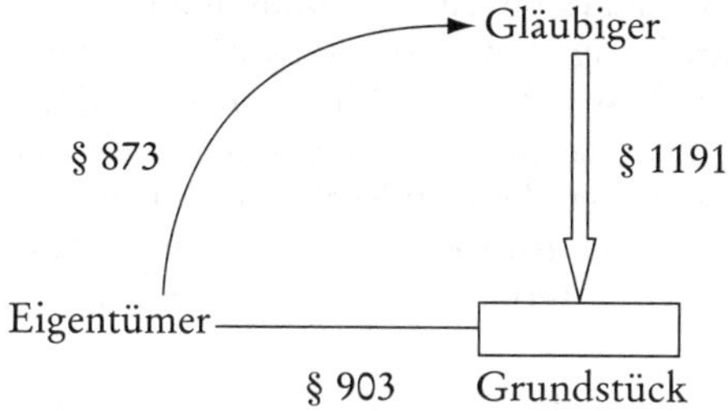

(3) die Übertragung eines das Grundstück **belastenden Rechts,** zB einer Grundschuld, 5

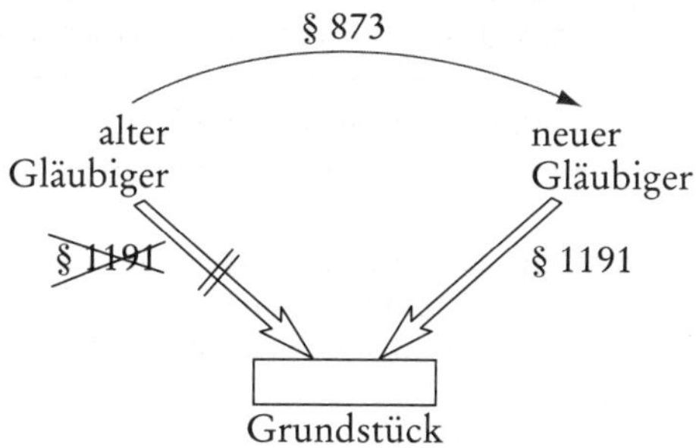

(4) die **Belastung** eines das Grundstück belastenden Rechts mit einem Nießbrauch (§ 1080) oder einem Pfandrecht (§ 1291). 6

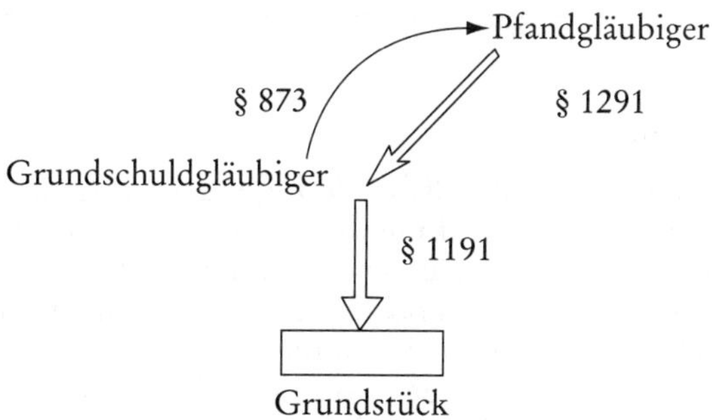

7 § 873 gilt iVm § 877 auch für die **Inhaltsänderung** von Grundstücksrechten, zB die Änderung des Wegverlaufs bei einer Dienstbarkeit oder des Zinssatzes bei einer Grundschuld.

Für die **Aufhebung** von beschränkten dinglichen Grundstücksrechten nach § 875 ist neben der Eintragung ins Grundbuch nur die einseitige Aufgabeerklärung des Berechtigten notwendig. Zustimmen muss jedoch ein Dritter, dem ein Recht an dem aufzuhebenden Recht zusteht (§ 876). Für die Aufgabe des Eigentums sieht § 928 I ebenfalls eine einseitige Verzichtserklärung und deren Eintragung vor.

III. Die Voraussetzungen von § 873

8 Für die Übertragung und Belastung von Grundstücksrechten, einschließlich des Eigentums, sind nach § 873 die Einigung mit dem Berechtigten *und* die Eintragung im Grundbuch erforderlich.

Voraussetzungen § 873
1. Einigung – über Übertragung des Grundstückseigentums – Belastung des Grundstücks mit einem Recht – Übertragung oder Belastung eines solchen Rechts – oder Fälle des § 877 2. Eintragung ins Grundbuch 3. Einigsein, vgl. § 873 II 4. Berechtigung des Verfügenden, hilfsweise gutgläubiger Erwerb, § 892

1. Die Einigung

9 Die Einigung ist der **dingliche Verfügungsvertrag**, der zwischen dem Berechtigten und dem Erwerber vorgenommen wird. Es gelten die allgemeinen rechtsgeschäftlichen Wirksamkeitsvoraussetzungen. Die dingliche Einigung muss bei der Übereignung ihrem Inhalt nach darauf gerichtet sein, dass das Eigentum am Grundstück vom Veräußerer auf den Erwerber übergeht. Bei der Belastung mit einem dinglichen Recht muss der Inhalt der Einigung auf das jeweils zu bestellende Recht gerichtet sein.

Gut geeignet für **Klausuren** sind Fälle, in denen sich die Einigung beiderseits subjektiv auf das Gewollte bezieht, objektiv jedoch etwas anderes beurkundet wird (s. auch BGH NJW 2002, 1038). Hier bleibt es auch für notariell beurkundete Verträge bei dem Grundsatz, dass eine **Falschbezeichnung unschädlich** ist (BGH NJW-RR 2013, 789; OLG Frankfurt NJW 2008, 1003). Das gilt auch für den Fall, dass die Parteien versehentlich eine falsche Katasterbezeichnung wählen (OLG München BeckRS 2016, 03788) oder eine falsche Grundstücksbezeichnung verwenden, die nur einen Teil des verkauften Anwesens umfasst; hier ist nach den **Grundsätzen der falsa demonstratio** allein das gewollte Grundstück betroffen bzw. auch die übrige Fläche von der Einigung umfasst (BGH NJW 2008, 1658). Weiter ist an den Fall zu denken, dass die Parteien nach einer Besichtigung des Grundstücks von einer bestimmten, zB durch eine Mauer umgrenzten Fläche ausgehen, die dafür im Vertrag verwendete, dem Grundbuch und Liegenschaftskataster entnommene Bezeichnung damit aber nicht deckungsgleich ist (BGH NJW-RR 2013, 789). 10

Fall 22 – Falsa demonstratio (vgl. BGHZ 87, 152): V besitzt in der Birkenstraße zwei Grundstücke (Nr. 16 und Nr. 26). Er will an K das Grundstück Nr. 16 verkaufen. Im notariellen Kaufvertrag und der Auflassungsurkunde wird das Grundstück aber aus Versehen mit der Flurnummer des Grundstücks Nr. 26 bezeichnet. Als K dann im Grundbuch beim Grundstück Nr. 26 als Eigentümer eingetragen wird, beschließt er, dieses Grundstück in Besitz zu nehmen, da es ihm besser gefällt. Wie ist die Rechtslage?

Lösungsskizze:

I. V könnte gegen K einen Anspruch auf Herausgabe des Grundstücks Nr. 26 aus § 985 haben.

1. V müsste noch Eigentümer dieses Grundstücks sein.

a) Ursprünglich war V Eigentümer des Grundstücks.

b) V könnte infolge Auflassung und Eintragung des K im Grundbuch das Eigentum verloren haben, §§ 873, 925. Jedoch fehlt es hierfür schon an der wirksamen Einigung. Zwar bezieht sich die notarielle Vertragsurkunde auf das Grundstück Nr. 26. Beide Parteien wollten aber die Übertragung des Hausgrundstückes Nr. 16. Sie haben nur nicht gewusst, dass die verwendete Flurnummer in Wirklichkeit einem anderen Grundstück zusteht. Nach den Grundsätzen der „falsa demonstratio non nocet" ist diese Falschbezeichnung indes unschädlich. Es gilt allein das von den Parteien Gewollte, § 133. Die Einigungserklärung betraf daher allein die Nr. 16. Eine wirksame Auflassung über das Grundstück Nr. 26 liegt daher nicht vor.

V ist somit noch Eigentümer des Grundstücks, das Grundbuch ist durch Eintragung des K falsch geworden.

2. K ist Besitzer des Grundstücks.

3. K kann auch nicht geltend machen, dass ihm ein Recht zum Besitz gem. § 986 an dem Grundstück Nr. 26 zusteht. Aus dem Kaufvertrag ergibt sich kein diesbezüglicher Anspruch und auch kein Besitzrecht, da auch insofern keine wirksame schuldrechtliche Einigung über den Verkauf der Nr. 26 erfolgt ist. Die Parteien wollten allein einen Kaufvertrag über das Grundstück Nr. 16 abschließen.

Ergebnis: V kann von K Herausgabe des Grundstücks Nr. 26 aus § 985 verlangen.

II. In gleicher Weise besteht ein **Anspruch auf Räumung des Grundstücks aus § 1004 I.**

III. K könnte gegen V einen Anspruch auf Übereignung und Übergabe des Grundstücks Nr. 16 aus § 433 I 1 haben.

1. Dazu müsste ein formwirksamer Kaufvertrag über das Grundstück Nr. 16 vorliegen. Eine Einigung ist erfolgt. Allerdings müsste die Einigung, um wirksam zu sein, auch notariell beurkundet worden sein, § 311b I 1.

Das ist vorliegend fraglich, weil sich der Text des Kaufvertrags formal auf die Nr. 26 bezieht und nicht auf die tatsächlich gewollte Nr. 16. Nach allg. Meinung reicht jedoch bei einer Falschbezeichnung für die Wahrung der Form aus, dass das objektiv Erklärte dem Formerfordernis des § 311b genügt. Dem ist zu folgen, weil die Warn- und Schutzfunktion des § 311b auch auf diese Weise erfüllt wird. Die Notwendigkeit der Beurkundung (Warnfunktion) und die Belehrung und Beratung durch einen Notar (Schutzfunktion) bleiben schließlich auch dann erhalten, wenn aus Versehen eine Falschbezeichnung erfolgt (BGHZ 87, 153). Allein die Beweissicherungsfunktion des § 311b könnte in Frage gestellt sein. Allerdings wird auch sonst zur Auslegung von formbedürftigen Willenserklärungen auf Umstände abgestellt, die außerhalb der Urkunde liegen (vgl. insbes. die sog. Andeutungstheorie im Erbrecht). Dem eigentlichen Urkundeninhalt kommt daher bei der Auslegung ohnehin nicht mehr als eine Indizwirkung zu, sodass die Nichtverwirklichung der Beweissicherungsfunktion in den Fällen der falsa demonstratio hinzunehmen ist (vgl. BGHZ 87, 153). Somit liegt auch eine wirksame notarielle Beurkundung vor.

2. Da K noch nicht als Eigentümer im Grundbuch eingetragen ist, liegt auch noch keine Erfüllung vor.

Ergebnis: K kann von V Übereignung und Übergabe des Grundstücks Nr. 16 aus § 433 I 1 verlangen. Damit beim Grundbuchamt eine Auflassungsurkunde vorgelegt werden kann (vgl. §§ 29, 20 GBO), aus der sich die richtige Flurnummer ergibt, muss aber noch einmal mit der richtigen Bezeichnung beurkundet werden.

2. Besonderheiten bei der Einigung mit einem Minderjährigen

Bei beweglichen Sachen ist der **Eigentumserwerb** für den beschränkt Geschäftsfähigen regelmäßig lediglich rechtlich vorteilhaft gem. § 107, sodass die diesbezügliche dingliche Einigung nicht der Zustimmung des gesetzlichen Vertreters bedarf (→ § 6 Rn. 10). Bei der Einigung nach § 873 I gilt im Grunde ebenfalls, dass der abstrakt vom schuldrechtlichen Geschäft zu sehende dingliche Erwerb regelmäßig rechtlich vorteilhaft ist; gleichwohl kommt es auf die Umstände des Einzelfalls an. So ist die dingliche Einigung mit einem Minderjährigen über den Eigentumserwerb eines **vermieteten oder verpachteten Grundstücks** nicht nur rechtlich vorteilhaft, weil der Erwerber gem. §§ 566, 581 II in den Miet- oder Pachtvertrag eintritt und damit auch dessen Pflichten übernimmt (BGHZ 162, 137, 140). Auch der Erwerb einer **Eigentumswohnung** wird als generell rechtlich nachteilhaft eingestuft (BGH NJW 2010, 3643), da den Minderjährigen insoweit Pflichten nach dem WEG (zB §§ 10, 16 II WEG) treffen und er dafür mit seinem gesamten Vermögen haftet (s. Klausurfall bei *Obergfell/Hauck* JA 2012, 178). Die dingliche Einigung des beschränkt Geschäftsfähigen ist in solchen Fällen nach § 108 unwirksam, wenn die Eltern in das Geschäft nicht eingewilligt haben oder es später nicht genehmigen. Abgesehen davon kann gem. § 1643 I ergänzend auch noch die Genehmigung des Familiengerichts erforderlich sein (zB OLG Hamm NJW-RR 2014, 1350). 11

Der **Erwerb eines Grundstücks** bleibt aber auch dann lediglich **rechtlich vorteilhaft**, wenn es mit einer Hypothek oder **Grundschuld** belastet ist (s. BGH NJW 2005, 415), denn die Grundschuld begründet keine persönliche Verpflichtung des Minderjährigen, sondern erlaubt dem Grundschuldgläubiger lediglich den Zugriff auf das Grundstück (§ 1147). Für die Belastung mit einem **Nießbrauch** gilt Entsprechendes, wenn der Nießbraucher auch die Kosten außergewöhnlicher Ausbesserungen und Erneuerungen sowie die außergewöhnlichen Grundstückslasten zu tragen hat (BGH aaO). Darüber hinaus stellen **öffentliche Lasten**, wie zB die Verpflichtung zur Zahlung der Grund(erwerb)steuer, keinen rechtlichen Nachteil dar, weil die damit verbundenen Belastungen gering sind und sie typischerweise aus den Erträgen des Grundstücks erbracht werden können und damit zu keiner Gefährdung des Minderjährigenvermögens führen (hM, BGH NJW 2005, 415; zum Ganzen *Hager*, LA Leenen, 2012, S. 43 ff.).

Ist der Minderjährige **Gesellschafter einer GbR**, die ein Erwerbsgeschäft betreibt, und wurde sein Eintritt in die GbR ordnungsgemäß nach §§ 1643 I, 1822 Nr. 3 vom Familiengericht genehmigt, so bedarf es bei Grundstücksgeschäften der GbR nicht weiterer Genehmigungen nach §§ 1643 I, 1821 I Nr. 1, wenn diese im Rahmen des Gesellschaftszwecks liegen, da die Genehmigung nach § 1822 Nr. 3 solche Geschäfte bereits mit umfasst. Anders liegt es, wenn es sich um eine vermögensverwaltende Gesellschaft handelt, zu deren Geschäftsgegenstand die Veräußerung von Grundstücken nicht gehört (OLG Nürnberg NJW 2013, 82).

3. Grundsatz der Formfreiheit der Einigung

12 § 873 verlangt für die Einigung grundsätzlich **keine Form.** Sie muss lediglich dem Bestimmtheitserfordernis genügen. Eine **Ausnahme** gilt allerdings für den wichtigen Fall der Grundstücksübereignung einschließlich der Einigung über die Übertragung von Miteigentumsanteilen sowie für die Begründung von Wohnungseigentum nach § 4 WEG; in diesen Fällen bedarf es gem. § 925 der formgerechten Auflassung (→ Rn. 13 ff.).

Formfrei ist somit die Einigung über die **Belastung des Grundstückseigentums** mit einem beschränkten dinglichen Recht, zB mit einer Dienstbarkeit (§§ 1018, 1090) oder mit einer Grundschuld (§ 1191). Die zur Übertragung oder Belastung eines **beschränkten dinglichen Grundstücksrechts,** zB eines Erbbaurechts (§ 11 I 1 ErbbauRG), erforderliche Einigung ist nach § 873 ebenfalls formfrei. Allerdings können wichtige beschränkte Grundstücksrechte entweder gar nicht selbstständig übertragen werden (s. zB §§ 1059, 1092) oder es sind dafür zusätzliche andere Formen vorgesehen, so für die Hypothek und die Grundschuld durch §§ 1154 I, 1192.

4. Form der Auflassung

13 **a)** Nicht formfrei ist die zur **Übereignung des Grundstücks** erforderliche Einigung. Die diesbezügliche Einigung wird gem. § 925 als **Auflassung** bezeichnet. § 925 I sieht als Formerfordernis vor, dass die Auflassung bei **gleichzeitiger Anwesenheit** von Veräußerer und Erwerber (oder ihren Stellvertretern) vor einer zuständigen Stelle erklärt wird. Durch dieses Formerfordernis sollen die Beteiligten auf die Bedeutung der Grundstücksübereignung hingewiesen werden und zugleich soll eine rechtskundige Stelle für die Einhaltung aller Vorschriften sorgen.

14 Als **zuständige Stelle** sieht § 925 I 2 in erster Linie den **Notar** vor. Obwohl die notarielle Beurkundung für die Auflassung als materiell-rechtliche Erklärung von § 925 im Gegensatz zum schuldrechtlichen Verpflichtungsgeschäft (§ 311b I 1) nicht verlangt wird (s. BGH NJW 1992, 1101, 1102), wird die

Auflassung dennoch in der Regel mit in die notarielle Beurkundung aufgenommen. Damit werden zugleich die Voraussetzungen erfüllt, die § 29 iVm § 20 GBO formell-rechtlich zur Eintragung ins Grundbuch verlangt (→ Rn. 37). Sofern ein Dritter der Auflassung, zB nach § 177 I, § 185 oder nach § 1365, **zustimmen** muss, ist diese Zustimmung gem. § 182 II formlos möglich, sofern es sich nicht um eine unwiderrufliche Einwilligung handelt (s. auch BGH NJW 1998, 1482). Ferner kann die Auflassung vor Gericht in einem gerichtlichen Vergleich (§ 925 I 3 BGB iVm § 794 I Nr. 1 ZPO) oder in einem rechtskräftig bestätigten Insolvenzplan (§ 925 I 3 BGB iVm §§ 248 ff. InsO) erfolgen. Die Erfordernisse von § 925 I 1 bleiben davon aber unberührt (OLG Hamm NZFam 2018, 569).

Weil die Auflassung zusammen mit der Eintragung eine Warn- und Beweissicherungsfunktion erfüllt, die auch den Grund für die notarielle Beurkundung des Verpflichtungsgeschäfts nach § 311b I 1 bildet, wird ein formnichtiges Verpflichtungsgeschäft nach § 311b I 2 durch Auflassung und Eintragung nachträglich wirksam (sog. **Heilung**). Die Heilung setzt allerdings voraus, dass das Verpflichtungsgeschäft im Übrigen wirksam zustande gekommen ist, also zwei übereinstimmende Willenserklärungen vorliegen und keine sonstigen Nichtigkeitsgründe gegeben sind (BGH NJW-RR 2017, 114). 15

b) Neben dem Formerfordernis sieht § 925 II für die Auflassung eine zweite Besonderheit vor. Eine Auflassung kann **nicht mit einer Bedingung** (§ 158) oder einer Zeitbestimmung (§ 163) verbunden werden. Ein Grundstück kann deshalb nicht unter Eigentumsvorbehalt (§ 449) veräußert werden. Dies ist wegen § 925 II nur bei beweglichen Sachen möglich. Unwirksam wäre demgemäß etwa auch eine Auflassung „für den Fall der rechtskräftigen Scheidung“ (OLG Düsseldorf NJW 2015, 1029). 16

Bedingungsfeindlich ist jedoch nur die **Auflassung**, also die Einigung über die Eigentumsübertragung (→ Rn. 13). Die zur Grundstücksbelastung und zur Übertragung von beschränkten dinglichen Rechten erforderliche Einigung kann dagegen mit einer Bedingung oder Zeitbestimmung verbunden werden.

c) Mit der Veräußerung des Grundstückseigentums kann auch das **Zubehör** veräußert werden. Zubehör sind selbstständige bewegliche Sachen (§ 97), deren Übertragung grundsätzlich nach §§ 929 ff. geschieht. **§ 926** sieht daneben die Möglichkeit vor, dass das Zubehör eines Grundstücks zusammen mit dem Grundstückseigentum übergeht, sofern sich Veräußerer und Erwerber darüber einig sind, dass das Zubehör auf den Erwerber übergehen soll. Erforderlich ist dann lediglich die Einigung. Auf die Übergabe und die Übergabesurrogate kann im Rahmen des § 926 verzichtet werden. 17

18 **d)** Die Einigung in Form der **Auflassung** ist stets notwendig, wenn das Grundstückseigentum durch Rechtsgeschäft auf einen anderen Rechtsträger übertragen werden soll. Sie ist auch **erforderlich**, wenn das Grundstückseigentum von einer **Gesamthandsgemeinschaft** auf eine andere aus den gleichen Personen bestehenden Gesamthandsgemeinschaft übertragen werden soll, zB das Grundstückseigentum von einer fortbestehenden Erbengemeinschaft auf eine von den Erben gegründete OHG oder KG oder von einer BGB-Gesellschaft auf eine daneben bestehende zweite BGB-Gesellschaft derselben Personen, denn jede Gesamthand ist eine selbstständige Zuordnungs- und Verfügungseinheit. Auch die Überführung von **Gesamthandseigentum in Bruchteilseigentum** bedarf der Auflassung. Das betrifft auch den Fall, dass Miterben Teile ihrer Anteile am Nachlass auf Dritte übertragen; hier entsteht eine Bruchteilsgemeinschaft nur an den jeweiligen Erbteilen, während die Miterben hinsichtlich des Nachlasses gesamthänderisch verbunden bleiben (BGH NJW 2016, 493).

Einer Auflassung bedarf es hingegen nicht, wenn eine OHG in eine KG oder eine BGB-Gesellschaft umgewandelt wird und umgekehrt, weil sich dadurch zwar die Rechtsform der Gesellschaft, nicht aber die Identität der gesamthänderischen Zuordnung des Gesellschaftsvermögens ändert (RGZ 155, 75, 84). Auch bei Eintritt oder **Austritt eines Gesellschafters** oder Übertragung eines Gesellschaftsanteils bedarf es keiner Auflassung. Insoweit gilt das Prinzip der An- und Abwachsung (s. § 738; BGHZ 50, 307, 309; BGH NJW 1999, 715). Zur Berichtigung des Grundbuchs, das bei der BGB-Gesellschaft auch den Gesellschafterbestand verlautbart (→ Rn. 26), bedarf es hier nur der Bewilligung des ausscheidenden Gesellschafters (KG NJW-RR 2015, 1252).

5. Das Einigsein

19 Die Einigung nach § 873 I ist – von den Ausnahmen des 873 II (dazu → Rn. 42) abgesehen – frei widerruflich. Der Rechtserwerb setzt daher voraus, dass die Einigung nicht widerrufen wird bzw. bis zur Eintragung fortbesteht (sog. Einigsein). Ist dieser Punkt unproblematisch, ist er in der Klausur nicht anzusprechen.

6. Die Eintragung

20 Zur Einigung (§ 873) bzw. zur Auflassung (§ 925) muss als weiteres Erfordernis die **Eintragung der Rechtsänderung ins Grundbuch** hinzukommen. Erst Einigung und Eintragung zusammen führen die gewollte Rechtsfolge herbei. Ist versehentlich die Eintragung ohne Einigung vorgenommen worden, so kann die Einigung nachgeholt werden. Die Rechtsänderung tritt in jedem Fall erst ein, wenn beide Voraussetzungen gegeben sind. Bei ungebührlichen Verzögerungen

der Eintragung durch das Grundbuchamt können Amtshaftungsansprüche bestehen (BGH NJW 2007, 830).

Durch die Eintragung sollen die an einem Grundstück bestehenden dinglichen Rechtsverhältnisse publik gemacht werden. Die Eintragung ins Grundbuch muss sich dabei **inhaltlich mit der Einigung decken**. Beziehen sich Eintragung und Einigung nicht auf dasselbe Recht und denselben Rechtsvorgang, so tritt die gewollte Rechtsänderung nicht ein. 21

Beispiel: Zwischen A und B findet die Auflassung statt mit dem Inhalt, dass das Eigentum an einem bestimmten Grundstück von A auf B übergehen soll. Wird statt B fälschlicherweise C als neuer Eigentümer ins Grundbuch eingetragen, so erwerben weder C noch B Eigentum, denn für B fehlt es an dessen Eintragung und bei C fehlt die Auflassung. A bleibt Eigentümer. Nur wenn B eingetragen wird, sind in seiner Person alle Erwerbsvoraussetzungen erfüllt.

Ob sich Einigung und Eintrag inhaltlich decken, ist durch Auslegung zu ermitteln. Dabei kommt dem Wortlaut der Eintragung als Erklärung an einen unbestimmten Personenkreis maßgebliche Bedeutung zu (Beispiel: BGH NJW 2002, 1797).

7. Die Berechtigung des Verfügenden

Wie bei der Übertragung des Eigentums an Mobilien ist auch bei Verfügungen über Grundstück(srecht)e grundsätzlich die Berechtigung des Verfügenden erforderlich. Die Einigung muss grundsätzlich mit dem wahren Berechtigten erfolgen, auch wenn dieser nicht im Grundbuch eingetragen ist (BGH NJW-RR 2006, 888). Der Verfügende muss Eigentümer des Grundstücks sein bzw. Inhaber des jeweiligen Grundstücksrechts oder zB als Insolvenzverwalter oder Testamentsvollstrecker verfügungsbefugt sein. Eine Verfügungsbeschränkung, die erst nach Antragstellung beim Grundbuchamt eintritt (zB durch Eröffnung des Insolvenzverfahrens), berührt die Wirksamkeit der Verfügung aber nicht mehr, § 878. Fehlt die Berechtigung, ist redlicher Erwerb vom Nichtberechtigten gem. § 892 zu prüfen (→ § 19 Rn. 14 ff.). 22

Beachtlich ist zudem, dass bereits in der Auflassung als solcher auch die **Einwilligung des Veräußerers** liegt, dass der Auflassungsempfänger nach § 185 I über das Grundstückseigentum verfügen darf und ein Dritterwerber ohne Zwischeneintrag bzw. Zwischenerwerb des ersten Auflassungsempfängers direkt ins Grundbuch eingetragen werden kann (s. BGH NJW 1989, 1093; BayObLG NJW-RR 1991, 465). 23

Beispiel: A verkauft sein Grundstück an B und lässt es an ihn auf. Nun gerät B in Zahlungsschwierigkeiten und will das Grundstück daher sogleich weiterveräußern an Käufer K. Hier muss nicht die Eintragung des B im Grundbuch abgewartet werden. B kann als Auflassungsempfänger im eigenen Namen über das Grundstückseigentum des A verfügen (§ 185 I) und insoweit als Berechtigter die dingliche Einigung gem. §§ 873, 925 mit K vornehmen.

IV. Grundbuch und Eintragungsverfahren

1. Dokumentation dinglicher Rechte

24 Das Grundbuch gibt Auskunft über die dinglichen Rechtsverhältnisse am Grundstück. Schuldrechtliche Rechtsverhältnisse, wie etwa Miete, Pacht und Kaufvertrag, können nicht ins Grundbuch eingetragen werden; ebenso wenig öffentlich-rechtliche Baulasten, für die ein besonderes Baulastenverzeichnis existiert.

25 Das Grundbuch unterrichtet über das Grundstück als Sachobjekt, über den Grundstückseigentümer und, wenn das Grundstück zB mit einer Grundschuld belastet ist, über den Gläubiger, die Geldsumme, den Zins und die Zahlungsbedingungen hinsichtlich der Grundschuld. Um das Grundbuch zu entlasten, kann zur näheren Bezeichnung des Rechtsinhalts auf die Eintragungsbewilligung (→ Rn. 36) Bezug genommen werden (§ 874). Der wesentliche Inhalt des Rechts muss jedoch schlagwortartig, zB Wegerecht, aus dem Grundbuch selbst ersichtlich sein.

Der **Inhalt der Eintragung** muss **bestimmt** sein. Etwaige Unklarheiten des Grundbucheintrags sind, soweit möglich, durch Auslegung zu bereinigen. Dabei ist darauf abzustellen, was sich aus dem Wortlaut und dem Sinn der Eintragung für einen unbefangenen Betrachter als nächstliegender Inhalt ergibt. Eine Eintragungsbewilligung, auf die in der Eintragung Bezug genommen wird, ist bei der Auslegung mit zu berücksichtigen (BGH NJW 1995, 2851; 2002, 3021). Kann die Unklarheit durch Auslegung nicht beseitigt werden, so ist die Eintragung wegen Unbestimmtheit unwirksam.

2. Eintragungsfähige Rechtsträger

26 Als Eigentümer und sonstige dinglich Berechtigte können natürliche und juristische Personen eingetragen werden, auch die **OHG** (§ 124 I HGB) und **KG** (§ 161 II HGB) unter ihrer Firma (§§ 17ff. HGB). Nachdem der BGH die Außenrechtsfähigkeit und Parteifähigkeit der GbR bejaht hatte (NJW 2001, 1056), wurde auch die formelle **Grundbuchfähigkeit der GbR** anerkannt (BGH NJW 2009, 594). Die GbR kann im Grundbuch als Eigentümerin unter der Bezeichnung eingetragen werden, die ihre Gesellschafter im Gesellschaftsvertrag für sie vorgesehen haben. Das materiell-rechtlich bestehende Eigentum der GbR ist insoweit auch formell buchungsfähig. Das (Grund-)Eigentum steht der GbR als Verband zu und bleibt von einem Wechsel im Gesellschafterbestand unabhängig.

Damit im Rechtsverkehr klar ist, wer berechtigt ist, für die GbR zu handeln, bestimmt **§ 47 II GBO** (sowie § 15 Ic GBV), dass bei Eintragung eines Rechts für eine GbR im Grundbuch auch alle ihre **Gesellschafter einzutragen** sind. Ergänzend dazu wird gem. § 899a vermutet, dass die eingetragenen Personen auch tatsächlich die Gesellschafter der GbR sind (s. dazu → § 19 Rn. 37 ff.).

Verpfändet einer der Gesellschafter einer BGB-Gesellschaft seinen **Gesellschaftsanteil**, ist diese **Verpfändung** nicht in das Grundbuch einzutragen; denn die Stellung des Verpfänders als Gesellschafter bleibt davon unberührt (BGH NZG 2016, 1223).

Umstritten ist, wer im Fall des Todes eines Gesellschafters berechtigt ist, die Berichtigung des Grundbuchs zu bewilligen. Da die Nachfolge in den Gesellschaftsanteil durch das Gesellschaftsrecht bzw. den Gesellschaftsvertrag geregelt wird, spricht viel dafür, dass nicht der Erbe, sondern der Rechtsnachfolger in den Gesellschaftsanteil berechtigt ist, die Berichtigung des Grundbuchs – neben den übrigen Bewilligungsbefugten – zu bewilligen; demgemäß ist grundsätzlich auch die Vorlage des Gesellschaftsvertrags erforderlich (OLG München ZEV 2017, 653; aA KG ZEV 2016, 338, das auf den Erben abstellt).

Ob eine **ausländische Gesellschaft** unter ihrem Namen im Grundbuch als Eigentümerin oder Vormerkungsberechtigte eingetragen werden kann, hängt davon ab, ob sie nach ihrem Personalstatut (Heimatrecht) Eigentum an Grundstücken erwerben kann und ihr damit nach deutschem Grundbuchverfahrensrecht die materielle Grundbuchfähigkeit zukommt (BGH NZG 2017, 546).

Ein nicht (im Vereinsregister) eingetragener **Verein** kann nicht allein unter seinem Vereinsnamen im Grundbuch eingetragen werden. Da es dem nicht rechtsfähigen Verein an jeglicher Publizität hinsichtlich Existenz, Mitgliederbestand und Satzung fehlt, kann sich der Rechtsverkehr von seiner Existenz und Identität nicht zuverlässig überzeugen. Daher bedarf es – auch mit Blick auf den das Grundbuchrecht beherrschenden Grundsatz der Bestimmtheit und Klarheit – der **Angabe aller Vereinsmitglieder** im Grundbuch (BGH WM 2016, 986). Insoweit ergibt sich aus dem Verweis von § 54 S. 1 GBO auf das Recht der BGB-Gesellschaft auch die entsprechende Anwendung von § 47 II GBO.

3. Das Grundbuch und seine Einteilung

27 Das früher in Papierform geführte Grundbuch ist längst durch ein **elektronisches Grundbuch** ersetzt worden (vgl. §§ 126ff. GBO; zum Begriff § 62 GBV). Ziel ist es zudem, mittelfristig die gesamte, bislang papiergebundene Kommunikation zwischen dem Grundbuchamt und den Verfahrensbeteiligten bei Beantragung und Vollzug von Eintragungen durch einen elektronischen Rechtsverkehr zu ersetzen (vgl. BT-Drs. 16/12319, 16). Das Gesetz zur Einführung eines Datenbankgrundbuchrechts vom 1.10.2013 (BGBl. 2013 I 3719) hat einen weiteren Beitrag dazu geleistet.

28 Für jedes Grundstück wird im Grundbuch ein besonderes **Grundbuchblatt** angelegt. Unter den Voraussetzungen des § 4 GBO können aber auch **mehrere Grundstücke** eines Eigentümers auf einem für alle Grundstücke gemeinschaftlichen Grundbuchblatt geführt werden, wobei die Grundstücke aber im Bestandsverzeichnis als jeweils gesondertes Eigentum aufgeführt und nicht zu einer Einheit iSv § 890 I zusammengefasst sind. Das grundbuchrechtliche Grundbuchblatt ist das „Grundbuch" im Sinne des BGB, § 3 I GBO. Jedes Grundbuchblatt besteht aus der Aufschrift, dem Bestandsverzeichnis und drei Abteilungen, § 4 GBV. Das Bestandsverzeichnis beschreibt das Grundstück nach Lage, Größe, Wirtschaftsart und Parzellennummer.

Die **1. Abteilung** gibt Auskunft über den Eigentümer und den Erwerbsgrund.

In der **2. Abteilung** werden alle beschränkten dinglichen Rechte eingetragen, die das Grundstückseigentum belasten, mit Ausnahme der Grundpfandrechte. Einzutragen sind also der Inhalt und der Berechtigte eines Erbbaurechts, einer Dienstbarkeit, eines Nießbrauchs, eines Vorkaufsrechts oder einer Reallast.

Aus der **3. Abteilung** sind allein die Grundpfandrechte, dh Hypothek, Grundschuld oder Rentenschuld, nach Inhalt und Berechtigtem ersichtlich.

4. Einsicht ins Grundbuch

29 Das Grundbuch ist ein öffentliches Register, das der Publizität dient und in das deshalb jeder, der ein **berechtigtes Interesse** darlegt, Einsicht nehmen kann (§ 12 GBO; näher *Grziwotz* MDR 2013, 433ff.). Das Erfordernis eines berechtigten Interesses, durch das nicht nur die unnötige Inanspruchnahme des Grundbuchamts verhindert, sondern auch die Geheimhaltungsinteressen des Eingetragenen ge-

schützt werden sollen, ist mit der Verfassung vereinbar (BVerfG NJW 1983, 2811; 2001, 503). Berechtigte Interessen können sowohl **privater wie öffentlicher Natur** sein. Ein berechtigtes Interesse steht grundsätzlich demjenigen zu, der Rechtsbeziehungen zum Grundstück hat oder für den solche Rechtsbeziehungen unmittelbar bevorstehen, zB das Interesse, sich über Grundstücksrechte als Vollstreckungsobjekte zu informieren (OLG Zweibrücken NJW 1989, 531). Auch der Käufer des Grundstücks, nicht aber der bloße Kaufinteressent, hat ein Einsichtsrecht. Im gesetzlichen Güterstand lebende **Ehegatten** haben ein berechtigtes Interesse, in ein Grundbuch Einsicht zu nehmen, in dem der andere Ehegatte eingetragen ist (OLG Rostock NJW-RR 2012, 400).

Auf Grundlage der Pressefreiheit (Art. 5 I GG) kommt grundsätzlich auch der **Presse** ein Anspruch auf Einsichtnahme ins Grundbuch zu (BVerfG NJW 2001, 503; BGH NJW-RR 2011, 1651). Kein berechtigtes Interesse hat der Mieter, der sich über Grundpfandrechte (Hypotheken, Grundschulden) informieren will (BayObLG NJW 1993, 1142). Belange des Datenschutzes stehen der Einsicht nicht entgegen, da § 12 GBO mit dem BDSG übereinstimmt. Eine **Einsichtspflicht** trifft den mit der Beurkundung beauftragten Notar (§ 21 I 1 BeurkG). 30

Wurde die Einsicht in das Grundbuch verwehrt, kann dagegen Beschwerde eingelegt werden, § 71 I GBO.

5. Das Eintragungsverfahren

Die Eintragungen in das Grundbuch werden vom **Amtsgericht** als Grundbuchamt vorgenommen (§ 1 GBO). Zuständig ist der Rechtspfleger (§ 3 Nr. 1h RPflG). Eintragungen ins Grundbuch können nicht beliebig vorgenommen werden. Vielmehr sieht die Grundbuchordnung dafür bestimmte Voraussetzungen und ein bestimmtes Verfahren vor, die sicherstellen sollen, dass im Grundbuch nur solche Eintragungen vorgenommen werden, die mit der wirklichen Rechtslage übereinstimmen. 31

Da die Vorschriften der Grundbuchordnung lediglich das Eintragungsverfahren regeln, werden sie als **formelles Grundbuchrecht** bezeichnet, im Gegensatz zum materiellen Grundbuchrecht des BGB, insbes. den §§ 873 ff., die die materiell-rechtlichen Voraussetzungen für die Verfügungen über dingliche Grundstücksrechte enthalten. Das formelle Grundbuchrecht ist im ersten Staatsexamen grundsätzlich nicht Prüfungsstoff. Grundkenntnisse auf diesem Gebiete sind jedoch zwingend erforderlich, um das materielle Grundstücksrecht des BGB verstehen zu können. 32

a) Überblick zu den Eintragungsvoraussetzungen.

Voraussetzungen für die Grundbucheintragung
1. Antrag, § 13 GBO 2. Bewilligung des Betroffenen, § 19 GBO 3. Form, § 29 GBO 4. Voreintragung, §§ 39, 40 GBO

33 Es handelt sich bei diesen Voraussetzungen um verfahrensrechtliche **Ordnungsvorschriften**, deren Verletzung das Grundbuch nicht unrichtig macht, wenn die materiell-rechtlichen Voraussetzungen der Rechtsänderung (§§ 873, 925) vorliegen.

Beispiel: Die Eintragung einer Grundschuld am Grundstück des E zugunsten von Gläubiger G1 wird beim Grundbuchamt am 1.2. beantragt, die Eintragung einer weiteren Grundschuld für Gläubiger G2 erst am 5.2. Verstößt das Grundbuchamt hier gegen den **Prioritätsgrundsatz** (§§ 17, 45 GBO), wonach der frühere Antrag zuerst zu bearbeiten ist, und wird demgemäß die Grundschuld für G2 vorher und somit im Rang vor der Grundschuld für G1 eingetragen, so ist das Grundbuch deshalb nicht unrichtig (BGHZ 21, 98). G1 hat keinen Anspruch auf Berichtigung aus § 894. Auch kann G1 von G2 nichts aus § 812 I 1 Alt. 2 verlangen; die Regelung des § 879 wird insoweit als Rechtsgrund iSv § 812 I 1 begriffen. Es bleibt allein ein Amtshaftungsanspruch. Anders liegt es aber, wenn die Eintragung unter Verstoß gegen eine materiell-rechtliche Rangvereinbarung (vgl. § 879 III) erfolgt, welche die Parteien für die einzutragenden Rechte getroffen haben (BGH NJW-RR 2014, 788). In diesem Fall ist das Grundbuch in Bezug auf die Rangverhältnisse falsch.

34 Außerhalb der Grundbuchordnung sind weitere Voraussetzungen für die Eintragung vorgesehen, so zB die Unbedenklichkeitsbescheinigung des Finanzamts, dass die Grunderwerbsteuer bezahlt ist oder das Negativattest der Gemeinde, dass sie ihr Vorkaufsrecht nach §§ 24 ff. BauGB nicht ausübt.

Für land- und forstwirtschaftliche Grundstücke ist außerdem das Gesetz über Maßnahmen zur Verbesserung der Agrarstruktur und zur Sicherung land- und forstwirtschaftlicher Betriebe von Bedeutung (**Grundstückverkehrsgesetz**). Danach bedarf die rechtsgeschäftliche Veräußerung eines Grundstücks, das der Landwirtschaft dient oder sich für die landwirtschaftliche Nutzung eignet, grundsätzlich der **behördlichen Genehmigung**, § 2 I GrdstVG (zu den Zielsetzungen des GrdstVG BGH NJW 2006, 1245, 1247).

35 **b) Antragserfordernis.** Eine Eintragung ins Grundbuch wird grundsätzlich nur auf **Antrag** vorgenommen (§ 13 I 1 GBO). Eintra-

gungen ohne Antrag von Amts wegen bilden die Ausnahme (s. zB §§ 25, 53 GBO). Antragsberechtigt sind nach § 13 I 2 GBO insbes. der von der Eintragung in seinem dinglichen Recht Betroffene sowie der durch die Eintragung Begünstigte (zu weiteren Berechtigten § 14 GBO). Der Notar handelt nach § 15 II GBO aufgrund vermuteter Vollmacht als Vertreter für die Beteiligten. Für die Erledigung mehrerer Anträge gilt das Prioritätsprinzip (→ Rn. 46), daher ist der Zeitpunkt des Antragseingangs zu vermerken. Ein Antrag kann vom Antragsteller bis zum Vollzug der Eintragung wieder zurückgenommen werden, vgl. § 31 GBO.

c) **Bewilligungserfordernis.** Neben dem Antrag setzt die Eintragung die **Bewilligung des Berechtigten** voraus (§ 19 GBO). Auch wenn für die Übertragung oder Bestellung eines dinglichen Rechts nach materiellem Grundbuchrecht (§ 873) die Einigung mit dem Erwerber erforderlich ist, begnügt sich das formelle Grundbuchrecht mit dem Nachweis der **einseitigen** Bewilligung des Berechtigten (sog. **formelles Konsensprinzip**), dessen dingliche Rechtsstellung durch die Eintragung unmittelbar oder mittelbar beeinträchtigt werden kann. Dabei wird davon ausgegangen, dass der Berechtigte, der die Eintragung bewilligt, auch materiell-rechtlich mit der Rechtsänderung einverstanden ist und dadurch die Übereinstimmung von Grundbucheintrag und materieller Rechtslage gesichert ist. Die einmal erteilte Eintragungsbewilligung ist bindend und für die abgebende Person unwiderruflich; der Begünstigte kann ggf. auch erst Jahre später davon Gebrauch machen (vgl. OLG München NJW-Spezial 2015, 450). 36

Nur bei der **Grundstücksübereignung** und bei der Bestellung eines Erbbaurechts muss dem Grundbuchamt die beiderseitige Einigung (Auflassung) nachgewiesen werden (§ 20 GBO; sog. **materielles Konsensprinzip**).

d) **Formerfordernisse.** Das Grundbuchamt muss sich darauf verlassen können, dass die geltend gemachte Bewilligung tatsächlich erteilt bzw. die Auflassung tatsächlich vorgenommen worden ist. **§ 29 I GBO** fordert daher, dass die Eintragungsbewilligung durch **öffentliche Urkunden** (s. zur öffentlichen und öffentlich beglaubigten Urkunde §§ 128, 129) nachgewiesen wird. In der Praxis wird es sich daher anbieten, auch Bewilligungen, die nach § 873 materiell-rechtlich formfrei wirksam sind, aus verfahrensrechtlichen Gründen sogleich notariell zu beurkunden. 37

38 Seit die **BGB-Gesellschaft im Grundbuch** eintragungsfähig ist (→ Rn. 26), wird diskutiert, in welcher Form diesbezügliche Angaben (insbes. zum aktuellen Gesellschafterbestand) dem Grundbuchamt nachzuweisen sind (vgl. etwa OLG Brandenburg NJW-RR 2011, 166; OLG Köln NJW-RR 2011, 452; *Tolani* JZ 2013, 224, 232). Der BGH hat für den Fall des Erwerbs von **Grundstücks- oder Wohnungseigentum** durch eine GbR klargestellt, dass es für die Eintragung des Eigentumswechsels in das Grundbuch ausreicht, wenn die GbR und ihre Gesellschafter in der notariellen Auflassungsurkunde benannt sind; weiterer Nachweise für die Existenz, die Identität und die Vertretungsverhältnisse der GbR bedürfe es gegenüber dem Grundbuchamt nicht (BGHZ 189, 274; so auch OLG München NJW-RR 2011, 1311). Damit dem sachen- und grundbuchrechtlichen Bestimmtheitsgrundsatz genügt wird, muss die Identität der GbR aber eindeutig feststehen und von anderen GbR unterscheidbar sein (BGH NJW-RR 2012, 86; DNotZ 2012, 223).

Was die Grundbuchberichtigung nach **Veränderung des Gesellschafterbestands** betrifft, geht die hM davon aus, dass die Vermutung des § 899a auch zum Nachweis der Bewilligungsberechtigung der eingetragenen Gesellschafter zugrunde gelegt werden kann (OLG Brandenburg NJW-RR 2011, 1036); es bedarf also keiner weiteren Nachweise, wenn die Bewilligung von den eingetragenen Gesellschaftern erteilt wurde. Nach dem Tod von Gesellschaftern ist zur Grundbuchberichtigung regelmäßig die Vorlage des Gesellschaftsvertrags erforderlich, der die Bestimmung zur Rechtsnachfolge in die Gesellschaft enthält (OLG München ZEV 2015, 711; NJW-RR 2016, 83).

39 **e) Grundsatz der Voreintragung.** Der Grundsatz der Voreintragung (§ 39 GBO) besagt, dass die beantragte und bewilligte Eintragung nur vorgenommen werden soll, wenn der Berechtigte, dessen Recht von der Eintragung betroffen wird, auch **als Berechtigter eingetragen** ist. Die Bewilligung eines nicht eingetragenen Berechtigten reicht nicht aus. Es muss gerade der als berechtigt Eingetragene die sein Recht belastende Eintragung bewilligen. Da bei der richtigen Führung des Grundbuchs davon ausgegangen werden kann, dass der eingetragene Berechtigte auch der wirklich Berechtigte ist, dient das Erfordernis der Voreintragung im Rahmen des Grundbuchverfahrens als Nachweis dafür, dass die Verfügung vom berechtigten Inhaber getroffen wurde. Nur im Erbfall gilt eine Ausnahme vom Grundsatz der Voreintragung, § 40 GBO.

40 **f) Prüfungsumfang des Grundbuchamtes.** Das Grundbuchamt hat für die Eintragung grundsätzlich nur die Voraussetzungen der

§§ 19, 20, 29 GBO zu prüfen. Da es unrichtige Eintragungen vermeiden muss, hat es aber auch erkennbare Mängel des materiell-rechtlichen Verfügungsgeschäfts zu berücksichtigen. Bei sicherer Kenntnis von solchen Mängeln darf das Grundbuchamt die beantragte Eintragung nicht vornehmen (**Legalitätsprinzip**). Das Grundbuchamt hat hinsichtlich der Mängel des materiell-rechtlichen Verfügungsgeschäfts keine detaillierte Prüfung vorzunehmen, sondern nur eindeutige und offenkundige Mängel zu beachten (s. zB BayObLG NJW-RR 1989, 910).

V. Rechtsposition des Erwerbers vor der Eintragung

Die Übertragung und Belastung des Grundstückseigentums oder der beschränkten dinglichen Rechte wird nur durch Einigung und Eintragung zusammen herbeigeführt. Grundsätzlich muss deshalb, wenn **im Zeitpunkt der Eintragung** die Rechtsänderung eintreten soll, noch eine **wirksame Einigung** vorliegen (vgl. das sog. „Einigsein" bei § 929, dazu → § 7 Rn. 16) und der Veräußerer muss bis zum Zeitpunkt der Rechtsänderung zu deren Vornahme noch verfügungsbefugt sein. 41

Das Eintragungsverfahren kann sich im Einzelfall jedoch einige Zeit hinziehen, sei es, weil das Grundbuchamt überlastet ist, oder gewartet werden muss, bis behördliche oder gerichtliche Genehmigungen (zB §§ 2, 7 GrdstVG oder § 1643 I BGB jeweils iVm § 29 GBO) vorliegen, ohne die das Grundbuchamt die Eintragung nicht vornehmen darf. Besteht dann ein **längerer Zeitraum** zwischen Einigung und Eintragung, besteht die **Gefahr**, dass ein Beteiligter an der Einigung nicht mehr festhält oder der Veräußerer in seiner Verfügungsbefugnis beschränkt wird. Die Rechtsänderung könnte demgemäß zum Zeitpunkt der Eintragung nicht mehr wirksam werden, weil dann nicht mehr alle Erwerbsvoraussetzungen gegeben sind. Um diesen Gefahren eines sich lang hinziehenden Eintragungsverfahrens zu begegnen, hat der Gesetzgeber für einige wichtige Fälle Abhilfe vorgesehen und die Position des Erwerbers gestärkt. 42

1. Bindung an die Einigung

Die gem. § 873 I erklärte Einigung kann vor der Eintragung grundsätzlich einseitig frei widerrufen werden. Eine Bindung an die Einigung tritt jedoch ein, wenn eine der Alternativen von § 873 II erfüllt 43 ist. Dann kann die Einigung ausnahmsweise nicht mehr einseitig widerrufen werden.

Die **Bindung** an die Einigung **tritt ein**, wenn alternativ eine der folgenden Voraussetzungen gegeben ist:

- Die Erklärungen, dh der dingliche Einigungsvertrag, wurden notariell beurkundet.
- Der dingliche Einigungsvertrag wird vor dem Rechtspfleger als dem Beamten des Grundbuchamts abgeschlossen.
- Der dingliche Einigungsvertrag wird beim Grundbuchamt eingereicht; für den Eintritt der Bindung genügt hier auch einfache Schriftform.
- Der Berechtigte händigt dem Erwerber eine Eintragungsbewilligung (§ 19 GBO) aus, die der Form des § 29 GBO entspricht.
- Möglich ist auch ein Verzicht auf die Widerruflichkeit.

2. Unschädlichkeit von Verfügungsbeschränkungen (§ 878)

44 § 878 will den Erwerber davor schützen, dass Verfügungsbeschränkungen, die den Veräußerer in der Zeit zwischen Einigung und Eintragung ereilen können, den Erwerb des dinglichen Rechts verhindern. Gleichgültig ist, ob es sich um absolute oder relative Verfügungsbeschränkungen (dazu → § 7 Rn. 18 ff.) handelt. Auch hier reicht jedoch der Abschluss des dinglichen Vertrags für sich allein nicht aus. Zusätzlich müssen zwei weitere **Voraussetzungen** hinzukommen: Die dingliche Einigung muss gem. § 873 II **bindend** geworden sein und es muss der **Antrag auf Eintragung** beim Grundbuchamt bereits gestellt sein, bevor die Verfügungsbeschränkung eintritt. Grundgedanke dieser Voraussetzungen ist, dass die Parteien ihrerseits alles getan haben müssen, um die Rechtsänderung herbeizuführen, sodass diese nur noch von der Eintragung abhängt.

§ 878 schützt dagegen nicht vor Verzögerungen, die der Erwerber selbst verursacht hat. Die Schutzwirkung des § 878 endet deshalb, wenn ein unvollständiger Antrag rechtmäßig zurückgewiesen wird (BGH NJW 1997, 2751). Stellt ein Nichtberechtigter den Eintragungsantrag, entfaltet § 878 seine Wirkung erst, wenn die Genehmigung des Berechtigten vorliegt (OLG Nürnberg NJW 2015, 562). § 878 gilt, wie der Verweis auf § 875 zeigt, auch für einseitige Verfügungserklärungen. Er ist deshalb auch auf die **Bewilligung einer Vormerkung** gem. § 885 **entsprechend anwendbar** (→ § 18 Rn. 11).

Beispiel: A, der in erheblichen Zahlungsschwierigkeiten ist, verkauft sein Grundstück an B. Da der Kaufvertrag und die Auflassung notariell beurkundet sind und der Antrag auf Eintragung des B als Eigentümer im Grundbuch bereits gestellt ist, lässt sich B von A überreden, schon vor der endgültigen Eintragung den Kaufpreis voll zu bezahlen. Trotz Erhalt des Kaufpreises fällt A zwei Monate später, aber noch vor Eintragung des B, in Insolvenz.

Hier tritt die Verfügungsbeschränkung des A mit Insolvenzeröffnung ein (§ 80 I InsO). Zu diesem Zeitpunkt war die Einigung aber bereits bindend geworden und der Eintragungsantrag war gestellt. Die Verfügungsbeschränkung des A verhindert deshalb nicht, dass B eingetragen wird und Eigentum erwirbt, § 878 BGB iVm § 91 II InsO. Der Insolvenzverwalter kann die Auflassung auch nicht mehr widerrufen.

Nach § 878 ist gleichgültig, ob der Erwerber oder der Veräußerer den **Eintragungsantrag** stellt. Da der Veräußerer seinen Eintragungsantrag jedoch zurücknehmen kann, womit die Wirkungen des § 878 entfallen, tut der **Erwerber** gut daran, den **Eintragungsantrag selbst** zu stellen. Im Übrigen ist für den Erwerb unschädlich, ob der Erwerber noch vor seiner Eintragung von der Verfügungsbeschränkung erfährt. 45

3. Die Auflassungsanwartschaft

a) Schutzvorschriften zugunsten des Erwerbers. Außer durch die Bindung an die Einigung (§ 873 II) und die Unschädlichkeit von Verfügungsbeschränkungen (§ 878) wird die Position des Erwerbers noch durch weitere Vorschriften geschützt. 46

Nach § 130 II bleiben die Willenserklärungen, auf denen die dingliche Einigung beruht, auch dann wirksam, wenn der Erklärende nach deren Abgabe stirbt oder geschäftsunfähig wird. Treten diese Gründe vor Eintragung ein, so können sie den Rechtserwerb deshalb nicht hindern. Weiterhin schreiben die §§ 17, 45 GBO dem Grundbuchamt vor, dass die Eintragungen ins Grundbuch nach dem **Prioritätsgrundsatz** vorzunehmen sind. Wer zuerst den Antrag gestellt hat, soll auch zuerst ins Grundbuch eingetragen werden. Ein Verstoß des Grundbuchamts gegen §§ 17, 45 GBO lässt die Wirksamkeit der Eintragung unberührt, verpflichtet aber nach Art. 34 GG iVm § 839 zum Schadensersatz.

Beispiel: A hat, nachdem er sein Grundstück an B aufgelassen hat, noch vor der Grundbucheintragung des B das Grundstück ein zweites Mal an C aufgelassen. B hat den Antrag auf Eintragung vor C beim Grundbuchamt abgegeben.

Hier wird zuerst B eingetragen werden und folglich mit Eintragung Eigentümer des Grundstücks. C kann nicht mehr eingetragen werden, weil die von ihm vorgelegte Auflassung nicht mit dem (vor-)eingetragenen Eigentümer B geschlossen ist und A, mit dem die Auflassung besteht, nicht mehr als Eigentümer eingetragen ist (§ 39 GBO). Hätte C seinen Antrag zuerst gestellt, so wäre er zuerst eingetragen und damit Eigentümer geworden. In diesem Fall war A trotz der Auflassung mit B immer noch Eigentümer und konnte noch zugunsten des C verfügen.

47 **b) Anwartschaft und Anwartschaftsrecht.** Auch wenn der Erwerber noch nicht im Grundbuch eingetragen ist, hat er somit nach den Vorschriften der §§ 130 II, 873 II, 878 BGB, §§ 17, 45 GBO eine **gesicherte Erwerbsposition**, die es dem Veräußerer nicht mehr erlaubt, seine Eintragung und den Eigentumserwerb zu verhindern. Dies gilt jedenfalls, wenn der Erwerber den Eintragungsantrag nach § 13 I 1 GBO selbst gestellt hat, weil der Veräußerer dann den Rechtserwerb nicht mehr durch Rücknahme des Eintragungsantrags verhindern kann (BGHZ 49, 197, 200; BGH NJW-RR 2016, 744).

Es genügt aber auch, wenn neben der Auflassung zugunsten des Erwerbers eine Vormerkung besteht (BGHZ 83, 395, 399). Die gesicherte Erwerbsposition ergibt sich dann aus der Vormerkung (→ § 18 Rn. 17 ff.). Ein Eintragungsantrag braucht nicht gestellt zu sein (OLG Hamm NJW 1975, 879). In diesen Fällen begründet die gesicherte Erwerbsposition ein **Anwartschaftsrecht**. Kennzeichnend ist eben, dass der Veräußerer hier den Erwerb nicht mehr einseitig verhindern kann.

48 Eine schwächere Position hat der Erwerber, wenn zwar die Auflassung erklärt ist, aber weder ein Eintragungsantrag vom Erwerber gestellt ist noch eine Vormerkung besteht. Dann kann ein Dritter immer noch Eigentum erwerben, wenn er als erster den Eintragungsantrag stellt (→ Rn. 46). Diese geschwächte, weil nicht gesicherte Erwerbsaussicht, die allein auf der Bindung nach § 873 II beruht, aber weder den Schutz des § 878 noch der §§ 17, 45 GBO genießt, begründet nach hM kein Anwartschaftsrecht. Verfügt der Schuldner des schuldrechtlichen Anspruchs auf Übereignung des Grundstücks (zB Verkäufer) vertragswidrig anderweitig über das Grundstück, kann der Gläubiger (Käufer) lediglich nach § 285 die Herausgabe des Ersatzes, zB des Kaufpreises, verlangen, den der Schuldner dadurch erlangt hat, dass er sich die Leistung durch die Übereignung an einen anderen unmöglich gemacht hat (s. dazu etwa BGH NJW-RR 2005, 241).

49 **c) Übertragung des Anwartschaftsrechts.** Das Auflassungsanwartschaftsrecht kann – wie das Vollrecht – durch dingliche Einigung in der **Form des § 925** auf einen anderen **übertragen** werden (BGHZ

49, 197, 200). Die Übertragung ist eine Verfügung über das Anwartschaftsrecht, nicht über das Grundstückseigentum. Der Grundstückseigentümer muss deshalb nicht zustimmen. Besteht noch kein dingliches Anwartschaftsrecht (→ Rn. 48), kann der Käufer eines Grundstücks lediglich die Ansprüche aus dem Kaufvertrag (formfrei) gem. § 398 abtreten.

Beispiel: A verkauft sein Grundstück an B und erklärt die Auflassung. B stellt den Eintragungsantrag beim Grundbuchamt. Nun kommt B allerdings in Zahlungsschwierigkeiten und will deshalb noch vor seiner Eintragung im Grundbuch das Grundstück an D veräußern.

Das ist möglich, weil B ein Anwartschaftsrecht erworben hat. Dieses kann er nach § 925 an D auflassen. D kann unter Vorlage der Auflassung von A an B und der Auflassung des Anwartschaftsrechts an ihn (§ 20 GBO) beim Grundbuchamt direkt seine Eintragung als Eigentümer verlangen, ohne dass B zuvor als Eigentümer eingetragen werden muss. Das Eigentum geht dann direkt von A auf D über, ohne Zwischenerwerb des B (BGHZ 49, 197, 205; s. auch BGH NJW-RR 2016, 744). Verfügt B stattdessen als Nichtberechtigter, aber mit Ermächtigung des A gem. § 185 I direkt über das Grundstückseigentum des A, dann ist die Übertragung von der Ermächtigung des A abhängig, die dieser widerrufen kann. Sicherer ist für D und B die Übertragung des Anwartschaftsrechts.

Der Vertrag über die **schuldrechtliche Verpflichtung** zur Übertra- 50
gung eines Auflassungsanwartschaftsrechts bedarf der **Form des § 311b I 1**. Ein Aufhebungsvertrag, durch den der Kaufvertrag aufgehoben wird, bedarf ebenfalls der Form des § 311b I 1, weil durch die Aufhebung des Kaufvertrags auch das Anwartschaftsrecht erlischt.

Fall 23 – Meinungswandel (vgl. BGHZ 83, 395): E verkauft an K am 1.6. mit notarieller Urkunde sein Grundstück. Im selben Notartermin erklärt er die Auflassung und erteilt K eine Eintragungsbewilligung. Am 8.6. stellt K beim Grundbuchamt den Antrag auf Umschreibung. Am 12.6. zeichnen sich jedoch neue Entwicklungen ab, weshalb beide Parteien lieber Abstand von dem Grundstücksgeschäft nehmen möchten. E und K erklären daher schriftlich die Aufhebung des Kaufvertrages, was K auch dem Grundbuchamt mitteilt. Zwei Tage später überlegt es sich K aber wieder anders. Er besteht auf die Erfüllung des Vertrages. Zu Recht?

Lösungsskizze:
K könnte gegen E einen Anspruch auf Übertragung von Eigentum und Besitz an dem Grundstück aus § 433 I 1 haben.

1. Einen entsprechenden Kaufvertrag haben E und K formwirksam am 1.6. geschlossen, §§ 433, 311b I 1.
2. Dieser Kaufvertrag könnte wirksam aufgehoben worden sein.

E und K haben eine entsprechende Vereinbarung getroffen. Der schriftliche Aufhebungsvertrag vom 12.6. könnte jedoch formunwirksam sein, wenn auch dafür die Form des § 311b I 1 zu beachten gewesen wäre.

a) Sinn und Zweck des Formerfordernisses in § 311b ist es, den Grundstückseigentümer auf die Wichtigkeit des Geschäfts, das zur Grundstücksübertragungspflicht führt, hinzuweisen. Es kommt somit darauf an, ob durch den Aufhebungsvertrag eine Pflicht des K auf Übertragung des Grundstücks begründet wurde. Dies ist nur der Fall, wenn das Grundstück sich am 12.6. bereits in der dinglichen Rechtszuständigkeit des K befand.

b) K war noch nicht Eigentümer des Grundstücks; die Auflassung war zwar wirksam, §§ 873, 925, es fehlte aber noch die Eintragung im Grundbuch.

c) K könnte aber bereits ein dingliches Anwartschaftsrecht an dem Grundstück zugestanden haben. Ein Anwartschaftsrecht besteht, wenn von einem mehraktigen Entstehungstatbestand eines Rechts schon so viele Teilakte erfüllt sind, dass von einer gesicherten Rechtsposition des Erwerbers gesprochen werden kann, die der andere an der Entstehung des Rechts Beteiligte nicht mehr einseitig zu zerstören vermag. Nach hM (BGHZ 106, 108; MüKoBGB/*Kanzleiter* § 925 Rn. 36) entsteht eine Auflassungsanwartschaft, wenn nach Erklärung der Auflassung und Erteilung einer Eintragungsbewilligung der Erwerber selbst beim Grundbuchamt den Eintragungsantrag gestellt hat; denn gem. §§ 17, 45 GBO kann der Veräußerer ab diesem Zeitpunkt nicht mehr ohne Einwilligung des Erwerbers den Rechtserwerb durch Rücknahme des Eintragungsantrags verhindern. Die Gegenauffassung (*Medicus/Petersen* BürgerlR Rn. 469; *Habersack* JuS 2000, 1145, 1146), die die Entstehung einer Auflassungsanwartschaft nur im Fall einer Vormerkung, nicht aber in Fällen der vorliegenden Art bejaht, überzeugt nicht. Der durch § 17 GBO vermittelte Schutz des Erwerbers mag zwar geringer sein als der bei Mobilien durch § 161 vermittelte Schutz; er ist gleichwohl intensiv genug, um von einer gesicherten Erwerbsposition sprechen zu können.

Demgemäß hatte K hier bereits ein Auflassungsanwartschaftsrecht erworben. Verfügungen darüber richten sich nach den Vorschriften über das Vollrecht. Hier sollte im Wege der Aufhebung des Kaufvertrags auch das Anwartschaftsrecht aufgehoben werden. Der Anwartschaftsberechtigte muss vor dem übereilten Verlust dieser Rechtsposition in derselben Weise wie vor dem Verlust des Grundstückseigentums geschützt werden. Daher gilt dafür die Form des § 311b I analog (BGHZ 83, 395). Da diese Form nicht gewahrt wurde, ist der Vertrag gem. § 125 S. 1 unwirksam.

Der ursprüngliche Kaufvertrag ist daher nicht wirksam aufgehoben worden.

Ergebnis: K hat gegen E weiterhin einen Anspruch auf Erfüllung des Kaufvertrags aus § 433 I 1.

d) Schutz des Auflassungsanwartschaftsrechts. Das Auflassungsanwartschaftsrecht ist **als absolutes Recht** – vergleichbar dem Eigentum – gem. **§§ 985, 1004 und § 823 I** geschützt (vgl. Palandt/*Herrler* BGB § 925 Rn. 23 ff.). Der Anwartschaftsberechtigte kann deshalb gegenüber Dritten, die unberechtigt in das Anwartschaftsrecht eingreifen, die Ansprüche aus §§ 985, 1004 (analog) geltend machen. Ebenso kann er bei Verletzungen grundsätzlich Schadensersatz nach § 823 verlangen (zu § 823 II iVm § 909: BGH NJW 1991, 2019). Die Anwendung von § 823 I darf aber nicht dem Gedanken von § 892 zuwiderlaufen (s. BGH JZ 1956, 490). **51**

Beispiel: A hat, nachdem er sein Grundstück an B aufgelassen hat, noch vor der Eintragung des B das Grundstück ein zweites Mal an C aufgelassen. B hat den Antrag auf Eintragung vor C beim Grundbuchamt abgegeben. **52**

Wird hier infolge eines Versehens beim Grundbuchamt C vor B eingetragen, obwohl B seinen Eintragungsantrag vor C gestellt hatte, so kann B gegen C keinen Schadensersatzanspruch nach § 823 I geltend machen, auch wenn C in fahrlässiger Unkenntnis über das Auflassungsanwartschaftsrecht des B gehandelt hätte. Denn C könnte sich, wenn A ohne Eigentümer zu sein, gleichwohl im Grundbuch eingetragen wäre, trotz seiner Fahrlässigkeit auf den öffentlichen Glauben des Grundbuchs berufen und würde Eigentum erwerben (→ § 19 Rn. 17, 21). Dann kann er nicht schlechter gestellt werden, wenn A eingetragen und sogar noch wirklicher Eigentümer ist. Dieser Widerspruch zu § 892 spricht dafür, einen Schutz des Anwartschaftsberechtigten aus § 823 I gegenüber dem Erwerber zu verneinen (so im Ergebnis auch BGHZ 45, 186). Ebenso scheidet eine Eingriffskondiktion aus § 812 I 1 Alt. 2 aus, da §§ 17, 45 GBO nur Ordnungsvorschriften ohne absoluten Zuweisungsgehalt sind. Die Amtshaftung aus § 839, Art. 34 GG bleibt jedoch bestehen.

VI. Rechtsvergleichende Hinweise

Im **französischen Recht** erfolgt die Übereignung und Belastung eines Grundstücks allein aufgrund einer Einigung, die Bestandteil des (bei Grundstückskaufverträgen formlos möglichen) Vertrags ist (Art. 1196, 1583 Code civil; zum faktischen Formzwang bei Grundstückskaufverträgen *Baur/Stürner* SachenR § 64 Rn. 9 ff.). Eine Trennung von Kaufvertrag und dinglicher Einigung findet nicht statt (Einheits- und Konsensprinzip). Die Eintragung im Grundbuch ist daher keine konstitutive Voraussetzung für die Rechtsübertragung oder Belastung. Lediglich die Drittwirkung einer Rechtsänderung *(opposabilité aux tiers)* ist von einer Registrierung im Grundstücks- und Hypothekenregister *(bureau de la conversation des hypothèques)* abhängig (s. hierzu → § 19 Rn. 45). **53**

54 Im **englischen Recht** ist die Grundstücksübertragung bzw. -belastung (zu den englischen Immobiliarrechtsbegriffen *v. Bernstorff* EnglandR, 106ff.; *Baur/Stürner* SachenR § 46 Rn. 31) im Gegensatz zur Übereignung beweglicher Sachen grundsätzlich nicht schon mit Abschluss des schriftlichen Kaufvertrags vollzogen (*contract of sale,* sec. 2 (1) Law of Property (Miscellaneous Provisions) Act 1989). Hinzukommen muss nach sec. 1 (2) Land Registration Act 2002 als Realakt die Registrierung, um dem Rechtsübergang *(transfer of title)* inter partes und gegenüber Dritten volle Wirkung zu verschaffen. Insoweit bestehen Ähnlichkeiten zum deutschen Grundbuchsystem. Die Trennung von Verpflichtung und Verfügung entspricht dabei englischer Rechtstradition. Aus dem symbolischen Realakt der formalisierten Übertragung des Eigentums unter Übergabe einer unterzeichneten und gesiegelten Urkunde entwickelte sich die *conveyance by deed,* die bis zum Inkrafttreten des Land Registration Act 1997 bei nicht registrierten Grundstücken zur Rechtsübertragung genügte (vgl. *v. Bernstorff* EnglandR, 112). Inhaltlich ist die Trennung jedoch anders gestaltet als im deutschen Recht; denn der Käufer erwirbt bereits mit Abschluss des Kaufvertrags einen *equitable title*. Vor dem Inkrafttreten des Land Registration Act 1997 genügte bereits dieser zum Schutz vor dem Zugriff durch Gläubiger des Verkäufers und vor dem Erwerb eines gutgläubigen Dritten. Der Land Registration Act 2002 verlangt jedoch nunmehr jedenfalls für einen Teil der Wirkungen eines *equitable title* gleichfalls die Eintragung des Kaufvertrages *(notice)* im *HM Land Register* (vgl. *Baur/Stürner* SachenR § 64 Rn. 36).

55 Im **japanischen Recht** gilt auch für die Übereignung eines Grundstücks das Konsensprinzip und nach hM zudem das Einheitsprinzip (Art. 176 JZGB). Die Eigentumsübertragung erfolgt somit allein aufgrund eines schuldrechtlichen Vertrags bzw. der diesbezüglichen Willenserklärungen. Dafür ist keine besondere Form vorgeschrieben. Für die Belastung eines Grundstücks, zB mit einer Hypothek, bedarf es aber einer auf die Belastung bezogenen Einigung. Diese Eignung wird üblicherweise – im Unterschied zu schuldrechtlichen Verträgen – als dingliches Verfügungsgeschäft verstanden. Dritten kann der neue Eigentümer oder der Hypothekar den Erwerb seines Recht nur entgegenhalten, wenn der Erwerb im Grundbuch eingetragen worden ist (Art. 177 JZGB). Überträgt etwa A sein Grundstück zunächst durch Kaufvertrag auf C und danach erneut auf B, wird aber nur B im Grundbuch als Erwerber eingetragen, so wird nach Art. 177 JZGB grundsätzlich B der Eigentümer des Grundstücks, und zwar auch dann, wenn B vom Kaufvertrag zwischen A und C wusste, also bösgläubig war. C muss sich dann mit etwaigen Schadensersatzansprüchen an A halten. (Für die Informationen zum japanischen Recht danke ich *Hisanori Nemoto*, Universität Hokkaido).

Empfehlungen zur vertiefenden Lektüre: *Armgardt,* Das Anwartschaftsrecht – dogmatisch unbrauchbar, aber examensrelevant, JuS 2010, 486; *Berger*, Der Immobilienkaufvertrag, JA 2011, 849; *Habersack,* Das Anwartschaftsrecht des Auflassungsempfängers – gesicherter Bestand des Zivilrechts oder überflüssiges Konstrukt der Wissenschaft, JuS 2000, 1145; *Hager,* Schenkung und rechtlicher Nachteil, Liber Amicorum Leenen, 2012, 43 ff.; *Keller,* Grundstücksschenkung an Minderjährige, JA 2009, 561; *Scherer,* Neuregelung für Grundstücksgeschäfte mit einer GbR – Rückschritt auf dem Weg zur Rechtsfähigkeit der GbR, NJW 2009, 3063; *Schürnbrand/Weiß,* Land in Sicht? – Die Gesellschaft bürgerlichen Rechts im Grundbuch, ZJS 2009, 607; *Zimmer,* Die Gesellschaft bürgerlichen Rechts im Grundbuch, MDR 2009, 237.

Fälle und Klausuren: *Eickelmann,* Anfängerhausarbeit Zivilrecht: Grundstücksschenkung an einen Minderjährigen, JuS 2011, 997; *Gottwald* SachenR Fälle 11–18; *Koch/Löhnig* Fälle SachenR Fall 10; *Neuner* SachenR Fall 13; *Obergfell/Hauck,* Klausur Zivilrecht „Riskante Schenkung", JA 2012, 178.

§ 18. Die Vormerkung

I. Bedeutung der Vormerkung

Ein schuldrechtliches Verpflichtungsgeschäft kann die Verpflichtung des Veräußerers begründen, das Grundstückseigentum auf den Erwerber zu übertragen oder für ihn ein beschränktes dingliches Recht zu bestellen. Der Vollzug dieser Verpflichtung mag aber erst einige Zeit später erfolgen. In der Zwischenzeit ist der Veräußerer rechtlich nicht daran gehindert, entgegen der eingegangenen Verpflichtung anderweitig über sein Grundstückseigentum zu verfügen. Das ist auch Folge des Abstraktionsprinzips. 1

Beispiel: A hat sich im notariellen Kaufvertrag zur Übereignung seines Grundstücks an B verpflichtet. Bevor die Auflassung auf B vorgenommen wird, verkauft A das Grundstück an C zu einem höheren Preis und erklärt diesem die Auflassung. Wenn C nun im Grundbuch eingetragen wird, ist er Eigentümer des Grundstücks. B kann nicht mehr Eigentümer werden. A hat auf diese Weise zwar seine Pflichten aus dem Kaufvertrag mit B verletzt und sich schadensersatzpflichtig gemacht. Das ändert aber nichts an der wirksamen Übereignung des Grundstücks auf C. Die schuldrechtliche Verpflichtung bewirkt keine Beschränkung der Verfügungsbefugnis des A.

Zwar ist der Erwerber mehr oder weniger gesichert, sobald ihm eine Auflassungsanwartschaft zusteht (→ § 17 Rn. 46 ff.). Vor diesem Zeitpunkt kann der Veräußerer den Erwerb jedoch noch durch anderweitige Verfügungen vereiteln oder beeinträchtigen. Weitere Gefahren drohen durch Zwangsvollstreckungsmaßnahmen Dritter. Diesen Gefahren will das Institut der Vormerkung (**§ 883**) begegnen. Der Erwerber eines dinglichen Rechts kann seinen hierauf gerichteten schuldrechtlichen Anspruch durch eine im Grundbuch einzutragende 2

Vormerkung absichern. Verfügungen, die nach Eintragung der Vormerkung erfolgen, gelten dann kraft Gesetzes gegenüber dem Berechtigten als unwirksam (§ 883 II).

3 Die Vormerkung ist kein dingliches Recht, sondern ein im Grundbuch einzutragendes **Sicherungsmittel eigener Art**, das dazu dient, die Erfüllung schuldrechtlicher Ansprüche auf Änderung der dinglichen Rechtslage zugunsten des Gläubigers zu sichern (BGH NJW 2014, 2431). Sie beschränkt die Befugnis des Veräußerers (= Schuldners), über sein Grundstück entgegen seiner Verpflichtung zu verfügen, und gibt dem Gläubiger die Möglichkeit, das dingliche Recht trotz pflichtwidriger Verfügung des Veräußerers zu erwerben. Dies wird dadurch erreicht, dass Verfügungen, die dem Inhalt des gesicherten schuldrechtlichen Anspruchs widersprechen, gegenüber dem Vormerkungsgläubiger **unwirksam** sind (§ 883 II).

Zugleich signalisiert die Vormerkung Dritten gegenüber, dass sie damit rechnen müssen, später erworbene, mit dem vorgemerkten Anspruch unvereinbare Rechte wieder zu verlieren (§§ 883 II, 888), sofern der vorgemerkte Anspruch besteht und geltend gemacht wird (BGH NJW 2014, 2431).

II. Voraussetzungen der Vormerkung

Voraussetzungen der Vormerkung
1. Bestehen eines sicherungsfähigen Anspruchs (§ 883 I) 2. Bewilligung der Vormerkung a) Einseitige Bewilligung, § 885 I; § 29 GBO b) Einstweilige Verfügung, § 885 I; §§ 935 ff. ZPO oder c) Urteil gem. § 895 ZPO 3. Berechtigung des Bewilligenden 4. Eintragung ins Grundbuch, §§ 883, 885

1. Sicherung eines Anspruchs

4 **a) Die sicherungsfähigen Ansprüche.** Die Vormerkung dient der Sicherung von **Ansprüchen**, die **auf** eine **dingliche Rechtsänderung von Grundstücksrechten gerichtet** sind (§ 883 I 1). Für Rechte an *beweglichen* Sachen gibt es keine Vormerkung. Gleichgültig ist, ob

der Anspruch auf Vertrag oder auf Gesetz beruht. Auch für bedingte oder künftige Ansprüche kann eine Vormerkung bestellt werden (§ 883 I 2; OLG München NJW-RR 2009, 950; ferner BGH NJW 2012, 3431), ebenso für den Anspruch aus einem Vermächtnis nach dem Erbfall (dazu BGH NJW 2001, 2883). Am wichtigsten ist aber der Anspruch auf Übertragung des Grundstückseigentums, zB aus einem Kaufvertrag (sog. Auflassungsvormerkung). Dabei ergibt sich aus dem Kaufvertrag auch ohne besondere Abrede regelmäßig ein Anspruch gegen den Verkäufer auf Bewilligung einer Auflassungsvormerkung (*Hager* JuS 1990, 429, 433).

Durch eine Vormerkung kann auch der **Anspruch auf Belastung des Grundstücks** mit einem dinglichen Recht abgesichert werden, zB der Anspruch auf Bestellung einer Grundschuld oder der Anspruch auf Abtretung einer solchen Grundschuld. **Künftige Ansprüche**, die durch Vormerkung gesichert werden können, kommen zB bei Vorliegen eines Vorvertrags oder eines bindenden Verkaufsangebots (§ 145) in Betracht (s. dazu BGH NJW 1967, 153). Künftige Ansprüche sind jedoch zur Vermeidung von Rechtsunsicherheit und einer Überlastung des Grundbuches nur dann durch eine Vormerkung sicherbar, wenn der **Rechtsboden für ihre Entstehung** gelegt ist. Dies ist insbes. anzunehmen, wenn der künftig Verpflichtete seinerseits bereits einer festen Bindung unterliegt, sodass die Entstehung des endgültigen Anspruchs nicht mehr von seiner Willkür abhängt (BGHZ 12, 115, 118; s. auch BGH NJW 1997, 861, 863; *N. Preuß* AcP 201, 580, 587). Diese Voraussetzung ist beim Vorvertrag und beim bindenden Verkaufsangebot gegeben. 5

Bedingte Ansprüche können in der Regel durch eine Vormerkung gesichert werden. Durch Vormerkung sicherbar ist etwa der **Anspruch auf Rückübereignung** eines schenkweise übertragenen Grundstücks für den Fall, dass sich der Beschenkte grob undankbar (§ 530) verhält (BGH NJW 2002, 2461) oder vor dem Schenker verstirbt, oder für den Fall, dass die Zwangsvollstreckung in den Besitz des Erwerbers droht (OLG München NJW-RR 2009, 950) oder die Ehe zwischen Schenker und Beschenktem geschieden wird (OLG München NJW-RR 2016, 1419). Solche Ansprüche sind auch genügend **bestimmt**. Auch ein Anspruch auf Rückauflassung, der unter der Bedingung entsteht, dass der Erwerber abredewidrig über das Grundstück verfügt, dieses insbes. auf einen Dritten übereignet, ist durch Vormerkung sicherbar. Darin liegt auch kein nach § 137 S. 1 unzulässiges Veräußerungsverbot (BGH NJW 1997, 861, 863). 6

Der **Gläubiger** der künftigen oder bedingten Ansprüche muss aber **bestimmt** oder jedenfalls bestimmbar sein. Eine Vormerkung für unbestimmte künftige Gläubiger ist nicht möglich (weitergehend *N. Preuß* AcP 201, 580, 605 ff.), da auch ein Anspruch für unbestimmte künftige Gläubiger nicht existieren kann.

7 Nicht möglich ist, dass der Alleineigentümer eines Grundstücks, der nur einen bestimmten Anteil am Grundstück (zB einen 50%-Anteil) veräußern will, einen entsprechenden ideellen **Bruchteil** mit einer Vormerkung belastet. Auch wenn der gesicherte Anspruch allein auf die Übertragung eines solchen Bruchteils gerichtet ist, kann die Vormerkung nur am gesamten Grundstück bestellt werden (BGH NJW 2013, 934). Insofern gilt der Grundsatz, dass ein (noch) nicht existierender Bruchteil nicht mit einer Vormerkung belastet werden kann.

8 **b) Akzessorietät der Vormerkung.** Die Vormerkung kann **nur** bestehen, **wenn und solange der Anspruch besteht**. Aufgrund ihres Zwecks, eine Forderung zu sichern (§ 883 I 1), und ihrer dinglichen Abhängigkeit vom Bestand und der Durchsetzbarkeit der Forderung (s. § 886), ist die Vormerkung einem **akzessorischen Recht** vergleichbar (s. etwa BGHZ 150, 138, 142). Das Erlöschen des gesicherten Anspruchs hat auch das Erlöschen der Vormerkung zur Folge. Das Grundbuch wird demgemäß unrichtig. Der nun zu Unrecht eingetragene Vormerkungsberechtigte muss dann die Löschung der Vormerkung nach § 894 bewilligen.

Beispiele:

- Geht der durch Vormerkung gesicherte Übereignungsanspruch aus § 433 I aufgrund einer **Anfechtung des Kaufvertrags** oder einer einverständlichen Aufhebung des Vertrags unter, so erlischt damit automatisch auch die Vormerkung.
- Bei bedingten Ansprüchen erlischt die Vormerkung, wenn die Bedingung endgültig nicht mehr eintreten kann (BGH NJW 2000, 1033).
- Die **Vormerkung erlischt** auch kraft Gesetzes, wenn der Übereignungsanspruch infolge vollständiger Erfüllung untergeht (§ 362 I). Die Vormerkung bleibt hier aber trotz Übereignung bestehen, solange noch vormerkungswidrige Verfügungen im Grundbuch eingetragen sind. Dadurch soll ein gutgläubiger Erwerb vermieden werden

9 Fraglich ist das Schicksal einer Auflassungsvormerkung, wenn der Schuldner (= Eigentümer des Grundstücks) das Grundstück verkauft und der neue Eigentümer die Schuld mit Zustimmung des (Vormerkungs-)Gläubigers übernimmt. Nach Ansicht des BGH (BGHZ 200, 179 = NJW 2014, 2431) hat eine solche **befreiende Schuldübernahme** (§§ 414, 415) durch den neuen Grundstückseigentümer nicht zur Folge, dass der vorgemerkte Anspruch des Gläubigers (auf Übereignung) erlischt; vielmehr blieben die ursprüngliche Schuld und der

ursprüngliche Anspruch unverändert bestehen mit der Folge, dass auch die Vormerkung fortbesteht. Dafür wird auch der Gedanke des § 418 I 3 herangezogen, wonach Sicherungsrechte infolge einer Schuldübernahme nicht erlöschen, wenn sich die beteiligten Personen über den Fortbestand der Sicherheit einig sind. Der Schuldnerwechsel wird nicht im Grundbuch eingetragen, da bei einer Vormerkung stets nur der Berechtigte/Gläubiger eingetragen wird (vgl. → Rn. 14).

Die Akzessorietät spielt auch eine Rolle, wenn der Anspruch aus 10
einem **Scheingeschäft** mit einer Vormerkung abgesichert werden soll. Das ist ein beliebtes Klausurproblem.

Fall 24 – Gesparte Notarkosten (vgl. BGHZ 54, 56): V will sein Grundstück an K verkaufen. Der Kaufpreis wird auf 600.000 EUR bestimmt. Vor der Beurkundung vereinbaren V und K, dass gegenüber dem Notar nur ein Kaufpreis von 400.000 EUR genannt wird, damit K Notarkosten spart. Der notarielle Kaufvertrag lautet demgemäß auf 400.000 EUR. Zugunsten des K wird eine Auflassungsvormerkung im Grundbuch eingetragen. Nun bestellt V der Bank B auf demselben Grundstück eine Grundschuld, die im Grundbuch eingetragen wird, noch bevor K dort als Eigentümer eingetragen wird. Kann K von B nun Löschung der Grundschuld verlangen?

Lösungsskizze:

K könnte gegen B einen Anspruch auf Löschung der Grundschuld aus § 888 I haben.

Dafür müsste K Inhaber einer wirksamen Vormerkung sein.

1. Eine Bewilligung der Vormerkung durch den Berechtigten V liegt vor, § 885 I 1.

2. K wurde auch als Vormerkungsberechtigter im Grundbuch eingetragen, §§ 883, 885.

3. Es müsste allerdings auch ein vormerkungsfähiger Anspruch bestehen.

a) Die Vormerkungsbewilligung bezieht sich in aller Regel auf den durch notariellen Kaufvertrag begründeten Eigentumsübertragungsanspruch aus § 433 I. Hier ist jedoch fraglich, ob ein solcher Anspruch wirksam entstanden ist; denn die gewollte Vereinbarung eines Grundstücksverkaufs zum Preis von 600.000 EUR wurde nicht formgerecht gem. § 311b I 1 beurkundet und ist daher nichtig gem. § 125 S. 1. Die tatsächlich beurkundete Erklärung hingegen war so gar nicht gewollt und ist deshalb als Scheingeschäft nichtig, § 117 I. Mangels wirksamen Anspruchs besteht somit auch kein vormerkungsfähiger Anspruch.

b) Möglicherweise bezog sich die Vormerkungsbewilligung im konkreten Fall aber auf den (zunächst) formnichtigen mündlichen Vertrag. Insofern könnte durch die mit Eintragung des K als Eigentümer eingetretene Heilung des Vertrages gem. § 311b I 2 rückwirkend ein vormerkungsfähiger Anspruch entstanden sein. Das würde aber eine Heilung mit ex-tunc-Wirkung voraussetzen, die § 311b I 2 nicht entfaltet. Die Wirksamkeit des Kaufvertrages tritt vielmehr erst im Zeitpunkt seiner Heilung durch Auflassung und Eintragung ein und entfaltet ihre Wirkung nur für die Zukunft (vgl. BGH NJW-RR 2017, 114). Aus dem bloßen Willen der Beteiligten, sich tatsächlich an die mündliche Absprache zu halten, lässt sich kein vormerkungsfähiger Anspruch fingieren (BGHZ 54, 56).

c) Aus dem formnichtigen mündlichen und lediglich heilbaren Vertrag folgt auch kein vormerkungsfähiger künftiger Anspruch. Gem. § 883 I 2 kann zwar auch ein künftiger Anspruch durch eine Vormerkung abgesichert werden. Von einem künftigen Anspruch in diesem Sinne kann aber nur gesprochen werden, wenn bereits der Rechtsboden für seine Entstehung bereitet ist (BGHZ 134, 182). Dafür wird überwiegend vorausgesetzt, dass bereits eine Bindung besteht, die vom künftigen Schuldner nicht mehr einseitig beseitigt werden kann (Erman/*Artz* BGB § 883 Rn. 15; Palandt/*Herrler* BGB § 883 Rn. 15) bzw. nur noch vom Willen des Berechtigten abhängt (zB verbindliches Angebot). Dies ist hier aber nicht der Fall, da die Heilung des Kaufvertrages durch Vollzug nur durch das Zusammenwirken von K *und* V bewirkt werden konnte. Insoweit ist einhellige Meinung, dass eine rein tatsächliche Erwerbsaussicht nicht genügt.

Somit fehlt ein (künftiger) vormerkungsfähiger Anspruch. K war daher nicht Inhaber einer Vormerkung.

Ergebnis: K kann von B nicht Löschung der Grundschuld aus § 888 I verlangen.

2. Bewilligung der Vormerkung

11 Weitere Voraussetzung für das Entstehen einer wirksamen Vormerkung ist ihre Bewilligung (s. § 885). Eine Einigung nach § 873 ist nicht erforderlich. Die Bewilligung ist eine einseitige Willenserklärung, die analog §§ 875 I 2, 876 S. 3 gegenüber dem Erwerber oder gegenüber dem Grundbuchamt abzugeben ist. Für die Zwecke des Eintragungsverfahrens bedarf die Bewilligung der Form des § 29 GBO. Nachträgliche Verfügungsbeschränkungen auf Seiten des Bewilligenden sind analog § 878 unschädlich (BGHZ 28, 182, 185f.; 131, 189, 197).

Beispiel: Hat V als Verkäufer eines Grundstücks dem K eine Vormerkung analog § 875 II in bindender Form bewilligt und ist der Antrag auf Eintragung der Vormerkung beim Grundbuchamt eingegangen, so erwirbt K die Vormerkung, auch wenn V noch vor ihrer Eintragung ins Grundbuch, zB durch Insolvenzeröffnung gem. § 80 I InsO oder der Erbe des V durch Testamentsvollstreckung gem. § 2211 I, in seiner Verfügungsbefugnis beschränkt wird; denn die Parteien haben dann alles ihrerseits Erforderliche zum Erwerb der Vormerkung getan und sollen nicht darunter leiden, dass das Grundbuchamt den Eintragungsantrag nicht sofort bearbeitet (§ 878 BGB iVm § 91 II InsO).

Ob der Erwerber eines dinglichen Rechts gegen den Veräußerer 12
generell einen **Anspruch auf Bewilligung** einer Vormerkung hat, wird unterschiedlich beurteilt (dazu *Mülbert* AcP 214, 309, 320). Erklärt der Berechtigte die Bewilligung zur Eintragung der Vormerkung nicht freiwillig, so kann der Gläubiger zur Sicherung seines Anspruchs aber jedenfalls bei Gericht eine **einstweilige Verfügung** gegen den Berechtigten als Schuldner erwirken (§ 885 I BGB; § 935 ZPO), aufgrund derer die Eintragung ins Grundbuch erfolgt. Gleiches gilt gem. § 895 ZPO, wenn der Berechtigte durch vorläufig vollstreckbares Urteil zu einer dinglichen Rechtsänderung verurteilt worden ist.

3. Berechtigung des Bewilligenden

Die Bewilligung muss grundsätzlich von dem Berechtigten erklärt 13
werden, dessen dingliches Recht von der Vormerkung betroffen wird. Fehlt die Berechtigung, kommt jedoch – wie beim Grundstückserwerb selbst auch – gutgläubiger Erwerb analog §§ 892, 893 (dazu → § 19 Rn. 33 ff.) in Betracht.

4. Eintragung der Vormerkung und „Wiederaufladung“

Die Eintragung der Vormerkung erfolgt im üblichen Grundbuch- 14
verfahren. Eingetragen werden der **Gegenstand des Anspruchs** (zB Übereignung oder Belastung des Grundstücks) und der **Anspruchsberechtigte**. Der Schuldgrund (zB Kaufvertrag) und der Schuldner (Grundstückseigentümer oder Inhaber des betroffenen Grundstücksrechts zum betreffenden Zeitpunkt) werden nicht vermerkt. Der Schuldner (zB Eigentümer) ergibt sich insoweit regelmäßig aus dem Grundbuchinhalt (vgl. BGH NJW 2014, 2431).

Die Eintragung der Vormerkung kann schon erfolgen, bevor die Einigung wirksam ist (BGHZ 193, 152 = NJW 2012, 2032). Daher kann eine bereits eingetragene Vormerkung nach Untergang des zuerst gesicherten Anspruchs (zB infolge Vertragsaufhebung) von den Parteien auch zur Sicherung eines neuen deckungsgleichen Anspruchs zwischen denselben Parteien wieder verwendet werden, ohne dass die alte Vormerkung gelöscht und eine neue Vormerkung bestellt werden müsste (BGHZ 143, 175; sehr krit. *Kesseler* NJW

2012, 2765). Die Vormerkungswirkungen gelten dann ab dem Zeitpunkt der neuen Bewilligung. Voraussetzung dafür, dass die unrichtig gewordene Eintragung einer Vormerkung durch nachträgliche Bewilligung für einen neuen Anspruch verwendet werden kann, ist allerdings, dass **Anspruch, Eintragung und Bewilligung kongruent** sind. Eintragung und Bewilligung müssen also den gleichen sicherungsfähigen, auf dingliche Rechtsänderung gerichteten Anspruch zwischen den gleichen Parteien betreffen (BGH NJW 2012, 2032 und 2654).

15 Eine solche Übereinstimmung wird bezüglich des Anspruchs verneint, wenn die eingetragene Vormerkung einen höchstpersönlichen, *nicht vererblichen* und nicht übertragbaren Rückübertragungsanspruch betrifft und die nachfolgende Bewilligung nun einen vererblichen Anspruch sichern soll (BGH NJW 2012, 2032). Der Inhalt der vorhandenen Eintragung setzt der Wiederverwendbarkeit der Vormerkung also Grenzen. Eine „**Wiederaufladung**" der Vormerkung scheidet auch aus, wenn die eingetragene Vormerkung nicht wieder für denselben Gläubiger, sondern zugunsten eines Dritten verwendet werden soll (BGH NJW 2012, 3431).

16 Außerdem kann eine bereits bestehende Vormerkung um **weitere abzusichernde Ansprüche „aufgeladen"** werden.

Beispiel: M überträgt auf seine Frau F ein Grundstück. Für den Fall der Scheidung der Ehe wird ein Anspruch des M gegen F auf Rückübertragung des Grundstücks vereinbart und durch Vormerkung im Grundbuch gesichert. Zwei Jahre später wird zudem vereinbart, dass F das Grundstück nicht zu Lebzeiten des M veräußern dürfe. Dazu wird in einem notariell beurkundeten Vertrag vereinbart, dass die schon im Grundbuch eingetragene Rückauflassungsvormerkung auch der Absicherung eines Rückübertragungsanspruchs für diesen Fall dienen solle. Eine Ausfertigung des Vertrags wird beim Grundbuchamt eingereicht und dort zu den Akten genommen. Zwei Jahre später veräußert F das Grundstück an W, der im Grundbuch als Eigentümer eingetragen wird. M verlangt deshalb von F Rückauflassung des Grundstücks an ihn sowie von W die Zustimmung zu seiner Wiedereintragung als Eigentümer im Grundbuch.

Hier kann M von W die Zustimmung gem. § 888 I verlangen. Die Vormerkung, die auch für bedingte bzw. künftige Ansprüche bestellt werden kann (→ Rn. 5f.), war zunächst wirksam nach § 883 I begründet worden. Vorliegend war dann durch die Vereinbarung zwischen M und F ein weiterer Entstehungsgrund für den Rückauflassungsanspruch vereinbart worden, der ebenfalls durch die bereits eingetragene Vormerkung abgesichert werden sollte. Das ist nach hM ohne Bewilligung und Eintragung einer neuerlichen Vormerkung möglich. Der bisher gesicherte Anspruch (hier: Rückübertra-

gungsanspruch unter der aufschiebenden Bedingung der Scheidung) kann durch weitere Vereinbarungen beschränkt, erweitert und sogar ausgetauscht werden, ohne dass dadurch die Sicherungswirkung der Vormerkung verloren geht (BGH NJW 2008, 578, 579). Voraussetzung ist allerdings, dass der neue bzw. weitere Anspruch auf dieselbe Leistung wie der bisher gesicherte Anspruch gerichtet ist (BGH NJW 2000, 805, 806). Dieses Erfordernis ist hier erfüllt. S. auch Klausurfall bei *Gergen* JuS 2005, 523.

III. Wirkungen der Vormerkung

Rechtswirkungen der Vormerkung
– Sicherungswirkung – Rangwirkung – Vollwirkung

1. Die Sicherungswirkung

17 **a) Allgemeines.** Die wichtigste Wirkung der Vormerkung besteht darin, dass Verfügungen, die die Erfüllung des gesicherten Anspruchs vereiteln oder beeinträchtigen würden, als **vormerkungswidrige Verfügungen unwirksam** sind (§ 883 II 1). Es handelt sich um eine **relative Unwirksamkeit** im Verhältnis zum Vormerkungsberechtigten, der dann zur Verwirklichung seines eigenen vorgemerkten Anspruchs die Zustimmung von demjenigen verlangen kann, dessen Recht vormerkungswidrig eingetragen wurde (§ 888; → Rn. 23 ff.). Dadurch wird der Vormerkungsberechtigte abgesichert.

Die Sicherungswirkung beginnt, sobald alle Wirksamkeitsvoraussetzungen der Vormerkung (→ Rn. 4 ff.) vorliegen, also meist mit der Eintragung der Vormerkung. Bei künftigen oder bedingten Forderungen werden auch schon die vor dem endgültigen Entstehen der Forderung getroffenen Verfügungen von der Sicherungswirkung erfasst, allerdings muss die Forderung später tatsächlich noch entstehen. Im Zeitpunkt der Geltendmachung des Anspruchs aus § 888 muss der Vormerkungsberechtigte noch nicht in Erfüllung des vorgemerkten Anspruchs als Eigentümer (oder sonstiger Rechtsinhaber) in das Grundbuch eingetragen sein (BGH NJW 2010, 3367).

18 **b) Vormerkungswidrige Verfügung.** Die Sicherungswirkung schützt jedoch nur vor vormerkungswidrigen **Verfügungen**. Eine

Verfügung ist die Übertragung, Belastung, Aufhebung oder Inhaltsänderung eines Rechts (→ § 6 Rn. 2). Verfügungen über Grundstücksrechte sind zB die Übertragung des Eigentums, die Abtretung einer Grundschuld oder die Belastung des Grundstücks mit einem beschränkt dinglichen Recht, etwa einem Nießbrauch.

Um die Sicherungswirkung der Vormerkung zu stärken, werden einer Verfügung jedoch auch andere Akte, die strenggenommen keine Verfügung sind, einer Verfügung iSv § 883 II gleichgestellt (vgl. MüKoBGB/*Kohler* § 883 Rn. 53).

Einer Verfügung nach § 883 II gleichzustellen sind:
- die Eintragung einer späteren Vormerkung für einen anderen Gläubiger
- nachträglich verhängte Verfügungsbeschränkungen
- später wirksam gewordene gerichtliche Verfügungsverbote
- eine spätere Grundbuchberichtigung (§ 894)
- ein später eingetragener Widerspruch gegen die Richtigkeit des Grundbuchs (§ 899)
- die Buchersitzung (§ 900)

19 Die **Vermietung** oder Verpachtung eines Grundstücks hingegen ist **keine Verfügung.** Der durch eine Auflassungsvormerkung gesicherte Käufer kann sich nach zutreffender hM auch nicht analog § 883 II auf die Unwirksamkeit eines vom Verkäufer mit einem Dritten geschlossenen Mietvertrags berufen, sondern muss diesen nach § 566 gegen sich gelten lassen (BGHZ 13, 1; BGH NJW 1989, 451; *Habersack* SachenR Rn. 341; aA *Prütting* SachenR Rn. 190; Palandt/*Herrler* BGB § 883 Rn. 20). Einer Verfügung gleichgestellt wird die Bewilligung und Eintragung einer weiteren Vormerkung oder eines Widerspruchs oder einer zwischenzeitlichen Grundbuchberichtigung (→ Rn. 25).

Die Auflassungsvormerkung schützt den Berechtigten nur davor, dass der Erwerb des Eigentums vereitelt oder beeinträchtigt wird, nicht aber davor, dass der Gläubiger eines **vorrangigen Rechts** (zB Grundschuldgläubiger) dieses im Wege der Zwangsvollstreckung verfolgt bzw. ein eingeleitetes Zwangsversteigerungsverfahren fortsetzt (BGHZ 170, 378).

20 **c) Relative Unwirksamkeit.** Die Unwirksamkeit der Verfügung nach § 883 II 1 reicht nur soweit, als dies zur Sicherung des Anspruchs **erforderlich** ist. Dies bedeutet in **objektiver** Hinsicht, dass Verfügungen wirksam sind, soweit sie der Erfüllung des gesicherten Anspruchs nicht im Wege stehen.

Beispiel: Sichert die Vormerkung den Anspruch des G auf Grundschuldbestellung, so kann E sein Grundstück trotzdem wirksam auf Käufer K übertra-

gen. K wird Eigentümer. § 883 II 1 steht nicht entgegen, weil diese Verfügung (die Eigentumsübertragung auf K) den Anspruch des G auf Grundschuldbestellung nicht vereitelt oder beeinträchtigt. K erwirbt das Grundstück freilich mit den bestehenden Belastungen, also belastet mit der Vormerkung, die es dem G ermöglicht, auch gegenüber dem neuen Eigentümer K die Grundschuldbestellung durchzusetzen. Ferner hindert die Vormerkung zur Sicherung eines Anspruchs auf Rückauflassung nicht die wirksame Abtretung einer vor der Vormerkung entstandenen Eigentümergrundschuld (BGHZ 64, 316).

Daneben sind vormerkungswidrige Verfügungen nur in **subjektiver** Hinsicht relativ unwirksam, dh sie sind nur dem Vormerkungsberechtigten gegenüber unwirksam. Für alle anderen sind sie wirksam. Deshalb kann die vormerkungswidrige Verfügung auch im Grundbuch eingetragen werden. Die Vormerkung bewirkt somit **keine Grundbuchsperre.** 21

Beispiel: A hat sich im notariellen Kaufvertrag zur Übereignung seines Grundstücks an B verpflichtet. Zugunsten des B wird eine Auflassungsvormerkung im Grundbuch eingetragen. Gleichwohl veräußert A das Grundstück danach an C, der dann Antrag auf seine Eintragung als Eigentümer im Grundbuch stellt.

In diesem Fall kann C zwar noch als Eigentümer ins Grundbuch eingetragen werden und wird dadurch auch Eigentümer gegenüber jedermann mit Ausnahme von B. Aufgrund der relativen Unwirksamkeit der vormerkungswidrigen Verfügung gilt für B nach wie vor A als Eigentümer. Der Eigentumsübergang auf C ist ihm gegenüber unwirksam. Dies gilt auch dann, wenn die Auflassung an C bereits vor Eintragung der Vormerkung erfolgt ist. Auflassung und Eintragung bilden zusammen den Verfügungsvorgang, der erst nach Eintragung der Vormerkung (§ 883 I) abgeschlossen wurde.

d) Zeitliche Reichweite. Die **Sicherungswirkung endet**, wenn der geschützte Vormerkungsberechtigte der vormerkungswidrigen Verfügung zustimmt, zB die nach einer Auflassungsvormerkung bestellte Grundschuld genehmigt. Die Grundschuld oder ein anderes Recht ist dann trotz Vormerkung wirksam entstanden. Dies kann durch Eintragung eines Wirksamkeitsvermerks im Grundbuch klargestellt werden (BGH NJW 1999, 2275). 22

Die Sicherungswirkung endet außerdem mit dem Erlöschen der Vormerkung (zB durch Aufhebung analog § 875 oder infolge Wegfalls des gesicherten Anspruchs). Zunächst unwirksame Verfügungen werden mit dem Erlöschen der Vormerkung wirksam, wenn nicht zuvor der gesicherte Anspruch erfüllt worden ist (BGH NJW 1992, 1683).

Beispiel: Die A schenkt und übereignet ein ihr gehörendes Grundstück ihrem Sohn S mit der Abrede, dass ihr, solange sie lebt, ein Anspruch auf Rückauflassung zusteht, wenn S das Grundstück veräußert. Zur Sicherung des künftigen Anspruchs auf Rückauflassung wird eine Vormerkung eingetragen (§ 883 I 2). S, der sich in Geldnöten befindet, verkauft das Grundstück an K, der aufgrund der Auflassung auch ins Grundbuch eingetragen wird. Der Erwerb des K ist A gegenüber nach § 883 II unwirksam. Solange A lebt, kann sie Rückauflassung verlangen und K verliert das bereits erworbene Eigentum. Stirbt A vor der Rückauflassung, so erlischt der Anspruch auf Rückauflassung vereinbarungsgemäß und mit ihm auch die Vormerkung. Der Eigentumserwerb des K wird voll wirksam. Die als Erbin eingesetzte Tochter T der A kann deshalb nicht mehr das Eigentum am Grundstück erlangen (s. auch BGH NJW 1992, 1683).

23 e) **Die Durchsetzung des vorgemerkten Anspruchs nach vormerkungswidriger Verfügung.** Um das vorgemerkte Recht endgültig zu erwerben, bedarf es der Eintragung dieses Rechts im Grundbuch, vgl. § 873. Bei einer Eintragung im Grundbuch gilt jedoch der Grundsatz der Voreintragung (§ 39 GBO; → § 17 Rn. 39). Bei der Eigentumsübertragung etwa muss der Bewilligende auch als Eigentümer im Grundbuch stehen. Im Fall einer vormerkungswidrigen Verfügung mag nun aber inzwischen eine andere Person als Berechtigter des betroffenen Rechts eingetragen sein. Hier muss das Gesetz eine Regelung vorsehen, die es dem Vormerkungsberechtigten trotz der vormerkungswidrigen Verfügung ermöglicht, die Eintragung des vorgemerkten Rechts durchzusetzen. Dazu dient der **Anspruch aus § 888 I**, der sich auf die **Zustimmung** zu einer Eintragung oder Löschung richtet, die zur Verwirklichung des vorgemerkten Anspruchs erforderlich ist.

Voraussetzungen des Anspruchs aus § 888 I
1. Bestehen einer wirksamen Vormerkung zugunsten des Anspruchstellers 2. Eingetragenes Recht zugunsten des Anspruchsgegners 3. Recht beruht auf vormerkungswidriger Verfügung, die gem. § 883 II relativ unwirksam ist 4. Keine Einreden oder Einwendungen gegen den Anspruch

24 **Beispiel** (wie → Rn. 21): A verkauft sein Grundstück an B und bewilligt die Eintragung einer Auflassungsvormerkung im Grundbuch. Danach verkauft A das Grundstück an C, der als Eigentümer im Grundbuch eingetragen wird.

Da hier für B nach wie vor A Eigentümer ist, kann er aufgrund seines kaufvertraglichen Anspruchs von A die Auflassung des Grundstücks verlangen, nicht dagegen von C, da er mit diesem keinen Kaufvertrag geschlossen hat. Wenn B jedoch ins Grundbuch eingetragen werden will, so kann er zwar den Eintragungsantrag stellen (§ 13 I GBO) und die Auflassung mit A vorlegen (§ 20 GBO). Schwierigkeiten ergeben sich jedoch durch den Grundsatz der Voreintragung (§ 39 GBO). A, der die Auflassung erklärt hat, ist nicht eingetragen und gegenüber C, der wegen seiner Eintragung als grundbuchrechtlich Betroffener die Eintragung bewilligen muss (§ 19 GBO), hat B aus dem Kaufvertrag keinen Anspruch.

In dieser Situation hilft § 888 I. Danach hat B gegen den vormerkungswidrig eingetragenen C einen Anspruch darauf, dass dieser seiner, des B, Eintragung gem. § 19 GBO zustimmt (s. auch BGH NJW 2000, 3496). Aufgrund dieser Bewilligung kann dann B im Grundbuch als Eigentümer eingetragen werden. Ein Grundbuchberichtigungsanspruch des B aus § 894 besteht gegenüber C hingegen nicht, denn das Grundbuch ist nicht falsch; der Erwerb des C ist lediglich relativ unwirksam.

Entsprechendes gilt, wenn der Veräußerer eines Grundstücks nach **25**
Bewilligung und Eintragung einer Auflassungsvormerkung zugunsten eines ersten Käufers eine **weitere Vormerkung** zugunsten eines anderen Käufers bewilligt und eintragen lässt. Hier liegt zwar streng genommen kein „eingetragenes Recht" iSv § 888 I und auch kein Recht an einem solchen Grundstücksrecht vor. Nach hM wird die Eintragung einer Vormerkung zugunsten eines anderen Gläubigers jedoch einer **vormerkungswidrigen Verfügung** iSv § 883 II gleichgestellt (→ Rn. 18). Daher gilt **§ 888 I entsprechend**. Wäre C im genannten Beispiel noch nicht als Eigentümer eingetragen, sondern zu seinen Gunsten bislang lediglich eine Vormerkung bestellt worden, könnte B von C also die Löschung dieser Vormerkung verlangen.

Besteht die vormerkungswidrige Verfügung in der **Belastung des Grundstücks** mit einem dinglichen Recht zugunsten eines Dritten, zB einer Grundschuld oder einer Dienstbarkeit, so kann der durch die Vormerkung gesicherte Erwerber nach § 888 I von dem dinglich berechtigten Dritten die Löschung des vormerkungswidrig eingetragenen Rechts verlangen. Durch diesen eigenen Löschungsanspruch des Erwerbers gegen den dinglich Berechtigten werden ein Anspruch gegen den Verkäufer auf lastenfreie Übertragung nach §§ 433 I 2, 435 S. 2 und die Einrede aus § 320 nicht hinfällig (s. BGH NJW-RR 1986, 310; NJW-RR 2004, 1135).

Der Anspruch aus § 888 I ist zwar ein dinglicher Anspruch, die **26**
Verzugsvorschriften sind darauf jedoch nach hM entsprechend anzuwenden (Palandt/*Herrler* BGB § 888 Rn. 4; aA BGHZ 49, 263).

Gerät der Zustimmungsverpflichtete mit der Abgabe seiner Erklärung in Verzug, kann er daher nach §§ 280 II, 286 zum Schadensersatz verpflichtet sein.

27 Eine **Sicherungswirkung** wie die Vormerkung entfaltet auch das dingliche Vorkaufsrecht (→ Rn. 35). Eine andere Art des Schutzes vor Zwischenverfügungen bietet § 161 (dazu → § 14 Rn. 13).

Schutz vor vertragswidrigen Zwischenverfügungen
– Bei Eintragung einer Vormerkung gem. § 883 II – Beim dinglichen Vorkaufsrecht gem. § 1098 II iVm § 883 II – Beim Eigentumsvorbehalt bzw. Vereinbarung eines aufschiebend bedingten Rechtserwerbs gem. § 161

2. Rangwirkung

28 Das Rangverhältnis verschiedener im Grundbuch eingetragener Rechte bestimmt sich grundsätzlich nach dem **Zeitpunkt** ihrer Eintragung (§ 879 I). Wird für ein einzutragendes Recht eine Vormerkung bewilligt und eingetragen, so hat dies gem. § 883 III den Effekt, dass für den Rang des betreffenden künftigen Rechts bereits auf den Zeitpunkt der Eintragung der Vormerkung abgestellt wird. Das jeweilige dingliche Recht erhält also, wenn es später eingetragen wird, den Rang der Vormerkung. Die Vormerkung hat auf diese Weise auch rangwahrende Funktion.

3. Vollwirkung

29 Ferner zeigen sich für die Vormerkung bereits die Wirkungen des künftigen Rechts (Vollwirkung), indem zB in der **Insolvenz** (§ 106 InsO) oder in der Zwangsversteigerung (§ 48 ZVG) im Fall einer wirksamen Vormerkung so verfahren wird, als bestünde das künftige Recht schon.

Das bedeutet zB, dass für die Insolvenzanfechtung nach §§ 129ff. InsO bereits auf den Zeitpunkt der Eintragung der Vormerkung und nicht erst auf den Zeitpunkt der Eigentumsumschreibung abzustellen ist (s. BGH NJW 1983, 1543). Zudem kann der Insolvenzverwalter die Erfüllung des durch die Vormerkung gesicherten Anspruchs nicht gem. § 103 InsO ablehnen.

4. Anwendung der §§ 987 ff. analog

Aufgrund dieses weitgehend bereits dem dinglichen Vollrecht angenäherten Schutzes ist es gerechtfertigt, auch andere zum Schutz des Vollrechts bestehende Vorschriften als Vorwirkung des künftigen Rechts – ähnlich wie beim Anwartschaftsrecht (→ § 14 Rn. 22 ff.) – bereits zugunsten des Vormerkungsberechtigten anzuwenden. Im Verhältnis zwischen dem vormerkungswidrigen Erwerber und dem Vormerkungsberechtigten können deshalb ggf. die **§§ 987 ff. analog** zur Anwendung kommen (näher *Mülbert* AcP 214, 309, 335 ff.). Schließlich ist der Erwerber im Verhältnis zum Vormerkungsberechtigten nur Buchbesitzer. Seine Pflicht zur Herausgabe des Buchbesitzes kann insoweit nach der Interessenlage mit der Pflicht des unberechtigten Besitzers zur Herausgabe des Besitzes nach § 985 verglichen werden. 30

Nach hM kann der vormerkungswidrige Zwischenerwerber jedenfalls gem. §§ 994 ff. analog Ersatz für seine **Verwendungen** nach Maßgabe der §§ 1000 ff. verlangen (MüKoBGB/*Kohler* § 888 Rn. 23).

Beispiel: M hat seiner Frau F ein Hausgrundstück zu Eigentum übertragen, wobei sich F verpflichtet hat, das Grundstück nicht zu Lebzeiten des M zu veräußern. Der diesbezügliche (bedingte) Rückauflassungsanspruch wurde durch Vormerkung im Grundbuch gesichert. Später veräußert F das Grundstück an W. Im Text der notariellen Urkunde findet sich dabei auch ein Hinweis auf die zugunsten von M bestehende Auflassungsvormerkung. Nun lässt W das schadhafte Dach des Hauses reparieren und die Fassade neu streichen. Als M von der Grundstückstransaktion erfährt, verklagt er F auf Rückauflassung des Grundstücks. M obsiegt im Prozess und erlangt schließlich mit Zustimmung von W seine Wiedereintragung als Eigentümer des Grundstücks im Grundbuch. Kann nun W im Gegenzug Ersatz für seine Investitionen verlangen?

Ein Anspruch des W auf Kostenersatz aus den §§ 994 f. ist zu verneinen, da W bei Vornahme der Verwendungen selbst Eigentümer war. Die §§ 987 ff. passen daher nicht. Ein Anspruch aus GoA ist auch nicht gegeben, da W keinen Fremdgeschäftsführungswillen hatte. Vielmehr fehlt eine vergleichbare Regelung für das Verhältnis zwischen Vormerkungsberechtigtem (hier M) und vormerkungswidrigem Erwerber (W). Angesichts dieser planwidrigen Gesetzeslücke drängt es sich auf, die §§ 987 ff. analog anzuwenden (BGHZ 75, 288). Die Interessenlage ist vergleichbar: Ein Besitzer macht Verwendungen, deren Nutzen letztlich nicht ihm, sondern einem Dritten zukommt. Die Dachreparatur erweist sich als notwendige Verwendung. Ersatz nach § 994 I 1 analog kann W aber nur verlangen, wenn er nicht bösgläubig war. Aufgrund des Inhalts der notariellen Urkunde musste W die Existenz der Vormerkung jedoch bekannt sein. Daher war W bösgläubig. Sein Verwendungsersatzanspruch ergibt sich somit allenfalls aus § 994 II analog; wegen des Fassadenanstrichs, der lediglich eine nützliche Verwendung darstellt, kann W nichts verlangen, vgl. § 996 (s. auch Klausurfall bei *Auer* JuS 2007, 1122).

31 Schwieriger liegt es mit der analogen Anwendung der **§§ 987, 990** bezüglich der **Nutzungsherausgabe**. Die hM lehnt eine solche Analogie zu Recht ab, da die Vormerkung für sich dem Berechtigten noch keine Nutzungsbefugnis verleiht (MüKoBGB/*Kohler* § 888 Rn. 19; *Kelm/Scheibenpflug* JA 2017, 834, 843). Anders liegt es ausnahmsweise dann, wenn dem vormerkungsberechtigten Käufer im Verhältnis zum Verkäufer bereits das Nutzungsziehungsrecht zusteht. Das war etwa in einem BGH-Fall (NJW 2000, 2899) zu bejahen, wo der Vormerkungsberechtigte den Verkäufer bereits auf Auflassung verklagt hatte und der Verkäufer ihm gegenüber ab Rechtshängigkeit auf Nutzungsersatz haftete. Unter diesen Umständen hatte der Vormerkungsberechtigte auch im Verhältnis zum Verkäufer die „bessere Berechtigung" und somit eine vergleichbare dingliche Rechtsstellung wie ein Eigentümer (BGH NJW 2000, 2899). Der Vormerkungsberechtigte kann vom vormerkungswidrigen Erwerber Herausgabe der Nutzungen analog § 987 also lediglich in dem Umfang verlangen, indem sie ihm auch im Verhältnis zum Eigentümer, zB nach § 446, zustehen (BGH aaO). Hinsichtlich der **Bösgläubigkeit** ist auch hier auf die Kenntnis bzw. grob fahrlässige Unkenntnis vom Bestehen der Vormerkung abzustellen.

IV. Übertragung der Vormerkung

32 Die Vormerkung, die der Sicherung des Anspruchs aus einer Forderung dient, ist rechtlich **an diesen Anspruch gebunden**. Sie kann nicht selbstständig übertragen oder abgetreten werden. Möglich ist allein die **Abtretung der gesicherten Forderung** (§ 398), der die Vormerkung in analoger Anwendung des § 401 I automatisch kraft Gesetzes nachfolgt (RGZ 142, 331, 333). Ein gutgläubiger Ersterwerb einer Vormerkung kommt daher nur in Betracht, wenn die betreffende Forderung existiert (dazu → § 19 Rn. 33).

Str. ist, ob ein gutgläubiger (Zweit-)Erwerb einer in Wirklichkeit nicht wirksam entstandenen Vormerkung möglich sein soll. Darauf wird unten nach Erläuterung des gutgläubigen Erwerbs von Rechten an Grundstücken näher eingegangen werden (→ § 19 Rn. 34 ff.).

Da durch die Abtretung die Vormerkung kraft Gesetzes auf den Zessionar übergeht, wird das Grundbuch unrichtig. Der Zessionar kann aber im Wege der Berichtigung nach § 894 als neuer Rechtsinhaber der Vormerkung ins Grundbuch eingetragen werden. 33

V. Rechtsnatur der Vormerkung

Die Vormerkung ist kein dingliches Recht an einem Grundstück, 34 sondern dient vielmehr der Sicherung eines schuldrechtlichen Anspruchs auf Einräumung, Aufhebung oder Inhaltsänderung eines Rechts an einem Grundstück. Sie wird von der hM als **Sicherungsmittel eigener Art** begriffen. Insoweit ist sie indes geeignet, dem geschützten Anspruch in gewissem Rahmen **dingliche Wirkungen** zu verleihen (s. BGHZ 25, 16; 34, 254, 257; 60, 46, 49). Diese zeigen sich, wie dargelegt wurde, darin, dass der durch Vormerkung gesicherte Erwerb dem Vormerkungsberechtigten durch andere nicht mehr entzogen und vereitelt werden kann.

Da das Gesetz diese absolute Drittwirkung der Vormerkung auch dem Vorkaufsrecht zuerkennt (§ 1098 II; → Rn. 35) und dort zum Anlass nimmt, das Vorkaufsrecht als dingliches Recht anzuerkennen, muss dieselbe absolute Drittwirkung auch bei der Vormerkung als ausreichender Grund angesehen werden, ihr in gleicher Weise wie sonst den dinglichen Rechten den Schutz des § 823 I und des § 1004 zu gewähren (s. auch BGH NJW 1991, 2019; *Canaris* FS Flume, 1978, 384 ff.; aA *Paulus* JZ 1993, 555). Auch § 894 ist analog anwendbar (→ § 20 Rn. 4).

VI. Das dingliche Vorkaufsrecht

Ein Vorkaufsrecht kann kraft Gesetzes bestehen (zB für den Mieter 35 gem. § 577; dazu BGH NJW 2015, 1516) oder schuldrechtlich vereinbart werden (§§ 463 ff.). Ein Vorkaufsrecht kann auch als **beschränktes dingliches Recht** an einem Grundstück bestellt und demgemäß ins Grundbuch eingetragen werden. Dann handelt es sich um ein dingliches Vorkaufsrecht (§§ 1094 ff.). Das der Bestellung zugrunde liegende schuldrechtliche Geschäft ist entspr. § 311b I 1 notariell zu beurkunden. Die zur Bestellung des dinglichen Vorkaufsrechts nach § 873 erforderliche Einigung hingegen muss nicht notariell beurkundet werden (BGH NJW 2016, 2035), so dass auch Heilung gem. § 311b I 2 in Betracht kommt.

Aufgrund des Vorkaufsrechts kann der Berechtigte mit dem Vorkaufsverpflichteten durch einseitige Gestaltungserklärung einen **Kaufvertrag** zustande bringen (§ 1098 I 1 iVm § 464 II), sobald dieser die Sache oder einen Miteigentumsanteil an einen Dritten verkauft (§ 463). In der Person des Vorkaufsverpflichteten bestehen deshalb zwei Kaufverträge über dieselbe Sache: Der Kaufvertrag mit dem Dritten, an den er verkaufen wollte, und der Kaufvertrag, den der Vorkaufsberechtigte durch seine einseitige Gestaltungserklärung geschaffen hat (§ 464). Um den Vorkaufsberechtigten auszuschalten, suchen der Vorkaufsverpflichtete und der Dritte zuweilen nach Ausweichmöglichkeiten. Statt des Kaufs eines Grundstücks zur Kiesausbeute kann zB eine langjährige Dienstbarkeit (99 Jahre) vereinbart werden. Darin liegt keine unzulässige Umgehung (BGH NJW 2003, 3769).

36 Da der Vorkaufsverpflichtete nur einen der beiden Kaufverträge erfüllen kann, bedarf der Vorkaufsberechtigte einer **Absicherung**, die die Erfüllung seines Anspruchs gewährleistet. Das Gesetz bewirkt diese Sicherung dadurch, dass das dingliche Vorkaufsrecht Dritten gegenüber **wie eine Vormerkung wirkt** (§ 1098 II). Auf diese Weise wird sichergestellt, dass vorkaufswidrige Verfügungen relativ unwirksam sind (§ 1098 II iVm § 883 II) und dass der Vorkaufsberechtigte vom Dritten die Zustimmung zu seiner Eintragung ins Grundbuch als Eigentümer verlangen kann (§ 1098 II iVm § 888 I).

37 Zwischen Käufer und Vorkaufsberechtigtem sind die **§§ 987 ff.** und die §§ 994 ff. ähnlich wie bei der Vormerkung (→ Rn. 30 f.) **analog anwendbar** (BGH NJW 1983, 2024). Der Dritte hat als Käufer nach § 1100 ein Zurückbehaltungsrecht, bis ihm der an seinen Verkäufer, den Vorkaufsverpflichteten, bezahlte Kaufpreis erstattet ist. Erstreckt sich das Vorkaufsrecht auf mehrere Grundstücke, kann der Berechtigte die Ausübung auf ein(zelne) Grundstück(e) beschränken; § 467 S. 2 gilt entsprechend (BGHZ 168, 152). Soll ein Grundstück mit mehreren Vorkaufsrechten zugunsten verschiedener Personen belastet werden, muss eine Rangregelung bzw. Kollisionsvereinbarung getroffen werden (OLG München NJW-RR 2016, 986). Die Bestellung eines dinglichen Vorkaufsrechts für **mehrere Berechtigte** als Gesamtgläubiger iSv § 428 ist nicht möglich (BGH NJW 2017, 1811), weil die mehrfache Ausübung des Vorkaufsrechts durch verschiedene Berechtigte zu unlösbaren Problemen führen würde. Ein dingliches Vorkaufsrecht, das auf einem ganzen (ungeteilten) Grundstück lastet, kann in der Weise beschränkt sein, dass der Berechtigte beim Verkauf des Grundstücks nur eine reale Teilfläche soll erwerben dürfen, sofern diese hinreichend bestimmt ist (BGH NJW 2014, 3024).

Scheitert die Bestellung eines dinglichen Vorkaufsrechts an der fehlenden Eintragung im Grundbuch, muss durch Auslegung ermittelt werden, ob zumindest ein schuldrechtliches Vorkaufsrecht gewollt war (BGH BB 2014, 65). Für die Übertragung des dinglichen Vorkaufsrechts ist die Eintragung einer Inhaltsänderung des Vorkaufsrechts in das Grundbuch erforderlich (OLG Hamm RNotZ 2017, 616).

Empfehlungen zur vertiefenden Lektüre: *Baker*, Zu viele Vormerkungen, Jura 2010, 450; *Hager*, Die „Wiederaufladung" der Vormerkung, FS Kanzleiter, 2010, 195; *Kesseler*, Das Missverständnis um die Rechtsnatur der Zustimmung nach § 888 I BGB, NJW 2010, 3341; *ders.*, Segen und Fluch der „Wiederverwendbarkeit" einer Vormerkung, NJW 2012, 2765; *Kohler*, Dingliches Vorkaufsrecht und Gutglaubensschutz gemäß § 893 BGB, ZfIR 2016, 809; *Löhnig/Gietl*, Grundfälle zur Vormerkung: Die Handlungsmöglichkeiten des Auflassungsvormerkungsinhabers, JuS 2008, 102; *Morell*, Schicksal der Vormerkung beim redlichen Erwerb eines Auflassungsanspruchs, Jura 2008, 165; *Omlor/Diebel*, Das dingliche Vorkaufsrecht, JuS 2017, 1160; *Petersen*, Die Vormerkung, JA 2016, 495; *Stamm*, Die examensrelevanten Probleme der Vormerkung in der Falllösung, JuS 2003, 48; *Wais*, Form und Vorkaufsrecht, NJW 2017, 1569.

Fälle und Klausuren: *Auer*, Referendarexamensklausur: Vormerkung und EBV – Wie gewonnen, so zerronnen, JuS 2007, 1122; *Fehrenbacher/Kharag*, Fortgeschrittenenklausur: Vormerkung und Leistungsstörungsrecht, JuS 2009, 930; *Finn*, Grundfall zum dinglichen Vorkaufsrecht, Jura 2009, 442; *Gergen*, Übungsklausur: Zum Problem der erneuten Bewilligung einer inhaltsgleichen Auflassungsvormerkung, JuS 2005, 523; *Gottwald* SachenR Fälle 19–28; *Gursky* KK SachenR Fälle 2–4; *Kaiser*, Referendarexamensklausur: Scheingeschäft und Vormerkung, JuS 2012, 341; *Kelm/Scheibenpflug*, Grundstückskauf mit Folgen, JA 2017, 834; *Koch/Löhnig* Fälle SachenR Fall 11, 13; *Neuner* SachenR Fälle 14, 15; *Ohly/Werner*, Grundprobleme der Auflassungsvormerkung, JuS 2007, 449; *Thomale*, Fortgeschrittenenklausur: Vormerkung und ungerechtfertigte Bereicherung – Todtnauberg, JuS 2013, 42; *Thümmler*, Referendarexamensklausur: Gutgläubiger Ersterwerb einer Vormerkung, JuS 2009, 635; *Vieweg/Röthel* SachenR Fälle 32–34, 38; *Witt*, Schicksal einer Auflassungsvormerkung, JuS 2004, 48.

§ 19. Der öffentliche Glaube des Grundbuchs

I. Die Richtigkeitsvermutung, § 891

Die strengen Voraussetzungen des Eintragungsverfahrens (→ § 17 Rn. 31 ff.) und das materiell-rechtliche Erfordernis der Eintragung als Voraussetzung für die Wirksamkeit dinglicher Verfügungsgeschäfte über Grundstücksrechte bieten eine gewisse Gewähr dafür, dass das Grundbuch die dinglichen Rechtsverhältnisse am Grund- 1 stück richtig wiedergibt. Auch wenn sich in Einzelfällen die dingliche Rechtslage außerhalb des Grundbuchs ändern kann, wie etwa bei Übergang oder Erlöschen eines Rechts kraft Gesetzes oder beim Erbgang, so kann dennoch in den meisten Fällen davon ausgegangen werden, dass das Grundbuch die dingliche Rechtslage am Grundstück richtig wiedergibt.

2 Daran knüpft § 891 an und stellt die **Vermutung** auf, dass der im Grundbuch als Berechtigter Eingetragene auch der wirklich Berechtigte ist und dass ihm das Recht mit dem eingetragenen Inhalt zusteht. Die Vermutung erstreckt sich auch darauf, dass der im Liegenschaftskataster eingetragene Grenzverlauf richtig ist (BGH NJW-RR 2006, 662; OLG Hamm MDR 2014, 1251). Bei einem gelöschten Recht wird vermutet, dass es nicht mehr besteht (§ 891 II). Die Vermutung hat eine **Verlagerung der Beweislast** zur Folge. Nicht der als berechtigt Eingetragene muss sein Recht beweisen. Dieses wird als bestehend vermutet. Vielmehr muss derjenige, der die Eintragung nicht als richtig anerkennt, ihre Unrichtigkeit beweisen. § 891 hat insofern dieselbe Vermutungsfunktion wie § 1006 bei Mobilien, nur ist er nicht auf die Eigentumsvermutung beschränkt, sondern erfasst alle im Grundbuch eingetragenen dinglichen Rechte und enthält darüber hinaus auch eine Vermutung über das Nichtbestehen gelöschter Rechte. Auch das Grundbuchamt selbst kann sich auf § 891 berufen (OLG München FamRZ 2016, 939).

Die Vermutung des § 891 kann nur durch den **Beweis des Gegenteils** widerlegt werden. Zur Widerlegung der Eigentumsvermutung müssen jedoch nicht alle denkbaren Erwerbsgründe als nicht gegeben nachgewiesen werden, sondern nur solche, auf die sich der Eingetragene bezieht (BGH NJW 1979, 1656).

3 Ergänzt wird § 891 seit dem 1.10.2009 durch die **Vermutung in § 899a S. 1**. Danach wird im Hinblick auf eine im Grundbuch als Rechtsträgerin eingetragene GbR auch vermutet, dass diejenigen Personen Gesellschafter sind, die nach § 47 II 1 GBO im Grundbuch eingetragen sind, und dass darüber hinaus keine weiteren Gesellschafter vorhanden sind (→ Rn. 37 ff.).

II. Der gutgläubige Erwerb von Grundstücksrechten

1. Der öffentliche Glaube des Grundbuchs

Die **Richtigkeitsvermutung** des § 891 kommt zum einen dem Eingetragenen zugute. Zum anderen schützt das Gesetz auch die Teilnehmer am Rechtsverkehr, die sich auf die Richtigkeit des Grundbuchs verlassen (öffentlicher Glaube des Grundbuchs). Sie können im Grundbuch eingetragene Rechte nach den §§ 892, 893 gutgläubig erwerben, auch wenn diese in Wirklichkeit nicht oder nicht so wie eingetragen bestehen. Der öffentliche Glaube des Grundbuchs wird also gerade dann bedeutsam, wenn ein Recht im Grundbuch unrichtig eingetragen ist. Der wirkliche Berechtigte verliert sein Recht, wenn er nicht im Grundbuch eingetragen ist, weil der Schutz des rechtsgeschäftlichen Verkehrs, der auf die Richtigkeit des Grundbuchs vertraut, unter bestimmten Voraussetzungen den Vorzug verdient. 4

Beispiele:
- A ist (zB als vermeintlicher Erbe) irrtümlich im Grundbuch als Eigentümer eingetragen worden. Lässt er das Grundstück an B auf, so kann der gutgläubige B Eigentum erwerben, auch wenn in Wirklichkeit E (als wahrer Erbe) Eigentümer ist und A gar nicht zur Verfügung über das Grundstück befugt ist.
- Die im Grundbuch zugunsten des Gläubigers G eingetragene Grundschuld besteht nicht, weil sie von einem Vertreter ohne Vertretungsmacht bestellt wurde (§ 177). Hier kann G die Grundschuld gleichwohl auf einen gutgläubigen Erwerber übertragen.

Geschützt wird grundsätzlich nur der gute Glaube an die **Eintragungen**, die die dinglichen Rechtsverhältnisse, insbes. den Bestand, den Inhalt und den Berechtigten eines dinglichen Grundstücksrechts oder eines Rechts an einem Grundstücksrecht betreffen, nicht dagegen an Vermerke im Grundbuch, die sich auf die tatsächlichen Verhältnisse außerhalb des Grundbuchs, wie zB die Art der Bebauung, beziehen. Keinen gutgläubigen Erwerb ermöglichen widersprüchliche Eintragungen und nicht eintragungsfähige Rechte (BGHZ 130, 159, 170). 5

Beispiele: Sind sowohl A als auch B als Alleineigentümer desselben Grundstücks eingetragen, so ist ein gutgläubiger Erwerb ausgeschlossen. Ist unzulässigerweise ein dem BGB unbekanntes Recht eingetragen, so kann dieses Recht nicht durch gutgläubigen Erwerb erworben werden. Nicht möglich wäre auch der Erwerb von Sondereigentum an einer Wohnung ohne das Miteigentum am Grundstück, selbst wenn dies im Grundbuch eingetragen wäre, da beide untrennbar zusammengehören (BGH NZM 2004, 876).

6 Von § 892 werden aber sowohl eintragungsbedürftige als auch bloß eintragungsfähige Rechte erfasst. **Eintragungsbedürftig** sind solche Rechte, die zu ihrer Entstehung, insbes. nach § 873, der Eintragung bedürfen, für die die Eintragung also konstitutiv ist. Bloß **eintragungsfähig** sind dagegen dingliche Rechte, die auch ohne Eintragung kraft Gesetzes entstehen, wie zB die Sicherungshypothek nach § 1287 S. 2 BGB, § 848 II 2 ZPO. Die Eintragung wirkt hier nur deklaratorisch. Gleichwohl kann eine solche Sicherungshypothek, falls sie eingetragen ist, durch rechtsgeschäftliche Übertragung gutgläubig erworben werden. Umgekehrt kann das Grundstück gutgläubig lastenfrei erworben werden, wenn die Sicherungshypothek für den Erwerber aus dem Grundbuch nicht ersichtlich und auch sonst nicht bekannt ist (Staudinger/*Gursky* BGB § 892 Rn. 27; MüKoBGB/*Kohler* § 892 Rn. 19).

2. Anwendungsbereich von § 892

7 Den Schutz des rechtsgeschäftlichen Verkehrs regeln im Einzelnen die §§ 892, 893. Gem. § 892 ist anknüpfend an den guten Glauben des Grundbuchs der gutgläubige Erwerb von Grundstücksrechten vom Nichtberechtigten möglich.

a) Rechtsgeschäftliche Verfügungen. Der Schutz des guten Glaubens an die Richtigkeit des Grundbuchs gilt **nur** für **rechtsgeschäftliche Verfügungen** über die im Grundbuch eintragbaren dinglichen Rechte. Rechtsänderungen, die kraft Gesetzes eintreten oder auf einem Verwaltungsakt beruhen, werden davon nicht erfasst. § 892 I 1 nennt als geschützte Verfügungsgeschäfte den Erwerb von Grundstücksrechten. Dazu gehört im Einzelnen der Erwerb des Grundstückseigentums, aber auch die Bestellung beschränkter dinglicher Rechte am Grundstück, wie Dienstbarkeiten, Grundpfandrechte sowie deren Übertragung auf einen neuen Berechtigten. Ferner schützt § 892 I 1 den Erwerb von dinglichen Rechten an beschränkten dinglichen Rechten („oder ein Recht an einem solchen Recht"); als solche kommen der Nießbrauch (§ 1068 I) und das Pfandrecht (§ 1273 I) in Betracht, die auch an Rechten bestehen können.

8 Alle sonstigen, nicht schon unter § 892 I 1 fallenden Verfügungsgeschäfte werden durch **§ 893** generalklauselartig dem Schutz des öffentlichen Glaubens des Grundbuchs unterstellt. Das kann zB eine Inhaltsänderung (§ 877), eine Rangänderung (§ 880) oder eine Vormerkung (§ 883; → Rn. 33 f.) betreffen. Ausdrücklich erwähnt wird

in § 893 die in Übereinstimmung mit dem Inhalt des dinglichen Rechts erfolgende Leistung an den als berechtigt Eingetragenen.

Beispiel: Ist der Nichtberechtigte N als Inhaber einer Hypothek eingetragen, während in Wirklichkeit G Inhaber der Hypothek ist, so kann E, der davon nichts weiß, an N mit der Wirkung leisten, dass die Hypothek für G erlischt.

Keine Verfügung über das Grundstückseigentum liegt vor, wenn **Gesellschaftsanteile** einer Gesellschaft, die Grundstückseigentümerin ist, übertragen werden. Es findet deshalb weder § 892 noch § 893 Anwendung (BGH NJW 1997, 860).

b) Rechtserwerb und lastenfreier Erwerb. Der Schutz des öffent- 9
lichen Glaubens umfasst nicht nur den gutgläubigen Erwerb eingetragener, aber in Wirklichkeit nicht bestehender Rechte. § 892 schützt vielmehr auch den lastenfreien Erwerb, wenn bestehende beschränkte dingliche Rechte nicht eingetragen oder gelöscht sind.

Beispiel: Das Grundbuchamt hat versehentlich die dem G zustehende Grundschuld gelöscht. Nun überträgt E, an dessen Grundstück die nicht mehr eingetragene Grundschuld besteht, sein Eigentum an D, der auf die Richtigkeit des Grundbuchs vertraut. Wenn G erst danach von der versehentlichen Löschung seines Rechts erfährt, kann er von D nichts verlangen. Zwar ist die Grundschuld noch nicht durch die versehentliche Löschung untergegangen, aber D konnte das Grundstückseigentum gutgläubig lastenfrei, dh ohne Belastung mit der Grundschuld erwerben, weil er darauf vertrauen durfte, dass die im Grundbuch als gelöscht ausgewiesene Grundschuld auch in Wirklichkeit nicht mehr besteht. Dadurch ist die Grundschuld untergegangen. D muss ihrer Wiedereintragung nicht zustimmen.

Ein **gutgläubig lastenfreier Erwerb** ist auch bei vorzeitiger Lö- 10
schung einer Vormerkung möglich. Ist zB zugunsten des Käufers eine Auflassungsvormerkung eingetragen und bestellt der Eigentümer vormerkungswidrig eine Grundschuld für seinen Gläubiger, so ist die Grundschuld dem Käufer gegenüber unwirksam (→ § 18 Rn. 17 ff.). Wird die Vormerkung nach Eintragung des Käufers als Eigentümer gelöscht, nicht aber die Grundschuld, so kann der Gläubiger die Grundschuld an einen Dritten abtreten, der diese nach § 892 gutgläubig vormerkungsfrei erwerben kann. Der Eigentümer kann dann nicht mehr Löschung der Grundschuld nach § 888 verlangen. Die Vormerkung sollte deshalb nicht gelöscht werden, bevor etwaige vormerkungswidrige Verfügungen beseitigt sind. Ein Notar, der dies nicht beachtet, haftet nach § 19 BNotO (s. das Beispiel in BGH NJW 1991, 1113).

11 **c) Verfügungsbeschränkungen.** Durch § 892 I 2 wird auch der gute Glaube daran geschützt, dass nicht eingetragene oder gelöschte **relative** Verfügungsbeschränkungen in Wirklichkeit nicht bestehen (BGH NJW 2017, 3715).

Beispiel: E hat ein großes Vermögen mit mehreren Grundstücken geerbt. Er ist als Eigentümer im Grundbuch eingetragen, aber durch die Anordnung einer Testamentsvollstreckung in seiner Verfügungsbefugnis beschränkt (§ 2211 I). Jedoch ist der Testamentsvollstreckervermerk bei einem der Grundstücke nicht im Grundbuch eingetragen. In diesem Fall kann E dieses Grundstück auf einen gutgläubigen Erwerber wirksam übertragen, vgl. § 2211 II. Entsprechendes gilt für einen Insolvenzvermerk.

12 **Anders** liegt es jedoch bei der **absoluten Verfügungsbeschränkung** des § 1365 I, der für Ehegatten im Güterstand der Zugewinngemeinschaft gilt. Danach ist die Verfügung über das Eigentum an einem Grundstück, das wirtschaftlich das gesamte Vermögen eines Ehegatten ausmacht, absolut unwirksam, wenn der andere Ehegatte die Zustimmung verweigert.

Beispiel: A lebt mit seiner Frau im gesetzlichen Güterstand der Zugewinngemeinschaft. Er überträgt sein Grundstück, das im Wesentlichen sein ganzes Vermögen darstellt, ohne Zustimmung seiner Ehefrau auf B, der die Vermögensverhältnisse des A kennt. Hier kann die Ehefrau (vgl. § 1368), auch wenn B schon im Grundbuch eingetragen sein sollte, von B die Rückgabe des Grundstücks aus § 985 sowie die Berichtigung des Grundbuchs gem. § 894 verlangen, da sowohl der Kaufvertrag als auch die sachenrechtliche Verfügung ohne ihre Zustimmung absolut unwirksam sind, § 1366 IV. Ein gutgläubiger Erwerb des B (analog) § 892 I 2 scheidet aus.

Hinweis für die Klausur: Liegen die Voraussetzungen von § 1365 I vor, besteht ein absolutes Verfügungsverbot, das von vornherein nicht durch gutgläubigen Erwerb nach § 892 überwunden werden kann, da bereits die dingliche Einigung unwirksam ist. Die nähere Prüfung oder gar Bejahung von § 892 ist hier ein grober (aber leider häufiger) Fehler, zumal das Grundbuch in solchen Fällen auch nicht falsch ist.

Zu beachten bleibt bei **§ 1365**, dass die Rechtsprechung im Sinne des **Verkehrsschutzes** eine Einschränkung macht. Wird über einen einzelnen Vermögensgegenstand verfügt (zB Grundstück), so kommt § 1365 nur zur Anwendung, wenn der Erwerber weiß, dass der veräußerte Gegenstand im Wesentlichen das ganze Vermögen ausmacht (BGHZ 43, 174), oder doch zumindest die Verhältnisse kennt, aus denen sich dies ergibt (BGH NJW 1993, 2441). Bei der Frage, ob ein Ehegatte mit einer Grundschuldbestellung nahezu über sein gesamtes Vermögen verfügt, sind neben dem Nominalbetrag der Grundschuld auch die bei einer künftigen Vollstreckung anfallenden Grundschuldzinsen (in Höhe des zweieinhalbfachen Jahresbetrags) zu berücksichtigen (BGH NJW 2011, 3783).

§ 892 I 2 schützt nur den guten Glauben an das **Nichtbestehen** einer nicht eingetragenen oder gelöschten **Verfügungsbeschränkung**. Er schützt dagegen nicht positiv den guten Glauben an das Bestehen einer eingetragenen Verfügungsbeschränkung und einer daraus abgeleiteten Verfügungsbefugnis. 13

Beispiel: Ist der Testamentsvollstreckervermerk im Grundbuch eingetragen, so kann sich ein Käufer, sofern er vom Testamentsvollstrecker das Grundstück erworben hat, nicht auf den Grundbucheintrag berufen, wenn die Testamentsvollstreckung im Zeitpunkt des Erwerbs bereits beendet war.

3. Die Voraussetzungen des gutgläubigen Erwerbs

a) Einigung nach § 873. § 892 betrifft nur den rechtsgeschäftlichen Erwerb. Eingebettet wird die Prüfung von § 892 daher in die Prüfung des jeweiligen sachenrechtlichen Verfügungsgeschäfts, das sich nach § 873 (ggf. iVm § 925) vollzieht (s. Schema → § 17 Rn. 8). Ergibt sich insoweit, dass die Berechtigung des Veräußerers fehlt, so ist ergänzend gutgläubiger Erwerb zu prüfen. 14

Voraussetzungen des § 892
1. **Rechtsgeschäftlicher Erwerb, § 873** 2. Vorliegen eines **Verkehrsgeschäfts** 3. Veräußerer ist als Rechtsinhaber bzw. unbelasteter Rechtsinhaber im Grundbuch **eingetragen** 4. **Zulässiger Eintrag** im Grundbuch 5. **Keine Kenntnis** des Erwerbers von der Unrichtigkeit des Grundbucheintrags 6. **Kein Widerspruch** im Grundbuch eingetragen 7. **Eintragung** des zu erwerbenden Rechts im Grundbuch

b) Verkehrsgeschäft. Der Schutz des öffentlichen Glaubens wird nur Verkehrsgeschäften zuteil, bei denen der Erwerber ein vom Veräußerer personenverschiedener Dritter ist. Es darf weder rechtliche noch wirtschaftliche Identität bestehen (→ § 8 Rn. 2 f.). 15

Beispiel: A ist Alleingesellschafter einer GmbH. Der Geschäftsführer G hat für die GmbH ein Grundstück von V erworben. Danach hat der Veräußerer V den Kaufvertrag und die Auflassung wegen arglistiger Täuschung angefochten. Der Erwerb durch die GmbH ist deshalb unwirksam (§§ 123 I, 142 I). Da die GmbH aber immer noch als Eigentümerin im Grundbuch eingetragen ist, überträgt G das Grundstück namens der GmbH auf A. Dabei beteuert A, dass er von der Vorgeschichte nichts gewusst und auf die Richtigkeit des Grundbuchs vertraut habe. Er kann dennoch nicht gutgläubig erwerben, weil es sich nicht um ein Verkehrsgeschäft handelt. Zwar ist formal die GmbH eine selbstständige juristische Person. Da A jedoch ihr Alleingesellschafter ist, ist faktisch auf der Veräußerer- und Erwerberseite dieselbe Person beteiligt. A kann nicht auf den Grundbucheintrag verweisen. Er hätte sich als Gesellschafter über die Rechte seiner Gesellschaft informieren müssen.

16 Verfügungen zwischen den Mitgliedern einer **Erbengemeinschaft** im Rahmen der Erbauseinandersetzung sind ebenfalls keine Verkehrsgeschäfte, sodass gutgläubiger Erwerb weder nach § 892 noch nach den §§ 2366 f. möglich ist (BGH NJW 2015, 1881).

Die rechtsgeschäftliche Übertragung eines **Miteigentumsanteils** unter Miteigentümern ist hingegen ein Verkehrsgeschäft. Der Erwerber eines eingetragenen Miteigentumsanteils wird durch den öffentlichen Glauben des Grundbuchs auch dann geschützt, wenn er bereits Eigentümer eines anderen Anteils oder als solcher zu Unrecht im Grundbuch eingetragen ist. Das gilt auch dann, wenn die Miteigentümer das Grundstück gemeinschaftlich erworben hatten und alle Beteiligten von der Nichtigkeit des Erwerbsgeschäfts betroffen sind (BGH NJW 2007, 3204; *Gottwald* SachenR Fall 32).

Erwerb kraft Erbgangs (§ 1922) ist kein rechtsgeschäftlicher Erwerb, sodass gutgläubiger Erwerb ausscheidet. Ob das in teleologischer Reduktion des § 892 auch für die vorweggenommene Erbfolge gelten soll, also für die Übertragung von Grundeigentum auf die Erben zu Lebzeiten des Erblassers, ist umstritten (dazu *Kohler* Jura 2008, 321, 324 f.).

17 **c) Veräußerer als Berechtigter im Grundbuch.** Voraussetzung für den gutgläubigen Erwerb ist, dass der Veräußerer durch das Grundbuch als Berechtigter legitimiert ist. Insoweit muss sich die dingliche Berechtigung aus dem Grundbuch ergeben. Nicht geschützt wird der gute Glaube an das Bestehen einer Verfügungsbefugnis nach § 185 I und zwar auch dann nicht, wenn sie unzulässigerweise eingetragen sein sollte (s. BGH NJW 1989, 521, 523). Maßgebend ist jeweils der Grundbuchinhalt zum **Zeitpunkt der Vollendung** des Rechtserwerbs, also regelmäßig bei Eintragung des Erwerbers. Zum Erwerb von der eingetragenen GbR → Rn. 37 ff.

18 Im **Erbfall** kann ausnahmsweise auf die Voreintragung des veräußernden Erben im Grundbuch verzichtet werden (vgl. § 40 GBO).

Bei gutgläubigem Erwerb ist dann zu differenzieren: Mängel, die allein die Erbenstellung des Verfügenden betreffen, können durch den **Erwerb kraft Erbscheins** überwunden werden, §§ 2365 f. Fehlt es aber sowohl an der Berechtigung des noch eingetragenen Erblassers, (der schon zu Lebzeiten unrichtig im Grundbuch stand), als auch an der Erbenstellung des Veräußerers, so kommen § 892 und § 2366 kumulativ zur Anwendung. Der Erwerber muss dann doppelt gutgläubig sein.

Beispiel: E ist zu Unrecht als Eigentümer eines dem G gehörenden Grundstücks im Grundbuch eingetragen. E verstirbt und wird von V beerbt. Das Grundstück veräußert V, der sich nun für den Eigentümer des Grundstücks hält, formgerecht an K, welcher als Eigentümer eingetragen wird.

Hier kann K gutgläubig das Eigentum vom Nichtberechtigten V über § 892 erwerben. Zwar stand V nicht als Eigentümer im Grundbuch. Nach § 1922 rückt der Erbe jedoch in die Rechtsstellung des Erblassers ein. Folglich geht die in der Buchberechtigung enthaltene Legitimation als vermögenswertes Gut auf V als Erben über. Auch ohne Eintragung im Grundbuch ist der Erbe bei Nachweis seiner Erbenstellung gem. § 35 GBO in einer dem Gutglaubenserwerb genügenden Weise als Rechtsinhaber in demselben Umfang wie der Erblasser legitimiert. K war im Hinblick auf die Eigentümerstellung des E bzw. V auch gutgläubig und es war kein Widerspruch im Grundbuch eingetragen. Der entscheidende Zeitpunkt für die Gutgläubigkeit ist die Antragstellung beim Grundbuchamt, § 892 II.

1. Variante: Wenn der Fall jedoch so liegt, dass E tatsächlich Eigentümer 19
des Grundstücks war, V jedoch gar nicht der wahre Erbe ist, so handelt es sich allein um ein erbrechtliches Problem. Gutgläubiger Erwerb ist möglich, wenn V durch einen Erbschein legitimiert ist, § 2366. Entscheidender Zeitpunkt für die Gutgläubigkeit im Hinblick auf die Erbenstellung ist hier die Vollendung des Erwerbs, also der Zeitpunkt der Grundbucheintragung. Eine Vorverlagerung auf den Zeitpunkt der Antragstellung ist, da eine entsprechende Vorschrift fehlt und eine analoge Anwendung des § 892 II nach hM (Erman/*Simon* BGB § 2366 Rn. 5 f.) nicht in Betracht kommt, ausgeschlossen.

2. Variante: E ist zu Unrecht als Eigentümer im Grundbuch eingetragen und V ist auch nicht der wahre Erbe, aber durch Erbschein legitimiert. In diesem Fall ist ein „Doppelmangel“ gegeben. Hier kommt es zu einer Kombination von § 892 und § 2366. Über den Mangel der Erbenstellung des V hilft § 2366 hinweg, die fehlende Eigentümerstellung des E kann gem. § 892 überwunden werden. Für den jeweiligen Zeitpunkt der Gutgläubigkeit gilt das Vorgenannte.

d) Zulässiger Eintrag im Grundbuch. Der Grundbucheintrag, an 20
den der gute Glaube anknüpft, muss ein **eintragungsfähiges Recht** betreffen, **inhaltlich zulässig** sein und darf inhaltlich keine Widersprüche aufweisen. Eintragungen in den jeweiligen Grundbuchblät-

tern, die sich gegenseitig ausschließen oder keinen Sinn machen (zB Angabe von Miteigentumsanteilen, die zusammen mehr als 100 % ergeben), genießen keinen guten Glauben (OLG Rostock NJW-RR 2015, 77). Keinesfalls geschützt wird der Glaube an sonstige Verhältnisse wie Bebauung, Vermietung, Familienstand etc.

21 **e) Keine Kenntnis von der Unrichtigkeit des Grundbuchs.** Durch den öffentlichen Glauben des Grundbuchs sollen nur die Teilnehmer des Rechtsverkehrs geschützt werden, die auf die Richtigkeit des Grundbuchs vertrauen. Keinen Schutz verdient dagegen, wer weiß, dass der Grundbucheintrag unrichtig ist. Der gutgläubige Erwerber muss nur den für ihn günstigen Grundbucheintrag beweisen. Er muss nicht darlegen, dass er tatsächlich in das Grundbuch **Einblick** genommen hatte oder dass sein Erwerb kausal mit dem Vertrauen auf den Grundbuchstand verknüpft war (BGH NJW 1980, 2413; NJW-RR 2013, 789). Wer den gutgläubigen Erwerb bestreitet, muss deshalb die Kenntnis des Erwerbers von der Unrichtigkeit des Eintrags oder die rechtzeitige Eintragung eines Widerspruchs (→ Rn. 27 ff.) beweisen (BGH NJW 2001, 359).

22 Angesichts des wichtigen Vertrauenstatbestandes, den das amtlich geführte Grundbuch ausstrahlt, wird der gutgläubige Erwerb **nur bei positiver Kenntnis ausgeschlossen** (vgl. BGH NJW-RR 2013, 789). Den rechtsgeschäftlichen Verkehr trifft neben der Information über den Grundbuchstand **keine** zusätzliche **Nachforschungspflicht**. Grobe Fahrlässigkeit genügt deshalb im Gegensatz zum gutgläubigen Erwerb beweglicher Sachen (vgl. § 932 II) nicht. Der positiven Kenntnis steht es aber gleich, wenn sich der Erwerber einer den Umständen nach aufdrängenden Erkenntnis ohne einsehbaren Grund verschließt (BGH LM § 892 BGB Nr. 5). Die Kenntnis eines Vertreters wird nach § 166 dem Vertretenen zugerechnet.

23 Was den **Zeitpunkt** betrifft, so müssen auch beim gutgläubigen Erwerb grundsätzlich alle Voraussetzungen bis zur Vollendung des Erwerbstatbestandes, dh regelmäßig bis zur Eintragung im Grundbuch, vorliegen. Dementsprechend darf der Erwerber an sich bis zu seiner Eintragung keine Kenntnis von der Unrichtigkeit des Grundbuchs erlangen (BGH NJW 2001, 359). Davon macht jedoch **§ 892 II** eine **Ausnahme**. Ist die dingliche Einigung erfolgt und bereits der **Eintragungsantrag** beim Grundbuchamt gestellt, so kann der Erwerber gutgläubig erwerben, auch wenn er noch vor seiner Eintragung positiv von der Unrichtigkeit des Grundbuchs Kenntnis erhält. Denn der

Erwerber, der seinerseits alles getan hat, um den Rechtserwerb herbeizuführen, soll nicht das Risiko tragen, dass während der langen, von ihm nicht zu vertretenden Dauer des Eintragungsverfahrens sein Rechtserwerb an der inzwischen erlangten Kenntnis scheitert. Das gilt allerdings nur, wenn der gestellte Eintragungsantrag tatsächlich erfolgreich war und nicht vom Grundbuchamt zurückgewiesen wurde.

Beispiel: Nachdem die zugunsten von G bestehende Grundschuld versehentlich im Grundbuch gelöscht worden ist, veräußert Eigentümer E das Grundstück an D, der nichts von der Grundschuld weiß. D stellt daraufhin den Antrag auf Eintragung beim Grundbuchamt. Auch wenn D noch vor seiner Eintragung als Eigentümer im Grundbuch von G informiert wird, hindert das seinen gutgläubig lastenfreien Erwerb nicht mehr, sofern er im Zeitpunkt der Antragstellung beim Grundbuchamt noch gutgläubig war.

Allerdings gilt § 892 II nur für den Fall, dass außer der Eintragung 24
alle weiteren Erwerbsvoraussetzungen erfüllt sind. Fehlt noch eine andere Voraussetzung (zB Genehmigung einer Behörde oder des Familiengerichts), so wird für die Gutgläubigkeit auf den Zeitpunkt abgestellt, in dem die jeweils letzte Voraussetzung (außer der Eintragung selbst) erfüllt wird. Zählt man die Eintragung mit, gilt also, dass stets auf die Kenntnis zum Zeitpunkt des Eintritts der **vorletzten Erwerbsvoraussetzung** abzustellen ist.

Beachtlich ist, dass der relevante Zeitpunkt für die Kenntnis von 25
der Unrichtigkeit des Grundbuchs im Fall einer Vormerkung **vorverlagert** wird. Bei einem durch Vormerkung gesicherten Erwerb kommt es auf den Grundbuchstand im **Zeitpunkt der Eintragung der Vormerkung** an, dh der Vormerkungsberechtigte erwirbt das gesicherte Recht mit dem Inhalt, wie es bei Eintragung der Vormerkung im Grundbuch eingetragen war. Insoweit wird auf die nachträglich eintretende Kenntnis des Vormerkungsberechtigten die Regelung des § 883 II 1 analog angewandt. Die spätere Kenntnis schadet nicht mehr. Das gilt auch zugunsten eines Erwerbers, an den der durch die Vormerkung gesicherte Anspruch abgetreten wurde (BGH NJW 1994, 2947).

Beispiel: V steht zu Unrecht als Eigentümer eines Grundstücks im Grundbuch. V verkauft das Grundstück an K, für den im Grundbuch eine Auflassungsvormerkung eingetragen wird. Zwei Tage danach informiert E den K darüber, dass er der wahre Eigentümer sei. Drei Monate später beantragen V und K beim Grundbuchamt die Eintragung des K als neuer Eigentümer. Hier kann K mit Eintragung gutgläubig das Eigentum erwerben. Zwar hatte er noch vor

Stellung des Eintragungsantrags von der Unrichtigkeit des Grundbuchs erfahren; dieses schadete ihm jedoch nicht mehr. Entscheidend für den guten Glauben ist der Zeitpunkt des Erwerbs der Vormerkung. Die nachträgliche Kenntnis ist analog § 883 II 1 unbeachtlich.

26 Besonderheiten gelten für den Fall, dass das **Grundbuch** zunächst noch richtig war und **erst nach Antragstellung** des Erwerbers beim Grundbuchamt **falsch** wurde. Hier kann der gute Glaube an diesen (nachträglichen) falschen Grundbucheintrag nur Schutz verdienen, wenn er noch im Zeitpunkt der Eintragung andauert.

Beispiel: Im Grundbuch ist zugunsten des Gläubigers G eine Grundschuld am Grundstück des A eingetragen. Nun veräußert A sein Grundstück an B und versichert ihm, dass die angeblich längst erloschene Grundschuld des G noch vor Eintragung des B im Grundbuch gelöscht wird. Nach Antragstellung des B beim Grundbuchamt wird die (tatsächlich bestehende) Grundschuld dann versehentlich gelöscht und B anschließend als neuer Eigentümer eingetragen. Hier kann B gutgläubig lastenfrei erwerben, wenn er im Zeitpunkt seiner Eintragung gutgläubig ist (vgl. BGH NJW 1980, 2413).

27 **f) (Keine) Eintragung eines Widerspruchs.** Um auf eine möglicherweise bestehende Unrichtigkeit des Grundbuchs hinzuweisen und die Gutglaubenswirkung des Grundbuches zu zerstören, kann ein Widerspruch im Grundbuch eingetragen werden, § 899. Der **Widerspruch hat Warnfunktion** für den Erwerber, der deswegen keinen Schutz mehr verdient. Auf diese Weise wird gutgläubiger Erwerb verhindert. Gleichgültig ist, ob der Erwerber den Widerspruch im Grundbuch gesehen hat. Entscheidend ist allein, dass der Widerspruch im Grundbuch eingetragen ist. Wenn der Erwerber das Grundbuch nicht einsieht, ist das sein Risiko.

Der Widerspruch richtet sich stets gegen eine **bestimmte Eintragung**, zB den Bestand eines bestimmten Rechts oder die Rechtsinhaberschaft einer bestimmten Person. Gegen einen anderen Widerspruch oder eine Verfügungsbeschränkung kann kein Widerspruch eingetragen werden. Gegen eine mangels Forderung nicht entstandene Vormerkung kann ebenfalls kein Widerspruch eingetragen werden; denn in diesem Fall kommt von vornherein kein gutgläubiger Erwerb in Betracht (BGHZ 25, 16; → Rn. 34).

Ist eine **Gesellschaft bürgerlichen Rechts** als Rechtsträger im Grundbuch eingetragen, kann ein Widerspruch auch gegen den im Grundbuch (unzutreffend) verlautbarten Gesellschafterbestand (vgl. § 47 II 1 GBO, § 15 Ic GBV), eingetragen werden, § 899a S. 2 iVm § 899 (s. auch → Rn. 38).

Der Widerspruch wird entweder aufgrund einer **Bewilligung** des als berechtigt Eingetragenen im Grundbuch vermerkt oder seine Eintragung erfolgt aufgrund einer einstweiligen Verfügung (§ 899 II), aufgrund eines vorläufig vollstreckbaren Urteils nach § 895 ZPO oder nach § 53 GBO durch das Grundbuchamt. In allen Fällen wird der Widerspruch bei dem Recht eingetragen, gegen dessen Richtigkeit er protestiert. 28

Voraussetzungen für die Eintragung eines Widerspruchs auf Antrag, § 899
1. Eintragungsantrag beim Grundbuchamt 2. Bewilligung des Betroffenen oder einstweilige Verfügung

Hinweis: Die Regelung des § 899 II gilt entsprechend, wenn ein **Rechtshängigkeitsvermerk** im Grundbuch eingetragen werden soll (BGH NJW 2013, 2357). Das betrifft den Hinweis darauf, dass ein Prozess über das Eigentum oder ein im Grundbuch eingetragenes Recht an einem Grundstück rechtshängig ist. Ein solcher Vermerk ist zwar gesetzlich nicht vorgesehen, im Hinblick auf die Regelung des § 325 II ZPO iVm § 892 I aber allgemein anerkannt.

Der Widerspruch bewirkt **keine Grundbuchsperre**. Der Eingetragene kann weiterhin über sein möglicherweise bestehendes Recht verfügen. Auch die Vermutungswirkung des § 891 bleibt trotz des eingetragenen Widerspruchs erhalten. Der Widerspruch verhindert aber einen gutgläubigen Erwerb, wenn das betreffende eingetragene Recht nicht oder nicht so wie eingetragen besteht. Der Widerspruch wirkt aber nur zugunsten der Person, für die er eingetragen ist. 29

Beispiel (wie → Rn. 23): Das Grundbuchamt hat versehentlich die dem G am Grundstück des E zustehende Grundschuld gelöscht. Wenn hier das Grundbuchamt einen Widerspruch für H einträgt, der behauptet, in Wirklichkeit stehe die Grundschuld ihm zu, so wird ein nachfolgender gutgläubig lastenfreier Erwerb des Grundstücks durch D nicht gehindert, wenn die Grundschuld eben doch dem G und nicht H zusteht. Der Widerspruch des H wirkt nicht für G. G muss selbst einen Widerspruch erwirken, wenn er den gutgläubigen Erwerb des D verhindern will. Stellt das Grundbuchamt sein Versehen hinsichtlich der Grundschuldlöschung fest, so hat es zugunsten des G sogar von Amts wegen ohne Bewilligung und ohne einstweilige Verfügung einen Widerspruch einzutragen (§ 53 GBO).

30 Für den Widerspruch selbst gilt nicht § 892 II. Es genügt, wenn der Widerspruch nach Antragstellung des Erwerbers, aber eben vor dessen Eintragung eingetragen wird. Auch dann scheidet gutgläubiger Erwerb aus. Eine Ausnahme gilt aber, wenn bereits vor Eintragung des Widerspruchs redlich eine **Vormerkung** erworben wurde (vgl. → Rn. 25). In diesem Fall wird der Erwerber analog § 883 auch gegenüber dem nachfolgenden Widerspruch geschützt. Andernfalls könnte die Vormerkung ihre Sicherungsfunktion nicht hinreichend entfalten.

4. Wirkung des gutgläubigen Erwerbs

31 Der öffentliche Glaube des Grundbuchs bewirkt, dass der gutgläubige Erwerber das Recht so erwirbt, als ob die im Grundbuch eingetragene Rechtslage die wirkliche Rechtslage wäre. Er erwirbt deshalb ein eingetragenes Recht, auch wenn es in Wirklichkeit nicht besteht. Ebenso kann der gutgläubige Erwerber ein Recht am Grundstück, zB eine Grundschuld, erwerben, auch wenn der eingetragene Besteller nicht Eigentümer ist. Der gutgläubige Grundstückserwerber erwirbt lastenfrei, wenn ein bestehendes Recht nicht eingetragen oder gelöscht ist. Diese Wirkungen treten aber grundsätzlich nur relativ zugunsten des gutgläubigen Erwerbers ein (BGHZ 51, 50, 53). Andere können sich nicht darauf berufen. Allerdings kann der gutgläubige Erwerber das erworbene Recht auf andere übertragen, ohne dass hierfür die Voraussetzungen des gutgläubigen Erwerbs vorliegen müssen, denn der gutgläubige Erwerber ist nunmehr der wirkliche Berechtigte.

Besonderheiten können sich ergeben, wenn ein **Miteigentumsanteil** an einem Grundstück **gutgläubig lastenfrei** erworben wird. In einem Fall betraf dies eine (eintragungsbedürftige) Dienstbarkeit bez. einer Wasserleitung, die zu Lasten des gesamten Grundstücks bestellt, aber nicht im Grundbuch eingetragen war. Laut BGH führt der gutgläubig lastenfreie Erwerb eines Miteigentumsanteils dann zum Erlöschen der Dienstbarkeit insges., also auch zugunsten der anderen Miteigentümer (BGH NJW-RR 2015, 1497). Schließlich ist die Dienstbarkeit hier wertlos, wenn sie nicht allen Miteigentümern gegenüber durchgesetzt werden kann.

32 Der wirkliche, aber nicht eingetragene Berechtigte, der durch den gutgläubigen Erwerb sein Recht verliert, kann nach **§ 816 I 1** von dem verfügenden Nichtberechtigten die Herausgabe des Erlöses verlangen, also zB Herausgabe des Kaufpreises, den der Nichtberechtigte vom gutgläubigen Erwerber des Grundstückseigentums erhalten hat.

5. Gutgläubiger Erwerb einer Vormerkung

a) Ersterwerb einer Vormerkung vom Nichtberechtigten. Aufgrund ihrer **dinglichen Wirkung** kann man die Bestellung einer Vormerkung einer Verfügung über das Grundstück gleichsetzen. Daran anknüpfend genießt auch der Erwerber einer Vormerkung nach allgemeiner Meinung den Schutz des öffentlichen Glaubens (BGHZ 57, 341). Von demjenigen, der (falsch) als Eigentümer im Grundbuch eingetragen ist, kann zB nicht nur gem. § 892 gutgläubig das Grundstückseigentum, sondern auch eine entsprechende Vormerkung gutgläubig erworben werden. Das wird mit Verweis auf **§ 893 Alt. 2** (Palandt/*Herrler* BGB § 893 Rn. 3; *Vieweg/Werner* SachenR § 14 Rn. 12) begründet, wobei die Norm teilweise direkt (BGHZ 57, 341), teilweise analog (*Medicus/Petersen* BürgerlR Rn. 553) angewendet wird. Der gutgläubige Erwerb gilt jedoch nur für die **rechtsgeschäftliche** Bestellung der Vormerkung durch Bewilligung, nicht für die Bestellung aufgrund einer einstweiligen Verfügung (§ 885). 33

Beispiel: N hat von seinem unerkannt geschäftsunfähigen Onkel O ein Grundstück übertragen bekommen und wurde als Eigentümer im Grundbuch eingetragen. N will das Grundstück jedoch nicht behalten und verkauft es an K, für den eine Vormerkung im Grundbuch eingetragen wird. Hier liegt zwar ein Erwerb der Vormerkung vom Nichtberechtigten vor, weil N infolge der Nichtigkeit der dinglichen Einigung mit O (§§ 873, 925 i. V. m. §§ 104 Nr. 2, 105 I) nicht Eigentümer des Grundstücks geworden war. Wenn K gutgläubig war und kein Widerspruch gegen das Eigentum des N im Grundbuch stand, konnte er die Vormerkung jedoch wirksam (gutgläubig vom Nichtberechtigten) erwerben.

Maßgebender Zeitpunkt für den guten Glauben ist die Eintragung der Vormerkung bzw. nach § 892 II die Stellung des Antrags auf Vormerkungseintragung. Dies gilt auch, wenn die Vormerkung zur Sicherung eines künftigen Anspruchs bestellt wird (BGH NJW 1981, 446; str.). Die nachträgliche Eintragung eines Widerspruchs hindert den Erwerb des vorgemerkten Rechts nicht mehr. Vom wahren Eigentümer kann der gutgläubige Vormerkungserwerber zur Durchsetzung seines Rechts (bzw. zur Erfüllung der formellen Eintragungsvoraussetzungen der §§ 19, 39 GBO) analog § 888 I Zustimmung zu seiner Eintragung als neuer Eigentümer verlangen, denn § 888 will nach seinem Zweck mit Hilfe der Vormerkung den Erwerber gegen alle Erwerbsbeeinträchtigungen und damit auch gegenüber den erwerbshindernden Rechten des wahren Eigentümers schützen.

34 **b) Zweiterwerb einer Vormerkung vom Nichtberechtigten.** Fraglich ist, ob der gutgläubige Erwerb der Vormerkung – außer bei der ersten Bestellung durch den Veräußerer (Ersterwerb) – auch bei der **Übertragung einer nicht bestehenden Vormerkung** vom (vermeintlich) Vormerkungsberechtigten auf einen Dritten bzw. Zweiterwerber (sog. **Zweiterwerb**) möglich ist. Unstrittig ist, dass gutgläubiger Erwerb ausscheiden muss, wenn schon die Forderung nicht besteht (OLG München NJW-RR 2016, 1419); denn einen gutgläubigen Forderungserwerb kennt das BGB grundsätzlich nicht.

Beispiel: K hat mit V einen formgerechten Kaufvertrag über ein Grundstück geschlossen. Zugunsten von K wird eine Auflassungsvormerkung im Grundbuch eingetragen. Nun ficht K den Kaufvertrag wegen arglistiger Täuschung (§ 123) an, der damit nichtig ist (§ 142 I). Gleichwohl tritt K seinen angeblichen Anspruch aus dem Kaufvertrag auf Übereignung des Grundstücks an D ab (§ 398). Hier erwirbt D weder die Forderung aus § 433 I 1, da diese durch Anfechtung erloschen ist, noch die Vormerkung. Die Vormerkung würde zwar an sich gem. § 401 automatisch mit auf den Erwerber der Forderung übergehen. Wenn es aber keine Forderung gibt, gibt es auch keine Vormerkung. Der gute Glaube des D an die im Grundbuch (inzwischen zu Unrecht) eingetragene Vormerkung ändert daran nichts.

35 Davon zu unterscheiden ist der Fall, dass die **Forderung** zwar **existiert**, die Vormerkung selbst aber bei ihrer ersten Bestellung nicht wirksam entstanden ist. Was hier gelten soll, ist strittig und ein beliebtes Klausurproblem. Das wird in der Variante des folgenden Falles (→ Rn. 36) verdeutlicht.

Fall 25 – Gutgläubiger Vormerkungserwerb: Nach dem Tod seines Vaters V wird Sohn S als vermeintlicher Alleinerbe im Grundbuch als Eigentümer eines Grundstücks eingetragen. S verkauft das Grundstück nun durch notariellen Kaufvertrag an K und bewilligt diesem eine Auflassungsvormerkung, die im Grundbuch eingetragen wird. Sobald K den Kaufpreis auf das Notarkonto einzahlt, soll Notar N den Eintragungsantrag beim Grundbuchamt stellen. Nun wird jedoch ein Testament des V gefunden, aus dem hervorgeht, dass er wirksam den TSV 1860 München zum Alleinerben eingesetzt hat. In Kenntnis hiervon zahlt K jetzt den Kaufpreis und wird im Grundbuch als Eigentümer eingetragen. Ist das Grundbuch richtig?

Variante: K wusste von Anfang an, dass S nicht der wahre Erbe ist. Nach Eintragung der Auflassungsvormerkung zu seinen Gunsten tritt K seinen Anspruch auf Eigentumserwerb an den gutgläubigen C ab. Nachdem zugunsten des TSV ein Widerspruch im Grundbuch eingetragen wurde, bewirkt C seine Eintragung als Eigentümer.

Lösungsskizze:

Das Grundbuch wäre richtig, wenn K wirksam das Eigentum am Grundstück erworben hätte.

1. Ursprünglich war V Eigentümer. Durch Erbgang wurde gem. § 1922 der TSV 1860 München Eigentümer.

2. Durch die Veräußerung des Grundstücks von S an K könnte der TSV das Eigentum jedoch verloren haben. Da S nicht Erbe und damit auch nie Eigentümer des Grundstücks war, kommt nur ein gutgläubiger Erwerb des K vom Nichtberechtigten in Betracht.

a) Eine rechtsgeschäftliche Einigung nach §§ 873, 925 ist erfolgt.

b) Es liegt auch ein Verkehrsgeschäft vor.

c) Der Veräußerer S war im Grundbuch als Eigentümer ausgewiesen.

d) Fraglich ist, ob K gutgläubig war. Grundsätzlich entscheidend ist gem. § 892 II der Zeitpunkt der Antragstellung (auf Eigentumsumschreibung) beim Grundbuchamt. Zu diesem Zeitpunkt kannte K bereits das Testament und somit auch die Unrichtigkeit des Grundbuchs. Damit war er an sich bösgläubig.

e) Indes könnte K zuvor wirksam eine Auflassungsvormerkung erworben haben und daher könnte für die Gutgläubigkeit auf diesen Zeitpunkt abzustellen sein.

aa) Ein vormerkungsfähiger Anspruch existiert in Gestalt des Anspruchs auf Übereignung aus dem wirksamen Kaufvertrag mit S, §§ 433 I 1, 311b I.

bb) S als Buchberechtigter hat dem K die Vormerkung bewilligt.

cc) Die Vormerkung wurde auch im Grundbuch eingetragen.

dd) Allerdings war S Nichtberechtigter. Wie das Vollrecht kann jedoch nach hM (vgl. → Rn. 33) auch die Vormerkung als Sicherungsrecht gutgläubig vom Nichtberechtigten erworben werden. Zwar ist die Vormerkung kein dingliches Recht, sodass die Anwendung von § 892 ausscheidet. Da die Vormerkung jedoch eine dingliche Gebundenheit des Grundstücks bewirkt, kann ihre Bewilligung als Verfügung iSv § 893 Alt. 2 angesehen werden. Gem. § 893 findet somit § 892 entsprechende Anwendung. Voraussetzung für den gutgläubigen Erwerb ist, dass der Verfügende durch das Grundbuch legitimiert und der Erwerber gutgläubig ist. Das trifft hier zu, da S bei Vormerkungserwerb des K als Eigentümer im Grundbuch stand, kein Widerspruch im Grundbuch eingetragen war und K auch noch keine Kenntnis von der Unrichtigkeit des Grundbuchs hatte.

ee) Damit die Vormerkung ihre Sicherungswirkung entfalten kann, stellt die hM den Eintritt der Bösgläubigkeit den in §§ 883 II 1, 885 genannten (relativ unwirksamen) Verfügungen gleich. Das bedeutet im Ergebnis, dass es für die Bösgläubigkeit in Bezug auf den Eigentumserwerb auf den Zeitpunkt des Erwerbs der Vormerkung ankommt und die nachträglich eintretende Kenntnis nicht mehr schadet (BGHZ 57, 341). Dafür spricht auch, dass mit Eintragung der Auflassungsvormerkung bereits ein Anwartschaftsrecht entstanden ist, das dem K nicht mehr entzogen werden kann.

Zum maßgeblichen Zeitpunkt war K somit gutgläubig.

Ergebnis: Das Grundbuch ist richtig.

36 **Variante: Das Grundbuch wäre richtig, wenn C wirksam das Eigentum am Grundstück erworben hätte.**

1. Wiederum gilt, dass zunächst der TSV als Erbe gem. § 1922 Eigentümer des Grundstücks wurde.

2. K hat in der Variante nicht von S gutgläubig das Eigentum erwerben können, da er von Anfang an bösgläubig war.

3. Allerdings könnte C vom Nichtberechtigten K gutgläubig das Eigentum erworben haben. Zwar stand dem Eigentumserwerb des C eigentlich der eingetragene Widerspruch entgegen; dieser könnte für C jedoch analog § 883 II unbeachtlich sein, wenn er zuvor wirksam eine Vormerkung erworben hätte. Eine Vormerkung könnte C allenfalls von K erworben haben. Der (Zweit-)Erwerb einer bereits bestehenden Vormerkung erfolgt durch Abtretung des gesicherten Anspruchs, § 398, dem die Vormerkung als akzessorisches Sicherungsmittel automatisch nachfolgt, § 401 I analog.

a) Hier konnte C die bestehende Forderung des K gegen S aus dem Kaufvertrag im Wege formloser Abtretung gem. § 398 erwerben. § 311b gilt nur für Verpflichtungsgeschäfte; auf die Abtretung des Anspruchs ist die Form des § 925 nicht analog anzuwenden.

b) Eine wirksam entstandene Vormerkung würde analog § 401 I mit der Abtretung auf den Zessionar übergehen. Indes bestand vorliegend keine wirksame Vormerkung, denn der bewilligende S war insoweit Nichtberechtigter und der Erwerber K kannte die fehlende Berechtigung. Ein gutgläubiger, erster Vormerkungserwerb des K vom Nichtberechtigten musste somit ausscheiden.

c) Fraglich bleibt, ob in solchen Fällen (also bei bestehender Forderung) ein gutgläubiger (Zweit-)Erwerb (hier des C) der im Grundbuch eingetragenen Vormerkung vom Nichtberechtigten (K) analog § 892 möglich sein soll.

Zum Teil wird dies bejaht (BGHZ 25, 16 mit Einschränkungen; *Hager* JuS 1990, 429, 438; *Kaiser* JuS 2015, 337, 340). Die rechtsgeschäftliche Abtretung der Forderung und der Übergang der Vormerkung bildeten eine funktionale Einheit, sodass von einem rechtsgeschäftlichen Erwerb gesprochen werden könne. Ein gutgläubiger Zweiterwerber, der auf die Richtigkeit des Grundbuchs und den dadurch geschaffenen Rechtsschein vertraue (vgl. §§ 892f., 1154f.), sei auch genauso schutzwürdig wie ein gutgläubiger Ersterwerber.

Die Gegenauffassung (Staudinger/*Gursky* BGB § 892 Rn. 60; Palandt/*Herrler* BGB § 885 Rn. 19; *Habersack* SachenR Rn. 338) beruft sich auf § 401. Der derivative Erwerb der Vormerkung sei nicht rechtsgeschäftlicher Natur, sondern erfolge kraft Gesetzes. Außerdem entspreche der gutgläubige Erwerb einer Vormerkung im Wege der Abtretung nicht dem liegenschaftsrechtlichen Publizitätserfordernis. Diese Auffassung verdient den Vorzug, zumal kein besonderes Schutzbedürfnis des Zessionars erkennbar ist (*Medicus/Petersen* BürgerlR Rn. 557).

Demnach konnte C nicht gutgläubig die Vormerkung erwerben. Der Widerspruch im Grundbuch wirkt daher auch zu Lasten von C, der somit nicht Eigentümer werden konnte.

Ergebnis: Das Grundbuch ist unrichtig.

6. Gutgläubiger Erwerb von einer eingetragenen BGB-Gesellschaft

a) Die Regelung des § 899a. Ist eine GbR im Grundbuch einge- 37
tragen, so wird nach § 899a S. 1 in Ansehung des eingetragenen Rechts vermutet, dass diejenigen Personen **Gesellschafter** sind, die nach § 47 II 1 GBO im Grundbuch eingetragen sind, und dass darüber hinaus keine weiteren Gesellschafter vorhanden sind. Daran anknüpfend erklärt § 899a S. 2 die §§ 892 bis 899 für entsprechend anwendbar. § 899a führt insoweit zu der **Vermutung**, dass eine **GbR** bei Grundstücksgeschäften **ordnungsgemäß vertreten ist,** wenn diejenigen Personen in ihrem Namen handeln, die als ihre Gesellschafter im Grundbuch stehen (BT-Drs. 16/13437, 26). Der Rechtsverkehr kann sich also darauf verlassen, dass die im Grundbuch eingetragenen Personen die Gesellschafter sind und neben ihnen keine weiteren Gesellschafter existieren. Zwar wird nichts zu den Vertretungsverhältnissen im Grundbuch eingetragen; wenn alle Gesellschafter handeln, ist die GbR aber infolge der Regelung der §§ 709 I, 714 in jedem Fall ordnungsgemäß vertreten.

Beispiel: V verkauft an die X-GbR ein Grundstück. Da die GbR aber bei 38
Vornahme der Auflassung nicht ordnungsgemäß vertreten war, ist die dingliche Einigung nichtig. Dies bleibt jedoch unerkannt, weshalb die GbR (mit den Gesellschaftern G und H) im Grundbuch als Eigentümerin eingetragen wird. Nun tritt H seinen Gesellschaftsanteil an K ab, allerdings wird der Gesellschafterwechsel (entgegen § 82 S. 3 iVm S. 1 GBO, der insoweit die Berichtigung fordert) nicht im Grundbuch eingetragen. Danach verkauft die durch G und H vertretene Gesellschaft das Grundstück an E.

Da die GbR hier mangels wirksamer dinglicher Einigung nicht Eigentümerin des Grundstücks geworden war, konnte E das Grundstück von der nichtberechtigten GbR nur gutgläubig erwerben. Fraglich ist aber, ob eine wirksame dingliche Einigung (§§ 873, 925) zwischen E und der GbR vorliegt. Nach der Veräußerung des Gesellschafteranteils von H an K waren nämlich nicht mehr G und H, sondern G und K Gesellschafter der GbR. Die GbR konnte bei der Auflassung somit nicht wirksam von G und H vertreten werden. Hier kommt aber nach § 899a S. 2 ein gutgläubiger Erwerb vom nicht ordnungsgemäß vertretenen Rechtsträger in Betracht. Der gute Glaube des E an die Vertretungsberechtigung (vgl. §§ 709 I, 714) der beiden im Grundbuch eingetragenen Gesellschafter G und H wird nach § 892 iVm § 899a S. 2 geschützt. Somit konnte E – gewissermaßen kraft doppelten guten Glaubens an das Grundstückseigentum und den eingetragenen Gesellschafterbestand – Eigentümer werden.

Anders wäre es aber gewesen, wenn K noch vor Eintragung des E einen **Widerspruch** im Grundbuch gegen den dort genannten Gesellschafterbestand erwirkt hätte. **§ 899a S. 2** verweist nämlich auf die entsprechende Geltung von § 899. Demgemäß kann ein Widerspruch im Grundbuch auch in Bezug auf den dort genannten Gesellschafterbestand eingetragen werden und den diesbezüglichen guten Glauben zerstören.

39 **b) Kondiktionsfestigkeit des Erwerbs.** Anknüpfend an das genannte Fallbeispiel ist **umstritten**, ob der **gutgläubige Erwerb** nach § 899a kondiktionsfest ist oder ob die GbR vom Erwerber über § 812 I 1 Alt. 1 wieder die Rückübertragung des Grundstücks verlangen kann. Die Voraussetzungen für einen solchen Anspruch sind an sich erfüllt: Unabhängig davon, ob man hier einen Eigentumserwerb am Grundstück durch Leistung der GbR oder auf sonstige Weise auf ihre Kosten annimmt (für Nichtleistungskondiktion *Lautner* DNotZ 2009, 650, 671; *Ruhwinkel* MittBayNot 2009, 421, 423), erfolgte der Erwerb jedenfalls ohne Rechtsgrund, weil das zugrunde liegende schuldrechtliche Rechtsgeschäft nichtig ist, wenn die Genehmigung durch die GbR verweigert wird, vgl. § 177 I. Der **Vertretungsmangel** betrifft insoweit nämlich auch den Kaufvertrag mit der GbR und wird durch den Vollzug des dinglichen Geschäfts nicht geheilt.

Bejaht man demgemäß den **Kondiktionsanspruch,** wäre die Verkehrsfähigkeit von Grundstücken einer GbR aber möglicherweise – entgegen den Vorstellungen des Gesetzgebers, der mit der Regelung des § 899a vollständigen Erwerbsschutz im Sinne hatte – wieder in Frage gestellt. Das halten viele für untragbar (zB *Böttcher* NJW 2010, 1647, 1655). Daher wurde erwogen, über die §§ 899a, 892 auch für das schuldrechtliche Geschäft die Vertretungsmacht eines ehemaligen, noch im Grundbuch eingetragenen Gesellschafters zu fingieren (*Miras* DStR 2010, 604, 607; aA *Kohler* Jura 2012, 83, 85). Von der wohl überwiegenden Meinung wird indes vorgeschlagen, dasselbe Ergebnis mit einer **analogen Anwendung von § 899a** auf das **schuldrechtliche Geschäft** zu erreichen, wobei die Analogiebildung aber allein die Kondiktionsfestigkeit des Erwerbs zum Ziel haben soll, nicht auch die Entstehung von Erfüllungs- oder Gewährleistungsansprüchen (*Prütting* SachenR Rn. 235a; *Lieder* Jura 2012, 335, 338; *Suttmann* NJW 2013, 423). Im Grunde wird damit über § 899a analog also nur der (an sich fehlende) Rechtsgrund geliefert. Im Übrigen wird noch vertreten, mit einer Teilanalogie zu § 816 I 1 zu helfen, weil diese Norm den allgemeinen Gedanken enthalte, dass eine Kondiktion im Fall gutgläubigen Erwerbs ausgeschlossen sein soll (*Weiss* JuS 2016, 494).

Nach der Gegenauffassung sprechen der **dingliche Charakter** der 40
genannten Normen und ihre systematische Stellung im Sachenrecht gegen ihre Erstreckung auf das Verpflichtungsgeschäft. Anknüpfungspunkt für den guten Glauben gem. § 892 ist eben allein das Verfügungsgeschäft „in Ansehung des eingetragenen Rechts" (§ 899a S. 1), nicht (auch) das Verpflichtungsgeschäft. Dogmatisch ist das am überzeugendsten; alles andere läuft letztlich dem Abstraktionsprinzip entgegen. Hinzu kommt, dass die dispositive Regelung der §§ 709, 714 (gemeinschaftliche Vertretungsmacht der Gesellschafter) in der Praxis meist zugunsten einer organschaftlichen Vertretung abbedungen wird. Daher kann auch kaum angenommen werden, dass der Gesetzgeber über die §§ 892, 899a nun gerade für dieses Regelungsmodell eine gesetzliche Vermutung aufstellen wollte (vgl. *Ulmer* ZIP 2011, 1689, 1696). Vorzug verdient daher die Auffassung, wonach man in solchen Fällen zwar zu dinglich wirksamem, aber schuldrechtlich kondizierbarem Erwerb gelangt (so auch *Bestelmeyer* Rpfleger 2010, 169, 175; Palandt/*Herrler* BGB § 899a Rn. 6; *D. Schmidt* Jura 2012, 7, 9; *Teichmann/Schaub* JuS 2011, 723, 729). Wenn der Gesetzgeber das so nicht gewollt haben mag, muss er eben nachbessern.

Die geschilderte Streitfrage stellt sich nicht, wenn die Wirksamkeit des Ver- 41
pflichtungsgeschäfts im Einzelfall über die Anwendung der Grundsätze von der **Duldungs- oder Anscheinsvollmacht** begründet werden kann (vgl. *Reymann* FS Reuter, 2010, 281 ff.; *Kuckhein/Jenn* NZG 2009, 848, 851). Insofern könnte es der Gesellschaft zuzurechnen sein, wenn sie sich bei Änderungen im Gesellschafterbestand – entgegen der Berichtigungspflicht nach § 82 S. 3 iVm S. 1 GBO – nicht um eine Aktualisierung des Grundbuchinhalts bemüht. Bei wiederholten dinglichen Geschäften derselben Gesellschafter mag ein Rechtsscheinstatbestand begründet werden (vgl. *Ulmer* ZIP 2011, 1689, 1697). Allerdings ist zu beachten, dass dem Grundbuch keine dem Handelsregister (vgl. § 15 HGB) vergleichbare Funktion zukommt. Überdies ergibt sich aus dem Grundbuch nur der Gesellschafterbestand, aber gerade nicht ein Hinweis auf die Vertretungsbefugnisse, die typischerweise abweichend von §§ 709 I, 714 geregelt werden. Die Rechtsscheinsgrundlage ist also eher dünn (*Krüger* NZG 2010, 801, 806; aA *Reymann* FS Reuter, 2010, 281, 292). Ferner ist denkbar, dass die **Auslegung des Kaufvertrags** ergibt, dass sich die handelnden Gesellschafter (auch) persönlich zur Leistung verpflichtet haben (vgl. *Kesseler*

NJW 2011, 1909, 1913). Dann kann ggf. diese Verpflichtung als Rechtsgrund des Erfüllungsgeschäfts dienen und eine Kondiktion scheidet aus.

42 Zu beachten bleibt im Übrigen, dass auch die Frage, ob für den Erwerber eine wirksame **Vormerkung** (§ 883) bewilligt werden konnte, von der Existenz eines schuldrechtlichen Anspruchs abhängt (Fallbeispiel bei *Teichmann/Schaub* JuS 2011, 723). Als streng akzessorisches Recht ist die Vormerkung nämlich vom Bestand des zu sichernden Anspruchs abhängig (vgl. → § 18 Rn. 8). Verneint man also bei nicht ordnungsgemäßer Vertretung der GbR einen wirksamen Kaufvertrag, kann der Grundstückserwerber auch keine wirksame Vormerkung erwerben.

43 **c) Erwerb von der nicht (mehr) existenten GbR. Umstritten** ist weiterhin, ob § 899a auch den Erwerb von der nicht wirksam entstandenen (Schein-)Gesellschaft sowie von der inzwischen nicht mehr existenten GbR ermöglicht.

Beispiel: Die AB-GbR ist Eigentümerin eines Grundstücks. Der Gesellschafterbestand (A und B) ist im Grundbuch eingetragen. A ist von B mit Vollmachtsurkunde zur alleinigen Vornahme von Grundstücksgeschäften im Namen der GbR bevollmächtigt worden. Dann tritt A seinen Anteil an der GbR an B ab. Eine Änderung der Grundbucheintragung findet aber zunächst nicht statt. Nun veräußert A das Grundstück im „Namen der GbR" unter Vorlage der Vollmachtsurkunde an den gutgläubigen Käufer E, der als Eigentümer im Grundbuch eingetragen wird.

Solange die GbR bestand, war A als Geschäftsführer im Außenverhältnis vertretungsberechtigt, vgl. § 714. Mit der Abtretung des Gesellschaftsanteils von A an B ist die GbR jedoch liquidationslos erloschen. Zugleich ist die Vertretungsmacht des A entfallen, § 168 S. 1. Aus dem Grundbuch ist das Erlöschen der Gesellschaft indes nicht erkennbar. Insoweit fragt sich, ob § 899a auch den **Glauben an den Fortbestand** der im Grundbuch eingetragenen GbR mit dem dort genannten Gesellschafterkreis (vgl. § 47 II GBO) schützt, zumal die Existenz der GbR denknotwendige Voraussetzung für das Vorhandensein von Gesellschaftern ist.

Bejaht man das, könnte sich E zudem auf den Rechtsschein der fortbestehenden Vertretungsmacht des A gem. § 172 II berufen. Von diesem Standpunkt aus (so etwa *Miras* DStR 2010, 604, 606; *Ulmer* ZIP 2011, 1689, 1698; *Lieder* Jura 2012, 335, 340; *Suttmann* NJW 2013, 423, 427) konnte E hier gutgläubig von einem nicht mehr existierenden Rechtsträger erwerben. Für diese Auffassung sprechen das

Regelungsziel des § 899a, das in der Erleichterung des Grundstücksverkehrs unter Beteiligung einer GbR liegt, und der Wortlaut der Gesetzesbegründung. Dort heißt es nämlich, dass die Norm „einen gutgläubigen Erwerb von einem nicht ordnungsgemäß vertretenen oder gar nicht (mehr) existenten Rechtsträger" ermögliche (BT-Drs. 16/13437, 27). Für Klausuren empfiehlt es sich daher, dieser Ansicht zu folgen. Nach der **Gegenauffassung** (*Krüger* NZG 2010, 801, 805; *Bestelmeyer* Rpfleger 2010, 169, 174; *D. Schmidt* Jura 2012, 7, 10; *Tolani* JZ 2013, 224, 232) hingegen setzt der Wortlaut des § 899a eine bestehende GbR voraus. Insoweit wird argumentiert, dass nur der Glaube an die Inhaberschaft des Rechts, nicht aber an die Existenz des Verfügenden geschützt werde. Andernfalls käme dem Grundbuch auch quasi die Funktion eines GbR-Registers zu, was nicht gewollt sein könne. Folgt man dem, wäre der gutgläubige Erwerb von einer nicht mehr existierenden GbR abzulehnen.

Davon zu unterscheiden ist der **Erwerb von der von Anfang an nichtigen Gesellschaft.** 44

Beispiel: Die XY-GbR steht zwar als Eigentümerin eines Grundstücks im Grundbuch, ist jedoch rechtlich nicht existent, weil ihre Gründung an einem grundlegenden Mangel leidet (zB §§ 117 I, 134, 138). Die im Grundbuch eingetragenen Gesellschafter veräußern das Grundstück nun an K, der gutgläubig von der Existenz der Gesellschaft ausgeht.

Hier wird man nach **Sinn und Zweck des § 899a** einen „gutgläubigen" Erwerb zu bejahen haben. Letztlich haben ja die Berechtigten verfügt; unzutreffend ist allein die unterstellte Rechtsform des Verfügenden. Das Geschäft kam lediglich nicht mit der vermeintlichen, durch ihre Gesellschafter vertretenen GbR als Gesamthand, sondern mit den dahinter stehenden Einzelpersonen als Bruchteilseigentümer zustande (vgl. *Ulmer* ZIP 2011, 1689, 1698). Auch der Gesetzgeber wollte § 899a auf solche Fälle angewendet wissen (BT-Drs. 16/13437, 27).

III. Rechtsvergleichende Hinweise

Im **französischen Recht** hat die Registrierung als Publizitätsakt *(publicité foncière)* für die Übertragung des Eigentums an einem Grundstück bzw. dessen Belastung inter partes keine konstitutive Funktion (→ § 17 Rn. 53). Lediglich die Drittwirkung einer Rechtsänderung *(opposabilité aux tiers)* ist von einer Eintragung im Grundstücks- und Hypothekenregister abhängig (*bureau* 45 *de la conversation des hypothèques*). Der Eigentumserwerb bzw. die Belastung können einem gutgläubigen Dritten nur entgegengehalten werden, wenn sie vor dem Rechtserwerb des Zweiterwerbers registriert waren. Dabei zeitigt die Registrierung nur negative Wirkung, dh der spätere Erwerber darf auf das Schweigen des Registers vertrauen (negative Publizität). Eine positive Publizität – wie das deutsche Grundbuch – entfaltet das Grundstücksregister nicht (vgl. *Hübner/Constantinesco* FrankreichR, 208).

Die aufgrund der Geltung des Einheitsprinzips in Frankreich fehlende Trennung und Abstraktion von Verpflichtung und Verfügung hat eine Einschränkung der Gestaltungsfreiheit und des Verkehrsschutzes zur Folge. Das gerade im Grundstücksverkehr bestehende Bedürfnis nach zeitlicher Trennung von Planung und Vollzug wird in der Rechtspraxis durch den Vorvertrag *(avant-contract)* erfüllt. Auf diese Weise kann vielfach ein dem Trennungs- und Abstraktionsprinzip vergleichbarer Effekt erzielt werden. Die dinglichen Folgen der Unwirksamkeit des Kaufvertrags versucht das französische Recht durch die Geltung der Ersitzungsregeln zu mildern (Art. 712, 2258 ff., 2272 ff. Code civil).

46 Im **englischen Recht** bedarf die Grundstücksübereignung bzw. -belastung zur vollen Wirkung inter partes und gegenüber Dritten neben dem Abschluss des Kaufvertrags auch dessen Eintragung im *HM Land Register* (Trennungsprinzip; näher *v. Bernstorff* EnglandR, 107 ff.). Die Eintragung im Immobilienregister entfaltet dabei nur negative, nicht auch positive Wirkung. Ein gutgläubiger Erwerb vom eingetragenen Nichteigentümer wird durch den Registereintrag nicht ermöglicht; der durch die Falscheintragung Benachteiligte hat einen Berichtigungsanspruch; der durch die Berichtigung Benachteiligte hat ggf. einen Schadenersatzanspruch gegen den Staat (vgl. *v. Bernstorff* EnglandR, 108; *Baur/Stürner* SachenR § 64 Rn. 38 f.). Dem Anliegen des Grundstücksverkehrs nach zeitlicher Trennung von Planung und Vollzug wird in England durch die weitgehende Etablierung des Trennungsprinzips im Immobiliarrecht bereits entsprochen. Die Wirkung der Abstraktion wird weithin durch ein zu vergleichbaren Ergebnissen führendes Billigkeitsfallrecht ersetzt (näher *Baur/Stürner* SachenR § 64 Rn. 41).

47 Die Eintragung einer Rechtsänderung im Grundbuch hat im **japanischen Recht** grundsätzlich nur deklaratorische Bedeutung. Bei einem Kaufvertrag etwa tritt der Eigentumserwerb am Grundstück bereits mit Wirksamkeit der diesbezüglichen Willenserklärungen ein (Art. 176 JZGB). Dritten kann der Erwerber sein Recht aber nur entgegen halten, wenn es im Grundbuch eingetragen wurde (Art. 177 JZGB). Der Registereintrag hat nur eine negative Publizitätswirkung. Ein Erwerber kann sich zwar auf das Schweigen des Registers verlassen, er kann aber grundsätzlich nicht gutgläubig von einem eingetragenen Nichteigentümer erwerben.

Ein gewisser Verkehrsschutz wird aber nach hM durch die analoge Anwendung von Art. 94 Abs. 2 JZGB erreicht. Danach darf sich derjenige, der ein Scheingeschäft abgeschlossen hat, einem gutgläubigen Dritten gegenüber nicht auf die Nichtigkeit berufen. In dieser Regel kommt ein allgemeines Rechtsprinzip, das sog. Rechtsscheinprinzip, zum Ausdruck: Wer einen Rechtsschein (zB einen unrichtigen Grundbucheintrag) vorsätzlich erzeugt hat oder aufrechterhält, kann sich demjenigen gegenüber, der im Vertrauen darauf rechtsgeschäftlich gehandelt hat, auf das echte Rechtsverhältnis (zB sein dingliches Recht) nicht berufen. Beispiel: A erwirbt durch (formlose) Einigung von E ein Grundstück. Ohne seinen Sohn B zu informieren, lässt A allerdings durch einen beauftragten Quasi-Notar sogleich den B als neuen Eigentümer seines Grundstücks im Grundbuch eintragen, um dem Sohn auf diese Weise künftige Erbschaftsteuer zu ersparen. Mangels Einigung zwischen A und B bleibt hier A indes rechtlicher Eigentümer. Nachdem B seine Eintragung entdeckt hat, verkauft B ohne Kenntnis des A das Grundstück an C. Hier kann C nach Art. 94 Abs. 2 JZGB analog das Eigentum erwerben, wenn C aufgrund des Grundbucheintrags auf das Eigentum des B vertraut hat, wobei Fahrlässigkeit nicht schadet. Während das deutsche Recht insoweit zum Schutz des Erwerbers an die Gutglaubenswirkung des Grundbuchs anknüpft, stellt das japanische Recht auf die konkrete Verantwortung des Eigentümers für das unrichtige Grundbuch ab. Fälle der genannten Art sind aber sehr selten. (Für die Informationen zum japanischen Recht danke ich *Hisanori Nemoto*, Universität Hokkaido).

Empfehlungen zur vertiefenden Lektüre: *Böttcher*, Die Entwicklung des Grundbuch- und Grundstücksrechts bis Juni 2015, NJW 2015, 2770; *Kesseler*, Die GbR und das Grundbuch, NJW 2011, 1909; *Kohler*, Gutglaubensschutz im Grundstücksrecht bei Erwerb kraft Gesetzes?, Jura 2008, 321 und 481; *Latta/Rademacher*, Der gutgläubige Zweiterwerb, JuS 2008, 1052; *Lieder*, Die BGB-Gesellschaft im Grundstücksverkehr, Jura 2012, 335; *Reymann*, Rechtsscheinshaftung und Bereicherungsausgleich beim Gutglaubenserwerb nach § 899a BGB, FS Reuter, 2010, 271; *Röthel*, Der lastenfreie Erwerb, Jura 2009, 241; *D. Schmidt*, Der gute Glaube an die Gesellschafterstellung nach § 899a BGB, Jura 2012, 7; *Suttmann*, Grundstücksgeschäfte mit Beteiligung einer GbR – Hinweise für die Praxis, NJW 2013, 423; *Tolani*, Grundbuchfähigkeit der Gesellschaft bürgerlichen Rechts – Publizität und Rechtssicherheit, JZ 2013, 224; *Ulmer*, Die rechtsfähige GbR: auf Umwegen im Grundbuch angekommen, ZIP 2011, 1689; *Weiss*, § 899a BGB – Gutgläubiger Erwerb ohne Kondiktionsschutz?, JuS 2016, 494; *Wellenhofer*, Grundstücksgeschäfte mit der BGB-Gesellschaft, JuS 2010, 1048.

Fälle und Klausuren: *Casper*, Das bösgläubige Organ, JuS 1998, 910; *Fehrenbach*, Wie gewonnen, so zerronnen, Jura 2013, 47; *Gottwald* SachenR Fälle 29–33; *Hengemühle*, Wirbel um das Villengrundstück, JA 2015, 177; *Kaiser*, Original-Examensklausur: Vormerkung, Bedingung und Leistung durch Dritte, JuS 2015, 337; *Nick*, „Grundstückssorgen“, JA 2013, 888; *Schünemann/Bethge*, Übungsklausur: Gutgläubiger Grundstückserwerb und dessen Folgen – Der missratene Enkel, JuS 2009, 331; *Teichmann/Schaub*, Referendarexamensklausur Zivilrecht: Gesellschaftsrecht und Sachenrecht – Der aktive Ex-Gesellschafter, JuS 2011, 723; *Vieweg/Röthel* SachenR Fälle 28, 31, 33; *Witt*, Schicksal einer Auflassungsvormerkung, JuS 2004, 48; *Zenker*, Zwischenprüfungsklausur: Ungezogen umgezogen, Jura 2008, 379.

§ 20. Die Grundbuchberichtigung

I. Das unrichtige Grundbuch

1 Das Grundbuch kann aus vielen Gründen unrichtig werden. Grund kann eine Rechtsänderung sein, die sich außerhalb des Grundbuchs vollzieht. So wird der Erbe kraft Erbgangs Eigentümer des Grundstücks gem. § 1922, auch wenn der Erblasser noch im Grundbuch steht. Zum anderen begründet das formelle Konsensprinzip (→ § 17 Rn. 36) eine **Fehlerquelle**. Das Grundbuchamt prüft eben nur die formale Beurkundung einer Willenserklärung bzw. Bewilligung, nicht aber deren materielle Wirksamkeit. Auf diese Weise führt die dem Grundbuchamt vorgelegte formwahrende Auflassungserklärung eines unerkannt Geschäftsunfähigen oder eines unerkannt vollmachtlosen Vertreters regelmäßig zur Eintragung des Erwerbers, obwohl dieser angesichts der unwirksamen Einigung gar nicht wirksam erwerben konnte. Und schließlich kann die Divergenz von Einigung und Eintragung zu Unrichtigkeiten führen; sei es, weil die Parteien objektiv etwas anderes beurkundet haben als sie wollten (falsa demonstratio-Fälle) oder weil das Grundbuchamt etwas falsch abschreibt bzw. einträgt.

2 Wer demgemäß mit seinem dinglichen Recht nicht oder nicht richtig im Grundbuch eingetragen ist, kann sich nicht auf die **Vermutung des § 891** berufen und läuft Gefahr, dass er sein Recht gem. § 892 durch gutgläubigen Erwerb verliert. Ebenso erweist sich eine relative Verfügungsbeschränkung dem gutgläubigen Erwerber gegenüber als wirkungslos, wenn sie nicht im Grundbuch eingetragen ist (→ § 19 Rn. 11). Vorläufig kann hier die Eintragung eines Widerspruchs helfen (→ § 19 Rn. 27 ff.). Der dinglich Berechtigte und der durch die relative Verfügungsbeschränkung Geschützte haben aber va ein Interesse daran, dass das unrichtige Grundbuch berichtigt und die richtige Rechtslage im Grundbuch eingetragen wird. Diesem Interesse dient der Grundbuchberichtigungsanspruch des § 894 und die Berichtigung durch öffentliche Urkunden (§ 22 GBO; → Rn. 11).

II. Der Grundbuchberichtigungsanspruch

Wenn der wahre Berechtigte ins Grundbuch eingetragen werden will, so muss er die Voraussetzungen des Eintragungsverfahrens dem Grundbuchamt nachweisen. Dazu gehört insbes., dass der von der Berichtigung Betroffene diese Eintragung bewilligt (§ 19 GBO). Da eine freiwillige Erteilung dieser **Bewilligung** nicht ohne weiteres erwartet werden kann, gewährt § 894 dem wirklichen, aber nicht eingetragenen Berechtigten einen Anspruch auf Abgabe der nach § 19 GBO erforderlichen Bewilligung. Der Grundbuchberichtigungsanspruch ist **unverjährbar** (§ 898). 3

Voraussetzungen des § 894
1. Unrichtigkeit des Grundbuchs = Auseinanderfallen von formeller und materieller Rechtslage 2. Anspruchsberechtigung 3. Buchberechtigter als Verpflichteter 4. Keine Einwendungen

1. Unrichtigkeit des Grundbuchs

Der Anspruch aus § 894 setzt die Unrichtigkeit des Grundbuchs voraus, die der nicht eingetragene Berechtigte nachweisen muss. Das Grundbuch ist unrichtig, wenn die formelle Grundbuchlage von der materiellen Rechtslage abweicht (zB OLG München NJW-RR 2017, 1165). Unrichtigkeit ist gegeben, wenn ein bestehendes Recht nicht oder unvollständig eingetragen oder zu Unrecht gelöscht ist. Unrichtigkeit liegt aber auch dann vor, wenn ein Recht eingetragen ist, das in Wirklichkeit nicht oder nicht mehr besteht. Das kann auch eine Vormerkung sein, obwohl diese kein Recht an einem Grundstück darstellt; § 894 gilt dann analog (BGHZ 25, 16, 23 f.). 4

Beispiel: Für K ist im Grundbuch eine Auflassungsvormerkung eingetragen. V hat wegen eines Betrugs des K den Kaufvertrag wirksam angefochten. V verlangt nunmehr, dass K der Löschung der Vormerkung im Grundbuch zustimmt. Hier ist das Grundbuch unrichtig, weil für K noch eine Auflassungsvormerkung im Grundbuch eingetragen ist, obwohl der Anspruch und damit auch die Vormerkung wegen Anfechtung des Kaufvertrags bereits erloschen sind (§§ 123 I, 142 I). V hat daher gegen K einen Anspruch auf Zustimmung zur Grundbuchberichtigung aus § 894.

5 Nachdem die Eintragungsfähigkeit der **Gesellschaft bürgerlichen Rechts** im Grundbuch anerkannt worden ist (→ § 17 Rn. 26) und im Grundbuch nunmehr auch die Gesellschafter einzutragen sind (vgl. § 47 II 1 GBO, § 15 Ic GBV), spielt der Berichtigungsanspruch zudem eine Rolle, wenn sich der **Gesellschafterbestand** einer GbR ändert.

Beispiele:

- Die ABC-GbR, die aus den Gesellschaftern A, B und C besteht, steht als Eigentümerin eines Grundstücks im Grundbuch. A will nun aus der GbR ausscheiden und tritt seinen Gesellschaftsanteil mit Zustimmung der anderen Gesellschafter an Z ab. Damit ist die Eintragung im Grundbuch, wonach A, B und C Gesellschafter sind, unrichtig geworden. Hier hat Z gegenüber A aus **§ 899a S. 2** iVm § 894 einen Berichtigungsanspruch.
- Ein Berichtigungsanspruch besteht auch, wenn die Gesellschaft infolge des Todes von A nach § 727 I aufgelöst wird, aber zunächst noch als Liquidationsgesellschaft mit dem Erben des A als Mitglied fortbesteht (OLG München NJW-RR 2010, 1667).

2. Anspruchsberechtigter

6 Der Grundbuchberichtigungsanspruch steht dem wahren **Berechtigten** zu, dessen **Recht nicht oder nicht richtig eingetragen** ist oder dessen Recht durch eine nicht bestehende Belastung beeinträchtigt ist (BGH MDR 2018, 269).

Ist eine nicht bestehende **Grundschuld** eingetragen, so kann der Eigentümer vom Scheingläubiger Berichtigung verlangen. Ist dagegen bei einer an sich bestehenden Grundschuld ein falscher Gläubiger eingetragen, so kann nicht der Eigentümer, sondern nur der nicht eingetragene wahre Gläubiger die Berichtigung geltend machen (BGH NJW 2000, 2021).

Der Anspruch aus § 894 steht auch **nicht demjenigen** zu, der als Eigentümer eingetragen ist, aber zugleich geltend macht, nicht Eigentümer und deshalb zu Unrecht eingetragen zu sein. Der zu Unrecht Eingetragene kann allenfalls eine Feststellungsklage nach § 256 ZPO erheben (BGH NJW 2005, 2983; MDR 2018, 269).

7 Der Anspruch aus § 894 steht zudem der durch ein Veräußerungsverbot geschützten Person zu, zB dem Insolvenzverwalter, wenn er die Verfügung rückgängig machen will (BGHZ 130, 347, 354; BGH NJW 2001, 359). Nicht nach § 894 anspruchsberechtigt ist hingegen der Inhaber einer Auflassungsvormerkung, da diese **Vormerkung**

durch die (relativ unwirksame) Eintragung eines anderen Erwerbers als neuem Eigentümer nicht beeinträchtigt ist (s. BayObLG NJW-RR 1987, 1416). Dem Vormerkungsberechtigten steht stattdessen der Anspruch aus § 888 zu (→ § 18 Rn. 17, 23 ff.).

3. Verpflichteter

Verpflichtet zur Abgabe der Zustimmungserklärung ist nach § 894 **derjenige, dessen Recht** durch die Berichtigung **betroffen wird**. Das ist regelmäßig der im Grundbuch Eingetragene (Buchberechtigter). 8

Das **betroffene Recht** kann ein bloßes Buchrecht sein, dh ein Recht, das zwar im Grundbuch eingetragen ist, aber in Wirklichkeit nicht besteht. Man denke an eine für den Käufer eingetragene aber inzwischen erloschene Auflassungsvormerkung. Der Käufer muss dann als lediglich Buchberechtigter die Bewilligung zur Löschung erteilen. Das betroffene Recht kann aber auch ein wirklich bestehendes Recht sein. Das ist etwa der Fall, wenn die Wiedereintragung einer versehentlich gelöschten Grundschuld verlangt wird. Dann kann der Grundschuldgläubiger vom Eigentümer nach § 894 die Bewilligung verlangen, weil das Eigentum sonst im Grundbuch als unbelastet erscheint, obwohl es in Wirklichkeit mit der Grundschuld belastet ist.

4. Prüfung von Einwendungen

Entsprechend seiner Funktion, das dingliche Recht gegen Beeinträchtigungen zu schützen, ist der Grundbuchberichtigungsanspruch ein **dinglicher Anspruch**. Er verschafft dem Berechtigten den richtigen Grundbucheintrag und ist deshalb mit dem Anspruch aus § 985 vergleichbar. Statt des Besitzes in § 985 wird in § 894 dem Eigentümer bzw. Berechtigten der richtige Grundbucheintrag verschafft. Aufgrund dieser Parallelen können die **§§ 987 ff., 994 ff.** im Verhältnis zwischen dem wahren Berechtigten und dem Buchberechtigten **entsprechend angewendet** werden (RGZ 158, 40; MüKoBGB/*Kohler* § 894 Rn. 48). 9

Beispiel: K hat vom unerkannt geschäftsunfähigen E ein vermietetes Hausgrundstück erworben. Nach seiner Eintragung im Grundbuch lässt K das schadhafte Dach des Hauses mit großem Aufwand reparieren. Hier kann E (bzw. sein Betreuer) angesichts der nach §§ 104 Nr. 2, 105 I nichtigen Übereignung von K gem. § 894 die Zustimmung zur Grundbuchberichtigung bzw. Wiedereintragung des E als Eigentümer verlangen. Ab Rechtshängigkeit oder Eintritt der Bösgläubigkeit (also Kenntnis von der Rückgabepflicht) schuldet K zudem Herausgabe der Nutzungen (kassierte Miete) aus §§ 987 I, 990 I analog. Im Gegenzug hat K aber einen Anspruch auf Ersatz seiner Verwendungen aus § 994 I 1 analog und in Verbindung damit auch ein Zurückbehaltungsrecht aus § 1000 S. 1 analog. K muss die Zustimmung zur Grundbuchberichtigung also nur Zug um Zug gegen Ersatz seiner Verwendungen erklären.

5. Anspruchskonkurrenzen

10 Die fehlende oder unrichtige Eintragung bedeutet eine Beeinträchtigung des dinglichen Rechts. Diese Beeinträchtigung will der Anspruch aus § 894 beseitigen. Er verdrängt, soweit seine Rechtsfolge reicht, als spezieller Anspruch den Anspruch aus § 1004. Neben § 894 anwendbar ist jedoch § 985, der sich auf Herausgabe des Grundstücks richtet.

Neben dem dinglichen gibt es auch einen **schuldrechtlichen Berichtigungsanspruch** aus Vertrag, aus § 812 oder § 816 I 2 (BGH NJW 1982, 761). Dieser Anspruch kann auf Löschung eines zu Unrecht bestellten und auf Wiederbestellung eines ohne Rechtsgrund erloschenen Rechts gehen. So können etwa eine Vormerkung und die zu deren Eintragung notwendige Bewilligung (§ 19 GBO) ohne Rechtsgrund geleistet worden sein und nach § 812 I 1 Alt. 1 (Leistungskondiktion) in der Weise zurückverlangt werden, dass der andere auf Bewilligung der Löschung verklagt wird. Der bereicherungsrechtliche Anspruch ist in der Klausur neben dem Anspruch aus § 894 ebenfalls kurz zu erwähnen.

III. Berichtigung aufgrund öffentlicher Urkunden

11 Nach § 22 I GBO ist eine Grundbuchberichtigung möglich, ohne dass es der Bewilligung nach § 19 GBO bedarf. Erforderlich ist jedoch, dass die die Unrichtigkeit begründenden Tatsachen durch öffentliche Urkunden gem. § 29 GBO nachgewiesen werden. Der Anspruch aus § 894 ist in diesem Fall überflüssig.

Beispiel: Auf dem Grundstück des E ist für G eine Grundschuld eingetragen. E zahlt den durch die Grundschuld gesicherten Geldbetrag an G und lässt sich dafür eine öffentlich beglaubigte Quittung von G ausstellen (§ 1192 I iVm § 1144). Damit kann E dem Grundbuchamt nachweisen, dass die Grundschuld auf ihn übergegangen ist. Das Grundbuchamt kann auf Antrag des E die Löschung der Grundschuld vornehmen, ohne dass eine Bewilligung des G vorliegen muss.

Für die Übertragung oder Belastung von Briefgrundpfandrechten, die außerhalb des Grundbuchs vollzogen werden kann (→ § 27 Rn. 31 ff., → § 28 Rn. 11), sieht § 26 GBO eine weitere Vereinfachung vor. Anstelle der Eintragungsbewilligung nach § 19 GBO genügt die nach § 1154 (iVm § 1192 I) bereits vorliegende Abtretungserklärung des bisherigen Gläubigers, die aber ebenfalls der Form des § 29 GBO bedarf.

IV. Buchersitzung

Als eine **Berichtigung kraft Gesetzes** kann man die in § 900 gere- 12
gelte **Ersitzung** dinglicher Rechte bezeichnen. Wer dreißig Jahre lang unangefochten im Grundbuch eingetragen ist und ebenso lange Eigenbesitz am Grundstück hat, erwirbt das Eigentum kraft Gesetzes, § 900 I 1. Dadurch soll die Rechtslage dem tatsächlichen Zustand angepasst und die wirkliche Rechtslage mit dem Grundbuchstand in Übereinstimmung gebracht werden. § 900 will nicht den Eingetragenen schützen, sondern will das dauernde **Auseinanderfallen von Eigentum und Besitz** verhindern (BGH NJW 1994, 1152). Der bisherige Eigentümer verliert sein Eigentum entschädigungslos. Dies lässt sich rechtfertigen, weil durch seine dreißigjährige Untätigkeit auch sein Herausgabeanspruch aus § 985 gem. § 197 I Nr. 2 verjährt ist. Ebenso können andere dingliche Rechte, die zum Besitz des Grundstücks berechtigen, ersessen werden (§ 900 II). Andererseits erlischt ein Recht an einem fremden Grundstück, wenn es zu Unrecht im Grundbuch gelöscht worden war und der Anspruch des Berechtigten aus dem dinglichen Recht gegen den Eigentümer inzwischen verjährt ist, § 901 (Beispielsfall OLG Koblenz BeckRS 2016, 05129).

Von der in § 900 geregelten Ersitzung in Übereinstimmung mit dem Grundbuch (= Tabularersitzung) ist im Übrigen die in § 927 geregelte **Kontratabularersitzung** zu unterscheiden, die auch dem im Grundbuch nicht eingetragenen Eigenbesitzer unter bestimmten Voraussetzungen eine Ersitzung gegen den Inhalt des Grundbuchs ermöglicht.

Empfehlungen zur vertiefenden Lektüre: *Daniel*, Der Anspruch auf Grundbuchberichtigung, JA 2017, 1; *Möritz*, Schließt die Doppelbuchung eines Grundstücks den Anspruch aus § 894 BGB aus?, Jura 2008, 245; *Petersen*, Der Grundbuchberichtigungsanspruch, JA 2016, 872.

Fälle und Klausuren: *Gottwald* SachenR Fälle 29–33; *Koch/Löhnig* Fälle SachenR Fall 11, 13, 16; *Preisner*, Examenstypische Klausurenkonstellationen des Familien- und Erbrechts – Teil IV Sachen- und Zwangsvollstreckungsrecht, JA 2010, 705; *Vieweg/Röthel* SachenR Fälle 26, 28, 33.

7. Kapitel. Das Eigentümer-Besitzer-Verhältnis

§ 21. Der Eigentumsherausgabeanspruch

I. Der Schutz des Eigentums

1. Abwehransprüche

1 Auf die grundlegende Bedeutung des Eigentums (→ § 2 Rn. 2 f.) hat das Gesetz reagiert, in dem es vielfältige Ansprüche und Rechtsbehelfe zum Schutz des Eigentums bereitgestellt hat. Der Schutz des Eigentums gegenüber Eingriffen von Privaten wird einerseits in Form von Abwehrrechten gewährt, die auf die Unterlassung oder Beseitigung der Beeinträchtigung gerichtet sind, § 1004 I (dazu → § 24 Rn. 1 ff.). Zum Schutz gegen Angriffe auf sein Eigentum steht dem Eigentümer das Notwehrrecht des § 227 und unter den Voraussetzungen der §§ 229, 230 ein Selbsthilferecht zu. Als Besitzer kann er zudem das Selbsthilferecht des § 859 ausüben.

2. Ersatzansprüche

2 Eingriffe in das Eigentum können dem Eigentümer einen **Schaden** verursachen oder ihm eine geldwerte **Nutzung** entziehen. Schäden aus einer Eigentumsverletzung kann der Eigentümer insbes. nach § 823 I und bei Schädigung durch bestimmte Anlagen nach §§ 1, 2 UmweltHG ersetzt verlangen. Die Verwertung, der Verbrauch oder Gebrauch fremden Eigentums wird zudem von den Tatbeständen der Eingriffskondiktion (§ 812 I 1 Alt. 2) erfasst. Bei Veräußerung durch den Nichteigentümer besteht ein Anspruch aus § 816 I. Bei Verarbeitung, Verbindung oder Vermischung fremder Sachen kommen Ansprüche iVm § 951 in Betracht (→ § 10 Rn. 1 ff.). Im Falle einer bewusst unberechtigten Eigengeschäftsführung bestehen Herausgabe- und Schadensersatzansprüche nach § 687 II iVm §§ 677 f., 681, 667. Und nicht zuletzt sieht § 904 S. 2 als Ersatz für den nach § 904 S. 1 zu duldenden rechtmäßigen Eingriff einen Schadensersatzanspruch vor.

3. Herausgabeansprüche

Da das Eigentum die vollständige Beherrschung der Sache ermöglichen soll, die tatsächliche Beherrschung aber den Besitz voraussetzt, steht dem Eigentümer aufgrund seines Eigentums auch das **Recht zum Besitz** zu. Ist dem Eigentümer der Besitz entzogen, kann er daher vom unrechtmäßigen Besitzer nach § 985 Herausgabe verlangen und auf diese Weise wieder in den Besitz der Sache gelangen. So kann der Eigentümer etwa von einem Dieb, der ihm die Sache weggenommen hat, die Herausgabe nach § 985 verlangen. Die Anspruchsgrundlage aus § 985 zählt zu den wichtigsten im BGB und hat hohe Klausurrelevanz. Herausgabeansprüche des Eigentümers können daneben auch aus § 812 I, § 861 oder § 1007 begründet sein. 3

4. Die Regelung der §§ 985 ff.

Solange sich die Sache nicht beim Eigentümer, sondern im Besitz eines anderen befindet, fallen auch die tatsächlichen Vorteile, die die Sache infolge ihres Gebrauchs und der mit ihr erzielten Nutzungen abwirft, dem Besitzer zu und nicht dem Eigentümer. Das kann im Einzelfall bezweckt sein, zB bei der Miete; es kann aber auch sein, dass der Besitzer, zB ein Dieb, die Nutzungen zu Unrecht zieht. 4

Weiterhin ist es möglich, dass die Sache ihren Wert verliert, weil sie vom Besitzer abgenutzt, beschädigt oder gar zerstört wird. Umgekehrt ist aber auch denkbar, dass der Besitzer die Sache hegt und pflegt und durch Verwendungen ihren Wert steigert.

Dies macht deutlich, dass sich das Gesetz im Verhältnis zwischen Eigentümer und unrechtmäßigem Besitzer nicht mit einem Anspruch auf **Herausgabe** des Besitzes begnügen kann, sondern auch den weiteren jeweiligen Umständen Rechnung tragen muss. Demgemäß sind auch Ansprüche des Eigentümers auf **Nutzungsherausgabe** und **Schadensersatz** (§§ 987–993) vorgesehen sowie andererseits zugunsten des Besitzers Verwendungsersatzansprüche (§§ 994–1003). Alle diese Ansprüche kommen sowohl für **Grundstücke** als auch für **bewegliche Sachen** gleichermaßen in Betracht.

II. Der Anspruch aus § 985

1. Überblick

5 § 985 gibt dem Eigentümer den Anspruch, vom Besitzer die Herausgabe der Sache zu verlangen. Da der Besitzer jedoch zum Besitz berechtigt sein kann, etwa wenn er die Sache vom Eigentümer gekauft, gemietet oder gepachtet hat, kann der Anspruch nicht gegen jeden Besitzer bestehen. Insoweit schränkt § 986 den Anspruch aus § 985 ein: Wer dem Eigentümer gegenüber zum Besitz berechtigt ist, muss den Besitz (noch) nicht herausgeben. Der Anspruch des Eigentümers auf Besitzherausgabe besteht nur gegen den unrechtmäßigen Besitzer, also den Besitzer ohne Besitzrecht.

Beispiele:

- Nach wirksamer Kündigung und Ablauf der Mietzeit kann E als Vermieter und Eigentümer von Mieter M Herausgabe der Mietwohnung aus § 985 verlangen, weil das Besitzrecht aus Mietvertrag nun abgelaufen ist. Daneben besteht der vertragliche Anspruch aus § 546 I. Den Anspruch auf Räumung stützt der BGH hingegen auf § 1004 I (BGH MDR 2018, 225).
- Der geschäftsunfähige Verkäufer und Eigentümer V kann die an K „verkaufte" Sache von K nach § 985 herausverlangen, weil Kaufvertrag und Übereignung nach §§ 104 Nr. 2, 105 I nichtig sind und V daher sein Eigentum nicht verloren hat und K nie ein Besitzrecht erlangen konnte.

6 Die Aufteilung der Voraussetzungen des Eigentumsherausgabeanspruchs auf die beiden Normen der §§ 985, 986 hat **beweisrechtliche Gründe**. Nach allgemeinen beweisrechtlichen Grundsätzen muss der Anspruchsberechtigte die Voraussetzungen des ihm günstigen Anspruchs, der andere Teil die Voraussetzungen der ihm günstigen Verteidigungsmittel (Einwendungen und Einreden) beweisen. Indem § 985 den Herausgabeanspruch nur von Eigentum und Besitz abhängig macht, trägt der Eigentümer die Beweislast nur für diese Voraussetzungen. Der Besitzer, der sich gegen den Herausgabeanspruch verteidigen will, trägt dagegen die Beweislast für die Voraussetzungen der Einwendung aus § 986. Dies bedeutet, dass der Eigentümer, der sein Eigentum und den Besitz des anderen bewiesen hat, mit seinem Anspruch durchdringt, falls der Besitzer nicht sein Recht zum Besitz beweisen kann.

7 Obwohl § 985 einen Anspruch auf Herausgabe des Besitzes verleiht, gebraucht man den Begriff **Eigentumsherausgabeanspruch,** weil eben der Anspruch dem Eigentümer aufgrund seines Eigentums zusteht. Der Eigentumsherausgabeanspruch war im römischen Recht im Institut der *rei vindicatio* geregelt. Deshalb spricht man auch

heute noch von Vindikation und vom Vindikationsanspruch. Beim Vorliegen der drei Voraussetzungen des Vindikationsanspruches gem. §§ 985, 986 spricht man von einer **Vindikationslage**.

Der Anspruch aus § 985 ist nach hM grundsätzlich **nicht** selbstständig **abtretbar**, da Anspruch und Eigentum untrennbar miteinander verbunden sind (BGHZ 111, 364). Eine dennoch erfolgte „Abtretung“ kann aber in eine Übereignung nach den §§ 929 ff. umzudeuten sein. Denkbar wäre auch die materiell-rechtliche Deutung als Einziehungsermächtigung, die prozessual als Ermächtigung zur Prozessführung im eigenen Namen auszulegen wäre (BGH MDR 2018, 225). Eine solche gewillkürte Prozessstandschaft ist zulässig, wenn ein schutzwürdiges Eigeninteresse des Klägers gegeben ist.

2. Vorrangige Regelungen

Auf das Verhältnis des Herausgabeanspruchs aus § 985 zu anderen 8
Ansprüchen wird unten näher einzugehen sein (→ Rn. 35 ff.). Vorab klarzustellen sind die Fälle, in denen § 985 von anderen Regelungen vollständig verdrängt wird. Das betrifft zunächst den Fall der **Zwangsvollstreckung** in Sachen, die nicht dem Schuldner gehören. Hier kann sich der Eigentümer der zu Unrecht gepfändeten Sache nach hM nicht mit seinem Herausgabeanspruch aus § 985 zur Wehr setzen. Vielmehr tritt an die Stelle dieses Anspruchs die **Drittwiderspruchsklage** nach § 771 ZPO (BGH NJW 1987, 1880; 1989, 2542). Damit kann der Eigentümer erwirken, dass die Vollstreckung in die Sache für unzulässig erklärt und die Pfändung aufgehoben wird. Entsprechendes gilt in einem **Insolvenzverfahren**. Hier kann der wirkliche Eigentümer die Freigabe seiner Sache aus der Insolvenzmasse nur im Wege der Aussonderung verlangen, § 47 InsO.

Verdrängt wird der Anspruch aus § 985 außerdem durch **familien-** 9
rechtliche Normen. So ist der Eigentumsherausgabeanspruch, soweit es um **Haushaltsgegenstände** geht, zwischen **getrennt lebenden Ehegatten** abschließend in § 1361a I geregelt; insoweit kommt § 985 erst wieder nach Scheidung zur Anwendung. Wenn anlässlich von Trennung und Scheidung um die Verteilung von im gemeinsamen Eigentum der Ehegatten stehenden Haushaltsgegenständen gestritten wird, gelten allein die §§ 1361a II, 1568b. Der Streit um die **Ehewohnung** wiederum ist in den §§ 1361b, 1568a geregelt. Für die Zeitphase des Getrenntlebens wird der Anspruch des Alleineigentümer-Ehegatten gegen den anderen Ehegatten auf Räumung der Ehewohnung al-

lein durch § 1361b geregelt, welcher sowohl materiell-rechtlich als auch verfahrensrechtlich lex specialis gegenüber § 985 ist (BGH NJW 2017, 260). Die frühere Ehewohnung bleibt dabei bis zur Scheidung „Ehewohnung" im Sinne des Gesetzes.

Voraussetzungen des Anspruchs aus § 985
1. Eigentum des Anspruchstellers 2. Besitz des Anspruchsgegners 3. Fehlendes Recht zum Besitz, § 986

3. Eigentum des Anspruchstellers

10 Der Anspruch aus § 985 besteht nur in der Person des **Eigentümers.** In der Klausur muss bei diesem Tatbestandsmerkmal ggf. ausführlich geprüft werden, ob der Anspruchsteller tatsächlich Eigentümer ist. Dabei sind sowohl rechtsgeschäftliche Erwerbstatbestände, insbes. §§ 873, 925, 892, §§ 929 ff., 932 ff., als auch Tatbestände des Eigentumserwerbs kraft Gesetzes wie §§ 946–950 oder §§ 953 ff. zu beachten.

Der Anspruch aus § 985 steht auch dem **Miteigentümer** zu, soweit es sich um den seinem Anteil entsprechenden **Mitbesitz** handelt. Er kann dann Einräumung seines Mitbesitzes (§ 866) verlangen. Darüber hinaus kann der Miteigentümer nach § 1011 aber auch den Anspruch auf **Herausgabe der ganzen Sache** geltend machen; dabei darf er aber nicht Leistung an sich allein, sondern muss Leistung an alle Miteigentümer gemeinschaftlich gem. § 432 verlangen.

Beachte: Neben dem Eigentum berechtigen auch Erbbaurecht, Nießbrauch und Pfandrecht zum Besitz an Sachen. Um den Inhabern dieser dinglichen Rechte den Sachbesitz zu sichern, finden die §§ 985 ff. kraft Verweisung entsprechende Anwendung (§ 11 I ErbbauRG; §§ 1065, 1227 BGB).

4. Exkurs: die Eigentumsvermutung gem. § 1006

11 Der Eigentümer kann sich zum Nachweis seines Eigentums gesetzlicher Vermutungen bedienen, nämlich des § 891 beim Eigentum an Grundstücken (→ § 19 Rn. 1 ff.) und des § 1006 beim Eigentum an beweglichen Sachen. Diese Normen helfen auch in der Klausur weiter, wenn sich die Eigentumslage anhand der Sachverhaltsangaben nicht eindeutig klären lässt. § 1006 kommt allerdings nicht zum Tra-

gen, wenn die Eigentumsverhältnisse bereits feststehen (BGH NJW 2006, 3488) oder wenn anderweitige vorrangige Spezialregelungen bestehen.

Lex specialis gegenüber § 1006 I ist **§ 1362 I 1**, wonach zugunsten der Gläubiger eines **Ehegatten** für die beweglichen Sachen der Ehegatten das Alleineigentum des Schuldner-Ehegatten vermutet wird. Anderes gilt nur, wenn die Ehegatten getrennt leben (§ 1362 I 2) oder es sich um Sachen handelt, die ausschließlich dem persönlichen Gebrauch des anderen Ehegatten zu dienen bestimmt sind (vgl. § 1362 II). Die Regelung des § 1006 II bleibt allerdings unberührt: So geht für einen vor der Ehe innegehabten oder für einen nach § 857 ererbten Besitz § 1006 II der Vorschrift des § 1362 vor (BGH NJW 1992, 1162; 1993, 935). Lex specialis gegenüber § 1006 I ist weiterhin **§ 1568b II**, der für während der Ehe angeschaffte Haushaltsgegenstände im Ehegatteninnenverhältnis das Miteigentum der Ehegatten vermutet (OLG Stuttgart NZFam 2016, 377).

a) Eigentumsvermutung nach § 1006 I. Nach § 1006 I wird zu- 12
gunsten des Besitzers einer beweglichen Sache vermutet, dass er Eigentümer der Sache ist. Es genügt der **Nachweis des gegenwärtigen unmittelbaren Besitzes**. Auf den Grund für den Besitzerwerb (zB Schenkung) kommt es nicht an; das Eigentum wird allein aufgrund des Besitzes und unabhängig vom Erwerbstatbestand oder Erwerbsgrund vermutet (BGH NJW 2015, 1678; OLG Saarbrücken NJW-RR 2014, 1241). Allerdings trägt derjenige, der sich auf § 1006 beruft, auch die Beweislast dafür, dass er im Rechtssinne Besitzer ist und nicht nur **Besitzdiener** gem. § 855 (BGH NJW 2015, 1678). Hat der Eigenbesitzer nur **Mitbesitz** (→ § 4 Rn. 15), so spricht die Vermutung des § 1006 I 1 auch nur für Miteigentum (§§ 741 ff., 1008).

§ 1006 enthält zunächst eine **Erwerbsvermutung**, dass mit dem Erwerb des Eigenbesitzes auch der Erwerb des Eigentums und zwar aufgrund einer unbedingten Eigentumsübertragung verbunden war (OLG Koblenz NJW 2016, 2892). Die Erwerbsvermutung wird ergänzt durch eine **Bestandsvermutung**, wonach das erworbene Recht fortbesteht (s. auch BGH NJW 1992, 1162). Die Erwerbsvermutung gilt für alle Erwerbstatbestände. Insoweit ist unerheblich, ob der Eigentumserwerb dem Eigenbesitz vorausgegangen ist, wie bei der Abtretung des Herausgabeanspruchs ohne mittelbaren Besitz, oder ihm nachfolgt, wie bei § 929 S. 2.

Die Eigentumsvermutung des § 1006 gilt also auch zugunsten des- 13
jenigen, der sein Besitzrecht, zB als mittelbarer Besitzer, zunächst von einem früheren Besitzer abgeleitet hat (BGH NJW 2002, 2101;

2005, 359). Die Eigentumsvermutung gilt zwar nur für den **Eigenbesitzer**, allerdings wird auf Grundlage von § 1006 I 1, II zugleich vermutet, dass es sich bei dem Besitz um Eigenbesitz und nicht um Fremdbesitz handelt (BGHZ 54, 319, 324). Auf § 1006 kann sich auch der Vermieter zur Verteidigung seines Vermieterpfandrechts berufen, soweit es um Besitz seines Mieters geht (BGH NJW-RR 2017, 1097).

Beispiel: Mieter M betreibt in den Mieträumen ein Restaurant und ist in Besitz von entsprechendem Inventar. Nachdem M seine Miete wiederholt nicht bezahlt hatte, kündigt Vermieter V den Mietvertrag und macht sein Vermieterpfandrecht am Inventar geltend. Als V das Inventar versteigern will, meldet sich D, welcher behauptet, er sei Eigentümer des Inventars, das er M nur geliehen habe. Hier kann sich V zur Verteidigung seines Vermieterpfandrechts gegenüber D auf § 1006 I berufen, weil auch ihm die für seinen Mieter streitende Eigentumsvermutung zugute kommt (BGH NJW-RR 2017, 1097). Nur wenn D beweisen kann, dass er Eigentümer ist, muss V das Inventar frei geben.

Übt ein **Gesellschaftsorgan**, zB der Geschäftsführer einer GmbH, den Besitz in dieser Eigenschaft für die Gesellschaft aus, so spricht die Vermutung des § 1006 für das Eigentum der Gesellschaft. Endet die Organstellung des Geschäftsführers und behält er den Besitz, so endet der Besitz der Gesellschaft. Übt der ehemalige Geschäftsführer Eigenbesitz aus, so spricht die Vermutung des § 1006 nunmehr für sein Eigentum (BGH NJW 2004, 217).

14 Die Vermutung des § 1006 I 1 **gilt** nach § 1006 I 2 **nicht** gegenüber einem früheren Besitzer, dem die Sache **abhanden** gekommen ist. Kann ein früherer Besitzer darlegen, dass er den Besitz unfreiwillig verloren hat, ist eben auch zu beachten, dass gutgläubiger Erwerb in solchen Fällen ausscheidet, wenn es sich beim früheren Besitzer oder einem ihm übergeordneten mittelbaren Besitzer um den Eigentümer gehandelt hat (§ 935 I). Demgemäß besteht unter solchen Umständen kein Anlass, allein vom Besitz auf das Eigentum zu schließen.

15 **b) Die Eigentumsvermutung des § 1006 II.** Nach § 1006 II wird zugunsten eines früheren Besitzers vermutet, dass er während der Dauer seines (Eigen-)Besitzes Eigentümer der Sache gewesen ist. Diese Eigentumsvermutung gilt auch im Fall des späteren Besitzverlustes noch fort (vgl. OLG Köln Kunst und Recht 2015, 182); sie tritt aber hinter die Vermutung des § 1006 I zurück, soweit diese inzwischen für einen späteren bzw. gegenwärtigen Besitzer spricht (BGH NJW-RR 2017, 1097). Dabei gelten für die frühere Besitzzeit die obigen Ausführungen entsprechend.

Sofern der Herausgabeanspruch aus § 985 geltend gemacht wird, hilft dem Anspruchsteller die Vermutung des § 1006 I nicht, im Gegenteil: Danach wird vielmehr das Eigentum des Besitzers vermutet. Kann der Anspruchsteller jedoch die für den jetzigen Besitzer sprechende Eigentumsvermutung des § 1006 I widerlegen, so mag ihm im nächsten Schritt die Vermutung des § 1006 II helfen.

c) Die Widerlegung der Eigentumsvermutung. Die gesetzlichen **Vermutungen des § 1006 wirken** solange **fort**, bis sie widerlegt werden, also das Gegenteil bewiesen wird (BGH NJW-RR 2017, 1097). Die Voraussetzungen der Eigentumsvermutung nach § 1006 I 1 können in der Weise widerlegt werden, dass die Voraussetzungen des § 1006 I 2 dargelegt werden, oder indem nachgewiesen wird, dass die Eigentumserwerbsgründe, die der Besitzer zB aus §§ 929 ff., 932 ff., 946 ff., 953 ff. behauptet, nicht bestehen. Hat der (behauptete) Eigentümer die Voraussetzungen von § 891 oder § 1006 II, III nachgewiesen, so muss der Besitzer das Fehlen von dessen Eigentum beweisen. Er muss jedoch nicht alle denkbaren Erwerbsgründe widerlegen, sondern nur solche, auf die sich der Eigentümer bezogen hat (vgl. BGH NJW 1979, 1656 zu § 891). 16

Streiten der Besitzer eines Kfz und der im Kfz-Brief als Halter Eingetragene über das Eigentum am Kfz, so spricht die Vermutung des § 1006 I für den Besitzer als Eigentümer. Der anderweitige Besitz am Kfz-Brief reicht für sich allein nicht aus, die Eigentumsvermutung zu widerlegen. Vielmehr wird der Besitzer des Kfz auch als Eigentümer des Kfz-Briefs vermutet, denn der Brief ist eine Urkunde iSv § 952 (BGH NJW 2004, 217).

5. Die herauszugebende Sache

Der Anspruch aus § 985 bezieht sich auf die Herausgabe **beweglicher** wie **unbeweglicher Sachen** (zB Wohnungen). Er erfasst immer nur die konkrete Sache, nicht andere Sachen, die an die Stelle der ursprünglichen Sache getreten sind (stellvertretendes commodum). 17

Beispiel: F findet auf dem Fußboden der Gastwirtschaft einen 50-Euro-Schein. Er bezahlt damit seine Zeche von 30 EUR und erhält von Wirt W einen 20-Euro-Schein als Wechselgeld zurück. E behauptet, die 50 EUR hätten ihm gehört und verlangt von F Herausgabe der 20 EUR nach § 985.

Hier kann sich E jedoch nicht auf § 985 berufen. Der 20-Euro-Schein, den F als Wechselgeld erhalten hat, ist ihm von W nach § 929 S. 1 übereignet worden. Dieser Schein stand niemals dem E als Eigentümer zu. § 985 ermöglicht auch keine sog. **Wertvindikation**. Er ist auf die Herausgabe einer konkreten

Sache, nicht auf die Herausgabe des Geldwerts gerichtet. E kann deshalb von F aufgrund von § 985 weder den 20-Euro-Schein noch sonst 50 EUR verlangen. Dem E steht aber ein Anspruch aus § 816 I 1 zu. F hat W das Eigentum an dem gefundenen 50-Euro-Schein verschafft (vgl. § 935 II) und dadurch den 20-Euro-Schein sowie die Befreiung von seiner Schuld iHv 30 EUR erlangt. Er muss deshalb nach § 816 I 1 den 20-Euro-Schein herausgeben und iVm § 818 II Wertersatz iHv 30 EUR an E leisten.

6. Besitz des Anspruchsgegners

18 **a) Gegenwärtiger Besitz.** Die Herausgabepflicht trifft den Besitzer, **solange** er **Besitzer** ist. Ein Besitzdiener (§ 855) ist kein Besitzer im Rechtssinne und daher kein geeigneter Anspruchsgegner.

Verliert der Besitzer den Besitz oder überträgt er ihn auf einen anderen, so kann der Anspruch aus § 985 nicht mehr gegen den früheren Besitzer geltend gemacht werden, sondern ist gegen den neuen Besitzer zu richten. Der bisherige Besitzer haftet nach hM (zB *Medicus/Petersen* BürgerlR Rn. 599) auch **nicht** aus § 283 oder § 285 wegen **Unmöglichkeit** der Herausgabe auf Schadensersatz oder Herausgabe des Ersatzes. Insoweit sind die allgemeinen Vorschriften durch die Sonderregelung der §§ 987 ff. verdrängt, die eine Schadensersatzpflicht nur unter engen Voraussetzungen vorsehen, die sonst unterlaufen würden. Gegen den früheren Besitzer können sich aber je nach Sachlage Ansprüche aus den §§ 812, 816 I, 823, 951 ergeben (→ § 22 Rn. 45 ff.). Neben § 816 I, der dem Besitzer den Entreicherungseinwand aus § 818 III erlaubt, kann der strengere § 285 zu Lasten des gutgläubigen Besitzers grundsätzlich nicht zur Anwendung kommen. Andernfalls wäre der Eigentümer auch doppelt begünstigt. Er behielte sein Eigentum, das er vom neuen Besitzer herausverlangen könnte, und hätte zugleich gegen den früheren Besitzer einen Ersatzanspruch.

19 **b) Anspruch gegen den mittelbaren Besitzer.** Der Herausgabeanspruch besteht nicht nur gegenüber dem **unmittelbaren**, sondern **auch** gegenüber dem **mittelbaren Besitzer**. Vom mittelbaren Besitzer kann der Eigentümer nach hM (BGH NJW-RR 2004, 570; Palandt/*Herrler* BGB § 985 Rn. 9) wahlweise Herausgabe des mittelbaren Besitzes durch Abtretung des Herausgabeanspruchs (§ 870; Vollstreckung nach § 894 ZPO) oder Herausgabe des unmittelbaren Besitzes (Vollstreckung nach §§ 883, 886 ZPO) verlangen. Auf diese Weise kann der Eigentümer insbes. auch auf den Fall reagieren, dass der un-

mittelbare Besitzer die Sache zwischenzeitlich an den mittelbaren Besitzer zurückgibt.

Beispiel (in Anlehnung an BGHZ 53, 29): V hat an P unter Eigentumsvorbehalt eine Kegelbahn geliefert, die P in das von H gepachtete Hotel hat einbauen lassen. Als P seine Pacht nicht bezahlt, kündigt H den Pachtvertrag mit P und verpachtet das Hotel samt Kegelbahn nunmehr an B. Da auch die Kegelbahn vom mittlerweile zahlungsunfähigen P noch nicht bezahlt worden ist, verlangt V nun von H Herausgabe der Kegelbahn.

Da die Kegelbahn nach § 95 nicht wesentlicher Bestandteil des Hotelgebäudes geworden ist, blieb V ihr Eigentümer. B hat als neuer Pächter unmittelbaren Besitz an der Kegelbahn erlangt, H ist als Verpächter mittelbarer Besitzer. V kann deshalb gegen H als mittelbaren Besitzer nach § 985 auf Herausgabe klagen und jedenfalls von H Abtretung des mittelbaren Besitzes nach § 870 verlangen. Nach hM kann V aber alternativ auch auf Herausgabe des unmittelbaren Besitzes klagen, um einen Herausgabetitel zu erlangen. Im vorliegenden Fall wird H zur Herausgabe des unmittelbaren Besitzes allerdings nicht in der Lage sein, da B aufgrund des Pachtvertrags ihm gegenüber zum Besitz berechtigt ist und H von B den unmittelbaren Besitz deshalb vor Beendigung des Pachtvertrags nicht herausverlangen könnte. V kann daher, da die Voraussetzungen von § 990 II erfüllt sind, im nächsten Schritt einen Schadensersatzprozess anstrengen und nach § 280 I, II iVm § 286 von H Schadensersatz wegen Verzugs mit dem Herausgabeanspruch aus § 985 verlangen. H hat den Verzug zu vertreten, da er sich nach den Eigentumsverhältnissen an der Kegelbahn hätte erkundigen und V um Erlaubnis bezüglich der Verpachtung an B hätte fragen müssen (s. als Beispiel auch BGH NJW 2003, 3621). Statt Ersatz des Verzugsschadens kann V von H auch Schadensersatz statt der Leistung nach § 280 I, III iVm § 281 I, II verlangen.

7. Fehlendes Recht zum Besitz

Der Anspruch aus § 985 besteht nicht, wenn dem Besitzer im Zeitpunkt des Herausgabeverlangens gegenüber dem Eigentümer ein wirksames Recht zum Besitz zusteht. Entgegen seinem Wortlaut enthält § 986 keine Einrede, sondern eine von Amts wegen zu berücksichtigende **Einwendung**, da eine Gleichbehandlung mit den §§ 1004 II, 861 II, 862 II geboten ist (s. BGHZ 82, 12, 18; BGH NJW 1999, 3716). 20

Ein Recht zum Besitz kann von Anfang an fehlen, zB dem Dieb. Ein Recht kann zunächst bestehen und später wegfallen (sog. **nicht-mehr-berechtigter Besitzer**). So wird der Mieter nach wirksamer Kündigung und Ablauf der Kündigungsfrist zum unberechtigten Besitzer. Ein Recht zum Besitz fehlt aber nicht deswegen, weil der Besitzer sein Besitzrecht überschreitet, zB als Mieter seine vertraglichen

Pflichten in Bezug auf die Sache verletzt (sog. **nicht-so-berechtigter Besitzer**). Dann ist auf Ansprüche aus dem Vertragsrecht zurückzugreifen.

Das **Recht zum Besitz, § 986,** kann sich ergeben aus

- dinglichen Rechten
- obligatorischen Rechten
- Besitzrechten kraft Gesetzes
- Anwartschaftsrecht (str.).

21 **a) Dingliche Besitzrechte.** Das Recht zum Besitz kann auf einem dinglichen Recht, insbes. einem Nießbrauch (§ 1036), für einzelne Nutzungen ausnahmsweise auch auf einer Dienstbarkeit (§ 1018; BGHZ 79, 201, 207) oder auf einem Pfandrecht (§ 1204) beruhen. Dingliche Rechte wirken **absolut** gegenüber jedermann (→ § 1 Rn. 4 f.), also auch gegenüber dem jeweiligen Eigentümer; wird das dingliche Recht auf einen anderen übertragen, steht das Besitzrecht dann dem neuen Inhaber des dinglichen Rechts zu.

22 Strittig ist, inwieweit das **Anwartschaftsrecht** des Käufers unter Eigentumsvorbehalt ein Recht zum Besitz vermittelt. Im Verhältnis von Vorbehaltsverkäufer und -käufer stellt sich dieses Problem freilich nicht, weil jedenfalls der Kaufvertrag ein obligatorisches Besitzrecht verleiht. Relevant wird die Frage aber beim gutgläubigen Zweiterwerb des Anwartschaftsrechts vom Nichtberechtigten. Dann stellt sich die Frage, ob der gutgläubige Erwerber auf Basis des Anwartschaftsrechts ein Besitzrecht gegenüber dem Eigentümer hat. Nach der hier vertretenen Auffassung ist dies zu bejahen (näher → § 14 Rn. 20).

23 **b) Obligatorische Besitzrechte.** Auch **obligatorische Rechtsverhältnisse**, wie insbes. Miete, Pacht, Leihe oder Kauf, können ein Recht zum Besitz geben. Ein Käufer, dem die Sache (zB ein Grundstück) schon vor Übereignung überlassen worden ist, kann sein Besitzrecht auf § 433 I 1 stützen (BGH MDR 2018, 225). Das Recht zum Besitz aus dem Kaufvertrag bleibt auch dann für den besitzenden Käufer bestehen, wenn sein Anspruch auf Übereignung bereits verjährt ist (BGH NJW 1984, 1960). Mit wirksamem Rücktritt vom Kaufvertrag endet das Besitzrecht jedoch (BGH MDR 2018, 225).

Obligatorische Besitzrechte wirken aber grundsätzlich nur **relativ**. Sie können dem Eigentümer nur entgegengehalten werden, wenn dieser selbst Vertragspartner ist, § 986 I 1 Alt. 1. Allerdings genügt es gem. § 986 I 1 Alt. 2, dass der Besitzer sein Besitzrecht von einem mittelbaren Besitzer ableiten kann, der dem Eigentümer gegenüber zum Besitz berechtigt ist. Man spricht dann von einer **Besitzrechtskette.**

Beispiele:

- D stiehlt Eigentümer E eine Münze und verkauft sie an Käufer K, der wegen § 935 I nicht gutgläubig erwerben kann. Wenn E nun von K Herausgabe nach § 985 verlangt, kann sich K zwar auf sein Besitzrecht gegenüber D aus dem Kaufvertrag berufen, jedoch stand D selbst kein Besitzrecht gegenüber E zu, sodass die Besitzrechtskette abreißt. K muss daher an E herausgeben. 24
- E vermietet sein Wohnhaus an V und V vermietet einen Teil der Wohnung an U. U hat zwar keinen Mietvertrag mit E. Gleichwohl ist er ihm gegenüber zum Besitz berechtigt, weil er sein Recht zum Besitz von V als dem mittelbaren Besitzer ableitet, der seinerseits aufgrund des Mietvertrags gegenüber E zum Besitz berechtigt ist (§ 986 I 1 Alt. 2). Zu der Besitzrechtskette E-V-U muss aber hinzukommen, dass V als der mittelbare Besitzer dem E gegenüber dazu berechtigt ist, den Besitz an U weiterzugeben. Dazu bedarf es einer besonderen Gestattung des E (s. auch § 553). Ist V zur Besitzüberlassung nicht berechtigt, so kann E zwar nicht Herausgabe an sich, aber trotz der Besitzrechtskette Herausgabe von U an V als unmittelbaren Besitzer verlangen (§ 986 I 2). Der Eigentümer kann auf diese Weise dafür sorgen, dass der Besitz bei demjenigen Besitzer bleibt, dem er den Besitz allein gestattet hat.
- Ein Untermieter U verliert automatisch sein Besitzrecht gegenüber dem Eigentümer E, sobald der Mieter, von dem U sein Besitzrecht ableitet, infolge der Beendigung des Mietverhältnisses mit E selbst kein Recht zum Besitz mehr hat (vgl. BGH NJW 2013, 1881).

Hinweis für die Klausur: In der Klausur muss insoweit Schritt für Schritt geprüft werden, ob sich der auf Herausgabe in Anspruch genommene Besitzer auf eine lückenlose **Besitzrechtskette** zwischen ihm und dem Eigentümer berufen kann.

c) Besitzrecht kraft gesetzlicher Rechtsverhältnisse. Ein Recht zum Besitz kann sich auch aus einem gesetzlichen Rechtsverhältnis ergeben. So folgt aus der Verpflichtung zur **ehelichen Lebensgemeinschaft** (§ 1353 I) für Ehegatten ein Recht zum Mitbesitz an der Ehewohnung und den Haushaltsgegenständen, die im Alleineigentum des anderen Ehegatten stehen. 25

Auch aus dem elterlichen **Sorgerecht** (§ 1626 I) lässt sich für die Eltern ein Recht zum Besitz an Vermögensgegenständen des Kindes herleiten.

Ein Recht zum Besitz ergibt sich ferner zugunsten des Geschäftsführers aus der berechtigten **Geschäftsführung** ohne Auftrag (§§ 677ff.). Auch wenn der Geschäftsführer auf Verlangen jederzeit die Sache herausgeben muss, ist er doch berechtigter Besitzer, solange die Herausgabe nicht verlangt wird.

26 **d) Besitzrecht nach Eigentümerwechsel.** Das Besitzrecht muss gerade dem Eigentümer gegenüber bestehen. Bei dinglichen Besitzrechten ist das unproblematisch, da sie ohnehin absolut jedermann gegenüber gelten. Bei einem Eigentümerwechsel kann das dingliche Recht auch dem neuen Eigentümer entgegengehalten werden.

Bei obligatorischen Besitzrechten ist zwischen Grundstücken und beweglichen Sachen zu unterscheiden. Der Besitzer einer Immobilie kann dem neuen Eigentümer ein obligatorisches Besitzrecht nur dann entgegen halten, wenn der neue Eigentümer in das Schuldverhältnis eingetreten ist oder ein Fall von **§ 566** (Kauf bricht nicht Miete) vorliegt (vgl. BGH MDR 2018, 225). Dem Besitzer **beweglicher Sachen** hingegen hilft **§ 986 II** (s. BGH NJW 1990, 1914). Danach kann der Besitzer dem neuen Eigentümer die Einwendungen entgegensetzen, die ihm gegenüber dem bisherigen Eigentümer zustanden.

Beispiel: A hat dem B bis Ende September einen Schönfelder ausgeliehen. Nun veräußert A gem. §§ 929 S. 1, 931 den Schönfelder an E durch Abtretung des Herausgabeanspruchs gegen B aus § 604. Wenn E von B schon im August Herausgabe aus § 985 verlangen sollte, kann B sich gem. § 986 II auf sein Besitzrecht bis Ende September berufen und die Herausgabe verweigern.

27 **§ 986 II** gilt **analog,** wenn der mittelbar besitzende Eigentümer nach §§ 929 S. 1, 930 veräußert, da auch in diesem Fall das Eigentum über den Kopf des unmittelbaren Besitzers hinweg übertragen wird (BGHZ 111, 142).

Beispiel: Eigentümer E hat eine Maschine langfristig an M vermietet. E übereignet die Maschine nun nach §§ 929 S. 1, 930 zur Sicherheit an die Sparbank (SB). Dabei bleibt E mittelbarer Besitzer erster Stufe, SB wird mittelbare Besitzerin zweiter Stufe. Als der Sicherungsfall eintritt und SB die Maschine verwerten will, verlangt sie von M Herausgabe. M kann sich nun auch SB gegenüber darauf berufen, dass seine Mietzeit noch nicht abgelaufen ist.

8. Sonstige Einwendungen und Einreden

28 **a) Zurückbehaltungsrecht.** Dem Anspruch aus § 985 kann auch ein Zurückbehaltungsrecht aus **§ 273** oder **§ 1000** entgegengehalten werden. Das Zurückbehaltungsrecht gibt nach hM allerdings **kein Recht zum Besitz** iSv § 986 (Palandt/*Herrler* BGB § 986 Rn. 5; Erman/*Ebbing* BGB § 986 Rn. 18 f.; so auch BGH LM H. 4/1998 ApothG Nr. 8; aA BGHZ 64, 122, 124; BGH NJW 1995, 2627). Würde das Zurückbehaltungsrecht nämlich ein echtes Recht zum Besitz begründen, müsste damit streng genommen der Herausgabean-

spruch aus § 985 entfallen. Dadurch würde das Zurückbehaltungsrecht die Voraussetzungen der Gegenseitigkeit (s. *Brox/Walker* SchuldR AT § 13 Rn. 3) zerstören und damit seine eigene Existenz beseitigen. Das kann nicht sein. Das Zurückbehaltungsrecht muss deshalb als **Einrede** geltend gemacht werden. Es schützt nicht das Besitz- und Nutzungsinteresse, sondern sichert nur die Gleichzeitigkeit der Erfüllung von Ansprüchen (BGH LM H. 4/1998 ApothG Nr. 8) und hat deshalb eine Verurteilung zur **Herausgabe Zug um Zug** zur Folge (§ 274). Es besteht kein Anlass, beim Anspruch aus § 985 hiervon abzugehen.

b) Unzulässige Rechtsausübung; Verwirkung. Gegenüber dem An- 29
spruch aus § 985 kann ausnahmsweise auch der Einwand der **unzulässigen Rechtsausübung nach § 242** erhoben werden. Soweit es um die Herausgabe von Grundstücken geht, ist allerdings zu beachten, dass dem Grundbucheintrag eine starke rechtssichernde Position zukommt, die nicht durch die Anwendung von § 242 unterlaufen werden darf (vgl. LG Itzehoe JZ 1983, 308). Zudem kennt das BGB beim Grundstückseigentum keine Ersitzung außerhalb des Grundbuchs und keine Verjährung, § 902 I. Eine Verwirkung kommt daher nur in Betracht, wenn die Herausgabe für den Besitzer schlechthin unerträglich wäre (BGH NJW 2007, 2183). Soweit § 242 bei beweglichen Sachen dem Anspruch aus § 985 ausnahmsweise entgegengehalten werden kann, ist dieser Anspruch endgültig abzuweisen. Auf dem Umweg über die nach § 242 unzulässige Rechtsausübung entsteht damit für den Besitzer ein Recht zum Besitz.

c) Verjährung. Der Herausgabeanspruch aus dem Eigentum 30
(§ 985) verjährt gem. § 197 I Nr. 2 in **dreißig Jahren**. Das gilt auch für Herausgabeansprüche in Fällen von NS-Raubkunst (OLG Frankfurt Urt. v. 8.2.2018, 1 U 196/16).

Nach Verjährung kann es – wenn nicht schon Eigentumserwerb durch Ersitzung eingetreten ist (→ § 12 Rn. 2) – zu einem dauerhaften Auseinanderfallen von Eigentum und Besitz kommen. Ob der Besitzer dann ein Besitzrecht hat, ist umstritten (dafür *Effer-Uhe* AcP 215, 245 ff.; aA Staudinger/*Gursky* BGB § 985 Rn. 103); der Besitzer erlangt aber nicht die Rechtsstellung eines Eigentümers. Bei Beschädigung des Eigentums durch Dritte kann regelmäßig weiterhin der Eigentümer Schadensersatz nach § 823 verlangen (ausf. *Kähler* NJW 2015, 1041 ff.). Bei beweglichen Sachen ist allerdings schon vor Ablauf der Verjährungsfrist für den gutgläubigen Eigenbesitzer ein Erwerb durch Ersitzung (§ 937) möglich.

Für alle dinglichen Ansprüche, die sich gegen den Besitzer als solchen richten, wie auch § 985, kann sich der spätere Besitzer (zB Erbe, Käufer) auch auf die beim Vorbesitzer verstrichene Verjährungsfrist berufen (§ 198).

9. Rechtsfolge: Herausgabe

31 **a) Allgemeines.** Der Anspruch aus § 985 ist auf Herausgabe an den Eigentümer gerichtet, im Fall des § 986 I 2 Alt. 1 auf Herausgabe an den mittelbaren Besitzer. Aufgrund des Herausgabeanspruchs entsteht ein gesetzliches **Schuldverhältnis** zwischen Eigentümer und Besitzer, das zur sorgfältigen Abwicklung verpflichtet. Daraus können Nebenpflichten, zB Hinweispflichten, resultieren, deren Verletzung Ansprüche aus § 280 I auslösen kann. Für die Verschuldenszurechnung gilt insoweit § 278.

32 Für den **Leistungsort** greift die allgemeine Regelung des § 269. Die Sache ist grundsätzlich dort herauszugeben, wo sie sich gerade befindet. Danach ist mangels anderer Anhaltspunkte gegenüber dem gutgläubigen Besitzer von einer **Holschuld** auszugehen.

Beispiel: Der dem E gestohlene Wagen wird beim gutgläubigen B in Berlin entdeckt. B muss den Wagen daher lediglich in Berlin herausgeben. Die Kosten für die Überführung des Wagens an den Wohnsitz des E muss E selbst tragen, da es sich um eine Holschuld handelt (vgl. BGH NJW 1988, 3264).

Umstritten ist allerdings, was für einen Besitzer gilt, der die Sache **nach Eintritt der Haftungsverschärfung** (Rechtshängigkeit/Bösgläubigkeit) an einen **anderen Ort** verbringt. Nach hM muss der bösgläubige Besitzer die Sache in diesem Fall auf seine Kosten an den Ort zurückbringen, an dem sie sich bei Eintritt der Haftungsverschärfung befand (BGHZ 79, 211, 214). Unterlässt der Besitzer den Rücktransport, kann der Eigentümer die ihm insoweit entstehenden Mehrkosten nach § 684 S. 1 iVm §§ 812 ff. ersetzt verlangen. Nach aA (zB *Gursky* JZ 1984, 604, 609) ist der Vindikationsanspruch immer dort zu erfüllen, wo sich die Sache gerade befindet. Bei einer ungünstigen Ortsveränderung soll der Besitzer dem Eigentümer dann jedoch für die Mehrkosten der Abholung analog §§ 989, 990 haften.

33 **b) Rechtsfolgen bei Nichterfüllung.** Ist dem Besitzer die Herausgabe unmöglich, so besteht von vornherein kein Herausgabeanspruch aus § 985. Ggf. hat der Eigentümer dann Ansprüche aus den §§ 987 ff. (→ § 22 Rn. 1 ff.). Davon zu unterscheiden ist der Fall, dass der Besitzer die Sache herausgeben könnte und auch herausgeben muss, die Erfüllung des Anspruchs aus § 985 aber verweigert. Da der bestehende Herausgabeanspruch aus § 985 – wie festgestellt (→ Rn. 31) – ein gesetzliches **Schuldverhältnis** zwischen Eigentümer und Besitzer begründet, kann dann bei schuldhafter Nichterfüllung der Herausgabepflicht ein Schadensersatzanspruch des Eigentümers aus §§ 280 I, III, 281 I, II in Betracht kommen.

Beispiel (nach BGH NJW 2016, 3235): A hatte in Absprache mit B für zwei Jahre Videogeräte, auf denen Werbespots abgespielt werden, im Getränkemarkt des B aufgestellt. Während dieser Zeit veräußert A die Geräte an C, welcher sie wiederum an E weiterveräußert. E verlangt nun nach Ablauf der zwei Jahre die Geräte von B heraus. B verweigert die Herausgabe, weil E ihm nicht nachgewiesen habe, dass er nun der Eigentümer sei. Nach den Umständen ergaben sich indes keine besonderen Zweifel an der Eigentümerstellung des E. Da B die Geräte auch nach Mahnung sowie angemessener Fristsetzung nicht herausgibt, verlangt E von ihm Schadensersatz. E weist nach, dass er die Geräte mit einem Gewinn von 5000 EUR hätte weiterverkaufen können, was inzwischen aber nicht mehr möglich sei.

Hier hat E, der nach § 931 Eigentum von C erlangen konnte, keinen **Anspruch aus §§ 989, 990 I**, denn die Geräte sind weder verschlechtert worden noch untergegangen, noch gibt es einen sonstigen Grund, warum sie nicht herausgegeben werden könnten.

In Betracht kommt allerdings ein **Schadensersatzanspruch des E aus §§ 990 II, 280 I, II, 286** (dazu näher → § 22 Rn. 39), weil der Schaden in Form des entgangenen Gewinns (§ 252) während bzw. infolge des Verzugs des B entstanden ist. Nach Ablauf der vereinbarten Aufstellzeit war das Besitzrecht des B erloschen. Eine Mahnung war erfolgt. Auch ein Vertretenmüssen des B (§ 286 IV) ist zu bejahen, weil B nach den Umständen keinen konkreten Anlass hatte, am Eigentum des E zu zweifeln.

Schließlich fragt sich, ob E alternativ **Schadensersatz statt der Leistung gem. §§ 280 I, III, 281 I, II** verlangen kann. Die Anwendbarkeit dieser Normen im Rahmen des Eigentümer-Besitzer-Verhältnisses ist umstritten. Zum Teil wird ein solcher Anspruch gänzlich abgelehnt (Staudinger/*Gursky* BGB § 985 Rn. 82), weil die §§ 987ff. insoweit eine abschließende Sonderregelung enthielten und der Schutz des gutgläubigen, unverklagten Besitzers nicht unterlaufen werden dürfe. Zudem müsse verhindert werden, dass der Besitzer durch die Verurteilung zu Schadensersatz statt der Leistung zu einer Art Zwangskauf verpflichtet werde. Nach der Gegenmeinung sind die genannten Normen ohne Einschränkungen anwendbar (*Vieweg/Werner* SachenR § 7 Rn. 36). Nach der vermittelnden und wohl herrschenden Meinung (BGH NJW 2016, 3235; Palandt/*Herrler* BGB § 985 Rn. 14) sind die §§ 280, 281 zwar anwendbar, aber nur unter Beachtung der gesetzgeberischen Wertungen der §§ 987ff., die dem Schutz des redlichen, unverklagten Besitzers dienen. Diese Auffassung verdient den Vorzug. Auch im gesetzlichen Schuldverhältnis des Eigentümer-Besitzer-Verhältnisses muss für den Gläubiger die Möglichkeit bestehen, von der Leistungspflicht zum Schadensersatz überzugehen, wenn der Schuldner die Leistung konsequent verweigert. Es gibt schließlich keinen Grund, den dinglichen Gläubiger insoweit schlechter zu stellen als einen schuldrechtlichen Gläubiger (BGH aaO).

Eine Schadensersatzpflicht des B ist hier zu bejahen. B war herausgabepflichtig und herausgabefähig, hat seine Pflicht aber trotz Fristsetzung nicht erfüllt. Er wusste auch, dass ihm nach Ablauf der zwei Jahre kein Besitzrecht mehr zusteht und war daher mittlerweile ein bösgläubiger Besitzer (§ 990 I 2).

Ein Verschulden des B ist ebenfalls zu bejahen. Zwar kann eine nicht zu vertretende Ungewissheit über die Person des Eigentümers der Annahme eines Verschuldens entgegenstehen (BGH aaO). Hier waren aber laut Sachverhalt keine Umstände ersichtlich, die nach sorgfältiger Prüfung zu Zweifeln Anlass gegeben hätten.

34 Der Eigentümer muss nicht in zwei aufeinander folgenden Prozessen erst den **Herausgabeanspruch** aus § 985 und dann den **Schadensersatzanspruch** nach §§ 280 I, III, 281 I, II geltend machen, sondern kann bei Besorgnis nicht rechtzeitiger Leistung (§ 259 ZPO) beides im Wege der **Klagehäufung** (§ 260 ZPO) miteinander verbinden. Die Verurteilung zum Schadensersatz erfolgt dann unter der Bedingung des fruchtlosen Ablaufs einer vom Gericht gesetzten Herausgabefrist. Nach Fristablauf ist der im Urteil titulierte Herausgabeanspruch dann aber ausgeschlossen. Will sich der Gläubiger das **Wahlrecht vorbehalten**, weiterhin die Herausgabevollstreckung zu betreiben, muss diese weitere aufschiebende Bedingung der Ausübung des Wahlrechts ausdrücklich geltend gemacht und im Urteil festgehalten werden (BGH NJW 2018, 786).

10. Konkurrenzverhältnisse

35 **a) Verhältnis zu vertraglichen Herausgabeansprüchen.** Sofern sich das Recht zum Besitz aus einem **Vertragsverhältnis** ergibt, bestehen nach Beendigung des Vertragsverhältnisses regelmäßig auch vertragliche Ansprüche auf Herausgabe des Besitzes (s. zB §§ 346, 546, 581 II, 604, 667, 695). Diese werden durch § 985 nach hM nicht verdrängt (vgl. Palandt/*Herrler* BGB § 985 Rn. 1) und gehen zum Teil weiter als der Anspruch aus § 985.

Beispiel: Der Anspruch aus § 546 kann vom Vermieter als Vertragspartner geltend gemacht werden, ohne dass er Eigentümer sein muss. Er kann vom Mieter Rückgabe verlangen, ohne dass dieser Besitzer sein muss. Der Mieter muss dann trotzdem versuchen, dem Vermieter den Besitz zu verschaffen. Dem Rückgabeanspruch aus § 546 kann kein Zurückbehaltungsrecht (s. §§ 570, 578) und nach Beendigung des Mietverhältnisses kein Recht zum Besitz gem. § 986 entgegengehalten werden (s. BGH WM 1998, 2041).

36 Der Anspruch aus § 985 hat gegenüber den **vertraglichen Herausgabeansprüchen** etwa den Vorteil, dass sich der Eigentümer der Vermutungen der §§ 891, 1006 bedienen kann, die für vertragliche Ansprüche nicht gelten. Ferner kann er den Besitz auch von Dritten herausverlangen. Dies ist bei vertraglichen Herausgabeansprüchen grundsätzlich nicht möglich (Ausnahme: § 546 II bei der Miete).

Beispiel: E hat sein Grundstück an K verkauft. Weil K noch nicht bezahlt hat, hat E ihm zwar den Besitz, aber noch nicht das Eigentum übertragen. K hat das Grundstück an P als Lagerplatz verpachtet. Da K den Kaufpreis nicht bezahlt, tritt E vom Kaufvertrag nach § 323 I zurück. E könnte nun zwar von K nach § 346 I Herausgabe des Besitzes verlangen, aber nicht von P, der nicht Vertragspartner des E ist. E könnte sich zwar von K dessen Herausgabeanspruch gegen P abtreten lassen (§§ 346 I, 285). E müsste dann aber warten, bis er P kündigen kann. § 985 gibt ihm jedoch einen selbstständigen Anspruch gegen P, den er ohne Kündigung geltend machen kann, weil es nach Beendigung des Rechtsverhältnisses mit K an einer lückenlosen Besitzrechtskette zwischen E und P fehlt. K ist nicht mehr zum Besitz berechtigt und P ist nur K, aber nicht E gegenüber zum Besitz berechtigt. E kann deshalb nach §§ 985, 986 von P Herausgabe des unmittelbaren Besitzes verlangen.

b) Verhältnis zu gesetzlichen Ersatzansprüchen. Der Anspruch 37
aus § 985 kommt aber auch neben den **gesetzlichen Ansprüchen** zB aus § 812, § 823 iVm § 249, §§ 861, 1007 zur Anwendung. Im Falle einer (zB wegen § 935) unwirksamen Verfügung des Nichtberechtigten kann der Eigentümer wählen, ob er nach § 985 Herausgabe verlangen oder nach Genehmigung (§ 185 II) der unwirksamen Verfügung gem. § 816 I 1 vom Nichtberechtigten den Erlös herausverlangen will. Ansprüche aus §§ 989, 990 sind neben § 816 I 1 möglich (→ § 22 Rn. 45), ebenso neben § 912 im Fall des nicht entschuldigten Überbaus (→ § 25 Rn. 34).

c) Verhältnis zum Erbschaftsanspruch. Der Vindikationsan- 38
spruch aus § 985 wird vom Erbschaftsanspruch aus **§ 2018** nicht verdrängt. § 2018 gibt dem Erben gegenüber demjenigen, der aufgrund eines ihm in Wirklichkeit nicht zustehenden Erbrechts etwas aus der Erbschaft erlangt hat, einen Herausgabeanspruch. Die §§ 2018 ff. weisen viele Parallelen zu den §§ 985 ff. auf. Es gibt jedoch auch wichtige **Unterschiede**. So ist § 2018 ein **Gesamtanspruch**, der sich auf den Nachlass schlechthin bezieht, während beim Anspruch aus § 985 die herauszugebenden Sachen (in der Klageschrift) im Einzelnen bezeichnet werden müssen. Weiterhin findet nach § 2019 dingliche Surrogation statt. Vor allem aber wird der redliche unverklagte Erbschaftsbesitzer im Hinblick auf seine Verwendungen weitergehend geschützt, da er grundsätzlich alle Verwendungen geltend machen kann (§ 2022).

Aufgrund dieser Besonderheiten muss in der Klausur mit § 2018 begonnen werden. Aus **§ 2029** ergibt sich nämlich, dass sich die Haftung des Erbschaftsbesitzers auch in Bezug auf Ansprüche, die dem Erben wegen einzelner Erbschaftsgegenstände zustehen, nach den Vorschriften der §§ 2018 ff. bestimmt. Auch wenn der Erbe seine Ansprüche auf die §§ 985 ff. stützt, darf die Haftung des Erbschaftsbesitzers also nicht weiter gehen als nach den §§ 2018 ff. (ausführlich *Röthel* Jura 2012, 947 ff.).

Empfehlungen zur vertiefenden Lektüre: *Effer-Uhe*, Die Folgen der Verjährung des Vindikationsanspruchs, AcP 215 (2015), 245; *Grotkamp*, Das Recht zum Besitz in der nichtehelichen Lebensgemeinschaft, AcP 216 (2016), 584; *Raue*, Grundriss EBV: Struktur, Anspruchsgrundlagen und Konkurrenzen, Jura 2008, 501; *H. Roth*, Das Eigentümer-Besitzer-Verhältnis, JuS 2003, 937; *Schreiber*, Der Herausgabeanspruch aus § 985 BGB, Jura 2005, 30; *Völzmann*, Der Eigentumsherausgabeanspruch gegen den gutgläubigen Werkunternehmer bei Verarbeitung bestellerfremder Sachen, JA 2005, 264.

Fälle und Klausuren: *Auer*, Wie gewonnen, so zerronnen, JuS 2007, 1122; *Derleder/Pallas*, Der Transportpark des Kleinunternehmers, JuS 1999, 367; *Deutsch*, Undank ist der Welten Lohn, JA 2007, 504; *v. Finkenstein/Kuschel*, Cabrio mit großer Schleife, JuS 2016, 717; *Gottwald* SachenR Fälle 90–93; *Jobst*, „Teures Pflaster“, JA 2013, 747; *Pajunk*, Die „geliehene“ Luftpumpe, JuS 2001, 42; *Stamm*, Autoverkauf auf Raten, JA 2004, 885; *Vieweg/Röthel* SachenR Fälle 14–66, 18.

§ 22. Die Ansprüche auf Nutzungsherausgabe und Schadensersatz

I. Grundlagen

1. Der Schutzzweck der §§ 987 ff.

1 Der Eigentümer, dem seine Sache zu Unrecht vorenthalten wurde, will im Einzelfall nicht nur ihre Herausgabe. Wenn der Besitzer Nutzungen gezogen hat (zB durch Gebrauchsvorteile oder in Form von Erzeugnissen der Sache, vgl. § 100), so wird der Eigentümer auch diese beanspruchen oder zumindest Wertersatz dafür wollen. Außerdem wird der Eigentümer an Schadensersatz interessiert sein, wenn der Besitzer die Sache beschädigt oder zerstört hat. Andererseits ist jedoch zu beachten, dass die Haftung auf Herausgabe von Nutzungen und auf Schadensersatz für den Besitzer eine kaum zumutbare Belastung darstellen kann.

Beispiel: A hat von B einen Gebrauchtwagen gekauft und bereits ein Jahr lang im guten Glauben, dass er Eigentümer sei, gefahren, als sich E meldet, dem der Wagen gestohlen worden ist. E kann von A ohne weiteres Herausgabe des Wagens nach § 985 verlangen. Müsste A aber auch die Nutzungen herausgeben, dh den Gebrauchswert des Wagens an E zahlen und für einzelne Beschädigungen Schadensersatz leisten, so wäre das für A, der ja den Kaufpreis an B bezahlt hat, eine außerordentliche Belastung; denn typischerweise wird keine Chance mehr bestehen, B noch ausfindig zu machen und auf Schadensersatz zu verklagen.

Die §§ 987 ff. verfolgen insoweit auch den Zweck, den gutgläubi- 2
gen Besitzer, der von seinem tatsächlich fehlenden Besitzrecht nichts ahnte, vor solchen Belastungen zu schützen. Sie enthalten spezielle **Sonderregeln zum Schutz des gutgläubigen, unverklagten Besitzers**. Ohne diese Regeln müsste der Besitzer sonst nämlich die Nutzungen als Bereicherung in sonstiger Weise gem. §§ 812 I 1 Alt. 2, 818 (Eingriffskondiktion) herausgeben und für Beschädigungen nach § 823 I auch schon bei leichtester Fahrlässigkeit (§ 276 II) Schadensersatz leisten.

Lediglich von einem **bösgläubigen oder verklagten Besitzer**, der damit rechnen muss, dass er die Sache an den Eigentümer herauszugeben hat, und sich auf diesen Fall vorbereiten kann, verlangt das Gesetz, dass er auch die Nutzungen herausgibt und Schadensersatz leistet. Der gutgläubige Besitzer, der auf sein Recht zum Besitz vertrauen durfte, soll dagegen grundsätzlich weder zur Herausgabe von Nutzungen noch zum Schadensersatz verpflichtet sein. Aus diesem Grunde machen die §§ 987, 989 die Haftung davon abhängig, dass entweder Rechtshängigkeit (§§ 987, 989) eingetreten ist oder der Besitzer hinsichtlich seines Besitzrechts nicht in gutem Glauben bzw. bösgläubig (§ 990) ist. In allen anderen Fällen ist der Besitzer grundsätzlich weder zur Nutzungsherausgabe noch zum Schadensersatz verpflichtet, vgl. § 993 I Hs. 2.

Merke: Den §§ 987 ff. kommt nach hM die Funktion von Schutzvorschriften zugunsten des gutgläubigen, unverklagten Besitzers zu, die insoweit die allgemeinen Vorschriften der §§ 812 ff., 823 verdrängen.

2. Vindikationslage als Voraussetzung

Die §§ 987 bis 993 gewähren dem Eigentümer, der vom Besitzer 3
Herausgabe verlangen kann, ergänzende Ansprüche. Diese Ansprüche bestehen nur, wenn die Voraussetzungen des **Eigentumsherausgabeanspruchs** erfüllt sind, also eine sog. Vindikationslage (→ § 21 Rn. 5 ff.) gegeben ist. Während der Anspruch aus § 985 den Hauptanspruch des Eigentümers betrifft, kann man die Ansprüche der §§ 987 ff. als Nebenansprüche bezeichnen. Insges. lassen sie zwischen

Eigentümer und Besitzer ein umfassendes Rechtsverhältnis entstehen, das „Eigentümer-Besitzer-Verhältnis" bzw. „EBV" (in Klausuren sollten aber keine Abkürzungen verwendet werden!).

Hinweis für die Klausur: Da die §§ 987 ff. andere Anspruchsgrundlagen wie etwa § 812 I oder § 823 verdrängen können (→ Rn. 36 ff.), müssen bei Vorliegen einer Vindikationslage stets erst die §§ 987 ff. geprüft werden.

4 Die **Vindikationslage** muss **im Zeitpunkt** der Entstehung des Anspruchs gegeben sein, also im Zeitpunkt der Nutzungsziehung oder der Beschädigung. Unerheblich ist, ob die Vindikationslage im Zeitpunkt der Geltendmachung des Anspruchs noch fortbesteht. Ist der Herausgabeanspruch in einem Vorprozess rechtskräftig festgestellt, so steht die Vindikationslage auch für Folgeprozesse, die Ansprüche aus den §§ 987 ff. betreffen, bindend fest (BGH NJW 2006, 63).

3. Rechtshängigkeit

5 Die §§ 987, 989 lassen den unrechtmäßigen Besitzer jedenfalls mit Eintritt der Rechtshängigkeit verschärft haften. Die Rechtshängigkeit ist ein prozessualer Begriff. Sie tritt ein, sobald der Eigentümer vor Gericht **Klage** gegen den Besitzer **erhoben** hat, was die Zustellung der Klage beim Beklagten voraussetzt (§§ 261 I, 253 I ZPO). Entscheidend ist die Rechtshängigkeit der Klage aus § 985 (BGH NJW 1979, 1529, 1531). Eine Klage auf Grundbuchberichtigung nach § 894 genügt dafür nicht, weil das Gericht dabei nicht über das Recht zum Besitz entscheidet. Bei Erhebung einer Klage aus § 985 besteht dagegen die Möglichkeit, dass neben der Frage des Eigentums auch über ein etwaiges Besitzrecht entschieden wird. Damit ist der Besitzer gewarnt. Er muss nunmehr damit rechnen, dass das Gericht der Klage stattgibt und er die Sache herausgeben muss. Deshalb muss er ab diesem Zeitpunkt auch die Nutzungen herausgeben (§ 987 I) und haftet auf Schadensersatz (§ 989).

4. Bösgläubigkeit

6 **a) Anfängliche Bösgläubigkeit.** Auch schon vor dem Zeitpunkt der Rechtshängigkeit tritt die Haftung des Besitzers ein, wenn er nicht in gutem Glauben ist (§ 990 I). Der gute Glaube muss sich darauf beziehen, dass der Besitzer meint, ein **Recht zum Besitz** und der damit verbundenen Nutzung zu haben, das er in Wirklichkeit nicht hat.

Insoweit ist zwischen anfänglicher und nachträglicher Bösgläubigkeit zu unterscheiden. **Anfängliche** Bösgläubigkeit liegt vor, wenn der Besitzer bereits **beim Erwerb des Besitzes** nicht in gutem Glauben war. Insoweit knüpft das Gesetz an die Regelung in § 932 II an. Danach fehlt der gute Glaube, wenn der Besitzer positiv weiß oder grob fahrlässig nicht weiß, dass er nicht zum Besitz berechtigt ist. Trifft dies zu, so haftet der Besitzer bereits ab diesem Zeitpunkt (§ 990 I 1). Grob fahrlässig handelt etwa, wer nahe der Grundstücksgrenze baut, ohne sich über den genauen Grenzverlauf zu vergewissern (BGH NJW 2003, 3621). Ein Erbe rückt nach § 857 in die Besitzposition des Erblassers ein und muss sich daher als bösgläubig behandeln lassen, wenn der Erblasser bösgläubig war.

Strittig ist, ob von einem „Besitzerwerb" iSv § 990 I 1 auch ge- 7
sprochen werden kann, wenn sich ein berechtigter Fremdbesitzer später zum unrechtmäßigen Eigenbesitzer „aufschwingt" (bejahend BGHZ 31, 129).

Fall 26 – Erbe sucht Maschine: T und U arbeiteten als Bauunternehmer auf derselben Baustelle. Als T überraschend starb, nahm U dessen Baumaschinen vorläufig in Verwahrung. Da die Maschinen bei U nicht gebraucht wurden, veräußerte der neue Werksleiter W des U die Maschinen kurze Zeit später in grob fahrlässiger Unkenntnis der Umstände. Der für den noch unbekannten Erben des T bestellte Nachlasspfleger N erhielt davon Kenntnis, unternahm aber nichts. Fünf Jahre später verlangt der nun ermittelte Erbe E des T von U Schadensersatz bzw. Herausgabe des Veräußerungserlöses. Zu Recht? (S. auch *Gottwald* SachenR Fall 98)

Lösungsskizze:

I. E könnte gegen U einen Anspruch auf Schadensersatz aus §§ 677, 681 S. 2, 667 Alt. 1, 280 I, III, 283 haben.

1. Die Inbesitznahme und Verwahrung der Maschinen erwies sich als Geschäftsführung ohne Auftrag, da U dadurch ein Geschäft des Eigentümers der Maschinen führte und auch Fremdgeschäftsführungswillen hatte.

2. Ein Schadensersatzanspruch aus Übernahmeverschulden, § 678, oder Ausführungsverschulden, §§ 677, 280 I, scheidet jedoch aus, weil die Übernahme des Geschäfts, also Inbesitznahme und Verwahrung der Maschinen, dem mutmaßlichen Willen und Interesse des E entsprach und die Veräußerung durch den Werksleiter nicht mehr in Geschäftsführung für E, dh mit Fremdgeschäftsführungswillen, erfolgte (aA für das Ausführungsverschulden *Schiemann* Jura 1981, 631, 640).

3. Allerdings könnte sich aus §§ 681 S. 2, 667 Alt. 1 ein Anspruch des E auf Herausgabe der Maschinen ergeben.

Zwar endete das GoA-Verhältnis, als U durch seinen Besitzdiener W Eigenbesitz (§ 872) an den Maschinen ergriff; jedoch können dadurch zuvor entstandene Ansprüche nicht mehr beseitigt werden. Die Voraussetzungen der §§ 681 S. 2, 667 Alt. 1 sind an sich erfüllt, allerdings ist U die Herausgabe der Maschinen nach deren Veräußerung unmöglich geworden. U haftet daher nach §§ 280 I, III, 283 iVm § 278 (Zurechnung des Verschuldens von W) auf Schadensersatz.

4. Dieser Anspruch ist jedoch gem. §§ 195, 199 I verjährt, da E sich die Kenntnis des N zurechnen lassen muss, §§ 1960 II, 1915, 1793 I 1, 166 I.

Ergebnis: Der Anspruch ist verjährt.

II. E könnte gegen U einen Schadensersatzanspruch aus §§ 989, 990 I haben.

1. Es müsste eine Vindikationslage zwischen E und U bestehen. Als „Verwahrer" im Rahmen einer GoA war U ursprünglich rechtmäßiger Fremdbesitzer. Bei der Veräußerung der Maschinen durch W als Besitzdiener handelte U wie ein Eigentümer, sodass in diesem Augenblick rechtmäßiger Fremdbesitz in unrechtmäßigen Eigenbesitz (§ 872) umgewandelt wurde (sog. „Aufschwingen" vom Fremd- zum Eigenbesitzer). In diesem Zeitpunkt lag somit ein Eigentümer-Besitzer-Verhältnis vor.

2. Weiter müssten die Voraussetzungen von § 990 I erfüllt sein. An sich war U im Zeitpunkt der Veräußerung unrechtmäßiger Besitzer und das Ergreifen des Eigenbesitzes erfolgte auch grob fahrlässig iSv § 932 II, sodass Bösgläubigkeit zu bejahen wäre. Allerdings formuliert § 990 I 1, dass der Besitzer „bei dem Erwerb des Besitzes nicht in gutem Glauben" gewesen sein muss. Bei der erstmaligen Besitzerlangung war U jedoch nicht bösgläubig. Insofern fragt sich, ob **die Umwandlung von rechtmäßigem Fremdbesitz in unrechtmäßigen Eigenbesitz** als neuer Besitzerwerb iSv § 990 I 1 angesehen werden kann.

– Der BGH (BGHZ 31, 129) bejaht dies, weil Fremd- und Eigenbesitz unterschiedlicher Natur seien und Regelungslücken ausgeschlossen werden müssten. Das Ergreifen von Eigenbesitz bzw. die Umwandlung von Fremd- in Eigenbesitz sei daher wie ein neuer Besitzerwerb zu behandeln, sodass § 990 I anwendbar sei (so auch Palandt/*Herrler* BGB Vor § 987 Rn. 11).

– Nach aA (zB *Baur/Stürner* SachenR § 11 Rn. 27) ist dies abzulehnen, weil § 990 nur auf den ersten Erwerb der Sachherrschaft iSv § 854 I abstelle. Eine spätere Veränderung des Besitzwillens sei daher einer neuen Besitzergreifung nicht gleichzustellen. Vielmehr kämen in solchen Fällen nur Ansprüche aus Vertragsverletzung oder Delikt in Betracht.

3. Der Streit kann allerdings dahinstehen, da auch ein Anspruch aus §§ 989, 990 I verjährt ist, §§ 195, 199 I. (Hinweis: Bei Urteilserlass von BGHZ 31, 129 galt noch das alte Verjährungsrecht, das für den Anspruch aus §§ 989, 990 I eine dreißigjährige Verjährungsfrist vorsah. Somit führte dieser Anspruch damals zum Ziel.)

Ergebnis: Infolge Verjährung wird E auch diesen Anspruch nicht durchsetzen können.

III. Ein Anspruch auf Herausgabe des Veräußerungserlöses aus §§ 816 I 1, 818 II ist den Voraussetzungen nach ebenfalls gegeben, sofern die Verfügung vom Erben E genehmigt wird (§ 185 II 1). Dieser Anspruch bleibt von den §§ 987 ff. unberührt. Er ist jedoch ebenfalls verjährt.

IV. E könnte gegen U einen Schadensersatzanspruch aus § 831 haben.
1. Ob die Anwendung der deliktsrechtlichen Vorschriften hier durch die §§ 987 ff. ausgeschlossenen wird, ist umstritten. Nach wohl hM besteht eine umfassende Sperrwirkung, die nur unter den Voraussetzungen des § 992 oder des Fremdbesitzerexzesses (→ Rn. 41 f.) durchbrochen wird. Nach aA gilt die Sperrwirkung allein zugunsten des gutgläubigen, unverklagten Besitzers (näher → Rn. 43).
2. Eine Eigentumsverletzung iSv § 823 I liegt vor, weil wohl nicht mehr festgestellt werden kann, wo sich die Maschinen jetzt befinden, und dem Erben als Eigentümer (vgl. §§ 857, 935) somit die Nutzungsmöglichkeit endgültig entzogen ist. Auch der weitere Tatbestand von § 823 I wäre erfüllt. W wiederum ist als Verrichtungsgehilfe des U einzuordnen, § 831. Für eine Exkulpation ist nichts vorgetragen.
3. Der Anspruch ist gem. §§ 195, 199 I an sich auch verjährt. Wenn und soweit jedoch der Ersatzpflichtige durch die unerlaubte Handlung auf Kosten des Geschädigten etwas erlangt hat, unterliegt der Schadensersatzanspruch in Höhe der eingetretenen Bereicherung gem. § 852 einer verlängerten Verjährung. Das passt hier, da U durch die Verletzung des Eigentums des E, nämlich durch den Verkauf der Maschinen, einen Veräußerungserlös erhalten hat, um den er (wohl noch) bereichert ist.
Ergebnis: Folgt man der Auffassung, die hier die §§ 823 ff. für anwendbar hält, so hat E gegen U einen Schadensersatzanspruch in Höhe des Veräußerungserlöses aus §§ 831, 852. Vertritt man die Gegenauffassung, entfällt auch dieser Anspruch.

b) Nachträgliche Kenntnis. Ist der Besitzer bei Besitzerwerb gutgläubig, so haftet er gleichwohl ab dem Zeitpunkt, ab dem er positiv erfährt, dass ihm kein Besitzrecht zusteht (§ 990 I 2). Anders als beim Besitzerwerb genügt jetzt nicht grobe Fahrlässigkeit, das Gesetz setzt **positive Kenntnis** voraus. Diese ist allerdings nicht nur bei sicherem Wissen vom fehlenden Recht zum Besitz zu bejahen, sondern auch, wenn dem Besitzer Umstände bekannt sind, aufgrund derer ein redlich Denkender sich der Kenntnis vom fehlenden Recht zum Besitz nicht verschließen würde (BGHZ 32, 76, 92; vgl. auch BGH NJW 2016, 3235). Die Beweislast für die Bösgläubigkeit des Besitzers trägt der Eigentümer (BGH NJW-RR 2017, 818). 8

Die **verschärfte Haftung** des Besitzers **endet**, wenn der zunächst bösgläubige Besitzer später gutgläubig wird, zB weil er einen mit dem Eigentümer nachträglich geschlossenen Vertrag ohne grobe Fahrlässigkeit dahin versteht, dass er ihm ein Besitzrecht einräumt, obwohl dies in Wirklichkeit nicht zutrifft. Ab dem Ende der Bösgläubigkeit ist § 990 I iVm §§ 987, 989 dann nicht mehr anwendbar (MüKoBGB/*Raff* § 990 Rn. 17; aA *Gursky* JR 1986, 225).

9 **c) Zurechnung des Wissens von Hilfspersonen.** Fraglich ist, auf wessen Wissen bzw. grob fahrlässiges Nichtwissen abzustellen ist, wenn sich der Besitzer einer Hilfsperson bedient.

Beispiel: Die von Chef C mit dem Einkauf einer Maschine beauftragte Angestellte A erkennt bei Vertragsschluss sehr verdächtige Umstände, die das Eigentum des Veräußerers V erheblich in Frage stellen. Gleichwohl kauft A die Maschine im Namen des C. Tatsächlich war die Maschine dem E gestohlen worden, sodass C nun unrechtmäßiger Besitzer ist. Ist C, der von nichts weiß und wusste, nun gutgläubiger oder bösgläubiger Besitzer? Davon hängt ab, ob C im Fall der Beschädigung des Rades nach den §§ 989, 990 gegenüber E haften müsste.

Der BGH geht generell von einer **Wissenszurechnung analog § 166 I** aus (BGHZ 41, 21; MüKoBGB/*Raff* § 990 Rn. 20 ff.). Der Geschäftsherr (im Beispiel: C) wird demgemäß so behandelt, als hätte er selbst die Kenntnis bzw. grob fahrlässige Unkenntnis vom fehlenden Besitzrecht gehabt. Eine andere Meinung wendet § 831 I analog an, weil die Ergreifung des Besitzes ohne Recht zum Besitz eine Eigentumsverletzung und damit einer unerlaubten Handlung vergleichbar sei (*Baur/Stürner* SachenR § 5 Rn. 15; *H. Roth* JuS 1997, 710, 711).

Die analoge Anwendung von § 166 I überzeugt. Eine direkte Anwendung scheidet aus, weil es nicht um die Abgabe von Willenserklärungen geht, sondern um die Frage der Wissenszurechnung. Im Normalfall geht es jedoch um Besitzerwerb im Rahmen eines Rechtsgeschäfts; und insoweit liegt der Gedanke des § 166 näher als des deliktsrechtlichen § 831. Die analoge Anwendung von § 166 bezieht sich dabei sowohl auf den Einsatz echter Vertreter des Geschäftsherrn als auch auf den Einsatz sonstiger Mitarbeiter (MüKoBGB/*Raff* § 990 Rn. 24). Der Geschäftsherr soll sich die gesamte Kenntnis der Person, derer er sich zum Abschluss von Rechtsgeschäften bedient, zurechnen lassen müssen, auch wenn es sich nicht um die rechtlichen Folgen einer Willenserklärung wie in § 166 I, sondern um die Kenntnis des aus dem Rechtsgeschäft abgeleiteten Rechts zum Besitz bzw. dessen Fehlens handelt.

Eine Ausnahme lässt sich aber für den Fall rechtfertigen, dass die Besitzerlangung nicht mit einem Rechtsgeschäft in Zusammenhang steht (Beispiel: Arbeiter des C nehmen als dessen Besitzdiener aus Versehen eine Maschine des E mit und benutzen diese). Hier passt wegen der damit verbundenen Eigentumsverletzung besser die analoge Anwendung von **§ 831 I.** Danach haftet der Besitzer bzw. Geschäftsherr nur, wenn er sich nicht für das Verhalten seiner Mitarbeiter exkulpieren kann.

Fall 27 – Die Hehlerei des Einkaufsleiters: Arbeitnehmer A arbeitet in der Textilfabrik des C. A unterschlägt öfters Stoffe, weil er in Einkaufsleiter E der Fashion-GmbH einen willigen Abnehmer gefunden hat. E, dem die Herkunft der Stoffe bekannt ist, veräußert sie im Namen der GmbH weiter an verschiedene Abnehmer. C verlangt daraufhin von der Fashion-GmbH Herausgabe des Verkaufserlöses und Schadensersatz wegen entgangenen Gewinns. Der GmbH-Geschäftsführer G lehnt dies mit dem Hinweis ab, dass er von den Machenschaften von A und E nichts gewusst habe. Wie ist die Rechtslage? 10

Lösungsskizze:

I. C könnte von der GmbH Herausgabe des Verkaufserlöses nach § 816 I 1 verlangen.

1. § 816 I 1 ist auch bei Vorliegen einer Vindikationslage zwischen C und der GmbH anwendbar (→ Rn. 45), da § 993 I Hs. 2 diesen Anspruch nicht verdrängt.

2. Die Voraussetzungen des § 816 I 1 sind erfüllt. Zwar hat die GmbH (durch ihre Organe bzw. deren Besitzdiener) als Nichtberechtigte über abhanden gekommene Sachen verfügt, sodass die Verfügungen an sich unwirksam sind, §§ 929, 932, 935 I. Wenn C sie genehmigt, §§ 184 I, 185 II, werden die Verfügungen jedoch wirksam. Im Herausgabeverlangen liegt die konkludente Genehmigungserklärung.

Ergebnis: C kann Herausgabe des Verkaufserlöses aus § 816 I 1 verlangen.

II. C könnte gegen die GmbH einen Anspruch auf Schadensersatz aus §§ 989, 990 I haben.

1. Eine Vindikationslage liegt vor, da die GmbH als Besitzerin gegenüber dem Eigentümer C nicht zum Besitz berechtigt war.

2. Die GmbH müsste bei Besitzerwerb bösgläubig gewesen sein, § 990 I 1. Bei juristischen Personen ist insoweit auf das Organ (§ 31 analog) abzustellen, bei der GmbH somit auf den Geschäftsführer (§§ 13, 6 GmbHG). Der vertretungsberechtigte Geschäftsführer G war hier gutgläubig; es könnte allerdings sein, dass er sich die Bösgläubigkeit seines Einkaufsleiters E zurech-

nen lassen muss. Wie man das dogmatisch am stimmigsten begründet, ist umstritten.

a) § 278 betrifft nur die Zurechnung von Verschulden, nicht aber von Kenntnissen, und passt daher nicht.

b) Für die Zurechnung könnte man jedoch auf § 831 I analog oder § 166 I analog zurückgreifen. Für die Anwendung des § 831 I analog könnte sprechen, dass Fälle der Schadensersatzhaftung nach §§ 989, 990 eine sachliche Nähe zu den Tatbeständen der unerlaubten Handlung aufweisen. Beim vorliegenden Erwerb durch (nichtiges) Rechtsgeschäft dürfte indes das Modell des § 166 näher liegen. Die Rspr. (BGHZ 32, 53; 41, 21) wendet § 166 I analog an, wenn der Angestellte beim Erwerb (wie ein Stellvertreter) frei entscheiden konnte, ob und was er einkauft. War der Angestellte hingegen weisungsgebunden, kann man mit § 166 II arbeiten oder – mit der Chance einer Exkulpationsmöglichkeit – auf die Wertung des § 831 I abstellen (so Palandt/*Herrler* BGB § 990 Rn. 6). Letzteres kann hier aber dahinstehen. Vorliegend war E als Einkaufsleiter ein leitender Mitarbeiter mit eigenem Entscheidungsspielraum. Demgemäß passt der Gedanke des § 166 I am besten. G muss sich daher die Bösgläubigkeit des E zurechnen lassen.

3. Zu ersetzen ist der eingetretene Schaden, der nach den §§ 249ff. zu berechnen ist. Dieser Betrag kann im Einzelfall höher liegen als der tatsächlich erzielte Veräußerungserlös.

Ergebnis: C kann von der GmbH Schadensersatz gem. §§ 989, 990 I verlangen.

11 **d) Bösgläubigkeit von Minderjährigen.** Ein ähnliches Problem stellt sich beim Besitzerwerb durch Minderjährige. Schließen die Eltern als ges. Vertreter (§ 1629 I) das dem Besitzerwerb zugrunde liegende Rechtsgeschäft, so kommt es entsprechend § 166 I auf ihr Wissen an.

Sind die Eltern am Besitzerwerb nicht beteiligt, ist nach hM wiederum zu unterscheiden (BeckOK BGB/*Fritzsche* § 990 Rn. 26; Staudinger/*Gursky* BGB § 990 Rn. 39ff.). Hat der Minderjährige den Besitz im Rahmen einer rechtsgeschäftlichen Leistungsbeziehung erworben, so soll sich der **Minderjährigenschutz** voll entfalten. Für die Beurteilung der Bösgläubigkeit ist daher auf die §§ 104ff. und § 166 abzustellen; entscheidend ist somit der Kenntnisstand des gesetzlichen Vertreters, vgl. § 166 I. Erlangte der Minderjährige den Besitz jedoch auf andere Weise, insbes. durch unerlaubte Handlung, verdient er lediglich den Schutz, den ihm das Deliktsrecht gewährt. Demgemäß ist analog § 828 III auf die Einsichtsfähigkeit des Minderjährigen selbst abzustellen (s. BGHZ 55, 128, 135 zu § 819).

Beispiel: Die 17-jährige Schülerin S erwirbt mit Hilfe ihres Taschengelds unter zwielichtigen Umständen für nur 50 EUR ein hochwertiges Handy. Da hier rechtsgeschäftlicher Erwerb vorliegt, ist im Hinblick auf die Gutgläubigkeit analog §§ 107 ff. auf die Kenntnis der Eltern abzustellen. Solange diese von den Umständen nichts wissen, ist S nicht bösgläubige Besitzerin. S muss das Handy zwar nach § 985 an den Eigentümer herausgeben, würde im Fall einer Beschädigung aber nicht auf Schadensersatz haften.

II. Ansprüche auf Nutzungsherausgabe

1. Der Anspruch aus § 987 I

a) **Anspruchsvoraussetzungen. Nach Rechtshängigkeit** sowie im Falle der **Bösgläubigkeit** ist der unrechtmäßige Besitzer nicht mehr schutzwürdig. Er hat deshalb die nach diesem Zeitpunkt gezogenen Nutzungen an den Eigentümer herauszugeben (§ 987 I bzw. § 990 I iVm § 987 I). Für den Anspruch auf Nutzungsherausgabe müssen folgende Voraussetzungen erfüllt sein: 12

Voraussetzungen des Anspruchs aus § 987 I
1. Vindikationslage 2. Ziehung von Nutzungen durch den Besitzer 3. nach Rechtshängigkeit (§ 987 I) oder nach Eintritt der Bösgläubigkeit (§ 990 I)

b) **Ziehung von Nutzungen. Nutzungen** sind nach § 100 die **Früchte** (s. § 99) sowie die Gebrauchsvorteile der Sache. Die Nutzungen sind, soweit es sich um selbstständige Gegenstände handelt, in Natur herauszugeben (zB die Jungen eines Tieres, Obst von Bäumen, Steine aus dem Steinbruch). Der Anspruch aus §§ 987 I, 990 I besteht gerade auch dann, wenn der Besitzer nach §§ 955 ff. Eigentum an den Früchten erworben hat (dazu → § 11 Rn. 4 ff.). Die §§ 987 I, 990 I korrigieren den Eigentumserwerb nach §§ 955 ff., indem sie den Besitzer verpflichten, das an den Früchten erworbene Eigentum auf den Eigentümer der Hauptsache zu übertragen. 13

Für **Gebrauchsvorteile** (etwa an einem Auto oder einer Wohnung), die nicht in Natur herausgegeben werden können, ist der **Wert zu ersetzen** (BGHZ 39, 186; 63, 365, 368). Erfolgt die Nutzung einer Wohnung durch **Vermietung**, kann der Eigentümer (nur) die tatsächlich vereinnahmte Miete herausverlangen (BGH NJW 2002,

60). Bei Eigennutzung der Wohnung durch den Besitzer ist der objektive Mietwert zugrunde zu legen (BGH NJW-RR 2009, 1522).

Beispiel (nach BGH NJW 2008, 2333): Die alte A und ihr Lebensgefährte L wohnen unverheiratet in der Wohnung der A. Als A an Demenz erkrankt, wird für sie der Betreuer B bestellt, der die Einweisung der A in ein Pflegeheim bewirkt. Zugleich erklärt B dem L die „Kündigung". Wenn L nun gleichwohl nicht auszieht, so müsste er ab sofort nach §§ 987 I, 990 I eine **Nutzungsentschädigung** für die Wohnung leisten. Ein Besitzrecht des L an der Wohnung, das während der nichtehelichen Lebensgemeinschaft auf der tatsächlichen Gestattung durch A beruhte, ist mit der „Kündigungserklärung" des Betreuers entfallen. Gleichzeitig erhielt L Kenntnis von seinem fehlenden Besitzrecht, sodass er nun bösgläubig ist und nach §§ 987 I, 990 I haftet. Als Nutzungsersatz ist die ortsübliche Miete zu zahlen. Dieses Ergebnis hätte vermieden werden können, wenn A rechtzeitig ein dingliches Wohnrecht (§ 1093) zugunsten von L bestellt hätte.

14 Der Eigentümer kann **Nutzungsherausgabe nur insoweit** verlangen, als ihm die jeweiligen Erlöse aufgrund seines Eigentums rechtlich zugewiesen sind. Verkauft zB der bösgläubige Besitzer auf dem Grundstück des Eigentümers Waren, so ist der aus dem Warenverkauf erzielte Erlös rechtlich nicht dem Grundstückseigentum zugewiesen und kann deshalb nicht vom Eigentümer als Nutzung herausverlangt werden.

Bei **unberechtigter Untervermietung** (etwa einer Wohnung) **während der vereinbarten Mietzeit** hat der Eigentümer bzw. Vermieter keine Ansprüche auf Herausgabe des Untermietzinses, da Besitz- und Nutzungsrechte solange allein dem Mieter zustehen und ohnehin keine Vindikationslage gegeben ist (BGHZ 131, 297; BGH NJW 2012, 3572). Anders liegt es aber, wenn der Mieter die Untervermietung erst vornimmt, nachdem der **Mietvertrag bereits beendet** und der Herausgabeanspruch rechtshängig geworden ist. In diesem Fall besteht eine Vindikationslage und der Eigentümer kann die Untermiete als Nutzung herausverlangen (§§ 546 I, 292 II, 987 I). Mit Wegfall des Besitzrechts des Mieters ist die Nutzung der Wohnung nämlich allein dem Eigentümer zugewiesen und somit auch die **Untermiete** als Ertrag iSv § 99 III (BGH NJW-RR 2009, 1522). Wird zugleich der Untermieter verklagt, schuldet ggf. auch er Nutzungsersatz aus §§ 987, 990 (BGH NZM 2014, 582). Dann kann sich die Frage stellen, wie sich die Ansprüche gegen Mieter und Untermieter zueinander verhalten.

Beispiel (nach BGH NZM 2014, 582): Trotz Beendigung des Mietvertrags und vorliegendem Räumungsurteil gibt Mieter M das Haus nicht an Vermieter/Eigentümer E zurück, sondern vermietet zwei Zimmer an Untermieter U, der das Räumungsurteil kennt. Hier schuldet M dem E vollen Nutzungsersatz für das Haus aus § 987 I. U wiederum haftet dem E aus §§ 987, 990 I 1, 991 I auf Nutzungsersatz für die von ihm besessenen Zimmer. Da die Ansprüche von E gegen M und U insoweit unterschiedliche Inhalte haben, liegt keine **Gesamtschuld** iSv § 421 vor. Zur Vermeidung einer unstatthaften doppelten Befriedigung des Eigentümers ist die Regelung in § 426 in solchen Fällen jedoch entsprechend anzuwenden. Hat M bereits an E geleistet, schuldet U somit nichts mehr; hat U an E geleistet, schuldet M nur noch einen Teilbetrag.

Weiterhin kann der Eigentümer Ersatz nur für die Nutzungen fordern, die objektiv aus der Sache in ihrem bisherigen Zustand gezogen werden konnten (objektiver Mietwert). War etwa ein Haus bislang unbewohnbar und wird es erst durch **Investitionen** des Besitzers nutzbar bzw. vermietbar, so kann der Eigentümer keinen Nutzungsersatz verlangen. Entsprechendes gilt für Gebrauchsvorteile, die auf werterhöhenden Investitionen des Besitzers beruhen (BGHZ 109, 179, 191). Solche Investitionen müssen bei der Bemessung des objektiven Mietwerts außer Ansatz bleiben (BGH NJW 1992, 892). Ein Gewinn, der ausschließlich auf der besonderen Leistung und den Fähigkeiten des Schuldners beruht, ist somit nicht herauszugeben (BGH NJW-RR 2009, 1522).

c) Anwendung der Saldotheorie. Werden Nutzungsersatzansprüche im Zusammenhang mit der Rückabwicklung nichtiger oder fehlgeschlagener Verträge geltend gemacht, können Ansprüche aus den §§ 987 ff. mit **bereicherungsrechtlichen Ansprüchen** (zB auf Rückzahlung des Kaufpreises) zusammentreffen. Insoweit wendet der BGH einheitlich die **Saldotheorie** an (BGH NJW 1995, 2627, 2628), um Wertungswidersprüche zwischen Bereicherungsrecht und Vindikationsrecht zu vermeiden. Der rechtsgrundlose Besitzer soll nicht besser stehen als der rechtsgrundlose Eigentümer. Es kann demnach nur derjenige einen Anspruch geltend machen, für den bei der vom Gericht von Amts wegen vorzunehmenden Verrechnung ein Überschuss verbleibt. 15

Beispiel: A will das Hausgrundstück des B kaufen. Obwohl der Kaufvertrag noch nicht zustande gekommen ist, zahlt A schon den Kaufpreis an B. Dafür überlässt B dem A bereits den Besitz an dem Grundstück. A investiert in das Gebäude. Nachdem der endgültige Vertragsschluss wider Erwarten scheitert, verklagt B den A auf Rückgabe des Grundstücks. A räumt das Grundstück gleichwohl nicht, sondern zieht nun Nutzungen durch Vermietung. Hier schuldet A ab Rechtshängigkeit Nutzungsersatz nach § 987 I, allerdings nur in dem Umfang der objektiven Marktmiete, wie sie vor Vornahme der Investitionen zu erzielen war. Für die Rückabwicklung gilt dabei die Saldotheorie. Der Anspruch des Käufers auf Rückzahlung des Kaufpreises aus § 812 I 1 Alt.

1 ist mit dem Nutzungsersatzanspruch des Eigentümers zu verrechnen. A steht gegenüber dem Herausgabeanspruch des B ein Zurückbehaltungsrecht also nur in Höhe eines zu seinen Gunsten verbleibenden Saldos zu. Soweit A zudem wegen seiner Investitionen ein Verwendungsersatzanspruch gegen B zustehen sollte, wäre auch dieser Anspruch mit zu verrechnen.

2. Der Anspruch aus § 987 II

16 § 987 I erfasst nur die **Nutzungen**, die der Besitzer auch **tatsächlich zieht**. Nicht gezogene Nutzungen sind grundsätzlich nicht zu ersetzen. § 987 II macht nur für den Fall eine Ausnahme, dass der Besitzer Nutzungen vorsätzlich oder fahrlässig nicht zieht, obwohl er sie nach den Regeln einer **ordnungsmäßigen Wirtschaft** ziehen könnte. Dann muss er Ersatz leisten. Der Besitzer darf also, wenn er aufgrund der Rechtshängigkeit oder wegen seiner Bösgläubigkeit mit der Herausgabe rechnen muss, die Sache nicht einfach brachliegen lassen.

Beispiel: A hat von E ein Obstgrundstück gekauft und von E den Besitz des eingezäunten Grundstücks eingeräumt erhalten. E behauptet, dass der Kaufvertrag wegen eines angeblichen Formfehlers nichtig sei (§§ 125, 311b I) und verlangt von A Herausgabe des Besitzes. Nach Erhebung der Klage durch E kümmert sich A nicht mehr um das Grundstück und lässt das Obst verfaulen. Dies entspricht nicht den Regeln einer ordnungsmäßigen Wirtschaft. A ist deshalb ab Eintritt der Rechtshängigkeit nach § 987 II bzw. bei Bösgläubigkeit nach §§ 987 II, 990 I dem E zum Ersatz des Wertes verpflichtet, der E bei ordnungsgemäßer Nutzziehung durch A nach § 987 I zugestanden hätte.

3. Anspruch auf Nutzungsherausgabe aus § 988

17 **a) Unentgeltlicher Besitzerwerb.** Eine Ausnahme von dem Grundsatz, dass der Besitzer nur bei Rechtshängigkeit oder Bösgläubigkeit auf Nutzungsherausgabe haftet, macht § 988 für den Fall, dass der gutgläubige Besitzer den **Besitz unentgeltlich** erlangt hat. Der Besitzer muss dann auch die vor Rechtshängigkeit tatsächlich gezogenen Nutzungen nach den Vorschriften des Bereicherungsrechts herausgeben (§ 988). Grund für diese verschärfte Haftung ist das generell geringere Schutzbedürfnis bei unentgeltlichem Erwerb (s. auch § 816 I 2 und § 822). In diesen Fällen erscheint das Schutzbedürfnis des Eigentümers größer.

Mit dem Verweis auf das Bereicherungsrecht wird dem Besitzer aber die Berufung auf den **Wegfall der Bereicherung** (§ 818 III) ermöglicht. Er kann alle Aufwendungen, die in innerem Zusammenhang mit der Nutzung auf die Sache gemacht wurden, von dem Anspruch aus § 988 auf Nutzungsherausgabe abziehen, ohne dass die Voraussetzungen eines Verwendungsersatzanspruchs gem. §§ 994 ff. vorzuliegen brauchen (BGH NJW 1998, 989; enger Staudinger/*Gursky* BGB § 988 Rn. 10, 14). Beim gutgläubig unentgeltlichen Besitzer soll eben nur die wirklich noch vorhandene Bereicherung als Saldo aus den Nutzungsvorteilen abzüglich der auf die Sache gemachten Aufwendungen abgeschöpft werden.

Voraussetzungen des Anspruchs aus § 988
1. Vindikationslage 2. Ziehung von Nutzungen durch Eigenbesitzer oder Fremdbesitzer mit vermeintlichem Nutzungsrecht 3. Unentgeltlicher Besitzerwerb 4. Besitzer ist redlich und unverklagt

Auch bei § 988 muss grundsätzlich eine **Vindikationslage** zum Zeitpunkt der Nutzungsziehung bestanden haben. Der Besitzer muss redlich und unverklagt sein; andernfalls ergibt sich der Anspruch aus § 987 I bzw. §§ 990 I, 987 I. § 988 findet nicht nur auf den gutgläubigen Eigenbesitzer und den Fremdbesitzer Anwendung, der aufgrund eines vermeintlichen dinglichen Nutzungsrechts besitzt, sondern auch auf einen **Fremdbesitzer**, der ein schuldrechtliches unentgeltliches Nutzungsrecht gegenüber dem Eigentümer zu haben glaubt, das aber in Wirklichkeit als relatives Recht gegenüber einem Dritten besteht und deshalb dem Eigentümer nicht entgegen gehalten werden kann (RGZ 163, 348, 353). 18

Beispiel: D hat das Fahrrad des E gestohlen und dem redlichen B geliehen. B ist Fremdbesitzer und vertraut auf ein obligatorisches Nutzungsrecht aus der Leihe (§ 598). B ist aber unrechtmäßiger Besitzer, weil er sein vertragliches Besitzrecht nicht dem E entgegenhalten kann. Da B das Nutzungsrecht unentgeltlich erlangt hat, kann E daher von ihm Nutzungsersatz verlangen.

b) Rechtsgrundloser Besitzerwerb. Strittig ist, ob § 988 analog zur Anwendung kommt, wenn **rechtsgrundloser** Besitzerwerb vorliegt. Die hM befürwortet für die Rückabwicklung fehlgeschlagener Vertragsverhältnisse eine unmittelbare Anwendbarkeit der §§ 812 ff. neben den §§ 987 ff., der BGH hingegen will § 988 analog anwenden. 19

Fall 28 – Rechtsgrundlose Nutzungen: Der unerkannt geisteskranke D verkauft sein neues Fahrrad für 400 EUR an den ahnungslosen K, der das Rad für 50 EUR eine Woche an M vermietet. Danach wird für D der Betreuer B bestellt, der nun von K das Rad und die eingenommenen 50 EUR herausverlangt. Zu Recht?

Lösungsskizze:

I. D kann, vertreten durch seinen Betreuer (§ 1902), von K **Herausgabe** des Fahrrads aus **§ 985** verlangen. Die Übereignung nach § 929 S. 1 war wegen der Geisteskrankheit des D nichtig, §§ 104 Nr. 2, 105 I, sodass D Eigentümer geblieben ist.

II. Ein Anspruch auf Nutzungsersatz aus §§ 987 I, 990 I 1 besteht mangels Bösgläubigkeit des K nicht.

III. Der Anspruch auf Nutzungsersatz könnte sich aber aus § 988 analog ergeben. Die eingenommene Miete ist als Rechtsfrucht eine Nutzung iSv §§ 99 III, 100. Eine unmittelbare Anwendung von § 988 scheidet aber aus, weil K den Besitz nicht unentgeltlich, sondern gegen Bezahlung erworben hat. Allerdings war vorliegend auch der Kaufvertrag nichtig, sodass gar keine wirksame Gegenleistungsverpflichtung des K bestand. Unter diesen Umständen könnte es nahe liegen, den unentgeltlichen und den rechtsgrundlosen Besitzer gleich zu behandeln. Denn in der Tat würde es verwundern, wenn K hier nicht zu Nutzungsersatz verpflichtet wäre. Wäre nämlich nur der Kaufvertrag nichtig, die Übereignung aber wirksam, so wäre keine Vindiktationslage gegeben und K wäre bei der bereicherungsrechtlichen Rückabwicklung nach §§ 812 I 1 Alt. 1, 818 I, II durchaus zum Nutzungsersatz verpflichtet. Es kann kaum sein, dass K nun – da die Übereignung ebenfalls nichtig ist und „zufällig" auch eine Vindikationslage gegeben ist – besser steht. Der unrechtmäßige Besitzer soll mindestens im gleichen Umfang zur Nutzungsherausgabe verpflichtet sein wie derjenige, der infolge wirksamer Übereignung Eigentümer wurde.

Der BGH (BGHZ 32, 76, 94) löst diesen Wertungswiderspruch, indem er § 988 hier analog anwendet. Folgt man dem, kommt man über die Rechtsfolgenverweisung des § 988 ins Bereicherungsrecht. Die hM im Schrifttum (Palandt/*Herrler* BGB § 988 Rn. 8; *Medicus/Petersen* BürgerlR Rn. 600) lehnt die Analogie überzeugend mit Verweis auf den Wortlaut des § 988 ab; schließlich wird in Fällen dieser Art tatsächlich eine Gegenleistung erbracht. Doch auch nach der hM soll der Besitzer hier auf Nutzungsersatz haften. Das wird dadurch erreicht, dass man ausnahmsweise die direkte Anwendung der §§ 812 ff. zulässt. Der durch § 993 I Hs. 2 gewährleistete Schutz des gutgläubigen Besitzers erfährt insoweit eine teleologische Einschränkung, da der Gesetzgeber bei der Schaffung der §§ 987 ff. die Fälle der fehlgeschlagenen Leistungsbeziehungen übersehen hat.

Ergebnis: Nach beiden Auffassungen haftet K auf Nutzungsersatz, je nach Begründung aus §§ 812 I 1 Alt. 1, 818 II oder aus §§ 988, 818 II.

Wie das vorangegangene Beispiel gezeigt hat, kommt man im Zweipersonenverhältnis nach beiden Auffassungen zum gleichen Ergebnis. Komplizierter wird es jedoch im **Dreipersonenverhältnis**. 20

Beispiel (Variante zu Fall 28): Der geschäftsunfähige D hatte das Fahrrad zuvor dem Eigentümer E gestohlen und dann erst an den gutgläubigen K verkauft. Nun verlangt E von K Herausgabe des Fahrrads und Nutzungsersatz.

K muss das Rad an E nach § 985 herausgeben. Fraglich ist aber, was für die Nutzungen gilt. Folgt man hier der Auffassung des BGH, wonach K gem. §§ 988, 818 II auf Nutzungsersatz haftet, so müsste man dem K aber auch erlauben, sich darauf zu berufen, dass er in Höhe des an D gezahlten Kaufpreises entreichert ist. Schließlich war die Kaufpreiszahlung ja nötig, um überhaupt in den Genuss des Besitzes und der Nutzungen zu kommen. Das ist dogmatisch aber nicht leicht zu begründen, da die vorangegangene Kaufpreiszahlung keine Entreicherung iSv § 818 III darstellt.

Folgt man der hM im Schrifttum, die hier die §§ 812ff. direkt anwendet, so ergibt sich, dass eine Haftung von K gegenüber E gem. § 812 I 1 Alt. 2 wegen des Vorrangs der Leistungskondiktion ausscheidet. Denn der hier streitgegenständliche Besitz an dem Rad ist K von D geleistet worden. Damit ist K lediglich den Ansprüchen von D ausgesetzt; von ihm kann er aber bei der Rückabwicklung des Vertrags Zug-um-Zug auch die Rückzahlung des Kaufpreises verlangen. Das schutzwürdige Interesse des K am Erhalt seiner Gegenrechte wird somit effektiv geschützt. Auf diese Weise lässt sich am besten ein Gleichklang mit den Fällen erreichen, in denen nur der Kaufvertrag nichtig ist. Daher verdient die hM den Vorzug.

4. Weitergehende Ansprüche bei Übermaßfrüchten

Eine weitere Einschränkung vom Schutz des gutgläubigen, unverklagten Besitzers macht § 993 I für den Fall, dass der Besitzer nicht nur die üblichen Nutzungen gezogen, sondern eine Fruchtziehung im Übermaß vorgenommen hat. Wer die Sache über die Grenzen einer ordnungsgemäßen Wirtschaft hinaus regelrecht ausbeutet, erscheint eben weniger schutzwürdig. In diesem Fall muss auch der gutgläubige Besitzer alle **tatsächlich gezogenen Früchte** (§ 99) herausgeben. Auch hier ist die Haftung aber durch § 818 III begrenzt. 21

5. Schutz des gutgläubigen Besitzers

Sieht man von den vorgenannten Fallgruppen ab, darf der gutgläubige Besitzer jedoch darauf vertrauen, dass er den Besitz behalten und selbst die Nutzungen ziehen darf. Das Gesetz will ihn in seinem diesbezüglichen Vertrauen schützen und ihn nicht rückwirkend für die Zeit vor Rechtshängigkeit oder Bösgläubigkeit auf Nutzungsherausgabe haftbar machen (s. § 993 I Hs. 2). Etwaige Ansprüche aus 22

§§ 812, 823 sind durch die Spezialregelung der §§ 987, 988 insoweit verdrängt (→ Rn. 41 ff.).

23 Bei einer **Besitzmittlungskette** nach **§ 991 I** wird dieser Schutz dem unmittelbaren Besitzer auch dann gewährt, wenn er selbst zwar bösgläubig, der Oberbesitzer aber gutgläubig ist.

Beispiel: A hat einen vermeintlich ihm gehörenden Computer, dessen Eigentümer in Wirklichkeit E ist, an M vermietet. E teilt dem M, nicht aber dem A mit, dass er Eigentümer sei. Damit ist zwar M, nicht aber A bösgläubig nach § 990 I 2. Gleichwohl kann E nach § 991 I von M nicht Herausgabe der aus dem Gebrauch des Computers gezogenen Nutzungen in Form einer Miete verlangen, solange A gutgläubig ist. Damit soll verhindert werden, dass M bei A gem. §§ 536 III, 536a Regress nimmt und A dann trotz seiner Gutgläubigkeit doch haften müsste.

III. Ansprüche auf Schadensersatz

1. Haftung nach §§ 989, 990 I bei Rechtshängigkeit oder Bösgläubigkeit

24 Der Schutz des gutgläubigen Besitzers, dem die §§ 987 ff. dienen, zeigt sich va auch darin, dass er vor Rechtshängigkeit grundsätzlich nicht auf Schadensersatz haftet. Das stellt § 993 I Hs. 2 ausdrücklich klar. **Erst nach Rechtshängigkeit** (§ 989; → Rn. 5) **oder nach Bösgläubigkeit** (§§ 989, 990 I; → Rn. 6 f.) haftet der Besitzer auf Schadensersatz, wenn infolge seines Verschuldens die Sache in ihrem Zustand verschlechtert wird oder von ihm nicht herausgegeben werden kann. Es gelten insoweit folgende Voraussetzungen:

Anspruch auf Schadensersatz aus §§ 989, 990 I
1. Vindikationslage 2. Verschlechterung, Untergang oder sonstige Unmöglichkeit der Herausgabe der Sache 3. zu einem Zeitpunkt nach a) Rechtshängigkeit des Herausgabeanspruchs, § 989, oder b) bösgläubigem Besitzerwerb, § 990 I 1, oder c) Eintritt der Kenntnis vom fehlenden Besitzrecht, § 990 I 2 4. Verschulden 5. Schaden

a) Die Vindikationslage. Oft ist im Gutachten ohnehin zunächst ein Anspruch aus § 985 zu prüfen, sodass man für die Prüfung des Eigentümer-Besitzer-Verhältnisses dann nach oben verweisen kann. Andernfalls müssen die Voraussetzungen des Herausgabeanspruchs bzw. des unrechtmäßigen Besitzes inzident im Rahmen des Schadensersatzanspruchs als Erstes geprüft werden. Unschädlich ist dabei, dass der Anspruch aus § 985 jetzt deswegen nicht mehr besteht, weil die Sache inzwischen zerstört wurde oder aus sonstigen Gründen nicht herausgegeben werden kann. Gerade in diesem Fall wird der Schadensersatzanspruch für den Eigentümer ja besonders wichtig. Entscheidend ist allein, dass die Vindikationslage **zur Zeit der Schadenszufügung** bestand. 25

b) Verschlechterung, Untergang oder sonstige Unmöglichkeit der Herausgabe. Verschlechterung meint jede körperliche Beschädigung der Sache und jede Beeinträchtigung ihrer Funktionstauglichkeit, die durch unsachgemäße Behandlung, nicht ordnungsgemäße Unterhaltung oder als Abnutzung durch normalen Gebrauch der Sache eingetreten ist. Nicht davon erfasst wird aber der allgemeine Wertverlust infolge Zeitverlaufs. Auch bloße Vorenthaltungsschäden werden von den §§ 989, 990 I nicht abgedeckt; diese werden allein über die §§ 992, 823ff. oder §§ 990 II, 280 II, 286 erfasst (→ Rn. 35). 26

Untergang der Sache ist im Fall des Verlusts der rechtlichen Selbstständigkeit der Sache gem. §§ 946ff. sowie bei ihrer physischen Vernichtung infolge von Verbrauch oder Zerstörung gegeben. Die **sonstige Unfähigkeit** des Besitzers zur Herausgabe der Sache betrifft jeden sonstigen die Vindikation vereitelnden Besitzverlust beim Anspruchsgegner, insbes. die Besitzweitergabe zum Zweck der Veräußerung an einen Dritten.

c) Zeitpunkt: Nach Rechtshängigkeit/Bösgläubigkeit. Die Verschlechterung etc muss zu einem **Zeitpunkt** erfolgt sein, in dem der Besitzer nicht mehr schutzwürdig war, sei es, weil er von Anfang an hinsichtlich seines Besitzrechts bösgläubig war (§ 990 I 1) oder weil er inzwischen vom fehlenden Besitzrecht positiv wusste (§ 990 I 2) oder der Herausgabeanspruch rechtshängig (§ 989) war. Solange der Besitzer jedoch hinsichtlich seines Besitzrechts gutgläubig ist, haftet er nicht. 27

Beispiel: Die unerkennbar geschäftsunfähige E verkauft dem D einen DVD-Player. D stellt die Anlage in seiner Wohnung auf ein niedriges Sideboard.

Dort wird die Anlage leider bald von seiner zweijährigen Tochter entdeckt und unverzüglich völlig zertrümmert. Nun meldet sich der Betreuer der E und verlangt von D Schadensersatz wegen des zerstörten Eigentums der E.

Hier konnte D von E, da deren dingliche Einigung nichtig war (§§ 104 Nr. 2, 105 I), kein Eigentum erwerben. Auch der Kaufvertrag ist nichtig, sodass sich daraus für D kein Besitzrecht (§ 986) ergibt. Somit ist eine Vindikationslage gegeben. Eine verschuldete Verschlechterung der Sache iSv § 989 liegt vor, weil D fahrlässigerweise die Zerstörung der Anlage durch seine Tochter nicht verhindert hat. D war aber weder verklagt, § 989, noch bösgläubig gem. § 990 I, da er bei Besitzerlangung an sein Besitzrecht infolge wirksamer Übereignung glaubte und glauben durfte und auch später keine positive Kenntnis von seinem fehlenden Recht zum Besitz erlangte. Deshalb scheidet eine Haftung nach §§ 989, 990 I aus. D haftet auch nicht aus § 823 (→ Rn. 41).

28 **d) Das Verschulden.** Das Verschulden, das nach hM entsprechend dem **Verschuldensmaßstab des § 276** Vorsatz und jede Fahrlässigkeit umfasst (vgl. nur Palandt/*Herrler* BGB § 989 Rn. 5), muss sich auf die Verschlechterung oder die Unmöglichkeit der Herausgabe beziehen. Es ist also zu unterscheiden zwischen der Kenntnis bzw. der grob fahrlässigen Unkenntnis vom Mangel des Rechts zum Besitz, die zur Bösgläubigkeit führen, und dem Verschulden, das bezüglich der Verschlechterung und der Unmöglichkeit vorliegen muss und für das auch leichte Fahrlässigkeit genügt. Verschuldet iSv § 989 ist insbes. auch die freiwillige Veräußerung der Sache sowie ihre Abnutzung durch normalen Gebrauch. In beiden Fällen wäre Vorsatz zu bejahen. Für die Zurechnung des Verschuldens von **Hilfspersonen** gilt § 278. Das Eigentümer-Besitzer-Verhältnis liefert das dafür nötige Schuldverhältnis.

Beispiel: A betreibt mehrere Restaurants und möchte nun ein weiteres eröffnen. Er beauftragt Prokuristen P, geeignete Räumlichkeiten zu suchen. P schließt namens des A mit G, den er trotz gegenteiliger Hinweise einer Bank für den Eigentümer des Lokals hält, einen Pachtvertrag. In Wirklichkeit ist E der Eigentümer, was P durch Grundbucheinsicht leicht hätte feststellen können. Nach Abschluss des Pachtvertrags lässt P das Restaurant für A einrichten und dazu das alte (hochwertige) Parkett herausreißen, weil dies nicht zum Stil des geplanten Restaurants passt. Nach zwei Monaten meldet sich E, der inzwischen von den Vorgängen erfahren hat, und verlangt von A die Pacht für zwei Monate sowie Schadensersatz wegen des Parketts.

Der Anspruch auf die Pacht als Nutzung ergibt sich aus §§ 987 I, 990 I 1. Die grob fahrlässige Unkenntnis des P vom Besitzrecht gegenüber E muss sich A gem. § 166 I zurechnen lassen (vgl. → Rn. 9). Entsprechendes gilt für die Bösgläubigkeit als Voraussetzung des Schadensersatzanspruchs aus §§ 989, 990 I 1. Für den Schadensersatzanspruch muss A aber zusätzlich ein

Verschulden an der Verschlechterung treffen. Hat A die Entfernung des Parketts selbst angeordnet, so hat er selbst zumindest fahrlässig die Verschlechterung herbeigeführt. Ist aber die Anordnung von P ausgegangen, ohne dass sich A persönlich darum gekümmert hat, so fragt sich, ob auch das Verschulden des P hinsichtlich der Verschlechterung dem A zugerechnet werden kann. § 166 I passt insoweit nicht. Wenn es um die Zurechnung des Verschuldens Dritter im Rahmen des § 989 geht, kommt vielmehr die Anwendung von § 278 oder § 831 analog in Betracht. § 278 setzt ein Schuldverhältnis voraus, welches in Gestalt des Eigentümer-Besitzer-Verhältnisses zu bejahen ist. Auch daraus ergeben sich Pflichten; insbes. ist der Besitzer nach Rechtshängigkeit oder Bösgläubigkeit aus § 989 verpflichtet, für die ordnungsgemäße und unbeschädigte Herausgabe der Sache zu sorgen. Diese Pflicht ist auch für A entstanden. Er hat ihre Erfüllung dem P übertragen und muss sich deshalb das Verschulden des P nach § 278 zurechnen lassen.

e) Schaden. Ersatzfähig sind alle Schäden, die mit der Verschlechterung 29
oder der Unmöglichkeit der Herausgabe der Sache in einem inneren Zusammenhang stehen. Für die Art und Weise sowie Höhe der Schadensersatzleistung gelten die §§ 249 ff. Auch entgangener Gewinn ist zu ersetzen (§ 252) sowie sonstige mit dem Verlust der Sache einhergehende Vermögenseinbußen (BGH NJW 2014, 2790).

2. Haftung des Besitzmittlers nach § 991 II

a) Haftungsgrund. § 991 II enthält einen selbstständigen Scha- 30
densersatzanspruch gegen den (redlichen, unverklagten) Besitzer, der zugleich **Besitzmittler eines Dritten** ist. Dieser Besitzer erscheint – obwohl weder bösgläubig noch verklagt – immerhin insofern nicht schutzwürdig, als er aufgrund des Besitzmittlungsverhältnisses mit einer Haftung gegenüber dem (zwischengeschalteten) mittelbaren Besitzer rechnen muss.

Beispiel: V hält sich für den Erben einer Wohnung und vermietet diese an M. In Wirklichkeit aber ist E Erbe und Eigentümer. Beschädigt nun M die Wohnung durch fahrlässige Auslösung eines Brandes, so besteht zwar kein Anspruch des E gegen M aus §§ 989, 990, weil M weder verklagt noch bösgläubig war. E kann vom gutgläubigen M aber nach § 991 II Schadensersatz verlangen, weil M auch dem V wegen Verletzung der Pflichten aus dem Mietvertrag haften müsste, wenn V den Schaden hätte. Der Anspruch des E gegen M besteht selbst dann, wenn M den Besitz an V aufgrund eines unwirksamen Mietvertrags vermitteln würde, weil auch dann M als Fremdbesitzer dem E gegenüber nicht schutzwürdig ist (BGHZ 24, 188; 46, 140).

Man kann in § 991 II insoweit einen Fall des **Fremdbesitzerexzesses** sehen (→ Rn. 41 f.), durch den die Haftungsprivilegierung des redlichen, unverklagten Besitzers (§ 993 I Hs. 2) durchbrochen wird. § 991 II beruht auf der Erwägung, dass diese Privilegierung bei einem Fremdbesitzer, der sein vermeintliches Besitzrecht überschreitet, unbillig ist, da dieser mit seiner Verantwortlichkeit gegenüber dem mittelbaren Besitzer rechnen muss. Er wird daher vom Gesetz einem Besitzer nach Rechtshängigkeit gleichgestellt (eingeschränkte Rechtsgrundverweisung auf § 989).

Schadensersatzanspruch aus § 991 II
1. Vindikationslage 2. Unmittelbarer Besitzer ist Besitzmittler eines Dritten 3. Unmittelbarer Besitzer ist gutgläubig und unverklagt 4. Verschlechterung, Untergang oder anderweitige Herausgabeunmöglichkeit iSv § 989 5. Verantwortlichkeit des unmittelbaren Besitzers gegenüber dem mittelbaren Besitzer für den in § 989 bezeichneten Schaden

31 **b) Haftungsumfang.** Der unmittelbare Besitzer haftet nach § 991 II nur in dem Umfang, in dem er auch dem mittelbaren Besitzer haften würde. Wurde zB im Rahmen des Besitzmittlungsverhältnisses eine Haftungsfreizeichnung vereinbart, so haftet der unmittelbare Besitzer aus § 991 II auch dem Eigentümer gegenüber nicht. In gleicher Weise sind gesetzliche Haftungsmilderungen zu beachten. Möglich bleibt aber eine Haftung aus §§ 989, 990 I. Zudem kann man dem Verweis des § 991 II auf die Haftung für „den im § 989 bezeichneten Schaden" eine Begrenzung auf die Haftung für Verschulden entnehmen; eine Haftung für Zufallsschäden (etwa nach § 287 S. 2) scheidet danach gegenüber dem Eigentümer aus (Palandt/*Herrler* BGB § 991 Rn. 3). Um eine doppelte Inanspruchnahme des Besitzers durch den mittelbaren Besitzer und den Eigentümer zu vermeiden, ist § 851 analog anzuwenden.

Fall 29 – Das zweimal gestohlene Fahrrad: D stiehlt dem E ein Fahrrad. D, der das Fahrrad va beruflich nutzen will, leiht es vorübergehend seiner Ehefrau F zum Zweck der Erledigung der Einkäufe für den ehelichen Haushalt. Dabei geht F selbstverständlich davon aus, dass D das Fahrrad käuflich erworben hat. F stellt das Fahrrad vor dem Bäckerladen ab und hält es angesichts des kurzen Einkaufs wie auch sonst nicht für notwendig, das Rad abzusperren. Während F im Laden ist, wird das Fahrrad jedoch von einem Unbekannten gestohlen. Kann E von F Schadensersatz für das Fahrrad verlangen?

Lösungsskizze:
I. E könnte von F Schadensersatz aus §§ 989, 990 I verlangen.
Ein Eigentümer-Besitzer-Verhältnis zwischen E und F lag zwar vor, denn D war nicht Eigentümer und hatte gegenüber E auch kein Besitzrecht, auf das sich F nach § 986 I 1 berufen könnte. F war jedoch zu jedem Zeitpunkt im Hinblick auf ihr Besitzrecht gutgläubig, sodass ein Anspruch aus §§ 989, 990 I ausscheidet.

II. E könnte von F Schadensersatz aus §§ 989, 991 II verlangen.
1. § 991 II setzt ein Besitzmittlungsverhältnis voraus. Dieses liegt hier entweder in der zwischen D und F vereinbarten Leihe, § 598, oder – wenn man eine rechtsgeschäftliche Leihe ablehnen will – in dem betreffenden Gefälligkeitsverhältnis, aus dem sich ebenfalls Sorgfaltspflichten iSv § 868 ergeben.
2. Nach § 991 II haftet auch der gutgläubige Besitzmittler gegenüber dem Eigentümer für den in § 989 bezeichneten Schaden, soweit er dem mittelbaren Besitzer gegenüber haftet. Demgemäß ist zu prüfen, welche (theoretischen) Ansprüche zwischen D als mittelbarem Besitzer und F als Besitzmittlerin bestehen.
a) Wäre D Eigentümer des Fahrrads gewesen, hätte F ihm ggf. nach §§ 598, 280 I (bei Annahme einer Leihe), jedenfalls aber aus § 823 I haften müssen, weil sie fahrlässig handelte, als sie das Rad unverschlossen abstellte.
b) Allerdings ist vorliegend § 1359 zu beachten, der bei der Erfüllung der sich aus dem ehelichen Lebensverhältnis ergebenden Verpflichtungen die Haftung zwischen den Ehegatten ausschließt, soweit die eigenübliche Sorgfalt beachtet wurde und keine grobe Fahrlässigkeit vorliegt, vgl. § 277. F würde D gegenüber somit nicht haften; denn das Nichtabschließen des Rads entsprach der üblichen Vorgehensweise der F und kann bei einem Kurzeinkauf auch nicht als grob fahrlässig eingestuft werden.
c) Fraglich bleibt, ob sich F auch E gegenüber auf die Haftungsmilderung berufen kann. Da nach dem Wortlaut des § 991 II eine Verantwortlichkeit nur „insoweit" besteht, als gegenüber dem mittelbaren Besitzer gehaftet wird, kann F die Haftungsmilderung auch E entgegenhalten.
Eine weitergehende Haftung der F scheidet gem. § 993 I Hs. 2 aus.
Ergebnis: E kann von F keinen Schadensersatz verlangen. E muss sich mit Schadensersatzansprüchen an D halten.

3. Haftung nach §§ 992, 823 ff.

Eine **verschärfte Haftung** sieht § 992 vor, wenn der Besitzer, sei es 32
als Eigen- oder Fremdbesitzer, den Besitz durch verbotene Eigenmacht (§ 858) oder durch eine Straftat (zB §§ 242, 263 StGB) erlangt

hat. In diesem Fall verdient er keinen Schutz und haftet in vollem Umfang nach § 823. Vor allem tritt dann auch eine Haftung nach § 848 für einen zufälligen Untergang oder eine zufällige Verschlechterung der Sache ein. Die §§ 987 ff. bleiben daneben anwendbar.

§ 992 ist selbst **keine Anspruchsgrundlage**, sondern hebt für den deliktischen Besitzer die Sperrwirkung der §§ 987 ff. gegenüber dem Deliktsrecht auf. Verwiesen wird nicht nur auf die Rechtsfolgen der §§ 823 ff., sondern auch auf deren tatbestandliche Voraussetzungen (sog. **Rechtsgrundverweisung**). Es muss also etwa der gesamte Tatbestand von § 823 I einschließlich des Verschuldens (Vorsatz oder Fahrlässigkeit) geprüft werden. Dieses Verschulden bezieht sich aber allein auf die Verschlechterung der Sache.

33 Fraglich ist, ob § 992 auch im Hinblick auf den **Besitzerwerb** ein **Verschulden** voraussetzt. Beim Besitzerwerb durch Straftat (va Diebstahl) ist das Verschulden freilich automatisch gegeben, da der Tatbestand einer Straftat stets ein Verschulden voraussetzt. Der Dieb oder Hehler bringt sich vorsätzlich in den unrechtmäßigen Besitz der fremden Sache und verdient daher keinen Schutz. Bei Besitzerwerb durch verbotene Eigenmacht hingegen wird zwar auch meist ein Verschulden vorliegen; es gehört jedoch nicht zum Tatbestand des § 858 I. Verbotene Eigenmacht kann im Einzelfall auch vorliegen, ohne dass dem Besitzer Fahrlässigkeit oder Vorsatz bei Besitzerwerb vorzuwerfen ist.

Beispiel: Nach einem Restaurantbesuch nimmt A an der Garderobe einen Schirm mit, den er für den seinen hält. Tatsächlich handelt es sich aber um den Schirm des E, der das gleiche Modell in der gleichen Farbe hat. Es stand indes nur noch dieser eine Schirm an der Garderobe, sodass A ohne Fahrlässigkeit davon ausgehen konnte, dies sei sein Schirm. Wenn A nun den Schirm des E fahrlässig beschädigt, müsste er nach dem Wortlaut des § 992 eigentlich haften, weil er den Besitz durch verbotene Eigenmacht erlangt hatte und der Tatbestand der fahrlässigen Sachbeschädigung gem. § 823 I erfüllt ist. Indes lässt sich A nicht mit einem Straftäter vergleichen. Als gutgläubiger Besitzer verdient A vielmehr Schutz.

34 Nach hM ist der Tatbestand des § 992 daher dahingehend teleologisch zu reduzieren, dass eine **verschuldete verbotene Eigenmacht** vorliegen muss (Staudinger/*Gursky* BGB § 992 Rn. 10; aA *Brox* JZ 1965, 516). Andernfalls bestände eben ein Wertungswiderspruch zwischen den beiden Alternativen des § 992, da schuldlos begangene verbotene Eigenmacht einerseits und die typischerweise vorsätzlich begangene Straftat andererseits in gleicher Weise die Deliktshaftung auslösen würden. Ist die verbotene Eigenmacht nicht verschuldet,

gilt § 992 somit nicht. Eine verschärfte Haftung des Besitzers kann in diesem Fall erst eingreifen, wenn der Besitzer nach § 990 I 2 bösgläubig oder verklagt (§ 989) worden ist. Die Haftung wegen Fremdbesitzerexzesses (→ Rn. 41 f.) bleibt aber unberührt.

Schadensersatzanspruch aus §§ 992, 823 I
1. Vindikationslage 2. Besitzverschaffung durch schuldhaft verbotene Eigenmacht oder durch Straftat 3. Erfüllung des Tatbestands von § 823 I a) Rechtsgutverletzung b) Verletzungshandlung c) Haftungsbegründende Kausalität d) Rechtswidrigkeit e) Verschulden f) Schaden

4. Haftung auf den Vorenthaltungsschaden, § 990 II

Wenn der Besitzer selbst keine Nutzungen gezogen hat, dem Eigentümer jedoch durch den vorübergehenden Entzug der Sache **Gebrauchsvorteile** entgangen sind, stellt sich die Frage, inwieweit der Eigentümer vom Besitzer auch den Ersatz dieses Vorenthaltungsschaden geltend machen kann. Insoweit bestimmt § 990 II, dass eine weitergehende Haftung des Besitzers wegen Verzugs unberührt, dh bei Erfüllung der entsprechenden Voraussetzungen möglich bleibt. Demgemäß finden die **Verzugsvorschriften** der §§ 280 I, II, 286 f. auch auf den Herausgabeanspruch nach § 985 Anwendung. Das gilt auch auf die Haftungsverschärfung nach § 287. Allerdings betrifft § 990, und auch § 990 II, nur die Haftung des **bösgläubigen** Besitzers. Der ursprünglich redliche Besitzer kann deshalb bezüglich des Herausgabeanspruchs nur in Verzug geraten, nachdem er gem. § 990 I 2 durch Kenntniserlangung bösgläubig geworden ist. Verzug setzt im Übrigen entweder Mahnung oder die Erhebung der Herausgabeklage voraus, § 286 I. 35

Beispiel (nach BGH NJW 2012, 528): Nachdem das Auto von Falschparker P abgeschleppt worden ist, will Abschleppunternehmer U das Auto nur Zug um Zug gegen Zahlung der Abschleppgebühren herausgeben (vgl. Fallbeispiel → § 5 Rn. 22). P weigert sich zu zahlen, sodass U den Wagen nicht herausgibt. Nach zwei Wochen verlangt P von U Nutzungsausfallentschädigung, weil er sein Auto nicht nutzen konnte. Der Anspruch könnte sich aus §§ 990 II, 280 I, II, 286 ergeben, da grundsätzlich ein Eigentümer-Besitzer-Verhältnis zwischen P und U besteht. Da dem U jedoch aus § 273 I, II ein Zurückbehaltungsrecht am Wagen zusteht, war die Verpflichtung zur Herausgabe nicht fällig, sodass U auch nicht in Verzug war. Der Anspruch des P besteht daher nicht.

IV. Anwendungsbereich und Konkurrenzen

1. Die Sperrwirkung der §§ 987 ff.

36 Von großer Bedeutung ist, dass die §§ 987 ff. eine Sonderregelung für das Eigentümer-Besitzer-Verhältnis enthalten, die zum Schutz des gutgläubigen, unverklagten Besitzers andere (ggf. weitergehende) Haftungsnormen verdrängt. So mögen die §§ 823 ff. oder §§ 812 ff. tatbestandlich zugleich erfüllt sein. § 993 I Hs. 2 stellt jedoch im Grundsatz klar, dass der Zugriff auf diese Normen zulasten des gutgläubigen Besitzers auszuscheiden hat, soweit es um die Haftung auf Schadensersatz oder Nutzungsherausgabe geht (sog. **abschließende Sonderregelung** oder „Sperrwirkung" des Eigentümer-Besitzer-Verhältnisses). Wie weit diese Sperrwirkung im Einzelnen geht, ist jedoch zweifelhaft. Hier ist vieles umstritten. Die Klausurrelevanz dieser Fragen ist dementsprechend hoch. Im Wesentlichen geht es um die folgenden Problemkreise.

2. Ansprüche aus bestehendem Vertrag

37 Ist der Besitzer aufgrund eines bestehenden Vertrags zum Besitz berechtigt, so finden die §§ 987 ff. grundsätzlich keine Anwendung. Diese Normen setzen ja eine Vindikationslage voraus, die bei bestehendem Besitzrecht gerade fehlt. Die vertraglichen Ansprüche bleiben insoweit unberührt (BGHZ 34, 122, 130). Zur Lückenfüllung dienen die §§ 987 ff. hier allenfalls, sofern es um Verwendungsersatzansprüche geht (→ § 23 Rn. 1 ff.). Im Hinblick auf Schadensersatzansprüche gelten die Regeln des allgemeinen Schuldrechts über Unmöglichkeit, Verzug und sonstige Pflichtverletzungen, die nicht durch die §§ 989, 990 verdrängt werden dürfen. Ob Ansprüche auf Herausgabe der während der Vertragslaufzeit gezogenen Nutzungen bestehen, entscheidet sich ebenfalls in erster Linie nach dem Vertrag.

Nutzt der Besitzer eine ihm überlassene Sache in größerem Umfang als ihm vertraglich erlaubt ist, so kommen vertragliche wie deliktsrechtliche Schadensersatzansprüche in Betracht. Solange der Besitzer auf Basis des jeweiligen Vertrags ein Besitzrecht hat, passen die §§ 987 ff. nicht. Sie gelten auch nicht analog, wenn der vertraglich berechtigte Besitzer die Grenzen seines Besitzrechts überschreitet (sog. **nicht *so* berechtigter Besitzer**). 38

Beispiel: E überlässt seinen Traktor dem Handelsvertreter H für zwei Tage zu Vorführzwecken. Vermietet H jedoch an einem dieser Tage den Traktor an B zum Einsatz auf dem Feld, so überschreitet er seine vertraglichen Rechte. Sofern ein messbarer Schaden eintritt, haftet H daher dem E auf Schadensersatz aus § 280 I. Da der Vertrag fortbesteht, verliert H allerdings nicht sein Recht zum Besitz, ebenso wie ein Wohnungsmieter ohne Kündigung nicht sein Besitzrecht verliert, wenn er vertragswidrig die Wohnung untervermietet. Der Anwendungsbereich der §§ 987 ff. ist daher mangels Vindikationslage nicht eröffnet. Dafür sind neben dem Vertragsrecht Ansprüche aus § 823 I oder aus § 812 I 1 Alt. 2 in Gestalt der Eingriffskondiktion denkbar.

3. Ansprüche nach Vertragsbeendigung

Nach Beendigung eines Besitzrechtsverhältnisses, wie zB Miete oder Pacht, aber auch nach Rücktritt (§§ 346 ff.), zB von einem Kaufvertrag, wird der bisherige rechtmäßige Besitzer zum unrechtmäßigen Besitzer (sog. **nicht mehr berechtigter Besitzer**), der neben dem vertraglichen Herausgabeanspruch, zB aus § 546, auch nach §§ 985, 986 zur Herausgabe verpflichtet ist. Es ergibt sich somit nach Ablauf der Vertragszeit auch eine Vindikationslage. Wenn nun Schadens- oder Nutzungsersatz geltend gemacht wird, fragt sich, ob die §§ 987 ff. neben den vertraglichen (zB §§ 346, 347, 546a, 571, aber auch §§ 280 I, II, 286 f.; → § 21 Rn. 33) und weiteren allgemeinen Normen zur Anwendung kommen können. Der BGH bejahte diese Frage früher uneingeschränkt (zB BGHZ 34, 122), während andere allein die vertraglichen Rückabwicklungsvorschriften anwenden wollen (*L. Raiser* JZ 1961, 529). Inzwischen wendet der BGH (NJW 1968, 197; 1989, 2133, 2135; so auch OLG Düsseldorf ZMR 2010, 755) zwar die §§ 987 ff. und daneben die §§ 812 ff. an, gibt aber im Kollisionsfall der **vertraglichen Rückabwicklung den Vorrang**. 39

Das bedeutet insbes., dass ein Mieter oder Entleiher auch dann, wenn er sich nach Ablauf der Vertragszeit – etwa in fahrlässig fälschlicher Annahme einer Schenkung – gutgläubig für den Eigenbesitzer hält, nach den einschlägigen vertraglichen Normen iVm § 280 I auf Schadensersatz haftet, wenn er die gemietete oder geliehene Sache nun weiter nutzt oder beschädigt. Die §§ 987 ff. und § 993 I Hs. 2, die hier ggf. zu einer Haftungsfreistellung des **gutgläubigen, unberechtigten Besitzers** führen würden, werden insoweit von den vorrangigen Normen des Vertragsrechts verdrängt, die den speziellen Verhältnissen des jeweiligen Vertrags Rechnung tragen.

Eine zusätzliche Haftung des nicht mehr berechtigten Besitzers aus den §§ 987 ff. neben der Haftung aus dem Vertragsrecht ist hingegen meist möglich. So werden insbes. neben der Haftung des Mieters aus § 546a I auf Mietfortzahlung bei **verspäteter Rückgabe** von der hM auch Ansprüche aus den §§ 987 ff. bejaht (BGH NJW-RR 2009, 1522; NZM 2014, 582; ferner NJW 2017, 2997).

4. Ausschluss der §§ 987 ff. durch § 241a

40 In den Fällen der Zusendung unbestellter Waren fehlt ein Vertragsverhältnis. Hier könnte man folglich eine Vindikationslage bejahen, sofern man kein Besitzrecht des Verbrauchers annimmt (str.). Durch die Regelung des § 241a ist jedoch auch die Anwendung der §§ 985 ff. zum Schutz des Verbrauchers ausgeschlossen. Der Versender hat weder einen Herausgabeanspruch aus § 985 (*Lorenz* JuS 2000, 833, 841; str.) noch Schadensersatzansprüche.

Beispiel: F erhält vom V-Verlag per Post ein großes Lexikon zugeschickt. Im Begleitschreiben ist von einem sensationellen Sonderangebot die Rede. F möge das Lexikon zwei Wochen prüfen und dann ggf. per Überweisung bezahlen; andernfalls würde es vom Verlag wieder abgeholt. F interessiert sich nicht für die Sendung und legt sie beiseite. Ihr Hund interessiert sich jedoch umso mehr dafür und zerfleddert das Lexikon vollständig.

Hier besteht mangels Kaufvertrags kein Anspruch von V aus § 433 II. Den Voraussetzungen nach würde sich aber eigentlich ein Anspruch aus §§ 989, 990 I 1 ergeben, sofern man – mangels Vertrags – ein Besitzrecht der F ablehnt. Aus § 241a I folgt jedoch, dass im Fall unbestellter Leistungen Ansprüche aller Art gegen den Verbraucher ausscheiden, und zwar nicht nur aus Vertrag, sondern auch aus den §§ 987 ff., § 812 oder § 823 I (hM, vgl. Palandt/*Grüneberg* BGB § 241a Rn. 7). V hat daher keinen Schadensersatzanspruch gegen F.

5. Das Verhältnis der §§ 987 ff. zum Deliktsrecht

41 **a) Überblick.** Als Grundsatz kann gelten, dass die §§ 987 ff. zum Schutz des Besitzers gegenüber dem Deliktsrecht eine **Sperrwirkung** entfalten. Besteht eine Vindikationslage, muss also in der Klausur unbedingt mit der Prüfung der §§ 987 ff. begonnen werden. Der Zugriff auf das Deliktsrecht ist dann, wie sich aus § 993 I Hs. 2 ergibt, grund-

sätzlich versperrt. Das gilt va für § 823, aber etwa auch für eine Haftung aus den §§ 831, 832.

Beispiel: K kauft vom unerkannt geschäftsunfähigen V eine Glasvitrine, die er sogleich bei sich zuhause aufstellt und für deren Eigentümer er sich nun hält. Einige Wochen später geht durch leichte Fahrlässigkeit des K ein Glaseinsatz in der Vitrine kaputt. Wenn V (bzw. dessen Betreuer) nun aus § 985 Herausgabe der Vitrine fordert, kann sich K dagegen nicht zur Wehr setzen, denn infolge der Geschäftsunfähigkeit des V war die Übereignung (§ 929 S. 1) nichtig, §§ 104 Nr. 2, 105 I. Und mangels wirksamen Kaufvertrags hat K auch kein Besitzrecht nach § 986 erlangt. K schuldet jedoch keinen Schadensersatz dafür, dass er die Vitrine nur beschädigt herausgeben kann, denn er war im Zeitpunkt der Beschädigung weder bösgläubig noch verklagt, sodass die Voraussetzungen der §§ 990 I 1, 989 nicht erfüllt sind. Eine Haftung nach § 823 I wegen Eigentumsverletzung ist wegen der Sperrwirkung des Eigentümer-Besitzer-Verhältnisses ebenfalls ausgeschlossen.

Entsprechendes müsste gelten, wenn nicht K, sondern seine kleine Tochter oder ein Verrichtungsgehilfe des K die Beschädigung verursacht hatte. Eine Haftung des K aus den §§ 831, 832 für eine von ihm zu beaufsichtigende Person muss ebenfalls infolge der Sperrwirkung der §§ 987 ff. ausgeschlossen sein (ausführl. *Magnus* NJW 2017, 1201).

Ausnahmsweise kann jedoch eine weitergehende Haftung nach **Deliktsrecht** in Betracht kommen. Das betrifft folgende Fallgruppen:

- die Haftung des Besitzers, der den Besitz durch Straftat oder (schuldhaft) verbotene Eigenmacht erlangt hat, nach § 992 iVm §§ 823 ff. (→ Rn. 32)
- die Haftung des Fremdbesitzers für Fremdbesitzerexzess nach § 991 II (→ Rn. 30 f.)
- die Haftung des Fremdbesitzers für Fremdbesitzerexzess bei nichtigem Vertrag (→ Rn. 42)
- die Haftung des Besitzers aus § 826 (hM, vgl. *Prütting* SachenR Rn. 542).

b) Ansprüche bei nichtigem Vertrag (Fremdbesitzerexzess). 42
Auch wenn die Parteien an sich einen Vertrag geschlossen haben, kann dieser von Anfang an (ggf. unerkannt) nichtig sein oder nachträglich durch Anfechtung nichtig werden. Der unwirksame Vertrag (zB Mietvertrag) liefert dann auch kein Recht zum Besitz, sodass eine Vindikationslage gegeben ist. Die §§ 987 ff. kommen somit zur Anwendung. Eine Konkurrenz zu vertraglichen Rückabwicklungsansprüchen ergibt sich nicht, weil solche Ansprüche bei nichtigem Vertrag nicht bestehen. Es bleibt jedoch die Frage, was in solchen Fällen für Ansprüche aus §§ 823 ff. (oder auch aus §§ 812 ff.) gelten soll.

Beispiel: M beschädigt fahrlässig die ihm von E mietweise überlassene technische Anlage. Später ficht er den Mietvertrag wegen arglistiger Täuschung über die Leistungsfähigkeit der Anlage an. Vertragliche Ansprüche entfallen damit. M ist im Zeitpunkt der Beschädigung noch gutgläubiger Besitzer und wäre deshalb nach § 993 I Hs. 2 an sich auch nicht zum Schadensersatz verpflichtet. Das Ergebnis wäre jedoch verwunderlich, da M als *Fremd*besitzer – unabhängig von der Wirksamkeit des Mietvertrags – wusste, dass er die Anlage des E nicht beschädigen darf. Die Schadensersatzpflicht hätte sich bei wirksamem Vertrag sowohl aus § 280 I als auch aus § 823 I ergeben. Es ist nicht ersichtlich, warum M nun bei unwirksamem Vertrag als unberechtigter Besitzer besser stehen sollte als bei wirksamem Vertrag als berechtigter Besitzer. Der Schutzzweck der §§ 987 ff., der sich eben primär am gutgläubigen *Eigen*besitzer orientiert, passt hier nicht.

Um eine Schlechterstellung des rechtmäßigen Besitzers zu vermeiden, lässt die hM den gutgläubigen unrechtmäßigen Fremdbesitzer somit trotz § 993 I Hs. 2 aus § 823 haften, wenn er für die Eigentumsverletzung auch als rechtmäßiger Besitzer verantwortlich wäre. Das ist gerechtfertigt, da man als Fremdbesitzer bei der Verletzung fremden Eigentums stets mit einer Haftung rechnen muss (Palandt/*Herrler* BGB § 993 Rn. 4; *Roth* JuS 2003, 937, 942).

43 **c) Weitergehende Haftung des bösgläubigen Besitzers? Umstritten** ist, ob der verklagte/bösgläubige Besitzer – über die genannten Ausnahmen hinaus – generell der deliktischen Haftung unterliegen soll. Dafür könnte sprechen, dass die Beschränkungen der §§ 987 ff. nach hM dem Schutz des gutgläubigen, unverklagten Besitzers dienen sollen, sodass kein Anlass für eine Sperrwirkung dieser Normen zugunsten des bösgläubigen Besitzers besteht. Der bösgläubige Besitzer erscheint insoweit kaum schutzbedürftig. Ein Teil der Literatur will ihn daher generell der deliktischen Haftung unterwerfen (zB *Schreiber* Jura 1992, 356, 362; *Prütting* SachenR Rn. 542). Dagegen spricht jedoch der Wortlaut des § 993 I Hs. 2, der eine weitergehende Haftung ohne Rücksicht auf die Bösgläubigkeit grundsätzlich ausschließt. Und auch die Regelung des § 992 zeigt, dass der Gesetzgeber eine Öffnung des Deliktsrechts nur unter den dort genannten Voraussetzungen erlauben wollte. Damit wäre eine weitergehende deliktische Haftung des bösgläubigen Besitzers unvereinbar. Daher ist der Gegenauffassung (BGHZ 56, 73, 77) zu folgen.

6. Das Verhältnis der §§ 987 ff. zu den §§ 812 ff.

44 **a) Leistungskondiktion.** Neben den §§ 987 ff. können im Einzelfall auch Ansprüche aufgrund einer Leistungskondiktion nach §§ 812 ff. auf Herausgabe von Nutzungen gegeben sein. Das betrifft va den Fall eines Leistungsaustausches, in denen nicht nur der zugrunde liegende Vertrag, sondern auch die Übereignung nichtig ist

(zB wegen §§ 104 Nr. 2, 105 I; zur Fehleridentität → § 6 Rn. 6). Hier soll der unrechtmäßige Besitzer nicht besser stehen, als wenn er Eigentümer der Sache geworden wäre.

Beispiel: A kauft vom unerkannt geschäftsunfähigen U ein Auto. Hier sind Kaufvertrag und Übereignung wegen §§ 104 Nr. 2, 105 I nichtig. U ist somit nach wie vor Eigentümer; demgemäß bestand die ganze Zeit eine Vindikationslage. Gleichwohl kann der Vertrag „normal" über die §§ 812 I 1, 818 rückabgewickelt werden. Für gezogene Nutzungen hat A Wertersatz zu leisten, § 818 I, II, sofern er nicht entreichert ist, § 818 III.

b) Eingriffskondiktion. Ansprüche aus § 812 I 1 Alt. 2 (Eingriffs- 45
kondiktion) hingegen sind, soweit es die **Nutzungen** betrifft, neben §§ 987 ff. **grundsätzlich nicht gegeben**, da die §§ 987 ff. ihrer Natur nach selbst ein spezial-gesetzlich geregelter Fall der Eingriffskondiktion sind, die den gutgläubigen Besitzer schützen sollen. Dieser Schutz darf nicht durch Ansprüche aus Eingriffskondiktion unterlaufen werden.

c) Anspruch wegen Verfügung eines Nichtberechtigten. Trifft 46
der Besitzer als Nichtberechtigter eine Verfügung über die Sache, die dem Eigentümer gegenüber wirksam ist, so besteht ein Anspruch des Eigentümers auf Herausgabe des Veräußerungserlöses aus § 816 I. Da es insoweit nicht um Nutzungen oder Schadensersatz, sondern um den **Wert der Sache selbst** geht, entfalten die §§ 987 ff. keine Sperrwirkung. Schließlich soll dem Eigentümer der Wert seiner Sache auf jeden Fall zukommen. Er hätte ja, solange die Sache noch beim Besitzer war, auch den Anspruch aus § 985 gehabt. Wenn § 993 I schon eine bereicherungsrechtliche Haftung für die sog. Übermaßfrüchte vorsieht (→ Rn. 21), so muss dies erst recht gelten, wenn der Besitzer den gesamten Sachwert an sich zieht.

Beispiel: Dem E ist ein wertvolles Gemälde gestohlen worden, das der gutgläubige Kunsthändler K erstanden und an einen unbekannten Interessenten weiter veräußert hat. E hat sein Eigentum wegen § 935 I (→ § 8 Rn. 29) nicht verloren. Der Anspruch aus § 985 hilft dem E hier jedoch nicht weiter, weil die Person des Besitzers unbekannt ist. Ein Anspruch aus §§ 989, 990 I gegen K kommt nicht in Betracht, da K nicht bösgläubig war. Jedoch kann E von K nach § 816 I 1 den Erlös herausverlangen, wenn er die Veräußerung durch K – auflösend bedingt, falls er von K nicht befriedigt wird – genehmigt.

Wäre K bösgläubig, könnten neben § 816 I 1 auch die §§ 687 II 1, 681 S. 2, 667 sowie die §§ 989, 990 I zur Anwendung kommen. Die im Zusammenhang mit § 816 I 1 erteilte Genehmigung steht der Anwendung der §§ 989, 990 I nicht entgegen (BGH NJW 1960, 860), weil dadurch nicht der unerlaubte Eingriff in das Eigentum und die ehemals bestehende unrechtmäßige Besitzlage beim Nichtberechtigten beseitigt wird, sondern nur dem Erwerber das Eigentum verschafft werden soll.

47 **d) Entschädigung für Rechtsverlust nach § 951.** Ebenfalls neben den §§ 987 ff anwendbar ist **§ 812 I 1 Alt. 2 iVm § 951 I**. Der diesbezügliche bereicherungsrechtliche Anspruch soll den (früheren) Eigentümer für einen Rechtsverlust nach den §§ 946 ff. entschädigen (→ § 10 Rn. 1 ff.). Relevant ist insbes. der Fall des Eigentumsverlusts an einer Sache infolge von Verarbeitung.

Beispiel (nach BGHZ 55, 176): D stiehlt dem B zwei Jungbullen von der Weide und verkauft sie an H, der die Rinder zu Hundefutter verarbeitet. Nachdem D verschwunden ist, fragt B nach Ansprüchen gegen H.

Hier hilft dem B ein Anspruch gegen H aus §§ 989, 990 I nicht weiter, wenn H als Besitzer im Zeitpunkt der Verarbeitung gutgläubig und unverklagt war. B hat jedoch einen Anspruch gegen H auf Wertersatz aus §§ 951 I, 812 I 1 Alt. 2. Diese Normen werden durch die §§ 987 ff. nicht verdrängt, weil sie ein anderes Anspruchsziel verfolgen, nämlich Wertersatz. Schließlich hätte H vor der Verarbeitung die Tiere auch als gutgläubiger Besitzer nach § 985 herausgeben müssen. Geht dieser Anspruch infolge von Verarbeitung gem. § 950 unter, so tritt an seine Stelle der Wertersatzanspruch.

48 **e) Verbrauch der Sache. Ansprüche aus §§ 812 I, 818 II** kommen trotz § 993 I Hs. 2 auch im Falle des **Verbrauchs** einer Sache in Betracht, da § 987 nur die Nutzungen und damit nur den Gebrauch (§ 100) und gerade nicht den Verbrauch erfasst, während § 989, der auch Verbrauchsschäden einschließen würde, Verschulden voraussetzt. Dadurch entsteht bei schuldlosen Eingriffen in das Eigentum in Form des Verbrauchs eine Schutzlücke, die durch die Anwendung der Eingriffskondiktion geschlossen werden muss.

Empfehlungen zur weiterführenden Lektüre: *Kempny*, Zum Verständnis und zur Prüfung des § 992 BGB, JuS 2008, 858; *Kindl*, Das Eigentümer-Besitzer-Verhältnis: Schadensersatz und Nutzungen, JA 1996, 115; *Lorenz*, Grundwissen – Zivilrecht: Das Eigentümer-Besitzer-Verhältnis, JuS 2013, 495; *Moebus/Schulz*, Die Haftung des redlichen Besitzmittlers nach § 991 Abs. 2 BGB, Jura 2013, 189; *Mylich*, Die Eigentumsverletzung – Fallgruppen und Ansprüche, JuS 2014, 298 und 398.

S. auch Literatur bei → § 23 nach Rn. 27.

Fälle und Klausuren: *Adam/Gerding/Hofmann*, Das lukrative Geschäft mit dem Fußballtor, JA 2018, 175; *Bayreuther/Arnold*, Rückabwicklung einer rechtsgrundlosen Verfügung durch einen Nichtberechtigten, JuS 2003, 769; *Gottwald* SachenR Fälle 94–101; *Hellfeier*, Schadensersatz- und Herausgabeansprüche des Eigentümers gegen den unredlichen Besitzer, JuS 2005, 436;

Hoeren/Völkel, Semesterabschlussklausur: Die falsche Schlange, JuS 2016, 324; *Horn*, „Die Vogelhändler", JA 2012, 575; *Koch/Löhnig* Fälle SachenR Fall 12; *Meder/Flick*, Sachenrecht – Altersvorsorge auf Nachbars Kosten?, JuS 2011, 160; *Metzger/Schmidt*, Pfand ist nicht gleich Pfand, JA 2011, 254; *Pajunk*, Die „geliehene" Luftpumpe, JuS 2001, 42; *Schulz/Gade*, „Neues Heim, Glück allein?", JA 2013, 425; *Vieweg/Röthel* SachenR Fälle 14–16; *Zenker*, Von einem fremden Fahrrad und einem robusten Baum, JA 2008, 417.

§ 23. Die Ansprüche auf Verwendungsersatz

I. Begriff der Verwendungen

Während sich die Sache beim Besitzer befindet, mag dieser daran 1 Verbesserungen vorgenommen oder Erhaltungsmaßnahmen ergriffen haben, die bei Herausgabe der Sache dem Eigentümer zugute kommen. Die §§ 994ff. klären die Frage, ob und inwieweit der Besitzer für seine Verwendungen Ersatz verlangen kann. Dabei ist nach notwendigen Verwendungen (§§ 994, 995), nützlichen Verwendungen (§ 996) und Luxusverwendungen (gesetzlich nicht geregelt) zu differenzieren. Im Übrigen unterscheidet das Gesetz auch hier zwischen der Situation vor und nach Rechtshängigkeit bzw. Bösgläubigkeit (→ § 22 Rn. 5ff.).

Merke: Verwendungen sind Vermögensaufwendungen, die der Erhaltung, Wiederherstellung oder Verbesserung einer Sache dienen (BGHZ 131, 220).

Verwendungen sind **Aufwendungen** des Besitzers im Sinne von 2 Vermögensleistungen für die Sache, um diese für die weitere Nutzung in ihrem Bestand zu erhalten, ihren Zustand zu verbessern oder auch ihre Zweckbestimmung zu ändern. Zu den Verwendungen gehören sowohl Sach- und Geldleistungen (s. § 995) als auch geldwerte Arbeitsleistungen. Auch die eigene Arbeitskraft des Besitzers ist eine ersatzfähige Verwendung, wenn diese einen Marktwert hat. Entscheidend ist, dass der Besitzer ein Vermögensopfer erbracht hat, da die §§ 994ff. insoweit der Verlustabwälzung auf den Eigentümer dienen. Im Gegensatz zum Bereicherungsrecht ist nicht entscheidend, ob dem Sacheigentümer infolge der Verwendung ein Vermögensvorteil verbleibt, etwa in Form ersparter eigener Aufwendungen (BGHZ 131, 220). Der Verwendungsersatz setzt also insbes. keine effektive

Wertsteigerung der Sache voraus. Das wird durch die Ausnahmeregelung in § 996 bestätigt.

Beispiele:

- Typische Verwendungen sind Reparaturen oder Renovierungen einer Sache.
- Bei Tieren erweisen sich das Füttern, das Mästen oder eine Heilbehandlung als Verwendungen.
- Auch An- oder Ausbauten eines Gebäudes stellen Verwendungen dar. Str. ist allerdings, ob die Bebauung eines Grundstücks eine Verwendung ist (→ Rn. 12).

3 **Keine Verwendung** ist der vom Besitzer (zB an den Dieb) gezahlte Kaufpreis, da dieser nicht der Sache selbst zugute kommt (BGH NJW 1980, 2245). Gleiches gilt für Miet- und Pachtzahlungen des Besitzers. Keine Verwendungen sind auch das zum Betrieb eines Autos benutzte Benzin oder sonstige Aufwendungen wie etwa Steuern und Versicherungskosten, die nur dem Betrieb dienen, aber nicht der Sache selbst zugute kommen.

II. Ersatz notwendiger Verwendungen

1. Verwendungen vor Rechtshängigkeit/Bösgläubigkeit

4 Für **notwendige Verwendungen**, die der gutgläubige Besitzer **vor Rechtshängigkeit** gemacht hat, kann er nach § 994 I 1 vom Eigentümer Ersatz verlangen. Voraussetzung ist, wie auch sonst im Rahmen der §§ 987 ff., dass eine Vindikationslage gegeben ist.

Anspruch auf Verwendungsersatz aus § 994 I 1
1. Vindikationslage 2. Vornahme einer notwendigen Verwendung 3. zu einem Zeitpunkt a) vor Rechtshängigkeit der Herausgabeklage aus § 985 und b) vor Eintritt der Bösgläubigkeit

5 **a) Notwendige Verwendung.** Das Gesetz unterscheidet **notwendige** und **nicht notwendige** (= nützliche) **Verwendungen**. Notwendige Verwendungen (§ 994) sind solche, die zur Erhaltung der Sache für ihren normalen Betrieb und zu ihrer normalen Bewirtschaftung

erforderlich sind und die der Eigentümer durch die Vornahme des Besitzers erspart hat (BGHZ 64, 333, 339). Alle anderen Verwendungen sind nicht notwendige Verwendungen.

Beispiele: Notwendige Verwendungen sind **Reparaturen** von Sachen oder Fütterungskosten für ein Tier. Nicht notwendige, sondern nur nützliche Verwendungen sind dagegen die Renovierung einer altmodischen Fassade oder das Trainieren eines Pferdes.

Die Zahlung von **Gebühren** oder **Abgaben**, die **auf der Sache lasten** und den Eigentümer gerade wegen seines Eigentums an der Sache treffen (zB Erbbauzins, BGH NJW 2016, 495), wäre zwar begrifflich keine Verwendung. Solche Aufwendungen werden gem. **§ 995** jedoch kraft Gesetzes notwendigen Verwendungen gleichgestellt. Zu den insoweit stets ersatzfähigen **außerordentlichen Lasten** (§ 995 S. 2) zählen zB die Übernahme von Grundstückserschließungskosten oder Beiträge zur Tilgung eines hypothekarisch gesicherten Darlehens (OLG Karlsruhe ZEV 2015, 365).

b) Zeitpunkt der Verwendung. Ein uneingeschränkter Anspruch 6
auf Verwendungsersatz soll nur dem gutgläubigen, unverklagten Besitzer zustehen. Die Verwendung muss also **vor Eintritt der Rechtshängigkeit bzw. Bösgläubigkeit** erfolgt sein. Die Vindikationslage wiederum muss grundsätzlich bereits im Zeitpunkt der Verwendungen gegeben sein. Im Ausnahmefall kann aber ausreichen, dass die Vindikationslage erst im Zeitpunkt der Geltendmachung des Verwendungsersatzanspruchs besteht. Das gilt dann, wenn es keinen Grund dafür gibt, dass ein Besitzer, dessen Besitzrecht erst später weggefallen ist, schlechter stehen soll als ein Besitzer, der bereits bei Vornahme der Verwendungen ein unberechtigter Besitzer war (→ Rn. 22).

c) Verwender als Anspruchsinhaber. Die Verwendungen müssen 7
vom Besitzer vorgenommen worden sein. Verwender ist regelmäßig, wer die Verwendung in eigenem Interesse auf seine Kosten vornimmt. Die Durchführung der Verwendung kann dabei auch einem Dritten, zB einem Handwerker, überlassen werden (BGH NJW 1996, 921).

Fraglich bleibt, ob ein **Werkunternehmer**, der in Erfüllung eines mit dem Besitzer geschlossenen Werkvertrags zB eine Reparatur vornimmt, vom Eigentümer nach § 994 I Verwendungsersatz verlangen kann, wenn der Besitzer seiner Vergütungspflicht aus § 631 I (zB infolge Insolvenz) nicht nachkommt. Das überwiegende Schrifttum

(Erman/*Ebbing* BGB Vor § 994 Rn. 20; *Wieling* SachenR § 12 V 1b) will die Verwendungen in solchen Fällen allein dem Besitzer zurechnen und den Handwerker auf einen Anspruch gegen ihn (aus Vertrag oder § 812 I 1 Alt. 1) verweisen. Der BGH hingegen (zB NJW 2002, 2875) gibt hier dem Werkunternehmer den Anspruch aus § 994 I (näher Fall 30, → Rn. 24).

8 **d) Rechtsfolge: Ersatz der Aufwendungen.** Der Anspruch aus § 994 I ist darauf gerichtet, dass der Besitzer vom Eigentümer gem. §§ 1001 ff. (→ Rn. 13 ff.) die von ihm für die Verwendung aufgewendeten Kosten verlangen kann. Ausgenommen sind jedoch die gewöhnlichen Erhaltungskosten (§ 994 I 2), die in die Zeit fallen, in der der Besitzer nach den §§ 987 ff. auch die Nutzungen behalten darf.

Beispiel: Der gutgläubige Besitzer eines Pkw kann nicht Ersatz der normalen Inspektionskosten verlangen, weil er seinerseits die Gebrauchsvorteile behalten darf. Nicht zu den gewöhnlichen Erhaltungskosten gehört aber der Ersatz kaputter Einzelteile.

2. Verwendungen nach Rechtshängigkeit/Bösgläubigkeit

9 **Notwendige Verwendungen**, die der Besitzer **nach Rechtshängigkeit oder Bösgläubigkeit** vornimmt, sind ihm nur unter den Voraussetzungen der Geschäftsführung ohne Auftrag zu erstatten, § 994 II. Es handelt sich um eine (Teil-)Rechtsgrundverweisung, dh die Verwendungen müssen dem Interesse und dem Willen des Eigentümers entsprechen (§ 683 S. 1 oder S. 2) oder der Eigentümer muss sie genehmigt haben (§ 684 S. 2 iVm § 683). Ein Fremdgeschäftsführungswille ist jedoch nicht erforderlich, da Verwendungsersatzansprüche auch dem Eigenbesitzer zustehen sollen. Es genügt der Wille, durch freiwillige Vermögensaufwendungen der Sache etwas zugutekommen zu lassen. Liegen die einschlägigen Voraussetzungen vor, kann nach **§ 670 Aufwendungsersatz** verlangt werden.

Anspruch auf Verwendungsersatz aus §§ 994 II, 683 S. 1, 670

1. Vindikationslage
2. Vornahme einer notwendigen Verwendung
3. zu einem Zeitpunkt
   a) nach Rechtshängigkeit der Herausgabeklage aus § 985 oder
   b) nach Eintritt der Bösgläubigkeit (§ 990 I)

4. Verwendung im Interesse des Eigentümers und entspr. dessen wirklichen oder mutmaßlichen Willen, § 683 S. 1

Entsprechen die Verwendungen nicht dem Interesse und dem Willen des Eigentümers, so ist er nach § 994 II iVm § 684 S. 1 nur zur Herausgabe nach Bereicherungsrecht (insbes. § 818 III) verpflichtet. Die diesbezügliche Verweisung des § 684 auf das Bereicherungsrecht ist lediglich eine Rechtsfolgenverweisung. 10

Beispiel: Ein zum Abriss bestimmtes Haus wird besetzt. Von den Besetzern werden Wände und Fußboden renoviert. Auch wenn man von notwendigen Verwendungen ausgeht, steht den Besetzern kein Verwendungsersatz zu. Sie haben kein Recht zum Besitz und waren auch bei Besitzerwerb nicht gutgläubig im Hinblick auf ein solches Recht zum Besitz (§ 990 I 1). Deshalb besteht ein Verwendungsersatzanspruch nur nach § 994 II. Da die Renovierungsarbeiten nicht dem Interesse und dem Willen des Eigentümers entsprechen, haftet dieser nicht nach §§ 683 S. 1, 670, sondern nur nach §§ 684 S. 1, 818. Der Eigentümer ist aber nicht bereichert, solange ihm während der Besetzung und später wegen des Abrisses keine Vorteile zufließen (vgl. *Schröder* JuS 1981, 635).

III. Ersatz nützlicher Verwendungen

1. Anspruchsvoraussetzungen des § 996

Liegt keine notwendige Verwendung vor, führt die Verwendung aber zu einer objektiven Erhöhung des Sachwerts der Sache, so liegt eine nützliche Verwendung vor. Für lediglich nützliche Verwendungen kann der Besitzer nur Ersatz verlangen, soweit sie **vor Rechtshängigkeit oder Bösgläubigkeit** gemacht worden sind. Der Umfang des Verwendungsersatzes ist jedoch auf die Wertsteigerung begrenzt, die die Sache infolge der Verwendung zum Zeitpunkt der Besitzerlangung durch den Eigentümer noch aufweist (§ 996). Maßgebend ist grundsätzlich der **objektive Wert** (s. *Haas* AcP 176, 23 ff.; MüKoBGB/*Raff* § 996 Rn. 7 ff.; weitergehend *Brehm/Berger* SachenR Rn. 8.72; str.). Damit ist für den Normalfall ein angemessener Interessenausgleich zwischen Eigentümer und gutgläubigem Verwender sichergestellt. Dazu auch Fall 31 → Rn. 26. 11

Für nützliche Verwendungen, die **nach Rechtshängigkeit oder Bösgläubigkeit** gemacht worden sind, kann der Besitzer keinen Ersatz verlangen.

Für **Luxusverwendungen** wiederum, also Verwendungen, die weder notwendig noch nützlich sind (zB Umlackieren einer Sache in anderer Farbe), kann unabhängig vom Zeitpunkt ihrer Vornahme kein Ersatz nach den §§ 994 ff. verlangt werden. Hier bleibt dem Besitzer allenfalls das Wegnahmerecht des § 997 (→ Rn. 19).

Anspruch auf Verwendungsersatz aus § 996
1. Vindikationslage 2. Vornahme einer nützlichen Verwendung 3. zu einem Zeitpunkt a) vor Rechtshängigkeit der Herausgabeklage aus § 985 und b) vor Eintritt der Bösgläubigkeit 4. Werterhöhung der Sache durch Verwendung

2. Enger und weiter Verwendungsbegriff

12 Bei den nützlichen Verwendungen stellt sich die Frage, ob dazu auch Aufwendungen zählen, die die Zweckbestimmung der Sache ändern. Diskutiert wird dabei va der Fall der **Bebauung eines Grundstücks**. Der BGH (BGHZ 41, 157 betreffend Überbau) lehnt hier eine Verwendung ab (sog. enger Verwendungsbegriff; offen gelassen in BGH NJW 2015, 229). Argumentiert wird damit, dass **grundlegende Veränderungen** schon nach dem Sprachgebrauch keine Verwendungen seien und dem Eigentümer auch nicht aufgedrängt werden dürften. Der Anwendungsbereich der §§ 994 ff. dürfe daher nicht auf diese Fälle erstreckt werden.

Die hM (*Haas* AcP 176, 16; MüKoBGB/*Raff* § 994 Rn. 13 f.; *Wilhelm* SachenR Rn. 1309 ff.; auch schon RGZ 152, 101) vertritt jedoch zu Recht einen weiten Verwendungsbegriff. Es besteht nämlich kein Anlass, den gutgläubigen, unverklagten Besitzer in diesem Fall schlechter zu stellen. Die bisweilen schwierige Abgrenzung zwischen einer Verwendung im engeren oder weiteren Sinne lässt sich auf diese Weise vermeiden. Dem Schutz des Eigentümers vor einer **aufgedrängten Bereicherung** dienen in diesem Fall zum einen die §§ 1001, 1002; zum anderen wird zum Teil vorgeschlagen, den „Wert der Sache" gem. § 996 mit Rücksicht auf die Nutzungsinteressen des Eigentümers zu bestimmen (näher dazu Fall 31 bei → Rn. 26; zum ähnl. Problem bei § 951 → § 10 Rn. 7 f.).

Beispiel: Der fälschlich im Grundbuch eingetragene V hält sich gutgläubig für den Eigentümer des Grundstücks und bebaut dieses mit einem Haus. Auch wenn der Hausbau nicht dazu dient, das Grundstück zu erhalten oder zu verbessern, sondern dieses in ein Hausgrundstück verwandelt, sollte eine Verwendung iSv § 996 bejaht werden. Der Eigentümer, der den Besitz an seinem Grundstück ggf. nur Zug um Zug gegen Ersatz der Verwendungen (§ 1000) zurückbekommt, wird dadurch geschützt, dass er gem. § 996 von vornherein nur den objektiven Mehrwert des Grundstücks und maximal die tatsächlichen Aufwendungen (BGH NJW 2006, 1729) ersetzen muss.

IV. Geltendmachung der Verwendungsersatzansprüche

Hat der Besitzer umfangreiche Verwendungen auf die Sache gemacht, so könnte der Eigentümer möglicherweise mit weitreichenden Ersatzansprüchen konfrontiert sein. Das Gesetz sieht deshalb zum Schutz des Eigentümers Beschränkungen vor, denen der Besitzer bei der Geltendmachung seiner Verwendungsersatzansprüche unterworfen ist. 13

1. Eigenständige Geltendmachung nur nach Genehmigung oder Besitzerlangung

Der Besitzer kann die Verwendungsersatzansprüche als isolierten Klagegegenstand nur in zwei Fällen geltend machen. Das gilt zum einen in dem Fall, dass der Eigentümer die Verwendungen **genehmigt hat** (§ 1001 S. 1 Alt. 2 iVm § 184). Auch eine Einwilligung (§ 183) vor Vornahme der Verwendungen ist möglich (BGH NJW 2002, 2875). Wenn er mit den Verwendungen einverstanden war, ist der Eigentümer auch nicht weiter schutzbedürftig. 14

Ansonsten kann der Besitzer seine Ansprüche nur geltend machen, wenn der Eigentümer den unmittelbaren oder mittelbaren Besitz bereits wieder erlangt hat, der Anspruch aus § 985 also erfüllt wurde (§ 1001 S. 1 Alt. 1). Die Haftung des Eigentümers ist in diesem Fall gerechtfertigt, weil er mit dem Besitz der Sache auch die Vorteile der Verwendungen durch eigenen Gebrauch oder durch eine bessere Miete genießen kann. Hat der Eigentümer die Sache wiedererlangt, ohne die Verwendungen bisher genehmigt oder ersetzt zu haben, so kann er sich aber in der Weise von der Ersatzverpflichtung befreien, dass er die Sache dem Besitzer wieder zurückgibt (§ 1001 S. 2).

Der Besitzerlangung durch den Eigentümer steht es gleich, wenn der Eigentümer die **Sache veräußert** und dadurch auf dem Weg über den Veräuße- 15 rungserlös den Substanzwert der Verwendungen erlangt (s. *Wieling* SachenR § 12 V 7c aa; anders BGH NJW 1996, 52, der den Besitzer auf § 999 II verweist). Als Besitzerlangung anzusehen ist es auch, wenn die Herausgabe an einen Besitzmittler, zB den Mieter oder Sicherungsgeber, erfolgt, der dem Eigentümer den Besitz vermittelt (BGH NJW 1983, 2140, Herausgabe an den Sicherungsgeber ausreichend). Nicht als Besitzerlangung anzusehen ist es dagegen, wenn der Eigentümer die Besitzannahme verweigert und dadurch in Gläubigerverzug (§§ 293 ff.) gerät; dem Besitzer stehen dann nur die Rechte aus § 1003 zu.

16 Um den Eigentümer nicht für unabsehbare Zeit im Ungewissen darüber zu lassen, ob und in welcher Höhe Verwendungsersatzansprüche auf ihn zukommen, sieht **§ 1002 I** einen Monat **nach Herausgabe** beweglicher Sachen und sechs Monate nach Herausgabe von Grundstücken den **Ausschluss der Verwendungsersatzansprüche** vor. Das gilt aber nicht, wenn sich der Besitzer die Geltendmachung der Ansprüche vorbehalten hat (vgl. § 1001 S. 3) oder wenn gar keine **Herausgabe** vorliegt, sondern der Eigentümer die Sache auf andere Weise ohne den Willen des Besitzers wiedererlangt hat, zB im Wege der Zwangsvollstreckung aus einem Herausgabetitel (BGH NJW 2016, 495).

2. Geltendmachung durch und gegenüber Rechtsnachfolgern

17 **§ 999 I** ordnet einen gesetzlichen Übergang des Verwendungsersatzanspruchs vom alten auf den neuen Besitzer an, soweit der neue Besitzer den Besitz durch **Gesamtrechtsnachfolge** (zB Erbschaft) oder infolge rechtsgeschäftlicher Veräußerung erlangt hat. Die Höhe des Verwendungsersatzanspruchs ist unabhängig davon, welches Entgelt der neue Besitzer an den alten Besitzer für den Besitzerwerb gezahlt hat. Nach § 999 II tritt auf der Schuldnerseite auch der neue Eigentümer in die Haftung des alten Eigentümers ein, selbst wenn die Verwendungen vor seinem Eigentumserwerb gemacht worden sind. Die nach § 999 I und II übergegangenen Ansprüche bestehen jedoch nur in demselben Umfang, wie sie zugunsten des Vorbesitzers bzw. gegen den alten Eigentümer bestanden haben.

Beispiel: S gestattet seiner Mutter M, auf seinem Grundstück ein Haus zu bauen. M verzichtet gegenüber S auf Verwendungsersatzansprüche und erhält dafür ein unentgeltliches schuldrechtliches Wohnrecht. S, der nach § 946 Eigentümer des Hauses wird, schenkt und übereignet das Grundstück seiner Ehefrau F, die es nach Scheidung der Ehe an K veräußert. Der Herausgabeklage des K aus § 985 kann die M nicht Verwendungsersatzansprüche entgegenhalten, weil wegen des Verzichts gegenüber dem früheren Eigentümer S solche Ansprüche nie bestanden haben (BGH NJW 1979, 716).

3. Geltendmachung im Rahmen des Zurückbehaltungsrechts des Besitzers

Der Besitzer kann seinen Anspruch auf Verwendungsersatz gem. 18
§ 1000 auch **Zug um Zug** gegen die Herausgabe der Sache gem. § 985 geltend machen (s. Fall 30; → Rn. 24). § 1000 gewährt ihm insoweit ein Zurückbehaltungsrecht, das grundsätzlich dem Zurückbehaltungsrecht aus § 273 entspricht, allerdings nicht die Fälligkeit des Gegenanspruchs auf Verwendungsersatz voraussetzt. Dies ist wichtig, weil § 1000 damit ein Zurückbehaltungsrecht gewährt, auch wenn die Fälligkeit nach § 1001 noch nicht gegeben ist. § 273 bleibt aber neben § 1000 anwendbar.

V. Das Wegnahmerecht

Wenn die Verwendung darin besteht, dass eine bewegliche Sache 19
mit einer anderen Sache in der Weise verbunden wurde, dass sie **wesentlicher Bestandteil** der anderen Sache wurde (vgl. §§ 946, 947), kann sich der Besitzer statt für die Geltendmachung des Verwendungsersatzanspruchs auch für die Wegnahme der Sache entscheiden, **§ 997**. Das Wegnahmerecht ist zum einen dann interessant, wenn der Besitzer den zuvor genannten Beschränkungen bei der Geltendmachung der Verwendungsersatzansprüche (→ Rn. 14 f.) entgehen will. Zum anderen ist zu beachten, dass das Wegnahmerecht auch dem bösgläubigen oder verklagten Besitzer zusteht.

Beispiel: K hält sich für den Eigentümer eines Hausgrundstücks und pflanzt im Garten drei große, teure Eiben. Als er das Grundstück an den wahren Eigentümer herausgeben muss, entsteht Streit über den Ersatz der Verwendungen in Gestalt der Pflanzkosten. Hier gibt § 997 dem K als Alternative auch das Recht, die Pflanzen wieder auszugraben und mitzunehmen.

Das Wegnahmerecht besteht aus drei Elementen:
- **Recht zur Abtrennung** eines Bestandteils von der Sache
- **Duldungsanspruch** gegen den Eigentümer, die Abtrennung zu dulden
- **Aneignungsrecht**, sich das Eigentum am abgetrennten Bestandteil als nunmehr selbstständiger Sache zu verschaffen.

Die Aneignungsbefugnis steht dem Besitzer zu, der die Verwen- 20
dung selbst vorgenommen hat. Der Wegnehmende trägt die **Kosten der Wegnahme** und die Kosten, die erforderlich sind, um die Sache

des Eigentümers wieder in den Zustand vor Vornahme der Verwendungen zu versetzen (§ 258).

Nach § 997 II ist das Wegnahmerecht allerdings in drei Fällen **ausgeschlossen**. Das gilt zum einen, wenn der Besitzer nach § 994 I 2 keinen Ersatz verlangen kann, weil die Sachverbindung zur gewöhnlichen Erhaltung zählt (zB Ersatz einer kaputten Fensterscheibe). Außerdem entfällt das Wegnahmerecht, wenn der abgetrennte Bestandteil für den Besitzer keinen Nutzen hat (zB Tapete). Und schließlich kann der Eigentümer das Wegnahmerecht dadurch **abwenden**, dass er dem Besitzer den Wert ersetzt, den der Bestandteil nach der Wegnahme haben würde, § 997 II Alt. 3.

VI. Anwendungsbereich und Konkurrenzen

1. Verhältnis zu vertraglichen Ansprüchen

21 Die §§ 994ff. finden grundsätzlich nur Anwendung, wenn das Rechtsverhältnis insoweit nicht bereits durch Vertrag oder durch vertragliche Rückabwicklungsvorschriften geregelt ist (BGH NJW 1979, 716; 1996, 921; NJW 2015, 229).

Beispiel: Macht Mieter M Verwendungen auf die Mietsache, so regelt sich die Frage, ob er Aufwendungsersatz von Vermieter V verlangen kann, nach den §§ 536a, 539, wobei § 539 wiederum auf die Vorschriften über die Geschäftsführung ohne Auftrag verweist. Für die Anwendung der §§ 994ff. ist hier kein Raum. Anders liegt es aber, wenn M die Verwendungen erst tätigt, nachdem die Mietzeit schon abgelaufen ist (sog. **nicht-mehr-berechtigter Besitzer**). Dann gelten die §§ 536a, 539 nicht mehr und es besteht auch kein Besitzrecht mehr, sodass eine Vindikationslage gegeben ist und die §§ 994ff. zur Anwendung kommen.

22 Komplexer liegen die Dinge in **Dreipersonenverhältnissen**, wenn der unmittelbare Besitzer sein Besitzrecht aus einem Vertrag mit einem mittelbaren Besitzer herleitet, der nicht zugleich der Eigentümer ist. Solange der Besitzer sein Besitzrecht auch dem Eigentümer entgegen halten kann, besteht indes keine Vindikationslage, sodass Ansprüche aus den §§ 994ff. gegen den Eigentümer deshalb an sich ausscheiden müssen. Man könnte aber erwägen, ob es ausnahmsweise ausreicht, wenn im **Zeitpunkt des Herausgabeverlangens** eine **Vindikationslage** gegeben ist. Die Frage wird relevant, wenn der Besitzer ansonsten wegen seiner Verwendungen weder aus Vertrag noch aus GoA Ansprüche hat, im Einzelfall aber schutzwürdig erscheint. Eine zentrale Rolle spielt dann das Argument, dass der rechtmäßige

Besitzer doch nicht schlechter stehen könne als ein nichtberechtigter Besitzer, der sich auf die §§ 994 ff. berufen könne. Das lässt sich am besten anhand von Beispielen erläutern.

Beispiel: E hat seinen Laden an P verpachtet. P hat den Laden an U weiter verpachtet. Im Unterpachtvertrag zwischen P und U ist festgelegt, dass P bei Vertragsbeendigung nicht zum Ersatz von etwaigen Verwendungen des U verpflichtet ist. U erneuert nun die heruntergekommene Fassade, um dem Laden ein freundlicheres Aussehen zu geben und dadurch mehr Kunden anzuziehen. Als P in Insolvenz fällt, wird der Unterpachtvertrag mit U wirksam gekündigt. Nun verlangt E von U Herausgabe des Ladens, während U von E im Gegenzug Verwendungsersatz haben will.

Vertragliche Ansprüche zwischen U und E bestehen nicht, weil U den Vertrag allein mit P geschlossen hatte. Auch Ansprüche aus GoA (§§ 677, 683 S. 1, 670) sind nicht gegeben, da U nicht mit Fremdgeschäftsführungswillen investierte. Mit Kündigung des Pachtvertrags entfällt allerdings das Besitzrecht des U, sodass nun eine Vindikationslage im Verhältnis von E und U besteht. Die Verwendungen hat U jedoch zu einem Zeitpunkt gemacht, als er noch ein Besitzrecht hatte. Demgemäß sind die §§ 994 ff. eigentlich nicht anwendbar. Man könnte allerdings einwenden, dass U unter diesen Umständen schlechter steht, als wenn sein Unterpachtvertrag von Anfang an nichtig gewesen wäre. In diesem Fall hätte nämlich mangels Besitzrechts eine Vindikationslage bestanden und die §§ 994 ff. wären anwendbar. Das Argument, dass der berechtigte Besitzer nicht schlechter als der unberechtigte stehen dürfe, könnte daher dafür sprechen, die §§ 994 ff. hier zum Schutz des Besitzers (analog) anzuwenden. Im vorliegenden Fall ist jedoch zu beachten, dass U **nicht schutzwürdig** ist. Im Vertrag war klar geregelt, dass P keinen Verwendungsersatz schuldet. U handelte bei der Investition daher auf eigenes Risiko. Da das Vertragsverhältnis somit eine abschließende Regelung zu Verwendungen enthält, kommt ein Rückgriff auf die §§ 994 ff. nicht in Betracht (BGH NJW 2015, 229). Das gilt auch im Verhältnis von U zu E, da U nicht zufällig deshalb besser stehen kann, weil Verpächter und Eigentümer auseinander fallen. Ein Anspruch aus Nichtleistungskondiktion, § 812 I 1 Alt. 2, gegen E ist ebenfalls ausgeschlossen. Die Verwendungskondiktion wird durch das vorrangige Leistungsverhältnis zwischen U und P verdrängt.

Anders könnte es liegen, wenn der mit dem verwendenden Besit- 23
zer geschlossene **Vertrag keine** besondere **Regelung zum Verwendungsersatz** enthält. Dann mag das Argument, dass der berechtigte (Fremd-)Besitzer, der Verwendungen macht, nicht schlechter stehen soll als der (von vornherein) unberechtigte Besitzer, durchaus für die (lückenfüllende) Anwendung der §§ 994 ff. sprechen.

Beispiel: Wie zuvor (→ Rn. 22) hat E seinen Laden an P verpachtet, der ihn wiederum an U unterverpachtet hat. U vertraut auf die Bemerkung des P, dass er nicht vorhabe, die nächsten zehn Jahre zu kündigen, und investiert umfangreich in die Fassade des Ladens. Als P unerwartet in Insolvenz fällt, kommt es zur wirksamen Kündigung des Vertrags mit U. Wiederum verlangt E von U Herausgabe des Ladens, während U von E Verwendungsersatz haben will.

Auch hier gilt, dass U die Verwendungen zu einem Zeitpunkt gemacht hat, als er noch ein Besitzrecht hatte, weshalb die §§ 994 ff. an sich nicht anwendbar sind. Das Argument, dass der berechtigte (Fremd-)Besitzer, der Verwendungen macht, nicht schlechter stehen soll als der (von vornherein) unberechtigte Besitzer, spricht hier jedoch nach einer Ansicht für die analoge Anwendung der §§ 994 ff., zumal U schutzwürdig erscheint. Es muss somit genügen, dass nun im Zeitpunkt des Herausgabeverlangens eine Vindikationslage gegeben ist. Folglich muss U dem E den Laden nur Zug um Zug gegen Ersatz seiner Verwendungen herausgeben, §§ 994 ff., 1000 S. 1. Bei einer lediglich nützlichen Verwendung muss E allerdings nur in dem Umfang Ersatz leisten, in dem er tatsächlich einen Mehrwert erlangt, vgl. § 996 aE. Nach der Gegenansicht sind die §§ 994 ff. bei mangelnder Vindikationslage jedoch generell unanwendbar. Es wird darauf verwiesen, dass das Insolvenzrisiko allein von der jeweiligen Vertragspartei zu tragen sei (MüKoBGB/*Raff* § 994 Rn. 58).

24 Die Frage der (analogen) Anwendung der §§ 994 ff. stellt sich auch, wenn der Besitzer (insbes. als Werkunternehmer) im Rahmen eines **Vertragsverhältnisses an einen Dritten** (zB Leasingnehmer der Sache) **geleistet** hat, von dem Dritten aber keine Gegenleistung zu erlangen vermag. Nach der Rechtsprechung kann dann ein Verwendungsersatzanspruch gegen den Eigentümer in Betracht kommen. Auch insoweit lässt man genügen, dass das **Besitzrecht später weggefallen** ist bzw. erst bei Geltendmachung der Verwendungsersatzansprüche eine Vindikationslage besteht (BGHZ 34, 122, 131; BGH NJW 1996, 921; 2002, 2875; 2015, 229; aA *Baur/Stürner* SachenR § 11 B I 3; *Wieling* SachenR § 12 V 2; MüKoBGB/*Raff* Vor § 987 Rn. 19). Die Problematik verdeutlicht der folgende (oben in → § 16 Rn. 43 bereits unter dem Aspekt des Werkunternehmerpfandrechts behandelte) Fall, der zu den Klassikern des Sachenrechts zählt und viele weitere, bereits erörterte Streitfragen beinhaltet.

Fall 30 – Der abwartende Werkunternehmer (vgl. schon Fall 21 bei → § 16 Rn. 43): Zur Finanzierung eines Autokaufs nahm Best (B) bei der SparBank (SB) einen Kredit auf. Zur Absicherung des Kredits wird der Wagen an SB sicherungsübereignet. Nach dem Sicherungsvertrag ist B verpflichtet, Reparaturen selbstständig und auf eigene Rechnung durchführen zu lassen. Für den Fall eines Zahlungsverzugs ist ein Verlust des Besitzrechts angeordnet und zugleich die Pflicht des B, den Wagen an SB herauszugeben. Nach einiger Zeit hat B einen Unfall mit Sachschaden und fährt den Wagen daher in die Werkstatt des Well (W), der die erforderlichen Reparaturen vornimmt. Da sich die finanzielle Situation von B verschlechtert und er die Rechnung des W nicht bezahlen kann, holt er den Wagen bei W nicht mehr ab. Als B auch seine Zahlungen an SB einstellt, wendet sich SB an W und verlangt den Wagen heraus. W meint, er müsse den Wagen erst herausgeben, wenn die Rechnung bezahlt sei. Zu Recht? (BGHZ 34, 122 ff.; ähnlich BGH NJW 2002, 2875)

Lösungsskizze:

SB könnte gegen W einen Anspruch auf Herausgabe des Wagens gem. § 985 haben.

1. SB müsste Eigentümerin des Wagens sein. Ursprünglich war B Eigentümer des Wagens. B hat das Eigentum daran wirksam nach §§ 929 S. 1, 930 an SB sicherungsübereignet. Somit wurde SB Eigentümerin des Wagens.

2. W ist Besitzer des Wagens.

3. W dürfte kein Recht zum Besitz gem. § 986 haben.

a) W könnte ein Recht zum Besitz aufgrund des Werkvertrages haben, § 986 I 1 Alt. 2. Zwar hat W aufgrund des Werkvertrags, § 631, gegenüber B ein Recht zum Besitz. Dieses kann aber SB nur entgegen gehalten werden, wenn auch B im Verhältnis zu SB noch ein Besitzrecht hat. Das ist jedoch entspr. der Absprache zwischen B und SB wegen des Zahlungsverzugs nicht mehr der Fall. Ein abgeleitetes Besitzrecht nach § 986 I 1 Alt. 2 scheidet daher aus.

b) W könnte an dem Auto ein eigenes Recht zum Besitz aus einem Werkunternehmerpfandrecht haben, §§ 647, 1257, 986 I 1 Alt. 1. Da der Wagen jedoch keine Sache des Bestellers ist, scheidet ein Pfandrecht nach § 647 aus. Auch die Möglichkeit eines gutgläubigen Pfandrechtserwerbs wird von der hM abgelehnt (näher dazu schon Fall 21 → § 16 Rn. 43).

c) Evtl. hat W aber einen Verwendungsersatzanspruch gegen SB und deshalb ein Zurückbehaltungsrecht nach § 1000 S. 1, das ihm solange gegenüber SB ein Besitzrecht iSv § 986 verleiht.

Ob aus § 1000 S. 1 ein Besitzrecht iSv § 986 resultiert, ist strittig. Die Rspr. bejaht dies. Man kann dazu auf den Wortlaut von § 986 verweisen, der wie § 1000 S. 1 davon spricht, dass der Besitzer die Herausgabe „verweigern kann", sowie auf den Umstand, dass § 986 die Verteidigung gegen § 985 abschließend regelt. Nach vorzugswürdiger hM (näher → § 21 Rn. 28) weisen die Normen unterschiedliche Zielrichtungen auf. Mit § 1000 soll das Vermögen (der Ersatzanspruch) des Aufwendenden geschützt werden, während § 986 das Besitzrecht schützt. Außerdem erweist sich § 1000 nur als Einrede, während § 986 eine von Amts wegen zu berücksichtigende Einwendung darstellt. Die Auffassung der Rspr. hätte streng genommen auch die seltsame Konsequenz, dass mit der Vornahme von Verwendungen ein Besitzrecht iSv § 986 begründet würde und damit nachträglich eigentlich keine Vindikationslage mehr vorläge (diese Konsequenz zieht aber freilich auch die Rechtsprechung nicht, sondern verurteilt ebenfalls nur zur Zug-um-Zug-Leistung).

Daher hat W auch wegen seiner Aufwendungen kein Recht zum Besitz iSv § 986. W ist deshalb zur Herausgabe des Wagens an SB verpflichtet, § 985.

4. Möglicherweise kann W gegenüber dem Herausgabeverlangen der SB ein Zurückbehaltungsrecht aus § 1000 S. 1 geltend machen. Voraussetzung dafür ist, dass W als Besitzer einen Anspruch auf Ersatz seiner Verwendungen hat. Ein Verwendungsersatzanspruch könnte sich aus § 994 I ergeben.

a) Erste Voraussetzung des § 994 ist das Vorliegen eines Eigentümer-Besitzer-Verhältnisses.

Zum Zeitpunkt der Reparatur hatte W jedoch ein von B abgeleitetes Recht zum Besitz, sodass keine Vindikationslage gegeben war. Das Besitzrecht ist erst nach der Reparatur/Verwendungsvornahme weggefallen. Es stellt sich daher die Frage, ob es für den Verwendungsersatzanspruch ausnahmsweise genügen kann, dass die Vindikationslage erst zum Zeitpunkt des Herausgabeverlangens gegeben ist. Nach einer Auffassung (MüKoBGB/*Raff* Vor § 987 Rn. 19) ist das zu verneinen. Der zum Zeitpunkt seiner Verwendungen rechtmäßige Besitzer ist danach allein auf seine Ansprüche aus Vertrag und Bereicherungsrecht zu verweisen. Ein Bereicherungsanspruch gegen den Eigentümer (hier SB) scheitert freilich regelmäßig am Vorrang der Leistungskondiktion gegenüber dem Vertragspartner (hier B). Nach der Gegenauffassung soll derjenige, dessen Recht zum Besitz später weggefallen ist, jedoch nicht schlechter stehen als derjenige, der von Anfang an kein Besitzrecht hatte und daher seine Verwendungen nach § 994 ersetzt verlangen kann (BGH NJW 2002, 2875). Demnach muss es genügen, wenn – wie hier – im Zeitpunkt des Herausgabeverlangens eine Vindikationslage besteht. Es erscheint allerdings vorzugswürdig, in diesem Fall von einer analogen Anwendung der §§ 994 ff. zu sprechen (*Prütting* SachenR Rn. 557). Die analoge Anwendung erscheint gerechtfertigt, wenn der Besitzer nach den konkreten Umständen schutzwürdig erscheint. Das ist hier indes in Bezug auf den Werkunternehmer der Fall (vgl. unten f.). Daher ist der Ansicht des BGH zu folgen.

b) W müsste für einen Anspruch aus § 994 I als Besitzer gutgläubig und unverklagt gewesen sein, denn andernfalls würde sich der Aufwendungsersatzanspruch nach § 994 II richten. W wusste nichts von der Sicherungsübereignung des B an SB. Da es bei einer Reparatur anders als beim Verkauf eines Autos unüblich ist, den Kfz-Brief vorzulegen, aus dem sich die Eigentümerstellung ergibt, handelte W auch nicht grob fahrlässig (§ 932 II).

c) Die Reparatur stellt eine Verwendung auf die Sache dar, weil sie der Wiederherstellung bzw. Verbesserung des Wagens dient. Es handelt sich auch um eine notwendige Verwendung gem. § 994 I 1, da der Wagen erst durch die Reparatur wieder objektiv gebrauchstauglich wird.

d) Die Verwendungen werden aber nur insofern ersetzt, als es sich nicht um gewöhnliche Erhaltungskosten handelt, § 994 I 2. Gewöhnliche Erhaltungskosten der Sache sind regelmäßig wiederkehrende laufende Ausgaben.

Hierzu gehören Reparaturkosten nur dann, wenn sie der Beseitigung von Schäden infolge bestimmungsgemäßer Nutzung der Sache dienen. Aufwendungen zur Beseitigung von Unfallfolgen gehören nicht dazu, sodass § 994 I 2 den Verwendungsersatzanspruch des W nicht einschränkt.

e) W müsste auch selbst der „Verwender" sein. Die Rspr. unterstellt dies ohne weiteres (vgl. BGH NJW 2002, 2875). Nach aA (Staudinger/*Gursky* BGB Vor §§ 994–1003 Rn. 20) ist jedoch nur der Besteller als Verwender anzusehen. Derjenige, der lediglich in Erfüllung eines Vertrages Aufwendungen auf eine Sache mache, nehme keine freiwilligen Verwendungen vor. Dagegen spricht jedoch, dass man im Verhältnis zum Eigentümer SB durchaus auch von einer Verwendung durch W selbst sprechen kann und der Gesetzeswortlaut insofern keine Einschränkungen macht.

f) Indes könnte man sagen, dass W die Verwendungen doch in Erfüllung des Werkvertrags mit B getätigt hat und sich daher wegen der Bezahlung auch ausschließlich an B halten muss. Insoweit argumentieren manche (Staudinger/*Gursky* BGB Vor §§ 994–1003 Rn. 21) mit den Wertungen des Bereicherungsrechts: W müsse das Insolvenzrisiko seines Vertragspartners B insoweit selbst tragen und könne es nicht auf SB abwälzen. W ist als Werkunternehmer jedoch schutzwürdig. Das zeigt auch die Regelung zum gesetzlichen Werkunternehmerpfandrecht. Wenn dieser Schutz fehlschlägt, weil die Sache (zufällig) nicht dem Besteller sondern einem Dritten gehört (dazu Fall 21 bei → § 16 Rn. 43), so darf der Unternehmer nicht schlechter stehen. An die Stelle des Werkunternehmerpfandrechts tritt dann das Zurückbehaltungsrecht nach § 1000 S. 1 iVm dem Anspruch aus § 994 I. Dem Eigentümer geschieht auch kein Nachteil, da er mit Rückgabe der Sache in den Genuss der Reparatur kommt.

Somit hat W einen Verwendungsersatzanspruch aus § 994 I. Folglich steht ihm auch ein Zurückbehaltungsrecht nach § 1000 S. 1 zu. Ein Ausschluss gem. § 1000 S. 2 liegt nicht vor.

Ergebnis: SB hat einen Anspruch gegen W aus § 985; aufgrund seines Zurückbehaltungsrechts gem. § 1000 S. 1 kann W aber verlangen, dass er zur Herausgabe nur Zug-um-Zug gegen Ersatz seiner Verwendungen verurteilt wird.

Ein **Verwendungsersatzanspruch entfällt** aber nach § 1002 I, wenn der Unternehmer die Sache freiwillig herausgegeben hat (BGHZ 51, 250; dazu → Rn. 16). Außerdem lebt der Verwendungsersatzanspruch wegen früherer Reparaturen nicht wieder auf, wenn der Unternehmer die Sache später wegen weiterer Reparaturen erneut in Besitz bekommt (BGH NJW 1983, 2140). 25

2. Verhältnis zu Bereicherungsansprüchen

Umstritten ist das Verhältnis der §§ 994 ff. zu bereicherungsrechtlichen Ansprüchen. Bereits behandelt wurde die Frage, ob neben den §§ 994 ff. Ansprüche aus §§ 951 I, 812 I 1 Alt. 2 **(Eingriffskondik-** 26

tion) in Betracht kommen, s. → § 10 Rn. 10. Das gleiche Problem stellt sich außerhalb der Fälle des § 951 für die direkt aus § 812 I 1 Alt. 2 abgeleitete Verwendungskondiktion. Das lässt sich am besten anhand eines Falles verdeutlichen.

Fall 31 – Frustrierende Bauten: U verkauft dem K ein Grundstück und lässt es an ihn auf. Anschließend wird K als neuer Eigentümer im Grundbuch eingetragen. K beschließt, das Grundstück mit einem Wochenendhaus zu bebauen und investiert 100.000 Euro. Nach Fertigstellung des Hauses wird festgestellt, dass U im Zeitpunkt von Kaufvertrag und Auflassung infolge von Demenz geschäftsunfähig war. Der nun für U bestellte Betreuer B verlangt von K die Herausgabe des Grundstücks und Bewilligung der Wiedereintragung von U als Eigentümer im Grundbuch. K will das zunächst nicht wahr haben und erstellt noch eine Garage für 20.000 Euro. Schließlich ist K aber bereit, das Grundstück zu räumen und die Eintragung von U als Eigentümer im Grundbuch zu bewilligen. Daraufhin will K von U aber im Gegenzug die investierten 120.000 EUR ersetzt haben, denn das Grundstück sei nun genau um diesen Betrag im Wert gestiegen. B verweigert im Namen des U jedoch die Zahlung, da kein Interesse des U an dem Haus und der Garage bestehe. Es sei vielmehr die Verpachtung des Grundstücks an einen Bauern geplant, der dort seine Kühe weiden lassen will. Wie ist die Rechtslage?

Lösungsskizze:

I. K könnte gegen U wegen der Investition in das Wochenendhaus einen Anspruch auf Verwendungsersatz iHv 100.000 EUR aus § 994 I 1 haben.

1. Erste Voraussetzung des Anspruchs aus § 994 I 1 ist das Vorliegen eines Eigentümer-Besitzer-Verhältnisses. Hier war die Auflassung (§ 925) infolge der Geschäftsunfähigkeit des U gem. §§ 104 Nr. 2, 105 I nichtig, so dass U die ganze Zeit Eigentümer geblieben war. K war Besitzer und hatte infolge des ebenfalls nichtigen Kaufvertrags zu keinem Zeitpunkt ein Besitzrecht, § 986.

2. K war bei Errichtung des Hauses gutgläubiger (Eigen-)Besitzer und auch unverklagt.

3. Unabhängig davon, ob man vorliegend überhaupt von einer „Verwendung“ sprechen kann, ist indes offensichtlich, dass die Bebauung keine notwendige Verwendung darstellt; denn die Bebauung ist zur Erhaltung des Grundstücks für seinen normalen Betrieb oder seine normale Bewirtschaftung nicht erforderlich (vgl. zB BGH NJW-RR 2013, 1318, 1320). Daher scheidet ein Anspruch aus § 994 I 1 aus.

II. K könnte gegen U einen Anspruch auf Verwendungsersatz iHv 100.000 EUR aus § 996 haben.

1. Auch dafür ist Voraussetzung, dass ein Eigentümer-Besitzer-Verhältnis vorliegt und der Besitzer im Zeitpunkt der Verwendung gutgläubig und unverklagt war. Das wurde bereits bejaht.

2. Zu klären ist nun aber, ob überhaupt von einer Verwendung gesprochen werden kann. Verwendungen sind Vermögensaufwendungen, die der Erhaltung, Wiederherstellung oder Verbesserung einer Sache dienen (→ Rn. 1). Ob die Bebauung eines Grundstücks in diesem Sinne eine Verbesserung des Grundstücks bedeutet, ist umstritten.

Nach einer Auffassung handelt sich sich in solchen Fällen nicht um eine Erhaltung oder Verbesserung des Grundstücks, denn der Bestand der Sache als solcher werde nicht erhalten; vielmehr erfolge eine Umwandlung des unbebauten Grundstücks in ein Hausgrundstück. Ändert sich demgemäß die Zweckbestimmung der Sache, sei keine Verwendung mehr gegeben (sog. enger Verwendungsbegriff; BGHZ 41, 157, 160; offen gelassen in BGH NJW 2015, 229). Argumentiert wird damit, dass grundlegende Veränderungen schon nach dem Sprachgebrauch keine Verwendungen seien und dem Eigentümer auch nicht aufgedrängt werden dürften. Im Ergebnis wird damit der Schutz des Eigentümers vor unwillkommenen Verwendungsersatzansprüchen in den Vordergrund gestellt.

Die wohl hM (*Haas* AcP 176, 16; *Müller/Gruber* SachenR Rn. 965 f.; MüKoBGB/*Raff* § 994 Rn. 13 ff.; auch schon RGZ 152, 101) vertritt jedoch zu Recht einen weiten Verwendungsbegriff und sieht auch in einer sog. sachändernden Verwendung eine Verwendung im Sinne der §§ 994 ff. oder wendet diese Normen auf diesen Fall zumindest analog an. Es besteht nämlich kein Anlass, den gutgläubigen, unverklagten Besitzer in diesem Fall schlechter zu stellen. Für einen weiten Verwendungsbegriff spricht auch, dass damit die im Einzelfall ggf. schwierige Abgrenzung zwischen einer Verwendung im engeren oder weiteren Sinne vermieden werden kann. Der Eigentümer wird dadurch nicht übermäßig benachteiligt, da er ohnehin maximal in dem Umfang Ersatz leisten muss, in dem die Sache im objektiven Wert gestiegen ist (vgl. MüKoBGB/*Raff* § 996 Rn. 6 ff.).

3. Da die Bebauung mit dem Haus den Wert des Grundstücks erhöht hat, liegt eine nützliche Verwendung vor.

4. Zu klären bleibt, in welchem Umfang U Ersatz leisten muss. Nach einer Auffassung ist die objektive Werterhöhung zu ersetzen, welche die Sache in dem Zeitpunkt hat, in dem sie der Eigentümer zurückerlangt, vgl. § 996 aE (MüKoBGB/*Raff* § 996 Rn. 6 ff.; *Neuner* SachenR Rn. 169). Dafür spricht der Gesetzeswortlaut, der auf keine weiteren Kriterien abstellt. Das wäre hier in Bezug auf das Haus ein Wert von 100.000 EUR. Die Gegenauffassung nimmt ebenfalls den objektiven Wert zum Ausgangspunkt, lässt aber im Einzelfall, wenn dies zum Schutz des Eigentümers notwendig erscheint, Abschläge zu, soweit die Verwendung für den konkreten Eigentümer subjektiv keinen Nutzen hat (Erman/*Ebbing* BGB § 996 Rn. 6; *Finkenauer* JuS

2015, 818, 821). Das knüpft an den Gedanken der aufgedrängten Bereicherung an. Vorliegend macht U eben auch geltend, dass er an dem Haus kein Interesse habe. Dagegen spricht allerdings, dass dies im Gesetzeswortlaut keinen Niederschlag gefunden hat. Zudem ist die subjektive Nützlichkeit oft schwer messbar und unterliegt nicht nur der Gefahr von Manipulationen, sondern im Laufe der Zeit auch Veränderungen. Auf nachträgliche Entwicklungen sollte es jedoch nicht entscheidend ankommen. Daher wird hier der Auffassung gefolgt, die bei § 996 auf den objektiven Wertzuwachs abstellt. In krassen Einzelfällen bleiben Korrekturen über § 242 denkbar.

5. Die eigenständige Geltendmachung des Anspruchs aus § 996 ist gem. § 1001 S. 1 nur möglich, wenn der Eigentümer die Sache wiedererlangt. Das ist laut Sachverhalt aber der Fall. Allerdings bleibt § 1002 zu beachten, wonach der Verwendungsanspruch bei einem Grundstück nach Ablauf von sechs Monaten nach der Herausgabe erlischt. K muss also innerhalb dieser Frist klagen.

Ergebnis: K hat wegen des Hauses Anspruch auf Verwendungsersatz gegen U aus § 996.

III. K könnte gegen U einen Anspruch auf Wertersatz wegen der 100.000 EUR aus § 812 I 1 Alt. 2 haben.

Fraglich ist die Anwendbarkeit des Bereicherungsrechts. Folgt man, wie oben vorgeschlagen, dem weiten Verwendungsbegriff, so ist der Anwendungsbereich der §§ 994 ff. eröffnet. Sieht man diese Normen als abschließende Sonderregelung, deren spezielle Wertungen nicht durch die Anwendung der §§ 812 ff. unterlaufen werden dürfen (Palandt/*Herrler* BGB § 994 Rn. 4; *Baur/Stürner* SachenR § 11 Rn. 55; *Müller/Gruber* SachenR Rn. 1115 f.), so verbleibt es bei der Sperrwirkung des Eigentümer-Besitzer-Verhältnisses und § 812 I 1 ist nicht anwendbar. Diese Ansicht hat zur Folge, dass zwar der gutgläubige Besitzer einen Verwendungsanspruch aus § 996 hat, nicht aber der verklagte oder bösgläubige Besitzer. Ihm muss dann auch der Weg über § 812 I 1 Alt. 2 versperrt sein. Diese Auffassung setzt die Wertung der §§ 994 ff. am überzeugendsten um und verdient daher den Vorzug.

Vertritt man hingegen den engen Verwendungsbegriff, könnte man argumentieren, dass man sich dann in Fällen der vorliegenden Art gar nicht im Anwendungsbereich der §§ 994 ff. befindet, so dass diese auch keine Sperrwirkung entfalten können. Auf diesem Wege würde man zur Anwendbarkeit von § 812 I 1 Alt. 2 gelangen (so zB *Schapp/Schur* SachenR Rn. 145, 259 f.). Folgt man dem, wäre der Anspruch des K aus §§ 812 I 1 Alt. 2, 818 II begründet. Dann müsste man sich im nächsten Schritt damit beschäftigen, inwieweit hier eine ggf. nicht ersatzfähige, sog. aufgedrängte Bereicherung vorliegt (→ § 10 Rn. 7 f.).

Der BGH wiederum folgte in einer älteren Entscheidung zwar dem engen Verwendungsbegriff, hielt die §§ 994 ff. aber trotzdem unabhängig von der Art der Aufwendung oder Verwendung für eine absolut abschließende Regelung (BGHZ 41, 157). Nach dieser Auffassung hätte K, der bei Errichtung des Hauses ein gutgläubiger Besitzer war, somit gar keine Ansprüche gegen U, obwohl dieser nun in den Genuss eines wertvolleren Grundstücks kommt. Das erscheint wenig überzeugend. Dem K bliebe allein das Wegnahmerecht gem. § 997, das dem Besitzer die Abtrennung der mit der Sache verbundenen wesentlichen Bestandteile erlaubt. Die „Wegnahme" des Wochenendhauses würde für K indes keinen Sinn machen, weil dies im Zweifel zur Zerstörung des Hauses führen würde.

Nach einer vierten Auffassung schließlich (*Canaris* JZ 1996, 344; *Medicus/Petersen* BürgerlR Rn. 895 ff.) kommen die §§ 994 ff. und die §§ 812 ff. hier auf der Grundlage des **weiten Verwendungsbegriffs** nebeneinander zur Anwendung. Dafür wird zum einen auf den Wortlaut des § 951 II 1 verwiesen, der andere Verwendungsansprüche ausdrücklich neben die bereicherungsrechtlichen stellt. Weiterhin wird geltend gemacht, dass ein besitzender und ein nicht besitzender Verwender (für den die §§ 994 ff. nicht gelten) nicht ungleich behandelt werden dürften. Wenn die §§ 994 ff. spezifische Wertungen enthielten, so erkläre sich dies im Zusammenhang mit dem Zurückbehaltungsrecht des Besitzers aus § 1000 S. 1. Die §§ 994 ff. würden nur deshalb einen strengeren Maßstab anlegen, weil dort bestimmt wird, welche Opfer der Eigentümer erbringen muss, um seine Sache überhaupt wieder zu erlangen. Daraus folge aber nicht, dass der Eigentümer, der seine Sache bereits zurückerhalten hat, keinerlei Ersatz für werterhöhende Verwendungen leisten müsse. Nach dieser Ansicht hätte K somit neben dem Anspruch aus § 996 auch den Anspruch aus §§ 812 I 1 Alt. 2, 818 II.

IV. K könnte weiterhin wegen der Investition in die Garage einen Verwendungsersatzanspruch iHv 20.000 EUR gegen U aus § 996 haben.

Dieser Anspruch scheidet jedoch aus, da K im Zeitpunkt der Errichtung der Garage bereits ein bösgläubiger Besitzer war und die Verwendung somit nicht „vor dem Beginn der in § 990 bestimmten Haftung gemacht" wurde, vgl. § 996.

V. Zu prüfen bleibt, ob K wegen der Investition in die Garage einen Wertersatzanspruch iHv 20.000 EUR gegen U aus § 812 I 1 Alt. 2 hat.

Hier stellt sich wiederum die Frage nach der Anwendbarkeit von § 812 I 1 Alt. 2. Die hM plädiert insoweit – unabhängig davon, ob dem engen oder weiten Verwendungsbegriff gefolgt wird – für die Unanwendbarkeit von § 812 I 1. Maßgeblich ist die Wertung des § 996, wonach ein Anspruch auf Verwendungsersatz bei nicht notwendigen Verwendungen allein dem gutgläubigen, unverklagten Besitzer zusteht. Der Interessenausgleich zwischen Besitzer und Eigentümer wird damit abschließend geregelt. Diese Wertung darf nicht dadurch unterlaufen werden, dass dem bösgläubigen oder verklagten Besitzer dann der Anspruch aus § 812 I 1 Alt. 2 zugestanden wird (MüKoBGB/*Raff* § 996 Rn. 13 f.; *Müller/Gruber* SachenR Rn. 1120). Das leuchtet ein. In der Tat ist K vorliegend auch nicht schutzwürdig, da er nach

Information über die Sachlage nicht mehr weiter investieren durfte. Das damit verbundene Verlustrisiko muss er selbst tragen.

Folgt man hingegen der unter III. genannten vierten Ansicht, so ist der bereicherungsrechtliche Anspruch unabhängig von der Gut- oder Bösgläubigkeit des Besitzers nicht verdrängt. Danach könnte K auch für die Garage Wertersatz verlangen. Das überzeugt jedoch nicht, weil die gesetzliche Differenzierung zwischen dem gutgläubigen und dem bösgläubigen Verwender damit ignoriert würde.

Ergebnis: K hat keinen Anspruch auf Verwendungs- oder Wertersatz wegen der Investitionen in die Garage.

27 Ein **Bereicherungsanspruch aus § 812 I 2 Alt. 2** wegen Nichterreichens des mit der Leistung bezweckten Erfolgs wird durch die §§ 994 ff. nicht ausgeschlossen, zB wenn der Besitzer Bauten auf dem Grundstück in Erwartung seines künftigen Eigentumserwerbs errichtet (BGH NJW 2001, 3118). Er verfolgt über die bloße Verwendung auf die Sache hinaus einen weiteren Zweck, bei dessen Nichteintritt das Bereicherungsrecht eingreift.

Empfehlungen zur weiterführenden Lektüre: *Canaris,* Das Verhältnis der §§ 994 ff. BGB zur Aufwendungskondiktion nach § 812 BGB, JZ 1996, 344; *Giesen*, Überblick über die Streitstände beim Verwendungsersatz im EBV, ZJS 2014, 505; *ders.*, Die Durchsetzbarkeit der Verwendungsansprüche im Eigentümer-Besitzer-Verhältnis, ZJS 2016, 436; *Hähnchen*, Notwendige und nützliche Verwendungen im Eigentümer-Besitzer-Verhältnis, JuS 2014, 877; *Häublein,* Zum Verhältnis von §§ 994 ff. BGB zu sonstigen Verwendungsersatzansprüchen, Jura 1999, 419; *Roth,* Das Eigentümer-Besitzer-Verhältnis, JuS 2003, 937.

Fälle und Klausuren: *Finkenauer*, Original-Examensklausur: Die verwechselten Grundstücke, JuS 2015, 818; *Gottwald* SachenR Fälle 102–107; *Gursky* KK SachenR Fälle 10 und 17; *Koch/Löhnig* Fälle SachenR Fall 8; *Laurini,* Streit um den Biergarten, JA 2015, 581; *Liauw,* Fortgeschrittenenklausur: Der abgeschleppte Sattelauflieger, ZJS 2017, 52; *Neuner* SachenR Fälle 4–6; *Tölle*, Fortgeschrittenenklausur: Das Golfparadies, ZJS 2016, 329; *Vieweg/Röthel* SachenR Fall 17; *Wiedemann*, Der Fliesenleger, JA 2016, 494.

8. Kapitel. Eigentumsstörungsanspruch und Nachbarrecht

§ 24. Der Unterlassungs- und Beseitigungsanspruch

I. Einführung

§ 985 verwirklicht den Schutz des Eigentums dadurch, dass er dem Eigentümer die Beschaffung des Besitzes ermöglicht. Demgemäß kann der Eigentümer vom unrechtmäßigen Besitzer die Herausgabe seiner Sache verlangen. § 1004 betrifft demgegenüber **alle anderen Arten der Beeinträchtigung**, die das Eigentum auf andere Weise als durch Entziehung oder Vorenthaltung des Besitzes stören. § 1004 gewährt diesen Schutz dadurch, dass er dem Eigentümer gegen bevorstehende drohende Beeinträchtigungen einen **Unterlassungsanspruch** (§ 1004 I 2) und gegen bereits geschehene, noch existente Beeinträchtigungen den Anspruch auf **Beseitigung** (§ 1004 I 1) gewährt. Der Anspruch ist verschuldensunabhängig. Die größte Bedeutung in der Praxis haben nachbarrechtliche Fälle. 1

Beispiel: X lädt auf dem benachbarten Grundstück des E Müll und Gartenabfälle ab. Hier kann E von X gem. § 1004 I 1 verlangen, dass X alles wieder beseitigt. Bei Wiederholungsgefahr hat E gegenüber X zudem einen entsprechenden Unterlassungsanspruch, § 1004 I 2.

Das römische Recht kannte in der **actio negatoria** ein vergleichbares Institut. Der Anspruch aus § 1004 I wird deshalb auch heute noch zuweilen als actio negatoria oder als negatorischer Anspruch bezeichnet. Dem Anspruch aus § 1004 kommt besondere Bedeutung zu, weil er über den Schutz des Eigentums hinaus zugleich als Vorbild und Grundtatbestand für den Schutz aller anderen absoluten Rechte und sonstigen Rechtsgüter vor Beeinträchtigungen herangezogen wird (s. im Einzelnen → Rn. 44).

Besteht zwischen den Parteien ein **Vertrag**, kann sich aus dem Vertragsrecht eine vorrangige Regelung ergeben, welche die Anwendung von § 1004 ausschließt. Ein Beispiel ist etwa der Unterlassungsanspruch des Vermieters aus § 541 bei vertragswidrigem Gebrauch der Mietsache durch den Mieter. Nach Beendigung des Mietverhältnisses passt § 541 aber nicht mehr, so dass sich Ansprüche aus § 1004 I ergeben können (OLG München NZM 2017, 813).

II. Die Voraussetzungen des Anspruchs aus § 1004

Voraussetzungen des § 1004

1. Eigentum des Anspruchstellers
2. Beeinträchtigung des Eigentums
3. Störer als Anspruchsgegner
4. Rechtswidrigkeit der Beeinträchtigung
5. Keine Duldungspflicht des Eigentümers, § 1004 II

Rechtsfolge: Anspruch auf Unterlassung und/oder Beseitigung

1. Eigentum des Anspruchstellers

2 Der Anspruch aus § 1004 steht nach dem Gesetzeswortlaut dem Eigentümer zu. Er kann aber nicht nur vom Alleineigentümer, sondern gem. § 1011 auch vom einzelnen **Miteigentümer** in Ansehung der ganzen Sache geltend gemacht werden. Für Anwartschaftsberechtigte gilt die Norm entsprechend. Der (bloße) Besitzer einer Sache kann sich nicht auf § 1004 berufen, wohl aber auf § 862, der vergleichbare Ansprüche liefert.

Macht eine Partei den Unterlassungsanspruch eines Grundstückseigentümers aus § 1004 I bzw. eines Besitzers aus § 862 I im Wege der **gewillkürten Prozessstandschaft** geltend, muss sich das dafür generell erforderliche schutzwürdige Eigeninteresse gerade auf die Beseitigung der Beeinträchtigung des Eigentums bzw. des Besitzes an dem Grundstück beziehen (BGH NJW 2017, 486). Im entschiedenen Fall hatte der Beklagte auf einem Grundstück einen Altkleidersammelcontainer aufgestellt, ohne die Genehmigung des Grundstückseigentümers eingeholt zu haben. Ein Konkurrent des Beklagten besorgte sich vom Eigentümer die Ermächtigung zur gerichtlichen Geltendmachung des Unterlassungsanspruchs. Der BGH stellte klar, dass der Anspruch aus § 1004 I untrennbar mit dem Eigentum verbunden und nicht isoliert übertragbar sei. Gleichwohl käme eine Ermächtigung zur Ausübung des Anspruchs im eigenen Namen in Betracht. Indes wurde hier ein **schutzwürdiges eigenes Interesse** an der **Beseitigung** der Eigentumsbeeinträchtigung verneint, denn dem Kläger ging es allein um Schutz vor Konkurrenz.

Zum Schutz **anderer dinglicher Rechte** verweist das Gesetz auf die entsprechende Anwendung von § 1004, vgl. zB § 1027 (Grunddienstbarkeit), § 1065 (Nießbrauch) und § 1227 (Pfandrecht). Parallelregelungen mit Unterlassungsansprüchen zum Schutz immaterieller

Rechte finden sich zB in § 97 I UrhG, § 139 I PatG oder § 14 V MarkenG.

2. Die Beeinträchtigung des Eigentums

Die in § 1004 vorausgesetzte Beeinträchtigung erfasst jede **Störung des Eigentums** mit Ausnahme der Entziehung oder Vorenthaltung des Besitzes (dann greift § 985). Gleichgültig ist, ob es sich um bewegliche oder unbewegliche Sachen handelt. Was als Beeinträchtigung anzusehen ist, richtet sich nach dem Empfinden eines verständigen Durchschnittsmenschen (BGH NJW 1993, 925) und hängt davon ab, welcher Bereich dem Eigentümer nach dem Inhalt des Eigentums als störungsfrei zugewiesen ist. Da das Eigentum den umfassenden Genuss und die umfassende Nutzung im Rahmen der Gemeinverträglichkeit sichern soll, ist grundsätzlich jede rechtliche oder tatsächliche Störung dieses Genusses als Beeinträchtigung anzusehen. 3

a) Positive Einwirkungen. Positive Einwirkungen im Sinne unerlaubter Angriffe auf den räumlich-gegenständlichen Bereich der Sache sind nach allgemeiner Meinung stets als Beeinträchtigungen anzusehen. Insoweit sind vielfältige Störungen denkbar. 4

Beispiele:
- Positive Störungen ergeben sich durch die Beschädigung oder unerlaubte Benutzung des Eigentums durch einen Dritten, insbes. durch das Einbringen von Gegenständen auf ein Grundstück, das Hineinragen von Gegenständen (zB Turmdrehkran) in ein Grundstück (§ 905 S. 1) oder das Abladen bzw. **Ablagern von Sachen** auf einem Grundstück. Das Abladen von wenigen Schaufeln Schnee bleibt von den Auswirkungen her jedoch so geringfügig, dass keine Eigentumsstörung vorliegt (AG München BeckRS 2017, 125858).
- das Einwerfen von unerwünschtem **Werbematerial in den Briefkasten** (BGH NJW 1989, 902), auch von politischer Wahlwerbung (BVerfG NJW 2002, 2938);
- das anderweitige Befüllen eines Tanks durch den Besitzer ohne Zustimmung des Eigentümers (BGH NJW 2003, 3702; BGH GRUR 2006, 167; 2007, 623);
- die **Blendwirkung** von **Photovoltaik-Anlagen** auf dem Nachbargrundstück (OLG Düsseldorf MDR 2017, 1297; OLG Karlsruhe MDR 2014, 711);
- Lichtimmissionen von nachts angestrahlten Gebäuden in der Nachbarschaft (OLG Karlsruhe Grundeigentum 2018, 638);
- der vom Nachbarn herüberwehende intensive Zigarettenrauch (BGH NJW 2015, 2023; dazu → § 25 Rn. 4);

- die Zuführung von **Dämpfen, Geräuschen** und **Erschütterungen** (→ § 25 Rn. 6);
- erhebliche Geräusche oder Gerüche von **Tieren** (s. dazu *Scheidler* MDR 2009, 242);
- der Überhang von Ästen oder das Hineinragen von Wurzeln in ein Grundstück; insoweit besteht zwar das Selbsthilferecht aus § 910, daneben bleibt § 1004 aber anwendbar (BGH NJW 2004, 603; OLG Brandenburg NJW-RR 2015, 1427).

5 **b) Vertiefung, § 909. Typische nachbarliche Einwirkungen** regeln § 906 (Immissionen, näher → § 25 Rn. 6), § 909 (Vertiefung) und § 910 (Überhang). Unter den Tatbestand der Vertiefung **(§ 909)** fällt zB die unzureichende Gründung eines Bauwerks, die dem Nachbarhaus die nötige Stütze entzieht (BGH NZM 2005, 239). Die Unterlassungspflicht trifft nicht nur den Eigentümer des vertieften Grundstücks, sondern jeden, der an der Vertiefung mitwirkt, also auch zB den Architekten, Bauunternehmer oder Statiker. Bei Vertiefung mehrerer Nachbargrundstücke ist § 830 I 2 anwendbar (BGHZ 101, 106). Im Fall des Abbruchs einer Mauer, der zur Folge hat, dass das Nachbargrundstück seinen Halt verliert, ist § 909 indes mangels „Vertiefung" nicht anzuwenden, auch nicht analog (BGH NJW-RR 2012, 1160).

Die §§ 906, 909 sind zugleich **Schutzgesetze** iSv § 823 II (zu § 909: BGHZ 101, 290; BGH NJW 1996, 3205). Das Verbietungsrecht ist jedoch durch die §§ 906, 912, 917 (→ § 25 Rn. 7 ff.) sowie ferner nach Treu und Glauben (§ 242) durch das nachbarliche Gemeinschaftsverhältnis (BGHZ 101, 290, 293 f.; LG Potsdam NJW-RR 2014, 1418; dazu → § 25 Rn. 4) teilweise eingeschränkt.

6 **c) Zugangsbehinderung.** Eine typische (unmittelbare) Beeinträchtigung des Eigentums ist zudem die **Zugangsbehinderung** zu einem Grundstück, etwa durch verkehrswidriges Parken vor einer Einfahrt (BGH NJW-RR 2011, 1476; NJW 1998, 2058). Aber auch durch Bauarbeiten und die damit verbundenen Aufschüttungen kann der Zugang zu einem Grundstück beeinträchtigt werden. In solchen Fällen kann neben dem Störungsbeseitigungsanspruch auch ein Anspruch aus § 823 I wegen Eigentumsverletzung, Besitzverletzung oder Eingriffs in das Recht am eingerichteten und ausgeübten Gewerbebetrieb gegeben sein (BGHZ 59, 30, 34).

Beispiel (nach BGH NJW-RR 2017, 219): Ein Schiff läuft im Uferbereich auf Grund und kann erst zwei Tage später mit Hilfe von Schubbooten dort wieder entfernt werden. Während dieser Zeit versperrt das Schiff die Einfahrt zum Hafen des H. Der dort liegende Schwimmbagger des H kann während dieser Zeit nicht wie geplant verwendet werden.

Hier hat H zunächst Anspruch auf Störungsbeseitigung aus § 1004 I, weil der Zugang zu seinem Eigentum blockiert wird. Ist die Verwendungsfähigkeit einer eingeschlossenen Sache vorübergehend praktisch aufgehoben, sodass die Störung einer zeitweiligen Wegnahme der Sache gleichkommt, so liegt zugleich eine Eigentumsverletzung gem. § 823 I vor, sodass H wegen des Nutzungsausfallschadens bzw. des entgangenen Gewinns auch Schadensersatz verlangen kann.

d) Negative Einwirkungen. Sog. negative Einwirkungen sind dadurch gekennzeichnet, dass einer Sache die natürlichen Verbindungen zur Umwelt entzogen werden, also die natürliche Zuführung von **Licht, Luft** oder auch Funkwellen beeinträchtigt wird. Meist geht es hier um mittelbare Auswirkungen von Baumaßnahmen auf Nachbargrundstücken. 7

Beispiel: Durch den Bau eines dreistöckigen Hauses auf dem Nachbargrundstück unmittelbar an der Grundstücksgrenze wird den Fenstern im Hause des E zum wesentlichen Teil das Licht entzogen, außerdem wird dadurch die Frischluftzufuhr oder deren Abfluss (BGH NJW 1991, 1671) gehemmt.

Die hM subsumiert solche negativen „Einwirkungen" nicht unter § 906 (BGH NJW 1984, 729; 1991, 1671; LG Potsdam NJW-RR 2014, 1418; MüKoBGB/*Säcker* § 906 Rn. 50 ff.). Eine Parallele zu den grenzüberschreitenden, sinnlich wahrnehmbaren Wirkungen, wie sie in § 906 genannt seien, sei nicht veranlasst. Es wird auf § 903 verwiesen, auf die grundsätzliche Freiheit des Eigentümers, sein Grundstück nach seinem Belieben zu bebauen oder zu bepflanzen. Die Grenzen der Befugnisse des Eigentümers würden insoweit vom **öffentlichen Recht** bestimmt, insbes. durch die im **Baurecht** festgelegten Abstandsflächen. Für Bepflanzungen wiederum würden regelmäßig die Länder und Gemeinden Vorschriften erlassen. Demgemäß sieht auch der BGH kein Bedürfnis für die Heranziehung von § 906 (BGH NJW-RR 2015, 1425 bez. Anpflanzungen). In krassen Fällen können die Eigentümerbefugnisse laut BGH aber nach dem Grundsatz von **Treu und Glauben** eingeschränkt sein. Im Einzelfall wird auch ein nachbarrechtlicher Ausgleichsanspruch analog § 906 II 2 gewährt (BGH NJW 1991, 1671; dazu → § 25 Rn. 23). 8

Es spricht jedoch viel dafür, grundsätzlich auch negative Einwirkungen über § 1004 zu erfassen. Jedes Grundstück ist, gleichgültig ob darauf ein Gewerbe betrieben wird oder nicht, auf die Verbindung zur Außen- und Umwelt einschließlich Luftzufuhr und Sonneneinstrahlung (zB auch Nutzung der Sonnenenergie) angewiesen. Auch diese Verbindungen sind grundsätzlich Bestandteil des Grundstückseigentums. Die §§ 903, 1004 sollen vor jeder Einwirkung und Beeinträchtigung nicht nur des Sachkörpers, sondern auch des ganzen Eigentumsinhalts schützen. Eine unmittelbare Fühlungnahme mit der Sache ist nicht erforderlich. Wie bei positiven Einwirkungen sollte die Frage, ob ein Störungsbeseitigungsanspruch besteht, davon abhängig sein, wie schwerwiegend die Störung ist bzw. ob eine **Duldungspflicht** besteht oder nicht. So werden die Einwirkungen, die durch ein nach öffentlich-rechtlichen Vorschriften erlaubtes Bauwerk oder erlaubte Bepflanzung entstehen, meist ortsüblich und daher zu dulden sein.

9 **e) Ideelle Einwirkungen.** Von ideellen Einwirkungen spricht man, wenn die Benutzer der Sache durch das Verhalten Dritter in ihrem **ästhetischen oder sittlichen Empfinden** derart beeinträchtigt werden, dass sie sich dem auf zumutbare Weise nicht entziehen können. Auch hier ergeben sich Einwirkungen in erster Linie zwischen Nachbargrundstücken.

Beispiel: Der Nachbar benutzt sein Grundstück in einer Wohngegend als Abstellplatz für Schrottwagen. Der Grundstückseigentümer E fühlt sich durch den ständigen Anblick der Schrottwagen, die er bei jedem Blick aus dem Fenster unvermeidbar vor Augen hat, beeinträchtigt. Wird hier das Maß des Erträglichen überschritten, sollte ein Beseitigungsanspruch bejaht werden (vgl. AG Münster NJW 1983, 2993).

10 Der BGH verneint auch bei ideellen Einwirkungen grundsätzlich das Vorliegen einer Beeinträchtigung iSv §§ 903, 1004 (BGHZ 54, 56: Schrottplatz neben Schlosshotel) und versagt dem Eigentümer damit von vornherein das Ausschließungsrecht (differenzierend MüKoBGB/*Baldus* § 1004 Rn. 132 ff.). In einer Entscheidung (BGH NJW 1975, 170) lässt er jedoch offen, ob nicht bei schwerwiegenden Beeinträchtigungen etwas anderes zu gelten habe. Demgegenüber muss betont werden, dass auch ideelle Beeinträchtigungen, die bei vernünftiger und verständiger Würdigung die Benutzung des Eigentums spürbar behindern, im Einzelfall als Einwirkungen gem. §§ 903, 1004 anzusehen sind (ebenso *Jauernig* JZ 1986, 605 (606 ff.).

11 Ein Unterfall der ideellen Immissionen sind sog. **„moralische" Immissionen**, dh ein Verhalten auf dem Nachbargrundstück, welches das Sitten- und Schamgefühl verletzt. Ein solches Verhalten stellt jedenfalls so lange keine Eigentumsbeeinträchtigung dar, als es nicht äußerlich wahrnehmbar ist (BGH NJW 1985, 2823: Bordellbetrieb im Nachbarhaus). Eine Wertbeeinträchtigung des Grundstücks allein reicht nicht aus.

f) Fotografische Aufnahmen. Die Verwertung von Fotografien einer Sache kann im Einzelfall eine **Eigentumsstörung** nach § 1004 I bedeuten. Das Fotografieren eines frei und allgemein sichtbaren Gegenstandes stellt unter Berücksichtigung des in § 59 UrhG enthaltenen Rechtsgedankens allerdings noch keine Eigentumsbeeinträchtigung dar, denn insoweit fehlt eine Einwirkung auf die Sache oder auf ihre Nutzung (BGH NJW 1989, 2251: Friesenhaus). Die Fotos eines Hauses, die von einer öffentlichen Straße aus gemacht werden, können daher gewerblich genutzt werden, ohne dass der Eigentümer des Hauses zustimmen müsste. Anderes soll laut BGH jedoch gelten, wenn ein Fotograf ein **fremdes Grundstück betritt**, um eine nicht frei zugängliche Sache zu fotografieren. Insoweit liegt freilich schon im Betreten des Grundstücks die Störung, sodass es zumindest im Hinblick auf Unterlassungsansprüche auf die schwierige Frage, ob das Fotografieren eine Störung des Eigentums bedeutet, nicht ankommt. 12

Der BGH ist für solche Fälle allerdings der Auffassung, dass das Eigentum an einem Grundstück auch dadurch beeinträchtigt werden kann, dass es in einer dem Willen des Eigentümers widersprechenden Weise genutzt wird, nämlich indem daraus in Gestalt von Film- oder Fotoaufnahmen Früchte bzw. **Erträge gezogen** werden (BGH GRUR 2011, 323 m. krit. Anm. *Lehmert*, 327). Entscheidend sei insoweit, dass die Fotografien unter Verletzung der dem Eigentümer zustehenden Befugnis entstehen, andere vom Zugang zur Sache und deren Anblick auszuschließen und ihnen damit die Möglichkeit der Ablichtung und der Verwertung abzuschneiden oder zumindest zu erschweren (BGH NJW 2015, 2037; s. auch OLG Stuttgart GRUR 2017, 905).

Beispiel (nach BGH NJW 2013, 1809): Fertigt Fotograf F in Potsdam Fotos von Schloss Sanssouci, so darf er diese nur dann kommerziell verwenden, wenn er dazu die Zustimmung der Stiftung, die Eigentümerin der Schlossanlagen ist, einholt bzw. das hierfür bestimmte Entgelt gezahlt hat; denn der Zutritt zu den Schlossgärten ist lediglich zu **privaten Zwecken** gestattet. Insoweit gehört laut BGH zum Zuweisungsgehalt des Grundstückseigentums auch das Recht zu entscheiden, wer die **wirtschaftlichen Vorteile** ziehen darf, die das Betreten oder Benutzen des Grundstücks eröffnet. Bei fehlender Genehmigung kommt daher ein Anspruch auf **Unterlassung der Verwertung von Fotos** in Betracht (BGH aaO). Konsequenz dieser Rechtsprechung ist, dass bei unerlaubter Verwertung zugleich eine Eigentumsverletzung und ein Eingriff in den Zuweisungsgehalt des Eigentums zu bejahen sind, woraus sich auch Schadensersatz- (§ 823 I) und Bereicherungsansprüche (§ 812 I 1 Alt. 2) ergeben können.

13 **g) Fortdauernde Beeinträchtigung.** Der Beseitigungsanspruch setzt voraus, dass die Eigentumsbeeinträchtigung noch fortdauert. Dafür genügt es aber, dass nach Beseitigung der Störquelle oder Beendigung der störenden Handlung selbst immerhin noch deren Folgen den Eigentümer weiter belasten. Erledigt sich die Eigentumsbeeinträchtigung, weil der gestörte Eigentümer die Störung selbst beseitigt hat, so entfällt der Anspruch aus § 1004 I. Nun kommt aber ein Aufwendungsersatzanspruch aus §§ 677, 683 S. 1, 670 gegen den Störer in Betracht (→ Rn. 41).

Beispiel: Vom Schuppen des N aus läuft eine giftige Flüssigkeit auf das Grundstück des Nachbarn E und verseucht dort das Erdreich. Daraufhin entfernt N die undichten Flüssigkeitsbehälter von seinem Grundstück. Als E den N auffordert, das kontaminierte Erdreich bei ihm zu entfernen, meint N, das Gift sei nun in Verbindung mit dem Erdreich des E dessen Eigentum geworden. Von ihm, dem N, gehe daher keine Störung mehr aus.

Hier dauert die von N ausgehende Störung gleichwohl noch an. Durch die Aufgabe des Eigentums oder Besitzes an der störenden Sache oder den gesetzlich eintretenden Eigentumsverlust (zB nach § 946) kann sich der Störer nicht der Beseitigungspflicht entziehen (BGH NJW 2007, 2182: Bootsanlage auf fremdem Grundstück). Die Störung dauert an, solange der Eigentümer an seiner uneingeschränkten Sachherrschaft gehindert ist (BGH NJW 2005, 1366 gegen die sog. Usurpationstheorie, die eine Störung nur annimmt, solange sich der Störer Eigentumsbefugnisse am Eigentum des anderen anmaßt).

3. Der Störer als Anspruchsgegner

14 Unterlassung und Beseitigung können nur vom Störer verlangt werden. Störer ist derjenige, dem die Beeinträchtigung **zugerechnet** werden kann. Wesentliche Zurechnungskriterien sind die Veranlassung bzw. Verursachung, die Gefahrenbeherrschung und die Vorteilsziehung (BGH NJW 2018, 1542). Die Beeinträchtigung muss wenigstens mittelbar auf den **Willen des Störers** zurückgehen, was durch wertende Betrachtung festzustellen ist (BGH NJW-RR 2011, 739; NJW 2018, 1542). Reine Naturereignisse sind keinem Störer zurechenbar (→ Rn. 19). Störer kann in analoger Anwendung von § 830 auch ein Mittäter, Anstifter oder Gehilfe sein (BGH NJW 2003, 2525). Je nach der Art des Zurechnungsgrundes kann man den Handlungsstörer und den Zustandsstörer unterscheiden.

15 **a) Der Handlungsstörer.** Handlungsstörer ist, wer durch sein Verhalten (positives Tun oder pflichtwidriges Unterlassen) oder seine Willensbetätigung die Beeinträchtigung adäquat kausal verursacht

hat (zB OLG Hamm MDR 2017, 1356). Auf ein Verschulden kommt es nicht an.

Beispiele:

- Der Trompeter, der nachts den Schlaf des Nachbarn stört, ist ebenso Handlungsstörer wie der, der unberechtigt auf einem privaten Grundstück parkt oder eine Hauswand mit Parolen versieht oder mit einem Luftgewehr nach fremden Tauben schießt.
- Auch der Fahrer, der ohne sein Verschulden von einem anderen von der Straße abgedrängt und mit dem Fahrzeug auf ein fremdes Grundstück geschleudert wird, muss das Fahrzeug dort wieder entfernen, auch wenn es ihm nicht gehört. Dies gilt selbst dann, wenn er beim Ausweichen im Notstand gem. § 904 und damit ohne rechtswidriges Verhalten auf das fremde Grundstück gerät.

Störer ist auch der **mittelbare Störer**, der in irgendeiner Weise wil- 16
lentlich und adäquat kausal an der Herbeiführung der rechtswidrigen Beeinträchtigung mitgewirkt hat (BGH NJW 2016, 56). Es genügt, dass jemand die Störung durch einen anderen adäquat kausal verursacht, indem er die Störung durch Dritte provoziert, zulässt oder nicht unterbindet, obwohl er dazu in der Lage ist (BGH NJW 2000, 2901; 2014, 2640). So ist zB der Inhaber eines Supermarkts, der andere beauftragt, Werbezettel auch gegen den Willen der Eigentümer in deren Briefkästen zu werfen (BGH NJW 1989, 902), auch selbst Störer. Voraussetzung ist aber, dass die betreffende Person eine Handlungspflicht hat (zB als Eigentümer oder Betriebsinhaber; vgl. BGH NJW 2014, 2640) und auch rechtlich für sie die Möglichkeit besteht, die Störung durch den anderen abzustellen.

Beispiele:

- V vermietet Räume an die Stadt, die darin ein Drogenhilfezentrum eröffnet. 17
  Der Betrieb des Zentrums hat zur Folge, dass im Umfeld Drogenhandel stattfindet, Spritzen und Müll herumliegen etc. Hier können beeinträchtigte Nachbarn gegen Vermieter V als mittelbaren Handlungsstörer vorgehen. V hat eine rechtliche Einwirkungsmöglichkeit gegen den unmittelbaren Störer aufgrund des Mietvertrags (BGH NJW 2000, 2901; zum Fall auch → § 25 Rn. 26).
- Mittelbarer Handlungsstörer ist auch ein Wohnungseigentümer, der seine Wohnung einem Nießbraucher überlässt, welcher die Wohnung zweckbestimmungswidrig nutzt (BGH NJW 2014, 2640).
- Mittelbarer Handlungsstörer ist der Hauseigentümer, der einen Handwerker beauftragt, der dann die Störung auslöst. Darauf, dass der Unternehmer sorgfältig ausgesucht wurde, kommt es nicht an (BGH NJW 2018, 1542).
- Keine Möglichkeit, die Störung durch den anderen abzustellen, hat aber der Verkäufer gegenüber dem Käufer, auf den zwar noch nicht das Eigen-

tum, aber gem. § 446 S. 2 bereits das Recht zur Nutzung übergegangen ist (BGH NJW 1998, 3273). § 278 ist insoweit nicht anwendbar (BGH NJW 2006, 992).

18 **b) Der Zustandsstörer.** Ist die Störung nicht unmittelbar auf eine Handlung zurückzuführen, sondern geht die Beeinträchtigung vom Zustand von Sachen und Anlagen aus, so kann der Halter oder derjenige, der die Anlagen betreibt oder den beeinträchtigenden Zustand in seinem Herrschaftsbereich willentlich aufrechterhält, als Zustandsstörer in Anspruch genommen werden, ohne dass es darauf ankommt, ob er zu dem störenden Zustand beigetragen oder ihn gekannt hat (BGH NJW-RR 2001, 232).

Maßgebend ist hier nicht eine Störungshandlung, sondern dass der Störer aufgrund seiner Herrschafts- und Einwirkungsbefugnis den **störenden Zustand beseitigen kann**. Dies trifft insbes. zu, wenn der Zustandsstörer entweder die Gefahrenlage geschaffen hat oder die von einem Dritten geschaffene Gefahrenlage aufrechterhält. Anders liegt es aber, wenn ein Dritter vom Nachbargrundstück aus die Beeinträchtigung verursacht hat, ohne dass sie vom Zustand des Nachbargrundstücks ausgeht.

Beispiele:
- Der Nachbar ist nicht Zustandsstörer, wenn von seinem Grundstück aus ein Dritter Steine auf das beeinträchtigte Grundstück wirft oder andere Gegenstände dorthin verbringt, deren Ursache nicht im Zustand des Nachbargrundstücks liegt (BGH NJW 2005, 1366).
- Ein Mieter kann jedoch Zustandsstörer sein, wenn er sich weigert, eine bauliche Veränderung der Mietsache zu dulden, zB den Abbruch eines Balkons, welchen der Vermieter/Eigentümer unerlaubt angebaut hatte. Hier kann der Gestörte den Vermieter auf Beseitigung und den Mieter auf Duldung der Beseitigung in Anspruch nehmen (BGH NJW 2007, 432).

19 Der Begriff des Zustandsstörers ist allerdings insoweit irreführend, als er den Eindruck vermittelt, dass die Herrschaft über eine Sache oder die damit verbundene Möglichkeit, die Störung zu beseitigen, schon allein die Störereigenschaft begründen würden (näher MüKoBGB/*Baldus* § 1004 Rn. 161 ff.). Das trifft nicht zu. Vielmehr bedarf es auch noch eines **Zurechnungselements.**

Voraussetzungen für die Haftung als Zustandsstörer sind daher nicht nur, dass

(1) die Störung vom **Zustand der störenden Sache,** zumeist einem Grundstück, ausgeht und

(2) der Störer eine **rechtliche oder tatsächliche Herrschaft** über die störende Sache hat, sondern auch dass

(3) die davon ausgehende Beeinträchtigung zumindest mittelbar auch auf seinem **Willen** beruht.

Demgemäß wird für **reine Naturereignisse**, die ohne menschliches Zutun auf die Sache einwirken, keine Störerhaftung begründet (s. BGH NJW 1993, 1855; 1995, 2633; OLG Nürnberg NJW-RR 2014, 792: Schaden durch Biber).

Beispiel: Infolge eines **Sturms** fällt der auf dem Grundstück des N stehende Baum auf das Grundstück des E. Hier haftet N auf Schadensersatz aus § 823 I, sofern er seine Verkehrssicherungspflicht, seine Bäume regelmäßig auf Standsicherheit bzw. auf Schäden und Erkrankungen zu kontrollieren, verletzt hat (vgl. OLG Brandenburg RuS 2016, 41). N schuldet weiterhin verschuldensunabhängig aus § 1004 I die Beseitigung des störenden Baumes, sofern der Baum nicht ordnungsgemäß gepflanzt oder unterhalten worden war. Eine Haftung aus § 1004 I entfällt hingegen, wenn der Baum gesund war und die Entwurzelung allein auf den besonders starken Sturm als Naturereignis zurückzuführen ist (BGH NJW 1993, 1855).

Zurechenbar ist aber eine Störung, die auf dem natürlichen Wachstum der **Wurzeln** eines vom Nachbarn oder seinem Rechtsvorgänger **gepflanzten Baumes** beruht (BGH NJW 1995, 395: Eindringen der Wurzeln in die Kanalisation), weil hier das Pflanzen des Baumes als menschliche Handlung zurechenbar ist. Zurechenbar sind auch Störungen aus einem angelegten Teich (BGH NJW 1993, 925). Die Beeinträchtigung ist gleichwohl nicht rechtswidrig, wenn sie aus naturschutzrechtlichen Gründen geduldet werden muss (→ Rn. 30). 20

Ein nicht zurechenbares reines Naturereignis liegt auch vor, wenn durch eine **Lawine** natürliches unberührtes Gestein von einem Grundstück auf ein anderes geschoben wird. Da diese Beeinträchtigung in keiner Weise auf menschliches Verhalten zurückgeführt werden kann, besteht kein Anspruch aus § 1004 I. Gleiches gilt für die Anschwemmung von Ackerboden, auch wenn dieser zum Zweck landwirtschaftlicher Nutzung bewirtschaftet wird (BGH NJW 1984, 2207), sowie für abfließendes Regenwasser (BGH NJW 1991, 2770) oder für das Eindringen von natürlichem Ungeziefer aus dem Nachbargarten (BGH NJW 1995, 2633).

Diese Beispiele zeigen freilich auch, dass die **Abgrenzung** zwischen Handlungsstörer und Zustandsstörer im Einzelfall **schwierig** sein kann. Im Schrifttum wurden demgemäß bereits andere Einteilungen vorgeschlagen (vgl. va MüKoBGB/*Medicus*, 4. Aufl., § 1004 Rn. 42 ff.). Da die Unterscheidung für die Rechtsfolgen der Norm indes kaum Bedeutung hat, lohnt es sich nicht, in der Klausur darauf zu viel Zeit zu verwenden. 21

22 **Zustandsstörer** kann nicht nur der Eigentümer (des Nachbargrundstücks) sondern auch der **Besitzer** sein, weil und soweit er die tatsächliche Herrschaft über die störende Sache ausübt (s. BGH NJW 2007, 432). Zustandsstörer kann auch der **Rechtsnachfolger** sein, der die störende Sache oder Anlage zwar nicht selbst geschaffen hat, aber nunmehr selbst auf die Sache einwirken kann und dadurch zum Störer wird (BGH NJW-RR 2006, 1378).

Beispiel: E hat auf seinem Grundstück mehrere Bäume gepflanzt. Als die Bäume zu hoch werden und zu viel Licht wegnehmen, fällt E einzelne Bäume. Später verkauft E das Grundstück an K. Nun wirft ein **Sturm** einen der **Bäume**, der inzwischen zu frei stand und zu viel Angriffsfläche bot, um. Der Baum fällt auf das Nachbargrundstück des N. Hier hat N einen Beseitigungsanspruch gegen K als Zustandsstörer. Es ist unerheblich, dass K den Baum nicht selbst gepflanzt hat. Es kommt allein darauf an, dass er nach Übernahme des Grundstücks die Möglichkeit zur Einwirkung auf die Sache und zur Beseitigung des Gefahrenzustands hatte.

23 Weiterhin betrifft die Haftung des Zustandsstörers nur den **gegenwärtigen Zustand** des störenden Grundstücks (zB überhängende Äste), nicht aber Handlungen eines Voreigentümers oder Vorbesitzers, die zwar den Nachbarn noch stören (zB auf dessen Grundstück verbrachte Abfälle), aber nicht vom gegenwärtigen Zustand des anderen Grundstücks ausgehen (s. BGH NJW-RR 2001, 232).

24 Im Einzelfall können **mehrere Störer** bzw. Zustandsstörer und Handlungsstörer zur Beseitigung der Störung verpflichtet sein. Das gilt insbes. bei Miete und Pacht. Die unmittelbare Störung kann zB vom Pächter ausgehen, der zuviel Lärm erzeugt. Der Verpächter ist daneben als mittelbarer Störer verantwortlich, weil er vom Pächter die Einhaltung von Lärmvorschriften verlangen kann oder letztlich durch Kündigung des Pachtvertrags die Störung beseitigen könnte (s. auch BGH NJW 1982, 440).

4. Rechtswidrigkeit der Beeinträchtigung

25 Der Unterlassungs- und Beseitigungsanspruch ist – auch wenn sich dies aus dem Gesetzestext nicht ausdrücklich ergibt – nur gegen rechtswidrige Beeinträchtigungen gegeben (Palandt/*Herrler* BGB § 1004 Rn. 12). Rechtswidrig ist grundsätzlich jede Beeinträchtigung allein schon aufgrund ihres Erfolgs, durch den sie den ungehinderten Eigentumsgenuss stört, sofern nicht ein Einverständnis des Eigentümers vorliegt oder besondere Duldungspflichten (§ 1004 II, → Rn. 26ff.) bestehen. Es gilt insoweit das **Prinzip des Zustandsunrechts**, welches das Urteil über die Rechtswidrigkeit allein aus dem

missbilligten Zustand ableitet. Grundlage des Anspruchs ist ein dem Inhalt des Eigentums widersprechender Zustand.

5. Fehlen einer Duldungspflicht des Eigentümers

Unterlassung und Beseitigung kann der Eigentümer nicht verlangen, wenn er zur Duldung der Beeinträchtigung verpflichtet ist (§ 1004 II). Es handelt sich um eine Einwendung, für die nach der Fassung des Gesetzes der Störer die Beweislast trägt. Die Duldungspflichten können sich allgemein aus dem Gesetz oder aus der Einräumung dinglicher oder obligatorischer Rechte ergeben. Wesentliche Duldungspflichten ergeben sich für den Grundstückseigentümer aus dem **Nachbarrecht**. Das betrifft va die §§ 904, 906, 912, 917. Dazu → § 25 Rn. 1 ff. **26**

a) Dingliche und obligatorische Rechte. Das beschränkte dingliche Recht weist dem Berechtigten einzelne Befugnisse aus dem Eigentum zu und begrenzt dadurch den Inhalt des Eigentums. Der Eigentümer muss deshalb die Ausübung des beschränkten dinglichen Rechts dulden, gleichgültig ob er es selbst eingeräumt hat oder nicht. **27**

Beispiele: Der Eigentümer muss etwa das Bauen auf seinem Grundstück aufgrund eines Erbbaurechts dulden, ebenso dessen Benutzung aufgrund eines Nießbrauchs oder einer Dienstbarkeit. Wird das daraus folgende Nutzungsrecht überschritten, kann indes aus § 1004 vorgegangen werden (vgl. BGH NJW 2008, 3707). Einem dinglichen Recht vergleichbare Eigentumsbeschränkungen ergeben sich aus den im Bebauungsplan gem. § 9 I Nr. 21 BauGB enthaltenen Festsetzungen über Geh-, Fahr- und Leitungsrechte.

Der Anspruch aus § 1004 ist auch insoweit ausgeschlossen, als die Beeinträchtigungen durch ein **obligatorisches Recht**, wie zB Miete oder Pacht, gerechtfertigt sind. Das aus einem **Vertrag** abgeleitete obligatorische Recht besteht aber gegenüber dem Eigentümer regelmäßig nur dann, wenn dieser selbst **Vertragspartner** ist. Dritten gegenüber, die nicht Vertragspartner sind, besteht in diesem Fall keine Duldungspflicht. Auch ein späterer Erwerber des Eigentums ist an obligatorische Vereinbarungen des Voreigentümers nicht gebunden, wenn er sie nicht nach §§ 414, 415 übernommen hat (Ausnahme: §§ 565, 566). In gleicher Weise führt die Duldung einer vom Rechtsvorgänger ausgehenden Eigentumsbeeinträchtigung nicht zu einer Verwirkung des Störungsbeseitigungsanspruchs gegenüber einem **28** späteren Erwerber (vgl. BGH NJW-RR 2014, 1043). Sicherheit schafft hier nur ein im Grundbuch eingetragenes dingliches Recht.

Beispiel: E hat auf seinem Grundstück über Bodenniveau eine Privatstraße aus Betonsteinen direkt an die Grundstücksmauer des Nachbarn N gebaut. N war damit aber einverstanden. Nachdem N sein Anwesen an Käufer K veräußert hat, verlangt K von E die Beseitigung der Straße, weil seine Mauer dem Druck der Straße bald nicht mehr standhalten würde. Hier steht dem Anspruch des K die frühere Störungsgestattung durch seinen Rechtsvorgänger N nicht entgegen. K ist daran nicht gebunden (BGH NJW-RR 2008, 827).

29 **b) Duldungspflichten bei Notstand.** Eine Duldungspflicht, die sich gleichermaßen auf Eingriffe in bewegliche und unbewegliche Sachen bezieht, ergibt sich aus den Vorschriften für den Verteidigungsnotstand (§ 228) und den Angriffsnotstand (§ 904). Sowohl der Verteidigungsnotstand als auch der Angriffsnotstand setzen einen Verteidigungs- bzw. Angriffswillen voraus, wobei bedingter Vorsatz genügt.

Beispiele:
- Der Hund des E hat Tollwut und fällt den A an. A erschlägt den Hund mit einem Knüppel. E muss diesen Eingriff gem. § 228 dulden, da diese Vorschrift gem. § 90a S. 3 auf Tiere entsprechend anzuwenden ist. § 227 findet dagegen keine Anwendung, weil ein Angriff im Sinne dieser Vorschrift ein menschliches Verhalten voraussetzt.
- Nach einem Autounfall reicht das Verbandsmaterial nicht aus. B darf aus dem Wagen des E dessen Verbandskasten benutzen, um die Schwerverletzten zu verbinden. E muss die Einwirkung dulden (§ 904 S. 1), kann aber nach § 904 S. 2 Schadensersatz von B und als Gesamtschuldner auch von den Verletzten als den durch den Eingriff Begünstigten verlangen.

30 **c) Öffentlich-rechtliche Duldungspflichten.** Vielfältige Duldungspflichten ergeben sich aus **öffentlich-rechtlichen Vorschriften**, die ein bestimmtes Verhalten erlauben oder aber die Beseitigungshandlung verbieten.

Beispiele:
- Nach § 22 Ia BImSchG sind Geräuscheinwirkungen, die von Kindertageseinrichtungen oder **Kinderspielplätzen** ausgehen, in der Regel keine schädliche Umwelteinwirkung und daher grundsätzlich zu dulden.
- Eine Pflicht zur Duldung von Jagdeinrichtungen wie einem Hochsitz ergibt sich aus dem **BJagdG** (BGH NJW 2006, 984).
- Duldungspflichten können sich auch aus dem öffentlichen Gemeingebrauch ergeben, dh aus der notwendigen Erfüllung einer öffentlichen Aufgabe im Allgemeininteresse. So hat der BGH den Nachbarn eines Drogen-

hilfezentrums in der Innenstadt einen Anspruch auf Beseitigung versagt, obwohl davon viele Störungen ausgingen (BGH NJW 2000, 2901).
- Die Beseitigung einer Störungsquelle kann aus Gründen des **Naturschutzes** verboten sein. Das Quaken von Fröschen auf dem Nachbargrundstück muss deshalb geduldet werden, sofern nicht eine Abhilfe behördlich erlaubt wird (BGH NJW 1993, 925).
- Nach **§ 76 I TKG** gilt eine Duldungspflicht hinsichtlich der Verlegung und Inbetriebnahme von **Kabeln** für die Telekommunikation über Grundstücke (BGH NJW 2000, 3206; 2002, 678), nicht aber in einem Gebäude (BGH NJW-RR 2004, 231). § 76 II TKG sieht einen Ausgleichsanspruch vor.

Duldungspflichten folgen zudem aus der **baurechtlichen** oder **immissionsschutzrechtlichen Genehmigung** von Gebäuden oder Anlagen. 31

So ist nach **§ 14 BImSchG** vorgesehen, dass nach der behördlichen **Genehmigung einer Anlage** nicht mehr die Unterlassung von deren Betrieb verlangt werden kann, und zwar auch dann nicht, wenn nach dem BGB eigentlich ein privatrechtlicher Abwehranspruch bestehen würde. Stattdessen kann ein Anspruch auf wirtschaftlich zumutbare Schutzmaßnahmen (zB §§ 22ff. BImSchG) oder auf Entschädigung in Betracht kommen. Dies hat für das Unternehmen den Vorteil, dass es sich auf die öffentlich-rechtliche Genehmigung verlassen und die Anlage errichten kann und nicht deren Abbruch aufgrund privatrechtlicher Ansprüche befürchten muss (näher *Baur/Stürner* SachenR § 25 Rn. 30ff., § 26).

Beim Verstoß gegen öffentlich-rechtliche Normen wird es meist sinnvoll sein, sich auf dem **Verwaltungsrechtsweg** dagegen zu wehren, weil damit ggf. schon frühzeitig der Bau eines störenden Gebäudes oder der Beginn einer unzulässigen Nutzung verhindert werden kann. Es können aber auch zugleich oder alternativ privatrechtliche Rechtsbehelfe gewählt werden. Der Verstoß gegen eine drittschützende bzw. nachbarschützende Norm des öffentlichen Rechts ist regelmäßig zugleich ein Verstoß gegen ein Schutzgesetz iSv § 823 II und eine Eigentumsstörung iSv § 1004 I, sodass auch privatrechtliche Schadensersatz-, Unterlassungs- oder Beseitigungsansprüche gegeben sind. Öffentlich-rechtlicher und privatrechtlicher Nachbarschutz stehen insoweit nebeneinander. (Palandt/*Herrler* BGB § 903 Rn. 25). 32

6. Verjährung

Der Anspruch aus § 1004 I verjährt gem. §§ 195, 199 in drei Jahren. 33
Aus der **Verjährung eines zunächst bejahten Störungsbeseitigungsanspruchs** folgt zwar kein Recht des Störers auf Duldung

(BGH NJW-RR 2014, 1043), die fehlende Durchsetzbarkeit des Anspruchs kann aber faktisch dazu führen, dass der Eigentümer die Störung hinnehmen muss. Im Fall erneuter Störungshandlungen entsteht indes auch ein neuer Unterlassungsanspruch, für den eine neue Verjährungsfrist beginnt (s. BGH NJW 1990, 2555). In sonstigen Fällen mag zwar ein Anspruch aus § 1004 I nach Verjährung nicht mehr durchsetzbar sein, davon bleiben die Rechte des Eigentümers aus § 903 aber unberührt. Der Eigentümer kann etwa einen störenden Gegenstand (Wurzeln, private Stromleitungen) von seinem Grundstück selbst entfernen und damit die Störung beseitigen (BGH NJW-RR 2014, 1043).

III. Rechtsfolge: Anspruch auf Unterlassung und Beseitigung

1. Der Unterlassungsanspruch

34 Rechtswidrige Beeinträchtigungen seines Eigentums braucht der Eigentümer nicht zuzulassen, er kann sie vielmehr von vornherein verhindern, bevor sie sich auswirken. Voraussetzung ist lediglich, dass die Beeinträchtigung droht, dh als konkrete Gefahr unmittelbar und ernstlich bevorsteht. Der Unterlassungsanspruch entsteht bei wiederholten Beeinträchtigungen mit jeder Beeinträchtigung neu (BGH NJW-RR 2006, 235). Der Eigentümer kann nach heute überwiegender Meinung sogar bereits gegen die **erste drohende Beeinträchtigung** vorgehen, obwohl der Wortlaut des § 1004 I 2 („weitere Beeinträchtigungen“) eine bereits eingetretene Beeinträchtigung und damit eine **Wiederholungsgefahr** vorauszusetzen scheint.

Beispiel: In einer Entscheidung des OLG Bremen wurde ein Katzenbesitzer dazu verurteilt, es zu unterlassen, das Cabrio des Nachbarn dadurch zu beeinträchtigen, dass er seine Katze frei herum laufen lässt; denn die Katze hatte wiederholt das Cabriodach beschmutzt und den Lack des Fahrzeugs zerkratzt (Urt. v. 8.11.2017, 19 C 227/16).

2. Der Beseitigungsanspruch

35 Ist die Beeinträchtigung bereits geschehen und verbleibt ein störender Zustand, so kann der Eigentümer aus § 1004 I 1 die Beseitigung der Beeinträchtigung verlangen. Der Anspruch richtet sich darauf, dass geeignete Maßnahmen zur Beseitigung der (verbleibenden) Stö-

rung ergriffen werden. Kommen mehrere Maßnahmen in Betracht, kann der Störer die Auswahl treffen. Kommt aber nur eine bestimmte Maßnahme in Betracht, kann der Störer konkret dazu verurteilt werden.

Beispiele:
- Hat Störer S durch auslaufendes Öl bei Nachbar N eine Bodenkontaminierung verursacht, so zählen zur Beseitigungspflicht das Absaugen des Öls und das Abtragen des verseuchten Erdreichs (BGH NJW 1996, 845).
- Führt der Druck des Wurzelwerks eines Baumes zu Rissen in der Mauer auf dem Nachbargrundstück, kommt als einzig geeignete Maßnahme die Entfernung des Baumes in Betracht (BGH NJW 2004, 1035).

a) Theorien zur Abgrenzung von Beseitigung und Schadensersatz. Das Anspruchsziel des § 1004 I 1 ist abzugrenzen vom **Schadensersatz**, der bei Verletzungen des Eigentums nur über den verschuldensabhängigen § 823 I erlangt werden kann. Die **Abgrenzung** zwischen **Beseitigungspflicht** und **Schadensersatzpflicht** wird relevant, wenn dem Störer kein Verschulden nachgewiesen werden kann und der Eigentümer daher nur den Anspruch aus § 1004 I hat. Dann fragt sich, was auf dieser Grundlage im Einzelnen verlangt werden kann. Während sich ein Schadensersatzanspruch gem. § 249 I auf Wiederherstellung des ursprünglichen Zustands (Naturalrestitution) richtet, geht der Anspruch aus § 1004 I 1 nur auf Störungsbeseitigung. Allerdings ist die Abgrenzung im Einzelfall sehr schwierig und die Bestimmung der genauen Reichweite des Beseitigungsanspruchs demgemäß umstritten. 36

Nach der **Rechtsanmaßungs- oder Usurpationstheorie** (*Gursky* JZ 1996, 684 f.; *Picker* FS Gernhuber, 1993, 315) ist Störer, wer durch sein Handeln oder den Zustand seiner Sachen zum gegenwärtigen Zeitpunkt das fremde Eigentum für sich in Anspruch nimmt (usurpiert) und dadurch der Ausübung der Sachherrschaft durch den Berechtigten im Wege steht. Die Beeinträchtigung soll dabei über die Einbuße beim Verletzten hinaus einen entsprechenden Vorteil auf Seiten des Gegners voraussetzen. Der Beseitigungsanspruch umfasst danach nur den Rückzug aus dem fremden Rechtskreis, in dem der Störer oder seine eigenen Sachen verweilen. Dem **Deliktsrecht** zuzuordnen ist demgegenüber die Beschädigung fremden Eigentums durch ein in der Vergangenheit liegendes Ereignis. Gegen diese Auffassung spricht jedoch, dass sie den Anspruch aus § 1004 auf Fälle der fortdauernden Usurpation verkürzt. Zwischen dem dauerhaften Lagern von eigenem Schutt auf einem fremdem Grundstück und dem 37 einmaligen Abladen in Dereliktionsabsicht (ohne fortwährende Usurpation) kann aber kein Unterschied gemacht werden. Auch darf es dem Störer nicht möglich sein, durch Aufgabe des Eigentums an der störenden Sache der Beseitigungspflicht zu entgehen.

38 Weiter geht die vielfach vertretene **actus contrarius**- oder **Störquellentheorie.** Danach beinhaltet die Beeinträchtigung iSv § 1004 einen fortwirkenden, erzwungenen Verzicht auf Gütergenuss (*Baur* AcP 160 (1961), 465, 489; *Baur/Stürner* SachenR § 12 IV 1) bzw. das fortdauernde Vorhandensein einer Störungsquelle, für die man aufgrund Handlung oder Zustands verantwortlich ist (*Larenz/Canaris*, Lehrbuch des Schuldrechts, Band II/2, 13. Aufl. 1994, § 86 V 3a), während das Schadensersatzrecht abgeschlossene Tatbestände der Gütereinbuße zum Gegenstand hat. § 1004 verpflichtet den Störer demgemäß, das Fortwirken der Störung im Rahmen des Möglichen rückgängig zu machen und ihr Fortwirken für die Zukunft auszuschließen. Vom Störer kann danach jedenfalls der actus contrarius seiner störenden Tätigkeit bzw. die **Beseitigung der Störungsquelle** verlangt werden. Behinderungen und Beschädigungen hingegen, die sich als weitere Folge aus dem störenden Eingriff ergeben, sind vom Störer nicht zu beseitigen. Der umgestürzte Kran etwa muss somit vom Nachbargrundstück entfernt werden; der dadurch zertrümmerte Zaun ist jedoch nur zu reparieren, wenn die Voraussetzungen von § 823 I erfüllt sind. Allerdings umfasst die Beseitigungspflicht aus § 1004 I 1 nach dieser Ansicht auch all die Schäden, die erst anlässlich der Störungsbeseitigung entstehen (*Lettl* JuS 2005, 871, 872).

39 Am weitesten greift die vom BGH vertretene **Wiederbenutzbarkeitstheorie**, wonach der Störer nicht nur verpflichtet ist, die Störungsquelle zu beseitigen (zB Entfernung eines umgestürzten Baumes, Abschneiden hinüberwuchernder Wurzeln), sondern auch den **vorherigen Zustand** bzw. die Benutzbarkeit (des Grundstücks) wiederherzustellen hat (BGH NJW 1997, 2234; NJW 2005, 1366, 1367), zB die durch den umgefallenen Baum zerstörten Beete wieder herzurichten oder die nach Entfernung durchbrechender Wurzeln zerstörten Tennisplätze neu anzulegen hat. Die Störung ist also „restlos“ zu beseitigen (*Wenzel* NJW 2005, 241, 243). Nur so könne ein dem Inhalt des Eigentums entsprechender Zustand geschaffen werden; andernfalls würde der negatorische Beseitigungsanspruch entwertet.

Gegen die Wiederbenutzbarkeitstheorie kann man aber einwenden, dass sie die Grenzen zwischen (verschuldensabhängigem) **Schadensersatz** und (verschuldens*un*abhängiger) **Störungsbeseitigung** verschwimmen lässt. Daher dürfte die actus contrarius-Theorie den Vorzug verdienen. Der Verzicht auf das Verschuldenserfordernis in § 1004 rechtfertigt sich eben daraus, dass sich die Rechtsfolgen auf die Pflicht zur Beseitigung der Störung beschränken. Gerade deshalb ist diese Restriktion aber auch ernst zu nehmen; denn nur auf diese Weise lässt sich eine Grenze zum deliktsrechtlichen Verschuldensprinzip ziehen und das gefährdungshaftungsrechtliche Enumerationsprinzip wahren. Insofern zeigt sich auch durchaus eine Parallele zu § 985, wonach verschuldensunabhängig nur Herausgabe geschuldet wird, während es für weitergehende Rechtsfolgen wie Schadensersatz auf Verschulden und Bösgläubigkeit ankommt.

Beispiel: Im Garten von M ist der am Wasserhahn angeschlossene Wasserschlauch defekt. Über Nacht kommt es zum Austritt großer Wassermassen, die beim Nachbarn N einen Wasserschaden am Gebäude anrichten.

Nach der abzulehnenden engeren Rechtsanmaßungs- bzw. **Usurpationstheorie** muss der Störer nur seine eigenen störenden Sachen beseitigen. M könnte den Wasserhahn also abdichten, so dass kein weiteres Wasser mehr austritt, und im Übrigen verkünden, dass er etwaig noch bestehendes Eigentum am ausgetretenen Wasser aufgebe. Da folglich keine Rechtsanmaßung am Grundstück des N mehr vorliegt, könnte N aus § 1004 I nichts mehr verlangen. N wäre auf Schadensersatzansprüche angewiesen, wofür er dem M aber grundsätzlich Verschulden nachweisen müsste.

Nach der **actus contrarius- bzw. Störquellentheorie** hat Störer M hier nicht nur das weitere Austreten des Wassers als Störungsquelle zu verhindern, sondern auch das ausgetretene Wasser vom Grundstück des N zu entfernen. Er hätte also auch für die Trocknung zu sorgen. Verbleibende Schäden am Gebäude wären nicht zu ersetzen.

Weiter geht demgegenüber die **Wiederbenutzbarkeitstheorie**, die den Störer verpflichtet, die Störung in der Weise zu beseitigen, dass das betroffene Eigentum danach wieder wie zuvor benutzbar ist. Danach hätte M nicht nur für die Trocknung des Gebäudes von N zu sorgen, sondern ggf. auch für einen neuen Putz und Anstrich, damit das Gebäude wie zuvor zu benutzen ist (s. auch Fall 32 → Rn. 43).

b) Grundsätzlich kein Geldersatz aus § 1004. Während eine **Schadensersatzpflicht** (etwa aus § 823 I) gem. §§ 249 ff. alle Schadensfolgen an der Sache selbst und im sonstigen Vermögen des Geschädigten umfasst, nämlich insbes. auch Geldersatz für den bis zur Beseitigung entstandenen Vermögensschaden und nach § 252 auch den entgangenen Gewinn, begründet der Anspruch aus § 1004 I 1 lediglich eine **Beseitigungspflicht** des Störers. Diese Pflicht betrifft – auch auf Basis der Wiederbenutzbarkeitstheorie – nur die beeinträch- 40 tigte Sache selbst (s. etwa BGH NJW 2005, 1366). Geldersatz kann aufgrund von § 1004 nicht verlangt werden. Diese Beschränkungen sind gerechtfertigt, weil die Beseitigungspflicht ein Verschulden nicht voraussetzt.

Beispiel: Bei Bauarbeiten stürzt der Baukran des B wegen Überlastung auf das benachbarte Wohnhaus des A und zerstört das Dach. Hier kann A aufgrund des Beseitigungsanspruchs jedenfalls die Entfernung des Krans und nach der Wiederbenutzbarkeitstheorie zudem auch den Wiederaufbau des Daches verlangen.

Nimmt B die Beseitigung nicht vor, so kann A mit einer Klage die Verurteilung des B zur Beseitigung erreichen und dieses Urteil nach § 887 I ZPO vollstrecken, woraus sich ein vollstreckungsrechtlicher Anspruch auf Erstattung und sogar Vorauszahlung der Kosten ergibt, § 887 II ZPO.

41 Nimmt der gestörte Eigentümer die Störungsbeseitigung selbst vor, kann er zwar mangels fortbestehender Störung nicht mehr aus § 1004 I 1 vorgehen. Es wird aber regelmäßig ein Anspruch auf **Aufwendungsersatz aus §§ 677, 683 S. 1, 670** gegeben sein, weil der Eigentümer damit ein Geschäft des Störers besorgt hat (zB OLG Koblenz MDR 2014, 25, Entfernung hinüberwachsender Äste) und die rasche Störungsbeseitigung meist dem objektiven Interesse und dem wirklichen oder mutmaßlichen Willen des Störers entspricht (vgl. BGH NJW 2016, 863).

Bewirken die Aufwendungen zur Störungsbeseitigung, dass das Eigentum in einen besseren Zustand gerät als vor der Störung (zB durch Einbau neuer Baustoffe/Rohre etc), so ist der Aufwendungsersatz durch einen **Abzug** unter dem Gesichtspunkt **„neu für alt"** gemindert (BGH NJW 2012, 1080).

Liegen die Voraussetzungen der GoA nicht vor, bleibt ein Anspruch aus § 812 I 1 Alt. 2 auf Kostenersatz, weil der Störer infolge der Ersparung eigener Aufwendungen von seiner Beseitigungspflicht frei geworden und damit in sonstiger Weise ungerechtfertigt bereichert ist (BGH NJW 2005, 1366; NJW 1986, 2640). Dafür ist unerheblich, ob der Bereicherungsgläubiger für den Störer handeln wollte. Zudem wird vertreten, dass der Eigentümer vom Störer nach erfolgloser Fristsetzung zur Störungsbeseitigung Schadensersatz nach §§ 280 I, III, 281 I 1 verlangen kann (OLG Karlsruhe NJW 2012, 1520; str.).

42 **c) Anwendung von § 251 II und § 254.** Der Beseitigungsanspruch ist analog §§ 251 II, 635 III ausgeschlossen, wenn er nur mit unver-

hältnismäßigen und unzumutbaren Aufwendungen erfüllt werden kann (BGH NJW 1979, 1409; 2000, 512).

Haben Ursachen aus dem Verantwortungsbereich des Eigentümers mit zur Beeinträchtigung beigetragen, so kann der Eigentümer nach dem Rechtsgedanken des § 254 Beseitigung oder Kostenersatz nur unter Anrechnung seines eigenen Verursachungsbeitrags verlangen (BGH NJW 2012, 1080; aA *H. Roth* AcP 180, 263, 282 ff.). Das soll folgender Fall illustrieren.

Fall 32 – Tennisplatz mit Hindernissen (BGH NJW 1997, 2234): T errichtet eine Tennisanlage mit Freiplätzen. Auf dem Nachbargrundstück wohnt P, der den Grenzstreifen schon vor Jahren mit Pappeln bepflanzt hatte. Eines Tages im Frühjahr platzt plötzlich an mehreren Stellen der Belag der Tennisplätze auf. Es stellt sich heraus, dass dies durch eindringendes Wurzelwerk der Pappeln verursacht worden ist. P erklärt sich daraufhin bereit, die Pappeln zu fällen. T meint, P müsse zudem die eingedrungenen Wurzeln entfernen und einen neuen Belag für die Tennisplätze bezahlen. Außerdem verweist T auf entgangenen Gewinn, weil die Plätze während der Reparaturarbeiten nicht bespielt werden können. Wie ist die Rechtslage? 43

Lösungsskizze:

T könnte gegen P einen Anspruch aus § 1004 I 1 auf Störungsbeseitigung haben.

1. Betroffen ist das Eigentum des T an den Tennisplätzen.

2. Eine (fortdauernde) Eigentumsbeeinträchtigung iSv § 1004 I liegt in Form der durch das Wurzelwerk der Pappeln hervorgerufenen Bodenverwölbungen vor.

3. Die Beeinträchtigung ist auch rechtswidrig. Da P die Pappeln einst gepflanzt hatte, ist die Störung auf menschliches Verhalten zurückzuführen und nicht nur auf eine reine Naturgewalt.

4. P ist als Eigentümer des Nachbargrundstücks Zustandsstörer.

5. Eine Duldungspflicht für T besteht nicht.

6. Fraglich ist, was nach § 1004 I 1 von P verlangt werden kann, da diese Norm nur auf Störungsbeseitigung, nicht aber auf Schadensersatz gerichtet ist.

a) Unstreitig beinhaltet der Anspruch aus § 1004 I 1 die Beseitigung der Eigentumsstörung selbst, hier also der störenden Wurzeln.

b) Ebenso unstreitig ist, dass entgangener Gewinn nicht vom Beseitigungsanspruch umfasst ist. Dieser wird nur unter den weitergehenden Voraussetzungen des § 823 I, der Verschulden voraussetzt, ersetzt.

c) Fraglich ist, inwieweit der Störer auch zur Beseitigung solcher Eigentumsbeeinträchtigungen verpflichtet ist, die zwangsläufig durch die Beseitigung der primären Störung entstehen.

– Laut BGH (BGHZ 135, 235; BGH NJW 2005, 1366) gilt die Wiederbenutzbarkeitstheorie. Danach umfasst der Anspruch aus § 1004 I 1 auch die Beseitigung dieser „Sekundärstörungen". Begründet wird das damit, dass das Ziel des negatorischen Beseitigungsanspruchs darin besteht, einen dem Inhalt des Eigentums entsprechenden Zustand wiederherzustellen. Das würde bedeuten, dass P auch die Wiederherstellung des Bodenbelags schuldet. Allerdings würde T möglicherweise besser stehen als vor der Störung, wenn er anstelle alter benutzter Bodenbeläge nun ganz neue Beläge erhielte. Der Eigentümer soll durch die Störung(sbeseitigung) indes keinen Vorteil erlangen. Daher liegt es auf Grundlage der Wiederbenutzbarkeitstheorie nahe, einen Abzug unter dem Gesichtspunkt „neu für alt" vorzunehmen (BGH NJW 2012, 1080).

– Nach der actus contrarius- bzw. Störquellentheorie wird durch die Einbeziehung von Sekundärstörungen die Rechtsfolge des verschuldensunabhängigen Anspruchs aus § 1004 zu sehr einem Anspruch auf Schadensersatz angenähert. Geschuldet würde daher grundsätzlich nur die Beseitigung der Pappeln bzw. ihrer Wurzeln, nicht aber die Erneuerung des Bodenbelags des Tennisplatzes. Hierauf gerichtete Ansprüche könnten T allenfalls aus § 823 I zustehen. Allerdings umfasst die Beseitigungspflicht aus § 1004 I 1 nach dieser Ansicht auch diejenigen Schäden, die erst anlässlich der Störungsbeseitigung entstehen. Setzt die Beseitigung der Wurzeln daher ohnehin das Aufreißen weiter Teile des Tennisplatzes voraus, so muss der dadurch entstehende Schaden ebenfalls ersetzt werden. Daher wird man hier auf Grundlage der actus contrarius-Theorie zum gleichen Ergebnis wie der BGH kommen. (Hinweis: Die Auffassung, dass der neue Belag nicht mehr vom Störungsbeseitigungsanspruch abgedeckt wird, ist freilich ebenso gut vertretbar.)

7. Zu prüfen bleibt, ob T sich ein Mitverschulden anrechnen lassen muss.

Auf echtes Mitverschulden kommt es nicht an, da § 1004 gerade verschuldensunabhängig ist. Der BGH bejaht jedoch zu Recht eine analoge Anwendung des § 254, da durch die Weite des von ihm angewendeten Beeinträchtigungsbegriffs hierfür ein praktisches Bedürfnis besteht, das auch rechtskonstruktiv nicht anders befriedigt werden kann.

Hier hat T die Tennisanlage errichtet, obwohl der Nachbarstreifen schon bepflanzt war und er wusste oder wissen musste, dass Pappeln zu einer starken, die Erdoberfläche beeinflussenden Wurzelbildung neigen. Die eingetretene Eigentumsstörung war somit für T vorhersehbar, als er die Tennisplätze anlegte; T muss sich daher entsprechend dem Grad seiner Mitverantwortung an den Kosten der Beseitigung beteiligen, zB iHv 50 % (andere Quote vertretbar).

Ergebnis: T kann von P die Beseitigung des Wurzelwerks und die Wiederherstellung des Bodenbelags verlangen, hat sich jedoch hälftig an den Kosten zu beteiligen und einen Abzug „neu für alt" hinzunehmen.

3. Ausdehnung des Anwendungsbereichs von § 1004

Die Norm des § 1004 findet nach einhelliger Ansicht zum Schutz der in § 823 I genannten **absoluten Rechte** gegen bevorstehende oder eingetretene Beeinträchtigungen entsprechende Anwendung und gewährt insoweit Unterlassungs- und Beseitigungsansprüche. Insbes. soll der Bedrohte nicht die Verletzung seiner Rechtsgüter abwarten und zulassen müssen, um erst nachträglich Schadensersatz verlangen zu können, sondern bereits eine drohende Verletzung abwehren können. Man spricht hier vom **quasi-negatorischen Unterlassungsanspruch**. Große Bedeutung haben insoweit der Schutz des allgemeinen Persönlichkeitsrechts (zB BGH NJW 2017, 1550; 2015, 776) und des Rechts am eingerichteten und ausgeübten Gewerbebetrieb (zB BGH NJW 2015, 773). 44

Beispiel: Anerkannt ist, dass mit der Zusendung von **E-Mail-Werbung** ein betriebsbezogener Eingriff in den eingerichteten und ausgeübten Gewerbebetrieb verbunden ist (BGH NJW 2017, 2119; MDR 2014, 45), der einen Unterlassungsanspruch aus § 823 I iVm § 1004 analog zur Folge hat.

Ein Eingriff in das Persönlichkeitsrecht des Nachbarn, der einen Unterlassungsanspruch aus § 823 I iVm § 1004 analog auslöst, kann auch darin liegen, dass man eine Drohne über das Nachbargrundstück steuert, die dort Bilder in Echtzeitübertragung fertigt (AG Potsdam CR 2016, 314).

Beseitigungs- und Unterlassungsansprüche sieht das Gesetz aber auch zum **Schutz sonstiger Rechtsgüter** vor ohne Rücksicht darauf, ob sie als absolute Rechte anzusehen sind (zB § 12 BGB, § 37 II HGB, §§ 14 II, 15 IV MarkenG, § 8 I UWG, § 33 I GWB, § 23 III BetrVG). 45

Empfehlungen zur vertiefenden Lektüre: *Katzenstein,* Der Beseitigungsanspruch nach § 1004 Abs. 1 Satz 1 BGB, AcP 211, 58; *Lettl,* Die Beeinträchtigung des Eigentums nach § 1004 I 1 BGB, JuS 2005, 871; *Schreiber,* Der Beseitigungs- und Unterlassungsanspruch aus § 1004 BGB, Jura 2013, 111; *Walter,* Zivilrechtliche Störerhaftung, JA 2012, 658; *Weick,* Sturmschäden – ein unbewältigtes Haftungsproblem, JR 2011, 6.

Fälle und Klausuren: *Stadler/Klöpfer,* Drohnen über Schloss Sanssouci, JA 2017, 901; s. auch bei → § 25 nach Rn. 44.

§ 25. Privatrechtliche Duldungspflichten; Nachbarrecht

I. Einführung

1. Privates und öffentliches Nachbarrecht

1 Der Eigentumsschutz über § 1004 realisiert sich va im Nachbarrecht. Zwischen Grundstücksnachbarn können sich vielfältige Konflikte ergeben. Für einige typische Fälle versuchen die §§ 903 bis 924 einen angemessenen Ausgleich zwischen der Ausschließungsbefugnis des Eigentümers einerseits und den Duldungspflichten des Nachbarn andererseits zu erreichen. Soweit eine solche Duldungspflicht im Einzelfall besteht, entfällt der Störungsbeseitigungsanspruch, vgl. § 1004 II. Praktisch am wichtigsten ist dabei der **Immissionsschutz** auf Grundlage von § 906. Bedeutung haben zudem die Vorschriften über den Überbau (§§ 912–916; → Rn. 32 ff.) und das Notwegrecht (§§ 917, 918; → Rn. 41 ff.).

Für das Nachbarrecht sind daneben auch zahlreiche Bestimmungen des **öffentlichen Rechts** von Bedeutung (ausführlich *Baur/Stürner* SachenR § 25 Rn. 30 ff., § 26). Die Gebiete des Nachbar-, Bau- und Umweltrechts bieten ein anschauliches Beispiel für das Nebeneinander privatrechtlicher und öffentlich-rechtlicher Regelungen (s. schon → § 24 Rn. 30 f.).

2. Der Anwendungsbereich des Nachbarrechts

2 Der Anwendungsbereich des Nachbarrechts beschränkt sich nicht auf die Erdoberfläche, sondern erstreckt sich auch auf den Luftraum über der Erdoberfläche und den Erdkörper unter der Erdoberfläche (§ 905 S. 1). Nur Einwirkungen, die in solcher Höhe oder Tiefe vorgenommen werden, dass der Eigentümer an ihrer Vermeidung vernünftigerweise kein Interesse haben kann, kann er nicht verbieten (§ 905 S. 2).

Beispiele:
- Der Eigentümer muss das Überfliegen seines Grundstücks durch Flugzeuge dulden. § 905 S. 1 ist durch § 1 LuftVG eingeschränkt (zum Ausgleichsanspruch nach § 906 II 2 s. → Rn. 15 ff.).
- Ebenso muss er Hochspannungsleitungen in größerer Höhe dulden, nicht aber Stromleitungen in geringer (Baum-)Höhe (BGH NJW 1976, 416).

– Kein Verbietungsrecht hat der Eigentümer nach § 905 S. 2 bei Erdbohrungen in großer Tiefe und bei Eingriffen in das Grundwasser (BGHZ 69, 1; BVerfGE 58, 300), sofern nicht das Grundstück, auch bei einer Vertiefung des Nachbargrundstücks (§ 909), die erforderliche Stütze verliert (BGH NJW 1981, 50).

Das Nachbarrecht betrifft nicht nur die Rechtsverhältnisse unmit- 3
telbar aneinander grenzender Grundstücke. **Auch entfernter liegende Grundstücke** können davon erfasst werden, sofern nur die Auswirkungen eines Grundstücks sich auch auf das entferntere Grundstück erstrecken.

3. Das nachbarliche Gemeinschaftsverhältnis

Die Nachbarschaft zwischen zwei Personen (Grundstückseigentü- 4
mern, Mietern etc) begründet für sich kein gesetzliches Schuldverhältnis. Aus **§ 242** wird aber eine Pflicht von Nachbarn zur gegenseitigen Rücksichtnahme hergeleitet (vgl. BGH NJW 2014, 311; 2003, 1392; OLG Hamm MDR 2017, 1356), die dazu führen kann, dass die Ausübung gewisser aus dem Eigentum fließender Rechte ganz oder teilweise unzulässig wird. So fordert das **Gebot der Rücksichtnahme** etwa, dass Nachbarn eine Vereinbarung darüber treffen, zu welchen Zeiten auf dem Balkon geraucht werden darf und wann nicht, um die Belästigung durch Tabakrauch in Grenzen zu halten (BGH NJW 2015, 2023).

Relevanz hat das Rechtsinstitut des nachbarlichen Gemeinschaftsverhältnisses allerdings erst, wenn und soweit der einzelne Nutzungskonflikt durch das gesetzliche Nachbarrecht der §§ 906 ff. oder etwaige Hausordnungen keine abschließende Regelung gefunden hat. Es darf nicht dazu benutzt werden, die nachbarrechtlichen Regelungen in ihr Gegenteil zu verkehren. So folgt etwa aus dem Anspruch auf Duldung eines Garagenüberbaus (§ 912 I; → Rn. 33) nicht nach Treu und Glauben auch noch der Anspruch auf ein Wegerecht, um den Überbau sinnvoll nutzen zu können (BGH NJW 2014, 311, 313). Außerdem werden aus dem nachbarlichen Gemeinschaftsverhältnis grundsätzlich keine selbstständigen Verpflichtungen zu einem positiven Tun hergeleitet (BGH NJW-RR 2012, 1160; 2013, 650); es handelt sich um eine bloße **Schranke der Rechtsausübung**.

Beispiel (nach BGH NJW-RR 2013, 650): K kauft eine Doppelhaushälfte, die über keine eigene Heizungsanlage verfügt, sondern bislang kraft vertraglicher Vereinbarung zwischen dem Voreigentümer und dem Nachbarn N über die Heizung des N mitversorgt wurde. Wenn sich N nun weigert, diese Vereinbarung mit K fortzuführen (§ 604 III analog), kann sich K dagegen nicht wehren. Weder aus § 1004 noch aus dem nachbarlichen Gemeinschaftsverhältnis folgt eine Versorgungsverpflichtung des N (ähnlich OLG Karlsruhe MDR 2014, 708 bez. auf Wasser und Strom). K hätte vor Kauf des Hauses darauf achten müssen, selbst mit N einen Vertrag zu schließen oder noch besser eine dingliche Sicherung in Form einer Grunddienstbarkeit (§ 1018) zu erlangen.

II. Der Immissionsschutz (§ 906)

5 Ausgehend vom Grundsatz des § 903 S. 1 kann der Grundstückseigentümer sein Grundstück ebenso nach Belieben benutzen und gleichzeitig andere von jeder Einwirkung ausschließen, wie dies sein Grundstücksnachbar darf. Dass diese Befugnisse gerade im Nachbarbereich notwendig aufeinanderstoßen und sich gegenseitig ausschließen, leuchtet ohne weiteres ein. § 906 beinhaltet für einen wesentlichen Teilbereich eine Regelung der im Interesse des Nachbarschutzes erlaubten bzw. verbotenen Grundstücksnutzung. § 906 **grenzt die gegenseitigen Befugnisse gegeneinander ab**, indem er einerseits die Benutzungsbefugnisse des Eigentümers begrenzt, andererseits, soweit er die Nutzung erlaubt, dem Nachbarn eine Duldungspflicht auferlegt und dadurch dessen Anspruch aus § 1004 I ausschließt (§ 1004 II). Gleiches gilt für den Anspruch aus § 862 (BGH NJW 1984, 2207). Die Maßstäbe des § 906 gelten auch für die Beurteilung der Widerrechtlichkeit nach § 823 I, wenn zwischen den Nachbarn Schadensersatzansprüche aus §§ 823 ff. geltend gemacht werden (BGH NJW 1984, 2207; 1992, 1389).

Neben dem Eigentümer sind in den Schutzbereich der nachbarrechtlichen Vorschriften der §§ 906 ff. auch der **Besitzer** des betroffenen Grundstücks (BGH NJW 2001, 1865) und der Anwartschaftsberechtigte (BGHZ 114, 161, 164) einbezogen.

1. Begriff der Immissionen

6 § 906 regelt die Zulässigkeit der Grundstücksnutzung, soweit diese mit Immissionen verbunden ist. Immissionen sind **Einwirkungen auf andere Grundstücke**, die in der Regel in ihrer Ausbreitung weitgehend unbeherrschbar und unkontrollierbar sind und in ihrer Intensität schwanken (BGH NJW 1992, 1389).

Als Immissionen nennt § 906 I 1 insbes. die Zuführung von Dämpfen, Rauch, Ruß, Geräuschen (zB Hundegebell, OLG Düsseldorf NJW-RR 1995, 542; zu Fluglärm BGH NJW 2005, 660) und Erschütterungen, erfasst darüber hinaus aber auch alle „ähnlichen Einwirkungen". Aus den im Gesetz genannten Beispielen wird entnommen, dass es sich dabei jeweils um **unkörperliche Einwirkungen** („Geräusch, Erschütterungen") oder um Einwirkungen durch allenfalls leichte körperliche Stoffe handeln muss, wie zB Laubfall (BGH NJW 2004, 1037), Staubbelästigung, Zigarettenqualm (BGH NJW 2015, 2023) oder Bienenflug (BGH NJW 1992, 1389). Steinbrocken hingegen fallen nicht darunter (→ Rn. 24). Erfasst werden aber auch elektrische und radioaktive Strahlungen, ebenso Giftstoffe in abfließendem Regenwasser (BGH NJW 1984, 2207), nicht aber abfließendes Regenwasser als solches, nach hM auch nicht negative und ideelle Einwirkungen (→ § 24 Rn. 7 f., 9 ff.).

2. Duldungspflichten bei Immissionen

7 Ein Anspruch aus § 1004 I scheidet aus, wenn der Eigentümer die Störung dulden muss, § 1004 II. Eine Duldungspflicht kann sich aus § 906 ergeben, dessen Voraussetzungen dann inzident im Schema des § 1004 (→ § 24 Rn. 1 Prüfungspunkt 5.) zu prüfen sind.

Duldungspflicht aus § 906
1. Vorliegen einer Immission 2. Unwesentlichkeit der Einwirkung oder wesentliche, aber ortsübliche Beeinträchtigung, die nicht mit wirtschaftlich zumutbaren Mitteln verhindert werden kann

8 **a) Überblick. Unwesentliche Einwirkungen**, dh solche, die die Benutzung des anderen Grundstücks nicht oder nicht wesentlich beeinträchtigen, sind erlaubt und können nicht nach § 1004 I abgewehrt werden (§ 906 I). Bei **wesentlichen Einwirkungen** ist zu differenzieren. Eine für den betreffenden Ort unübliche wesentliche Einwirkung ist nicht zu dulden und führt zu einem Anspruch aus § 1004 I. Aber auch eine ortsübliche erhebliche Beeinträchtigung muss nicht hingenommen werden, sofern sie der Störer mit wirtschaftlich zumutbaren Mitteln verhindern könnte, § 906 II 1. Ist Letzteres nicht der Fall, besteht grundsätzlich eine Duldungspflicht. Allerdings

kann der Eigentümer dann ggf. einen angemessenen Ausgleich in Geld verlangen, § 906 II 2.

9 Stets unzulässig, gleichgültig ob es sich um eine wesentliche oder unwesentliche, ortsübliche oder nicht ortsübliche Einwirkung handelt, ist die Zuführung durch eine besondere **Leitung** auf das Nachbargrundstück (§ 906 III).

10 **b) Wesentliche und unwesentliche Beeinträchtigungen.** Ob eine wesentliche oder unwesentliche Beeinträchtigung vorliegt, richtet sich ausgehend vom **Empfinden eines verständig wertenden Durchschnittsmenschen** (BGH NJW 2003, 3699) nach einer **Interessenabwägung**, bei der die Schwere und Dauer der Einwirkung unter Berücksichtigung der Lebensgewohnheiten und der tatsächlichen Zweckbestimmung des beeinträchtigten Grundstücks zu berücksichtigen sind (zB OLG Hamm MDR 2015, 155: Waschanlage einer Tankstelle). Durch das Verbot wesentlicher Einwirkungen erfüllt der Gesetzgeber zugleich eine aus Art. 2 II 1 GG folgende Pflicht zum Gesundheitsschutz (BVerfG NJW 1997, 2509). In die Abwägung einzubeziehen sind auch sonstige grundrechtlich geschützte Werte sowie Allgemeininteressen, wie zB Umweltschutzinteressen oder Belange der Kinder- und Jugendfreizeit (BGH NJW 1993, 1656), aber auch kommunale Traditionen (BGH NJW 2003, 3699). Bei einer von geistig **Behinderten** ausgehenden Lärmeinwirkung verlangt das Benachteiligungsverbot des Art. 3 III 2 GG eine größere Toleranzbereitschaft, gebietet aber nicht die Hinnahme jeglicher Lärmeinwirkung (dazu OLG Köln NJW 1998, 763).

Bei Beurteilung der **Wesentlichkeit** ist auch zu berücksichtigen, ob Ausweichmöglichkeiten bestehen oder ob eine an sich erforderliche behördliche Erlaubnis fehlt (BGH NJW-RR 2006, 235). Wenn die Störungsquelle bereits vor dem gestörten Nachbarn vorhanden war, zB ein Gewerbebetrieb, der schon vor Bau des Wohnhauses in der Nachbarschaft bestand, kann dies im Einzelfall die Rechtsausübung des Unterlassungsanspruchs unzulässig machen (BGH NJW 2001, 3119).

Beispiele:
- **Unwesentlich** ist die Beeinträchtigung, wenn bei der einmal im Jahr stattfindenden Gartenparty Bratenduft vom Grillen zum Nachbarn dringt. Unwesentlich ist auch normaler **Laubfall** (dazu OLG Hamm NJW-RR 2009, 739), ebenso von einer Trafo-Station ausgehende geringfügige magnetische Strahlung (BVerfG NJW 1997, 2509). Unwesentlich ist aus der Sicht eines normalen Durchschnittsmenschen auch die über den zulässigen Lärmwerten liegende Beeinträchtigung durch ein einmal im Jahr stattfindendes

Rockkonzert von kommunaler Bedeutung bis 24 Uhr (BGH NJW 2003, 3699). Die Lärmbelästigung eines Nachbarn durch ein Glockenspiel am Eingang eines Ladenlokals in der Innenstadt wurde ebenfalls als zumutbar erachtet (AG Solingen NJW-RR 2014, 1430).

- Einzelfallabhängig ist die Blendwirkung von **Photovoltaik-Anlagen** auf dem Nachbargrundstück einzuordnen. Sie kann unwesentlich sein, sofern sie gering ist und nur zu bestimmten Jahres- und Tageszeiten eintritt (OLG Stuttgart NJW-Spezial 2013, 419) oder wenn im konkreten Wohngebiet derartige Beeinträchtigungen üblich sind (OLG Karlsruhe MDR 2014, 711). Eine erhebliche Blendwirkung über längere Zeiträume ist in einem Wohngebiet jedoch als wesentliche Beeinträchtigung zu werten (OLG Düsseldorf MDR 2017, 1297).
- **Wesentlich** ist die Einwirkung, wenn die Anwohner täglich bis spät in die Nacht durch Musik und Unterhaltung, zB aus einer Gastwirtschaft oder durch ein mehrtägiges Volksfest (BGH NJW 1990, 2465), gestört werden.
- Ob **Tabakrauch**, der vom Balkon oder von der Terrasse des Nachbarn herüberweht, wegen des Geruchs und der möglichen Gesundheitsgefährdung durch Passivrauchen eine wesentliche Beeinträchtigung bedeutet oder nicht, muss vom Gericht einzelfallbezogen in einem Ortstermin beurteilt werden (BGH NJW 2015, 2023).

§ 906 I 2 und 3 stellen im Interesse der Harmonisierung von pri- 11
vatem und öffentlichem Recht klar, dass Immissionen, die sich im Rahmen der **öffentlichen Grenz- und Richtwerte** halten, in der Regel keine wesentliche Beeinträchtigung darstellen. Dabei sind grundsätzlich dieselben Maßstäbe wie bei der Feststellung schädlicher Umwelteinwirkungen iSv §§ 3 I, 22 I BImSchG anzuwenden (BGH NJW 2003, 3699). Ausnahmen sind im Einzelfall möglich. Die Verursachung eines erheblichen Gebäudeschadens durch Sprengungen ist jedoch auch dann wesentlich, wenn die Grenzwerte eingehalten sind (BGH NJW 1999, 1029).

Eine große Rolle spielen dabei **Verwaltungsvorschriften**, die auf Grundlage von § 48 BImSchG erlassen werden, zB die Technische Anleitung zum Schutz gegen Lärm (TA Lärm), welche Grenzwerte für bestimmte Lärmimmissionen formuliert, oder die TA Luft, die Grenzwerte für Luftschadstoffe vorgibt. Einwirkungen können im Einzelfall aber auch dann wesentlich sein, wenn die in der **TA-Lärm** oder **TA-Luft** festgesetzten **Werte** unterschritten werden, denn deren Einhaltung spricht gem. § 906 I 3 nur „in der Regel" für eine unwesentliche Beeinträchtigung (s. auch BGH NJW 2001, 3119). Die **Beweislast** trägt dann aber der Beeinträchtigte (s. BGH NJW 2004, 1317). Für die Beurteilung der Beachtung von **Lärmwerten** bedarf es in der Regel eines Sachverständigengutachtens (OLG Celle NJW-RR 2011, 1585).

Der Maßstab des § 906 und des Immissionsschutzes hat auch Aus- 12
strahlungswirkungen auf das **Mietrecht**. Im Sinne der Einheit der

Rechtsordnung können mietrechtliche Ansprüche eines Mieters gegen den Vermieter nicht weitergehen als Ansprüche aus § 1004 oder § 862. Störungen, die nach den Maßgaben des § 906 zu dulden sind, begründen keinen **Mangel** der gemieteten Wohnung. Insofern muss auch der Mieter das Grundstück in seiner konkreten **„Situationsgebundenheit"** akzeptieren. Kinderlärm etwa – sei es von benachbarten Schulen oder Sportplätzen – gibt dem Mieter daher keinen Anspruch auf Reduzierung seiner Mietzahlungen (BGH NJW 2015, 2177). Entsprechendes gilt für den Lärm einer Großbaustelle (LG München I NJW-RR 2016, 334).

13 **c) Wesentliche, nicht ortsübliche Einwirkungen.** Ob **wesentliche Einwirkungen** erlaubt und zu dulden sind, hängt davon ab,
- ob sie **ortsüblich** sind und
- ob sie durch **wirtschaftlich zumutbare Maßnahmen** verhindert werden können.

Wesentliche Einwirkungen, die **nicht ortsüblich** sind, sind nicht erlaubt und können vom beeinträchtigten Grundstückseigentümer über § 1004 I unterbunden werden, sofern nicht die Rechtsausübung wegen Verstoßes gegen § 242 unzulässig ist. Ortsüblichkeit ist zu bejahen, wenn die Benutzung in dem maßgebenden räumlichen Bereich tatsächlich häufiger vorkommt (s. auch BGH NJW 1983, 751). Dabei kommt es auf die Benutzung des störenden, nicht des gestörten Grundstücks an.

Beispiel: Wird im Kneipenviertel ein Lokal betrieben, ist die davon ausgehende Lärmbelästigung durch kommende und gehende Gäste ortsüblich. Ortsunüblich wäre dieselbe Lärmbelästigung dagegen in einem reinen Wohngebiet.

14 **d) Wirtschaftlich zumutbare Maßnahmen.** Auch wenn wesentliche Einwirkungen ortsüblich sind, sind sie dennoch **nicht zu dulden,** wenn sie durch wirtschaftlich zumutbare Maßnahmen **verhindert** werden können. Insoweit ist ein objektiver Maßstab anzulegen.

Beispiel: B betreibt in seiner Bäckerei eine Teigmaschine, die den Nachbarn schon in den frühen Morgenstunden den Schlaf raubt. Die Bäckerei liegt im Bereich des Stadtkerns und entspricht einer ortsüblichen Benutzung. Das Geräusch der Teigmaschine könnte jedoch durch einfache Schalldämmungsmaßnahmen für 1.500 EUR wesentlich gemindert werden. Solche Maßnahmen sind wirtschaftlich zumutbar. Es kommt nicht darauf an, ob B diese Maßnahmen bezahlen kann, sondern darauf, ob sie überhaupt von einer Bäckerei der Art, wie B sie betreibt („Benutzern dieser Art"), verlangt werden können. Die

Nachbarn können den Betrieb der Maschine trotz Ortsüblichkeit der Benutzung deshalb solange untersagen, bis die Schalldämmung installiert ist.

3. Der Ausgleichsanspruch aus § 906 II 2

Wesentliche Einwirkungen, die ortsüblich sind und nicht durch wirtschaftlich zumutbare Maßnahmen verhindert werden können, müssen **geduldet** werden (§ 906 II 1). Der Eigentümer des beeinträchtigten Grundstücks kann jedoch vom Benutzer des anderen Grundstücks, wenn dieser Störer ist (s. BGH NJW 2006, 992), einen angemessenen **Ausgleich in Geld** verlangen, sofern durch die zu duldende wesentliche Einwirkung die ortsübliche Benutzung seines Grundstücks oder dessen Ertrag unzumutbar beeinträchtigt wird (§ 906 II 2). Diese Regelung dient dem Interessenausgleich unter Nachbarn und beruht auf dem Gedanken von Treu und Glauben (BGH NJW 2010, 3160). 15

Beispiel: In einem Industriegebiet scheidet ein behördlich genehmigtes Chemiewerk im Rahmen ortsüblicher Benutzung und trotz aufwändiger Filteranlagen immer noch in geringen Mengen Schadstoffe aus. Die an das Industriegebiet angrenzenden Landwirte können deshalb auf ihren Feldern nicht, wie in dieser Gegend allgemein üblich, hochwertiges Getreide anbauen, weil sie wegen der Angst vor Vergiftungserscheinungen dafür keine Abnehmer finden. Sie begnügen sich deshalb mit dem Anbau minderwertiger Futtermittel.

Hier können die Landwirte zwar nicht nach § 1004 I 2 Unterlassung der Eigentumsbeeinträchtigung fordern, weil sie eine Duldungspflicht nach § 906 II 1 trifft. Sie können aber nach § 906 II 2 einen Ausgleich in Geld verlangen.

Ausgleichsanspruch aus § 906 II 2
1. Fehlen anderer Ansprüche (Subsidiarität) 2. Wesentliche, ortsübliche Beeinträchtigung iSv § 906 I 1 3. Wirtschaftliche Unzumutbarkeit von Verhinderungsmaßnahmen 4. Unzumutbare Beeinträchtigung für Eigentümer/Nutzungsberechtigten eines Nachbargrundstücks 5. Anspruchsgegner: derjenige, der die Nutzungsart des emittierenden Grundstücks bestimmt 6. Bestimmung der Anspruchshöhe, ggf. unter Anrechnung von Mitverschulden bzw. Mitverursachungsbeitrag, § 254 analog

16 **a) Verhältnis zu anderen Ansprüchen.** Der Ausgleichsanspruch ist gegenüber Schadensersatzansprüchen **subsidiär** (BGH NJW 1993, 925; 1999, 3633; aA *Vieweg* NJW 1993, 2570, 2574). Vorab sind daher in der Klausur andere in Betracht kommende Ansprüche zu prüfen. Ein Ausgleichsanspruch nach § 906 II 2 entfällt insbes., soweit spezialgesetzliche Regelungen eingreifen, wie zB das LuftVG bei Fluglärm (BGH NJW 2005, 660). Eine an landesrechtliche Nachbarvorschriften anknüpfende deliktsrechtliche Haftung stellt jedoch keine vorrangige Sonderregelung dar (BGH NJW 2011, 3294).

17 **b) Tatbestandsvoraussetzungen.** Voraussetzung für den Ausgleichsanspruch ist, dass eine wesentliche, ortsübliche Beeinträchtigung durch Immissionen iSv § 906 I 1 festzustellen ist (→ Rn. 6ff.). Entscheidend ist dabei neben der Ortsüblichkeit der Störung auch die Ortsüblichkeit der Benutzung des gestörten Grundstücks. Für die Beeinträchtigung muss eine Duldungspflicht gem. §§ 1004 II, 906 II 1 bestehen, weil die Störung nicht durch wirtschaftlich zumutbare Maßnahmen unterbunden werden kann. Das betroffene Grundstück oder sein Ertrag müssen **über das zumutbare Maß** hinaus beeinträchtigt sein, es muss also die Grenze einer entschädigungslos hinzunehmenden Belastung überschritten sein. Das ist durch umfassende **Abwägung** der beiderseitigen Nutzungsinteressen zu ermitteln.

18 **c) Aktiv- und Passivlegitimation. Anspruchsberechtigt** ist nach dem Wortlaut des § 906 der Eigentümer des beeinträchtigten Nachbargrundstücks. Nach ganz hM treffen aber auch Personen, die sich als **Besitzer**, insbes. Mieter oder Pächter, oder als **Inhaber beschränkter dinglicher Rechte** auf dem Grundstück befinden, die Duldungspflichten gem. § 906 I, II 1, denn ihre Abwehransprüche aus § 1004 (analog) oder § 862 können nicht weiter gehen als die des Eigentümers. In entsprechender Weise muss diesen Personen dann aber auch der Ausgleichsanspruch aus § 906 II 2 zustehen (für den Besitzer: BGHZ 70, 212, 220; BGH NJW 2001, 1865), soweit ihnen eine Störungsabwehr versagt wird. Insoweit ist die Norm des § 906 analog anzuwenden.

Bloß **vorübergehende Benutzer** eines Grundstücks, etwa die Benutzer eines Parkplatzes, sind im Regelfall nicht Besitzer des Grundstücks. Ihnen steht deshalb kein Ausgleichsanspruch nach § 906 II 2 analog zu. Werden ihre auf dem Grundstück befindlichen Sachen beeinträchtigt, so haben sie jedoch grundsätzlich einen Unterlassungs- und Beseitigungsanspruch nach § 1004 I.

Anspruchsgegner des Ausgleichsanspruchs aus § 906 II 2 ist derjenige, der die **Nutzung** des beeinträchtigenden Grundstücks **bestimmt**. Das können die ihre Grundstücke selbst nutzenden Eigentümer oder auch Besitzer wie Mieter und Pächter sein. Die Eigentumsverhältnisse sind nicht entscheidend (BGH NJW-RR 2011, 739; NJW 2014, 458). Das gilt laut BGH sowohl für die unmittelbare Anwendung von § 906 II 2 als auch für den nachbarrechtlichen Ausgleichsanspruch analog § 906 II 2 (dazu → Rn. 23 ff.). Davon zu unterscheiden und gesondert zu prüfen ist, ob diese Person zudem Störer ist (→ § 24 Rn. 14 ff.). Auf ein Verschulden des Anspruchsgegners kommt es auch bei § 906 II 2 nicht an. 19

Beispiel: Ausgleichspflichtig kann auch die Ehefrau des Grundstückseigentümers sein, soweit sie die Nutzung des Grundstücks neben ihrem Ehemann mitbestimmt (BGH NJW-RR 2011, 739).

d) Anspruchsumfang. § 906 II 2 gewährt **nicht vollen Schadensersatz** (BGHZ 85, 375, 386; aA *Jauernig* JZ 1986, 612), insbes. auch keinen Ersatz für Personenschäden und kein Schmerzensgeld (BGH NJW 2010, 3160). Es kann lediglich ein **angemessener Ausgleich in Geld** verlangt werden, der nach den für die Enteignungsentschädigung geltenden Grundsätzen zu berechnen ist. Das kann aber auch Ersatz für Schäden an beweglichen Sachen betreffen (BGH NJW 2008, 992). Außerdem soll der durchschnittliche Ertragsausfall des Nachbarn abgedeckt werden (vgl. auch BGH NJW 2001, 1865). 20

In vielen Fällen wird der Wert der Nutzungsminderung nur schwer zu bestimmen sein, so wenn zB der Eigentümer wegen des unvermeidbaren Lärms keinen Mittagsschlaf mehr halten kann. Anhaltspunkt für den Geldausgleich kann in solchen Fällen die **Minderung des Verkehrswerts** des Grundstücks sein. Die Entschädigung kann sich auch auf die Aufwendungen erstrecken, die der Eigentümer machen muss, um eine ordnungsgemäße Benutzung seines beeinträchtigten Grundstücks wieder zu ermöglichen (s. zB BGHZ 62, 186: Aufwendungen für den Straßenbelag zur Verhinderung verkehrsgefährdender Glättebildung durch Zementstaub; BGH NJW 2005, 660 zu Fluglärm). Bei einer Beeinträchtigung des Besitzes kann nur Ausgleich für den Nutzwert der Sache, zB eines Gebäudes, nicht aber für dessen Sachwert gewährt werden (BGH NJW 2001, 1865).

Auf den Ausgleichsanspruch aus § 906 II 2 ist **§ 254 analog** anzuwenden (BGHZ 70, 102, 112). Es ist zu prüfen, ob der beeinträchtigte Nachbar auch selbst zur Verursachung oder Intensivierung des Nutzungskonflikts beigetragen hat. Dabei sind auch unverschuldete Verursachungsbeiträge des Berechtigten zu berücksichtigen (BGH 21

NJW-RR 1988, 136). Weiterhin spielt auch der Gedanke der Priorität eine Rolle.

Beispiel: Wer sich ein Grundstück neben einer Eisenbahnbrücke kauft, muss zwangsläufig mit Lärm und Bodenerschütterungen rechnen. Den drohenden Immissionen hätte man durch Wahl eines anderen Grundstücks unschwer ausweichen können. Hier besteht grundsätzlich kein Ausgleichsanspruch. Anders kann es aber liegen, wenn die Grenzen zulässiger Richtwerte und damit die Grenzen des Zumutbaren überschritten werden (BGH NJW-RR 2007, 168).

4. Summierte Immissionen

22 Besondere Probleme stellen sich, wenn **mehrere Störer zusammen** eine wesentliche Immission verursachen (sog. summierte Immissionen). Ist die Immission jedes Störers für sich allein wesentlich, so haftet jeder Störer so lange, bis seine Immission unter die Grenze der Wesentlichkeit sinkt oder ortsüblich wird. Ist die Immission jedes Einzelnen für sich allein unwesentlich, werden diese aber durch ihr Zusammenwirken zur wesentlichen Immission, so kann jeder Störer wahlweise auf Unterlassung in Anspruch genommen werden, bis die Unwesentlichkeit oder Ortsüblichkeit erreicht ist. Dies gilt analog § 830 I 2 auch bei Beweisschwierigkeiten, wenn mehrere Störer als Verursacher in Betracht kommen, aber nicht jedem Störer ein bestimmter Störungserfolg zugerechnet werden kann (BGHZ 66, 70, 77). Hinsichtlich des Ausgleichsanspruchs in Geld nach § 906 II 2 (→ Rn. 15 ff.) besteht grundsätzlich eine gesamtschuldnerische Haftung (BGHZ 72, 289, 298).

III. Analoge Anwendung von § 906 II 2

1. Die Regelungslücken im Überblick

23 Aus dem Zusammenspiel von § 1004 und § 906 ergibt sich, dass man unwesentliche Beeinträchtigungen hinzunehmen hat, sich gegen wesentliche jedoch mit dem Abwehranspruch des § 1004 I zur Wehr setzen kann, es sei denn, es ergibt sich ausnahmsweise aus § 906 II 1 eine Duldungspflicht. In diesem Fall steht dem Eigentümer aber immerhin der Ausgleichsanspruch aus § 906 II 2 zu. Über diese Grundsätze scheint ein angemessener Interessenausgleich gewährleistet zu sein. Indes regelt § 906 nur die Zuführung unwägbarer Stoffe und enthält damit Regelungslücken, insbes. im Hinblick auf **Grobimmissionen.**

Zum anderen setzt § 906 II 2 in seinem unmittelbaren Anwendungsbereich eine zu duldende und damit rechtmäßige Beeinträchtigung voraus. Gegenüber einer rechtswidrigen Beeinträchtigung hat sich der Eigentümer grundsätzlich mit dem Anspruch aus § 1004 I zur Wehr zu setzen. Indes mag die **rechtzeitige Geltendmachung** des Beseitigungs- oder Unterlassungsanspruchs im Einzelfall **unmöglich** gewesen sein. Wer dann faktisch von einer *rechtswidrigen* Beeinträchtigung betroffen ist, sollte erst recht Ausgleich in Geld bekommen.

Außerdem mögen ausnahmsweise auch im Fall wesentlicher **orts*un*üblicher Beeinträchtigungen** Duldungspflichten bestehen, für die der Ausgleichsanspruch aus § 906 II 2 unmittelbar nicht gilt. Der betroffene Eigentümer erscheint aber in gleicher Weise schutzwürdig.

Fallgruppen der analogen Anwendung von § 906 II 2
– Grobimmissionen (→ Rn. 24) – Unmöglichkeit der rechtzeitigen Störungsabwehr (→ Rn. 25 ff.) – Duldungspflichten in Bezug auf ortsunübliche Beeinträchtigungen (→ Rn. 26) – Beeinträchtigung von Besitzern/Inhabern beschränkter dinglicher Rechte (→ Rn. 18)

2. Anwendung von § 906 II 2 auf Grobimmissionen und andere Einwirkungen

§ 906 II 2 gilt nach seinem Wortlaut nicht für **größere körperliche Stoffe,** die auf ein Grundstück einwirken, wie zB Steinbrocken, die von einem Steinbruch auf das Nachbargrundstück geschleudert werden (BGHZ 28, 225). Ebenfalls nicht erfasst werden **negative Einwirkungen** wie der Entzug von Licht und Luft (→ § 24 Rn. 7 f.) oder Einwirkungen aus einer Vertiefung des Nachbargrundstücks (BGH NJW 1983, 872) sowie ideelle Einwirkungen (→ § 24 Rn. 9 ff.), denen die Stoffqualität fehlt. Auch in diesen Fällen stellt sich indes die Frage nach dem Schutz der Rechte des Nachbarn. Früher wurde hier teilweise mit der Figur des **nachbarlichen Gemeinschaftsverhältnisses** auf Grundlage von § 242 gearbeitet (vgl. → Rn. 4), aus dem man Schranken der Rechtsausübung bzw. gegenseitige Rücksichtnahmepflichten ableiten kann. Es ist jedoch vorzugswürdig, § 906 analog anzuwenden, der ein erprobtes Modell für den Ausgleich des nachbarlichen Nutzungskonflikts bereithält. 24

Das hat etwa zur Folge, dass negative und ideelle Einwirkungen, die meist **unwesentliche Beeinträchtigungen** sind, analog § 906 I zu dulden sind, wie zB der unästhetische Anblick eines Schrottwagens im Nachbargarten. Etwas anderes müsste aber gelten, wenn sich die Schrottwagen zu Bergen türmen.

Wichtig ist außerdem die **Ortsüblichkeit**. Der Schrottplatz in einer Gegend mit Lagerplätzen ist deshalb eher zu dulden als in einer reinen Wohngegend. Der Entzug von Licht und Luft muss in der dicht bebauten Innenstadt eher hingenommen werden als in einer Villengegend. Beim Schrottplatz kann vom Nachbarn analog § 906 II 1 gefordert werden, dass er eine wirtschaftlich zumutbare Bepflanzung anlegt, wenn dadurch der unschöne Anblick der Schrottwagen, obgleich im Rahmen ortsüblicher Nutzung, gemildert werden kann.

3. Die Fälle der Unmöglichkeit der Störungsabwehr

25 In ständiger Rechtsprechung anerkannt ist der **nachbarrechtliche Ausgleichsanspruch** analog § 906 II 2 für den Fall, dass von einem Grundstück im Rahmen privatwirtschaftlicher Benutzung Einwirkungen auf ein anderes Grundstück ausgehen, die das zumutbare Maß einer entschädigungslos hinzunehmenden Beeinträchtigung übersteigen, und der betroffene Eigentümer aus besonderen (**rechtlichen oder tatsächlichen**) Gründen gehindert war, die Einwirkungen gem. § 1004 I oder § 862 I zu unterbinden. Unabhängig von der konkreten Art der Einwirkung soll jede unzumutbare Beeinträchtigung zu einem Ausgleichsanspruch führen, wenn die Störung nicht (rechtzeitig) abgewehrt werden konnte. Der Anspruch aus § 906 II 2 analog fungiert insoweit als Kompensation für den (faktischen oder rechtlichen) Ausschluss der primären Störungsabwehr.

Ausgleichsanspruch analog § 906 II 2 bei Unmöglichkeit der Störungsabwehr
1. Fehlen anderweitiger, abschließender gesetzlicher Regelung 2. Wesentliche Einwirkung von einem Grundstück auf ein anderes Grundstück 3. Unzumutbarkeit der Beeinträchtigung 4. Eigentümer/Nutzungsberechtigter war aus rechtlichen oder tatsächlichen Gründen an rechtzeitiger Störungsabwehr über § 1004 I gehindert 5. Bestimmung der Anspruchshöhe, ggf. unter Anrechnung eines Mitverschuldens bzw. Mitverursachungsbeitrags, § 254 analog

a) Rechtliche Hindernisse der Störungsabwehr. Die erste relevante Fallgruppe betrifft Ausnahmefälle, in denen sich aus gesetzlichen Vorschriften oder auch zum Schutz besonderer Allgemeininteressen aus dem nachbarlichen Gemeinschaftsverhältnis die Pflicht zur Duldung unvermeidbarer Einwirkungen ergibt. Dann ist der Anspruch aus § 1004 I auf Störungsbeseitigung oder -unterlassung aus **rechtlichen Gründen** ausgeschlossen. Dafür soll der Eigentümer aber zumindest analog § 906 II 2 **entschädigt** werden (dazu *Hagen* FS Lange, 1992, 483 ff.; *Vieweg* NJW 1993, 2570, 2574). Es soll eben nicht sein, dass der Nachbar hier schlechter steht als bei ortsüblichen wesentlichen Beeinträchtigungen, die auch nur gegen Entschädigung hinzunehmen sind. **26**

Beispiele:

- Vom **Steinbruch** des A werden bei Sprengungen jeweils schwere Gesteinsbrocken auf das Grundstück des B geschleudert. Auch wenn es sich nicht um eine ortsübliche Einwirkung handelt, kann B nicht, jedenfalls nicht sofortige Unterlassung verlangen, weil dadurch A zur Einstellung seines Gewerbebetriebs gezwungen wäre und er und seine Arbeitnehmer unverhältnismäßig schwer geschädigt wären. B muss die Einwirkung dulden, wenn er dadurch erheblich weniger in seinen Interessen beeinträchtigt wird als A bei einer Einstellung des Gewerbebetriebs, denn auch der Abwehranspruch aus § 1004 untersteht den Rechtsausübungsschranken des § 242, die im nachbarlichen Gemeinschaftsverhältnis ihren Ausdruck finden. B kann aber analog § 906 II 2 Entschädigung in Geld als Ausgleich verlangen (vgl. BGHZ 28, 225).
- Von einem **Drogenhilfezentrum** und seinem Besucherkreis gehen ortsunübliche, wesentliche Beeinträchtigungen aus, die von der Nachbarschaft jedoch ausnahmsweise zu dulden sind, da das Zentrum eine wichtige Aufgabe im Allgemeininteresse erfüllt (BGH NJW 2000, 2901). Als Ausgleich dafür wird eine Entschädigung nach § 906 II 2 analog gewährt.
- Wenn ein Baum wegen **naturschutzrechtlicher Vorschriften** nicht gefällt werden durfte, dann aber bei einem Sturm umfällt und das Nachbargrundstück beschädigt, kann der Nachbar analog § 906 II 2 Entschädigung verlangen (BGH NJW 2004, 3701).
- Ferner muss der Eigentümer den Nachbarn entschädigen, wenn durch Nadel-, Zapfen- und **Laubfall** von Bäumen, die nach landesrechtlichen Vorschriften nicht entfernt werden dürfen, erhöhter Reinigungsaufwand entsteht, also eine wesentliche Beeinträchtigung gegeben ist (BGH NJW 2004, 1037). Das gilt auch, wenn der Nachbar eine Frist, innerhalb derer er noch Beseitigung der unzulässig im Grenzbereich stehenden Bäume hätte verlangen können, verpasst hat; denn eine Differenzierung danach, ob die Bäume den Grenzbereich verletzen oder nicht, macht kaum Sinn (BGH NJW 2018, 1010).

27 **b) Faktische Unmöglichkeit rechtzeitiger Störungsabwehr.** Die zweite Fallgruppe betrifft den **faktischen Duldungszwang.** Hier war der beeinträchtigte Eigentümer oder der rechtmäßige Besitzer aus besonderen tatsächlichen Gründen daran gehindert, die Beeinträchtigung nach § 1004 I oder § 862 I rechtzeitig zu unterbinden und hat dadurch unzumutbare Nachteile erlitten (BGH NJW 2003, 2377). Meist geht es darum, dass der Eigentümer die abzuwehrende Gefahr nicht rechtzeitig erkennen konnte. Auch unter diesen Umständen soll der Nachbar nicht schlechter stehen als in dem in § 906 II ausdrücklich geregelten Fall. Überdies gilt auch hier, dass dem Störer das Risiko für die von ihm gewählte spezifische, emittierende Grundstücksnutzung verschuldensunabhängig zuzuweisen ist. Dabei kann es sich in allen genannten Varianten auch um von § 1004 oder § 906 eigentlich nicht erfasste Einwirkungen handeln, also zB um Grobimmissionen wie Wasser.

Beispiele:
- Vom benachbarten Schießstand gerät **Schrotblei** auf das Grundstück und verseucht dort den Boden, was erst nachträglich erkannt wird (BGHZ 111, 158).
- Durch die Errichtung einer Zwischendeponie für Erdaushub wird der Luftabzug auf dem Nebengrundstück, auf dem ein Weinberg betrieben wird, behindert. Es bildet sich ein Kaltluftsee, der erheblichen Schaden an den Weinreben anrichtet. Diese Zusammenhänge werden aber erst nach Eintritt der Schäden erkannt. Zudem wäre eine Abwehr über § 1004 I ohnehin nicht in Betracht gekommen, da diese Norm laut BGH negative Einwirkungen nicht erfasst (BGH NJW 1991, 1673).
- Der Einsatz eines **Rüttelgerätes** auf einer Baustelle führt zu Bodenerschütterungen und damit zu Schäden am Haus des Nachbarn, mit denen dieser vorab nicht rechnen musste, da er sich darauf verlassen konnte, dass eine genehmigte Baumaßnahme unter Beachtung der nötigen Sicherheitsvorkehrungen durchgeführt wird (BGHZ 85, 375). Ausgleich schuldet hier aber allein der **Benutzer** des Grundstücks bzw. der Bauherr, nicht der Bauunternehmer, unter dessen Regie die Arbeiten ausgeführt werden (BGH NJW 2010, 3158). Der Bauunternehmer mag zwar (auch) Störer iSv § 1004 I sein und Unterlassung schulden, er steht jedoch außerhalb des nachbarlichen Gemeinschaftsverhältnisses, das Grundlage für die Ausgleichspflicht nach § 906 II 2 ist.
- Unsachgemäße Bohrungen zur Installation einer Erdwärmepumpe führen zu Erschütterungen, die Risse im Gebäude auf dem Nachbargrundstück auslösen (OLG Düsseldorf NJW-RR 2015, 211).
- Innerhalb von zwei Wochen werden Pestizide über das Regenwasser vom Nachbargrundstück herübergeschwemmt und zerstören die Ernte. Hier

verwirklicht sich die Gefahr so schnell, dass eine Abwehr über § 1004 I nicht möglich gewesen wäre (BGHZ 90, 225).
- Der Abriss eines Gebäudes beschädigt die auf dem Nachbargrundstück stehende Grenzwand und führt damit – zunächst unerkannt – zu Feuchtigkeitsschäden beim Nachbarn (BGH NJW-RR 2016, 588).

Problematisch erscheint indes, dass der BGH die analoge Anwendung von § 906 II 2 auch in Fällen bejaht, die nichts mit dem typischen **nachbarlichen Nutzungskonflikt** infolge einer konkreten störenden Grundstücksnutzung zu tun haben, sondern eher „normale" **Unfallsituationen** betreffen. 28

Beispiel: Der BGH gewährte in einem Fall, in dem ein **defektes Küchengerät** einen **Brand** ausgelöst hatte, dem Nachbarn über § 906 II 2 analog umfassende Entschädigung für die Beschädigung seines Ladenlokals, seiner Betriebsmittel und Warenvorräte und für seine Ertragseinbußen (BGH NJW 2008, 992). In gleicher Weise wurden die Brandschäden beim Nachbarn für ersatzfähig gehalten, als ein Wohnhaus infolge eines Defekts im elektrischen Motor eines Bettes in Brand geriet (BGH NJW-RR 2011, 739) oder als ein vom Hauseigentümer beauftragter Handwerker im Rahmen von Heißklebearbeiten einen Brand verursachte (BGH NJW 2018, 1542). Im Grunde wurde damit zu Gunsten von Nachbarn eine Gefährdungshaftung für Brandschäden geschaffen.

Diese Rechtsprechung ist höchst kritisch zu sehen (abl. auch *Popescu/Mayer* NZM 2009, 181, 183; Staudinger/*Roth* BGB § 906 Rn. 69). Zwar kann man auch hier sagen, dass dem Nachbarn die **rechtzeitige Störungsabwehr** über § 1004 I nicht möglich war. Indes passt dieser Gedanke bei Unfallsituationen ohnehin nicht, da es in ihrer Natur liegt, unerwartet und ungewollt einzutreten. Demgemäß geht es eben auch nicht um Störungsbeseitigung, sondern um Ersatz der eingetretenen Schäden gem. § 823. Zudem greift insoweit der Kompensationszweck des § 906 II 2 nicht, wonach der (Nutzungs-)Vorteil des Störers durch die Entschädigung des beeinträchtigten Nachbarn ausgeglichen werden soll (näher *Wellenhofer* GS Wolf 2011, 323 ff.). 29

Zutreffend hat der BGH aber im **Silvesterraketenfall** entschieden (NJW 2009, 3787; dazu Klausurfall bei *Lakkis/Rupp* JA 2012, 411). Dort war eine Silvesterrakete gezündet worden, die dann auf dem Nachbargrundstück eine Scheune in Brand setzte. Der BGH ging insoweit von einer beeinträchtigenden Handlung aus, die nach ihrem Wesen und der ihr zugrunde liegenden Motivation an einem beliebigen Ort vollzogen werden könne, zB auch im öffentlichen Straßenraum, weshalb es eben nicht mehr um den von § 906 geregelten nachbarlichen Nutzungskonflikt ginge.

Im Fall abirrender **Silvesterraketen** scheiden auch Ansprüche aus § 823 I aus, weil es regelmäßig an einem Verschulden desjenigen fehlt, der die Rakete entzündet hat. Auch Ansprüche aus § 1004 oder § 862 führen nicht zum Ziel, weil die Störung als solche nach dem Einsturz der Rakete bzw. Löschen des Brandes ihr Ende gefunden hat und nicht fortdauert.

29a **c) Anspruchsberechtigte Personen.** Probleme kann in den Fällen des faktischen Duldungszwangs die Bestimmung der anspruchsberechtigten Personen machen. Unzweifelhaft ist der Anspruch im Verhältnis von zwei benachbarten Eigentümern gegeben. Bejaht wird ein Anspruch aus § 906 II 2 analog zudem zwischen Sondereigentümern iSd WEG (→ § 2 Rn. 16). Das kann laut BGH etwa den Wasserrohrbruch bei einem **Wohnungseigentümer** betreffen, durch den der (Sonder-)Eigentümer oder Nutzer einer benachbarten Wohnung gestört wird. Zwar geht die Störung hier nicht von einem „anderen Grundstück" aus, sondern lediglich von einer anderen Wohnung im gleichen Gebäude. Das Verhältnis der **Sondereigentümer** zueinander kann jedoch mit dem zwischen den Eigentümern benachbarter Grundstücke verglichen werden. Auch insoweit liegt ein Eingriff von außen vor, der die Anwendung von § 906 II 2 rechtfertigt (BGH NJW 2014, 458).

Abgelehnt wird ein nachbarrechtlicher Ausgleichsanspruch analog § 906 II 2 aber im Fall des Nutzungskonflikts von zwei **Mietparteien** untereinander, die dasselbe Haus bzw. Grundstück desselben Eigentümers nutzen (BGH NJW 2004, 775, Wasserrohrbruch). Der Gestörte wird insoweit auf mietrechtliche Ansprüche gegen seinen Vermieter verwiesen. Der jeweilige Vermieter kann dann als Eigentümer selbst aus § 1004 gegen den störenden Nachbarn vorgehen.

30 **Fall 33 – Golfplatz mit Kuhsterben:** B betreibt Milchwirtschaft und lässt seine Kühe auf seinem Grundstück weiden. An das Weidegrundstück grenzt der von L betriebene Golfplatz. Plötzlich sterben zwei Kühe des B, ohne dass äußere Einwirkungen oder Krankheiten zu erkennen sind. Der Tierarzt findet bei der Obduktion der Tiere als Todesursache heraus, dass die Kühe Golfbälle gefressen hatten, die versehentlich auf das Grundstück des B geflogen waren. Kann B von L Entschädigung für die verendeten Kühe verlangen? (Fall nach *Haunhorst* JuS 1996, 225)

Lösungsskizze:

I. B könnte gegen L einen Anspruch auf Schadensersatz aus § 823 I haben.

1. Die Kühe standen im Eigentum des B, sodass durch deren Tod ein Rechtsgut des B verletzt wurde.

2. Die Verletzungshandlung könnte darin liegen, dass L als Betreiber des Golfplatzes nicht seine Verkehrssicherungspflichten erfüllt hat bzw. es unterlassen hat, Schutzmaßnahmen gegen das Herüberfliegen abgeirrter Golfbälle zu treffen. Schließlich kamen die Kühe durch das Verschlucken der Golfbälle zu Tode.

Inwieweit entsprechende Verkehrssicherungspflichten bestehen, muss einzelfallbezogen geklärt werden. Als Betreiber eines Golfplatzes muss L dafür Sorge tragen, dass Golfbälle nicht auf Nachbargrundstücke gelangen und dort Schaden anrichten. Inwieweit das hier, zB durch entsprechende Gestaltung und Lage der Bahnen oder durch Anbringen von Schutzzäunen geschehen ist, lässt sich dem Sachverhalt nicht klar entnehmen.

3. Jedoch dürfte es im vorliegenden Fall an dem für eine Schadenszurechnung erforderlichen Adäquanzzusammenhang fehlen. Die verschlagenen Golfbälle führten zwar im Sinne einer conditio sine qua non kausal zum Tod der Kühe. Mit der Möglichkeit, dass Kühe Golfbälle fressen und daran zugrunde gehen, musste aber, da dies einen höchst ungewöhnlichen Kausalverlauf darstellt, auch aus Sicht eines umsichtigen Golfplatzbetreibers nicht gerechnet werden.

4. Im Übrigen wäre aus diesen Gründen auch ein Verschulden des L zu verneinen.

Ergebnis: B hat gegen L keinen Schadensersatzanspruch aus § 823 I.

II. B könnte gegen L einen Anspruch auf Störungsbeseitigung aus § 1004 I 1 haben.

Ein Anspruch aus § 1004 I 1 passt jedoch nicht für das von B verfolgte Anspruchsziel. § 1004 I 1 bietet als Rechtsfolge zwar einen Anspruch auf die Beseitigung der herübergeflogenen Golfbälle, nicht aber einen Anspruch auf Ersatz dadurch entstandener Schäden. B könnte allenfalls von L verlangen, dass er weitere Störungen unterlässt, also das weitere Herüberfliegen von Golfbällen unterbindet. Das ist aber nicht das von B gewollte Anspruchsziel.

III. B könnte gegen L aus § 906 II 2 einen Anspruch auf Ausgleich in Geld haben.

1. Zwischen B und L besteht ein Nachbarverhältnis.

2. Die Golfbälle müssten Immissionen im Sinne des § 906 I 1 darstellen.

Unter Immissionen versteht man grundsätzlich alle Einwirkungen auf ein Grundstück, die von einem anderen Grundstück ausgehen, in ihrer Ausbreitung weitgehend unbeherrschbar und unkontrollierbar sind und das Eigentum in irgendeiner Weise beeinträchtigen können. Aus der beispielhaften

Aufzählung in § 906 I 1 ergibt sich aber, dass der Gesetzgeber darunter nur unwägbare Stoffe, zB Gase, Dämpfe, Geräusche, Wärme oder allenfalls leichte körperliche Stoffe, wie Laubabfall, Staub etc verstand. Sog. Grobimmissionen (Ponderabilien) werden nicht von § 906 erfasst, sondern können und müssen direkt über § 1004 abgewehrt werden.

Ergebnis: B hat gegen L keinen Ausgleichsanspruch aus § 906 II 2.

IV. B könnte gegen L einen nachbarrechtlichen Ausgleichsanspruch aus § 906 II 2 analog haben.

1. Es liegen Einwirkungen auf das Grundstück des B in Form der Golfbälle vor; § 906 II 2 umfasst zwar nach seinem Wortlaut nur unwägbare Stoffe (s. oben), angesichts der (planwidrigen) Gesetzeslücke für Grobimmissionen ist § 906 II 2 jedoch analog anzuwenden (→ Rn. 23). Auch insoweit besteht aus Sicht des betroffenen Grundstückseigentümers ein Schutzbedürfnis.

2. Die durch die Einwirkungen hervorgerufenen Beeinträchtigungen müssten für B unzumutbar sein. Das ist hier zu bejahen. Aus der Sicht eines Durchschnittsmenschen stellt der Tod von zwei Kühen binnen kurzer Zeit eine Beeinträchtigung dar, die nicht entschädigungslos hinzunehmen ist und bei der ein entsprechender Ausgleich der Billigkeit entspricht.

3. B brauchte die Einwirkung rechtlich nicht zu dulden, da die Golfbälle eine rechtswidrige Störung seines Eigentums an dem Weidegrundstück darstellten. Da die von den Golfbällen für die Kühe ausgehende Gefahr zum betreffenden Zeitpunkt allen Beteiligten unbekannt war, war B jedoch faktisch daran gehindert, rechtzeitig seinen Anspruch aus § 1004 I 1 auf Störungsbeseitigung geltend zu machen bzw. sah keinen Anlass dafür. Wahrscheinlich wusste er noch nicht einmal von den herumliegenden Bällen. Es wäre aber unangemessen, wenn er infolgedessen gar keinen Anspruch mehr gegen den Störer hätte. Daher spricht alles dafür, § 906 II 2 analog anzuwenden.

4. Die subsidiäre Natur von § 906 II 2 (analog) bleibt gewahrt, da andere Ausgleichsansprüche nicht bestehen.

5. Nach § 906 II 2 (analog) ersatzfähig ist nicht nur der Ausgleich von grundstücksbezogenen Nachteilen, wie sie etwa aus der eingeschränkten Nutzbarkeit des Grundstücks oder aus Schäden an dem Grundstück selbst resultieren. Folgeschäden an beweglichen Sachen (hier: die Kühe, § 90a S. 3) werden ebenfalls erfasst (BGH NJW 2008, 992). Die Streitfrage, ob dies nur gelten kann, wenn der Schaden gerade infolge einer störenden Nutzung des benachbarten Grundstücks eingetreten ist, also Ausdruck des (länger währenden) nachbarlichen Nutzungskonflikts ist, oder auch dann, wenn der Schaden durch einen einmaligen Unfall herbeigeführt wird (→ Rn. 28 f.), kann hier dahinstehen. Vorliegend geht es um den typischen Nutzungskonflikt zwischen zwei Nachbarn. Der Tod der Kühe ist mittelbar durch die bestimmungsgemäße Nutzung des Nachbargrundstücks herbeigeführt worden. Insofern ist es gerade Zweck des § 906 II 2, einen angemessenen

Ausgleich zwischen dem (Nutzungs-)Vorteil des Störers und der Beeinträchtigung des Nachbarn zu schaffen.

6. Der Ausgleichsanspruch geht nicht auf vollen Schadensersatz, sondern bemisst sich in Anlehnung an die Grundsätze einer Enteignungsentschädigung (BGHZ 85, 375, 386; str.). Dafür spricht im Grunde auch, dass die Grenze zum Schadensersatzanspruch aus § 823 I nicht verwischt werden darf. Ein Grundstückseigentümer soll nicht über § 906 II 2 einer verschuldensunabhängigen Gefährdungshaftung unterliegen. Gleichwohl wird es vorliegend bei Abwägung aller Umstände nahe liegen, dem B Ersatz in Höhe des Wertes der Kühe zuzusprechen.

Ergebnis: B kann von L einen Ausgleich in Höhe des Wertes der Tiere aus § 906 II 2 analog verlangen.

4. Sonstige Ansprüche

Schäden, die nicht durch den Ausgleichsanspruch aus § 906 II 2 abgedeckt werden, wie insbes. **Gesundheitsschäden** (→ Rn. 20), können nach **§ 823 I** und nach dem **UmweltHG** zu ersetzen sein. Der Schadensersatz aus § 1 UmweltHG ist zwar auf die durch bestimmte Anlagen verursachten Personen- und Sachschäden beschränkt, er setzt aber kein Verschulden voraus und seine Geltendmachung wird unter den Voraussetzungen des § 6 UmweltHG durch eine Kausalitätsvermutung erleichtert. **31**

Auch beim Anspruch aus § 823, der Verschulden voraussetzt, hat die Rechtsprechung für Immissionsschäden Beweiserleichterungen vorgesehen. Hinsichtlich der Kausalität greifen sie ein, wenn die in Verwaltungsvorschriften, wie zB der TA-Luft, festgelegten Grenzwerte überschritten sind (s. etwa BGHZ 70, 102). Hinsichtlich des Verschuldens geht der BGH analog zur Produzentenhaftung von einer Beweislastumkehr aus, soweit es die Einhaltung der zumutbaren Sicherungsmaßnahmen betrifft. Diese muss der schädigende Emittent beweisen (BGH NJW 1985, 47).

IV. Der Überbau (§ 912)

Vor den Gerichten landen immer wieder Fälle, in denen ein Gebäude – etwa aus Unkenntnis über den wahren Grenzverlauf – **über die Grenze** auf ein fremdes Grundstück gebaut worden ist. Dann stellt sich die Frage, ob der Eigentümer des Nachbargrundstücks bzw. der überbauten Grundstücksfläche das dulden muss oder ob er die Beseitigung des Überbaus verlangen kann. Zudem ist zu klären, wer Eigentümer des die Grenze überschreitenden Gebäudeteils ist. Der Gesetzgeber hat hier für den sog. entschuldigten Überbau im Rahmen von § 912 Duldungspflichten begründet, weil er die mit der **32**

Beseitigung des überbauten Gebäudeteils verbundene **Zerschlagung wirtschaftlicher Werte** verhindern wollte.

1. Entschuldigter und unentschuldigter Überbau

33 § 912 I legt dem Nachbarn die Pflicht auf, den Überbau auf seinem Grundstück zu **dulden**, wenn der Überbau ohne Vorsatz oder grobe Fahrlässigkeit hinsichtlich der Grenzüberschreitung vorgenommen wurde und der Nachbar dem Grenzbau nicht sofort widersprochen hat (sog. **entschuldigter Überbau**) oder der Überbau sogar ausdrücklich gestattet wurde (BGH NZM 2017, 855). Grobe Fahrlässigkeit ist aber bereits zu bejahen, wenn sich der Grundstückseigentümer vor der Bauausführung nicht über den Grenzverlauf vergewissert hat bzw. während der Bauausführung nicht darauf achtet, dass die Grenzen nicht überschritten werden (BGHZ 156, 170, 171).

Besteht eine **Duldungspflicht**, werden insoweit zugleich die Beseitigungsansprüche des Nachbarn, insbes. aus § 1004 I 1, und Schadensersatzansprüche aus §§ 989, 990 I sowie aus § 823 I ausgeschlossen. In diesem Fall wird der übergebaute Gebäudeteil **analog § 95 I 2** auch nicht wesentlicher Bestandteil des überbauten Grundstücks, sondern nach §§ 946, 94 I 1 **wesentlicher Bestandteil des Stammgrundstücks** und somit **Eigentum des Überbauenden** (BGH NJW-RR 2014, 973).

§ 912 gilt in der Regel entsprechend, wenn bei einem bestehenden Gebäude eine spätere bauliche Veränderung (zB am Dach) erstmals zum Überbau führt (BGH NJW-RR 2009, 24). Unter „Gebäude“ iSv § 912 werden zudem auch andere größere Bauwerke wie zB Ufermauern verstanden, sofern deren Beseitigung ebenfalls die Zerschlagung wirtschaftlicher Werte bedeuten würde (BGHZ 204, 364 = NJW 2015, 2489).

34 Der Vorteil, dass das Gebäude trotz Inanspruchnahme eines fremden Grundstücks stehen bleiben darf, soll jedoch dem vorsätzlich oder grob fahrlässig handelnden Überbauenden grundsätzlich nicht zugute kommen (sog. **unentschuldigter Überbau**). Er wird nicht Eigentümer des Überbaus (BGHZ 27, 204, 207; BGH NJW 2011, 1069) und hat auch kein Besitzrecht. Der übergebaute Gebäudeteil wird nach § 94 I wesentlicher Bestandteil des überbauten Grundstücks. Vielmehr kann der Eigentümer des überbauten Grundstücks die **Beseitigung** des Überbaus aus § 1004 I 1 verlangen, wobei zu berücksichtigen ist, dass dieser Anspruch in drei Jahren verjährt (§§ 195, 199 I). Im Übrigen haftet der Überbauer auf Herausgabe des über-

bauten Grundstücksteils aus § 985 – und zwar auch dann, wenn der Anspruch aus § 1004 I bereits verjährt ist (BGH NJW 2011, 1069) –, außerdem auf **Schadensersatz** wegen Verschlechterung aus **§§ 989, 990 I** und ggf. auch aus §§ 992, 858 I, 823 II sowie wegen Verzugs aus §§ 990 II, 280 I, II, 286 (BGH NJW 2003, 3621). Eine Duldungspflicht besteht zudem dann nicht, wenn der Überbau nicht den Regeln der Baukunst entspricht und deshalb das Nachbargrundstück über die Grenzverletzung hinaus beeinträchtigen kann (BGH NJW-RR 2009, 24, 25).

Beispiel (nach BGH NJW-RR 2013, 652): Zum Haus des N gehört ein Öltank, der allerdings nicht in das Wohnhaus eingebaut, sondern in das angrenzende Erdreich eingebracht worden war. Nach einer Grundstücksteilung liegt der inzwischen stillgelegte Tank nun auf dem Grundstück des E, der nach Entdeckung des Tanks von N dessen Beseitigung verlangt. Hier kann N nicht von E die Duldung des Tanks nach § 912 I verlangen. Zwar kann der Tatbestand des Überbaus auch infolge einer späteren Grundstücksteilung eintreten. Die Regelung des § 912 ist jedoch nur für den Fall gedacht, dass sich die Beseitigung des Überbaus nicht auf diesen beschränken lässt, sondern die damit verbundene Gebäudeeinheit beeinträchtigt und auf diese Weise zwangsläufig zu einem Wertverlust führt. Durch die Entfernung des Tankes käme es aber nicht zur Zerstörung (weiterer) wirtschaftlicher Werte.

Fall 34 – Überbau: E lässt auf seinem Grundstück an der Grundstücksgrenze eine Garage errichten. Bei Baubeginn unterlässt es der Architekt A des E, den genauen Grenzverlauf anhand der Grenzsteine zu bestimmen. Er orientiert sich vielmehr an einem Zaun, der 30 cm von der Grenze entfernt auf dem Grundstück des N die beiden Grundstücke trennt. Infolgedessen errichten die Bauarbeiter die Garage 30 cm auf dem Boden des N. N, der sich zuvor um den Grundstücksverlauf nicht gekümmert hatte, bemerkt erst ein halbes Jahr später, als er seinerseits eine Garage errichten will, dass die Garage des E 30 cm auf seinem Grundstück steht. 35

Lösungsskizze:

N könnte gegen E einen Anspruch auf Beseitigung des auf seinem Grundstück errichteten Garagenteils aus § 1004 I 1 haben.

1. N ist Eigentümer des Grundstücks.
2. Durch die Garage, die in einer Breite von 30 cm auf das Grundstück des N gebaut wurde, ist das Eigentum des N beeinträchtigt.
3. Diese Beeinträchtigung ist auch rechtswidrig.
4. E hat auf dem Grundstück des N gebaut. Er ist damit Störer und richtiger Anspruchsgegner.
5. Möglicherweise könnte N die Beeinträchtigung jedoch gemäß § 1004 II zu dulden haben. In diesem Fall wäre die Störung nicht rechtswidrig. Eine Duldungspflicht könnte sich aus § 912 I ergeben.

a) Durch die Errichtung der Garage kam es zu einem Überbau.

b) Unabhängig vom Verschulden scheidet gem. § 912 I Hs. 2 eine Duldungspflicht aus, wenn der Nachbar vor oder sofort nach der Grenzüberschreitung Widerspruch erhoben hat. Ein sofortiger Widerspruch ist gegeben, wenn er so rechtzeitig erfolgt, dass die Beseitigung noch ohne Zerstörung erheblicher Werte möglich ist (BGHZ 59, 191, 196). Im vorliegenden Fall hat N zu spät widersprochen, weil die Garage bereits errichtet war.

c) Fehlt es an einem rechtzeitigen Widerspruch, so entfällt die Duldungspflicht des N nur dann, wenn E vorsätzlich oder grob fahrlässig gehandelt hat. Da E nicht selbst bei Baubeginn anwesend war und ihm der Grenzverlauf ebenfalls unbekannt war, trifft ihn kein Verschulden am Überbau. Fraglich ist, ob er sich das Verschulden seines Architekten zurechnen lassen muss. Der BGH (BGHZ 42, 63, 69) wendet § 166 analog an und stellt darauf ab, dass der Architekt „Repräsentant" des Bauherrn ist. Auf diese Weise käme man vorliegend zur Zurechnung des Verschuldens. Für den Bauunternehmer wird dagegen eine Repräsentantenstellung verneint (BGH NJW 1977, 375). Dagegen ist jedoch einzuwenden, dass sich § 166 auf die Abgabe von Willenserklärungen bezieht und sich deshalb nicht zur analogen Anwendung auf den Überbau eignet, der einen Eingriff in fremdes Eigentum darstellt. Ein solcher Eingriff ist tatbestandlich als unerlaubte Handlung zu qualifizieren. Deshalb muss im Rahmen des § 912 die Vorschrift des § 831 analog zur Anwendung kommen (*Baur/Stürner* SachenR § 5 Rn. 17). Der Einwand des BGH, § 912 sei vom Recht der unerlaubten Handlung getrennt, ist zu formal und berücksichtigt nicht den materiellen Gehalt des Eingriffs in das Eigentum. § 831 setzt jedoch ein Abhängigkeitsverhältnis mit Weisungsrecht voraus, das beim Architekten kaum vorliegen dürfte (verneint für Bauunternehmer von BGH BB 1953, 690). Auch eröffnet § 831 I 2 dem E die Exkulpation. E muss sich deshalb die grobe Fahrlässigkeit des A nicht zurechnen lassen. Somit hat N den Überbau gem. § 912 I zu dulden.

Ergebnis: N hat keinen Anspruch auf Beseitigung des auf seinem Grundstück errichteten Garagenteils aus § 1004 I 1.

Allerdings kann N von E eine Entschädigung in Form einer Geldrente verlangen, § 912 II. Alternativ kann N von E auch verlangen, dass E den überbauten Grundstücksteil von ihm abkauft, § 915.

36 Auch im Fall eines grob fahrlässigen Überbaus kann dem Beseitigungsanspruch aus § 1004 I 1 aber im Einzelfall nach Treu und Glauben das **Leistungsverweigerungsrecht des § 275 II** entgegen gehalten werden. Dies kann zB der Fall sein, wenn der Nachbar unter vorwerfbarer Verletzung seiner Obliegenheit aus § 254 II 1 iVm § 912, den Eigentümer vor dem drohenden Schaden zu warnen, mit dem Beseitigungsverlangen zu lange gewartet hat (BGH NJW 2008, 3123; krit. *Stürner* JA 2015, 164). Sonstige Ansprüche bleiben davon aber unberührt.

Eine **Erweiterung**, insbes. auch eine Aufstockung des Überbaus, muss nicht hingenommen werden (BGHZ 64, 273). Aus der Pflicht, einen Garagenüberbau zu dulden, folgt keine weitere Pflicht, auch die **Zufahrt zur Garage** über das Grundstück zu dulden, denn die Duldungspflicht erstreckt sich allein auf den Überbau und dessen wesentliche Bestandteile. Ein Anspruch auf eine spezifische Nutzung oder einen Zugang über das Grundstück des Nachbarn ist damit nicht verbunden (BGH NJW 2014, 311).

2. Begünstigter und duldungspflichtiger Eigentümer

Begünstigt von § 912 ist beim entschuldigten Überbau der **Eigentümer** des überbauenden Grundstücks (sog. Stammgrundstück). Der Ort des Baubeginns oder die Größe und wirtschaftliche Bedeutung des übergebauten Gebäudeteils spielen keine Rolle (BGH NJW 1985, 789). Geht der Überbau von einem Mieter oder Pächter aus, gilt § 912 nicht. Die Norm regelt allein den Fall, dass das Bauwerk nach objektiver Beurteilung im Namen und wirtschaftlichen Interesse des Eigentümers errichtet wird (OLG Schleswig ZfIR 2017, 119). Überbaubegünstigt kann allerdings auch ein Erbbauberechtigter sein (s. etwa Palandt/*Herrler* BGB § 912 Rn. 3). **Duldungspflichtig** sind der Eigentümer des Grundstücks, auf das übergebaut wurde, sowie Erbbau- und Dienstbarkeitsberechtigte (§ 916). 37

Sofern eine Duldungspflicht für den Eigentümer des überbauten Grundstücks besteht, ist dieser durch eine Geldrente zu entschädigen (§ 912 II). Diese stellt eine abschließende Sonderregelung dar (BGH NJW 1986, 2639, 2640). Ein Anspruch aus § 823 I besteht beim entschuldigten Überbau daneben nicht. 38

Die §§ 912 ff. können durch eine **vertragliche Regelung** unter den beteiligten Nachbarn abbedungen werden und das Überbauverhältnis kann anders geregelt werden, zB durch einen Mietvertrag bezüglich der überbauten Fläche. Für den Überbau gilt dann § 95 I 2. Das Eigentum am überbauten Teil steht in diesem Fall dem Eigentümer des Stammgrundstücks zu. Eine solche Regelung wirkt aber nur schuldrechtlich zwischen den Vertragsparteien und nicht dinglich gegenüber nachträglichen Erwerbern. Diese müssen den Überbau beseitigen oder das Eigentum daran auf den Eigentümer des überbauten Grundstücks übertragen, wenn sie nicht in den Mietvertrag eintreten oder wenn dieser endigt. Die Übereignung erfolgt durch Einigung und Abtrennung der Verbindung zum Hauptbau (s. BGH NJW 2004, 1237). 39

Soweit der Überbau nicht zu dulden ist, hat der Eigentümer einen **Beseitigungsanspruch** aus § 1004 I 1 (→ § 24 Rn. 35 ff.) und einen 40

Anspruch auf Herausgabe des im Besitz des Nachbarn befindlichen Grundstücksteils (§ 985). Daneben kann der Eigentümer unter den Voraussetzungen der §§ 987ff. auch Herausgabe der auf dem überbauten Grundstücksteil gezogenen Nutzungen verlangen (s. als Beispiel BGH NJW 1983, 164).

Beim sog. **Eigengrenzüberbau**, bei dem ein Gebäude auf mehreren Grundstücken desselben Eigentümers die Grenze überschreitet, wird das Gesamtgebäude wesentlicher Bestandteil des Grundstücks, zu dem es nach Absicht und Interesse des Erbauers gehören soll (Palandt/*Herrler* BGB § 912 Rn. 14); hilfsweise ist auf objektive Umstände abzustellen.

V. Der Notweg (§ 917)

41 § 917 will sicherstellen, dass jedes Grundstück eine **Verbindung zu einem öffentlichen Weg** auch dann besitzt, wenn es selbst nicht unmittelbar an einen solchen Weg angrenzt. Fehlt einem Grundstück die Verbindung zu einem öffentlichen Weg, so kann dessen Eigentümer, nicht der Besitzer (BGH NJW-RR 2006, 1160), von dem Nachbarn, dessen Grundstück den kürzesten zumutbaren Weg zur öffentlichen Straße bietet, die Einräumung eines Notwegs über dieses Grundstück verlangen. Das Notwegrecht muss jedoch zur ordnungsmäßigen Benutzung notwendig sein. Gründe der Bequemlichkeit und Zweckmäßigkeit reichen angesichts des Eingriffs in das Eigentum des Nachbarn nicht aus. Die Erschwernisse ohne den Notweg müssen so groß sein, dass die Wirtschaftlichkeit der Grundstücksbenutzung aufgehoben oder in unzumutbarer Weise geschmälert wäre (BGH NJW 2006, 3427). Allein die langjährige, unbeanstandete Nutzung eines Weges über ein fremdes Grundstück macht diesen Weg noch nicht zum Notweg iSv § 917 I (OLG Saarbrücken ZMR 2017, 1026).

Beispiel: Für ein Wohngrundstück ist grundsätzlich nicht erforderlich, dass eine Zufahrt zum *Abstellen* von Pkw gewährt wird (BGH NJW 1980, 585). Die Kfz-Anbindung als solche ist jedoch zur ordnungsgemäßen Benutzung eines Wohngrundstücks regelmäßig notwendig (BGH NJW-RR 2009, 515). Auf die Erreichbarkeit gerade des Hauseingangsbereichs kommt es aber grundsätzlich nicht an (BGH NJW-RR 2014, 398).

42 Die Bestimmung der **ordnungsgemäßen Nutzung** erfolgt nach objektiven Gesichtspunkten. Maßgebend ist die angemessene, den wirtschaftlichen Verhältnissen des Grundstücks entsprechende (erlaubte) Nutzung. Gemessen daran kann auch eine **Nutzungsände-**

rung erstmals den Anspruch auf Duldung der Benutzung des Notwegs auslösen (BGH NJW-RR 2015, 1234). Das Notwegrecht ist lediglich dann ausgeschlossen, wenn die bisherige Verbindung des Grundstücks mit öffentlichen Wegen durch eine willkürliche Handlung des Eigentümers aufgehoben worden ist, § 918 I.

§ 917 ist auf die für das Grundstück notwendigen **Versorgungsleitungen** 43
entsprechend anwendbar (Notleitungsrecht, vgl. BGH NVwZ 2008, 1150). Das Notleitungsrecht verpflichtet aber nur zur Duldung von Leitungen auf dem Grundstück, nicht von Leitungen durch ein Gebäude hindurch (BGH NJW-RR 2011, 1458).

Die zur Duldung des Notwegs verpflichteten Nachbarn können Entschädigung in Form einer **Geldrente** (Notwegrente, § 917 II) verlangen, jedoch erst wenn das Notwegrecht durch das Verlangen des Berechtigten entstanden ist (BGH NJW 1985, 1952). Dem verpflichteten Nachbarn steht in analoger Anwendung von § 1023 auch ein Anspruch auf Verlegung zu (BGH NJW 1981, 1036). § 918 I schließt für einen Sonderfall den Notweganspruch aus.

VI. Sonstige nachbarschützende Vorschriften

Das BGB enthält für den Nachbarbereich weitere Regelungen von 44
zum Teil recht speziellen **Interessenkollisionen**. So befassen sich §§ 910, 911, 923 mit Gewächsen im Grenzbereich, §§ 919, 920 betreffen die Bestimmungen des Grenzverlaufs und §§ 921, 922 regeln die Benutzung von Grenzanlagen (dazu zB BGH NJW 2008, 2032). Hinzu kommen spezielle Regelungen in den landesrechtlichen Gesetzen zum Nachbarrecht.

Ein gem. § 923 auf der Grenze stehender Baum gehört jedem Grundstückseigentümer, soweit er auf dessen Grundstück steht, wird also hinsichtlich des Eigentums vertikal durch die Grenze geteilt. Jeder Eigentümer ist in seinem Teil für die Standsicherheit verantwortlich. Stürzt ein erkennbar kranker Baum um, so ist jeder Eigentümer dem anderen für den daraus entstehenden Schaden nach § 823 I verantwortlich. Da aber auch der andere Eigentümer Verantwortung trägt, muss er sich diese gem. § 254 anrechnen lassen (BGH NJW 2004, 3328).

Empfehlungen zur vertiefenden Lektüre: *Buchwitz*, EBV in anderem Gewand – Der Überbau, Jura 2011, 871; *Löhnig*, Das Akzessionsprinzip, JA 2011, 650; *Lüneborg*, Nachbarrechtlicher Ausgleichsanspruch nur bei „grenzüberschreitenden“ Immissionen?, NJW 2012, 3745; *Neuner*, Das nachbarrechtliche Haftungssystem, JuS 2005, 385, 487; *Rachlitz/Ringshandl*, Der bürgerlich-rechtliche Aufopferungsanspruch, JuS 2011, 970; *Röthel*, Grundfragen des privaten Nachbarrechts, Jura 2005, 539; *Schreiber*, Der nachbarrechtliche

Ausgleichsanspruch im Sachenrecht, Jura 2011, 263; *Zott/Liehr,* Examensrelevante Probleme aus dem Nachbarschaftsrecht, JA 2011, 260.

Fälle und Klausuren: *Bringewat/Sander,* Assessorklausur Zivilrecht – Mein Freund, der Baum, JuS 2011, 449; *Braun,* Ein Fußballfest mit Folgen: Die zerschossene Fensterscheibe, Jura 2000, 582; *Gerecke/Valentin,* Ausgleich unter Nachbarn, JuS 2007, 834; *Gömöry,* Immer Ärger mit dem Nachbarn, JA 2011, 373; *Gottwald* SachenR Fälle 107–110; *Gursky* KK SachenR Fälle 5 und 6; *Heinrichsmeier,* Der neue Hauseigentümer, JuS 2010, 998; *Hennig/Honer,* Grundfälle des bürgerlich-rechtlichen Nachbarrechts, JuS 2016, 591; *Koch/Löhnig* Fälle SachenR Fall 9; *Lakkis/Popp,* Feuerwerkskörper, JA 2012, 411; *Meder/Flick,* Sachenrecht – Altersvorsorge auf Nachbars Kosten?, JuS 2011, 160; *Neuner* SachenR Fall 7.

9. Kapitel. Die Grundpfandrechte

§ 26. Überblick zu den Grundpfandrechten

I. Arten und Verbreitung der Grundpfandrechte

1. Hypothek, Grundschuld und Rentenschuld

1 Als Grundpfandrechte sieht das BGB (ohne den Ausdruck „Grundpfandrecht" ausdrücklich zu verwenden) die Hypothek (§ 1113), die Grundschuld (§ 1191) und die Rentenschuld (§ 1199) vor. Grundpfandrechte dienen der **Kreditsicherung**. Sie gewähren **dingliche Verwertungsrechte** an einem Grundstück, aufgrund derer der Berechtigte die Zwangsversteigerung oder Zwangsverwaltung des Grundstücks betreiben und den daraus erzielten Erlös für sich behalten darf, falls ihm nicht die vereinbarte Geldsumme, die etwa aus Darlehen geschuldet sein mag, freiwillig bezahlt wird.

2 Der Unterschied zwischen Hypothek und Grundschuld besteht darin, dass die Hypothek kraft Gesetzes eine Forderung voraussetzt und von deren Bestand abhängig ist (Grundsatz der Akzessorietät, → § 27 Rn. 2, 11 ff.). Im Gegensatz dazu ist die **Grundschuld von einer Forderung unabhängig**. Sie kann auch bestehen, wenn eine Forderung nicht oder nicht mehr existiert. Die Grundschuld ist in ihrem Bestand daher stabiler, weil sie nicht gesetzlich zwingend an das Schicksal der Forderung gebunden ist. Allerdings kann eine treuhänderische Bindung vertraglich flexibel vereinbart werden (→ § 28 Rn. 14). Demgemäß ist die **praktische Bedeutung** der Grundschuld viel größer als die der Hypothek.

Eigenständige Bedeutung hat die Hypothek aber in den Fällen, in denen einem Gläubiger ein gesetzlicher Anspruch auf Bestellung einer Hypothek zusteht (etwa § 648) oder in denen ein Gläubiger für seine Forderung im Wege der Zwangsvollstreckung eine Sicherung am Grundbesitz seines Schuldners sucht (§§ 866, 867, 932 ZPO). Da das Gesetz die **Hypothek als Grundtyp** bis in alle Einzelheiten ausgestaltet (§§ 1113–1190) und für die Grundschuld nur wenige Sondervorschriften erlassen hat (§§ 1191–1198), soll hier zum besseren Verständnis zunächst die Hypothek (→ § 27 Rn. 1 ff.) dargestellt werden.

Die Grundpfandrechte
– Hypothek, §§ 1113 ff. – Grundschuld, §§ 1191 ff. – Rentenschuld, §§ 1199 ff.

3 Die **Rentenschuld** ist ihrer Rechtsnatur nach eine Grundschuld, jedoch mit der Besonderheit, dass sie nicht auf einen einmaligen Geldbetrag, sondern auf regelmäßig wiederkehrende Geldleistungen gerichtet ist (§ 1199). Sie hat nur geringe praktische Bedeutung, so zB als Sicherungsrentenschuld zur dinglichen Sicherung schuldrechtlicher Rentenzahlungspflichten. Für Klausuren spielt sie kaum eine Rolle.

Die im Kern vorhandene Gemeinsamkeit der drei Grundpfandrechte wird dadurch bestätigt, dass jedes dieser Rechte durch Einigung zwischen Eigentümer und Gläubiger und durch Eintragung ins Grundbuch in ein anderes Grundpfandrecht **umgewandelt** werden kann (§§ 1186, 1198, 1203).

2. Bedeutung der Grundpfandrechte

4 Mit der Befugnis, das Grundstück zwangsweise zu verwerten, um daraus einen Erlös zu erzielen, sichern die Grundpfandrechte dem Berechtigten die Erlangung einer bestimmten Geldsumme. Deshalb sind sie typischerweise geeignet, dem Kreditgeber als **Sicherungsmittel** für die Kreditzahlung zu dienen.

Im Jahre 2010 sind Kredite iHv ungefähr 1.153 Billionen EUR durch Grundpfandrechte gesichert worden (Statistisches Jahrbuch 2011, S. 445). Diese Größenordnung macht deutlich, welche Bedeutung dem grundpfandrechtlich gesicherten Kredit für die Volkswirtschaft zukommt. Er dient den Kreditnehmern in erster Linie zum Bau von Anlagen, Gebäuden und Wohnungen oder zum Kauf von Grundstücken. Grundpfandrechte werden va zugunsten von Banken und Sparkassen bestellt. Neben den allgemeinen Geschäftsbanken und Sparkassen haben sich Hypothekenbanken und Bausparkassen auf den grundpfandrechtlich gesicherten Kredit spezialisiert.

II. Die Sicherheit der Grundpfandrechte

Die Grundpfandrechte vermitteln eine gute Sicherheit, weil das Grundstück als ihr Verwertungsobjekt im Allgemeinen ein beständiger Wertträger ist, der nicht verloren oder untergehen kann. Ein weiterer Vorteil der Grundpfandrechte ist, dass der grundpfandrechtlich gesicherte Gläubiger gegenüber persönlichen Gläubigern, die als Titelinhaber in das gesamte Vermögen des Schuldners vollstrecken können, in der Insolvenz des Schuldners ein Recht auf vorzugsweise Befriedigung hat (§ 10 I Nr. 4, 5 ZVG, § 49 InsO). Banken und Sparkassen sehen zur Stärkung ihrer Sicherheit aber noch zusätzliche Maßnahmen vor. Sie gewähren den Kredit nur innerhalb bestimmter Beleihungsgrenzen und verlangen regelmäßig ein Grundpfandrecht an erster Rangstelle. 5

1. Die Beleihungsgrenze

Der **Prozentsatz** des Grundstückswerts, bis zu dem das Kreditinstitut maximal Kredit gewährt, bezeichnet die Beleihungsgrenze. In der Regel wird ein Grundstück nicht zu seinem vollen Wert, sondern nur zu einem bestimmten Prozentsatz seines Wertes mit Grundpfandrechten belastet. Die Beleihungsgrenze ist insoweit eine aus wirtschaftlicher Vorsicht von den Kreditgebern selbst gezogene Grenze, die auch Wertschwankungen des beliehenen Gegenstands sowie Verwertungskosten und -risiken einkalkuliert. Wohnimmobilien werden von Kreditinstituten regelmäßig mit bis zu 80 % ihres Beleihungs- oder Marktwertes beliehen (Art. 125 Nr. 2d CRR), Gewerbeimmobilien mit 50 bis 60% (Art. 126 Nr. 2d CRR). 6

Die *Capital Requirements Regulation* (CRR), auch Kapitaladäquanzverordnung genannt, ist eine EU-Verordnung (Nr. 575/2013) vom 26. Juni 2013 für das Bankwesen, welche Aufsichtsanforderungen an Kreditinstitute und Wertpapierfirmen regelt.

2. Die Rangstelle

a) Bedeutung des Rangs. Ein Grundstück kann mit mehreren beschränkten dinglichen Rechten belastet sein, sei es mit mehreren Grundpfandrechten oder (zusätzlich) mit einer Dienstbarkeit oder einem Nießbrauch. Soweit diese Rechte miteinander kollidieren, muss 7 eine Reihenfolge festgelegt sein, in der das eine vor dem anderen zum Zuge kommt. Dies gilt insbes., wenn der Erlös aus der Verwertung des Grundstücks nicht ausreicht, um alle Grundpfandrechte abzudecken.

Beispiel: Der Grundstückseigentümer hat für Kredite im Wert von 250.000 EUR Grundpfandrechte bestellt. Nachdem er zahlungsunfähig geworden ist, wird sein Grundstück versteigert, dafür aber nur ein Erlös von 200.000 EUR erzielt. Es muss jetzt bestimmt werden, wie der Betrag von 200.000 EUR auf die Grundpfandrechte iHv insges. 250.000 EUR aufgeteilt wird.

8 Maßgebend dafür ist die **Rangstelle** (§ 11 I ZVG). Die Rangstelle legt die **Reihenfolge** fest, in der die beschränkten dinglichen Rechte nacheinander bedacht werden. Dabei wird das Recht an erster Rangstelle vor dem Recht an zweiter Rangstelle befriedigt.

Ist im obigen **Beispiel** das Grundstück mit einem erstrangigen Grundpfandrecht von 150.000 EUR und mit einem zweitrangigen Grundpfandrecht von 100.000 EUR belastet, so wird zuerst das erstrangige Recht mit 150.000 EUR voll befriedigt. Das nachrangige Recht muss sich mit dem Rest von 50.000 EUR begnügen und fällt mit den weiteren 50.000 EUR aus. Daraus wird deutlich, warum Banken und Sparkassen für ihre Sicherung auf Grundpfandrechte an erster Rangstelle bestehen.

9 **b) Erwerb der Rangstelle.** Der Rang beschränkter dinglicher Grundstücksrechte richtet sich grundsätzlich nach dem **Zeitpunkt,** in dem das Recht ins Grundbuch eingetragen wird. Insoweit hat das zuerst eingetragene Recht Vorrang vor einem später eingetragenen Recht. Maßgebend ist nach § 879 I 1 die Reihenfolge der Eintragungen, falls es sich um Rechte handelt, die in derselben Abteilung (→ § 17 Rn. 28) eingetragen werden. Bei Rechten, die in unterschiedlichen Abteilungen eingetragen werden, entscheidet dagegen das Eintragungsdatum (§ 879 I 2).

10 Anstelle der Eintragung des dinglichen Rechts genügt auch die Eintragung einer Vormerkung, deren Eintragungszeitpunkt den Rang des künftigen Rechts bestimmt (→ § 18 Rn. 28).

Die Rangfolge entsprechend dem **Zeitpunkt der Eintragung** ist nicht zwingend. Die Parteien können auch eine abweichende Rangfolge von vornherein durch Vereinbarung festlegen (§ 879 III) oder ein bereits bestehendes Rangverhältnis nachträglich ändern (§ 880). Möglich ist zudem ein sog. **Rangvorbehalt** (§ 881), durch den zugunsten eines erst künftig zu bestellenden Rechts der Vorrang vor einem bereits vorher eingetragenen Recht reserviert wird. Erlischt ein im Rang vorgehendes Recht, so rücken die im Rang nachstehenden Rechte auf und erhalten dadurch eine bessere Rangstelle.

III. Die Grundpfandrechte als Verwertungsrechte

1. Einführung

Die Grundpfandrechte wollen sicherstellen, dass der Grundpfandgläubiger eine bestimmte Geldsumme aus dem Grundstück erlangt (§§ 1113, 1191, 1199), falls nicht eine freiwillige Bezahlung erfolgt. Daraus folgt aber keine Zahlungsverpflichtung oder persönliche Haftung des Schuldners, was zB Konsequenzen für die Anwendung von § 107 hat. Der Gläubiger des Grundpfandrechts kann ausschließlich auf das Grundstück zugreifen. Da das Grundstück das Geld nicht selbst erzeugt, kann die gesicherte **Geldsumme** nur **durch** eine **Verwertung** des Grundstücks oder seiner Nutzungen erlangt werden. Das Grundpfand berechtigt den Gläubiger daher, vom Schuldner die **Duldung der Zwangsvollstreckung** in das Grundstück zu verlangen, **§ 1147**. Der Eigentümer kann aber auch zahlen, um die Zwangsvollstreckung abzuwehren. 11

Hinweis für die Klausur: Der Anspruch „aus der Hypothek" oder „aus der Grundschuld" folgt aus § 1147 und richtet sich auf Duldung der Zwangsvollstreckung in das Grundstück. Es wird also zB geprüft, ob A von B die Duldung der Zwangsvollstreckung in dessen Grundstück verlangen kann.

Der Gläubiger ist aufgrund des gesetzlich festgelegten Rechtsinhalts auf dieses **Verwertungsrecht** beschränkt. Er muss das Grundstück durch Zwangsvollstreckung (§ 1147) verwerten und kann zB nicht verlangen, dass statt der Verwertung das Grundstückseigentum unter Verrechnung mit der Geldschuld auf ihn übertragen wird. 12

Da das Grundstück für den Einzelnen oft eine wichtige Lebensgrundlage bildet, hat es der Gesetzgeber nicht in das Belieben des Grundpfandgläubigers gestellt, wann und wie er das Grundstück verwertet. Die Verwertung kann vielmehr nur unter den **Voraussetzungen** und in den **Formen der Zwangsvollstreckung** erfolgen (§ 1147). 13

2. Die Voraussetzungen der Verwertung

a) Geltendmachung durch Klage. Wegen der Bedeutung des Grundstücks für den Eigentümer und der Schwierigkeit der Beurteilung der Verwertungsvoraussetzungen muss der Gläubiger, wenn der Eigentümer nicht freiwillig zahlt und sich auch nicht der sofortigen Zwangsvollstreckung (→ Rn. 16) unterworfen hat, gegen diesen eine 14

Klage erheben. Im Prozess prüft das Gericht dann, ob der Eigentümer wegen des Grundpfandrechts die Zwangsvollstreckung in sein Grundstück dulden muss. Dies ergibt sich aus § 1147 BGB iVm § 704 ZPO. Der Klageantrag muss auf „**Duldung der Zwangsvollstreckung**" gerichtet sein, da der Eigentümer aufgrund des Grundpfandrechts nicht zur Zahlung verpflichtet ist.

15 Die Klage aus § 1147 stützt sich auf das dingliche Grundpfandrecht, dh auf die Grundschuld oder Hypothek, nicht dagegen auf die Forderung. Man bezeichnet deshalb diese Klage auch als **dingliche Klage**, die sich gegen den Grundstückseigentümer als solchen richtet, im Gegensatz zur persönlichen Klage aus dem Forderungsrecht, die gegen den Schuldner erhoben wird. Der Gläubiger kann wählen, ob er die dingliche oder die persönliche Klage erhebt. Das aufgrund der dinglichen Klage erlangte Urteil ist in der Terminologie des Zwangsvollstreckungsrechts der sog. **dingliche Titel**. Mit Hilfe des dinglichen Titels kann der Gläubiger nur in das Grundstück und in die Gegenstände der Hypothekenhaftung (→ Rn. 20 ff.), aber unter Vorrang vor anderen Gläubigern, vollstrecken. Aufgrund des persönlichen Titels aus der persönlichen Klage kann er sich dagegen aus dem gesamten Vermögen des Schuldners befriedigen, muss sich aber dingliche Gläubiger mit ihren Verwertungsrechten vorgehen lassen.

16 In der Praxis wird meist vertraglich auf das **Erfordernis der Klageerhebung verzichtet**. In der Grundschuldbestellungsurkunde unterwirft sich der Schuldner bzw. Eigentümer des Grundstücks der **sofortigen Zwangsvollstreckung** in sein Grundstück (§§ 799, 800 ZPO). Das ist auch in Form von **AGB** zulässig. Eine unangemessene Benachteiligung des Darlehensnehmers iSv § 307 I ist damit auch dann nicht verbunden, wenn die Bank die Darlehensforderung nebst Grundschuld frei an beliebige Dritte abtreten kann (BGH NJW 2010, 2041). Die **vollstreckbare Urkunde** bildet dann einen Vollstreckungstitel gem. § 794 I Nr. 5 ZPO. Will der Eigentümer gegen die Vollstreckung Einwendungen vorbringen, kann er dies nur im Wege der Vollstreckungsgegenklage tun (§ 797 IV iVm § 767 ZPO).

17 **b) Begründetheitsvoraussetzungen.** Die Verwertung des Grundstücks durch den Grundpfandgläubiger kann nur zugelassen werden, wenn das Grundpfandrecht ihm zusteht und er das Recht (bereits) geltend machen darf. Sind diese Voraussetzungen erfüllt, spricht man davon, dass „der Sicherungsfall" eingetreten ist.

Anspruch aus § 1147 auf Duldung der Zwangsvollstreckung
1. Dem Anspruchsteller steht das Grundpfandrecht zu 2. Der Anspruchsgegner ist Eigentümer des Grundstücks 3. Fälligkeit bzw. Kündigung des Grundpfandrechts 4. Keine entgegenstehenden Einreden des Grundstückseigentümers

Ob das Grundpfandrecht dem Gläubiger zusteht, hängt davon ab, ob er es **rechtswirksam erworben** und nicht nachträglich wieder verloren hat. Das Verwertungsrecht steht ihm insbes. dann nicht zu, wenn er den gesicherten Geldbetrag bereits erhalten hat oder wenn sonst Einwendungen gegen das Grundpfandrecht selbst bestehen (→ § 27 Rn. 17 ff. → § 28 Rn. 48 ff.).

Um aus dem Grundpfandrecht vorgehen zu können, ist zudem er- 18
forderlich, dass seine **Fälligkeit** gegeben ist. Die Fälligkeit bestimmt den Zeitpunkt, ab dem der Gläubiger frühestens das Verwertungsrecht geltend machen kann. Die Fälligkeit des Grundpfandrechts richtet sich in erster Linie nach der zwischen dem Eigentümer und dem Grundpfandgläubiger getroffenen Vereinbarung. Ist kein fest bestimmter Zeitpunkt vorgesehen, so hängt die Fälligkeit bei der **Grundschuld** von einer **Kündigung** ab (§ 1193).

Bei der Hypothek richtet sich die Fälligkeit nach der Fälligkeit der gesicherten Forderung (→ § 27 Rn. 16). Ist eine Kündigung erforderlich, so muss sie dem Eigentümer vom Gläubiger oder umgekehrt erklärt werden. Zu etwaigen Einreden gegen die Hypothek s. → § 27 Rn. 19 f.

3. Formen der Verwertung

Auch die Art und Weise der Verwertung des Grundstücks über- 19
lässt das Gesetz nicht dem Ermessen des Gläubigers. Vielmehr müssen die Formen des Zwangsvollstreckungsrechts eingehalten werden. Die zwangsweise Verwertung von Grundstücken ist im ZVG geregelt. Als **Verwertungsformen** sieht das Gesetz die Zwangsversteigerung (§§ 15 ff. ZVG) und die Zwangsverwaltung (§§ 146 ff. ZVG) vor.

In der **Zwangsversteigerung** wird das Grundstück durch das Vollstreckungsgericht (§ 1 ZVG) in einem öffentlichen Termin versteigert und dem Meistbietenden zugeschlagen (§ 81 ZVG), der durch den Zuschlag das Eigentum erwirbt (§ 90 ZVG). Das Grundstück wird hier in seiner gesamten Substanz verwertet und der Erlös dem Gläubiger in Höhe des festgelegten Geldwerts ausgehändigt.

Bei der **Zwangsverwaltung** wird dagegen vom Vollstreckungsgericht ein Verwalter eingesetzt (§ 150 ZVG), der die Nutzungen des Grundstücks in Geld umzusetzen hat (§ 152 I aE ZVG). Der daraus erzielte Erlös wird auf die dinglichen Gläubiger verteilt (§ 155 II ZVG). Die Zwangsverwaltung belässt also dem Eigentümer sein Grundstück und verwertet nur die Nutzungen. Der Gläubiger kann unter Beachtung der Grenzen zulässiger Rechtsausübung (§ 242), insbes. des Grundsatzes der Verhältnismäßigkeit, **wählen**, ob er die Zwangsversteigerung oder die Zwangsverwaltung betreiben will. Die Zwangsverwaltung empfiehlt sich als das für den Eigentümer mildere Mittel regelmäßig dann, wenn nur geringe Beträge (zB Zinsen) beizutreiben sind.

Betrifft die Zwangsversteigerung oder Zwangsverwaltung das **Grundstück einer Gesellschaft bürgerlichen Rechts**, so setzt die Anordnung voraus, dass deren sämtliche Gesellschafter aus dem Titel hervorgehen und mit den im Grundbuch eingetragenen Gesellschaftern (vgl. § 47 II GBO) übereinstimmen. Entsprechend § 1148 gelten dabei die im Grundbuch (noch) eingetragenen (bisherigen) Gesellschafter als Gesellschafter der GbR (BGHZ 187, 344).

IV. Die Haftungsgegenstände

1. Haftung grundstücksgleicher Rechte

20 Haftungsgegenstand ist in erster Linie das Grundstück. Seine Haftung bleibt auch im Falle einer Veräußerung bestehen. Deshalb ist der Eigentümer in der Veräußerung frei (§ 1136). Grundpfandrechte können auch an einem **Miteigentumsanteil** bestehen (§ 1114). Dies ist insbes. bedeutsam für das Wohnungseigentum (→ § 2 Rn. 15ff.). In der Regel wird nur ein einziges Grundstück oder ein einzelner Miteigentumsanteil haften. Es können aber auch mehrere Grundstücke oder Miteigentumsanteile an einem oder mehreren Grundstücken (vgl. BGH NJW 1986, 1487) zur Sicherung ein und desselben Geldbetrags dienen. Es liegt dann ein Gesamtgrundpfandrecht, zB eine Gesamthypothek (§ 1132), vor.

21 Wird aufgrund eines **Gesamtgrundpfandrechts** einer von mehreren Eigentümern zur Haftung herangezogen, so kann er mangels besonderer Abrede im Innenverhältnis von den Eigentümern der anderen Grundstücke entsprechend dem Rechtsgedanken des **§ 426 I anteiligen Ausgleich** verlangen. Dies gilt auch generell im Verhältnis von Grundpfandrechtsbesteller(n) zu sonstigen Bestellern von Sicherheiten, wie zB von Pfandrechten oder einer Bürgschaft für dieselbe Forderung (BGH NJW 1989, 2530). Die Höhe des Innenaus-

gleichs bestimmt sich insofern, wenn nichts anderes bestimmt ist, nach dem rechnerischen Verhältnis der gegenüber dem Gläubiger übernommenen Haftungsrisiken (BGH NJW 2009, 437).

2. Bewegliche Sachen und Rechte als mithaftende Gegenstände

Neben dem Grundstück haften für die Grundpfandrechte auch bewegliche Sachen und Rechte (§§ 1120ff.), die mit dem Grundstück zu einer **Wirtschaftseinheit** verbunden sind. Auf diese Weise wird die Haftungsgrundlage und damit die Sicherheit der Grundpfandrechte erweitert. Der Grund für die Einbeziehung dieser Gegenstände in die Haftung für das Grundpfandrecht liegt darin, dass sie mit dem Grundstück eine wirtschaftliche Einheit bilden, die dem Grundpfandgläubiger bei der Verwertung zur Verfügung stehen soll (dazu Klausurfall bei *Lieder* JuS 2018, 366). 22

a) Haftung von Zubehör und Bestandteilen. § 1120, der gleichermaßen für die Hypothek und die Grundschuld gilt (§ 1192 I), bezieht in die dem Grundpfandrecht haftenden Gegenstände auch die von dem Grundstück **getrennten Erzeugnisse und Bestandteile** sowie das **Zubehör** des Grundstücks ein. Die **vor** der Trennung bestehenden wesentlichen Bestandteile des Grundstücks werden bereits nach § 93 von dem Grundpfandrecht erfasst. Nach der Trennung würde dies jedoch nicht mehr gelten, wenn nicht § 1120 die nunmehr selbstständigen beweglichen Sachen in die Haftung einbeziehen würde. 23

Beispiel: F hat auf seinem Grundstück ein Fabrikgebäude errichtet. In dem Gebäude befinden sich Maschinen und Werkzeuge. In einer auf dem Grundstück errichteten Garage sind ferner mehrere Lkw untergestellt, die die für die Produktion erforderlichen Rohstoffe anfahren und die produzierten Güter zu den Kunden bringen. Zur Errichtung seines Betriebs hatte F von der Bank B einen Kredit aufgenommen und diesen durch eine Grundschuld abgesichert. Als er jetzt mit den Zinszahlungen in Schwierigkeiten gerät, will die B unter Berufung auf ihre Grundschuld nicht das Grundstück, sondern einen Lkw zur Versteigerung bringen.

Hier haften die Gebäude bereits nach § 93 für die Grundschuld. Die Maschinen und Werkzeuge sowie die **Lkw** sind **Zubehör**, weil sie dem wirtschaftlichen Zweck des mit der Fabrik bebauten Grundstücks als der Hauptsache zu dienen bestimmt sind (§§ 97, 98 Nr. 1). Als Zubehör fallen die Lkw nach § 1120 unter die Haftung für die Grundschuld und die Bank kann aufgrund ihrer Grundschuld auch darauf zugreifen (s. zB BGH NJW 2006, 993). Allerdings bestimmt § 865 II 1 ZPO, dass solches Zubehör im Rahmen der Zwangsvollstreckung in das unbewegliche Vermögen nicht isoliert gepfändet werden kann. Möglich bleibt vor Beschlagnahme des Grundstücks allerdings eine Zwangsvollstreckung in das bewegliche Vermögen, vgl. § 865 II 2 ZPO (s. auch → Rn. 27).

Davon zu unterscheiden ist der Fall, dass **Fahrzeuge** nicht als Zubehör des Grundstücks anzusehen sind, sondern vielmehr die **Hauptsache** eines Unternehmens bilden. Das gilt etwa für ein Speditionsunternehmen, bei dem der Fuhrpark und die Transporttätigkeit den betriebstechnischen Mittelpunkt darstellen. Unter solchen Umständen haften die Fahrzeuge nicht als Zubehör des Grundstücks (BGH NJW 1983, 746).

24 Das Zubehör haftet für ein Grundpfandrecht aber nur insofern, als es dem **Grundstückseigentümer als Eigentum** gehört. Bei den getrennten Erzeugnissen und sonstigen Bestandteilen genügt es hingegen, wenn sie dem Eigenbesitzer des Grundstücks zustehen (s. § 1120).

25 **b) Anwartschaftsrechte am Zubehör.** Ein Zubehörstück, das der Grundstückseigentümer noch nicht zu Eigentum erworben hat, an dem ihm aber bereits ein **Anwartschaftsrecht** zusteht, haftet ebenfalls nach § 1120 für das Grundpfandrecht (BGHZ 35, 85).

Im genannten **Beispiel** (→ Rn. 23) kann B einen Lkw daher auch zur Versteigerung bringen, wenn F ihn unter Eigentumsvorbehalt gekauft und noch nicht vollständig bezahlt hat. Die Haftung des Anwartschaftsrechts bleibt auch dann bestehen, wenn F es als Sicherheit an einen Dritten überträgt. Erstarkt das Anwartschaftsrecht mit Bezahlung des Kaufpreises zum Volleigentum, so setzt sich die Hypothekenhaftung am Volleigentum fort.

26 **c) Haftung von Rechten.** Neben den in § 1120 genannten beweglichen Sachen zählen auch bestimmte **Forderungen** zum Haftungsverband. Dies sind in erster Linie die Miet- oder Pachtzinsforderungen aus einer Vermietung oder Verpachtung des Grundstücks (§ 1123 I), außerdem Versicherungsforderungen (§ 1127) sowie die wiederkehrenden Leistungen aus subjektiv-dinglichen Rechten (§ 1126). Die Forderungen müssen dem Grundstückseigentümer zustehen. Bei **Versicherungsforderungen** genügt nach § 1127 I auch, dass sie dem Eigenbesitzer zustehen. Die Einbeziehung dieser Forderungen in die Haftung rechtfertigt sich daraus, dass sie einen aus dem Grundstück oder den mithaftenden Gegenständen fließenden wirtschaftlichen Wert verkörpern. Unter § 1127 fallen jedoch nicht Schadensersatzforderungen des Eigentümers gegen Dritte (BGH NJW 1989, 2123), auch nicht Schadensersatzforderungen aus *culpa in contrahendo* (§§ 311, 241 II, 280 I) gegen den Versicherer (BGH NJW 2006, 771).

3. Verwertung der mithaftenden Gegenstände

27 Die mithaftenden Gegenstände werden **zusammen mit dem Grundstück** verwertet, wenn der Gläubiger die Zwangsversteigerung

oder die Zwangsverwaltung in das Grundstück betreibt. Bei der Zwangsversteigerung des Grundstücks werden die zur wirtschaftlichen Einheit gehörenden Zubehörstücke und Erzeugnisse mit versteigert. Mit dem Zuschlag in der Versteigerung wird also nicht nur das Grundstück, sondern werden auch alle in den Haftungsverband fallenden Gegenstände zu Eigentum erworben, §§ 90 II, 55 I, 20 II ZVG. Nach Grundstücksbeschlagnahme ist die (isolierte) Pfändung einzelner Gegenstände gem. § 865 II 2 ZPO unzulässig.

Im genannten **Beispiel** (→ Rn. 23) kann die Bank deshalb aufgrund ihres **dinglichen Titels** aus der Grundschuld den Lkw nicht ohne das Grundstück gem. § 808 ZPO pfänden und gem. §§ 814 ff. ZPO versteigern lassen. Ausnahmsweise ist die Einzelpfändung von Zubehör nach § 808 ZPO jedoch möglich, wenn es zu Unrecht von der Versteigerung ausgenommen war und nachträglich, nach Erlöschen des Grundpfandrechts durch den Zuschlag (§§ 52, 91 ZVG), noch verwertet werden soll (s. als Beispiel BGH NJW 1979, 2514).

Miet- und Pachtzinsforderungen werden nicht mit versteigert, 28
§ 21 II ZVG. Diese werden nur durch die Zwangsverwaltung erfasst (§ 148 I 1 ZVG). In die Haftung einbezogen sind allerdings nur die Forderungen aus dem Hauptmiet- oder -pachtvertrag, nicht aus einem Untermiet- oder -pachtverhältnis, auch nicht der Anspruch aus §§ 987 II, 990 I 2 (BGH NZM 2006, 1428).

4. Enthaftung von Bestandteilen und Zubehör

Die mithaftenden beweglichen Sachen und Forderungen sind 29
selbstständige Gegenstände, die mit dem Grundstück zwar eine wirtschaftliche Einheit bilden, an dieses aber nicht notwendig gebunden sind, sondern vom Grundstückseigentümer selbstständig veräußert und anderen Zwecken zugeführt werden können. Mit der Herauslösung aus der wirtschaftlichen Einheit zum Grundstück muss auch die Möglichkeit bestehen, dass die Gegenstände aus der Haftung für das Grundpfandrecht entlassen werden. Diese Möglichkeit sieht das Gesetz in den Vorschriften über die Enthaftung vor. Dabei sind verschiedene Fallkonstellationen zu unterscheiden.

a) Veräußerung und Entfernung vor Beschlagnahme. Unpro- 30
blematisch ist der Fall, dass Erzeugnisse (zB eine Ernte), sonstige Bestandteile oder Zubehör (zB eine Maschine) **veräußert** und demgemäß **dauerhaft** vom Grundstück **entfernt** werden, bevor die Beschlagnahme zu Gunsten des Grundpfandgläubigers erfolgt. Auf

diese Weise werden die betreffenden Gegenstände von der Haftung frei, § 1121 I. Unerheblich ist dabei, in welcher Reihenfolge Veräußerung und Entfernung vorgenommen werden. Die Beschlagnahme erfolgt durch den Beschluss des Vollstreckungsgerichts gem. §§ 20ff. ZVG bei der Zwangsversteigerung, gem. § 148 ZVG bei der Zwangsverwaltung oder durch Pfändung der Einzelgegenstände nach §§ 808, 829 ZPO.

Enthaftung gem. § 1121 I
1. Veräußerung des Erzeugnisses, Bestandteils oder Zubehörs 2. Dauerhafte Entfernung der Sache vom Grundstück 3. Veräußerung und Entfernung liegen zeitlich vor der Beschlagnahme des Grundstücks

Beispiel: Zur Errichtung seines Betriebs hatte F von der Bank B einen Kredit erhalten und diesen durch eine Grundschuld abgesichert. Inzwischen ist F mit der Rückzahlung des Kredits in Verzug, eine Beschlagnahme des Grundstücks ist allerdings noch nicht erfolgt. Zum Haftungsverband zählt auch ein Lkw, den F jetzt an D verkauft und übereignet. Holt D den Lkw nun bei F ab, so erfolgen Veräußerung und Entfernung vom Grundstück vor einer Beschlagnahme. Der Lkw ist deshalb von der Haftung für die Grundschuld freigeworden. B kann nicht mehr auf ihn zugreifen (s. als Beispiel auch BGHZ 60, 267).

Anders läge es, wenn F den Lkw dem D als weiterem Kreditgeber lediglich nach § 930 **zur Sicherheit übereignet** hätte. Hier tritt keine Enthaftung ein, solange F den Lkw weiter in Besitz hat und damit keine dauerhafte Entfernung des Lkw vom Grundstück erfolgt (vgl. BGH NJW 1979, 2514).

31 **b) Enthaftung ohne Veräußerung.** Werden **Erzeugnisse** oder Bestandteile vor einer Beschlagnahme innerhalb der Grenzen einer ordnungsgemäßen Bewirtschaftung dauerhaft von dem Grundstück getrennt, so tritt die Enthaftung sogar schon vor Veräußerung ein, § 1122 I. Das kann etwa den Abtransport einer Ernte betreffen, die nun anderweitig in einem Lagerhaus (außerhalb des Grundstücks) verwahrt wird.

Entsprechendes gilt gem. § 1122 II für **Zubehör**, dessen Zubehöreigenschaft innerhalb der Grenzen einer ordnungsgemäßen Bewirtschaftung vor der Beschlagnahme aufgehoben ist. Auch diese Stücke werden dann ohne Veräußerung von der Haftung frei. Dies trifft laut BGH (BGHZ 60, 267, 269; NJW 1996, 835) aber nicht zu, wenn ein Betrieb stillgelegt wird. Das Zubehör haftet in diesem Fall weiter für das Grundpfandrecht.

c) Entfernung vor Beschlagnahme, Veräußerung nach Beschlagnahme. Erfolgt die Entfernung vom Grundstück vor der Beschlagnahme, wird das Erzeugnis oder Zubehör aber erst nach der Beschlagnahme an einen Erwerber übereignet, so liegen die Voraussetzungen von § 1121 I nicht vor. Möglich bleibt in diesem Fall aber eine Enthaftung im Wege **gutgläubigen Erwerbs** nach § 1121 II 2. Voraussetzung dafür ist, dass dem Erwerber die erfolgte Beschlagnahme weder bekannt ist noch infolge von grober Fahrlässigkeit unbekannt geblieben ist (§§ 936, 136 iVm 135 II). Dabei ist von Bösgläubigkeit in Ansehung der Beschlagnahme auszugehen, wenn der Zwangsversteigerungs- bzw. Zwangsverwaltungsvermerk im Grundbuch eingetragen ist oder dem Erwerber der Zwangsversteigerungs- bzw. Zwangsverwaltungsantrag bekannt oder grob fahrlässig unbekannt ist, §§ 23 II, 146 ZVG. 32

d) Veräußerung vor Beschlagnahme, Entfernung nach Beschlagnahme. Im umgekehrten Fall, dass die **Veräußerung vor Beschlagnahme** und die Entfernung erst nach der Beschlagnahme erfolgt, ist ein gutgläubiger Erwerb in Ansehung der Hypothek/Grundschuld dagegen durch § 1121 II 1 ausgeschlossen, da insoweit § 1121 II 1 die Anwendung von § 936 sperrt. Umstritten ist allerdings, ob eine Enthaftung auch in diesem Fall möglich bleibt, wenn der Erwerber gutgläubig davon ausgehen durfte, dass der betreffende Gegenstand gar nicht zum Haftungsverband der Hypothek zählt (bejahend Palandt/*Herrler* BGB § 1121 Rn. 6; aA MüKoBGB/*Lieder* § 1121 Rn. 30). 33

Beispiel: E hat der Bank B zur Absicherung eines Kredits an seinem Hotelgrundstück eine Hypothek bestellt. Zur Einrichtung seines Hotels kauft E von V unter Eigentumsvorbehalt eine Großkücheneinrichtung. Kurz darauf überträgt E sein diesbezügliches Anwartschaftsrecht zur Sicherheit auf K. Nach einigen Monaten bezahlt E den vollen Kaufpreis an V. Da E das Darlehen an B nicht zurückzahlen kann, lässt B das Grundstück zwangsversteigern. D erhält den Zuschlag.

D hat gem. § 90 I ZVG das Eigentum am Grundstück erworben. Nach §§ 55, 20 II ZVG umfasst die Beschlagnahme die Gegenstände, auf die sich die Hypothek erstreckt. Nach dem Wortlaut des § 1120 fällt nur solches Zubehör in den Haftungsverband der Hypothek, welches im Eigentum des Grundstückseigentümers steht. Hier hat E nie Volleigentum an der Kücheneinrichtung erworben. Das Anwartschaftsrecht hat E an K übertragen, sodass es nach Kaufpreiszahlung ohne Durchgangserwerb des E in der Hand des K zum Vollrecht erstarkte. Allerdings fiel das **Anwartschaftsrecht** selbst in den Haftungsverband (→ Rn. 25). Eine Enthaftung nach § 1122 II scheidet aus. Da die Kücheneinrichtung sich noch immer auf dem Grundstück befindet, scheidet auch eine Enthaftung gem. § 1121 I bzw. II 2 aus. Mit Erstarkung des Anwartschaftsrechts zum Vollrecht fiel somit auch das Eigentum an der Einrichtung in den Haftungsverband. Das von D ersteigerte Eigentum am Grundstück umfasst daher auch das Eigentum an der Kücheneinrichtung.

5. Enthaftung von Forderungen

34 Die Enthaftung für Miet- und Pachtzinsforderungen tritt nach § 1123 II für solche Forderungen ein, die im Zeitpunkt der Beschlagnahme (§ 148 ZVG oder § 829 ZPO) schon länger als ein Jahr fällig sind. Frei werden grundsätzlich auch die Miet- oder Pachtzinsforderungen, die der Eigentümer vor der Beschlagnahme eingezogen hat oder die er an Dritte abgetreten oder über die er in sonstiger Weise verfügt hat (§ 1124 I).

V. Schutz der Grundpfandrechte

35 Die Grundpfandrechte ordnen dem Berechtigten die Verwertungsbefugnis am Grundstück und den mithaftenden Gegenständen zu. Da die Grundpfandrechte vom Gesetz als **absolute dingliche Rechte** vorgesehen sind, müssen sie gegen unbefugte Eingriffe Schutz genießen. Diesen Schutz gewährleisten die §§ 1134, 1135 (iVm § 1192 I).

- Wird durch Eingriffe des Eigentümers oder Dritter das Grundstück oder das mithaftende Zubehör **verschlechtert** und dadurch die Sicherheit eines Grundpfandrechts gefährdet, so kann der Grundpfandgläubiger nach § 1134 I Unterlassung verlangen oder **Schadensersatz** nach § 823 I oder § 823 II iVm § 1134 geltend machen, soweit es das Grundstück betrifft (BGHZ 65, 211).
- Entsprechende Ansprüche aus § 823 I und § 823 II iVm § 1135 bestehen, soweit Zubehör verschlechtert oder nicht im Rahmen einer ordnungsgemäßen Wirtschaft vom Grundstück entfernt wird (BGH NJW 1983, 746; 1991, 695).

Wird die Sicherheit des Grundpfandrechts hingegen ohne das Eingreifen anderer zB durch Natureinwirkungen gefährdet, so kann der Grundpfandgläubiger gem. § 1133 **vorzeitige Befriedigung** suchen.

VI. Die Reallast

36 Als dingliches Verwertungsrecht hat der Gesetzgeber auch die Reallast (§ 1105) ausgestaltet. Die Reallast gewährt dem Berechtigten das

Recht, **wiederkehrende Leistungen** aus dem Grundstück zu verlangen, die im Gegensatz zur Rentenschuld nicht in einer Geldschuld zu bestehen brauchen, sondern sich auch auf Dienst- und Sachleistungen beziehen können. Werden die Leistungen nicht erbracht, so kann der Berechtigte sein Verwertungsrecht entsprechend den für die Hypothekenzinsen geltenden Vorschriften (insbes. § 1118 iVm § 1147) ausüben (§ 1107). Er kann die Zwangsverwaltung betreiben oder einzelne Gegenstände zwangsversteigern, um sich mit dem Erlös die Leistungen anderweitig zu beschaffen.

Der **Anwendungsbereich** der Reallast ist eher gering. Sie dient va der Sicherung von privaten Rentenansprüchen, wenn zum Beispiel der Eigentümer sein Grundstück gegen eine private Altersrente auf einen anderen überträgt. Die Reallast soll die hierbei übernommenen Pflichten zur Leistung von Geld, Lebensmitteln oder Pflegediensten (dazu BGH NJW 1995, 2780) sichern. **37**

Eine Reallast kann für denselben Berechtigten auch an mehreren Grundstücken verschiedener Eigentümer zugleich bestellt werden. Für den Innenausgleich der Grundstückseigentümer bzw. Gesamtschuldner nach § 426 ist dann der Wert der jeweiligen Grundstücke maßgeblich, §§ 1109 I 2 Hs. 2, 748 analog (BGH NJW-RR 2017, 1227).

VII. Rechtsvergleichende Hinweise

Das **französische Recht** kannte vor der Reform des Rechts der Kreditsicherheiten im Jahr 2006 (vgl. → § 16 Rn. 47) als Sicherungsrecht an Grundstücken va die akzessorische Hypothek. Durch die Reform wurde der Anwendungsbereich der durch notariellen Vertrag begründeten (Art. 2416 Code civil) und zur Entfaltung der Drittwirkung im Grundstücks- und Hypothekenregister einzutragenden akzessorischen Hypothek wesentlich erweitert. Sie kann nunmehr auch zur Sicherung bestimmbarer künftiger oder bedingter Forderungen (Art. 2421 Code civil) dienen, unter bestimmten Umständen auch künftig entstehende Immobilien besichern (Art. 2420 Code civil) und ist als Höchstbetragshypothek zur Sicherung laufender Zahlungsbeziehungen mit veränderlichem Saldo einsetzbar (Art. 2422 Code civil). Aufgrund der Hypothek hat der Gläubiger das sog. Folgerecht *(droit de suite)*, dh er kann sein Recht auch gegenüber einem Grundstückserwerber ausüben. Neben seinem Recht zur Verwertung im Wege der Zwangsvollstreckung und zur vorzugsweisen Befriedigung aus dem Erlös *(droit de préférence)* sind nunmehr als weitere Verwertungsmöglichkeiten die gerichtliche Zuweisung des Eigentums an der besicherten Immobilie (Art. 2458 Code civil) und die notarielle Vereinbarung einer Verfallklausel *(pacte commissoire)* vorgesehen (Art. 2459 Code civil). Ausnahmen gelten, wenn es sich bei den besicherten Immobilien um den Hauptwohnsitz des Schuldners handelt (vgl. *Klein/Tietz* RIW 2007, 101 ff.). Des Weiteren gibt es inzwischen auch die „wiederaufladbare" Hypothek (*hy-* **38** *pothèque rechargeable,* Art. 2422, 2423 Code civil), die das Grundpfandrecht in vielfacher Hinsicht von der gesicherten Forderung abstrahiert und der Grundschuld nach §§ 1191 ff. annähert (dazu *Klein/Tietz* RIW 2007, 101 ff.; *Baur/Stürner* SachenR § 64 Rn. 14).

39 Auch das **japanische Recht** kennt zur Absicherung gegenwärtiger oder künftiger Forderungen die akzessorische Hypothek (Art. 369 ff. JZGB), aber kein der Grundschuld vergleichbares nichtakzessorisches Grundpfandrecht. Da ein Gebäude in Japan als eine unabhängige unbewegliche Sache behandelt wird (Art. 86 Abs. 1, Art. 370 JZGB), muss sich eine Hypothek am Grundstück nicht auf das Gebäude erstrecken (Art. 370 S. 1 JZGB). Das dingliche Bestellungsgeschäft (Art. 370 S. 2 JZGB) erfolgt formlos „durch bloße Willenserklärungen" der Parteien (Art. 176 JZGB). Aber ohne Registrierung im Grundbuch kann der Hypothekar den Erwerb seines Rechts grundsätzlich nicht Dritten entgegenhalten (Art. 177 JZGB). Eine Eigentümerhypothek sieht das japanische Recht nicht vor; mit Erlöschen der gesicherten Forderung erlischt auch die Hypothek. Nachrangig eingetragene Rechte rücken bei Erlöschen der Hypothek kraft Gesetzes im Rang auf. Die Verwertung der Hypothek erfolgt ebenfalls im Wege von Zwangsversteigerung oder Zwangsverwaltung, aber ohne dass es dafür eines Vollstreckungstitels oder einer vorangehenden Klage bedürfte. Gläubiger können in der Regel bereits aufgrund der Eintragung im Grundbuch aus der Hypothek vorgehen, sobald die gesicherte Forderung fällig geworden ist.

Ferner ist im japanischen Recht als Sicherungsrecht an unbeweglichen Sachen auch eine Art Besitz-Grundpfandrecht vorgesehen (Art. 356 ff. JZGB). Dieses setzt – wie das deutsche Pfandrecht an beweglichen Sachen – allerdings die Besitzüberlassung an den Gläubiger voraus (Art. 344 JZGB). Da der Schuldner sein Grundstück oder Gebäude in der Regel aber selbst weiter nutzen will bzw. der Gläubiger wenig daran interessiert ist, sich selbst um eine sinnvolle Nutzung zu kümmern, ist die Bedeutung dieses Grundpfandrechts gering. (Für die Informationen zum japanischen Recht danke ich *Hisanori Nemoto*, Universität Hokkaido).

40 Das **englische Recht** kennt als Sicherungsrechte an Grundstücken die Hypothek *(mortgage)* sowie die Verpfändung von Vermögenswerten eines Unternehmens *(floating charge).* Ein nicht akzessorisches Sicherungsrecht wie die deutsche Grundschuld existiert nicht. Unterschieden wird zwischen einer *legal mortgage* und einer *equitable mortgage.* Bei einer *legal mortgage* gewährt der Grundstückseigentümer dem Gläubiger ein zeitlich begrenztes Herrschaftsrecht, das mit der Rückzahlung des Kredits erlischt (*demise for a term of years absolute*). Möglich ist aber auch die Bestellung einer *legal mortgage* nach dem Law of Property Act 1925 *(charge by way of legal mortgage).* Hypothekenbestellungen nach diesem Gesetz haben in strenger Form durch gesiegelte Urkunde *(deed)* zu erfolgen und sind als Grundstücksbelastung *(charge),* nicht als Übertragung des Herrschaftsrechts ausgestaltet. Einer Registrierung bedürfen sie nur zur Entfaltung der Drittwirkung.

Eine *equitable mortgage* entsteht va dann, wenn kein *legal estate,* sondern ein *equitable interest* verpfändet wird. Beispielsweise kann der Käufer eines

Grundstücks vor dessen Übertragung *(conveyance)* dieses nur in der Form einer *equitable mortgage* verpfänden. Ferner entsteht eine *equitable mortgage* etwa dann, wenn die Parteien die Förmlichkeiten eines *legal title* nicht beachtet haben. An Grundstücken von Unternehmen können darüber hinaus *floating charges* bestellt werden. Dieses Sicherungsinstrument ermöglicht die Belastung entweder des gesamten gegenwärtigen oder künftigen Vermögens oder eines konkreten Vermögensteils eines Unternehmens, nicht hingegen die Belastung des Vermögens von Privatpersonen, Einzelkaufleuten oder *partnerships* (dazu bereits → § 16 Rn. 49).

§ 27. Die Hypothek

I. Allgemeines

Die Hypothek ist in den §§ 1113–1190 geregelt. Mit „Bestellung" der Hypothek (→ Rn. 2) meint man den dinglichen Rechtsakt (**Verfügungsgeschäft**), durch den die Hypothek als dingliches Recht entsteht. Auch dafür gilt § 873. Davon zu unterscheiden ist das schuldrechtliche **Verpflichtungsgeschäft** (Sicherungsvertrag), durch das sich der Grundstückseigentümer gegenüber dem künftigen Hypothekengläubiger zur Bestellung der Hypothek verpflichtet. Der **Sicherungsvertrag** ist kein im BGB ausdrücklich geregelter Vertragstyp. Er liegt bereits in der formlosen Abrede, wonach sich der Grundstückseigentümer verpflichtet, sein Grundstück als Sicherheit für eine (bestehende oder künftige) Geldforderung bereitzustellen. Fehlt eine wirksame Sicherungsabrede, so ist der dingliche Bestellungsakt ohne Rechtsgrund erfolgt und es besteht Anspruch auf Herausgabe bzw. auf Löschung der Hypothek aus § 812 I 1 Alt. 1. 1

Vom Sicherungsvertrag wiederum zu unterscheiden ist der Vertrag, aus dem sich die abzusichernde **Geldforderung** ergibt. Das kann ein Darlehensvertrag sein, aber auch ein Kaufvertrag oder sonstiger Vertrag.

S hat von der Bank B einen Kredit iHv 100.000 EUR bekommen und dafür an seinem Grundstück der B eine Hypothek bestellt. Hier sind **drei Rechtsgeschäfte** zustande gekommen: ein Darlehensvertrag gem. § 488, ein (ggf. stillschweigender) Sicherungsvertrag und ein dingliches Verfügungsgeschäft in Gestalt der Hypothekenbestellung gem. § 873 iVm §§ 1116f.

Wenn Darlehen und Hypothek fällig sind, steht der B einerseits der schuldrechtliche Rückzahlungsanspruch aus § 488 I 2 zu (welcher in der Klausur als erstes zu prüfen wäre) und andererseits der dingliche Anspruch „aus der Hypothek", nämlich aus § 1147 auf Duldung der Zwangsvollstreckung (s. → § 26 Rn. 11).

Ist nicht S Eigentümer des Grundstücks, sondern seine Frau F, so liegt eine Dreipersonenkonstellation vor, bei welcher der Sicherungsvertrag und das dingliche Geschäft zwischen F und B vorgenommen werden. Der Anspruch der B aus § 1147 würde sich dann gegen F richten.

II. Die Bestellung der Hypothek

2 Die Hypothek kann als Buch- oder als Briefhypothek bestellt werden, wobei das Gesetz die Briefhypothek als den Regelfall ansieht, § 1116 I, II. Die **Buchhypothek** ist dadurch gekennzeichnet, dass zu ihrer **Übertragung** die Eintragung ins Grundbuch erforderlich ist. Da sich diese Eintragung verzögern kann, ist die Übertragung der Buchhypothek Verzögerungen ausgesetzt. Um gleichwohl eine rasche Zirkulationsfähigkeit im rechtsgeschäftlichen Verkehr zu ermöglichen, hat der Gesetzgeber zudem die **Briefhypothek** vorgesehen. Über die Briefhypothek wird ein Hypothekenbrief ausgestellt (§ 1116 I), mit dessen Hilfe die Hypothek **außerhalb des Grundbuchs** auf einen anderen **übertragen** werden kann. Dies beschleunigt ihre Übertragung. Auch Grundschuld und Rentenschuld können als Briefgrundpfandrechte bestellt werden.

1. Die Bestellung der Briefhypothek

Bestellung der Briefhypothek, §§ 873, 1116 I, 1117
1. Bestehende Geldforderung, §§ 1113 I, 1115 I 2. Einigung über Bestellung der Hypothek, §§ 873 I, 1113 3. Ausstellung des Hypothekenbriefs, § 1116 I 4. Übergabe des Hypothekenbriefs gem. §§ 929 ff. oder Vereinbarung nach § 1117 II 5. Eintragung im Grundbuch, §§ 873 I, 1115 I 6. Berechtigung des Bestellers

3 **a) Bestehende Forderung.** Wesensmerkmal der Hypothek ist, dass sie – im Gegensatz zur Grundschuld – kraft Gesetzes an die gesicherte Forderung gebunden und von dieser in ihrem Bestand abhängig ist. Wie auch bei der Bürgschaft oder beim Pfandrecht an beweglichen Sachen gilt der Grundsatz der **Akzessorietät.**

Somit erfordert die Hypothek zu ihrer Entstehung den **Bestand der zu sichernden Forderung** (näher → Rn. 11 ff.). Diese Forderung muss eindeutig bezeichnet und auf die Leistung einer **bestimmten Geldsumme** gerichtet sein (sachenrechtlicher Bestimmtheitsgrundsatz). Nachrangige Gläubiger müssen das höchstmögliche Ausmaß der Belastung des Grundstücks anhand des Grundbuchs erkennen können. Bezüglich der **Zinsen** akzeptiert die Rspr. jedoch einen rechtsgeschäftlich vereinbarten, gleitenden Zinssatz in Anlehnung an § 288 I. Es genügt insoweit, dass sich der variable **Zinssatz** aus der Bezugnahme auf eine gesetzlich bestimmte Bezugsgröße ergibt; in diesem Fall muss kein Höchstzinssatz im Grundbuch eingetragen werden (BGH NJW 2006, 1341; OLG München NJW-RR 2011, 1462). Soll die zu sichernde Forderung später ausgewechselt werden, bedarf es einer entsprechenden Eintragung im Grundbuch, § 1180.

Die Hypothek kann auch zur Sicherung einer **bedingten oder künftigen Forderung** bestellt werden (§ 1113 II). Im Detail ist dabei allerdings umstritten, wie konkret der künftige Anspruch bereits bestimmt sein muss. Zum Teil wird geltend gemacht, dass der Rechtsboden für die Entstehung der Forderung schon bereitet sein müsse (vgl. relativ restriktiv RGZ 60, 243), zum Teil wird bloße Bestimmbarkeit für ausreichend erachtet (MüKoBGB/*Lieder* § 1113 Rn. 60 mwN). In jedem Fall erwirbt der Gläubiger die Hypothek hier erst, wenn die Forderung zur Entstehung gelangt ist. Davor gilt § 1163 I 1 (näher → Rn. 12).

b) Einigung, Briefübergabe und Eintragung. Die Bestellung einer Hypothek bedeutet eine Verfügung über das Grundstück in Form der Belastung mit einem dinglichen Recht. Erforderlich dafür ist gem. **§ 873 I** die **Einigung** zwischen dem Gläubiger der Forderung und dem Eigentümer des zu belastenden Grundstücks über die Bestellung der Hypothek und deren **Eintragung** im Grundbuch mit dem Inhalt des § 1115 I. Die Einigung ist an sich formlos gültig, wird in der Praxis wegen der Bindungswirkung des § 873 II und dem Formerfordernis des § 29 I GBO jedoch meist notariell beurkundet. Notwendig ist außerdem die **Ausstellung und Übergabe des Hypothekenbriefs** an den Hypothekengläubiger (§ 1117 I). 4

Der **Hypothekenbrief** wird mit dem Inhalt der §§ 56, 57 GBO vom Grundbuchamt ausgestellt. Gem. § 60 I GBO hat das Grundbuchamt den fertiggestellten Hypothekenbrief dem Grundstückseigentümer auszuhändigen. Erst wenn der Grundstückseigentümer 5 den Hypothekenbrief an den Gläubiger übergibt, erwirbt dieser die Hypothek (§ 1117 I 1). Die **Übergabe** des Briefs erfolgt in der Form des § 929 S. 1. An die Stelle der Übergabe können die Übergabesurrogate der §§ 929 S. 2, 930, 931 treten. Der Hypothekengläubiger kann die Hypothek deshalb zB auch in der Weise erwerben, dass ihm der Eigentümer, der den Brief seiner Bank in Verwahrung gegeben hat, den Herausgabeanspruch aus dem Verwahrungsverhältnis abtritt (§ 1117 I 2 iVm § 931). Im Übrigen gilt nach § 952 II, dass das Eigentum am Hypothekenbrief kraft Gesetzes dem Hypothekengläubiger zusteht.

6 Die Übergabe des Briefs kann auch dadurch ersetzt werden, dass der Eigentümer mit dem Gläubiger eine Vereinbarung trifft, wonach der Gläubiger die **Aushändigung** des Briefs **vom Grundbuchamt** verlangen kann (§ 1117 II; sog. **Aushändigungsvereinbarung**). In diesem Fall erwirbt der Gläubiger die Hypothek bereits mit der Aushändigungsvereinbarung, sofern die Hypothek bereits im Grundbuch eingetragen ist. Unerheblich bleibt, wann der Hypothekenbrief ausgestellt wird und an wen die Übergabe dann tatsächlich erfolgt.

7 **c) Gesetzliche Eigentümerhypothek.** Solange der Brief dem Gläubiger nicht übergeben wurde und sofern auch keines der Übergabesurrogate der §§ 930, 931 oder des § 1117 II vereinbart ist, steht die Hypothek noch nicht dem Gläubiger zu, sondern gem. **§ 1163 II** dem Eigentümer als gesetzliche Eigentümerhypothek. Voraussetzung ist jedoch, dass die Hypothek aufgrund der Einigung mit dem Gläubiger bereits ins Grundbuch eingetragen ist. Ist die Eintragung noch nicht erfolgt oder fehlt die Einigung, so besteht (noch) gar kein Recht. Sobald die Briefübergabe an den Gläubiger vollzogen ist, verwandelt sich die Eigentümerhypothek in eine Fremdhypothek zugunsten des Gläubigers.

2. Die Bestellung der Buchhypothek

8 Auch die Buchhypothek entsteht nach § 873 I durch Einigung und Eintragung ins Grundbuch. Bezüglich des Inhalts der Eintragung gilt § 1115. Da nach § 1116 I eine Briefhypothek entsteht, falls nichts anderes vereinbart wird, müssen sich Eigentümer und Hypothekengläubiger hier noch darauf einigen, dass die Erteilung des Hypothekenbriefs ausgeschlossen sein soll, und diese Einigung muss im Grundbuch eingetragen werden (§ 1116 II). Die Buchhypothek kann nach allgemeinen Grundsätzen gutgläubig erworben werden (§ 892),

wenn der Besteller als Eigentümer im Grundbuch eingetragen, aber in Wirklichkeit nicht Eigentümer ist (→ § 19 Rn. 4 ff.).

Bestellung der Buchhypothek, §§ 873, 1115, 1116 II
1. Bestehende Geldforderung 2. Einigung über Bestellung der Hypothek, §§ 873 I, 1113 3. Ausschluss der Hypothekenbrieferteilung, § 1116 II 4. Eintragung im Grundbuch, §§ 873 I, 1115 I 5. Berechtigung des Bestellers, hilfsweise gutgläubiger Erwerb, § 892

Wenn entgegen der Abrede zwischen Gläubiger und Eigentümer nach § 1116 II 3 statt einer Buchhypothek eine Briefhypothek oder statt einer Briefhypothek eine Buchhypothek eingetragen wird, so entsteht immer eine Briefhypothek. Grund dafür ist, dass das Buchrecht gegenüber dem Briefrecht zusätzlich der Einigung über den Ausschluss der Brieferteilung und der diesbezüglichen Eintragung (§ 1116 II) bedarf und somit ein „Mehr" gegenüber dem Briefrecht erfordert. 9

3. Der gutgläubige Ersterwerb einer Hypothek

Wie andere dingliche Rechte kann auch die Hypothek gutgläubig vom Nichtberechtigten erworben werden. Der Erwerber wird in seinem guten Glauben an den Grundbuchinhalt (§§ 891, 892) geschützt. Der Ersterwerb betrifft Fälle, in denen die Person, auf „deren" Grundstück die Hypothek bestellt wird, gar nicht Eigentümer des Grundstücks und auch nicht aus anderen Gründen verfügungsberechtigt ist. 10

Beispiel: Als seine Frau F stirbt, wird Ehemann M für deren Erben gehalten und daher im Grundbuch als neuer Eigentümer des Grundstücks der F eingetragen. Nun bestellt M der Bank B zur Absicherung einer Darlehensforderung an dem Grundstück eine Hypothek. Erst danach wird festgestellt, dass in Wirklichkeit aufgrund eines neuen Testaments E der Erbe von F geworden ist. E bewirkt daraufhin seine Eintragung als Eigentümer des Grundstücks im Grundbuch. Außerdem begehrt E von B aus § 894 die Löschung der Hypothek.

Indes hat die B hier wirksam die Hypothek vom Nichtberechtigten M erworben. Gem. **§ 892** (→ § 19 Rn. 7 ff.) ist gutgläubiger Erwerb möglich, wenn der Verfügende (hier M) als Eigentümer im Grundbuch steht, kein Widerspruch gegen sein Eigentum eingetragen ist und der Erwerber keine positive Kenntnis von der Unrichtigkeit des Grundbuchs hat. Diese Voraussetzungen sind vorliegend erfüllt. Außerdem wurde die Hypothek selbst formgerecht bestellt und auch die abzusichernde Forderung existiert. Die Hypothek für B ist somit zu Recht im Grundbuch eingetragen und E kann von B nicht Grundbuchberichtigung verlangen. E muss sich mit Ersatzansprüchen (zB aus §§ 2021, 2023) an M halten.

III. Der Grundsatz der Akzessorietät

1. Abhängigkeit vom Bestand der Forderung

11 Die Hypothek dient nach § 1113 dem Zweck, dem Gläubiger die Befriedigung für eine Geldforderung aus dem Grundstück zu ermöglichen. Während eine solche Zweckbindung bei der Grundschuld nur durch Vertrag (va Sicherungsvertrag; → § 28 Rn. 15 ff.) schuldrechtlich hergestellt werden kann, ist die Zweckbindung zwischen Hypothek und Forderung durch das Gesetz zwingend dinglich festgelegt. Der Gläubiger der Forderung muss demgemäß auch zugleich Gläubiger der Hypothek sein; der Schuldner und der Eigentümer des Grundstücks müssen aber nicht identisch sein. Der Eigentümer kann sein Grundstück auch mit einer Hypothek zur Sicherung der gegen einen anderen gerichteten Forderung (zB Ehepartner, Gesellschaft) belasten.

12 a) **Vorläufige Eigentümergrundschuld.** Die Auswirkungen der Akzessorietät von Hypothek und Forderung zeigen sich darin, dass die Hypothek ohne eine Forderung dem Gläubiger nicht zustehen kann, und zwar auch dann nicht, wenn ihm bereits der Hypothekenbrief übergeben worden ist. Die ohne Forderung bestellte Hypothek ist allerdings nicht unwirksam, sie steht nach § 1163 I 1 vielmehr dem Eigentümer zu und zwar in Gestalt einer Eigentümergrundschuld, vgl. § 1177 I. Eine Grundschuld setzt nämlich nicht den Bestand einer Forderung voraus. Erst mit Entstehen der Forderung, etwa infolge der Auszahlung des vereinbarten Kredits, verwandelt sich die vorläufige Eigentümergrundschuld dann in die (Fremd-)Hypothek. Entsteht die Forderung gar nicht mehr, zB wegen Nichtigkeit des forderungsbegründenden Rechtsgeschäfts, verbleibt es bei der Eigentümergrundschuld.

§ 1163 I trägt insoweit einerseits zum vorläufigen **Schutz des Eigentümers** bei, der – solange die Eigentümerhypothek besteht – gegenüber einer Inanspruchnahme durch den Gläubiger einwenden kann, dass der Gläubiger gar nicht Inhaber der Hypothek ist. Andererseits dient § 1163 I der Wahrung des **Ranges** der Hypothek.

Strittig ist, ob eine Eigentümergrundschuld auch dann entsteht, wenn die **dingliche Einigung** über die Hypothekenbestellung wegen **Nichtigkeit der Erklärung des Gläubigers unwirksam** ist. Nach überwiegender Meinung wird das verneint, weil § 1163 eine beiderseits wirksame Einigung voraussetze (RGZ 70, 353, 356; OLG Karlsruhe FGPrax 2013, 253; Palandt/*Herrler* BGB § 1163 Rn. 1). Nach der vorzugswürdigen Gegenmeinung liegt in der (wirksamen) Einigungserklärung des **Eigentümers** regelmäßig aber zugleich die auf Entstehung einer Eigentümergrundschuld gerichtete einseitige Erklärung. Wegen der Rangsicherungswirkung des § 1163 ist der Eigentümer nämlich, wenn die Fremdhypothekenbestellung scheitert, immerhin an der Entstehung des Eigentümerpfandrechts interessiert (*Baur/Stürner* SachenR § 36 Rn. 108; Staudinger/*Wolfsteiner* BGB § 1196 Rn. 5 f.). Daher entsteht in solchen Fällen zumindest eine Eigentümergrundschuld. 13

b) Absicherung des bereicherungsrechtlichen Anspruchs? Sehr umstritten ist weiterhin, ob die Hypothek in dem Fall, dass der vermeintliche vertragliche Anspruch fehlt (zB infolge Anfechtung des schuldrechtlichen Geschäfts gem. § 142 I), eine Leistung aber tatsächlich erfolgt ist, zumindest den jeweiligen bereicherungsrechtlichen Anspruch auf Rückzahlung bzw. Wertersatz aus §§ 812 I 1 Alt. 1, 818 I, II absichert. 14

Beispiel: W hat am Grundstück des S Bauarbeiten durchgeführt und zur Sicherung seiner Werklohnforderung eine Sicherungshypothek erlangt (§ 648). Der Werkvertrag wurde vom Architekten A im Namen des S geschlossen. Später stellt sich heraus, dass zwischen W und S kein wirksamer Werkvertrag bestand, weil A keine ausreichende Vollmacht besaß. W macht nunmehr gegen S einen Anspruch aus §§ 812 I 1 Alt. 1, 818 II geltend und meint, auch dieser Anspruch sei durch die Hypothek gesichert.

Hier fragt sich, ob die für die (tatsächlich nicht bestehende) Werklohnforderung bestellte Hypothek dann zumindest den auf Wertersatz gerichteten Bereicherungsanspruch (§§ 812 I 1 Alt. 1, 818 II) sichert mit der Folge, dass die Hypothek gleichwohl dem W zusteht. Ausgangspunkt ist dabei, dass die Hypothek jede Geldforderung sichern kann, gleichgültig ob sie auf Vertrag oder Gesetz beruht. Nach einer Ansicht (*Schreiber* Jura 2002, 113) soll die bereicherungsrechtliche Forderung im Zweifel nicht gesichert sein; denn der sachenrechtliche **Bestimmtheitsgrundsatz** sei sonst ggf. nicht gewahrt. Nach einer zweiten Ansicht ist einzelfallbezogen zu prüfen, worauf der (mutmaßliche) **Parteiwille** gerichtet war (vgl. Palandt/*Herrler* BGB § 1113 Rn. 16; MüKoBGB/*Lieder* § 1113 Rn. 84). Da es sich im Beispielsfall bei dem Anspruch auf Wertersatz aus §§ 812 I 1 Alt. 1, 818 II wirtschaftlich um denselben Wert handelt, der auch durch die Werklohnforderung vergütet werden sollte, erscheint hier die Annahme bzw. Auslegung gerechtfertigt, dass die einmal bestellte Hypothek auch den Bereicherungsanspruch sichern sollte. Zum gleichen Ergebnis käme vorliegend eine dritte Ansicht, welche von dem grundsätzlichen Parteiwillen ausgeht, dass stets auch der bereicherungsrechtliche Anspruch durch die Hypothek abgesichert sein solle (*Baur/Stürner* SachenR § 37 Rn. 48).

2. Abhängigkeit vom Inhalt der Forderung

15 Die gesetzliche Bindung der Hypothek an die Forderung macht die Hypothek grundsätzlich auch vom Inhalt der Forderung abhängig. Dies zeigt sich nicht nur darin, dass die Hypothek dem Gläubiger immer nur in dem **Umfang** zustehen kann, in dem die Forderung besteht. Vielmehr richtet sich auch die Fälligkeit der Hypothek grundsätzlich nach der Fälligkeit der Forderung und Einreden gegen die Forderung können auch gegen die Hypothek erhoben werden (§ 1137).

16 Die **Fälligkeit** der Hypothek wird durch die Fälligkeit der Forderung insofern zwingend festgelegt, als die Hypothek nicht vor der Forderung fällig sein kann. Ist für die Fälligkeit der Forderung ein bestimmter Zeitpunkt vereinbart, so wird auch die Hypothek zu diesem Zeitpunkt fällig. Tritt die Fälligkeit der Forderung aufgrund einer Kündigung ein, so gilt die Kündigung für die Hypothek nur, wenn sie auch zwischen dem Gläubiger und dem Eigentümer erklärt worden ist (§ 1141). Dies ist von Bedeutung, wenn der Eigentümer mit dem Schuldner nicht identisch ist. Ist die Kündigung zwar dem Schuldner erklärt, nicht aber dem Eigentümer, so ist zwar die Forderung fällig, nicht aber die Hypothek.

IV. Einwendungen und Einreden

17 Der Eigentümer kann sich statt durch Zahlung des Hypothekenbetrags gegen die Verwertung seines Grundstücks auch dadurch wehren, dass er gegen die dingliche Klage des Gläubigers aus § 1147 die ihm zustehenden Einwendungen und Einreden geltend macht.

1. Einwendungen

Einwendungen sind alle Tatbestände, aus denen sich als Rechtsfolge ergibt, dass die Hypothek niemals entstanden ist (rechtshindernde Einwendungen) oder nachträglich erloschen oder unwirksam geworden ist (rechtsvernichtende Einwendungen).

Eine **rechtshindernde** Einwendung liegt etwa vor, wenn die **Einigung über die Hypothekenbestellung** nach den allgemeinen rechtsgeschäftlichen Vorschriften, zB nach §§ 104ff. oder infolge Anfechtung (§§ 119, 123, 142 I) von Anfang an nichtig ist oder mangels einer wirksamen Stellvertretung gem. § 177 I unwirksam ist. Die Nichtigkeit kann sich auch aus § 138 ergeben, so zB wenn die Hypothek für ein wegen Wuchers nichtiges Darlehen bestellt wird (BGH NJW 1982, 2767), da nach § 138 II meist auch das Erfüllungsgeschäft nichtig ist. Die Hypothek ist aber auch dann nicht wirksam entstanden, wenn die Eintragung fehlt oder wenn die Eintragung nicht von der dinglichen Einigung gedeckt ist. 18

Eine **rechtsvernichtende** Einwendung ist insbes. gegeben, wenn sich durch Zahlung des Eigentümers oder eines Dritten die ursprünglich dem Gläubiger zustehende Hypothek kraft Gesetzes in eine Eigentümergrundschuld verwandelt hat (§§ 1143, 1177).

2. Einreden

a) Dauernde Einreden. Einreden berühren den Bestand der Hypothek nicht, geben dem Eigentümer aber ein dauerndes oder zeitlich beschränktes **Leistungsverweigerungsrecht**. Eine dauernde Einrede steht dem Eigentümer etwa nach § 821 zu, wenn eine rechtsgrundlos bestellte Hypothek geltend gemacht wird. § 821, der nach seinem Wortlaut eine Verbindlichkeit voraussetzt, ist auf die Hypothek entsprechend anwendbar. Entsprechendes gilt für die Arglisteinrede nach § 853, wenn der Gläubiger die Hypothek durch eine unerlaubte Handlung erlangt hat. Die jeweilige Einrede kann auch noch nach der Verjährung des Aufhebungsanspruchs (§ 853) oder des Befreiungsanspruchs (§ 821) erhoben werden. 19

Beispiel: V hat sein Grundstück an K verkauft und übereignet und sich zur Sicherung des noch ausstehenden Kaufpreises von K eine Briefhypothek am verkauften Grundstück bestellen lassen. V ist im Grundbuch als Inhaber der Hypothek eingetragen. Da V dringend Geld benötigt, verkauft er die Hypothek an den Geldvermittler G und tritt sie diesem mit einer öffentlich beglaubigten Abtretungserklärung und gleichzeitiger Übergabe des Hypothekenbriefs ab. In der Zwischenzeit hatte K festgestellt, dass das Grundstück erhebliche Mängel aufweist und dass er von V arglistig getäuscht worden war. Er möchte dennoch das Grundstück behalten, aber den Kaufpreis mindern und ficht deshalb die Bestellung der Hypothek an, weil diese noch den Betrag des ursprünglich vereinbarten Kaufpreises umfasst. G, der noch vor dem Erwerb der Hypothek von K über den Sachverhalt unterrichtet worden war, die Angelegenheit aber nicht allzu ernst genommen hatte, tritt die Hypothek an die Bank B ab, von der er einen größeren Kredit in Anspruch genommen hat. Die Abtretung erfolgt durch schriftliche Abtretungserklärung und

Übergabe des Hypothekenbriefs. K meint, B sei nicht Gläubigerin der Hypothek geworden und verlangt von ihr nach § 894 Löschung.

Hier könnte K, falls B die Hypothek geltend macht, wegen des Betrugs des V (§ 823 II BGB iVm § 263 StGB) die Einrede aus § 853 erheben. Zu etwaigem gutgläubigen einredefreien Erwerb s. Rn. 39.

20 Steht dem Eigentümer eine **dauernde Einrede** zu, so kann er nach § 1169 vom Gläubiger den Verzicht auf die Hypothek verlangen mit der Folge, dass er eine Eigentümergrundschuld erwirbt (§§ 1168, 1177 I). Eine dauernde Einrede kann allerdings **nicht** durch **Verjährung** entstehen, sofern die Hypothek eingetragen ist (§ 902).

21 **b) Vorübergehende Einreden.** Größere Bedeutung haben vorübergehende Einreden. Hier sind insbes. zu nennen:

- Einrede aus § 1160, wenn der Gläubiger bei Geltendmachung einer Hypothekenschuld nicht den Brief oder, falls er nicht im Grundbuch eingetragen ist, nicht die öffentlich beglaubigten Abtretungserklärungen gem. § 1155 vorlegt;
- Einrede der mangelnden Fälligkeit, zB weil die Kündigung (→ Rn. 16) nicht ordnungsgemäß erfolgt ist oder der Gläubiger mit dem Eigentümer eine Stundungsabrede getroffen hat;
- Einrede des Zurückbehaltungsrechts, § 273, oder des nicht erfüllten Vertrags, § 320.

Beispiel: V hat im genannten Fall (→ Rn. 19) nachweislich mit K mündlich vereinbart, dass die Hypothek zehn Jahre unkündbar sein soll, während im Grundbuch ein Kündigungsrecht bereits nach zwei Jahren eingetragen ist. Hier kann K die Unzulässigkeit der Kündigung geltend machen, falls nicht B sondern V unter Berufung auf das Grundbuch schon nach zwei Jahren die Kündigung ausspricht.

22 **c) Einreden gegen die Forderung.** Der Eigentümer kann gegen die Geltendmachung der Hypothek nicht nur die Einwendungen und Einreden erheben, die ihm aus seinem eigenen Verhältnis zum Gläubiger aus der Hypothek(enbestellung) selbst zustehen (§ 1157), sondern auch die **Einreden**, die **dem Schuldner gegen die Forderung** zustehen, § 1137 I. Das gilt auch dann, wenn der persönliche Schuldner auf die Einrede verzichtet hat, § 1137 II. Eine Ausnahme von § 1137 I ergibt sich aber aus § 216 I: Die dem Schuldner zustehende Einrede der Verjährung aus § 214 I kann der Eigentümer der Hypothek gerade nicht entgegenhalten.

Beispiele:

- Hat der Schuldner gegenüber dem Gläubiger gem. § 273 ein Zurückbehaltungsrecht, weil der Gläubiger eine ihm gegenüber dem Schuldner obliegende Leistung nicht erbringt, so kann der Eigentümer diese dem Schuldner zustehende Einrede gem. § 1137 auch gegen die Hypothek geltend machen.
- Der Eigentümer kann gem. § 1137 I die Einrede der Anfechtbarkeit (§ 770 I) oder die Einrede der Aufrechenbarkeit (§ 770 II) gegen die Hypothek erheben, wenn dem Schuldner gegen die zugrunde liegende **Forderung** ein **Anfechtungsrecht** zusteht oder der Gläubiger sich durch **Aufrechnung** befriedigen kann. Die Einrede besteht nur insoweit, als der Schuldner oder der Gläubiger sein Recht noch nicht ausgeübt hat. Hat der Schuldner die Anfechtung ausgesprochen oder der Gläubiger die Aufrechnung erklärt, so ist die Forderung nichtig (§ 142 I) bzw. erloschen (§ 389). Der Eigentümer kann in diesem Fall gegen die Hypothek einwenden, dass sie gem. § 1163 I nicht mehr dem Gläubiger, sondern ihm zusteht.
- § 770 I gilt analog für andere **Gestaltungsrechte** des Schuldners (Palandt/*Sprau* BGB § 770 Rn. 4). Der Eigentümer kann sich also etwa auch auf ein Rücktrittsrecht des Schuldners berufen.

Verteidigungsmöglichkeiten des Eigentümers gegenüber der Hypothek
– Einwendung der fehlenden bzw. nichtigen Forderung, § 1163 I – Eigene Einreden aus dem eigenen Verhältnis zum Gläubiger, § 1157 – Einreden aus dem Forderungsverhältnis zwischen Gläubiger und Schuldner, §§ 1137, 770

V. Rechtsfolgen von Zahlungen an den Gläubiger

1. Die freiwillige Befriedigung des Gläubigers

Ist die Hypothek wirksam bestellt und fällig geworden **23**
(→ Rn. 1 ff.), so muss der Eigentümer damit rechnen, dass der Gläubiger gem. § 1147 die Verwertung des Grundstücks und der mithaftenden Gegenstände (§§ 1120 ff.) betreibt. Der Eigentümer kann dies verhindern, wenn er den in der Hypothek genannten Geldbetrag an den Gläubiger zahlt. Zwar verpflichtet die Hypothek den Eigentümer nicht zur Zahlung. Dieser muss nur die Verwertung des Grundstücks und der mithaftenden Gegenstände im Wege der Zwangsvollstreckung dulden. Aber der Eigentümer ist berechtigt, freiwillig den

Hypothekenbetrag an den Gläubiger zu zahlen (§ 1142 I), um dadurch den Verlust seines Grundstücks im Wege der Zwangsversteigerung zu verhindern.

24 Die **Zahlung** muss an den Gläubiger erfolgen. Ist der wahre Hypothekengläubiger nicht im Grundbuch eingetragen, so befreit auch die Zahlung an einen eingetragenen Nichtberechtigten gem. § 893 (→ § 19 Rn. 8). Die Befreiungswirkung tritt jedoch nur bezüglich der Hypothek bzw. Grundschuld ein, nicht bezüglich der gesicherten persönlichen Forderung (BGH NJW 1996, 1207). Der wahre Gläubiger kann, soweit die Befreiung eintritt, vom nichtberechtigen Zahlungsempfänger nach § 816 II die Herausgabe der Zahlung verlangen (s. BGH NJW-RR 1992, 178).

2. Die Fallkonstellationen

25 Die Rechtsfolgen von Zahlungen an den Gläubiger hängen davon ab, wer zahlt: der Eigentümer des Grundstücks, der persönliche Schuldner oder ein Dritter. Der Gläubiger verliert zwar mit Erlöschen der Forderung in jedem Fall die Hypothek kraft Gesetzes. Jedoch erwirbt der Eigentümer nicht in allen Fällen die Hypothek; und wenn er sie erwirbt, kann sie ihm entweder als Eigentümerhypothek (§ 1177 II) oder als Eigentümergrundschuld zustehen (§ 1177 I).

Beispiel: Verlangt Gläubiger G von Schuldner S für das ausgereichte Darlehen eine Sicherheit, so kann S an seinem eigenen Grundstück dem G eine Hypothek (oder Grundschuld) bestellen. In diesem Fall sind Eigentümer (des Grundstücks) und Schuldner identisch. Hat zwar nicht S aber seine Ehefrau E ein geeignetes Grundstück, könnte sie sich bereit erklären, ihr Grundstück als Sicherheit zu stellen, und dem G daran zur Absicherung der Forderung gegen S eine Hypothek bestellen. Grundstückseigentümer (E) und persönlicher Schuldner (S) sind dann nicht identisch.

26 **a) Schuldner = Eigentümer zahlt an Gläubiger.** Befriedigt der Schuldner, der zugleich der Eigentümer ist, den Gläubiger, so erlischt die Forderung (§ 362 I) und die Hypothek geht auf den Eigentümer über (§ 1163 I 2). Da keine Forderung mehr besteht, wird die Hypothek gem. § 1177 I 1 zur Eigentümergrundschuld. Gegen den Gläubiger besteht dann Anspruch auf Mitwirkung an der Berichtigung des Grundbuchs, § 894, und auf Rückgabe des Hypothekenbriefs, § 1144. Auf § 1142 kommt es insoweit nicht an, da dieser die Personenverschiedenheit von Eigentümer und Schuldner voraussetzt.

27 **b) Schuldner ≠ Eigentümer zahlt an Gläubiger.** Das Vorstehende gilt entsprechend, wenn der Schuldner nicht zugleich der Eigentümer,

aber – wie meistens – im Verhältnis zum Eigentümer zur Zahlung verpflichtet ist. Der Anspruch auf Mitwirkung an der Grundbuchberichtigung und auf Rückgabe des Hypothekenbriefs (§ 1144) steht dann allerdings dem Eigentümer zu.

Besonderheiten gelten, wenn der Schuldner auf die Forderung leistet, obwohl im **Innenverhältnis** ausnahmsweise **der Eigentümer zur Leistung verpflichtet** wäre. Das betrifft etwa den Fall, dass der Schuldner das mit der Hypothek belastete Grundstück verkauft und dabei mit dem Käufer K vereinbart hat, dass K (als neuer Eigentümer) die Befriedigung des Gläubigers übernimmt und deswegen auch nur einen geringeren Kaufpreis zahlen muss. Befriedigt K hier wider Erwarten den Gläubiger nicht und zahlt daher der Schuldner an den Gläubiger, hat er gegen den Eigentümer einen Ersatzanspruch. Im Gegensatz zur Sicherungsgrundschuld, bei der der Schuldner darauf angewiesen ist, dass ihm der Rückgewähranspruch zusteht (→ § 28 Rn. 27f.), wird der Schuldner bei der Hypothek durch **§ 1164** gesichert. Soweit dem Schuldner ein **Ersatzanspruch** gegen den Eigentümer zusteht, geht die Hypothek kraft Gesetzes ohne besonderen Übertragungsakt auf ihn über (§ 1164 I). Die Hypothek sichert nun statt der ursprünglichen, inzwischen untergegangenen Forderung des Gläubigers den davon verschiedenen Ersatzanspruch des Schuldners gegen den Eigentümer (gesetzliche Forderungsauswechslung). § 1164 bildet somit eine Ausnahme von dem Grundsatz, dass eine Hypothek beim Erlöschen der Forderung gem. §§ 1163 I 2, 1177 I zur Eigentümergrundschuld wird.

c) Eigentümer, der nicht zugleich der Schuldner ist, zahlt an Gläubiger. Zahlt der Eigentümer, der nicht zugleich der persönliche Schuldner ist, an den Gläubiger, so wird der zahlende Eigentümer an einem **Regress** beim Schuldner interessiert sein. Daher ordnet das Gesetz in § 1143 I eine Legalzession an, wonach der Eigentümer die **Forderung** des Gläubigers erwirbt. Diese erlischt mit Erfüllung also nicht, sondern geht **kraft Gesetzes auf den Eigentümer** über. Mit der Forderung wiederum geht nach §§ 401, 412, 1153 I auch die Hypothek auf den Eigentümer über, die ihm nunmehr, da er zugleich Inhaber der Forderung ist, als Eigentümerhypothek zusteht (§ 1177 II). Der Forderungs- und Hypothekenübergang dient somit der Sicherung des Eigentümers, der jetzt aus der Forderung gegen den Schuldner im Regressweg vorgehen kann. Die Rechte aus der Eigentümerhypothek kann er dagegen nicht geltend machen (§ 1177 II iVm § 1197 I). 28

Aus der Forderung kann der Eigentümer gegen den Schuldner aber nur vorgehen, wenn er im **Innenverhältnis** zum Schuldner nicht zur Leistung an den Gläubiger verpflichtet war. Bestand eine solche Pflicht, so steht dem Schuldner gegen die übergegangene Forderung aus dem Innenverhältnis eine rechtsvernichtende Einwendung zu (§§ 1143 I 2, 774 I 3), wodurch die Forderung erlischt. Die Hypothek wird dann zur Eigentümergrundschuld (§ 1177 I).

29 **d) Ein Dritter zahlt an den Gläubiger.** Die Rechtsfolgen von Zahlungen dritter Personen hängen davon ab, ob ihnen ein Ablösungsrecht zusteht. Befriedigt ein nicht zur Ablösung berechtigter Dritter **gem. § 267** den Gläubiger, erlischt die Forderung (§ 362 I) mit der Folge der §§ 1163 I 2, 1177 I 1: Die Hypothek geht auf den Eigentümer über und wird zur Eigentümergrundschuld.

Dem Dritten kann jedoch auch ein **Ablösungsrecht gem. § 268** (ggf. iVm § 1150) zustehen, etwa als Käufer, als Mieter, als Inhaber eines nachrangigen dinglichen Rechts am Grundstück oder auch als Vormerkungsberechtigter (BGH NJW 1994, 1475), der durch die zwangsweise Verwertung des Grundstücks sein Recht zu verlieren droht (s. §§ 91 I, 52 I 2, 44 ZVG). In diesem Fall muss der Gläubiger die Zahlung des Dritten annehmen, auch wenn die Voraussetzungen des § 267 II vorliegen. Der Dritte erwirbt dann mit Zahlung gem. § 268 III 1 kraft Gesetzes die Forderung (cessio legis) und mit der Forderung auch die Hypothek (§§ 401, 412, 1153 I). Er muss sich nach §§ 404, 412 freilich alle Einwendungen und Einreden des Schuldners gegen die Forderung und die Hypothek entgegenhalten lassen (OLG Zweibrücken BeckRS 2014, 14064).

Beispiel: Dem N steht am Grundstück des E ein Nießbrauchsrecht (§ 1030) zu. Betreibt Gläubiger G, zu dessen Gunsten eine vorrangige Hypothek im Grundbuch eingetragen ist, die Zwangsvollstreckung, droht N der Verlust seines Rechts. Um diese Gefahr abzuwenden, kann N selbst als Dritter iSv § 268 den Gläubiger befriedigen mit der Folge, dass dessen Forderung gegen den Schuldner kraft Gesetzes samt der Hypothek (§§ 401, 412) auf ihn übergeht, § 268 III.

3. Besonderheiten bei der Gesamthypothek

30 Die Vorschriften des § 1163 über das Entstehen einer Eigentümergrundschuld gelten mit einigen Besonderheiten auch für die Gesamthypothek (→ Rn. 58), bei der mehrere Grundstücke für dieselbe Forderung haften, § 1132.

Die Eigentümergrundschuld wird aber nicht kraft Gesetzes real auf die mehreren Grundstückseigentümer oder Miteigentümer aufgeteilt. Vielmehr steht sie ihnen nach § 1172 I gemeinschaftlich zu. Die Gemeinschaft ist eine Bruchteilsgemeinschaft, die nach §§ 749, 752 durch Bildung von Teilgrundpfandrechten real geteilt werden kann (s. BGH NJW-RR 1986, 233). Diese bestehen dann in Form mehrerer Teilgesamtgrundpfandrechte an den verschiedenen Grundstücken oder Miteigentumsanteilen fort, am eigenen Grundstück als Eigentümergrundschuld, im Übrigen als Fremdgrundschuld. Statt der Auseinandersetzung nach §§ 749, 752 ermöglicht § 1172 II auch die Bildung von Teileigentümergrundschulden für jeden Eigentümer nur an seinem Grundstück. Ein Gesamtgrundpfandrecht besteht dann nicht mehr.

Befriedigt ein Eigentümer den Gesamthypothekar in dem Umfang, in dem er im Innenverhältnis verpflichtet ist, so erwirbt er insoweit die Eigentümergrundschuld an seinem Grundstück. Die Hypothek an den übrigen Grundstücken erlischt (§ 1173 I). Erbringt der Eigentümer dagegen höhere Leistungen und steht ihm deshalb ein Ausgleichsanspruch gegen andere Eigentümer zu, so erwirbt er neben der Eigentümergrundschuld an seinem Grundstück auch die Hypothek am Grundstück des ausgleichspflichtigen Eigentümers (§ 1173 II).

VI. Die Übertragung von Forderung und Hypothek

Die Übertragung der Hypothek wird durch den **Akzessorietäts-** 31
grundsatz bestimmt. Rechtlich betrachtet wird nicht die Hypothek oder das dingliche Recht als solches übertragen; vielmehr geht die Hypothek als akzessorisches Recht mit formgerechter Abtretung der zu sichernden Forderung automatisch auf den Zessionar über, §§ 401 I, 1153 I. Die Hypothek folgt der Forderung kraft Gesetzes nach.

Die Übertragung von Forderung und Hypothek, §§ 398, 1154, 1153
1. Wirksame Abtretung der Forderung, § 398
2. Form
a) Buchhypothek: Eintragung im Grundbuch, § 1154 III
b) Briefhypothek: Schriftliche Abtretung und Übergabe des Hypothekenbriefs, § 1154 I, II
3. Berechtigung des Zedenten

1. Abtretung der Forderung

Zur Übertragung der Hypothek ist die Abtretung der gesicherten 32
Forderung erforderlich. Demgemäß sieht das Gesetz in § 1154 auch allein die Übertragung der Forderung vor. Wenn sich die Parteien

gleichwohl über die „Übertragung" oder „Abtretung der Hypothek" einigen, ist ihre Erklärung somit gem. §§ 133, 157 dahin auszulegen, dass die hypothekarisch gesicherte Forderung abgetreten werden soll. Möglich ist auch eine Teilabtretung der Forderung; in diesem Fall wird ein Teilhypothekenbrief ausgestellt. Eine Abtretung scheidet aus, wenn sie nach § 399 von den Parteien ausgeschlossen wurde.

2. Form der Abtretung

33 Die Forderung muss **formgerecht** abgetreten werden, da nur so dem sachenrechtlichen Publizitätsgrundsatz Rechnung getragen wird. Die allgemeine Vorschrift des § 398 über die Forderungsabtretung wird insoweit durch § 1154 ergänzt. Bei der **Buchhypothek** finden gem. § 1154 III auf die Abtretung der Forderung die Vorschriften der §§ 873, 878 entsprechende Anwendung. In diesem Fall ist die Abtretung selbst somit formlos, sie muss jedoch ins Grundbuch eingetragen werden. Erst dann ist die Abtretung wirksam vollzogen.

34 Für die **Briefhypothek** verlangt § 1154 I eine **schriftliche Abtretungserklärung** (vgl. § 126) **des Zedenten** (bisherigen Gläubigers) und die Übergabe des Hypothekenbriefs. Die Erklärung des Zessionars bzw. neuen Gläubigers kann formlos erfolgen und wird vermutet, wenn sich der Zessionar im Besitz des Briefs befindet (BGH NJW 1983, 752). Aus der schriftlichen Abtretungserklärung müssen die Abtretungserklärung selbst, die Bezeichnung des Grundpfandrechts sowie der Zedent und der Zessionar hinreichend bestimmt hervorgehen (s. BGH NJW-RR 1992, 178). Eine Eintragung ins Grundbuch ist nicht erforderlich. Für die Übergabe des Hypothekenbriefs kommen neben der Grundform der Übergabe im Sinne des § 929 S. 1 auch alle in § 1117 genannten Übergabesurrogate in Betracht (§ 1154 I 1). Für die Übergabe oder die Übergabesurrogate muss der Abtretungsempfänger den Brief vom Abtretenden oder auf dessen Anweisung und mit dessen Willen erwerben (BGH NJW-RR 1993, 369).

Beispiel: Aus dem Verkauf eines teuren Lkw hat Verkäufer V gegen K eine Kaufpreisforderung aus § 433 II. Diese Forderung kann V im Wege mündlicher Einigung an einen Dritten abtreten mit der Folge, dass der Dritte sogleich Forderungsinhaber wird; denn § 398 setzt für die Forderungsabtretung keine besondere Form voraus. Anders liegt es jedoch, wenn K dem V zur Absicherung der Kaufpreisforderung eine Hypothek bestellt hat. Dann handelt es sich um eine hypothekarisch gesicherte Forderung, deren Übertragung erst wirksam vollzogen ist, wenn auch die Formvorschriften des § 1154 gewahrt sind. Erst dann steht dem Zessionar der Anspruch aus § 433 II zu.

Der Erwerber eines Briefgrundpfandrechts erwirbt dieses **außerhalb des Grundbuchs** und kann deshalb jederzeit seine Eintragung durch Berichtigung des Grundbuchs nach § 894 verlangen; schließlich ist das Grundbuch unrichtig, wenn der Zedent noch im Grundbuch als Berechtigter eingetragen ist, obwohl er nicht mehr Gläubiger der Hypothek ist. Die Parteien müssen die Briefhypothek aber nicht außerhalb des Grundbuchs übertragen. Sie können sich zur Übertragung auch der Eintragung ins Grundbuch bedienen. In diesem Fall wird die schriftliche Form der Abtretungserklärung entbehrlich (§ 1154 II). 35

3. Berechtigung

Der Verfügende muss grundsätzlich Forderungsinhaber und Hypothekar sein. Fehlt es hieran, kann gutgläubiger Erwerb der Hypothek vom Nichtberechtigten in Betracht kommen (→ Rn. 43 ff.). 36

4. Rechtsfolgen der Abtretung der hypothekarisch gesicherten Forderung

Die wirksame Abtretung der hypothekarisch gesicherten Forderung bewirkt, dass die Forderung auf den neuen Gläubiger (Zessionar) übergeht. Mit der Übertragung der Forderung geht kraft Gesetzes zugleich die Hypothek auf den Zessionar über (§§ 401, 1153 I). Für Schuldner und Eigentümer ist es dann wichtig, dass sie die Einreden, die ihnen gegen den Altgläubiger (Zedenten) zustanden, auch gegenüber dem Zessionar geltend machen können. 37

a) Fortbestand der Einreden des Eigentümers. Will der Zessionar gem. § 1147 aus der Hypothek vorgehen, kann ihm der Eigentümer grundsätzlich alle Einwendungen und Einreden entgegenhalten, die ihm gegen den Zedenten zugestanden haben. Das betrifft zum einen gem. § 1157 S. 1 die **Einreden gegen die Hypothek** (→ Rn. 19 f.) und zum anderen auch die **Einreden gem. § 1137 I** (→ Rn. 22). Ausgenommen sind nach § 1156 allerdings die Einwendungen und Einreden der §§ 406–408 (→ Rn. 42). Anders als bei § 404 genügt nicht, dass die Einwendung bei Forderungsabtretung dem Grunde nach gegeben bzw. in dem Rechtsverhältnis angelegt war. Nach § 1157 muss die Einrede gegen die Hypothek vielmehr bereits im Zeitpunkt der Abtretung in allen ihren Tatbestandsmerkmalen voll erfüllt gewesen sein, sodass man sie bereits zu diesem Zeitpunkt hätte geltend machen können (BGH NJW 1983, 752; *Baden* JuS 1977, 76). 38

39 **b) Gutgläubig einredefreier Erwerb.** Eine (klausurrelevante) Besonderheit bei der hypothekarisch gesicherten Forderung liegt darin, dass es einen gutgläubig einredefreien Erwerb gibt. Liegen dessen Voraussetzungen vor, kann der Eigentümer die jeweilige Einrede dem Zessionar nicht mehr entgegengehalten.

Für rechtshindernde und rechtsvernichtende **Einwendungen gegen die Hypothek** ergibt sich die Möglichkeit des gutgläubig einredefreien Erwerbs unmittelbar aus § 892 (Grundbucheintrag) oder aus § 1155 (Abtretungserklärungen ohne Vermerke; → Rn. 45). Bösgläubigkeit ist dabei erst gegeben, wenn der Erwerber die Einwendung positiv kennt; grob fahrlässige Unkenntnis schadet bei § 892 nicht (→ § 19 Rn. 22).

Eine **Einrede** hingegen beseitigt die Hypothek nicht in ihrem Bestand. § 892 ist deshalb nicht unmittelbar anwendbar. § 1157 S. 2 bestimmt jedoch ausdrücklich, dass § 892 auch für Einreden des Eigentümers gegen die Hypothek gilt. Die Hypothek kann deshalb von einem gutgläubigen Erwerber einredefrei erworben werden, wenn die Einrede gegen die Hypothek nicht im Grundbuch eingetragen war.

Beispiel: Käufer K hat dem Verkäufer V des Grundstücks zur Absicherung des Kaufpreises eine Hypothek bestellt. K und V haben im Kaufvertrag vereinbart, dass die Kündigung der Hypothek in den nächsten drei Jahren ausgeschlossen ist. Diese Vereinbarung wird aber nicht im Grundbuch eingetragen. Später überträgt V die Hypothek auf die Bank B. Da die zwischen V und K getroffene Abrede nicht im Grundbuch eingetragen war und die B diese Einrede auch nicht positiv gekannt hat, hat sie die Hypothek gem. § 1157 S. 2 iVm § 892 einredefrei erworben. B kann daher bereits vor Ablauf von drei Jahren kündigen.

40 Entsprechendes gilt gem. **§ 1138** für die **Einreden des Schuldners nach § 1137.** Grundsätzlich kann sich der Eigentümer dem Zessionar gegenüber zwar auch auf alle Einreden des Schuldners gegen die Forderung berufen, § 1137 I (→ Rn. 22). Nach § 1138 gelten allerdings die Vorschriften der §§ 891 bis 899 auch in Bezug auf diese Einreden, sodass gutgläubig einredefreier Erwerb möglich ist, wenn die Einrede nicht aus dem Grundbuch ersichtlich ist. Das betrifft etwa Einreden aus Gestaltungsrechten des Schuldners.

Beispiel: E hat von V einen Kran erworben. Zur Absicherung des Kaufpreises hat E dem V eine Hypothek bestellt. Später erklärt E wegen Sachmängeln den Rücktritt vom Kaufvertrag. In der Zwischenzeit hat V die Forderung und die Hypothek formgerecht an D übertragen, der nichts von dem Rücktritt weiß.

Hier kann D gegen E aus der Hypothek nach § 1147 in das Grundstück des E vollstrecken. Den Rücktritt und die daraus folgenden Rückübertragungspflichten kann E dem D nicht entgegenhalten, da dieser die Hypothek gutgläubig lastenfrei erworben hat.

Ein gutgläubiger einredefreier Erwerb setzt eine **rechtsgeschäftliche** Abtretung voraus (→ § 19 Rn. 7f.). Bei einem Übergang der Hypothek kraft Gesetzes, zB nach § 1150 iVm § 268 III, ist ein gutgläubiger einredefreier Erwerb deshalb nicht möglich (BGH NJW 1986, 1487; 1997, 190; aA *Canaris* NJW 1986, 1488; *Rimmelspacher* WM 1986, 809). 41

Merke: Der gutgläubig einredefreie Erwerb der Hypothek ergibt sich bezüglich der Einreden gegen die Hypothek aus §§ 1157 S. 2, 892 und bezüglich der Einreden nach § 1137 gegen die Forderung aus §§ 1138, 892.

5. Rechtslage bei Leistung an den Altgläubiger

Zugunsten des **Schuldners** gelten in Ansehung der **Forderung** die §§ 404 ff. Wenn der Schuldner in Unkenntnis der Zession an den alten Gläubiger zahlt, wird er durch § 407 geschützt. Danach muss der neue Gläubiger die Leistung an den Altgläubiger gegen sich gelten lassen. 42

Für den **Eigentümer** hingegen **gilt § 407** im Hinblick auf die Hypothek gem. § 1156 **nicht**. Der Eigentümer läuft gleichwohl nicht Gefahr, an den falschen Gläubiger zu leisten, denn er kann gegen Befriedigung des Gläubigers stets die Aushändigung des Hypothekenbriefs verlangen, § 1144. Den Brief, dessen Vorlage nach § 1160 verlangt werden kann, wird aber regelmäßig nur der wahre Hypothekar in Besitz haben. Ansonsten wird der Eigentümer durch die §§ 891, 893, 1155 geschützt. Solange der Altgläubiger noch durch das Grundbuch legitimiert ist und auch noch Briefbesitzer ist, kann der Eigentümer an ihn befreiend leisten.

Beispiel: Schuldner S hatte Gläubiger G zur Absicherung einer Forderung an seinem Grundstück eine Briefhypothek bestellt. G tritt die Hypothek an die Bank B ab und übergibt ihr den Hypothekenbrief. Bei Fälligkeit der Forderung zahlt S, der von der Abtretung nichts weiß, den Betrag an G, vergisst aber, im Gegenzug gem. §§ 1144, 1160 auf Herausgabe des Hypothekenbriefs zu bestehen. Hier kann S der B nicht entgegenhalten, dass die Forderung erloschen sei, denn B muss die Leistung an den Altgläubiger nicht nach § 407 I gegen sich gelten lassen; § 1156 schließt die Anwendung dieser Vorschrift aus.

Im Übrigen gilt auch **§ 406** nicht zu Gunsten des Eigentümers. Das bedeutet, dass der Eigentümer mit einer Forderung, die ihm gegen den bisherigen

Gläubiger (Zedenten) zustand, nicht gegenüber dem neuen Hypotheken- oder Grundschuldgläubiger (Zessionar) **aufrechnen** kann. Das gilt auch dann, wenn es sich um eine rechtsgrundlose oder unentgeltliche Abtretung des Grundpfandrechts handelt. Der Gedanke des § 816 I 2, wonach sich der unentgeltliche Erwerb nicht zu Lasten des Eigentümers auswirken soll, findet hier laut BGH keine entsprechende Anwendung (BGH MDR 2018, 636; aA MüKoBGB/*Lieder* § 1156 Rn. 10).

VII. Der gutgläubige Zweiterwerb der Hypothek

1. Gutgläubiger Erwerb bei bestehender Forderung

43 Besteht die zu sichernde Forderung, ist jedoch die Bestellung der Hypothek gescheitert, zB weil eine wirksame dingliche Einigung hinsichtlich der Hypothekenbestellung fehlte oder weil der Erwerber beim Erwerb vom Nichtberechtigten (→ Rn. 10) bösgläubig war, so kann die nicht wirksam entstandene, aber im Grundbuch eingetragene Hypothek gleichwohl von einem gutgläubigen Dritten erworben werden. Im Hinblick auf die besonderen Voraussetzungen des gutgläubigen Erwerbs ist dann danach zu differenzieren, ob eine Buch- oder eine Briefhypothek abgetreten wird.

44 **a) Voraussetzungen.** Bei der **Buchhypothek** gilt § 892. Der Verfügende muss als Hypothekar im Grundbuch stehen, es darf insoweit kein Widerspruch eingetragen sein und der Erwerber darf keine Kenntnis von der Unrichtigkeit des Grundbuchs bzw. der Unwirksamkeit der Hypothekenbestellung haben.

45 Bei der **Briefhypothek** ist keine Voreintragung des *Verfügenden* im Grundbuch notwendig, weil es gerade in der Natur der Briefhypothek liegt, dass diese allein durch Weitergabe des Hypothekenbriefs übertragen werden kann. Voraussetzung für den gutgläubigen Erwerb einer Briefhypothek ist gem. **§ 1155** vielmehr, dass der Zedent im Besitz des Hypothekenbriefs ist und dass er sein Recht aufgrund einer **zusammenhängenden Reihe öffentlich beglaubigter Abtretungserklärungen** von dem zuletzt im Grundbuch eingetragenen Gläubiger herleiten kann. Sind diese Voraussetzungen gegeben, so finden die §§ 891–899 in derselben Weise Anwendung, als wäre der Zedent im Grundbuch eingetragen. Der Besitz des Hypothekenbriefs und die Reihe öffentlich beglaubigter Abtretungserklärungen ersetzen die Eintragung des Zedenten im Grundbuch und legitimieren den Briefinhaber als Hypothekar. Auf die §§ 932 ff. wird in § 1155 da-

gegen nicht verwiesen. Die eigenmächtige Besitzverschaffung des Hypothekenbriefs hindert den gutgläubigen Erwerb deshalb nicht (BGH LM H. 6/1997 § 1154 BGB Nr. 15).

Gutgläubiger Erwerb der Briefhypothek, §§ 1155, 892

1. Formgerechte dingliche Einigung über die Abtretung der hypothekarisch gesicherten Forderung und insoweit Forderungserwerb durch Rechtsgeschäft, §§ 398, 1154
2. Zedent ist Inhaber der existierenden Forderung
3. Zedent ist im Besitz des Hypothekenbriefs
4. Zusammenhängende, auf einen eingetragenen Gläubiger zurückführende Reihe von öffentlich beglaubigten Abtretungserklärungen, § 1155
5. Kein Widerspruch im Grundbuch, § 892
6. Kein Unrichtigkeitsvermerk im Brief
7. Keine Kenntnis des Zessionars von fehlender Berechtigung des Zedenten

Beispiel: V hat sein Grundstück an K verkauft und übereignet. Zur Siche- **46**
rung des noch ausstehenden Kaufpreises lässt sich V von K eine Briefhypothek am verkauften Grundstück bestellen. V wird im Grundbuch als Inhaber der Hypothek eingetragen. Da V dringend Geld benötigt, verkauft er die Forderung an den Geldvermittler G und tritt sie diesem mit einer öffentlich beglaubigten Abtretungserklärung und gleichzeitiger Übergabe des Hypothekenbriefs ab. G wiederum tritt die Hypothek an die Bank B ab, von der er einen größeren Kredit in Anspruch genommen hat. Die Abtretung erfolgt durch schriftliche Abtretungserklärung und Übergabe des Hypothekenbriefs. Nun stellt sich heraus, dass die ursprüngliche Bestellung der Hypothek nichtig war, wovon auch G wusste. K meint daher, B sei nicht Gläubigerin der Hypothek geworden und verlangt von ihr nach § 894 Löschung.

Hier wird K mit seinem Löschungsbegehren keinen Erfolg haben. G besaß eine öffentlich beglaubigte Abtretungserklärung, die vom eingetragenen Gläubiger V stammte. Damit war G als Zedent durch eine auf den eingetragenen Gläubiger zurückführende öffentlich beglaubigte Abtretungserklärung legitimiert. Da er auch im Besitz des Hypothekenbriefs war, konnte B auf das Recht des G vertrauen, als ob dieser selbst im Grundbuch eingetragen gewesen wäre. B konnte gem. §§ 1155, 892 gutgläubig von G erwerben, obwohl dieser wegen seiner Bösgläubigkeit keine Hypothek hatte erwerben können. Das Löschungsverlangen des K ist deshalb nicht berechtigt.

Für den gutgläubigen Erwerb der B ist nicht erforderlich, dass die Abtretung an sie durch eine öffentlich beglaubigte Abtretungserklärung erfolgt. Es genügt die schriftliche Abtretungserklärung. Nur G als Zedent muss eine

Reihe öffentlich beglaubigter Abtretungserklärungen vorlegen. Wenn B sich aber ihrerseits auf die Vermutung des § 891 stützen will oder wenn sie Wert darauf legt, dass ein weiterer Erwerber den Schutz des öffentlichen Glaubens genießen kann, kann sie nach § 1154 I 2 von G die öffentliche Beglaubigung der Abtretungserklärung verlangen, sodass sie ihr Recht durch eine zusammenhängende Reihe öffentlich beglaubigter Abtretungserklärungen über G auf den eingetragenen V zurückführen kann. B könnte aber auch direkt von V gem. § 894 ihre Eintragung ins Grundbuch verlangen.

47 Der Erwerber der Hypothek (Zessionar) ist **nur bösgläubig,** wenn er **positive Kenntnis** von der fehlenden Berechtigung des Zedenten bzw. vom Nichtbestehen der Hypothek hat. Grob fahrlässige Unkenntnis schadet nach dem ausdrücklichen Wortlaut des Gesetzes (§§ 1155, 892 I) nicht. Im Sinne des Verkehrsschutzes wird insoweit grundsätzlich der gute Glaube des Erwerbers vermutet; für das Gegenteil wäre bei einer Klage aus § 1147 der Grundstückseigentümer darlegungs- und beweispflichtig.

Soweit der Grundstückseigentümer jedoch konkrete Tatsachen vortragen kann, die den **Verdacht** begründen, dass der Zessionar das Grundpfandrecht etwa in Kenntnis eines betrügerischen (Vor-)Erwerbs des Zedenten erlangt hat, trifft den Zessionar eine sog. **sekundäre Darlegungslast** für die Umstände seines Erwerbs und den damit verfolgten Zweck (BGH NJW 2015, 619). Er kann sich dann nicht mit dem schlichten Bestreiten des Vorbringens des Eigentümers begnügen.

48 Der gutgläubige Erwerb ist bei Eintragung eines **Widerspruchs** nach § 892 I 1 ausgeschlossen. § 1140 stellt klar, dass nicht nur ein Widerspruch im Grundbuch, sondern allein schon ein **Vermerk auf dem Brief,** aus dem die Unrichtigkeit hervorgeht, den gutgläubigen Erwerb verhindert. Der Brief genießt zwar nicht öffentlichen Glauben, kann ihn aber zerstören. Gleichgültig ist, ob der Brief eingesehen wird oder nicht. Der gutgläubige Erwerb nach § 892 und nach § 1155 wird auch dann ausgeschlossen, wenn der Widerspruch nur im Grundbuch, aber nicht auf dem Brief vermerkt ist.

49 **b) Problem der gefälschten Erklärungen. Strittig** ist, was zu gelten hat, wenn zwar eine zusammenhängende Kette von beglaubigten Abtretungserklärungen vorgelegt werden kann, eine der Abtretungen samt Beglaubigung tatsächlich aber (äußerlich unerkennbar) gefälscht ist. Nach hM muss hier Gutglaubenserwerb zum Schutz des wahren Hypothekengläubigers ausscheiden (*Baur/Stürner* SachenR § 38 Rn. 34; Palandt/*Herrler* BGB § 1155 Rn. 4; differenzierend Mü-

KoBGB/*Lieder* § 1155 Rn. 11 f.; BeckOK BGB/*Rohe* § 1155 Rn. 9). Der Wortlaut des § 1155 setze echte Abtretungserklärungen voraus. Auch bei gefälschten Grundbucheintragungen sei schließlich kein gutgläubiger Erwerb möglich. Die Gegenmeinung (RGZ 85, 58; 86, 262) betont den Verkehrsschutz und will gutgläubigen Erwerb zulassen. Die Verkehrsfähigkeit der Briefhypothek würde zu sehr beschränkt, wenn der Erwerber die Abtretungserklärungen näher kontrollieren müsste. Dagegen spricht jedoch, dass das Fälschungsrisiko generell von demjenigen zu tragen ist, der sich auf die Echtheit einer Urkunde beruft (*Baur/Stürner* SachenR aaO). Da es sich um seltene Fälle handelt, wird die Zirkulationsfähigkeit der Hypothek durch die Ablehnung gutgläubigen Erwerbs auch nicht maßgeblich beschränkt. Daher ist der ersten Ansicht zu folgen.

c) Kein Schutz des guten Glaubens an Briefinhalt. Der **Inhalt des Hypothekenbriefs** genießt im Gegensatz zum Grundbuch keinen öffentlichen Glauben. Soweit sich ein Widerspruch zwischen Brief und Buch ergibt, ist Grundlage des gutgläubigen Erwerbs allein das Grundbuch. 50

Beispiel: Laut Grundbucheintrag sichert die Hypothek eine Forderung iHv 80.000 EUR, laut Brief beläuft sich die Forderung dagegen auf 100.000 EUR. Wenn sich die Forderung hier tatsächlich nur auf 80.000 EUR beläuft, kann die Hypothek auch nur in dieser Höhe erworben werden.

Ergibt sich jedoch aus dem Brief – etwa in Gestalt eines Quittungsvermerks über gezahlte 20.000 EUR – die Unrichtigkeit des Grundbuchs, so kann der Hypothekenbrief den öffentlichen Glauben des Grundbuchs zerstören.

2. Gutgläubiger Erwerb der Hypothek bei fehlender Forderung

§ 1138 bestimmt, dass die Vorschriften der §§ 891 ff. für die Hypothek auch in **Ansehung der Forderung** gelten. Damit wird der Gutglaubensschutz beim Hypothekenerwerb auf die Fälle des Fehlens der zu sichernden Forderung ausgedehnt. Man denke zB an den Fall, dass die Hypothekenbestellung durch den Eigentümer an den Gläubiger an sich fehlerlos erfolgt, jedoch im Ergebnis deswegen scheitert, weil die zugrunde liegende Forderung (noch) nicht besteht bzw. nichtig ist. Hier müsste eine Übertragung von Forderung und Hypothek gem. § 1153 eigentlich scheitern, da es grundsätzlich keinen gutgläubigen Erwerb von nicht existierenden Forderungen gibt. Um die Verkehrsfähigkeit der Hypothek zu gewährleisten, hat sich der Gesetzgeber jedoch dafür entschieden, den **Akzessorietäts-** 51

grundsatz für die Verkehrshypothek über § 1138 zu **durchbrechen.** Damit die Hypothek gutgläubig erworben werden kann, fingiert § 1138 die Existenz der zu sichernden Forderung. Das führt gleichwohl nur zum Erwerb der Hypothek, nicht zum Erwerb der Forderung. Erworben wird somit eine **„forderungsentkleidete" Hypothek** (MüKoBGB/*Lieder* § 1138 Rn. 16).

Beispiel: A hat Darlehensgeber B zur Absicherung einer Darlehensforderung an seinem Grundstück eine Hypothek bestellt. Obwohl A das Darlehen inzwischen zurückbezahlt hat, tritt B, der noch im Grundbuch eingetragen ist, die (angebliche) Forderung mit der Hypothek an C ab. C, der von der Darlehensrückzahlung keine Kenntnis hatte, verlangt von A Zahlung. Muss A zahlen?

Hier ist die Hypothek des B infolge der Darlehensrückzahlung zwar als Eigentümergrundschuld auf den Eigentümer übergegangen (§ 1163 I 2). B ist aber immer noch im Grundbuch eingetragen. Nach § 892 könnte C daher im Grunde die Hypothek gutgläubig erwerben. Einen gutgläubigen Erwerb nicht existierender Forderungen lässt das BGB jedoch grundsätzlich nicht zu. Da die Hypothek jedoch ohne Forderung nicht erworben werden kann, fingiert § 1138 den Bestand einer Forderung immerhin insoweit, als dies für die Zwecke der Hypothekenübertragung erforderlich ist. C kann auf diese Weise die Hypothek gutgläubig erwerben und somit ggf. gegen A aus § 1147 vorgehen. C erwirbt aber nicht auch die Forderung, da diese nach wie vor nicht existiert. § 1138 ermöglicht keinen gutgläubigen Forderungserwerb.

3. Doppelmangel

52 Die zwei zuvor genannten Fallgruppen lassen sich miteinander kombinieren. Ein **Mangel bei der dinglichen Hypothekenbestellung** lässt sich mit Hilfe von §§ 892, 1155 überwinden und zugleich der **Mangel der fehlenden Forderung** über § 1138. Hierbei muss der Erwerber sowohl hinsichtlich der Forderung als auch der Hypothek gutgläubig sein.

Beispiel: Der unerkannt geschäftsunfähige Käufer K schließt mit V einen Kaufvertrag und bestellt V zur Sicherung der Kaufpreisforderung an seinem Grundstück eine Hypothek. Hier führt die Geschäftsunfähigkeit des K gem. §§ 104 Nr. 2, 105 I zum einen zur Nichtigkeit des Kaufvertrags (§ 433), sodass von vornherein keine Forderung zu Gunsten von V entstanden ist. Zum anderen bewirkt die Geschäftsunfähigkeit, dass auch das dingliche Geschäft der Hypothekenbestellung mangels wirksamer Einigung (§§ 873, 1115 f.) nichtig ist. Ist die (unwirksame) Hypothek aber im Grundbuch eingetragen worden, kann V sie gleichwohl wirksam nach §§ 873, 892 (als Buchhypothek) oder nach §§ 398, 1155, 892 (als Briefhypothek; → Rn. 45) auf einen gutgläubigen Dritten übertragen, wobei § 1138 zu diesem Zweck den Bestand der Forderung fingiert. Wiederum erwirbt der Dritte aber nur die Hypothek, nicht die Forderung.

4. Trennung von Forderung und Hypothek

Noch komplizierter wird es, wenn es infolge mehrfacher Abtretung der gesicherten Forderung theoretisch zu einer Trennung von Forderung und Hypothek kommt. 53

Fall 35 – Mitgerissene Forderung: A hat aus einem Darlehensvertrag eine Forderung gegen S. Zur Absicherung hat S dem A eine Hypothek an seinem Grundstück bestellt. A tritt seine hypothekarisch gesicherte Darlehensforderung gegen S nun an B ab. Zu diesem Zeitpunkt ist A jedoch bereits an Demenz erkrankt und unerkannt geschäftsunfähig. Später tritt B die hypothekarisch abgesicherte Forderung weiter an den gutgläubigen C ab. Als die Darlehensforderung fällig wird, will C den S in Anspruch nehmen. Zu Recht?

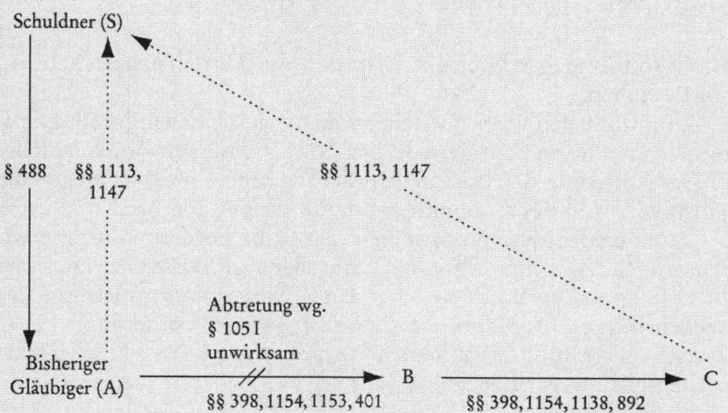

Lösungsskizze:

I. C könnte gegen S einen Anspruch auf Duldung der Zwangsvollstreckung in dessen Grundstück aus § 1147 haben.

1. Dazu müsste C Hypothekar sein.

a) Ursprünglich war A Hypothekar. S hatte ihm wirksam eine Hypothek bestellt. Eine zu sichernde Forderung bestand in Gestalt der Darlehensforderung, § 488 I 2. Eine Einigung zwischen S und A über die Hypothekenbestellung war erfolgt, § 873. Die Eintragung in das Grundbuch kann unterstellt werden.

b) Anschließend könnte B die Hypothek von A erworben haben, §§ 398, 1154, 1153, 401. Dazu müssten sich A und B wirksam über die Abtretung der Darlehensforderung geeinigt haben, § 398. Dies ist aber nicht der Fall, da die Willenserklärung des A wegen Geisteskrankheit unwirksam war, §§ 104 Nr. 2, 105 I. Somit konnte B weder die Forderung noch die Hypothek von A erwerben.

c) C könnte die Hypothek gleichwohl von B erworben haben. Da B weder Forderungsinhaber noch Hypothekar war, kommt nur ein gutgläubiger Erwerb in Betracht, §§ 398, 1154, 1138, 892.

aa) B und C haben sich über die Abtretung der hypothekarisch gesicherten Forderung geeinigt, § 398. Es kann davon ausgegangen werden, dass die Form des § 1154 gewahrt wurde.

bb) Das Fehlen der Forderung bei B wird durch den guten Glauben des C überwunden, §§ 1138, 892.

cc) Die fehlende dingliche Berechtigung des B wird durch den guten Glauben des C überwunden, § 892 bzw. § 1155. Folglich ist C Inhaber der Hypothek geworden.

2. S ist als Grundstückseigentümer auch Hypothekenschuldner.

3. Einreden des S sind nicht ersichtlich.

Zwischenergebnis: C hat gegen S einen Anspruch auf Duldung der Zwangsvollstreckung aus § 1147.

II. C könnte gegen S einen Anspruch auf Darlehensrückzahlung aus § 488 I 2 haben.

1. A und S haben einen Darlehensvertrag geschlossen, § 488. Die Darlehensvaluta wurde an S ausgezahlt. Der Rückzahlungsanspruch ist fällig.

2. Die Abtretung der Darlehensforderung von A an B ist wegen der Geschäftsunfähigkeit des A unwirksam, § 398 iVm §§ 104 Nr. 2, 105 I.

3. Durch die Abtretung von B an C hat C die Forderung nicht erworben, da ein gutgläubiger Erwerb von Forderungen grundsätzlich nicht möglich ist. § 1138 ersetzt zwar das Bestehen einer Forderung in Ansehung des Hypothekenerwerbs, führt aber nicht zum Erwerb der Forderung.

Zwischenergebnis: C hat keinen Anspruch aus § 488 I 2. Vielmehr ist A Darlehensgläubiger geblieben.

III. Problem

Bei schulmäßiger Anwendung des Gesetzes käme es demnach entgegen § 1153 zu einem Auseinanderfallen von Forderung und Hypothek. Für S bestände somit die Gefahr, zweimal in Anspruch genommen zu werden: zum einen von A aus dem Darlehen und zum anderen von C aus der Hypothek. Die Frage ist, ob man dieses Ergebnis hinnehmen will.

1. Nach der vorzugswürdigen Einheitstheorie (hM; Soergel/*Konzen* BGB § 1138 Rn. 7; *Weiß* JA 2017, 121, 123; 2002, 109, 113; *Baur/Stürner* SachenR § 38 Rn. 28) muss der gutgläubige Erwerber der Hypothek hier entgegen § 404 auch die Forderung erwerben; die Forderung wird danach quasi von der Hypothek „mitgerissen“, § 1153 II analog. Dafür spricht, dass der Gefahr der doppelten Inanspruchnahme wirksam begegnet wird und der Akzessorietätsgrundsatz gewahrt wird. Der Schuldner wird effektiv geschützt,

zumal er regelmäßig vom Auseinanderfallen von Forderung und Hypothek keine Kenntnis haben wird. Für den Darlehensgläubiger wiederum ist die Forderung praktisch wertlos, da der Eigentümer-Schuldner ohnehin nur gegen Briefvorlage leisten muss, §§ 1160ff., 1144, 1167, wozu der Altgläubiger aber gar nicht in der Lage ist.

2. Die Trennungstheorie hingegen (Staudinger/*Wolfsteiner* BGB § 1138 Rn. 10; *Petersen/Rothenfußer* WM 2000, 657; *Westermann/Gursky/Eickmann* SachenR § 104 III 7) will es bei der Trennung von Forderung und Hypothek belassen und insoweit den Akzessorietätsgrundsatz durchbrechen. Forderung und Hypothek sollen nach dieser Ansicht allerdings eine sog. „Befriedigungsgemeinschaft" bilden. Das bedeute, dass die Forderung bei Befriedigung des Hypothekars automatisch untergehe (arg. ex § 1181) und die Hypothek bei Erfüllung der Forderung zur Eigentümergrundschuld werde (§ 1163 I 2). Im Übrigen müsse der Schuldner ja ohnehin nur Zug um Zug gegen Rückgabe des Hypothekenbriefs zahlen, §§ 1160, 1161.

Ergebnis: Folgt man der Einheitstheorie, so ist C Inhaber der Darlehensforderung geworden. A hat daher keinen Anspruch gegen S aus § 488 I 2, sondern C.

VIII. Löschung der Hypothek

1. Löschen auf Betreiben des Eigentümers

Durch die **rechtsgeschäftliche Aufhebung** der Hypothek erlischt 54 diese vollständig, §§ 875, 1183. Die entsprechenden Erklärungen von Eigentümer und Hypothekengläubiger sind dem Grundbuchamt gegenüber abzugeben bzw. nachzuweisen. Das Grundbuchamt löscht die Hypothek daraufhin.

Beim **Verzicht** des Gläubigers auf die Hypothek wird der Verzicht dem Grundbuchamt oder dem Eigentümer gegenüber erklärt und im Grundbuch eingetragen, § 1168 II. In diesem Fall erlischt die Hypothek jedoch nicht, sondern geht auf den Eigentümer über, § 1168 I. Es kommt daher erst zur Löschung, wenn der Eigentümer selbst die Aufgabe des Rechts erklärt und die Löschung beim Grundbuchamt beantragt, § 875 I.

Bei **Befriedigung** des Gläubigers geht die Hypothek ebenfalls nicht unter, sondern steht als Eigentümerhypothek dem Eigentümer zu, § 1163 I 2 (→ Rn. 26). **Zug um Zug** gegen die Befriedigung des Gläubigers kann der Eigentümer dabei gem. § 1144 die Aushändigung des Hypothekenbriefs sowie der zur **Löschung erforderlichen Urkunden** verlangen. Das kann eine Löschungsbewilligung oder eine Berichtigungsbewilligung (§ 894) sein, vgl. §§ 19, 29 I 1 GBO. Gegenüber dem Anspruch aus § 1144 kann der Gläubiger kein Zurückbehaltungsrecht (§ 273) wegen anderer Forderungen geltend machen, weil sonst das Grundpfandrecht mittelbar der Sicherung auch dieser Ansprüche dienen würde (BGH NJW 1978, 883; 1988, 3260).

2. Gesetzlicher Löschungsanspruch

55 Ist – insbes. nach Befriedigung des Gläubigers – kraft Gesetzes eine Eigentümergrundschuld entstanden, haben die Inhaber nachrangiger im Grundbuch eingetragener Grundpfandrechte ein Interesse daran, dass die Eigentümergrundschuld erlischt, weil sie dann auf einen besseren Rang aufrücken. Um das Grundbuch in solchen Fällen von umfangreichen Eintragungen mit Löschungsvormerkungen freizuhalten, hat der Gesetzgeber vorgesehen, dass gleich- oder nachrangigen **Grundpfandgläubigern** hier **kraft Gesetzes ein Löschungsanspruch** gegen den Eigentümer zusteht, wenn dieser durch Wegfall des Gläubigers eine Eigentümergrundschuld erwirbt (§ 1179a I 1). Das wird relevant in den Fällen der §§ 889, 1143, 1163 I, 1168 oder 1170 II. Dem gleichgestellt hat der BGH den Fall, dass der vor- oder gleichrangige Grundpfandgläubiger erst nach Grundstücksversteigerung auf sein Recht verzichtet und sich die Grundschuld nur deshalb nicht mehr in eine Eigentümergrundschuld umwandeln kann (BGH NJW 2012, 2274).

Der Löschungsanspruch gehört zum gesetzlichen Inhalt der gleich- und nachrangigen Grundpfandrechte und ist kraft Gesetzes mit den **Wirkungen einer Vormerkung** ausgestattet (§ 1179a I 3 iVm §§ 883 II, III, 888), ohne dass es der Eintragung einer Vormerkung im Grundbuch bedarf. Der Anspruch aus § 1179a I 1 ist insolvenzfest (BGH NJW 2012, 2274).

Der Löschungsanspruch aus § 1179a I
1. Anspruchsteller ist Inhaber einer Hypothek 2. Anspruchsgegner ist Grundstückseigentümer 3. Im Grundbuch ist eine andere vorrangige oder gleichrangige Hypothek eingetragen, die dem Eigentümer als Eigentümergrundschuld zusteht 4. Kein Fall einer nur vorläufigen Eigentümergrundschuld gem. § 1163 I 1, vgl. § 1179a II 1 5. Kein Fall von § 1163 II, vgl. § 1179a II 2

§ 1179a gilt auch für die **Grundschuld**, die unten in § 28 zu erläutern sein wird. Der Hauptanwendungsfall des § 1179a bei der Hypothek – nämlich § 1163 I 2, wonach der Eigentümer die Hypothek bei Erlöschen der Forderung erlangt – passt auf die Grundschuld indes nicht, weil § 1163 I auf die von der Forderung unabhängige Grundschuld nicht anwendbar ist (Palandt/*Herrler* BGB § 1163 Rn. 19). Bei der Grundschuld wird der Löschungsanspruch daher erst dann relevant, wenn die Grundschuld vom Gläubiger auf den Eigentümer zurückübertragen wird (s. zB BGHZ 99, 363; → § 28 Rn. 28) oder wenn der Eigentümer, der nicht zugleich der Schuldner ist, auf die Grundschuld leistet, wodurch diese kraft Gesetzes analog § 1143 I zur Eigentümergrundschuld wird (→ § 28 Rn. 38). 56

Die **Löschung** gem. § 1179a kann **nicht verlangt** werden, solange es sich noch um eine vorläufige Eigentümergrundschuld aufgrund von § 1163 II handelt, weil der Brief noch nicht übergeben worden ist (§ 1179a II 2, → Rn. 7) oder wenn es sich um eine vom Eigentümer für sich selbst rechtsgeschäftlich bestellte Eigentümergrundschuld (→ § 28 Rn. 6) handelt (§ 1196 III). Abgesehen davon kann der gesetzliche Löschungsanspruch allgemein oder für bestimmte Fälle vertraglich ausgeschlossen werden (§ 1179a V; s. zB OLG Düsseldorf NJW 1988, 1798).

3. Vereinbarter Löschungsanspruch

Dem Inhaber einer Dienstbarkeit, eines Nießbrauchs, einer Reallast oder eines Vorkaufsrechts sowie dem Inhaber von Ansprüchen auf Einräumung solcher Rechte oder auf Grundstücksübereignung (§ 1179 Nr. 1 und 2) kann ein Löschungsanspruch **nur aufgrund einer Vereinbarung** mit dem Grundstückseigentümer zustehen. Dieser rechtsgeschäftliche Löschungsanspruch kann durch eine **Löschungsvormerkung** gesichert werden, die aber rechtsgeschäftlich bewilligt und im Grundbuch eingetragen werden muss. Dabei ermöglicht § 1179 die Eintragung der Löschungsvormerkung noch bevor die Eigentümergrundschuld entstanden ist. 57

IX. Besondere Arten der Hypothek

1. Gesamthypothek und Einzelhypothek

Bei der **Gesamthypothek** haften **mehrere Grundstücke** (desselben oder verschiedener Eigentümer) für dieselbe Forderung ein und desselben Gläubigers, § 1132 I 1. Die Art der Hypothek muss für alle Grundstücke gleichartig sein, zB Brief- oder Buchhypothek (Palandt/*Herrler* BGB § 1132 Rn. 2). Für die einzelnen Grundstücke können aber unterschiedliche Fälligkeitsbedingungen bestehen (BGH NJW 2010, 3300). Die Stellung mehrerer Eigentümer gleicht derjenigen der Schuldner einer Gesamtschuld, § 421. Der Hypothekengläubiger 58 kann nach seiner Wahl in jedes der haftenden Grundstücke die Zwangsvollstreckung in vollem Forderungsumfang betreiben. Werden mehrere Grundstücke zur Sicherung derselben Forderung mit einer Hypothek belastet, entsteht automatisch eine Gesamthypothek. Die Bestellung mehrerer Einzelhypotheken für dieselbe Forderung ist unzulässig. Eine Gesamtzwangshypothek kennt das Gesetz ebenfalls nicht (BGH NJW 2013, 3786).

Für die Gesamthypothek gelten grundsätzlich die Vorschriften über die Einzelhypothek, allerdings enthalten die **§§ 1172 ff.** einige **Sondervorschriften**. Die Rechtsfolgen der Befriedigung des Gläubigers durch einen Eigentümer regelt § 1173. Die Gesamthypothek kann auch erst nachträglich durch Nachverpfändung eines weiteren Grundstücks entstehen. Die Gesamthypothek kann nur einheitlich an einen einzigen Zessionar übertragen werden. Eine Buchgesamthypothek ist erst übertragen, wenn die Eintragung in allen Grundbüchern erfolgt ist.

2. Fremdhypothek und Eigentümerhypothek

59 Der Begriff der Fremdhypothek bezeichnet den Regelfall eines vom Eigentümer verschiedenen Hypothekars. Bei der **Eigentümerhypothek** hingegen sind der Eigentümer des Grundstücks und der Hypothekar personenidentisch. Die Eigentümerhypothek besteht nach § 1163, solange die Forderung noch nicht zur Entstehung gelangt ist (→ Rn. 12), sowie in dem Fall, in dem der Eigentümer die persönliche Forderung erwirbt und damit auch die Hypothek auf ihn übergeht (→ Rn. 28).

3. Verkehrshypothek und Sicherungshypothek

60 Die Verkehrshypothek ist vom Gesetzgeber als **Normalform** vorgesehen, falls die Parteien nicht ausdrücklich eine Sicherungshypothek vereinbaren und im Grundbuch eintragen lassen. Die bisherigen Darstellungen bezogen sich auf die **Verkehrshypothek**. Sie ist dadurch gekennzeichnet, dass bei ihr der Gesetzgeber zum Schutz des Rechtsverkehrs auf eine strenge Durchführung des Grundsatzes der Akzessorietät verzichtet hat; das zeigt insbes. die Regelung des § 1138, wonach sich der Gläubiger auch hinsichtlich der (tatsächlich nicht bestehenden) Forderung auf die Eintragung im Grundbuch berufen (§ 1138 iVm § 891) und mittels fingierter Forderung die Hypothek gutgläubig erwerben kann (→ Rn. 51).

61 Demgegenüber ist die **Sicherungshypothek** in vollem Umfang streng akzessorisch. Sie muss im Grundbuch als solche bezeichnet werden (§ 1184 II)

und kann nur als Buchhypothek bestellt werden (§ 1185 I). Ihr Inhalt richtet sich allein nach der Forderung und der Gläubiger kann sich hinsichtlich der Forderung nicht der Vermutung des § 891 bedienen (§ 1184 I). Er muss vielmehr den Bestand der Forderung beweisen (s. BGH NJW 1986, 53) und kann sich erst zum Nachweis der Hypothek auf § 891 berufen. Gutgläubiger Ersterwerb nach § 892 ist aber möglich, sofern die Forderung besteht. Die Vorschrift des § 1138 gilt für die Sicherungshypothek nicht (§ 1185 II). Eine Durchbrechung der strengen Akzessorietät ergibt sich aber insoweit, als trotz Verjährung der Forderung nach § 216 I die Rechte aus der Sicherungshypothek noch ausgeübt werden können.

Sicherungshypothek ist auch die im Wege der Zwangsvollstreckung erlangte Zwangshypothek (§ 866 ZPO) sowie die Bauhandwerkerhypothek (§ 648), die jedoch nur verlangt werden kann, wenn und soweit das Bauwerk mangelfrei ist (BGHZ 68, 180).

4. Höchstbetragshypothek

Im Regelfall wird der Betrag der zu sichernden Forderung im Grundbuch **62** eingetragen, § 1115. Da es sich hierbei um einen festen Betrag handelt, eignet sich eine „normale" Hypothek somit nicht zur Sicherung von schwankenden Forderungen aus laufenden Geschäftsverbindungen. Dafür gibt es die Höchstbetragshypothek, § 1190, die eine besondere Form der Sicherungshypothek ist. Bei ihr wird ein Höchstbetrag vereinbart, innerhalb dessen eine Forderung aus laufender Geschäftsbeziehung, insbes. ein Kontokorrent-Kredit, in ihrer jeweiligen Höhe gesichert wird. Soweit die Höchstbetragshypothek nicht valutiert wird, entsteht immer eine Eigentümergrundschuld, §§ 1163 I 1, 2, 1177 I 1. In der Praxis wird die Höchstbetragshypothek heute weitgehend von der Sicherungsgrundschuld verdrängt.

Empfehlungen zur vertiefenden Lektüre: *Von Bismark,* Grundpfandrechte: Einführung in die Rechtsverhältnisse und den Ersterwerb, JA 2011, 572; *ders.*, Grundpfandrechte: Der rechtsgeschäftliche Zweiterwerb und die Gegenrechte, JA 2011, 652; *Klose*, Leistungen an den (Alt-)Gläubiger von Hypothek oder Sicherungsgrundschuld, JA 2013, 568; *Kohler*, Gutglaubensschutz im Grundstücksrecht bei Erwerb kraft Gesetzes? – Die Ablösung von falsch oder unvollständig eingetragenen Grundpfandrechten, Jura 2008, 481; *Latta/Rademacher*, Der gutgläubige Zweiterwerb, JuS 2008, 1052; *Lieder/Selentin*, Die forderungslose Hypothek, JuS 2017, 1052; *Petersen*, Der Dritte im Immobiliarsachenrecht, JA 2016, 280; *Thomale*, Der gutgläubige Forderungserwerb im BGB, JuS 2010, 857; *Wagner*, „Happy Hypo(thekenbrief)" – Zur Formbedürftigkeit der Abtretungserklärung nach § 1154 I BGB, JA 2014, 18; *Weiß*, Grundpfandrechte, Jura 2017, 121.

Fälle und Klausuren: *Berger/Göhmann,* Zahlung an den ehemaligen Hypothekar, Jura 2005, 561; *Ditler/Eder*, Die Folgen der Hypothek, JuS 2017, 535; *Gottwald* SachenR Fälle 143–176; *Gursky* KK SachenR Fälle 13–15; *Kern/Klett*, Klausur: Abtretung und Schuldübernahme bei hypothekarisch gesicherter Forderung, JuS 2013, 541; *Koch/Löhnig* Fälle SachenR Fälle 14–16; *Lieder*, Die übereifrige Sekretärin, JuS 2011, 901; *Luth/Riggert/Sticken*, Die treuewidrige Bank, JA 2004, 453; *Neuner* SachenR Fall 16; *Richter/Dietrich*, Die gefälschte Beglaubigung und der Wettlauf der Sicherungsgeber, JuS 2007, 45; *Scherpe*, Grundpfandrechte, Bürgschaft und Zivilprozessrecht – Wer zuerst zahlt …, JuS 2014, 51; *Servatius*, Folgenschweres Missverständnis, JA 2006, 692; *Tratt*, Mehr Schein als Sein, JuS 2017, 764; *Vieweg/Röthel* SachenR Fälle 35, 37.

§ 28. Die Grundschuld

I. Begriff und Arten der Grundschuld

1. Begriff

1 Zum Begriff der Grundschuld bestimmt § 1191: Ein Grundstück kann in der Weise belastet werden, dass an denjenigen, zu dessen Gunsten die Belastung erfolgt, eine bestimmte Geldsumme aus dem Grundstück zu zahlen ist. Damit ist die Grundschuld wie die Hypothek ein Grundpfandrecht, das dem Gläubiger die Möglichkeit gibt, sich bei Nichterfüllung seiner Forderung durch **Verwertung** aus dem Grundstück zu befriedigen. Auch bei der Grundschuld ist insoweit der typische Ausgangsfall, dass ein Grundstück als Sicherheit für eine Geldforderung dient.

Der **rechtliche Unterschied** liegt indes darin, dass die Grundschuld im Gegensatz zur Hypothek **kein akzessorisches Recht** ist. Die Grundschuld ist unabhängig vom Entstehen und vom Fortbestand einer Forderung. Das bedeutet insbesondere:

- Die Grundschuld kann wirksam bestellt und übertragen werden, obwohl eine Forderung nicht existiert.
- Die Grundschuld und die Forderung, deren Absicherung sie dient, können unabhängig voneinander („isoliert“) an verschiedene Personen übertragen bzw. abgetreten werden.
- Die Formvorschriften für die Abtretung der Grundschuld (§§ 1192 I, 1154) gelten nicht auch für die Forderung; diese kann formlos nach § 398 abgetreten werden.
- Die Grundschuld kann im Umfang des gesamten haftenden Betrags einschließlich Zinsen geltend gemacht werden, auch wenn die abgesicherte Forderung einen geringeren Nennwert hat.

Auf die Grundschuld finden die Vorschriften über die Hypothek entsprechende Anwendung, soweit sich nicht daraus ein anderes ergibt, dass die Grundschuld eine Forderung nicht voraussetzt, § 1192 I. Mangels Akzessorietät finden auf die Grundschuld also diejenigen **Hypothekennormen** keine Anwendung, die für die Hypothek den Bestand der Forderung voraussetzen, **§ 1192 I**. Das sind die §§ 1137–1139, 1141 I 1, 1153, 1161, 1163 I, 1164–1166, 1173 I 2, 1174, 1177, 1184–1187, 1190. Im Übrigen finden die §§ 1113 ff. auf die Grundschuld jedoch entsprechende Anwendung. 2

Unanwendbar auf die Grundschuld ist va § 1153, wonach die Hypothek kraft Gesetzes immer mit der Forderung mitgeht und nicht ohne die Forderung übertragen werden kann. Unanwendbar ist zudem § 1137, der dem Eigentümer bei der Hypothek erlaubt, sich auch auf die Einreden des Schuldners gegen die Forderung zu berufen. Die Unanwendbarkeit der Norm ist zwangsläufig, wenn man sich vor Augen hält, dass die Grundschuld von der zugrunde liegenden Forderung unabhängig ist. Bei der regelmäßig verwendeten sog. Sicherungsgrundschuld (→ Rn. 13 ff.) wird über die Vereinbarungen im Sicherungsvertrag allerdings eine schuldrechtliche Anbindung an die Forderung erreicht, die einer akzessorischen Wirkung teilweise recht nahe kommt.

Die fehlende Akzessorietät bewirkt auch, dass eine bestehende Grundschuld ohne erneute Beurkundungen oder Grundbucheintragungen nach Tilgung einer Schuld durch formlose Vereinbarung **erneut** für eine andere Verbindlichkeit **als Sicherungsmittel verwendet** werden kann. Auf Grundlage derselben Grundschuldbestellungsurkunde können daher im Laufe der Zeit wiederholt vollstreckbare Ausfertigungen erteilt werden und kann eine erneute Vollstreckung aus dem Titel möglich sein (BGH NJW-RR 2015, 915). 3

2. Arten der Grundschuld

Die Grundschuld kann wie die Hypothek als **Buch-** oder **Briefgrundpfandrecht** ausgefertigt werden (→ Rn. 5 f.). Es kann sich um eine Einzelgrundschuld oder eine Gesamtgrundschuld an mehreren Grundstücken (→ § 27 Rn. 58) handeln. Weiterhin kann die Grundschuld als Eigentümergrundschuld (unabhängig von einem Sicherungszweck) für den Eigentümer selbst (→ Rn. 6) oder als Fremdgrundschuld für einen anderen bzw. einen Gläubiger bestellt werden. Auch die Bestellung für eine andere Person ist unabhängig vom Bestand einer Forderung als „isolierte Grundschuld“ denkbar. Dieser Fall ist aber eher selten. Der Hauptfall in der Praxis ist die 4 sog. Sicherungsgrundschuld, die in § 1192 Ia definiert ist und der Sicherung eines Anspruchs dient (→ Rn. 13ff.).

II. Bestellung und Übertragung der Grundschuld

1. Bestellung der Buchgrundschuld

5 **a) Einigung und Eintragung.** Auch für die Bestellung der Grundschuld gilt **§ 873**. Wie die Hypothek kann die Grundschuld als Buch- oder als Briefgrundschuld bestellt werden. Die Voraussetzungen der Grundschuldbestellung entsprechen denen der Bestellung einer Hypothek (→ § 27 Rn. 2ff.) mit der Ausnahme, dass eine Forderung bei der Grundschuld nicht vorausgesetzt wird. Daher wird im Grundbuch auch keine Forderung eingetragen. Die **Buchgrundschuld** entsteht nach § 873 durch Einigung und Eintragung ins Grundbuch. Bezüglich des Inhalts der Eintragung gilt § 1115 iVm § 1192 I.

Bestellung der Buchgrundschuld, §§ 1191, 1192 I, 873, 1115, 1116 II
1. Einigung über Bestellung der Grundschuld, § 873 I 2. Ausschluss der Erteilung eines Grundschuldbriefs, §§ 1192 I, 1116 II 3. Berechtigung des Bestellers 4. Eintragung im Grundbuch, §§ 1192 I, 1115

6 **b) Bestellung als Eigentümergrundschuld.** Die Grundschuld wird im Allgemeinen für eine andere Person als Grundschuldgläubiger bestellt. Der Grundstückseigentümer kann sich jedoch auch selbst an seinem **eigenen Grundstück** eine Grundschuld bestellen, **§ 1196 I.** Auf diese Weise kann eine Rangstelle gewahrt werden. Bei Bedarf kann die Grundschuld später auf einen Dritten übertragen werden. Mit der Übertragung auf den Dritten wird die Eigentümergrundschuld zur normalen (Fremd-)Grundschuld, aus der der Dritte gem. §§ 1192 I, 1147 die Zwangsvollstreckung betreiben kann. Der Eigentümer kann sich die Eigentümergrundschuld auch als Sicherheit bestellen, wenn er das Grundstück veräußern will. Die Grundschuld wird dann in seiner Person zur Fremdgrundschuld, sobald das Eigentum am Grundstück auf den Erwerber übergegangen ist.

Die **Eigentümergrundschuld** gewährt dem Eigentümer selbst allerdings nicht das Recht, die Zwangsvollstreckung zu betreiben (§ 1197 I). Der Eigentümer soll ja nicht die nachrangig dinglich Berechtigten in der Zwangsversteigerung gem. §§ 91 I, 52 I ZVG um ihre Rechte bringen können. Das Verbot des § 1197 I gilt aber nur für den Eigentümer selbst, nicht für den Inhaber eines Vertragspfandrechts (§ 1291) oder eines Pfändungspfandrechts (§§ 857 VI, 837 ZPO) an der Eigentümergrundschuld (BGH NJW 1988, 1026).

2. Bestellung der Briefgrundschuld

a) Einigung, Eintragung und Briefübergabe. Bei der **Briefgrundschuld** kommen zur Einigung und Eintragung noch die **Ausstellung** des **Grundschuldbriefs** und seine **Übergabe** (§§ 1116, 1192 I) an den Grundschuldgläubiger (§§ 1117 I, 1192 I) hinzu. Insoweit kann auf die Ausführungen zur Hypothek verwiesen werden (→ § 27 Rn. 2f.). 7

Bestellung der Briefgrundschuld, §§ 1191, 1192 I, 873, 1115, 1117
1. Einigung über Bestellung der Grundschuld, § 873 I 2. Ausstellung des Grundschuldbriefs, §§ 1192, 1116 I 3. Übergabe des Grundschuldbriefs gem. §§ 1192 I, 1117 I, 929f. oder Vereinbarung nach § 1117 II 4. Berechtigung des Bestellers 5. Eintragung im Grundbuch, §§ 1192 I, 1115

b) Gesetzliche Eigentümergrundschuld. Solange der Brief dem Gläubiger nicht übergeben und auch kein Übergabesurrogat vereinbart ist, steht die eingetragene Grundschuld gem. §§ 1163 II, 1192 I dem Eigentümer als gesetzliche Eigentümergrundschuld zu. Erst mit Briefübergabe verwandelt sie sich in eine Fremdgrundschuld. § 1163 I, der für die Hypothek die Konsequenzen der noch nicht entstandenen bzw. erloschenen Forderung regelt, gilt für die Grundschuld mangels Akzessorietät hingegen nicht. 8

Dem Eigentümer soll durch §§ 1163 II, 1192 I die Möglichkeit eingeräumt werden, den Grundschuldbrief zurückzuhalten, bis er vom Gläubiger die Gegenleistung für die Grundschuld, in der Regel das Darlehen, ausbezahlt erhalten hat. **Briefübergabe** und Übergang der Grundschuld können dann **Zug um Zug** gegen Auszahlung des Darlehens erfolgen. Durch die Eigentümergrundschuld soll aber zugleich auch die Rangstelle der Grundschuld gesichert werden, sodass eine spätere Grundschuld, deren Brief früher übergeben wurde, nicht an die Stelle der früher eingetragenen Grundschuld rücken kann.

9 Solange dem Eigentümer nach §§ 1163 II, 1192 I die Eigentümergrundschuld zusteht, kann er diese Grundschuld einem **Zwischenkreditgeber** als Sicherheit übertragen. Zwischenkreditgeber gewähren Kredite insbes. für Bauzwecke in der Zeit zwischen der Grundschuldbestellung und der Fertigstellung des Rohbaus, solange der Hauptkreditgeber den Kredit noch nicht auszahlt. Der Zwischenkreditgeber kann sich zu seiner Sicherheit neben der Eigentümergrundschuld auch den Auszahlungsanspruch des Eigentümers gegen den Hauptkreditgeber abtreten lassen. Der Hauptkreditgeber zahlt seinen Kredit dann an den Zwischenkreditgeber gegen Übergabe des Grundschuldbriefs aus. Dadurch erwirbt der Hauptkreditgeber die Grundschuld und durch die Auszahlung des Hauptkredits an den Zwischenkreditgeber wird zugleich dessen Rückzahlungsforderung gegen den Eigentümer getilgt.

3. Übertragung der Grundschuld

10 **a) Übertragung der Buchgrundschuld.** Die Buchgrundschuld wird nach der allgemeinen Vorschrift des **§ 873** durch Einigung und Eintragung auf den neuen Gläubiger übertragen, §§ 1192 I, 1154 III. Wenn § 1154 insoweit von der „Abtretung der Forderung" spricht, passt das auf die Grundschuld freilich nicht. Die entsprechende Anwendung der Norm gem. § 1192 I bedeutet vielmehr, dass insoweit nun „Abtretung der Grundschuld" zu lesen ist. Die Eintragung des Neugläubigers im Grundbuch bedarf einer Bewilligungserklärung des abtretenden Gläubigers, die nicht schon konkludent in der Abtretung enthalten ist (KG FGPrax 2017, 149). Ist die Grundschuld für den abtretenden Gläubiger eingetragen, obwohl sie ihm in Wirklichkeit nicht zusteht, so kann sie unter den Voraussetzungen des § 892 gutgläubig erworben werden.

Ob eine **Forderung** existiert, deren Absicherung die Buch- oder Briefgrundschuld dient, ist irrelevant, da die Grundschuld nicht akzessorisch bzw. von der Forderung unabhängig ist. Anders als bei der Hypothek ist die Abtretung der Forderung zur Übertragung der Grundschuld nicht erforderlich (zur Hypothek → § 27 Rn. 31). Die Regelung in § 1138 ist unanwendbar (→ Rn. 2).

Nach hM kann die **Abtretbarkeit** der Grundschuld jedoch analog §§ 413, 399 ausgeschlossen werden. Ein solcher Ausschluss ergibt sich nicht allein schon aus dem Sicherungszweck der Grundschuld (Palandt/*Herrler* BGB Einl v § 854 Rn. 12). Er muss vielmehr ausdrücklich als Rechtsinhalt der Grundschuld vereinbart und ins Grundbuch eingetragen werden, §§ 873, 877.

11 **b) Übertragung der Briefgrundschuld.** Bei der Übertragung der **Briefgrundschuld** kann die Eintragung ins Grundbuch entfallen. Zu

ihrer Übertragung außerhalb des Grundbuchs müssen nach §§ 1192 I, 1154 I folgende Voraussetzungen erfüllt sein: Einigung über die Abtretung, schriftliche Abtretungserklärung und Briefübergabe bzw. Übergabesurrogat (→ § 27 Rn. 34 f.). In Bezug auf die dingliche Einigung zitieren manche § 398 (zB *Helms/Zeppernick* SachenR II Rn. 252), andere verweisen auf § 873.

Für die Briefgrundschuld verweist § 1192 I auch auf § 1155, wonach Voraussetzung des gutgläubigen Erwerbs ist, dass der Zedent im Besitz des Grundschuldbriefs ist und dass er sein Recht aufgrund einer zusammenhängenden Reihe öffentlich beglaubigter Abtretungserklärungen von dem zuletzt im Grundbuch eingetragenen Gläubiger herleiten kann (→ § 27 Rn. 45).

c) Abtretung der Forderung. Soll neben der Grundschuld **auch** 12 **die Forderung** abgetreten werden, kommt es zu einer weiteren Abtretung, so dass **zwei Rechtsgeschäfte** zu unterscheiden sind. Formgebunden ist dabei nur die Abtretung der Grundschuld; die Forderung kann nach § 398 formlos abgetreten werden. Beide Abtretungen sind in ihrer Wirksamkeit voneinander unabhängig. Ein gutgläubiger Erwerb ist bei einer nicht existierenden Forderung von vornherein ausgeschlossen, während ein gutgläubiger Erwerb der eingetragenen Grundschuld unter den genannten Voraussetzungen (→ Rn. 10 f.) möglich ist.

Beispiel: E hat der Bank B zur Absicherung eines Darlehens eine Briefgrundschuld bestellt. Später stellt sich heraus, dass E im Zeitpunkt sämtlicher Rechtsgeschäfte mit B infolge von Demenz bereits geschäftsunfähig war. Inzwischen hatte B Grundschuld und Forderung aber an D abgetreten.

Da der Darlehensvertrag zwischen E und B gem. §§ 104 Nr. 2, 105 I nichtig war, entstand keine Forderung aus § 488 I 2, so dass D diese Forderung auch nicht durch Abtretung erwerben konnte. Einen gutgläubigen Erwerb nicht existierender Forderungen kennt das BGB insoweit nicht. D hat daher keinen Anspruch gegen E aus § 488 I 2. Auch die dingliche Einigung gem. § 873 über die Grundschuldbestellung scheiterte an sich an §§ 104 Nr. 2, 105 I. Jedoch wurde die Grundschuld im Grundbuch eingetragen und konnte von D gem. §§ 1192 I, 1154 I, 1155, 892 gutgläubig erworben werden. Daher hat D grundsätzlich einen Anspruch gegen E aus § 1147 auf Duldung der Zwangsvollstreckung. Zu etwaigen Einreden → Rn. 48 ff.

III. Die Sicherungsgrundschuld

1. Eigenart der Sicherungsgrundschuld

13 Die Grundschuld wird, obwohl sie nicht wie die Hypothek von Gesetzes wegen zwingend das Bestehen einer Forderung voraussetzt, in der Regel durchaus als Sicherheit für eine Forderung bestellt. Praktisch bedeutsam ist va die Grundschuld zur Absicherung eines Immobiliardarlehens. Die Grundschuld ist dann keine isolierte Grundschuld, sondern eine sog. Sicherungsgrundschuld. Demgemäß definiert **§ 1192 Ia 1** die Sicherungsgrundschuld als **Grundschuld zur Sicherung eines Anspruchs**. Auch eine solche Grundschuld ist aber nach ihrem dinglichen Inhalt nicht von einer Forderung abhängig. Sie kann auch nicht als „Sicherungsgrundschuld" ins Grundbuch eingetragen werden (BGH NJW 1986, 53; *Vogel* JA 2012, 887, 892; aA *Deubner* JuS 2008, 586, 589), sondern einfach nur als Grundschuld. Ist der Sicherungscharakter einer Grundschuld aus der Bestellungsurkunde ersichtlich oder wird eine Bank als Grundschuldgläubigerin eingetragen, ist aber davon auszugehen, dass die Grundschuld eine Geldschuld sichert bzw. eine Sicherungsgrundschuld ist (BGH ZIP 2014, 817).

14 Die Besonderheit bei der Sicherungsgrundschuld liegt darin, dass der Grundschuldgläubiger durch den **schuldrechtlichen Sicherungsvertrag** treuhänderisch gebunden ist. Er darf von der Grundschuld nur zum Zwecke der Sicherung der Forderung Gebrauch zu machen bzw. sie erst verwerten, wenn die Forderung nicht bezahlt wird. Durch den Sicherungsvertrag wird somit die dinglich an sich nicht beschränkte Rechtsmacht des Grundschuldgläubigers **schuldrechtlich im Verhältnis der Parteien zueinander eingeschränkt** (BGHZ 142, 332). Schließlich liegt das besondere Risiko der (rechtlich forderungsunabhängigen) Grundschuld für den Eigentümer darin, dass ein Grundschuldgläubiger von seinem Verwertungsrecht Gebrauch macht, obwohl die abgesicherte Forderung nicht, nicht mehr oder nur noch teilweise besteht. Diesem Risiko wird durch die Vereinbarungen im Sicherungsvertrag vorgebeugt. Dem Gläubiger wird auf diese Weise die Stellung eines (eigennützigen) treuhänderischen Sicherungsnehmers eingeräumt. Seine im Außenverhältnis dinglich unbegrenzte Verfügungsmacht über die Grundschuld wird im Innen-

verhältnis schuldrechtlich begrenzt. Was dies im Einzelnen bedeutet, wird im Folgenden näher dargestellt.

Die Grundschuld wird in der Praxis des Kreditverkehrs regelmäßig als Sicherungsgrundschuld vereinbart. Sie hat in ihrem praktischen Anwendungsbereich weitgehend die Hypothek verdrängt.

2. Der Sicherungsvertrag

a) Allgemeines. Im Verhältnis von Kreditgeber und Kreditnehmer sind beim grundschuldgesicherten Kredit **drei Rechtsgeschäfte** zu unterscheiden: 15

- der Darlehensvertrag, § 488
- die dingliche Grundschuldbestellung, §§ 873, 1115 ff., 1192 I
- der Sicherungsvertrag als schuldrechtliche Grundlage (Rechtsgrund) für das dingliche Geschäft.

Meist ist der Grundstückseigentümer mit dem Kreditnehmer identisch. Es kann sich aber auch ein Dreipersonenverhältnis (vgl. → § 27 Rn. 25 ff.) ergeben. Dann besteht der Darlehensvertrag zwischen Kreditgeber und Kreditnehmer, während Sicherungsvertrag und Grundschuldbestellung zwischen dem Eigentümer und dem Kreditgeber (= Grundschuldgläubiger) erfolgen. Dabei liegt im Hinblick auf die Haftung des Schuldners aus der Forderung und die Haftung des Eigentümers aus der Grundschuld keine Gesamtschuld im Sinne der §§ 421 ff. vor (BGH ZIP 1988, 1098).

b) Form und Rechtsnatur des Sicherungsvertrags. Der Sicherungsvertrag ist ein Vertrag eigener Art (§ 311 I) und als solcher **formfrei** (vgl. BGH DB 2018, 1330). Bei Bestellung einer Grundschuld im Zusammenhang mit einem Darlehensvertrag bzw. zum Zweck „der Sicherung eines Anspruchs" (§ 1192 Ia) kann grundsätzlich von einem **konkludent** geschlossenen Sicherungsvertrag ausgegangen werden (s. auch BGH NJW-RR 1991, 305). Im Sicherungsvertrag werden insbes. der Sicherungszweck (→ Rn. 17), die Voraussetzungen der Verwertung der Grundschuld (→ Rn. 23) und die Pflicht zur Rückgewähr der Grundschuld auf den Eigentümer nach Wegfall des Sicherungszwecks (→ Rn. 25 ff.) geregelt. 16

Der Sicherungsvertrag ist in der Regel **kein gegenseitiger Vertrag** iSd §§ 320 ff. (Palandt/*Herrler* BGB § 1191 Rn. 15). Der Sicherungsvertrag begründet ebenso wie der Darlehensvertrag ein Dauerschuldverhältnis, das durch Ablauf der vereinbarten Zeit oder durch Kündigung endet (vgl. zum Pfandrecht BGH NJW 2003, 61).

17 **c) Der Sicherungszweck.** Durch den Sicherungsvertrag verpflichtet sich der Eigentümer, die Grundschuld **für eine bestimmte Forderung** oder für eine Mehrzahl von Forderungen zu bestellen (sog. Bestellabrede). Der Sicherungsvertrag enthält insbes. die **konkrete Bezeichnung** der mit der Grundschuld abzusichernden Forderung(en) (**Sicherungszweck**). Die Zweckbestimmungserklärung kann sehr eng auf eine bestimmte Forderung beschränkt sein, so dass der Rückgewähranspruch (→ Rn. 26 f.) bereits mit der Tilgung dieser Forderung entsteht. Es kann aber auch ein weiter Sicherungszweck vereinbart sein, der eine **Revalutierung** der Grundschuld in Bezug auf weitere bzw. neue Forderungen erlaubt. Die Rückgewähr der Grundschuld kann dann erst mit endgültiger Beendigung der Geschäftsbeziehung verlangt werden (BGH NJW 2013, 2894).

18 Eine **nachträgliche Änderung** oder Erweiterung des Sicherungszwecks ist formfrei möglich, muss aber von allen am Sicherungsvertrag Beteiligten (zB Gläubiger und zwei Grundstücksmiteigentümer) gemeinsam beschlossen werden (BGH NJW 2010, 935). Ist der Rückgewähranspruch abgetreten worden (vgl. Beispiel → Rn. 32), bedarf es insoweit auch der Zustimmung des Zessionars (BGH NJW 2013, 2894).

19 Die **Bestimmung des Sicherungszwecks** ist vielfach in **AGB** enthalten (s. zB Nr. 14 II AGB-Banken). Mangels eines gesetzlichen Leitbildes für den Sicherungsvertrag scheidet eine Unwirksamkeit von Klauseln nach § 307 regelmäßig aus. Bedeutung haben jedoch überraschende Klauseln. Wichtig für die Beurteilung sind insoweit die Erwartungen des Sicherungsgebers, wie sie im Zeitpunkt der Sicherungsabrede durch den konkreten Anlass der Sicherheitenbestellung geprägt werden (BGH NJW-RR 2017, 334).

Beispiele:

- Auch wenn Anlass für die Grundschuldbestellung nur ein einzelner Kredit war, wird eine Zweckbestimmungserklärung, wonach die Grundschuld für alle gegenwärtigen und künftigen Ansprüche des Gläubigers **gegen diesen Schuldner** als Sicherheit dienen soll, meist nicht überraschend sein (BGHZ 106, 19).
- Bestellt der Eigentümer seine Sicherheit jedoch für eine konkrete **Schuld eines Dritten** (zB auch des Ehegatten), so ist eine formularmäßige Zweckerklärung nach **§ 305c I** regelmäßig **überraschend**, wenn die Grundschuld über den konkreten Sicherungsanlass hinaus auch für die sonstigen Forderungen des Gläubigers gegen den Dritten als Sicherheit dienen soll (s. BGH NJW 2001, 1416). Anders liegt es jedoch, wenn nach Tilgung der betreffenden Schuld und Fehlen einer derzeitigen Verbindlichkeit eine neue Siche-

rungsabrede getroffen wird. Diese kann ihrem Zweck nach nur auf weitere künftige Verbindlichkeiten des Dritten gerichtet sein (BGH NJW-RR 2017, 334).

- Bestellen **Miteigentümer** eines Grundstücks aus Anlass der Sicherung bestimmter gemeinsamer Verbindlichkeiten eine Grundschuld, ist die formularmäßige Sicherungsabrede, wonach die Grundschuld am eigenen Miteigentumsanteil auch alle bestehenden und künftigen Verbindlichkeiten des anderen Miteigentümers sichert, ebenfalls regelmäßig überraschend (BGH NJW 2002, 2710).

Aus dem Sicherungszweck bzw. aus der diesbezüglichen **Zweckbindung** der Grundschuld folgt zudem, dass der Gläubiger die Grundschuld nur **zusammen mit der persönlichen Forderung** abtreten darf, damit der Schuldner nicht der Gefahr der doppelten Inanspruchnahme (s. Rn. 55) ausgesetzt wird (BGH NJW-RR 1987, 139). 20

Ein Verstoß gegen diese Vorgabe lässt die **Wirksamkeit einer isolierten Abtretung** der Grundschuld allerdings **unberührt**, da § 1153 für die Grundschuld nicht gilt (→ Rn. 2). Das im Sicherungsvertrag (konkludent) enthaltene Verbot der isolierten Abtretung hat lediglich schuldrechtliche Wirkung; eine dingliche Wirkung kommt wegen § 137 S. 1 nicht in Betracht. In ähnlicher Weise wären eine Revalutierung und Abtretung der Grundschuld (etwa durch einen Insolvenzverwalter zum Zweck der Verwertung) auch dann dinglich wirksam, wenn dies im Sicherungsvertrag zuvor ausgeschlossen worden war (BGH NJW 2016, 3239).

d) Regelung der Fälligkeit der Grundschuld. Der Sicherungsvertrag enthält regelmäßig auch eine Regelung zur Fälligkeit der Sicherungsgrundschuld (**§ 1193 II 1**). Das betrifft die Frage, ab welchem Zeitpunkt der Anspruch aus § 1147 geltend gemacht werden kann. Die früher übliche Vereinbarung, dass die Grundschuld fristlos kündbar oder sogar sofort fällig sein sollte, ist infolge der heutigen Fassung von § 1193 nicht mehr möglich bzw. wäre nach § 134 nichtig. Das Gesetz knüpft die Fälligkeit der Sicherungsgrundschuld zwingend (vgl. § 1193 II 2) an das **Kündigungserfordernis**. Das gilt aber nur für Grundschulden, die nach dem 19.8.2008 bestellt worden sind (Art. 229 § 18 III EGBGB; dazu BGH NJW 2010, 3300). Wird eine zuvor bestellte (sofort fällige) Grundschuld nachträglich auf ein weiteres Grundstück erstreckt, so gelten für das neu belastete Grundstück die gesetzlichen Fälligkeitsvoraussetzungen (BGH ZIP 2014, 817). Die **Kündigungsfrist** beträgt zwingend **sechs Monate** (§ 1193 I 3, II). 21

Die Regelung des § 1193 gilt entsprechend, wenn aus einer vollstreckbaren Sicherungsgrundschuld **nur** wegen der **Grundschuldzinsen** vollstreckt werden soll. Zwar fehlt hierfür eine unmittelbare Regelung im Gesetz. Zum Schutz des Schuldners müssen jedoch auch hierfür die Kündigung des Kapitals der Grundschuld oder die Androhung der Zwangsversteigerung und das Verstreichenlassen einer Wartefrist von sechs Monaten vorausgesetzt werden. Das folgt laut BGH aus einer Rechtsanalogie zu den §§ 1234, 1193 I 3 BGB (BGH NJW 2017, 2469).

Auch wenn der Sicherungsvertrag regelmäßig bestimmt, dass die Grundschuld erst nach Fälligkeit der Forderung geltend gemacht werden darf, sind **Fälligkeit von Forderung** und Grundschuld rechtlich klar voneinander zu trennen. Wann die Forderung fällig ist, wird im Darlehensvertrag festgelegt. Fehlt eine diesbezügliche Regelung, kommt es auf eine Kündigung an, § 488 III 1. Die Kündigungsvoraussetzungen sind in den §§ 489f. geregelt. Für Verbraucherdarlehen ist zudem § 498 zu beachten.

22 **e) Weitere Rechte und Pflichten der Parteien.** Der Gläubiger wird durch den Sicherungsvertrag zur **Rücksichtnahme** verpflichtet. Er hat bei der Ausübung seiner sich aus der Grundschuld ergebenden Rechte zugleich die Interessen des Sicherungsgebers zu wahren (BGH NJW 2011, 1500). Der Gläubiger darf die Rechte aus der Grundschuld nur geltend machen, wenn die gesicherte Forderung nicht freiwillig rechtzeitig befriedigt wird. Ist eine solche Vereinbarung nicht ausdrücklich im Sicherungsvertrag enthalten, so ergibt sie sich jedenfalls im Wege ergänzender Auslegung aus dem Zweck des Sicherungsvertrags.

Der Gläubiger, dem mehrere Forderungen gegen den Schuldner zustehen, ist aber nicht verpflichtet, **Teilleistungen** des Schuldners gerade mit der Forderung zu verrechnen, für die ein Dritter als Sicherungsgeber eine Grundschuld bestellt hat (BGH NJW 1993, 2043). Ebenso wenig muss der Gläubiger zuvor andere Sicherheiten verwerten, um den Sicherungsgeber zu schonen (BGH NJW 1994, 2514). Bei einer Grundschuld zur Sicherung mehrerer Forderungen darf er die Grundschuld auch grundsätzlich nach seinem Belieben für die von ihm ausgesuchte Forderung verwerten (BGH NJW 1998, 601).

23 Im Sicherungsvertrag können Verwertungsart und **Verwertungsbeschränkungen** der Grundschuld präzisiert werden. Die (zwangsweise) Verwertung erfolgt grundsätzlich durch Zwangsversteigerung oder Zwangsverwaltung (→ § 26 Rn. 19). Aus der Sicherungsabrede ergibt sich regelmäßig auch, dass der Gläubiger von seinem Verwertungsrecht (§ 1147) nur insoweit Gebrauch machen darf, als ein Si-

cherungsbedürfnis (noch) besteht (→ Rn. 51) und tatsächlich Verwertungsreife eingetreten ist. Das Interesse des Sicherungsgebers an möglichst **günstiger Verwertung** ist zu wahren (BGH NJW 1997, 2672). Im Fall der Ablösung der Grundschuld durch einen Ersteigerer (→ Rn. 46) muss der Gläubiger dafür Sorge tragen, dass er einen ausreichenden Ablösungsbetrag verlangt, so dass die gesicherte Forderung damit vollständig verrechnet werden kann (BGH NJW 2011, 1500).

Allerdings enthält das Vertragswerk meist auch noch die Verpflichtung des Schuldners zur Abgabe eines **abstrakten** (nicht akzessorischen) **Schuldanerkenntnisses** (§§ 780, 781) für den Betrag der Grundschuld. Auf diese Weise wird für den Anspruch des Gläubigers eine zusätzliche Anspruchsgrundlage geschaffen und die Haftung des Sicherungsgebers auf sein gesamtes Vermögen ausgedehnt. Die Einreden aus dem Sicherungsvertrag können aber auch gegen diesen Anspruch erhoben werden. Auch wegen dieser Zahlungsverpflichtung unterwirft sich der Schuldner regelmäßig der sofortigen Zwangsvollstreckung (§ 794 I Nr. 5 ZPO). **24**

3. Die Pflicht zur Rückgewähr der Grundschuld

a) Unwirksamer oder fehlender Sicherungsvertrag. Fehlt es an einem wirksamen Sicherungsvertrag oder einer wirksamen Bestellabrede, so fehlt der **Rechtsgrund** für die Bestellung der Grundschuld (BGH NJW 1989, 1732) und es besteht ein Anspruch auf **Rückgewähr** oder Löschung der bestellten Grundschuld aus **§ 812 I 1** (MüKoBGB/*Lieder* § 1191 Rn. 22). Sollte der Gläubiger die Grundschuld gleichwohl geltend machen wollen, stände dem Sicherungsgeber/Eigentümer die Einrede aus § 821 zu. **25**

Beispiel: E hat der Bank B zur Absicherung eines Darlehens eine Grundschuld bestellt. Wenn E den Darlehensvertrag und den Sicherungsvertrag nun nach den §§ 119ff. anficht, sind diese Verträge gem. § 142 I nichtig. Damit fehlt der Rechtsgrund für die Grundschuldbestellung und E kann von B aus § 812 I 1 Alt. 1 die Herausgabe der Grundschuld bzw. ihre Löschung verlangen. Bezieht sich der Anfechtungsgrund ausnahmsweise zugleich auf die (an sich abstrakte) Grundschuldbestellung (s. allg. zur Fehleridentität → § 6 Rn. 7), so macht die Anfechtung auch die Grundschuldbestellung unwirksam und das Grundbuch ist unrichtig geworden. In diesem Fall hat E Anspruch auf Grundbuchberichtigung aus § 894.

b) Wegfall des Sicherungszwecks. Ist der Sicherungsvertrag wirksam und wird der Gläubiger mit der gesicherten **Forderung** befriedigt oder erledigt sich der Sicherungszweck (→ Rn. 17) auf sonstige Weise, **26**

so hat der Sicherungsgeber bzw. Eigentümer aus dem Sicherungsvertrag heraus einen **Anspruch** gegen den Gläubiger auf **Rückgewähr der Sicherheit**. Nur wenn der Eigentümer bewusst auf die Grundschuld leistet, erledigt sich der Rückgewähranspruch (→ Rn. 37 ff.).

Der Anspruch auf Rückgewähr ergibt sich aus dem Sicherungsvertrag und steht dem Sicherungsgeber zu. Sind Sicherungsgeber und Grundstückseigentümer nicht identisch, etwa weil der Sicherungsgeber das Grundstück inzwischen an einen Dritten veräußert hat, so steht dem neuen Eigentümer der Anspruch nur zu, wenn er in den Sicherungsvertrag eingetreten ist oder der Rückgewähranspruch an ihn (ggf. stillschweigend) abgetreten wurde (vgl. BGH WM 2017, 2299).

Regelmäßig ist der **Rückgewähranspruch** durch den endgültigen Wegfall des Sicherungszwecks **aufschiebend bedingt** (BGH NJW 2013, 2894; 2016, 2415; aA *Kehrberger* JuS 2016, 776, 778). Ist ein Rückgewähranspruch nicht oder nicht wirksam vereinbart, so ist dem Eigentümer im Wege der ergänzenden Vertragsauslegung jedenfalls ein **vertragsimmanenter** Rückgewähranspruch zuzuerkennen. Die Rückgewährpflicht kann auch **einredeweise** geltend gemacht werden, wenn der Gläubiger aus der Grundschuld vorgehen will, obwohl der Sicherungszweck inzwischen entfallen ist (→ Rn. 52).

Anstelle des Rückgewähranspruchs kann bei der Grundschuld **keine auflösende Bedingung** des Inhalts vereinbart werden, dass die Grundschuld selbst mit dem Erlöschen der Forderung ebenfalls erlischt. Im Sicherungsvertrag können sich die Parteien aber den **Rücktritt** vorbehalten oder es können die gesetzlichen Rücktrittsgründe aus §§ 323, 324 in Betracht kommen. Die Grundschuld ist in diesem Fall bei Ausübung des Rücktrittsrechts nach § 346 zurückzuübertragen. Für den Fall der endgültigen **Nichtvalutierung** der Grundschuld wird teilweise auch vertreten, dass der Rückgewähranspruch dann aus § 346 I folgt (*Medicus/Petersen* BürgerlR Rn. 496); vorzugswürdig ist jedoch die Ansicht, den Anspruch auch in diesem Fall auf den Sicherungsvertrag zu stützen (wie hier auch *Kehrberger* JuS 2016, 776, 778).

27 **c) Wahlrecht des Sicherungsgebers.** Der Eigentümer hat ein **Wahlrecht** (§ 262), worauf er seinen Rückgewähranspruch richtet. Er kann wahlweise verlangen:
- **Löschung** der Grundschuld im Wege rechtsgeschäftlicher **Aufhebung** (§§ 875, 1183, 1192 I)
- Abgabe einer **Verzichtserklärung** des Sicherungsnehmers (§§ 1168, 1192 I) oder
- **Rückgewähr** der Grundschuld mittels Abtretung an sich oder einen Dritten (§§ 1154, 1192 I; → Rn. 30 ff.).

Zur rechtsgeschäftlichen **Aufhebung** der Grundschuld bedarf es nach § 875 der Aufhebungserklärung und der Eintragung der Löschung im Grundbuch. Steht die Grundschuld dem Gläubiger zu, so muss neben seiner Aufgabeerklärung gem. §§ 1192 I, 1183 S. 1 der **Eigentümer zustimmen**. Die Zustimmung des Eigentümers zur vollständigen Löschung der Grundschuld ist erforderlich wegen der diesem zustehenden Eigentümergrundschuld (§§ 1192 I, 1168; s. auch → § 27 Rn. 54). Das Zustimmungsrecht des Eigentümers ist nicht pfändbar (OLG München MittBayNot 2017, 89). Zum Verzicht s. → § 27 Rn. 54.

Gegen den Rückübertragungs- oder Löschungsanspruch kann der Gläubiger ggf. **Einwendungen** und Einreden erheben. Der Gläubiger kann aber wegen Forderungen, die vom Sicherungszweck nicht gedeckt sind, kein Zurückbehaltungsrecht nach § 273 geltend machen, weil dadurch der Sicherungszweck entgegen der Sicherungsabrede ausgeweitet würde (BGH NJW 2000, 2499). 28

Der Rückgewähranspruch kann durch Vormerkung gesichert werden. Gläubiger des Eigentümers können den aufschiebend bedingten Rückgewähranspruch auch **pfänden** (§ 857 ZPO); schließlich stellt dieser Anspruch für andere Gläubiger vielfach einen bedeutsamen Vermögenswert dar, auf den sie zugreifen wollen. Die Grundschuld wird dann auf den Eigentümer übertragen. Das Pfandrecht an dem Rückgewähranspruch verwandelt sich aber gem. § 1287 in ein Pfandrecht an der Grundschuld.

d) Besonderheiten bei Miteigentümern. Haben **Ehegatten** als Miteigentümer des Grundstücks nach Bruchteilen die Grundschuld bestellt, so steht ihnen auch der **Rückübertragungsanspruch** in der Regel in Bruchteilsgemeinschaft nach §§ 741 ff. zu, insbes. gilt auch § 754 S. 2 (BGH NJW 1982, 928). Hat ein Ehegatte das Grundstück inzwischen zu Alleineigentum (in einer Teilungsversteigerung anlässlich der Scheidung) ersteigert, so kann der andere Ehegatte vom Ersteher die Mitwirkung bei der Rückübertragung der Grundschuld und Teilung der Grundschuld verlangen. Aus der ihm gebührenden Teilgrundschuld kann er dann aus §§ 1147, 1192 I vorgehen; ein unmittelbarer Zahlungsanspruch steht dem „weichenden" Ehegatten nicht zu und ergibt sich auch nicht aus Treu und Glauben (§ 242). Der Grundstückseigentümer-Ehegatte hat aber das Wahlrecht, die Zwangsvollstreckung in das Grundstück durch Zahlung nach § 1142 abzuwenden (BGHZ 187, 169). 29

4. Insbesondere: Der Anspruch auf Rückgewähr der Grundschuld durch Abtretung

a) Vorteile der Abtretung. Im Fall der Löschung der Grundschuld rücken alle **nachrangigen Rechte** entsprechend auf. Wird eine erstrangige Grundschuld gelöscht, hat eine bislang zweitrangige Grund- 30 schuld nun also den ersten Rang. Evtl. wird der Grundstückseigentümer jedoch daran interessiert oder sogar darauf angewiesen sein, einem (neuen) Kreditgeber ein Grundpfandrecht an erster Rangstelle anbieten zu können. In diesem Fall gilt es, die Löschung zu vermeiden. Das kann der Eigentümer dadurch erreichen, dass er seinen Anspruch auf Rückgewähr der Grundschuld an den neuen Gläubiger abtritt (vgl. BGHZ 191, 277). Der neue Gläubiger kann den Rückgewähranspruch dann in der Weise geltend machen, dass er sich die Grundschuld vom bisherigen Gläubiger abtreten lässt. Ein Zwischenerwerb der Grundschuld durch den Eigentümer selbst, welcher wiederum Löschungsansprüche nachrangiger Grundpfandgläubiger aus § 1179a I (→ § 27 Rn. 55 f.) auslösen könnte, wird damit verhindert.

31 Umstritten ist, ob eine Klausel in **AGB** des Sicherungsnehmers (Bank), welche den **Anspruch** auf Rückgewähr der Grundschuld **auf die Löschung beschränkt,** gem. § 307 I, II Nr. 1, 2 unwirksam ist (vgl. BGH NJW 2011, 1500 mit Überblick zum Meinungsstand). Eine **Unwirksamkeit** ist jedenfalls zu bejahen, wenn sie auch Fallgestaltungen erfasst, in denen der Sicherungsgeber im Zeitpunkt der Rückgewähr nicht mehr Grundstückseigentümer ist; denn der Rückgewähranspruch ist ein Wesensmerkmal der Sicherungsabrede und das beschriebene Wahlrecht ein Grundgedanke der gesetzlichen Regelung (BGH NJW 2014, 3772). Die Reduzierung auf den Löschungsanspruch vereinfacht zwar für den Sicherungsnehmer die Vertragsabwicklung. Es ist jedoch das Interesse des Sicherungsgebers zu beachten, das Grundpfandrecht erneut als Kreditsicherungsmittel (mit dem eingetragenen Rang) zu nutzen. Zu den Fallkonstellationen *Samhat* MDR 2014, 1297; Klausurfall bei *Reichow* JA 2017, 1094.

32 **b) Die Abtretung des Rückgewähranspruchs.** Der Anspruch auf Rückgewähr der Grundschuld kann sich unmittelbar aus dem Sicherungsvertrag ergeben, aus § 346 oder aus § 812 I (→ Rn. 25). Soweit er sich aus dem Sicherungsvertrag ergibt, handelt es sich nicht um einen künftigen Anspruch, sondern um einen bereits **bestehenden,** durch den Wegfall des Sicherungszwecks **aufschiebend bedingten Anspruch** (BGH NJW 1977, 247). Der Anspruch ist daher – sofern seine Abtretbarkeit nicht ausnahmsweise ausgeschlossen wurde (§ 399) – an einen anderen Gläubiger abtretbar.

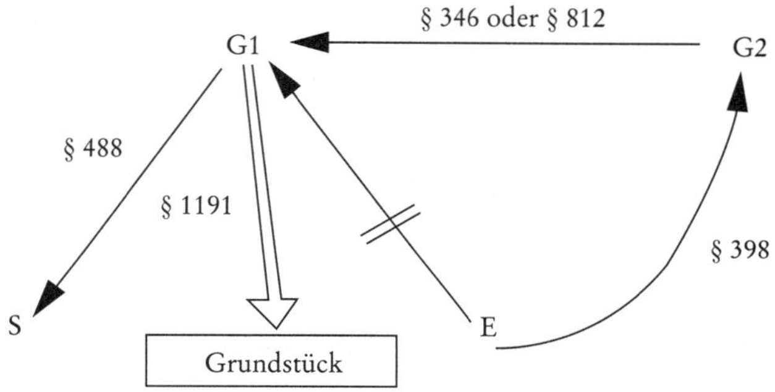

Hier hat E seinen Anspruch auf Rückgewähr der Grundschuld gegen G^1 an G^2 abgetreten. Somit kann G^2 nun von G^1 die Übertragung bzw. Abtretung der Grundschuld auf sich verlangen. Damit verhindert E die Anwendung von § 1179a, weil eine Eigentümergrundschuld dann nicht entsteht. Der Rückübertragungsanspruch besteht aber nur nach Maßgabe des Sicherungsvertrags. Enthält dieser eine umfassende Zweckbestimmungserklärung zur Sicherung aller gegenwärtigen und künftigen Ansprüche aus einer Geschäftsbeziehung (→ Rn. 17f.), so kommt der Rückübertragungsanspruch erst sehr spät zum Tragen bzw. wird erst sehr spät ein unbedingter Anspruch. Die Abtretung des Rückübertragungsanspruchs enthält grundsätzlich konkludent auch die Abtretung des Anspruchs auf Aufhebung und Löschung der Grundschuld sowie des Anspruchs aus §§ 1192 I, 1169.

c) Schadensersatzpflicht bei Verletzung der Rückübertragungspflicht. Den Rückgewähranspruch darf der Grundschuldgläubiger nicht dadurch vereiteln, dass er ohne Rücksprache mit dem Eigentümer die Löschung der Grundschuld (ganz oder teilweise) bewilligt (BGH NJW 2016, 2415); denn dadurch würde insbes. das Interesse des Grundstückseigentümers an der weiteren Verwendung der Grundschuld mit dem eingetragenen Rang verletzt. **Verletzt** der Gläubiger auf diese oder andere Weise seine **Rückübertragungspflicht**, so wird der Schuldner zwar nicht nach § 1165 frei, da diese Norm auf die Grundschuld nicht anwendbar ist. Der Gläubiger ist aber bei schuldhaftem Handeln wegen Verletzung der Pflichten aus dem Sicherungsvertrag seinem Vertragspartner zum **Schadensersatz** aus § 280 I verpflichtet (vgl. BGH NJW 1989, 1732; 2016, 2415). Der Schadensersatzanspruch steht dem jeweiligen Inhaber des Rückübertragungsanspruchs zu. 33

Beispiel (nach BGH NJW 2013, 2894): Grundstückseigentümer E hatte der B-Bank eine erstrangige Sicherungsgrundschuld bestellt, der S-Bank eine nachrangige Grundschuld. Im Sicherungsvertrag hatte E der S den (aufschiebend bedingten) Anspruch auf Rückgewähr aller vorrangigen Grundschulden abgetreten. S zeigte B die Abtretung an. Später tritt B die nur noch gering valutierte Grundschuld jedoch an D ab, welcher die Grundschuld neu valutieren lässt. Da es B auf diese Weise schuldhaft unmöglich geworden ist, den (teilweisen) Rückgewähranspruch der S zu erfüllen, haftet B ihr aus §§ 275 I, IV, 280 I, III, 283 auf Schadensersatz.

5. Rechtslage nach Verwertung der Grundschuld

34 Hat der Grundschuldgläubiger die Grundschuld berechtigterweise **verwertet,** was (bei entsprechender Vereinbarung) auch durch deren freihändige Veräußerung an einen Dritten geschehen kann, so entfällt zugleich der Rückgewähranspruch. Dieser lebt auch nicht dadurch wieder auf, dass der Grundschuldgläubiger die Grundschuld später vom Dritten zurückerwirbt (BGH NJW 1979, 717). An die Stelle des Rückgewähranspruchs tritt aber ein Anspruch auf Herausgabe des über den Betrag der Grundschuldhaftung hinausgehenden Übererlöses (s. etwa BGH NJW 1992, 1620).

IV. Zahlungen auf die Grundschuld

35 Prüfungs- sowie praxisrelevant ist die Frage, welche Rechtsfolgen sich ergeben, wenn Zahlungen auf Forderung und/oder Grundschuld an den Gläubiger erfolgen. Beachtlich ist dabei, dass Grundschuld und Forderung mangels Akzessorietät nicht miteinander verbunden sind und daher unterschiedlichen Gläubigern zustehen können. Zugleich können Forderungsschuldner und Grundstückseigentümer auseinanderfallen. Aber auch bei Identität von Schuldner und Eigentümer muss geklärt werden, ob auf die Grundschuld oder auf die Forderung gezahlt wurde; allerdings enthält bei der Sicherungsgrundschuld der Sicherungsvertrag meist Bestimmungen dazu.

1. Der Schuldner, der nicht zugleich Eigentümer ist, zahlt auf die Forderung

36 Zahlt der vom Eigentümer zu unterscheidende Schuldner auf die Forderung, erfüllt er etwa den Darlehensrückzahlungsanspruch aus § 488 I 2, so erlischt die Forderung des Gläubigers gem. § 362 I. Im

Fall einer Sicherungsgrundschuld entfällt damit zugleich der Sicherungszweck der Grundschuld. Der Eigentümer kann daher aus dem Sicherungsvertrag heraus gegenüber dem Gläubiger den Rückgewähranspruch (→ Rn. 26ff.) geltend machen. Alternativ könnte zwischen Eigentümer und Gläubiger aber etwa auch ein neuer Sicherungszweck vereinbart werden (vgl. → Rn. 3).

2. Der Eigentümer, der nicht zugleich Schuldner ist, zahlt auf die Grundschuld

a) Konsequenzen für die Grundschuld. Zahlt der Eigentümer, der nicht zugleich Schuldner ist, den Grundschuldbetrag an den Gläubiger, so wird grundsätzlich nur **auf die Grundschuld** geleistet. Man spricht dann von der Ablösung der Grundschuld (zB BGH NJW 2016, 2415). Ein Anspruch des Gläubigers auf Ablösung besteht freilich nicht; er hat allein den Anspruch aus §§ 1147, 1192 I (BGH NJW 2011, 1500). 37

Beispiele:
- Ehefrau E hatte dem Kreditgeber K ihres Mannes auf ihrem Grundstück eine Grundschuld bewilligt. Nachdem die Grundschuld fällig ist, macht E von ihrem Befriedigungsrecht gem. §§ 1142, 1192 I Gebrauch und zahlt an K, um die Zwangsversteigerung ihres Grundstücks zu verhindern.
- E ersteigert ein Grundstück, das mit einer Grundschuld belastet ist, zu einem entsprechend günstigen Preis. Nun zahlt er den Grundschuldgläubiger aus, um die bestehen gebliebene Belastung loszuwerden.

Der Gläubiger ist in solchen Fällen befriedigt und bedarf der Grundschuld nicht mehr. Die Grundschuld fällt dann nach hM dem Eigentümer als **Eigentümergrundschuld** zu. Eine Rückabtretung der Grundschuld auf den Eigentümer ist hier nicht mehr erforderlich. Es bedarf lediglich der Bewilligung des Gläubigers zur Grundbuchberichtigung. 38

Dieses Ergebnis ist unstreitig; **umstritten** ist jedoch dessen **Begründung**. Für die **Hypothek** ergibt sich diese Rechtsfolge aus den §§ 1163 I 2, 1177 I 1, weil durch die Zahlung die Forderung erlischt (§ 362 I). Der Erwerb der nun zur Eigentümergrundschuld gewordenen Hypothek ist in § 1163 I 2 (für den Fall des Erlöschens der Forderung) im Gegensatz zu § 1181 I (für den Fall der Verwertung des Grundstücks) vorgesehen, weil die Zahlungen nicht aus dem Grundstück erfolgen und der Wert des Grundstücks sowie der mithaftenden Gegenstände voll erhalten bleibt. Würde die Hypothek erlöschen, so würden die nachrangigen Rechte im Rang vorrücken (→ § 26 Rn. 10) und dadurch eine größere Sicherheit erlangen, obwohl der Eigentümer wegen der geringeren Sicherheit unter Umständen einen höheren Zins bewilligen musste. Diese ungerechtfertigte Besserstellung der nachrangigen Rechte soll vermieden werden. Deshalb bleibt die Hypothek bestehen, geht aber, weil der Gläubiger befriedigt ist, auf den Eigentümer als Eigentümergrundschuld über.

Zwar kann § 1163 I nicht unmittelbar **auf die Grundschuld Anwendung** finden, weil diese Norm auf die Verbindung der Hypothek mit der Forderung abstellt, die für die Grundschuld gerade nicht gilt (§ 1192 I). Jedoch trifft der in § 1163 I 2 enthaltene **Grundgedanke** auch auf die Grundschuld zu. Auch bei ihr muss vermieden werden, dass bei freiwilliger Zahlung des Eigentümers die Grundschuld erlischt und die nachrangigen Rechte ungerechtfertigt vorrücken. Die hM erreicht dieses Ergebnis mit einer **analogen Anwendung der §§ 1142, 1143** auf die Grundschuld (BGH NJW 2016, 2415; Palandt/*Herrler* BGB § 1191 Rn. 10, 36).

Konsequenz des Entstehens einer Eigentümergrundschuld ist dann allerdings, dass die Voraussetzungen des gesetzlichen **Löschungsanspruchs** gleich- oder nachrangiger Gläubiger nach § 1179a (→ § 27 Rn. 55) erfüllt sind. Um das zu verhindern (weil die vorrangige Grundschuld noch anderweitig verwendet werden soll), kann vereinbart werden, dass Zahlungen **nur auf die Forderung** und nicht auf die Grundschuld anzurechnen sind (→ Rn. 43).

39 **b) Konsequenzen für die Forderung.** Sofern nichts anderes vereinbart ist, erlischt die Forderung nicht, wenn der mit dem Schuldner nicht identische Eigentümer nur auf die Grundschuld zahlt (BGH NJW 1981, 1554; 1987, 838). Anders als bei der Hypothek findet auch **kein gesetzlicher Forderungsübergang** nach § 1143 (→ § 27 Rn. 28) statt (BGH NJW 1988, 2730; OLG Brandenburg RNotZ 2012, 167). Jedoch kann der zahlende Eigentümer vom Gläubiger aufgrund des Sicherungsvertrags die **Abtretung** der gegen den Schuldner gerichteten Forderung verlangen, sofern ein Regressanspruch des Eigentümers gegen den Schuldner in Betracht kommt. Aus der Forderung kann er dann selbst gegen den Schuldner vorgehen.

Falls aber der Eigentümer im Verhältnis zum Schuldner ausnahmsweise zur Befriedigung des Gläubigers verpflichtet ist, wird die Auslegung allerdings ergeben, dass der Eigentümer dann zugleich auf die Forderung leisten will. In diesem Fall erlischt die Forderung mit der Zahlung.

40 Im Verhältnis zum Schuldner handelt der Gläubiger treuwidrig, wenn er die Forderung gegen den Schuldner noch geltend macht, obwohl er den Betrag inzwischen vom Eigentümer aus der Grundschuld erlangt hat (BGH NJW 1981, 1554; 1987, 838). Abweichende Vereinbarungen sind möglich, insbes. kann der Eigentümer mit dem Gläubiger die Verrechnung des Grundschuldbetrags mit einer anderen als der ursprünglich gesicherten Forderung vereinbaren (BGH NJW 1981, 1554).

3. Der Schuldner, der zugleich Eigentümer ist, befriedigt den Gläubiger

a) Leistung auf die Grundschuld. Zahlt der Schuldner, der zugleich Eigentümer ist, **auf die Grundschuld**, so entsteht ebenfalls kraft Gesetzes eine **Eigentümergrundschuld**, § 1177 (→ Rn. 38). Der Gläubiger verliert dadurch die Grundschuld und der Eigentümer erwirbt den Anspruch auf Berichtigung des Grundbuchs (§ 894) oder Löschung der Grundschuld (§§ 875, 1183, 1192 I). 41

Außerdem erlischt nach dem Sinn und Zweck der Sicherungsabrede bei Zahlungen des Eigentümer-Schuldners grundsätzlich auch die gesicherte **Forderung** gem. § 362 I (BGH NJW 1980, 2198; 1992, 3228); denn mit einer Zahlung allein auf die Grundschuld ist dem Schuldner/Eigentümer kaum gedient. Insofern wird die Auslegung (→ Rn. 43) oft ergeben, dass auf Grundschuld und Forderung zugleich geleistet werden soll.

b) Leistung nur auf die Forderung. Zahlt der Schuldner nur auf die Forderung, so erlischt die Forderung, während die Grundschuld zunächst beim Sicherungsnehmer verbleibt. Das kann bezweckt sein, wenn die Entstehung einer **Eigentümergrundschuld** (→ Rn. 38) **nicht gewollt** ist, um wiederum die Entstehung eines Löschungsanspruchs zugunsten nachrangiger Grundpfandgläubiger aus § 1179a (→ § 27 Rn. 55) zu verhindern. Dem Schuldner/Eigentümer steht dann der Rückgewähranspruch (→ Rn. 26 ff.) zu. Diesen kann er durchsetzen oder alternativ auch an einen neuen Gläubiger abtreten. 42

Zahlungen auf die Grundschuld muss der Sicherungsgeber dabei, wenn die Grundschuld nur der Sicherung einer bestimmten Darlehensforderung dient und eine Revalutierung nicht vorgesehen ist, nur **Zug um Zug (§ 273) gegen Rückgewähr** der Grundschuld in der gewählten Art und Weise (→ Rn. 27) leisten (BGH NJW 2014, 3772). Wenn sich aus der Sicherungsvereinbarung nichts anderes ergibt, muss die Grundschuld auf Verlangen des Sicherungsgebers **auch in Teilen zurückgewährt** werden; Voraussetzung dafür ist allerdings, dass insoweit eine endgültige Übersicherung (allg. → § 15 Rn. 31) eingetreten ist, mit der der Sicherungszweck teilweise entfallen ist (BGH NJW 2013, 2894).

c) Auslegung. Fehlt eine ausdrückliche Verrechnungsabrede, kann es im Einzelfall schwierig sein zu bestimmen, **worauf gezahlt wurde**. Insoweit ist aus den Umständen, insbes. aufgrund der Interessenlage, 43 aber auch unter Berücksichtigung der vertraglichen Vereinbarungen zu ermitteln, worauf die Leistung anzurechnen ist (BGH NJW 1983, 2502). Die Sicherungsverträge der Kreditinstitute sehen regelmäßig **Verrechnungsabreden** vor, wonach Zahlungen nur als auf die Forderung geleistet gelten. Der BGH (WM 1968, 371) geht sogar davon aus, dass bei einer Bank als Grundschuldgläubigerin die Lebenserfahrung gegen eine Zahlung auf die Grundschuld spreche. Trotz einer Zahlungsabrede entscheidet aber letztlich allein der vom Eigentümer bei der Zahlung geäußerte **Wille** (BGH NJW 1976, 2340; NJW-RR 1989, 1036). Der Gläubiger kann jedoch eine nicht vertragsgemäß erbrachte Leistung zurückweisen.

Sobald der Gläubiger aus der Grundschuld nach § 1147 vollstreckt, ist der Eigentümer zur Abwendung der Vollstreckung trotz einer entgegenstehenden Abrede im Sicherungsvertrag auf jeden Fall berechtigt, auf die Grundschuld zu zahlen (BGH NJW 1986, 2108), da das Befriedigungsrecht des Eigentümers aus § 1142 (iVm § 1192 I) nicht abbedungen werden kann.

4. Ausgleichsansprüche im Innenverhältnis zwischen Eigentümer und Schuldner

44 Die Rechtsbeziehung zwischen Schuldner und Sicherungsgeber/Eigentümer kann zB ein Auftrag (§ 662) oder eine Schenkung (§ 516) sein. Je nachdem, ob der Eigentümer oder Schuldner an den Gläubiger zahlt, können im Verhältnis zwischen Eigentümer und Schuldner Ausgleichsansprüche gegeben sein. Entscheidend ist, wer im Innenverhältnis den Gläubiger zu befriedigen hat. Ausgleichsansprüche entstehen nur, wenn der Schuldner oder der Eigentümer zahlt, obwohl er im Innenverhältnis zur Befriedigung des Gläubigers nicht verpflichtet ist.

Beispiel: K erwirbt von E dessen Grundstück, das mit einer Grundschuld von 100.000 EUR zur Sicherung einer Forderung des G belastet ist. Der Kaufpreis von 250.000 EUR soll so beglichen werden, dass K 150.000 EUR an E zahlt und sich im Übrigen verpflichtet, an G 100.000 EUR zu zahlen, um E von seiner Schuld zu befreien. Da K, der inzwischen schon als Eigentümer im Grundbuch eingetragen ist, seiner Verpflichtung nicht nachkommt, muss E den Betrag an G bezahlen. Welche Rechte hat E gegen K?

Hier kann der E nicht nur einen Schadensersatzanspruch aus § 280 I gegen K geltend machen. Vielmehr kann er als Partner des mit G geschlossenen Sicherungsvertrags auch die Rückübertragung der Grundschuld auf sich verlangen, falls er auf die Forderung zahlt und seinen Rückübertragungsanspruch nicht an K abgetreten hat. E erwirbt dadurch eine Grundschuld am Grundstück des K als Sicherheit für seine Schadensersatzforderung gegen K. Solange K den G nicht befriedigt hat, sollte E seinen Rückübertragungsanspruch deshalb nicht an K abtreten. Falls E auf die Grundschuld zahlt, erwirbt K diese kraft Gesetzes als Eigentümergrundschuld (→ Rn. 38), da E kein Ablösungsrecht nach § 268 hat. E kann dann von K Zahlung oder zu seiner Sicherheit die Übertragung der Grundschuld auf sich in ergänzender Auslegung des Kaufvertrags verlangen.

Ist im Innenverhältnis der **Forderungsschuldner zur Zahlung verpflichtet, zahlt aber der Eigentümer** an den Gläubiger, so tritt nicht wie bei der Hypothek nach § 1143 ein gesetzlicher Forderungsübergang ein. Der Eigentümer hat aber nicht nur aus der Bestellabrede mit dem Schuldner Ausgleichs- und Schadensersatzansprüche gegen den Schuldner (dazu auch BGH NJW 1994, 2692). Wenn der Eigentümer Partei des Sicherungsvertrags ist, kann sich für ihn aus dem Sicherungsvertrag auch das Recht ergeben, dass der Gläubiger ihm die gegen den Schuldner bestehende **Forderung abtritt**. Dies ist insbes. dann von Bedeutung, wenn für die Forderung gegen den Schuldner weitere Sicherheiten (zB eine Bürgschaft) bestehen, die mit der Abtretung an den Eigentümer auf diesen übergehen (§ 401). Zum Verhältnis mehrerer Sicherungsgeber zueinander → § 16 Rn. 34. **45**

Dient die Grundschuld der Sicherung einer **Gesamtschuldforderung** gegen mehrere Schuldner, so gesteht der BGH in analoger Anwendung von § 401 dem zahlenden Gesamtschuldner einen Anspruch auf Abtretung der Grundschuld gegen den Gläubiger zu, wenn der Zahlende vom anderen Gesamtschuldner einen Ausgleich verlangen kann und er deshalb die Forderung des Gläubigers nach § 426 II erwirbt. Der Anspruch auf Abtretung der Grundschuld steht dem zahlenden Gesamtschuldner in diesem Fall auch zu, wenn er nicht am Sicherungsvertrag beteiligt ist (BGH NJW 1981, 1554; dagegen *Reinicke/Tiedtke* NJW 1981, 2145).

5. Zahlung durch Dritte

Bei der Zahlung durch einen Dritten, der weder Forderungsschuldner noch Grundstückeigentümer ist, ist danach zu unterscheiden, ob ihnen ein **Ablösungsrecht** zusteht oder nicht (→ § 27 Rn. 29). Ein Ablösungsrecht gem. § 268 I haben diejenigen, die im Fall der Zwangsvollstreckung in das Grundstück Gefahr laufen, durch die Zwangsvollstreckung ein ihnen zustehendes Recht am Grundstück zu verlieren. Das kann etwa den Inhaber eines Nießbrauchsrechts betreffen, dessen Recht der Grundschuld im Rang nachgeht. Befriedigt ein ablösungsberechtigter Dritten den Gläubiger, erwirbt er nach hM durch die Ablösung die Grundschuld zu seiner Sicherheit unmittelbar kraft Gesetzes (BGH NJW 1983, 2502). Dies gilt, obwohl die Grundschuld nicht akzessorisch ist und deshalb nicht mit der Forde- **46** rung nach §§ 268 III, 1153 auf den Dritten übergehen kann. Der Übergang der Grundschuld auf den ablösungsberechtigten Dritten wird jedoch mit der analogen Anwendung von § 268 III begründet (MüKoBGB/*Lieder* § 1191 Rn. 144).

47 Davon zu unterscheiden sind Zahlungen sonstiger dritter Personen (zB Ehegatte, Verwandte). Zahlt ein **nicht ablösungsberechtigter Dritter** gem. **§ 267** auf die Grundschuld, so verwandelt sich die Grundschuld nach dem Gedanken des § 1143 I in eine Eigentümergrundschuld (→ Rn. 38) und die gesicherte Forderung erlischt entsprechend dem Gedanken des § 364 I. Dem Dritten kann jedoch aufgrund Vereinbarung oder gem. § 812 I 1 ein Ersatzanspruch gegen den Eigentümer und ein Anspruch auf Abtretung der Eigentümergrundschuld zustehen.

V. Einreden gegen die Geltendmachung der Grundschuld, insbesondere nach Abtretung

1. Einführung

48 Besonders klausurrelevant ist die Frage, wie sich der Eigentümer gegenüber dem Anspruch des Gläubigers aus § 1147 auf Duldung der Zwangsvollstreckung in das Grundstück – außer durch Zahlung (dazu → Rn. 37) – zur Wehr setzen kann. Zu nennen sind hier zunächst **Einwendungen** gegen die Grundschuld selbst. Diese mag zwar im Grundbuch stehen, tatsächlich aber nicht wirksam entstanden sein (s. Fallbeispiel → Rn. 12). Weiterhin mag die Grundschuld selbst zwar wirksam bestellt worden sein, aber nicht dem Anspruchsteller zustehen; etwa weil dieser sie wegen Bösgläubigkeit nicht gutgläubig erwerben konnte.

Daneben sind **Einreden gegen die Grundschuld** von großer Bedeutung; diese können sich aus dem Sicherungsvertrag ergeben oder ein Zurückbehaltungsrecht (§ 273) betreffen. Bei der Abtretung der Grundschuld stellt sich die Frage, in welchem Umfang diese Einreden auch dem Neugläubiger (Zessionar) entgegengehalten werden können.

Einwendungen und Einreden des Eigentümers gegen die Grundschuld (Auswahl)
– Einwendungen gegen den Bestand der Grundschuld – Einwendungen bez. der Berechtigung (Inhaberschaft) des Anspruchstellers – Einrede der mangelnden Fälligkeit – Einreden aus dem Sicherungsvertrag bei der Sicherungsgrundschuld – Einrede der ungerechtfertigten Bereicherung (§ 821)

2. Einreden aus dem Sicherungsvertrag

a) Überblick. Macht der Gläubiger die Grundschuld im Widerspruch zu seinen Pflichten aus dem Sicherungsvertrag geltend, so kann der Eigentümer dem widersprechen, denn er muss die pflichtwidrige Geltendmachung nicht dulden. Insoweit bietet der Sicherungsvertrag die Grundlage für entsprechende Einreden des Eigentümers. Die Beweislast für das Vorliegen eines Sicherungsvertrags und die Einreden hieraus trifft den mit der Grundschuld belasteten Eigentümer (BGH ZIP 1991, 432). 49

Zu Gunsten des Eigentümers können sich aus dem **Sicherungsvertrag** insbes. folgende Einreden ergeben: 50
- die Einrede der (endgültigen) Nichtvalutierung (→ Rn. 51)
- die Einrede der fehlenden Fälligkeit der Grundschuld (→ Rn. 21)
- die Einrede einer Verwertungsbeschränkung
- die Einrede der Rückgewährpflicht (→ Rn. 52)

Abgesehen davon bleibt bei fehlendem oder unwirksamem Sicherungsvertrag die Einrede der ungerechtfertigten Bereicherung aus § 821 (→ Rn. 25) zu erwähnen.

b) Einrede der fehlenden Valutierung. Die Einrede der fehlenden Valutierung ist gegeben, wenn die Grundschuld geltend gemacht wird, obwohl der Kredit nicht oder nicht in voller Höhe ausgezahlt wurde und deshalb insoweit eine zu sichernde Forderung nicht besteht. Zwar ist die Grundschuld in ihrem dinglichen Bestand von einer Forderung unabhängig, der Gläubiger verstößt aber gegen seine Pflichten aus dem Sicherungsvertrag, wenn er die Grundschuld über 51 das zur Sicherung der Forderung notwendige Maß hinaus geltend macht.

Beispiel: E hat seiner Bank B gegen Einräumung eines Betriebsmittelkredits von 100.000 EUR eine Sicherungsgrundschuld in gleicher Höhe an seinem Grundstück bestellt, den Kredit aber über Jahre immer nur bis zur Hälfte (50.000 EUR) in Anspruch genommen. Als E infolge einer Rezession in Zahlungsschwierigkeiten gerät, weigert sich B, ihm weiteren Kredit auszuzahlen, und verlangt nach Kündigung der Grundschuld von E die Duldung der Zwangsvollstreckung in das Grundstück iHv 100.000 EUR. Muss E das hinnehmen?

Hier kann E der dinglichen Klage aus der Grundschuld iHv 50.000 EUR die Einrede der Nichtvalutierung entgegenhalten. Die Klage wird dann in dieser Höhe als unbegründet abgewiesen. Handelt es sich beim Sicherungsvertrag ausnahmsweise um einen gegenseitigen Vertrag, so kann E bei Nichtvalutierung auch die Einrede des nicht erfüllten Vertrags (§ 320) erheben, falls der Kredit noch nicht ausbezahlt worden ist.

52 **c) Einrede der Rückgewährpflicht.** Die Einrede der Rückgewährpflicht besteht, wenn der Gläubiger die Grundschuld geltend macht, obwohl er nach dem Sicherungsvertrag zu deren Rückgewähr an den Eigentümer verpflichtet ist, weil zB die Forderung bereits getilgt ist und damit der Sicherungszweck gemäß der Zweckbestimmungserklärung (→ Rn. 17) entfallen ist, sofern nicht die Grundschuld auch der Sicherung weiterer Forderungen dient. Die Einrede der Rückgewährpflicht findet ihre Grundlage regelmäßig im Sicherungsvertrag (→ Rn. 26ff.)

In gleicher Weise kann die **Einrede der Löschungspflicht** erhoben werden, wenn die Grundschuld geltend gemacht wird, obwohl der Gläubiger aufgrund des Sicherungsvertrags zu ihrer Löschung verpflichtet ist. Sofern eine dauernde Einrede besteht, kann der Eigentümer nach §§ 1192 I, 1169 Löschung der Grundschuld verlangen.

53 **d) Besonderheiten bei Veräußerung des Grundstücks.** Ist der gegenwärtige Grundstückseigentümer, der vom Grundschuldgläubiger aus § 1147 in Anspruch genommen wird, **nicht selbst Partei des Sicherungsvertrags,** weil er zB das Grundstück erst nach der Grundschuldbestellung durch den Veräußerer erworben hat (etwa als Käufer oder Beschenkter), so stehen ihm die Einreden aus dem Sicherungsvertrag grundsätzlich nicht zu. Folglich haftet er voll aus der Grundschuld (vgl. zum Erwerb in der Zwangsversteigerung BGH NJW 2003, 2673). Möglich ist aber, dass der Rückübertragungsanspruch, die Einreden und sonstigen Rechte aus dem Sicherungsver-

trag vom bisherigen Eigentümer nach § 398 an den Erwerber **abgetreten** werden (vgl. BGH NJW-RR 2016, 1295) oder im Wege der **Vertragsübernahme** auf ihn übergegangen sind. Je nach Umständen kann sich aus einem Kaufvertrag auch eine Pflicht zur Abtretung dieser Rechte ergeben.

Beispiel: Zur Finanzierung des Grundstückspreises will Käufer K das Grundstück mit einer Grundschuld belasten. Die Grundschuld wird zu einem Zeitpunkt bestellt und im Grundbuch eingetragen, in dem noch Verkäufer V Eigentümer ist. Demgemäß kommt ein Sicherungsvertrag zwischen dem Gläubiger und V zustande. Damit K nach Grundstückserwerb dann eine entsprechende Rechtsposition hat, trifft der Gläubiger dann entweder mit K noch eine zweite Sicherungsabrede oder es wird geregelt, dass K nach der Vertragsabwicklung mit V in die bestehende Sicherungsabrede eintritt (vgl. BGH NJW-RR 2016, 1295).

Mit dem Kaufvertrag kann bereits **stillschweigend die Abtretung** des Rückgewähranspruchs verbunden sein. Dies ist regelmäßig anzunehmen, wenn der Erwerber durch befreiende Schuldübernahme nach §§ 414, 415 die Darlehensrückzahlungspflichten des Veräußerers gegenüber der Kredit gebenden Bank übernimmt (BGH NJW 1983, 2502). Dabei kann die Auslegung ergeben, dass die Abtretung unter der aufschiebenden Bedingung der Ablösung der persönlichen Forderungen stehen soll (OLG Karlsruhe NJW-RR 2012, 146). Der Erwerber kann daneben einen Rückübertragungsanspruch durch einen Vertrag zugunsten Dritter (§ 328) zwischen dem Grundschuldgläubiger und dem Veräußerer erwerben.

Hat der Erwerber auf die **Grundschuld gezahlt**, weil ihm Einreden aus 54
dem Sicherungsvertrag nicht zustanden, so kommt es darauf an, ob der Erwerber gegenüber dem Schuldner der abgesicherten Forderung zur Zahlung verpflichtet war, zB weil er die Grundschuld unter Anrechnung auf den Kaufpreis übernommen hat oder das Grundstück unter Übernahme der Grundschuld ersteigert hat (s. §§ 44, 49, 52 ZVG, dazu BGH NJW 2003, 2673). In diesem Fall ist die Zahlung auf die Grundschuld vom Erwerber als Teil des Kaufpreises bzw. als Teil des Entgelts bei der Ersteigerung zu tragen. Ist der Erwerber dem Schuldner gegenüber jedoch nicht zur Zahlung verpflichtet, so steht ihm gegen den Schuldner ein Bereicherungsanspruch aus § 812 I 1 Alt. 2 zu, soweit dieser dadurch von seiner persönlichen Schuld befreit worden ist. Es kann auch ein Schadensersatzanspruch aus § 280 I bestehen, wenn der Schuldner es pflichtwidrig versäumt hat, dem Erwerber die Rechte aus dem Sicherungsvertrag zu verschaffen.

3. Rechtslage nach Abtretung von Grundschuld und Forderung

a) Die Gefahr der isolierten Abtretung. Wie dargestellt wurde 55
(→ Rn. 10f.), kann die (Sicherungs-)Grundschuld nach den allgemei-

nen Vorschriften (§§ 1192 I, 1154) abgetreten werden. Unabhängig von der Grundschuld kann auch die **Forderung** abgetreten werden, weil **§ 1153** für die Grundschuld nicht gilt. Forderung und Grundschuld können insbes. getrennt voneinander an verschiedene Erwerber abgetreten werden (sog. isolierte Abtretung). Im nachfolgend aufgezeichneten Beispiel tritt G die Forderung an G^1 ab und die Grundschuld an G^2. In der Folge ist nicht mehr G, sondern G^2 Grundschuldgläubiger (§ 1191). Damit hat G^2 den Verwertungsanspruch aus § 1147, während G^1 den Anspruch aus der Forderung (hier aus § 488 I 2) hat.

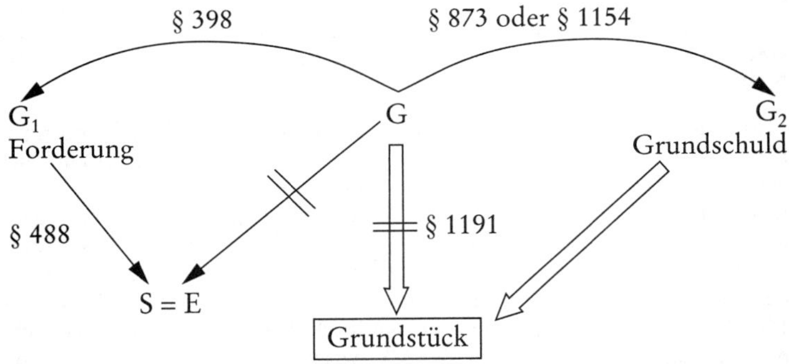

56 Die isolierte **Forderungsabtretung** ist auch bei der **Sicherungsgrundschuld** grundsätzlich **nicht nach § 399 Alt. 2 unwirksam,** weil die Zweckbindung von Forderung und Sicherungsgrundschuld nur schuldrechtlicher Inhalt des Sicherungsvertrags, aber nicht, wie für § 399 erforderlich, Inhalt der Forderung ist (s. auch BGH NJW-RR 1991, 305; Klausurfälle bei *Vogel* JA 2012, 887 und *Reichow* JA 2017, 1094). Der Sicherungsvertrag enthält in Bezug auf die Forderung kein konkludent vereinbartes Abtretungsverbot. Der Gläubiger verletzt durch die isolierte Abtretung zwar seine Pflichten aus dem Sicherungsvertrag und macht sich möglicherweise schadensersatzpflichtig, § 280 I (s. BGH NJW-RR 1987, 139, 141); die Abtretungen sind aber dennoch wirksam. Dies macht es erforderlich, den Eigentümer und Schuldner vor einer **doppelten Inanspruchnahme** zu schützen.

57 **b) Einreden bei Geltendmachung der Forderung.** Wird allein die Forderung vom Zessionar geltend gemacht, so kann der Eigentümer als Schuldner gegen die Forderung alle Einwendungen erheben, die ihm bereits gegenüber dem bisherigen Gläubiger zustanden, § 404.

Wusste er nichts von der Abtretung, kann der Schuldner/Eigentümer dem neuen Gläubiger auch sämtliche Zahlungen auf die Forderung entgegenhalten bzw. insoweit Erfüllung einwenden, §§ 362 I, 407 I.

Weiterhin kann der Eigentümer die Zahlung aufgrund eines **Zurückbehaltungsrechts gem. § 273** verweigern, sofern der Gläubiger nicht in der Lage ist, entsprechend seiner Verpflichtung aus dem Sicherungsvertrag die Grundschuld Zug um Zug (§ 274 I) zurückzuübertragen und die hierzu erforderlichen Unterlagen, insbes. den Grundschuldbrief und die Berichtigungsbewilligung (§ 894 BGB; § 19 GBO), **auszuhändigen.** Es genügt insoweit, dass der Rückübertragungsanspruch zeitgleich mit der Erfüllung der Forderung entstehen wird. Diese Einrede aus dem Sicherungsvertrag kann gem. § 404 nach Abtretung der Grundschuld auch gegenüber einem Zessionar geltend gemacht werden (BGH NJW 1982, 2768).

Schwierigkeiten bestehen, wenn aus der Forderung nur **Teilbeträge fällig** 58 sind und im Sicherungsvertrag der Rückgewähranspruch erst bei vollständiger Tilgung vorgesehen ist. Eine solche Vereinbarung kann im Einzelfall wegen Übersicherung sittenwidrig sein (allg. → § 15 Rn. 31), wenn bereits ein erheblicher Teil der Forderung zurückgezahlt ist und in Höhe des ursprünglichen Grundschuldbetrags kein Sicherungsbedürfnis des Gläubigers mehr anzuerkennen ist. Der Ausschluss des Rückgewähranspruchs wäre insoweit nichtig. Ist eine Nichtigkeit dieser Abrede aber nicht gegeben, so steht dem Schuldner kein Zurückbehaltungsrecht aus § 273 zu; er kann aber möglicherweise mit einem ihm gegen den Sicherungsnehmer zustehenden Schadensersatzanspruch wegen Verletzung des Sicherungsvertrags gem. § 406 auch gegenüber dem neuen Gläubiger aufrechnen.

c) Der Schutz des Eigentümers bei Geltendmachung der 59 **Grundschuld.** Macht der ursprüngliche Gläubiger oder ein Zweiterwerber die Grundschuld bzw. den Anspruch aus § 1147 geltend, ohne dass ihm auch die Forderung zusteht, so kann der Eigentümer der Geltendmachung widersprechen, wenn die Forderung bereits bezahlt ist. Er kann gem. § 1156 zwar nicht die Einreden aus §§ 406 bis 408 erheben, da § 1156 auch für die Grundschuld gilt (BGH MDR 2018, 636). Dem Eigentümer stehen „gegen die Grundschuld" (= gegenüber der Geltendmachung der Grundschuld aus § 1147) aber gem. §§ 1192 I, 1157 S. 1 alle Einreden aus dem Sicherungsvertrag zu, insbes. die **Einrede der Rückgewährpflicht** (→ Rn. 27). Ist der Rückgewähranspruch bei Teilleistungen auf die Forderung ausgeschlossen, so kann er in Höhe der Teilleistungen jedenfalls die **Einrede der Nichtvalutierung** geltend machen, weil insoweit die Grundschuld nicht mehr der Sicherung einer Forderung dient (→ Rn. 51).

Voraussetzung dieser Einreden ist jedoch, dass die Grundschuld nach der Zweckbestimmungserklärung (→ Rn. 17) nicht der Sicherung weiterer Forderungen dient. Ist der Sicherungszweck erledigt, weil zu sichernde Forderungen nicht mehr bestehen, so kann der Eigentümer Rückübertragung oder Löschung der Grundschuld (→ Rn. 27) verlangen, andernfalls haftet die Grundschuld für die vom Sicherungszweck erfassten Forderungen weiter und kann gem. §§ 1192 I, 1147 geltend gemacht werden (vgl. BGH NJW-RR 1991, 305; NJW 2013, 2894).

60 Alle **Einreden** aus dem zwischen Gläubiger (Zedent) und Eigentümer bestehenden Sicherungsvertrag können gem. **§ 1157 S. 1 auch gegenüber dem Erwerber** der Grundschuld (Zessionar) erhoben werden. Während bei der Hypothek insoweit allerdings nach § 1157 S. 2 iVm § 892 auch ein **gutgläubig einredefreier Erwerb** in Betracht kommt, ist dies bei der Sicherungsgrundschuld durch **§ 1192 Ia 1 Hs. 2** inzwischen **ausgeschlossen** (zur früheren Rechtslage s. 24. Aufl. § 29 Rn. 41). Zwar findet § 1157 S. 2 auf sonstige Grundschulden weiter Anwendung (zB OLG Brandenburg MDR 2016, 17), nicht aber auf die Sicherungsgrundschuld.

Merke: Bei der Sicherungsgrundschuld ist ein gutgläubig einredefreier Erwerb in Bezug auf die Einreden aus dem Sicherungsvertrag wegen § 1192 Ia 1 nicht möglich.

61 Das betrifft zum einen die Einreden, deren Voraussetzungen bei Übertragung der Grundschuld bereits vollständig erfüllt waren, zB die **Einrede der gänzlichen oder teilweisen Nichtvalutierung** (vgl. BGH NJW 2014, 550), die Einrede des vollständigen oder teilweisen Erlöschens der gesicherten Forderung vor der Übertragung der Grundschuld oder die Einrede der fehlenden Fälligkeit der gesicherten Forderung bzw. ihrer Stundung (vgl. BR-Drs. 152/08, 15). Fraglich ist, ob von § 1192 Ia 1 auch die Einrede aus § 821 erfasst wird, die auf der Unwirksamkeit des Sicherungsvertrags beruht (→ Rn. 25). Streng genommen ist dies keine Einrede „aus dem Sicherungsvertrag“, denn in den betreffenden Fällen gibt es keinen solchen wirksamen Vertrag. Indes spricht angesichts des vom Gesetzgeber gewollten Schutzes des Eigentümers viel dafür, das Gesetz hier extensiv auszulegen und auch die Einrede aus § 821 zu erfassen (so auch *Bülow* ZJS 2009, 1, 5; aA *Dieckmann* BWNotZ 2008, 166, 176).

Beispiel: E hat seiner Bank B gegen Einräumung eines Betriebsmittelkredits von 100.000 EUR eine Sicherungsgrundschuld in gleicher Höhe an seinem Grundstück bestellt, den Kredit aber über Jahre immer nur bis zur Hälfte in

Anspruch genommen. Nun tritt B die Grundschuld in voller Höhe, nicht aber die Forderungen an G ab. Kann G dann später in voller Höhe aus der Grundschuld vorgehen?

Hier kann E dem G aus dem Sicherungsvertrag die Einrede entgegen halten, dass die Grundschuld nur teilweise valutiert worden ist. Auf einen gutgläubig einredefreien Erwerb der Grundschuld nach §§ 1192 I, 1157 S. 2 kann sich G nicht berufen, weil § 1192 Ia dies für die Sicherungsgrundschuld ausschließt.

§ 1192 Ia 1 betrifft zudem **Einreden, die „sich aus dem Sicherungsvertrag ergeben"**. Gemeint sind Einreden, die zwar im Sicherungsvertrag angelegt, deren Tatbestand im Zeitpunkt der Abtretung aber noch nicht (vollständig) verwirklicht war. Wesentliche Konsequenz ist, dass der Eigentümer auch den Einwand erheben kann, dass die gesicherte Forderung nach Übertragung der Sicherungsgrundschuld durch Leistung an den Altgläubiger ganz oder teilweise getilgt worden ist (Palandt/*Herrler* BGB § 1192 Rn. 3). In gleicher Weise kann sich der Eigentümer auf eine erfolgte Aufrechnung berufen (*Baur/Stürner* SachenR § 45 Rn. 67d). 62

Beispiel: Nachdem die Bank B die Grundschuld an G abgetreten hat (vgl. Beispiel → Rn. 61), erklärt E gegenüber der Darlehensforderung die Aufrechnung mit einer ihm gegen B zustehenden Forderung. Soweit die Forderung der B aus § 488 I damit erlischt, kann E dies auch G nach §§ 1157, 1192 Ia 1 entgegenhalten. G kann sich wegen § 1192 Ia 1 Hs. 2 nicht damit verteidigen, dass er gutgläubig gewesen sei.

Die Regelung des § 1192 Ia findet Anwendung auf alle Abtretungen bzw. Grundschulderwerbstatbestände, die **nach dem 19.8.2008** erfolgt sind, Art. 229 § 18 II EGBGB. Entscheidend ist der Zeitpunkt der Erfüllung aller Erwerbsvoraussetzungen. Im Fall der Abtretung kann die ursprüngliche Grundschuldbestellung auch vor dem genannten Datum erfolgt sein. Ist eine Sicherungsgrundschuld vor dem genannten Stichtag von einem Dritten gutgläubig einredefrei erworben worden, so ist die betreffende Einrede endgültig verloren gegangen und lebt bei einer nach dem Stichtag erfolgenden weiteren Abtretung (an einen „bösgläubigen" Erwerber) nicht wieder auf (BGH NJW 2014, 550). 63

§ 1192 Ia regelt allerdings **nur Einreden aus dem Sicherungsvertrag**. Für andere Einreden des Eigentümers gegen die Grundschuld bleibt es bei den Grundsätzen von § 1157 S. 1, 2. Insoweit kommt gutgläubig einredefreier Erwerb in Betracht. Das betrifft etwa Einwendungen gegen den dinglichen Bestand der Grundschuld. Außerdem findet § 1192 Ia 1 nur auf die Sicherungsgrundschuld Anwendung. Bei anderen Grundschulden ist die Anwendung von § 1157 S. 2 nicht ausgeschlossen. Dann ist es wichtig, dass entsprechende 64

Einreden in das Grundbuch eingetragen werden, um gutgläubig einredefreien Erwerb zu verhindern.

65 **Fall 36 – Gefährlicher Finanzinvestor:** M will einen Betrieb eröffnen und braucht dafür ein Startkapital iHv 100.000 EUR. Sein Vater V ist bereit, der SparBank (B) dafür als Sicherheit eine Briefgrundschuld an seinem Grundstück zu bestellen. Im Vertrag zwischen B und V wird festgehalten, dass die Grundschuld der Sicherung des von B an M gewährten Darlehens dienen soll. Die Grundschuld soll verzinslich sein und wird als „sofort fällig" bezeichnet. Die Grundschuld wird ins Grundbuch eingetragen. Der Grundschuldbrief wird ausgestellt und an B übergeben. Zwei Jahre später veräußert B ein ganzes Paket von Krediten an den Finanzinvestor F. In diesem Rahmen wird auch die Forderung der B gegen M und die Grundschuld im Wege einer schriftlichen Vereinbarung an F abgetreten und der Grundschuldbrief übergeben. M, der darüber nicht informiert wurde, zahlt kurz danach die letzten Darlehensraten an B zurück, womit das Darlehen getilgt ist. Nun kündigt F die Grundschuld gegenüber V unter Einhaltung einer Sechsmonatsfrist. Kann F nach Fristablauf gegen V aus der Grundschuld vorgehen?

Lösungsskizze:

F könnte gegen V einen Anspruch auf Duldung der Zwangsvollstreckung gem. §§ 1147, 1192 I haben.

1. Dies setzt zunächst die wirksame Bestellung einer Briefgrundschuld am Grundstück des V voraus.

a) B und V einigten sich über die Bestellung einer Briefgrundschuld iHv 100.000 EUR am Grundstück des V, §§ 873 I, 1191 I.

b) Zudem ist die Grundschuld in das Grundbuch eingetragen worden, §§ 873 I, 1115 I, 1192 I.

c) Die zur Bestellung der Briefgrundschuld erforderliche Briefübergabe an B ist erfolgt, §§ 1116 I, 1117 I 1, 1192 I.

d) An der Berechtigung und Verfügungsbefugnis des V als Eigentümer des Grundstücks bestehen keine Zweifel.

2. Weiterhin müsste die Grundschuld wirksam von B auf F übertragen worden sein.

a) Laut Sachverhalt ist eine „Abtretung" der Grundschuld von B an F erfolgt. Die Parteien haben sich insoweit über die Übertragung der Grundschuld geeinigt. Ob es sich dabei dogmatisch wie bei der Hypothek um eine Abtretung gem. §§ 398, 413, 1154, 1192 I handelt (so zB *Bismarck* JA 2011, 652, 654) oder um eine Verfügung iSv § 873 I Alt. 3 (so die wohl hM) kann dahinstehen, da es auf diesen Meinungsstreit nicht weiter ankommt. Beide Auffassungen gehen nämlich davon aus, dass im Übrigen die Spezialvorschriften des Hypothekenrechts iVm § 1192 I anzuwenden sind.

b) Die erforderliche Schriftform, §§ 1154 I, 1192 I, wurde eingehalten.

c) Der Grundschuldbrief ist von B an F übergeben worden, §§ 1154 I 1, 1117 I 1, 1192 I.

d) Auch war B als Rechtsinhaberin dinglich berechtigt, über die Grundschuld zu verfügen.

Demgemäß hat eine wirksame Abtretung der Grundschuld an F stattgefunden.

3. Fälligkeit

Die Grundschuld müsste fällig sein. Laut Vertrag sollte die Grundschuld „sofort fällig" sein. Eine sofortige Fälligkeit ist zwar nach der Regelung des § 1193 II 1 grundsätzlich möglich; für Sicherungsgrundschulden gilt jedoch eine Ausnahme. Insoweit ist eine abweichende Regelung von der sechsmonatigen Kündigungsfrist gem. § 1193 II 2, I 3 nicht zulässig.

a) Hier wurde die Grundschuld zur Absicherung eines Bankdarlehens für eine Bank bestellt. Unter solchen Voraussetzungen ist grundsätzlich von einer Sicherungsgrundschuld auszugehen (vgl. BGH ZIP 2014, 817). Zudem heißt es in der Vereinbarung zwischen B und V auch ausdrücklich, dass die Grundschuld zur Sicherung der Darlehensrückzahlungsforderung gegen M bestellt wurde.

b) Eine Kündigung der Grundschuld wurde erklärt.

c) F hat die Kündigung unter Wahrung einer Sechsmonatsfrist ausgesprochen. Damit wurde die gesetzliche Frist des § 1193 eingehalten. Die unwirksame Bestimmung über die sofortige Fälligkeit der Grundschuld macht die Grundschuldbestellung auch nicht insges. unwirksam (vgl. § 139 Hs. 2). In solchen Fällen gilt vielmehr automatisch die gesetzlich zulässige Frist.

4. Dem Anspruch von F gegen V dürften keine Einreden oder Einwendungen entgegenstehen.

a) Einwendungen oder Einreden aus dem Grundpfandrecht selbst sind nicht ersichtlich.

Die Grundschuld wurde wirksam bestellt. Der Bestand der (nicht akzessorischen) Grundschuld blieb von der Tilgung des Darlehens durch M und dem Erlöschen der Darlehensforderung unberührt (vgl. → Rn. 36).

b) Fraglich ist, ob V forderungsbezogene Einwendungen oder Einreden aus dem Sicherungsvertrag gegen die Grundschuld erheben kann.

aa) Anders als bei der Hypothek kann der Eigentümer bei der Grundschuld nicht gem. § 1137 die dem persönlichen Schuldner gegen die Forderung zustehenden Einwendungen geltend machen, da die Grundschuld nicht akzessorisch ist. § 1137 findet auf die Grundschuld keine Anwendung (vgl. → Rn. 2).

bb) Möglicherweise kann V dem F gem. §§ 1192 Ia, 1157 S. 1 die Tilgung der Darlehensforderung entgegenhalten.

Gem. § 1192 Ia S. 1 kann der Eigentümer Einreden, die dem Eigentümer auf Grund des Sicherungsvertrags mit dem bisherigen Gläubiger gegen die Grundschuld zustehen oder sich aus dem Sicherungsvertrag ergeben, auch dem Erwerber der Grundschuld entgegensetzen. Insoweit durchbricht die

Regelung des § 1192 Ia letztlich den Grundsatz, dass der Sicherungsvertrag nur relativ wirkt.

Aus dem (ausdrücklich oder konkludent geschlossenen) Sicherungsvertrag ergibt sich grundsätzlich, dass der Gläubiger von der Grundschuld nur zum Zweck der Sicherung der Forderung Gebrauch machen darf. Auch darf die Grundschuld nur in dem Umfang geltend gemacht werden, in dem die Forderung noch besteht (vgl. BGH NJW-RR 2003, 11; → Rn. 23). Insoweit löst die (teilweise oder vollständige) Erfüllung der Darlehensforderung einen vertraglichen Anspruch auf Löschung oder Rückgewähr der Grundschuld (im jeweiligen Umfang) aus. Demgemäß kann der Geltendmachung der Grundschuld die Einrede der (bereits bestehenden) Rückgewährpflicht entgegen gehalten werden. Es ist zu prüfen, ob die dafür erforderlichen Voraussetzungen erfüllt sind:

Wie festgestellt, handelt es sich vorliegend um eine Sicherungsgrundschuld.

Die gesicherte Forderung ist erfüllt worden, § 362 I. Daraus folgt die sicherungsvertragliche Einrede der Erfüllung bzw. des Rückgewähranspruchs.

Problematisch ist aber, dass der dieser Einrede zugrunde liegende Tatbestand der vollständigen Tilgung erst nach der Abtretung der Grundschuld an F erfüllt worden ist.

§ 1192 Ia 1 Hs. 1 beschränkt sich indes nicht auf Einreden, die bereits bei der Abtretung voll verwirklicht waren, sondern erfasst auch Einreden, die zwar erst nach der Abtretung entstehen, aber bereits im Sicherungsvertrag angelegt waren (BT-Drs. 16/9821, 16; → Rn. 62). Die Norm spricht nämlich allgemein von den Einreden, die sich aus dem Sicherungsvertrag ergeben; insofern zeigt sich ein deutlicher Unterschied zu § 1157, welcher sich nur auf Einwendungen erstreckt, welche dem Eigentümer bereits „zustehen". Der Einwand, dass die zu sichernde Forderung inzwischen erloschen ist und sich daraus ein Rückgewähranspruch ergibt, kann F somit entgegengehalten werden.

cc) Ein gutgläubiger einredefreier Erwerb durch F gem. §§ 1157 S. 2, 892, 1192 I ist gem. § 1192 Ia 1 Hs. 2 ausdrücklich ausgeschlossen.

Ergebnis: Einem Anspruch des F aus der Grundschuld steht die aus dem Sicherungsvertrag folgende Einrede des Rückgewähranspruchs entgegen. F kann nicht aus der Grundschuld vorgehen.

Empfehlungen zur vertiefenden Lektüre: *Bülow*, Die Sicherungsgrundschuld als gesetzlicher Tatbestand, ZJS 2009, 1; *Kehrberger*, Der Rückgewähranspruch bei nichtakzessorischen Kreditsicherheiten, JuS 2016, 776; *Meyer*, Einwendungen und Einreden des Grundstückseigentümers gegen den Grundschuldgläubiger nach neuem Recht, Jura 2009, 561; *Müller*, Der Rückgewähranspruch bei Grundschulden, RNotZ 2012, 199; *Nietsch*, Grundschulderwerb nach dem Risikobegrenzungsgesetz, NJW 2009, 3606; *Petersen*, Die Grundschuld, Jura 2017, 528; *Reichow*, Die Sicherungsgrundschuld, JA 2017, 1094; *M. Schwab,* Der Löschungsanspruch des nachrangigen Grundpfandgläubigers, JuS 2010, 385; *Weiß*, Grundpfandrechte, JA 2017, 121; *Wellenhofer*, Das Recht der Sicherungsgrundschuld nach dem Risikobegrenzungsgesetz, JZ 2009, 1077; *Weller*, Die Sicherungsgrundschuld, JuS 2009, 969.

Fälle und Klausuren: *Braun/Schultheiß*, Grundfälle zu Hypothek und Grundschuld, JuS 2013, 973; *Bukow/Vogelmann*, Der Bürge und der Grundschuldner, JuS 2001, 773; *Gottwald* SachenR Fälle 143–176; *Gursky* KK SachenR Fall 16; *Körner*, (Original-)Assessorexamensklausur: Grundschuld- und Zwangsvollstreckungsrecht, JuS 2016, 638; *Koch/Löhnig* Fälle SachenR Fälle 14–16; *Neuner* SachenR Fälle 17–19; *Pressel*, Von Grundschuldbriefen, JA 2015, 618; *Vieweg/Röthel* SachenR Fälle 36, 37; *Vogel*, „Die Grundschuld nach dem Risikobegrenzungsgesetz", JA 2012, 887.

10. Kapitel. Die Nutzungsrechte

§ 29. Die Dienstbarkeiten

I. Abgrenzung und Arten der Dienstbarkeit

1 Unter dem Oberbegriff der Dienstbarkeiten erfasst das BGB die Grunddienstbarkeiten (§§ 1018 ff.), den Nießbrauch (§§ 1030 ff.; dazu → § 30) und die beschränkten persönlichen Dienstbarkeiten (§§ 1090 ff.). Im Gegensatz zum Nießbrauch können die anderen Dienstbarkeiten nur Grundstücke oder grundstücksgleiche Rechte, wie zB das Wohnungseigentum (s. zB BGH NJW 1989, 2391; BGH NJW-RR 2003, 733) oder das Erbbaurecht, belasten. Sie sind nach ihrem Inhalt darauf ausgerichtet, dem Berechtigten **einzelne** (s. §§ 1018, 1090) **Nutzungen** und Vorteile an dem Grundstück zu gewähren (vgl. BGH NJW-RR 2015, 208), während der Nießbrauch grundsätzlich die gesamten Nutzungen des belasteten Gegenstands erfasst (§ 1030). Außerdem kann durch die Dienstbarkeiten die Vornahme bestimmter Handlungen auf dem Grundstück verboten werden.

Eine Nutzung in einzelnen Beziehungen im Sinne einer Dienstbarkeit nach §§ 1018, 1090 liegt auch vor, wenn der Dienstbarkeitsberechtigte nur eine **Teilfläche** des Gesamtgrundstücks, diese aber umfassend nutzt (BGH NJW 1992, 1101).

Der Unterschied zwischen der **Grunddienstbarkeit** (§ 1018) und der **beschränkten persönlichen Dienstbarkeit** (§ 1090) ergibt sich im Wesentlichen daraus, wer Inhaber der Dienstbarkeit ist.

1. Die Grunddienstbarkeit

2 Die Grunddienstbarkeit steht nicht einer bestimmten Person, sondern dem **jeweiligen Eigentümer** des begünstigten Grundstücks zu. Sie wird am dienenden Grundstück zugunsten eines anderen Grundstücks, des herrschenden Grundstücks, bestellt. Der jeweilige Eigentümer des herrschenden Grundstücks ist zugleich Inhaber der Grunddienstbarkeit. Weil der Berechtigte nicht als solcher, sondern nur aufgrund der Vermittlung durch das Eigentum am herrschenden

Grundstück Inhaber der Grunddienstbarkeit ist, wird diese als **subjektiv-dingliches Recht** bezeichnet.

2. Die beschränkte persönliche Dienstbarkeit

Die beschränkte persönliche Dienstbarkeit (§§ 1090ff.) ist demgegenüber ein **subjektiv-persönliches Recht**, welches einer **bestimmten** natürlichen oder juristischen **Person** zusteht ohne Rücksicht darauf, ob sie Eigentümer eines Grundstücks ist. Die Dienstbarkeit kann dieser Person etwa das Recht geben, das Grundstück in spezifischer Weise zu nutzen (→ Rn. 7f.). 3

Die beschränkte persönliche Dienstbarkeit ist **nicht übertragbar** (§ 1092 I 1). Sie ist an die Person des Berechtigten gebunden. In gleicher Weise kann auch der Anspruch auf Eintragung einer beschränkten persönlichen Dienstbarkeit grundsätzlich nicht an Dritte abgetreten werden. Etwas anderes gilt aber dann, wenn die Möglichkeit der Bestellung für einen Dritten und die Abtretungsmöglichkeit zwischen den Parteien ausdrücklich schuldrechtlich vereinbart wurde (OLG Nürnberg MDR 2016, 456). Die Ausübung der Befugnisse aus der Dienstbarkeit kann einem anderen, zB im Rahmen eines Miet- oder Pachtvertrags, überlassen werden, sofern dies nach dem Inhalt der Dienstbarkeit gestattet ist (§ 1092 I 2). Zu Ausnahmen für juristische Personen s. § 1092 II und III.

3. Die Eigentümerdienstbarkeit

Obwohl die Dienstbarkeit nach ihrem Zweck Dritten in einzelnen Beziehungen die Nutzung des Grundstücks ermöglichen soll und der Eigentümer bereits aufgrund seines Eigentums das Grundstück nutzen und seine Vorteile genießen kann, hat der BGH (BGHZ 41, 209) zugelassen, dass sich der Eigentümer an **seinem eigenen Grundstück** eine Grunddienstbarkeit bestellt, wenn ein wirtschaftliches oder ideelles Bedürfnis für die Eigentümerdienstbarkeit besteht. Das BGB, das in § 1196 eine Eigentümergrundschuld zulässt und durch § 889 bei Vereinigung von Grundstück und beschränktem dinglichen Recht in einer Person das beschränkte dingliche Recht als Eigentümerrecht bestehen lässt, untersagt die Bestellung einer Eigentümerdienstbarkeit nicht. 4

Ein Bedürfnis kann insbes. bestehen, wenn der Eigentümer sein **Grundstück veräußern** will und sich deshalb vor der Veräußerung noch eine Grunddienstbarkeit oder eine beschränkte persönliche Dienstbarkeit bestellt, die er nach Veräußerung am Grundstück des Erwerbers ausüben kann. Daran haben va große Bauträger ein Interesse, die ein größeres Gebiet bebauen und nach Grundstücksaufteilung die einzelnen bebauten Grundstücke verkaufen.

Durch die Bestellung einer Eigentümerdienstbarkeit können die Bauträger erreichen, dass die veräußerten Grundstücke auch nach der Veräußerung in bestimmten Beziehungen, zB zum Zwecke der Überfahrt, genutzt werden dürfen oder dass einzelne Handlungen auf dem belasteten Grundstück, zB eine bestimmte Bebauung, unterlassen werden müssen.

II. Bestellung der Dienstbarkeit

5 Die Grunddienstbarkeit und die beschränkte persönliche Dienstbarkeit werden als Rechte an Grundstücken gem. § 873 durch Einigung und Eintragung ins Grundbuch bestellt. Dabei muss der **Bestimmtheitsgrundsatz** gewahrt werden (→ Rn. 10). Die Eintragung im **Grundbuch** erfordert die schlagwortartige Wiedergabe des Inhalts der Dienstbarkeit, wobei auf die Bewilligung Bezug genommen werden kann (OLG München NJW-RR 2016, 1297). Eine zeitliche Beschränkung hinsichtlich der Dauer der Dienstbarkeit sieht das Gesetz nicht vor (s. BGH NJW 1985, 2474).

III. Inhalt der Dienstbarkeiten

6 Die Grunddienstbarkeit und die beschränkte persönliche Dienstbarkeit können das Grundstück auf drei verschiedene Arten belasten: **Nutzung** in einzelnen Beziehungen (→ Rn. 7), **Unterlassung** bestimmter Handlungen (→ Rn. 9 ff.) und Ausschluss einzelner Eigentümerbefugnisse (→ Rn. 12). Kein zulässiger Inhalt ist dagegen, dass sich der Eigentümer zu einem positiven Tun oder einer positiven Leistung verpflichtet. Auch darf nur der tatsächliche Gebrauch durch den Eigentümer, nicht seine rechtliche Verfügungsbefugnis ausgeschlossen oder beschränkt werden (s. § 137 S. 1).

Die Inhalte der Dienstbarkeit sind rein **dinglicher Natur**. Sie bestehen unabhängig davon, ob die Dienstbarkeit als sog. Sicherungsdienstbarkeit bestimmte schuldrechtliche Ansprüche sichert oder nicht. Sichert eine Dienstbarkeit aufgrund einer Sicherungsabrede bestimmte schuldrechtliche Ansprüche auf ein Tun oder Unterlassen, so ist ihre Ausübung – vergleichbar einer Sicherungsgrundschuld – schuldrechtlich, nicht dinglich an den Sicherungszweck gebunden (dazu auch BGH NJW 1988, 2364).

1. Benutzung in einzelnen Beziehungen

Nach §§ 1018, 1090 besteht ein möglicher Inhalt darin, dass der Dienstbarkeitsberechtigte das belastete Grundstück in einzelnen Beziehungen benutzen darf, ohne dass der Eigentümer dies verbieten kann. Dienstbarkeiten dieser Art können im **nachbarlichen Bereich** bestehen. 7

Beispiele:

- Grundstückseigentümer G hat selbst keinen unmittelbaren Zugang zur öffentlichen Straße und lässt daher zugunsten seines Grundstücks eine Grunddienstbarkeit als Wege- und **Überfahrtsrecht** am Nachbargrundstück bestellen (ggf. gegen Entgelt). G kann dann aufgrund der Grunddienstbarkeit über einen bestimmt bezeichneten Weg des Nachbargrundstücks gehen und fahren.
- Ebenso können bestimmte **Leitungsrechte**, zB für Wasser und Strom, bestellt werden oder es kann aufgrund einer Dienstbarkeit gestattet sein, etwa eine Mauer des Nachbarn als Stützmauer für ein Bauwerk mitzubenutzen.

Über das Nachbarrecht hinaus kann die Dienstbarkeit auch als Grundlage für **Überlandfernleitungen** in Betracht kommen. Auf diese Weise kann sich zB ein Unternehmen das Recht zur Verlegung von Pipelines oder von Starkstromleitungen auf fremden Grundstücken über weite Entfernungen sichern, ohne die fremden Grundstücke erwerben zu müssen (s. als Beispiel BGH NJW-RR 2002, 1576). 8

Die Nutzung, zu der die Dienstbarkeit berechtigt, kann als **Abbaurecht** auch im Abbau von Bodenbestandteilen, zB Kies oder Ton, liegen (s. BGH NJW 2002, 3021).

Die Dienstbarkeit wird als Grunddienstbarkeit oder als beschränkte persönliche Dienstbarkeit zudem von Unternehmen zum **Vertrieb** ihrer Produkte benutzt. Dies gilt insbes. für Brauereien und Mineralölfirmen, aber auch für das ausschließliche Recht zur Versorgung mit Wärme, Kabelfernsehen und anderen Versorgungsleistungen (s. BGH NJW 2003, 733). Solchen Ausschließlichkeitsbindungen sind aber durch die Missbrauchsaufsicht der Kartellbehörde Grenzen gesetzt (§ 19 GWB).

Eine besondere Form der Nutzung zu Wohnzwecken ermöglicht das **Wohnungsrecht** nach § 1093 als Unterform der beschränkten persönlichen Dienstbarkeit (dazu BGH NJW 2013, 1156 und 2012, 3572).

2. Unterlassung einzelner Handlungen

Die Dienstbarkeit kann dem Berechtigten auch das Recht geben, dass auf dem belasteten Grundstück einzelne Handlungen nicht vorgenommen werden dürfen, die nach dem Inhalt des Eigentums an sich zulässig sind. Der Dienstbarkeitsberechtigte kann in diesem Fall 9 das belastete Grundstück nicht selbst nutzen, aber aufgrund seiner Dienstbarkeit Handlungen anderer auf dem Grundstück untersagen.

Auch diese Art der Dienstbarkeit kann im **nachbarrechtlichen Bereich** vorkommen. Dies gilt etwa dann, wenn bestimmte Flächen des Grundstücks nicht oder nur in bestimmter Weise bebaut werden dürfen, um einem Nachbargrundstück Luft, Sonne oder eine schöne Aussicht zu erhalten (s. als Beispiel BGH NJW 2002, 1797). Eine Unterlassungspflicht kann aber nur die Nutzung des belasteten Grundstücks selbst betreffen. Eine beschränkte persönliche Dienstbarkeit kann nicht mit dem Inhalt bestellt werden, dass es der Eigentümer des dienenden Grundstücks zu unterlassen hat, das Nachbargrundstück als Zufahrtsweg zu benutzen (OLG München NJW-RR 2011, 1587).

10 Die Dienstbarkeit mit Handlungsverbot spielt insbes. im Zusammenhang mit **Wettbewerbsverboten** eine Rolle. So kann die Dienstbarkeit darauf gerichtet sein, dass auf dem Grundstück der Betrieb bestimmter Gewerbe verboten ist (BGH NJW 1984, 924). Eine solche Dienstbarkeit kann im Ausnahmefall allerdings gesetzlichen Verboten des Kartellrechts zuwiderlaufen und daher nach § 134 nichtig sein (zB OLG Düsseldorf GRUR-RR 2010, 354). Abgesehen davon fordert der sachenrechtliche **Bestimmtheitsgrundsatz** eine hinreichende inhaltliche Bestimmbarkeit des Rechtsinhalts der Dienstbarkeit. Zu ungenau wäre etwa die Regelung, dass nur „stille Gewerbe" ausgeübt werden dürfen (OLG München NJW-RR 2011, 1461).

11 Weiterhin fragt sich, ob dem Grundstücksbenutzer aufgrund der Dienstbarkeit auch rechtsgeschäftliche Handlungen verboten werden dürfen.

Beispiel: Die Brauerei B hat sich am Grundstück des E eine Grunddienstbarkeit bestellen lassen, mit dem Inhalt, dass sie (1) auf dem Grundstück eine Gaststätte mit dem Ausschank ihrer Biere betreiben lassen darf und (2) dass Biere anderer Brauereien nicht verkauft werden dürfen.

Der BGH (BGHZ 29, 244) hat insoweit entschieden, dass ein durch Dienstbarkeit begründetes Handlungsverbot sich nur auf tatsächliche Handlungen beziehen darf, die als Inhalt der Ausübung des Eigentumsrechts oder eines Benutzungsrechts am Grundstück anzusehen sind, aber nicht solche Handlungen erfassen darf, die als Ausfluss der allgemeinen rechtsgeschäftlichen Handlungs- und Verfügungsfreiheit anzusehen sind (s. auch § 137 S. 1). Daher kann hier zwar die Grunddienstbarkeit mit dem Inhalt (1), nicht aber mit dem Inhalt (2) eingetragen werden.

3. Ausschluss der Rechtsausübung

12 Als Inhalt der Dienstbarkeit kann auch vereinbart werden, dass der Eigentümer des belasteten Grundstücks ein Recht nicht ausüben darf.

Damit sind in erster Linie **Abwehransprüche aus § 1004** gemeint, die dem Eigentümer des belasteten Grundstücks gegen das andere Grundstück zustehen. Ihrer Ausübung kann der Dienstbarkeitsberechtigte widersprechen, soweit dies als Inhalt der Dienstbarkeit vereinbart ist.

Aufgrund einer Dienstbarkeit kann deshalb ein Industrieunternehmen den angrenzenden Anliegern ihr Recht abkaufen, gem. §§ 1004, 906 Unterlassung von Immissionen zu verlangen. Die Anlieger, deren Grundstück mit der Dienstbarkeit belastet ist, dürfen dann ihre Abwehrrechte nicht mehr ausüben. Keine Beschränkung der rechtlichen Verfügungsbefugnis, sondern nur eine Beschränkung des tatsächlichen Gebrauchs, liegt dagegen vor, wenn eine Eigentumswohnung nur als Ferienwohnung für Dritte verwendet werden darf (BGH NJW-RR 2003, 733).

4. Sachlicher Vorteil und persönliches Bedürfnis

Grunddienstbarkeit und beschränkte persönliche Dienstbarkeit 13
sollen das Grundstück nicht unnötig belasten, sondern nur insoweit wie dafür ein begründetes Bedürfnis besteht. Nach § 1019 kann deshalb die Grunddienstbarkeit nur mit dem Inhalt und nur in dem Umfang bestehen, als sich daraus für das herrschende Grundstück als solches und nicht nur für seinen derzeitigen Eigentümer oder für andere Grundstücke (BGH NJW-RR 2003, 1237) **Vorteile** ergeben. Dabei reichen auch künftige Vorteile aus, wenn mit ihrem Eintritt unter normalen Umständen gerechnet werden kann (BGH NJW 1984, 2157). Demgegenüber richtet sich die beschränkte persönliche Dienstbarkeit in ihrem Umfang nach den persönlichen Bedürfnissen des Berechtigten (§ 1091).

Beispiele:

- Ist zugunsten eines Grundstücks, dem eine eigene Verbindung zur öffent- 14
lichen Straße fehlt, eine Dienstbarkeit in Form eines **Wege- und Fahrrechts** bestellt, so bietet dieses Recht dem Grundstück als solchem einen bleibenden Vorteil, weil es ihm den Zugang sichert. Nach § 1019 kann deshalb eine Grunddienstbarkeit bestellt werden (s. als Beispiel auch BGH NJW 1983, 115).
- Hat sich dagegen A als Rechtsanwalt oder als Arzt eine Dienstbarkeit bestellen lassen, dass auf dem Nachbargrundstück keine gleichartige Anwaltskanzlei oder **Arztpraxis** betrieben werden darf, so ist dies nur ein Vorteil, der dem A als Person zugutekommt, aber nicht der Benutzung des Grundstücks als solchem unabhängig von seinem derzeitigen Eigentümer Vorteil bietet. In diesem Fall kann deshalb keine Grunddienstbarkeit, sondern nur eine beschränkte persönliche Dienstbarkeit bestellt werden.

- Eine globale Grunddienstbarkeit für eine Vielzahl von Grundstücken und eine pauschale Vielzahl von Nutzungsberechtigten lässt die Vorteilhaftigkeit der einzelnen Nutzungsbefugnis iSv § 1019 nicht hinreichend erkennen und kann daher nicht bestellt werden (OLG Hamm FGPrax 2017, 247).
- Zur Vermeidung unnötiger Belastungen dient auch § 1026, wonach später getrennte Teilstücke des Grundstücks von der Belastung frei werden, soweit sie für die Ausübung der Dienstbarkeit nicht benötigt werden (s. als Beispiel BGH NJW 2002, 3021).

5. Änderung der Verhältnisse

15 Vor allem Grunddienstbarkeiten, die einem herrschenden Grundstück zu dienen bestimmt sind, sind auf unabsehbare Dauer bestellt, solange das herrschende Grundstück der Dienstbarkeit, zB in Form eines Zufahrts- oder Wegerechts, bedarf. Daraus ergibt sich für seit alters bestehende Dienstbarkeiten die Frage, ob und inwieweit sich ihr Inhalt einer Veränderung der Verhältnisse anpasst.

Soweit die Dienstbarkeit in ihrem grundbuchmäßig festgelegten Inhalt und Umfang keine Änderung ihres ursprünglich vereinbarten Nutzungszwecks erfährt, passt sie sich veränderten Verhältnissen an und kann auch unter veränderten Umständen ausgeübt werden.

Beispiel: Eine Grunddienstbarkeit ist im Jahre 1900 als Reit- und Fahrrecht begründet worden, um E die **Zufahrt** mit Fuhrwerken zu seinem Wohnhaus zu ermöglichen.

Hier können die Erben des E die Grunddienstbarkeit heute auch mit ihrem Pkw ausüben. Der Zweck der Grunddienstbarkeit und ihr Umfang als Zufahrtsrecht im Rahmen der Wohnbedürfnisse des E ändern sich dadurch nicht. Es ändert sich im Wesentlichen nur die Art des Fahrzeugs, mit dem das Zufahrtsrecht ausgeübt wird. Eine solche Änderung im Rahmen der allgemeinen Lebensverhältnisse wird jedoch vom Inhalt der Grunddienstbarkeit bei sinngemäßer Auslegung mit umfasst.

16 Auch Änderungen aufgrund der **rechtlichen Verhältnisse**, zB des Baurechts, sind hinzunehmen, solange sie sich im Rahmen des grundbuchmäßigen Inhalts der Dienstbarkeit halten (BGH NJW 2002, 1797). Würde der Eigentümer im genannten Beispiel dagegen sein Wohnhaus aufgeben und in dem Gebäude eine Privatklinik mit ständigem Besuchsverkehr errichten, so wäre dies nicht mehr durch Änderungen der allgemeinen Lebensverhältnisse gedeckt, sondern durch eine Änderung der Zweckbestimmung des herrschenden Grundstücks verursacht. Eine solche **Zweckänderung** liegt jedoch nicht im Rahmen der Dienstbarkeit. Der Eigentümer des belasteten Grundstücks müsste deshalb die Zufahrt der Besucher nicht dulden, weil dadurch die Ausübung der Dienstbarkeit nach ihrem ursprünglichen Zweck und Umfang we-

sentlich verändert würde (vgl. BGH NJW-RR 1988, 1229; BGH NJW-RR 2003, 1235 und 1237, unzulässige Änderung von landwirtschaftlicher Nutzung zu Gartenbau und Wohnhaus).

Aufgrund der Sondervorschrift des § 76 I Nr. 1 TKG muss der Eigentümer, der eine Dienstbarkeit für eine Erdgasleitung bestellt hat, die zusätzliche Verlegung von Rohren für Lichtwellenkabel hinnehmen (BGH NJW 2002, 678). Die Duldungspflicht trifft in allen Fällen auch den Besitzer des Grundstücks. Dafür steht ihm wie dem Eigentümer auch der Ausgleichsanspruch aus § 76 II 1 und 2 TKG zu (BGH NJW-RR 2002, 1576).

6. Gesetzliches Schuldverhältnis

Zwischen dem jeweiligen Dienstbarkeitsberechtigten und dem jeweiligen Eigentümer des belasteten Grundstücks besteht ein gesetzliches Schuldverhältnis, für das auch § 278 gilt (BGH NJW 1985, 2944). Aufgrund dieses Schuldverhältnisses ist der Berechtigte insbes. zur **Rücksichtnahme** auf die Interessen des Eigentümers und zur möglichst schonenden Ausübung seiner Dienstbarkeit verpflichtet (§ 1090 II iVm § 1020 S. 1; BGH NJW-RR 2017, 140). Eine besondere Konkretisierung und Erweiterung dieser **Schonungspflicht** enthält § 1023, indem er dem Eigentümer des belasteten Grundstücks einen Anspruch auf Verlegung gibt, wenn die Ausübung der Dienstbarkeit an der bisherigen Stelle für ihn besonders beschwerlich, die Verlegung der Dienstbarkeit an eine andere Stelle für den Berechtigten aber ebenso geeignet ist (allgemein zur Verlegung BGH NJW-RR 2006, 237). Verstößt der Berechtigte gegen die Schonungspflicht oder überschreitet er in sonstiger Weise die Grenzen seiner Dienstbarkeit, kann der Eigentümer Unterlassung verlangen, § 1004 I 2 (zB BGH NJW-RR 2015, 785). 17

Hat der Berechtigte eines **dinglichen Wohnungsrechts** den Grundstückseigentümer **getötet**, besteht grundsätzlich weder aus § 313 noch aus § 242 ein Anspruch des Erben bzw. des neuen Grundstückseigentümers gegen den Berechtigten auf Aufgabe des Rechts. Der Berechtigte ist aber verpflichtet, das Wohnungsrecht auf Verlangen (analog § 745 II) nicht mehr selbst, sondern nur noch durch Dritte auszuüben (BGH NJW-RR 2017, 140). 18

IV. Schutz der Dienstbarkeit

Die Dienstbarkeiten sind absolute **dingliche Rechte**, die Schutz gegenüber jedermann genießen. § 1027 und § 1090 II iVm § 1027 gewähren dem Dienstbarkeitsberechtigten deshalb den Unterlassungs- 19 und Beseitigungsanspruch aus **§ 1004**, wenn er durch **Dritte** oder durch den Eigentümer des belasteten Grundstücks in seiner Dienstbarkeit beeinträchtigt wird (s. zB BGH NJW 1992, 1101). Dieser Schutzanspruch als solcher ist gem. § 902 I 1 **unverjährbar**, soweit es um die Verwirklichung des Rechts selbst geht (BGHZ 187, 185; BGH NJW 2014, 3780). Der Anspruch auf Beseitigung einer bloßen Beeinträchtigung der Ausübung unterliegt hingegen der Verjährung. Eine Sonderregelung für die Verjährung enthält § 1028 für den Fall der Beeinträchtigung der Dienstbarkeit durch eine Anlage auf dem belasteten Grundstück. Hier tritt die Verjährung auch ein, wenn es um die Verwirklichung des Rechts selbst geht, allerdings analog § 197 I Nr. 2 erst nach 30 Jahren (BGH NJW 2014, 3780).

20 Da der Dienstbarkeitsberechtigte im Regelfall nicht Besitzer des belasteten Grundstücks ist, gewährt ihm § 1027 – anders als das Erbbaurecht, der Nießbrauch und das Pfandrecht – keinen Herausgabeanspruch aus § 985. Soweit aber der Dienstbarkeitsberechtigte aufgrund der Dienstbarkeit ausnahmsweise zum Besitz berechtigt ist (s. BGHZ 79, 201, 207), muss ihm auch der Anspruch aus **§ 985** in analoger Anwendung zustehen. Darüber hinaus werden durch § 1090 II iVm § 1029 einem Besitzer, der die Dienstbarkeit ausübt, die Besitzschutzansprüche aus §§ 861, 862 gewährt.

Außerdem ist die Dienstbarkeit als **sonstiges Recht iSv § 823 I** geschützt. Ein Schadensersatzanspruch wegen der Verletzung eines solchen beschränkten dinglichen Rechts setzt dabei einen grundstücksbezogenen Eingriff voraus, der sich dahin auswirkt, dass die Verwirklichung des Rechts am Grundstück als solches durch rechtliche oder tatsächliche Maßnahmen beeinträchtigt wird (BGH NJW-RR 2012, 1048).

Empfehlungen zur vertiefenden Lektüre: *Amann*, Grunddienstbarkeiten im Wandel der Zeit und von Verjährung bedroht, DNotZ 2015, 164; *Ricken*, Grunddienstbarkeiten bei Veränderung der tatsächlichen Verhältnisse, WM 2001, 979.

Fälle und Klausuren: *Gottwald* SachenR Fälle 122–142.

§ 30. Der Nießbrauch

I. Anwendungsbereich

1. Die Gegenstände des Nießbrauchs

1 Der Nießbrauch ist das **umfassendste dingliche Nutzungsrecht**, das dem Berechtigten grundsätzlich alle Nutzungen des belasteten Gegenstands gewährt, sofern nicht einzelne Nutzungen ausgeschlos-

sen sind (§ 1030 II). Gegenstand des Nießbrauchs können bewegliche wie unbewegliche Sachen (§ 1030 I) und Rechte sein (§ 1068 I).

§ 1085 spricht zwar vom Nießbrauch an einem Vermögen. Das Vermögen als solches kann aber nicht Gegenstand dinglicher Rechte, auch nicht eines Nießbrauchs, sein (Grundsatz der Spezialität). Deshalb muss der Nießbrauch bei jedem einzelnen Gegenstand bestellt werden (§ 1085 S. 1). Die Sondervorschriften der §§ 1086 bis 1088 sehen aber die Möglichkeit vor, dass Gläubiger des Nießbrauchsbestellers Befriedigung aus den dem Nießbrauch unterliegenden Vermögensgegenständen suchen können.

2. Praktische Bedeutung

Der Nießbrauch hat nicht die praktische Bedeutung erlangt, die 2
man angesichts seiner umfangreichen Regelung im BGB erwarten könnte. Ein Grund dafür mag unter anderem darin liegen, dass er **nicht übertragbar** (§ 1059 S. 1) und **nicht vererblich** ist, weil er mit dem Tod des Berechtigten erlischt (§ 1061 S. 1). Er kommt deshalb va als **Versorgungsnießbrauch** für die Lebzeit des Berechtigten vor. Häufig wird der Nießbrauch auch aus **steuerlichen Gründen** vereinbart, um die in den Nutzungen liegenden Einkünfte auf andere Personen, insbes. Familienangehörige, zu verlagern und dadurch Einkommensteuer oder Erbschaftsteuer (s. zB BGH NJW 1982, 31) zu sparen. Der (dingliche) Verzicht auf einen Nießbrauch ist schuldrechtlich regelmäßig eine Schenkung, die ggf. nach § 528 zurückgefordert werden kann (OLG Köln NJW-RR 2017, 915).

Als **Versorgungsnießbrauch** kommt der Nießbrauch insbes. in der Weise 3
vor, dass der Eigentümer seine Vermögensgegenstände im Wege der vorweggenommenen Erbfolge schenkweise auf einen anderen, insbes. seine Abkömmlinge, überträgt, sich daran aber zu seiner Lebzeit den Nießbrauch vorbehält, um aus den Nutzungen seinen Lebensunterhalt bestreiten zu können. Der Eigentümer kann mit dem Versorgungsnießbrauch aber auch einen anderen, insbes. seinen Ehegatten, begünstigen. Dies geschieht häufig in der Weise, dass er seine Abkömmlinge als seine Erben einsetzt, aber seinem Ehegatten durch Vermächtnis den Anspruch auf Nießbrauchsbestellung einräumt, damit dieser nach dem Tod des Eigentümers aus den Nutzungen seinen Lebensunterhalt bestreiten kann.

II. Bestellung des Nießbrauchs

Der Nießbrauch **an Grundstücken** wird wie andere dingliche 4
Grundstücksbelastungen durch Einigung und Eintragung gem. § 873 bestellt. Dabei wird gem. § 1031 iVm § 926 vermutet, dass sich die

Nießbrauchsbestellung auf das Grundstückszubehör erstreckt. Der Nießbrauch kann auch an Bruchteilseigentum nach §§ 741 ff. oder an Wohnungseigentum nach dem WEG bestehen. Ein Eigentümer kann einen Nießbrauch auch an seinem **eigenen Grundstück** bestellen, ohne ein besonderes Interesse daran nachweisen zu müssen (BGH NJW 2011, 3517). Zweckmäßig ist der Nießbrauch am eigenen Grundstück im Fall einer beabsichtigten Veräußerung des Grundstücks unter Nießbrauchsvorbehalt.

5 **An beweglichen Sachen** wird der Nießbrauch durch Einigung und Übergabe begründet (§ 1032 S. 1), wobei sich die Einigung inhaltlich auf die Entstehung des Nießbrauchs richten muss. Die Übergabesurrogate der §§ 930, 931 und § 929 S. 2 finden ebenso entsprechende Anwendung wie die Vorschriften über den gutgläubigen Erwerb der §§ 932–936 (§ 1032 S. 2).

6 Der Nießbrauch **an Rechten** wird nach den für die Übertragung des Rechts maßgebenden Vorschriften bestellt (§ 1069 I), nur dass die Einigung anstatt auf Übertragung auf die Bestellung des Nießbrauchs gerichtet sein muss.

III. Die einzelnen Nutzungsmöglichkeiten

7 Die Nutzungen, die der Nießbrauch dem Berechtigten gewährt, umfassen gem. § 100 die Gebrauchsvorteile und die Früchte einer Sache oder eines Rechts. Die Nutzungen können dem Nießbraucher voll oder nur zu einem bestimmten Anteil eingeräumt werden (sog. Quotennießbrauch, s. BGH NJW-RR 2003, 1290). Der Nießbrauch besteht beim Quotennießbrauch an der ganzen Sache und nur die Nutzungen stehen dem Nießbraucher zu einer bestimmten Quote zu, zB zu $^1/_2$. Davon zu unterscheiden ist der Bruchteilsnießbrauch, bei dem der Nießbrauch an Bruchteilseigentum besteht. Der Nießbrauch an einzelnen Teilen der Sache, zB an einzelnen Teilen eines Gebäudes, ist unzulässig (BGH NJW 2006, 1881). Nicht möglich ist zudem die Eintragung mehrerer Nießbraucher „als Mitberechtigte nach § 432“ im Grundbuch (BGH NJW 2009, 3310).

1. Sachnutzungen

8 a) Eine Sachnutzung ist in erster Linie die **Gebrauchsmöglichkeit**. Zum Gebrauch einer Sache gehört der Besitz. Der Nießbraucher einer Sache ist deshalb gem. § 1036 I zum Besitz der Sache berechtigt.

Das Gebrauchsrecht ermöglicht dem Nießbraucher, die Sache selbst zu **benutzen**, zB auf einem Grundstück zu **wohnen**, dort Gegenstände zu lagern oder Früchte anzubauen. Der Gebrauch einer Maschine ermöglicht ihm etwa, sie zu Produktionszwecken zu benutzen. Bei allen Gebrauchsarten darf der Nießbraucher aber die bisherige wirtschaftliche Bestimmung des Grundstücks nicht ändern (§§ 1036 II, 1037) und muss die Sache entsprechend den Regeln einer ordnungsgemäßen Wirtschaft pfleglich behandeln und für die gewöhnliche Unterhaltung sorgen (§ 1041, s. zB BGH NJW-RR 2003, 1290). Er darf also weder ein Wohnhaus in einen Gewerbebetrieb umwandeln noch das Wohnhaus durch die übermäßige Abnutzung verkommen lassen. Zum Inhalt des Nießbrauchs gehört dagegen nicht die Befugnis zur Verfügung über die belastete Sache.

b) Das Nutzungsrecht des Nießbrauchers ermöglicht ihm auch, die 9
Erzeugnisse der Sache für sich zu gewinnen (§ 100 iVm § 99 I) und daran gem. § 954 Eigentum zu erwerben.

Der Nießbraucher eines **Steinbruchs** wird deshalb Eigentümer des dort gewonnenen Gesteins (s. auch § 1037 II), ebenso wie der Nießbraucher eines landwirtschaftlichen Grundstücks Eigentümer der dort geernteten Früchte wird.

c) Dem Nießbraucher gehören auch die **Erträge**, die die Sache auf- 10
grund eines Rechtsverhältnisses erbringt (§ 100 iVm § 99 III). Dem Nießbraucher eines Miet- oder Pachtgrundstücks gehören deshalb die Miet- und Pachteinnahmen. Soweit das Grundstück vor der Nießbrauchsbestellung bereits vermietet ist, tritt der Nießbraucher gem. § 567 iVm § 566 in die **Mietverhältnisse** ein und erwirbt damit auch die Mietansprüche. Nach Entstehung des Nießbrauchs ist der Nießbraucher berechtigt, den Miet- oder Pachtvertrag selbst abzuschließen. Er vermietet oder verpachtet dann das ihm aus dem Nießbrauch zustehende Nutzungsrecht. Miete oder Pacht stellen aber keine Überlassung der Ausübung nach § 1059 S. 2 dar (s. BGH NJW 1990, 443).

2. Nutzungen eines Rechts

a) Auch ein Recht kann **Gebrauchsvorteile** gewähren. So ermög- 11
licht ein Patent die Ausnutzung des patentierten Verfahrens. Diese Gebrauchsvorteile stehen dem Nießbraucher zu, wenn das Recht mit einem Nießbrauch belastet wird.

Beim Nießbrauch an Aktien und GmbH-Anteilen fragt sich, ob der Nießbraucher das Stimmrecht ausüben darf. Da das Stimmrecht ein Gebrauchmachen von dem Anteilsrecht ist, ist dies zu bejahen

(s. Jauernig/*Berger* BGB § 1068 Rn. 4; *Wolf/Neuner* BGB AT § 27 Rn. 8; aA Palandt/*Herrler* BGB § 1068 Rn. 3; Soergel/*Stürner* BGB § 1068 Rn. 8a und 9a; verneinend auch BGH NJW 1999, 571 bei Personengesellschaften in Bezug auf Beschlüsse zu Grundlagengeschäften).

Der Nießbrauch kann am Anteil einer Personengesellschaft grundsätzlich nicht bestellt werden, weil der Anteil gem. § 717 S. 1 und § 719 I nicht übertragbar ist. Jedoch kann im Gesellschaftsvertrag die Übertragbarkeit vorgesehen werden. In diesem Fall kann auch ein Nießbrauch bestellt werden.

12 b) Die **Früchte** eines Rechts gehören als Nutzungen (§ 100 iVm § 99 II) ebenfalls dem Nießbraucher. Früchte eines Rechts sind etwa die Zinsen aus einer Darlehensforderung oder die Dividende aus einer Aktie. Besteht der Nießbrauch an der Darlehensforderung, so kann deshalb der Nießbraucher die Darlehenszinsen als Rechtsinhaber analog § 954 einziehen. Dem Nießbraucher einer Aktie steht die Dividende zu.

13 c) Früchte, die ein Recht vermittels eines Rechtsverhältnisses gewährt (§ 100 iVm § 99 III), sind etwa die Gebühren aus einer Patentlizenz. Diese gehören dem Nießbraucher des Patents.

IV. Schutz des Nießbrauchers

14 Der Nießbrauch an Sachen ist ein **absolutes dingliches Recht,** das dem Berechtigten mit Wirkung gegen jedermann ein Recht zum Besitz gewährt. Der Nießbraucher kann deshalb die dinglichen Schutzansprüche in entsprechender Anwendung der §§ 985 ff., 1004 geltend machen (§ 1065) sowie Schadensersatz nach § 823 I und Wertersatz wegen Eingriffskondiktion nach §§ 812 I 1 Alt. 2, 818 verlangen. Dem Nießbraucher an Rechten stehen die Schutzrechte zu, die auch für das belastete Recht vorgesehen sind (§ 1068 II iVm § 1065). So kann der Nießbraucher an einem Patent die Unterlassungsansprüche geltend machen, wie sie auch für das Patent bestehen.

Empfehlungen zur vertiefenden Lektüre: *Strobel*, Der Nießbrauch, Jura 2017, 512.

Fälle und Klausuren: *Gottwald* SachenR Fälle 122–142.

Paragrafenverzeichnis

Sachverzeichnis

Die **fett** gesetzten Zahlen verweisen auf die Paragrafen des Buches, die mageren auf deren Randnummern.